南海仲裁案裁决之批判

《南海仲裁案裁决之批判》（英文版）同时由《中国国际法年刊》
（牛津大学出版社）在第 17 卷第 2 期（2018 年）作为专刊全文发表，
免费获取链接为：https://academic.oup.com/chinesejil/issue/17/2。

南海仲裁案裁决之批判

中国国际法学会

China International Publishing Group
中国国际出版集团
外文出版社
FOREIGN LANGUAGES PRESS

目　录

缩略语 i

地名对照表 iii

引　言 1

第一章　南海仲裁案的背景、历程与中国政府立场 5

一、南海仲裁案的背景 5

二、南海仲裁案的历程 8

三、中国政府对南海仲裁案的立场 16

第二章　管辖权问题 27

第一节　仲裁庭对反映中菲领土和海洋划界争议的菲律宾诉求没有管辖权 32

一、中菲在南海存在领土和海洋划界争议 32

二、菲律宾诉求的实质是中菲领土和海洋划界问题 39

第二节　仲裁庭错误认定菲律宾诉求与中菲在南海的领土和海洋划界争端无关，越权管辖 55

一、仲裁庭采取碎片化做法错误定性菲律宾诉求所体现的争端，未客观、适当地查明菲律宾诉求的实质是领土和海洋划界争端 56

二、仲裁庭基于主观臆断而非事实，错误认定菲律宾诉求与领土争端无关 62

三、仲裁庭基于对海洋划界的错误理解和对《公约》第298条的错误解释作出菲律宾诉求与海洋划界争端无关的错误认定 77

四、仲裁庭不当认定有关诉求不涉及“历史性所有权”，未考虑历史性权利是否构成海洋划界有关情况 91

第三节　仲裁庭错误认定菲律宾诉求反映中菲两国有关《公约》解释或适用的争端 100
一、确定争端存在和争端性质的国际司法实践 100
二、仲裁庭对菲律宾第 1 项和第 2 项诉求所涉争端的认定存在明显谬误 108
三、仲裁庭对菲律宾第 3 项至第 7 项诉求所涉争端的认定缺乏理据 115
四、仲裁庭未尽责查明中菲就菲律宾第 8 项至第 14 项诉求是否存在有关《公约》解释或适用的争端 119
第四节　仲裁庭错误认定中菲就争端解决方式作出的选择及其效力 124
一、仲裁庭错误认定中菲之间不存在通过谈判解决争端的协议 125
二、仲裁庭错误认定中菲已就有关争端诉诸谈判但未获解决 133
三、仲裁庭错误认定中菲即使存在协议也未排除强制程序 135
第五节　仲裁庭错误认定菲律宾已履行第 283 条规定的交换意见的义务 141
一、仲裁庭未尽责查明菲律宾是否已就有关“争端”履行交换意见义务 142
二、仲裁庭错误地将中菲就领土和海洋划界问题的磋商作为中菲已就仲裁庭认定的菲律宾诉求中的“争端”及其解决方式交换意见的证据 144
三、仲裁庭错误地将《公约》规定的交换意见解释为仅就争端解决方式交换意见 148
第六节　仲裁庭违背“不诉不理”原则及《公约》附件七第 10 条的规定 151
一、“不诉不理”原则 151
二、《公约》附件七第 10 条的“以争端的主题事项为限”要求 153
三、仲裁庭违背“不诉不理”原则和《公约》附件七第 10 条的规定 155
本章结论 159
第三章　可受理性问题 161
第一节　菲律宾三次对其诉求作出重大变更 163
一、菲律宾在提交诉状前对诉求作出第一次重大变更 163

二、菲律宾在诉状中对诉求作出第二次重大变更......165
三、菲律宾在实体问题庭审最后阶段对其诉求作出第三次重大变更......166
第二节　仲裁庭未尽责考察诉求变更引发的可受理性问题......169
一、仲裁庭未尽责考察诉求变更引发的可受理性问题，甚至引导菲律宾修改诉求......169
二、仲裁庭无视判断新诉求可受理的一般标准，自创门槛极低的模糊标准且未予善意适用......171
三、仲裁庭错误将菲律宾 2014 年“修改的权利主张说明”作为最初诉求......176
第三节　仲裁庭错误认定菲律宾第 11 项、第 12（b）项和第 14 项诉求的变更部分具有可受理性......178
一、仲裁庭错误认定菲律宾第 11 项和第 12（b）项诉求变更部分具有可受理性......178
二、仲裁庭错误认定菲律宾所提第 14 项诉求变更部分具有可受理性......181
本章结论......182
第四章　历史性权利事项（第 1 项和第 2 项诉求）......183
第一节　仲裁庭错误地脱离中菲领土和海洋划界争议处理中国在南海的历史性权利问题......185
一、菲律宾诉求所涉中国在南海的历史性权利问题构成中菲领土和海洋划界争议不可分割的一部分......185
二、中菲之间尚未解决海洋划界问题，适用《公约》第 56 条、第 58 条、第 62 条、第 77 条的前提不存在......186
第二节　仲裁庭错误处理历史性权利与《公约》的关系......188
一、仲裁庭不当认定《公约》为解决海洋法的一切问题提供了规则......188
二、仲裁庭不当处理《公约》与一般国际法规则的关系......193
三、仲裁庭未能正确认识《公约》生效后历史性权利继续存在......198
第三节　仲裁庭错误否定中国在南海享有的历史性权利......210
一、仲裁庭错误定性中国在南海的历史性权利......210
二、仲裁庭错误否定中国在南海的历史性权利......214

三、仲裁庭错误提出《公约》生效后中国有关实践是否形成历史性权利的假问题......224
本章结论......226
第五章　中国南沙群岛和中沙群岛的法律地位问题（第3项至第7项诉求）......229
第一节　仲裁庭无视中国南沙群岛和中沙群岛的整体性以及中菲领土和海洋划界争端的存在，错误分割处置有关岛礁的法律地位......231
一、仲裁庭错误分割处置南沙群岛和中沙群岛有关岛礁的地位，肢解两群岛......232
二、仲裁庭脱离中菲领土和海洋划界争议，错误孤立处置中国南沙群岛和中沙群岛单个岛礁的地位......233
第二节　中国南沙群岛作为大陆国家远海群岛具有充分的国际法依据......235
一、大陆国家远海群岛制度早已确立......235
二、中国南沙群岛的远海群岛地位早已确立......251
三、仲裁庭将《公约》有关条款适用于中国南沙群岛是错误的......255
第三节　仲裁庭错误分割处置南沙群岛有关"低潮高地"（第4项至第6项诉求）......261
一、仲裁庭分割处置中国南沙群岛并错误地将南沙群岛有关岛礁认定为"低潮高地"......261
二、仲裁庭错误裁定南沙群岛有关"低潮高地"不能被据为领土......263
三、仲裁庭错误裁定中国南沙群岛中的美济礁和仁爱礁为"水下陆块"，构成菲律宾专属经济区和大陆架的一部分......269
第四节　仲裁庭错误解释和适用《公约》第121条（第3项、第5项和第7项诉求）......271
一、仲裁庭错误解释《公约》第121条......271
二、仲裁庭错误裁定中国南沙群岛和中沙群岛所有"高潮地物"皆为"岩礁"......289
三、冲之鸟礁与中国南海诸岛中的岛礁不可相提并论......296
本章结论......298

第六章　中国在南海活动的合法性问题（第 8 项至第 14 项诉求） 301
第一节　中国在南海的维权、资源管理和开发活动（第 8 项和第 9 项诉求）...... 303
一、仲裁庭错误认定中国非法妨碍菲律宾享有和行使对其专属经济区和大陆架生物和非生物资源的主权权利 303
二、仲裁庭错误地认为中国未阻止本国渔船在“菲律宾专属经济区”内捕鱼 307
第二节　中国在黄岩岛海域“阻止菲律宾渔民捕鱼”问题（第 10 项诉求）...... 309
一、仲裁庭无视菲律宾第 10 项诉求与黄岩岛主权问题的密不可分性 310
二、仲裁庭错误裁定菲律宾渔民活动构成传统捕鱼权 310
三、仲裁庭错误解释传统捕鱼权的性质并不当适用《公约》规定 315
第三节　中国在南海涉及海洋环境保护和保全的活动［第 11 项和第 12（b）项诉求］...... 320
一、仲裁庭引证之勤勉义务的内涵 321
二、仲裁庭错误认定中国因纵容、保护及未阻止有害捕捞而违反《公约》有关规定 322
三、仲裁庭错误认定中国岛礁建设违反《公约》有关规定 328
第四节　中国在南沙群岛组成部分美济礁的建设活动［第 12（a）和第 12（c）项诉求］...... 335
一、中国在美济礁的建设活动是行使主权的行为 335
二、仲裁庭错误适用《公约》第 60 条和第 80 条，认定中国侵犯菲律宾专属经济区和大陆架的主权权利 336
第五节　中国在黄岩岛地区驱离菲律宾船舶的执法活动（第 13 项诉求）...... 338
一、仲裁庭错误定性中国驱离侵入黄岩岛海域的菲律宾船舶的行动 339
二、仲裁庭错误地通过《公约》第 94 条适用《避碰规则公约》...... 340
三、中国船舶在黄岩岛海域的行动合法合理 345

第六节 中国在南海的相关活动与“加剧或扩大”争端的问题（第14项诉求）……350
一、仲裁庭无视菲律宾第14（d）项诉求所涉事项属于中国行使主权的活动……351
二、仲裁庭基于错误前提将中国岛礁建设视为“加剧或扩大争端”……351
三、仲裁庭错误解读国际法中的“不得加剧或扩大争端义务”并将其适用于中国岛礁建设……353
本章结论……360
第七章 正当程序和证据问题……363
第一节 正当程序问题……365
一、仲裁庭在若干重要问题上的裁定未叙明理由……365
二、仲裁庭的组建缺乏代表性……368
三、仲裁庭对有关程序问题的处理未体现公正性……371
四、仲裁庭不当地允许多国以观察员名义参加庭审……372
第二节 证据问题……375
一、仲裁庭违反证明责任的基本要求……375
二、仲裁庭错误适用证明标准……382
三、仲裁庭基于缺乏相关性、实质性或缺乏证明力的证据认定关键事实……384
四、仲裁庭错误推定事实……387
本章结论……389
结 论 仲裁庭错误百出，裁决无效，冲击国际法治……391
一、仲裁庭对菲律宾诉求明显没有管辖权，裁决缺乏事实和法律依据，是无效的……391
二、仲裁庭枉法裁判冲击国际法治……394
附 件……397
附件一 中华人民共和国政府关于菲律宾共和国所提南海仲裁案管辖权问题的立场文件（2014年12月7日）……397
附件二 中华人民共和国外交部关于应菲律宾共和国请求建立的南海仲裁案仲裁庭关于管辖权和可受理性问题裁决的声明（2015年10月30日）……417

附件三　中华人民共和国外交部关于应菲律宾共和国请求建立的南海仲裁案仲裁庭所作裁决的声明（2016 年 7 月 12 日）...419
附件四　中华人民共和国政府关于在南海的领土主权和海洋权益的声明（2016 年 7 月 12 日）......421
附件五　中国坚持通过谈判解决中国与菲律宾在南海的有关争议（2016 年 7 月）......423
参考文献......447
索　引......477
致　谢......489

缩略语

《公约》	《联合国海洋法公约》（1982 年）
《宣言》	《南海各方行为宣言》（2002 年）
《7 月 12 日裁决》	仲裁庭于 2016 年 7 月 12 日就实体问题以及剩余管辖权和可受理性问题作出的裁决
《管辖权裁决》	仲裁庭于 2015 年 10 月 29 日就管辖权和可受理性问题作出的裁决
《中国立场文件》	《中华人民共和国政府关于菲律宾共和国所提南海仲裁案管辖权问题的立场文件》（2014 年 12 月 7 日）
Hearing on Jurisdiction	The Hearing held from 7 to 13 July 2015 to consider the matter of the Tribunal's Jurisdiction and, as necessary, the admissibility of the Philippines' Submissions 仲裁庭于 2015 年 7 月 7 日至 13 日举行的关于管辖权和可受理性问题的庭审
Hearing on the Merits	The Hearing held from 24 to 30 to November 2015 to consider any outstanding issues of the Tribunal's jurisdiction and admissibility and the merits of the Philippines' Submissions 仲裁庭于 2015 年 11 月 24 日至 30 日举行的关于实体问题以及管辖权和可受理性剩余问题的庭审
ICJ	International Court of Justice 国际法院
ICSID	International Centre for Settlement of Investment Disputes 解决投资争端国际中心
ILC	International Law Commission 国际法委员会
ITLOS	International Tribunal for the Law of the Sea 国际海洋法法庭
PCIJ	Permanent Court of International Justice 常设国际法院

RIAA	Reports of International Arbitral Awards 《国际仲裁裁决报告》
Supplemental Written Submission	The Supplemental Written Submission of the Philippines, filed on 16 March 2015, pursuant to Article 25 of the Rules of Procedure and Procedural Order No. 3 菲律宾补充书面诉求
UN	United Nations 联合国
UNCITRAL	United Nations Commission on International Trade Law 联合国国际贸易法委员会
UNCLOS	United Nations Convention on the Law of the Sea 《联合国海洋法公约》
UNCLOS I	First United Nations Conference on the Law of the Sea, 1956-58 第一次联合国海洋法会议（1956 年至 1958 年）
UNCLOS II	Second United Nations Conference on the Law of the Sea, 1960 第二次联合国海洋法会议（1960 年）
UNCLOS III	Third United Nations Conference on the Law of the Sea, 1973-82 第三次联合国海洋法会议（1973 年至 1982 年）
UNTS	United Nations Treaty Series 《联合国条约集》

地 名 对 照 表

标准地名	英文别名
北礁 Bei Jiao	North Reef
北子岛 Beizi Dao	Northeast Cay
赤瓜礁 Chigua Jiao	Johnson (South) Reef
东门礁 Dongmen Jiao	Hughes Reef
东沙群岛 Dongsha Qundao	Pratas Islands
费信岛 Feixin Dao	Flat Island
海马滩 Haima Tan	Seahorse Bank/Routh Bank
鸿庥岛 Hongxiu Dao	Namyit Island
华阳礁 Huayang Jiao	Cuarteron Reef
黄岩岛 Huangyan Dao	Scarborough Shoal
景宏岛 Jinghong Dao	Sin Cowe Island
礼乐滩 Liyue Tan	Reed Bank
马欢岛 Mahuan Dao	Nanshan Island
美济礁 Meiji Jiao	Mischief Reef
南海诸岛 Nanhai Zhudao	South China Sea Islands
南康暗沙 Nankang Ansha	South Luconia Shoals
南沙群岛 Nansha Qundao	Spratly Island Group (“Spratlys”)
南威岛 Nanwei Dao	Spratly Island/Storm Island
南薰礁 Nanxun Jiao	Gaven Reefs
南钥岛 Nanyao Dao	Loaita Island
南子岛 Nanzi Dao	Southwest Cay
仁爱礁 Ren’ai Jiao	Second Thomas Shoal
双黄沙洲 Shuanghuang Shazhou	Loaita Southwest Reef/Loaita Nan Reef

双子群礁 Shuangzi Qunjiao	North Danger Reefs
司令礁 Siling Jiao	Commodore Reef
太平岛 Taiping Dao	Itu Aba Island
万安滩 Wan'an Tan	Vanguard Bank
西门礁 Ximen Jiao	McKennan Reef
雄南滩 Xiongnan Tan	Marie Louisa Bank/Reported Reef
西沙群岛 Xisha Qundao	Paracel Islands
西月岛 Xiyue Dao	West York Island
永兴岛 Yongxing Dao	Woody Island
永暑礁 Yongshu Jiao	Fiery Cross Reef
曾母暗沙 Zengmu Ansha	James Shoal
郑和群礁 Zhenghe Qunjiao	Tizard Reefs (Bank)
中业岛 Zhongye Dao	Thi-Tu Island
渚碧礁 Zhubi Jiao	Subi Reef

引　言

1. 中国陆地领土包括中国大陆及其沿海岛屿、台湾岛及其包括钓鱼岛在内的附属各岛、澎湖列岛、东沙群岛、西沙群岛、中沙群岛、南沙群岛以及其他一切属于中国的岛屿。中国是南海沿海国之一，与菲律宾海岸相向；中国中沙群岛和南沙群岛同菲律宾群岛之间的距离不足200海里。自20世纪70年代起，菲律宾非法侵占中国南沙群岛部分岛礁，由此引发中菲两国在南海的领土问题。菲律宾还自1997年起对中国中沙群岛的黄岩岛非法提出领土主张。此外，随着国际海洋法制度的发展，中菲两国在南海部分海域还产生了海洋划界争议。中菲两国就通过谈判协商解决在南海的有关争议早已达成共识。

2. 2013年1月22日，菲律宾援引《联合国海洋法公约》（以下简称"《公约》"）第287条和附件七的规定，单方面将中菲在南海有关领土和海洋划界的争议包装为若干单独的《公约》解释或适用问题提起仲裁（以下简称"南海仲裁案"）。2013年2月19日，中国政府明确拒绝菲律宾的仲裁请求。应菲律宾单方面请求建立的仲裁庭不顾对中菲有关争议明显没有管辖权的事实，不顾中国强烈反对，执意推进仲裁，于2015年10月29日就管辖权和可受理性问题作出裁决（以下简称"《管辖权裁决》"），并于2016年7月12日就实体问题以及剩余管辖权和可受理性问题作出裁决（以下简称"《7月12日裁决》"）。

3. 中国自始坚持不接受、不参与菲律宾所提仲裁，始终反对推进仲裁程序。在仲裁庭作出两份裁决后，中国政府均当即郑重声明，裁决是无效的，没有拘束力，中国不接受、不承认。

4. 中国国际法学会作为全国性国际法学术团体，始终关注这一涉及诸多重大复杂法律问题的仲裁案，对仲裁庭所作裁决进行了全面、深入的研究，认为仲裁庭对于菲律宾所有诉求均无管辖权，其越权作出的两份裁决缺乏事实和法律依据，不具法律效力。仲裁庭越权裁判，对不属于《公约》调整范围的领土主权问题和已被中国排除适用强制程序的海洋划界问题错误地进行管辖，罔顾中菲两国已就谈判解决在南海的争端达成协议的事实，侵犯中国作为《公约》缔约国自主选择争端解决方式的权利。仲裁庭枉法裁判，在诸多问题上错误地解释和适用《公约》条款，背离《公约》缔约原意、宗旨和目的。仲裁庭错误地否定中国在南海的历史性权利，错误地否定中国南沙群岛、中沙群岛作为群岛的法律地位、错误地将中沙群岛黄岩岛和南沙群岛中的所有岛屿均认定为不能维持人类居住或其本身经济生活的岩礁，并主观臆断中国在南海的相关活动为非法。

5. 这样的裁决不但无助于解决中菲在南海的有关争端，反而使南海问题更为复杂化。这样的裁决损害《公约》的完整性和权威性，挑战国际海洋法律秩序，背离国际法治基本要求，危及国际社会整体利益。为匡正视听，维护南海的和平稳定，促进国际法治，中国国际法学会认为有必要尽一己之力，从法律角度对仲裁庭裁决予以全面评析，揭示其谬误。

6. 为此，中国国际法学会组织团队历时一年多时间（2016 年 9 月至 2017 年 12 月）撰写出对仲裁裁决的研究成果，先后有 60 多位在法律、国际关系、历史、地理等领域的专家学者参加此项工作。中国国际法学会还邀请 20 多位来自中国大陆、台湾、香港、澳门和海外的专家学者，就相关具体问题予以指导和评审。本书完成于 2017 年 12 月，是集体创作的成果，代表了中国国际法学界对仲裁裁决的立场。

7. 本书分为引言、正文七章和结论：

第一章将概述南海仲裁案的背景和历程，并系统介绍中国不接受、不参与菲律宾所提仲裁以及不接受、不承认仲裁庭裁决的立场主张。

第二章将阐明仲裁庭对南海仲裁案明显没有管辖权，越权审理，以及违反“不诉不理”原则对超出菲律宾所提诉求的事项作出认定和裁决。

第三章将阐明仲裁庭未尽责考察菲律宾诉求修改所带来的可受理性问题。

第四章将针对仲裁庭就菲律宾第 1 项和第 2 项诉求所作裁决，阐明仲裁庭错误处理《公约》与历史性权利的关系并错误否定中国在南海拥有的历史性权利。

第五章将针对仲裁庭就菲律宾第 3 项至第 7 项诉求所作裁决，阐明仲裁庭错误地分割、孤立处理南沙群岛和中沙群岛所属岛礁的法律地位及其海洋权利问题，错误解释和适用法律，特别是《公约》第 121 条“岛屿制度”。

第六章将针对仲裁庭就菲律宾第 8 项至第 14 项诉求所作裁决，阐明仲裁庭错误否定中国在南海相关活动的合法性，错误认定中国相关活动“加剧或扩大争端”。

第七章将阐明仲裁庭在确保正当程序和证据使用方面存在谬误或瑕疵。

结论部分将概括说明仲裁庭越权裁判，其裁决缺乏事实和法律依据，中国政府关于裁决非法无效的立场有充分理据。这种非法无效的裁决冲击国际法治。

第一章

南海仲裁案的背景、历程与中国政府立场

8. 2013年1月22日，菲律宾援引《公约》包括附件七针对中国单方面提起仲裁。中国政府一再申明不接受、不参与的严正立场。仲裁庭执意推进仲裁程序，于2015年10月29日作出《管辖权裁决》，并于2016年7月12日作出《7月12日裁决》。中国坚持不接受、不承认这两份裁决。本章将概述南海仲裁案提起的背景、历程和中国政府立场。

一、南海仲裁案的背景

9. 南海位于中国大陆的南面，通过狭窄的海峡或水道，东与太平洋相连，西与印度洋相通，是一个东北—西南走向的半闭海。南海北靠中国大陆和台湾岛，南接加里曼丹岛和苏门答腊岛，东临菲律宾群岛，西接中南半岛和马来半岛。中国南海诸岛包括东沙群岛、西沙群岛、中沙群岛和南沙群岛（见图一）。这些群岛分别由数量不等、大小不一的岛、礁、滩、沙等组成。其中，南沙群岛的岛礁最多，范围最广。[1] 中国的中沙群岛和南沙群岛与菲律宾群岛不足200海里。

10. 南海诸岛是中国的固有领土。中国在南海的活动已有2000多年的历史。中国最早发现、命名和开发利用南海诸岛及相关海域，最早并持

---

[1] 中华人民共和国国务院新闻办公室，《中国坚持通过谈判解决中国与菲律宾在南海的有关争议》（2016年7月），第1-2段，http://www.mfa.gov.cn/nanhai/chn/snhwtlcwj/t1380600.htm。

续、和平、有效地对南海诸岛及相关海域行使主权和管辖。中国对南海诸岛的主权和在南海的相关权益，是在漫长的历史过程中确立的，具有充分的历史和法理依据。[2]

11. 中国和菲律宾隔海相望，交往密切，人民世代友好，原本不存在领土和海洋划界争议。然而，自 20 世纪 70 年代起，菲律宾开始非法侵占中国南沙群岛部分岛礁，由此产生中菲南沙群岛部分岛礁领土问题，并成为中菲南海有关争议的核心。1997 年以后，菲律宾还对中国中沙群岛的黄岩岛提出非法领土主张。中国坚决反对菲律宾侵占和觊觎中国领土的行为。此外，随着国际海洋法的发展，两国在南海部分海域还出现了海洋划界争议。

12. 中国在涉及领土主权和海洋权利的问题上，一贯坚持由直接有关的国家通过谈判的方式和平解决争端。中菲已就通过谈判协商解决两国在南海的有关争议达成共识，并在双边文件中多次予以确认。中国和包括菲律宾在内的东盟国家在 2002 年共同签署的《南海各方行为宣言》（以下简称“《宣言》”）中还就由直接相关国家通过磋商谈判解决有关领土和管辖权的争议作出郑重承诺。[3] 在菲律宾单方面提起南海仲裁案之前，中菲两国尚未举行旨在解决南海有关争议的任何谈判，但已就妥善处理海上争议进行多次磋商。

13. 中国坚持根据包括《公约》在内的国际法通过谈判和平解决与直接有关的当事国在南海的领土和海洋权益争端。《公约》共分 17 部分，320 条，此外还有 9 个附件，规定了领海和毗连区、用于国际航行的海峡、群岛国、专属经济区、大陆架、公海、岛屿制度、闭海或半闭海、内陆国出入海洋的权利和过境自由、“区域”、海洋环境的保护和保全、海洋科学研究、海洋技术的发展和转让、争端的解决等。其中，《公约》第十五部分处理有关《公约》解释或适用争端的解决。陆地领土事宜不属于《公约》调整范围，相关争端的解决也不在第十五部分的调整范围内。根据《公约》第 298 条，缔约国可以书面声明，将涉及海洋划界、历史性海湾或所有权、军事和执法活动以及安理会执行《联合国宪章》所赋予的职务等争端排除适用有关强制程序。中国于 2006 年依据《公约》第 298 条作出声明，将上述有关争端全部排除在《公约》强制程序之外。

---

[2] 同上注，第 3 段。

[3]《南海各方行为宣言》第四条。

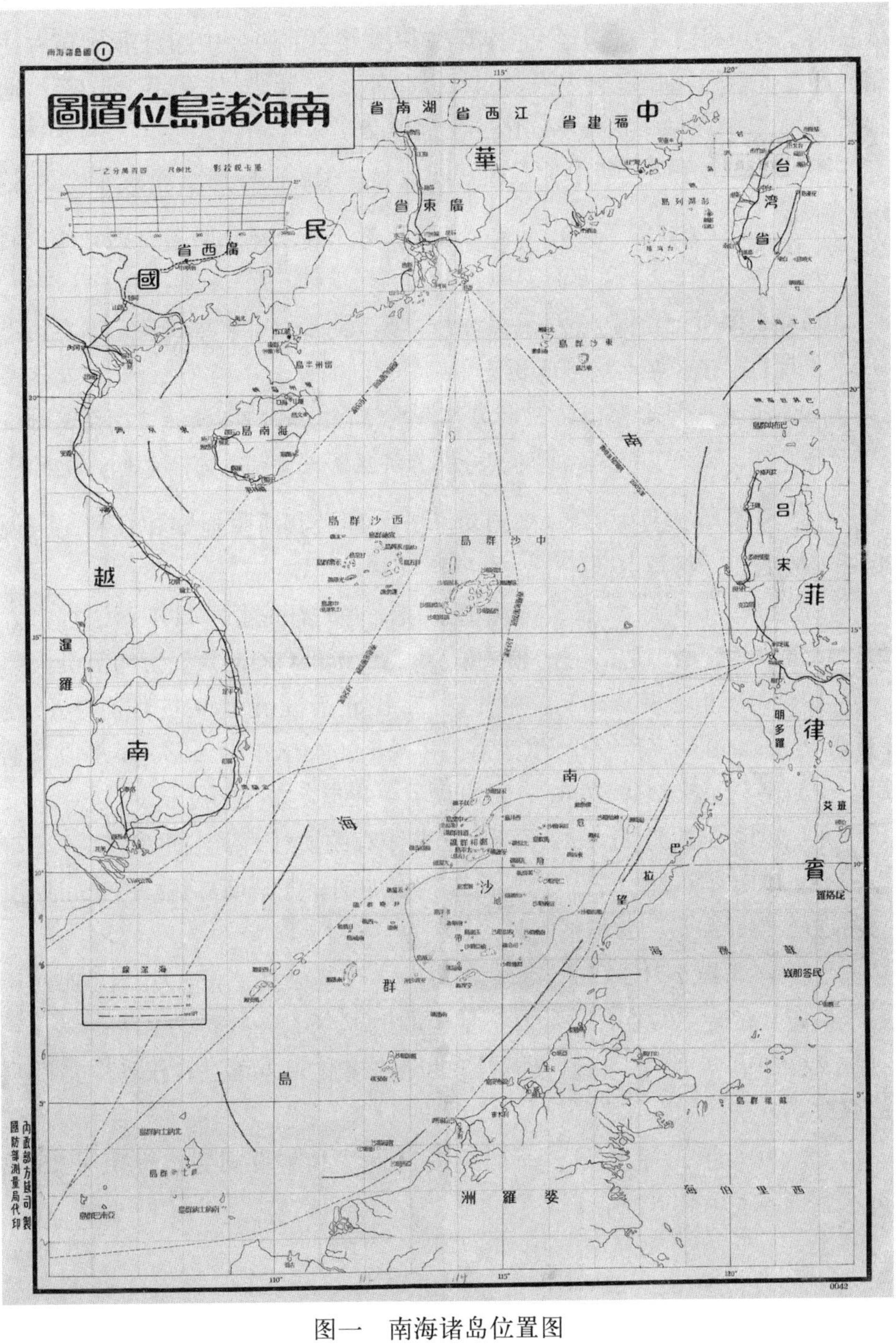

图一　南海诸岛位置图

（自 1947 年开始，中国在公开出版的地图上一直标绘有南海断续线。）

二、南海仲裁案的历程

14. 2013年1月22日，菲律宾共和国外交部照会中国驻菲律宾大使馆，递交仲裁通知和权利主张说明，提起仲裁。[4] 菲律宾还指定德国籍吕迪格·沃尔夫鲁姆（Rüdiger Wolfrum）为仲裁员。[5]

15. 菲律宾在照会所附仲裁通知和权利主张说明中请求仲裁庭：

> （1）宣布当事国对南海的水域、海床和海洋地物各自拥有的权利和义务，受《公约》规制，中国以其"九段线"为基础的主张与《公约》不符，因而无效；（2）根据《公约》第121条，裁定中国和菲律宾均提出权利主张的某些海洋地物是岛屿、低潮高地或者水下浅滩，以及这些地物能否产生大于12海里的海洋区域权利；并（3）使菲律宾得以行使和享有《公约》确定的菲律宾专属经济区和大陆架之内和之外的权利。[6]

16. 2013年2月19日，中国对菲方来照及其所附通知和权利主张说明不予接受，并将其退回。

17. 2013年3月23日，国际海洋法法庭时任庭长、日本籍法官柳井俊二指定波兰籍斯坦尼洛夫·帕夫拉克（Stanislaw Pawlak）为仲裁员。

18. 2013年4月24日，柳井俊二指定法国籍让–皮埃尔·科特（Jean-Pierre Cot）、荷兰籍阿尔弗雷德·松斯（Alfred H. A. Soons）以及斯里兰卡籍平托（M.C.W. Pinto）为仲裁员，并指定平托为庭长。

19. 2013年5月21日，平托鉴于菲律宾的质疑，退出仲裁庭。

20. 2013年6月21日，柳井俊二指定加纳籍托马斯·门萨（Thomas A. Mensah）为仲裁员，并担任庭长。

21. 2014年2月28日，菲律宾请求修改其权利主张说明，增加一项关于确定"仁爱礁"在《公约》下地位的请求。

22. 2014年3月11日，仲裁庭批准并接受菲律宾对其权利主张说明的修改。

23. 2014年3月30日，菲律宾提交诉状和附件材料，提出了15项诉求。[7]

---

[4] 菲律宾外交部第13-0211号照会。

[5] 同上注，附件：仲裁通知和权利主张说明，第42段。

[6] 同上注，第6段。

[7] Memorial of the Philippines, Vol. I, pp.271-272.

24. 2015 年 7 月 7–8 日和 13 日，仲裁庭举行两轮管辖权庭审，只有菲律宾出庭答辩。印度尼西亚、日本、马来西亚、泰国和越南等国作为观察员派团旁听。

25. 2015 年 10 月 29 日，仲裁庭作出《管辖权裁决》：

A. 认定仲裁庭根据《公约》附件七合理组建；

B. 认定中国不出庭不使仲裁庭丧失管辖权；

C. 认定菲律宾提起本仲裁不构成滥用程序；

D. 认定不存在其缺席将剥夺仲裁庭管辖权的不可或缺第三方；

E. 认定 2002 年中国—东盟 [原文如此]《南海各方行为宣言》、本裁决第 231 段至 232 段提及的当事国之间的联合声明、《东南亚友好合作条约》以及《生物多样性公约》，根据《公约》第 281 条或第 282 条，未排除诉诸《公约》第十五部分第二节规定的强制争端解决程序；

F. 认定争端双方已根据《公约》第 283 条的要求交换了意见；

G. 认定仲裁庭在本裁决第 400、401、403、404、407、408 和 410 段叙明的条件限制下，对菲律宾第 3、4、6、7、10、11 和 13 项诉求有管辖权；

H. 认定要确定仲裁庭对菲律宾第 1、2、5、8、9、12 和 14 项诉求是否有管辖权，涉及审理不完全是初步性质的问题，因此决定将对第 1、2、5、8、9、12 和 14 项诉求的管辖权的审理留予实体问题阶段；

I. 指令菲律宾澄清第 15 项诉求的内容，并缩小其范围，决定将对第 15 项诉求的管辖权的审理留予实体问题阶段；

J. 决定将本裁决中未裁定的所有事项留予以后审理和指令。[8]

26. 2015 年 11 月 24–26 日和 30 日，仲裁庭就案件实体问题以及剩余管辖权和可受理性问题举行两轮庭审，只有菲律宾出庭答辩。澳大利亚、印度尼西亚、日本、马来西亚、新加坡、泰国和越南等国作为观察员派团旁听。

27. 菲律宾对其诉求进行多次重大变更后，于 2015 年 11 月 30 日以书

---

[8]《管辖权裁决》第 413 段。

面形式提交15项“最终诉求”，要求仲裁庭裁决和宣布：

A. 本“最终诉求”B部分所有诉求，如果仲裁庭在2015年10月29日《管辖权和可受理性裁决》中尚未裁定有管辖权且可受理，则仲裁庭对其有管辖权，且完全可受理。

B.（1）中国在南海的海洋权利，同菲律宾的一样，不得超过《联合国海洋法公约》（简称《公约》）明文允许的范围；

（2）中国关于所谓“九段线”内南海海域的主权权利和管辖权以及“历史性权利”主张，如果超出《公约》明文允许的对中国海洋权利地理范围和实体内容的限制，超出部分违反《公约》，没有法律效力；

（3）黄岩岛不产生专属经济区或大陆架；

（4）美济礁、仁爱礁和渚碧礁是低潮高地，不产生领海、专属经济区或大陆架，并且是不得通过占领或其他方式据为领土的地物；

（5）美济礁和仁爱礁是菲律宾专属经济区和大陆架的一部分；

（6）南薰礁和西门礁（包括东门礁）是低潮高地，不产生领海、专属经济区或大陆架，但是其低潮线可分别用于确定测算鸿庥岛和景宏岛领海宽度的基线；

（7）赤瓜礁、华阳礁和永暑礁不产生专属经济区或大陆架；

（8）中国非法干扰菲律宾享有和行使对其专属经济区和大陆架生物和非生物资源的主权权利；

（9）中国非法地未阻止本国国民和船只在菲律宾专属经济区内开发生物资源；

（10）中国通过干扰菲律宾渔民在黄岩岛的传统捕鱼活动，非法阻止他们谋求生计；

（11）中国在黄岩岛、仁爱礁、华阳礁、永暑礁、南薰礁、赤瓜礁、东门礁和渚碧礁违反《公约》下保护和保全海洋环境的义务；

（12）中国对美济礁的占领和在其上的建设活动：

（a）违反《公约》关于人工岛屿、设施和结构的规定；

（b）违反中国在《公约》下保护和保全海洋环境的责任；且

（c）构成试图据为己有的非法行为，违反《公约》；

（13）中国违背《公约》义务，以危险方式操作其执法船舶，引发与菲律宾在黄岩岛附近航行的船舶发生碰撞的严重风险；

（14）自2013年1月本仲裁启动以来，中国通过包括以下在内的行为，非法加剧和扩大争端：

（a）干扰菲律宾在仁爱礁及其附近水域的航行权利；

（b）阻止菲律宾在仁爱礁驻扎人员的轮换和补给；

（c）危害菲律宾在仁爱礁驻扎人员的健康和福祉……；和

（d）在美济礁、华阳礁、永暑礁、南薰礁、赤瓜礁、东门礁和渚碧礁从事挖沙、人工岛屿的建造和建设活动；以及

（15）中国应尊重菲律宾在《公约》下的权利和自由，遵守其在《公约》下的义务，包括保护和保全南海的海洋环境，并且在南海行使其权利和自由时，应适当顾及菲律宾在《公约》下的权利和自由。[9]

28. 2016 年 7 月 12 日，仲裁庭公布裁决，确认其《管辖权裁决》，并裁定对菲律宾所提第 1 至 13 项和第 14（d）项诉求具有管辖权，且这些诉求都具有可受理性；对第 14（a）、（b）、（c）项诉求，由于涉及军事活动，无管辖权；对第 15 项诉求，因为不存在争端，不需要作出裁决。[10] 裁决主文如下：

A. 关于管辖权，仲裁庭

（1）认定，中国在南海的主张不包括对南海水域主张《公约》第 298（1）（a）（i）条规定含义中的“历史性所有权”，因此仲裁庭对菲律宾第 1 项和第 2 项诉求有管辖权；

（2）关于菲律宾的第 5 项诉求，认定：

a. 在美济礁和仁爱礁 200 海里范围内，没有任何中国主张的海洋地物构成《公约》第 121 条下享有完全海洋权利的岛屿，因此在美济礁和仁爱礁 200 海里范围内，没有任何中国主张的海洋地物有能力产生专属经济区或大陆架；

b. 美济礁和仁爱礁是低潮高地，由此，没有资格产生自身的海洋区域；

c. 在美济礁或仁爱礁区域，不存在对专属经济区或大陆架的权利重叠；且

d. 仲裁庭对菲律宾第 5 项诉求有管辖权；

（3）关于菲律宾第 8 项和 9 项诉求，认定：

---

[9]《7 月 12 日裁决》第 112 段。

[10] 同上注，第 1203 段。

a. 在美济礁和仁爱礁 200 海里范围内，没有任何中国主张的海洋地物构成《公约》第 121 条下享有完全海洋权利的岛屿，因此在美济礁和仁爱礁 200 海里范围内，没有任何中国主张的海洋地物有能力产生专属经济区或大陆架；

b. 美济礁和仁爱礁是低潮高地，由此，没有资格产生自身的海洋区域；

c. 礼乐滩是完全没入水下的礁石构造，不能产生任何海洋权利；

d. 在美济礁和仁爱礁区域，或菲律宾的 GSEC101 区块、区域 3、区域 4 或 SC58 油区，都不存在对专属经济区和大陆架的权利重叠；

e.《公约》第 297（3）（a）条和《公约》第 298（1）（b）条下的执法例外不适用于此争端；且

f. 仲裁庭对菲律宾第 8 项和第 9 项诉求有管辖权；

（4）认定，中国在华阳礁、永暑礁、南薰礁（北）、赤瓜礁、东门礁、渚碧礁和美济礁的填海和 / 或人工岛屿、设施和结构的建造活动不构成《公约》第 298（1）（b）条规定含义中的“军事活动”，仲裁庭对菲律宾第 11 项和第 12（b）项诉求有管辖权；

（5）关于菲律宾第 12（a）项和第 12（c）项诉求，认定：

a. 在美济礁和仁爱礁 200 海里范围内，没有任何中国主张的海洋地物构成《公约》第 121 条下享有完全海洋权利的岛屿，因此在美济礁和仁爱礁 200 海里范围内，没有任何中国主张的海洋地物有能力产生专属经济区或大陆架；

b. 美济礁和仁爱礁是低潮高地，由此，没有资格产生自身的海洋区域；

c. 在美济礁或仁爱礁区域，不存在对专属经济区和大陆架的权利重叠；且

d. 仲裁庭对菲律宾第 12（a）项和第 12（c）项诉求有管辖权；

（6）关于菲律宾第 14 项诉求，认定：

a. 中菲关于菲律宾在仁爱礁的海军人员和中国军舰及准军事船只的对峙涉及《公约》第 298（1）（b）条规定含义中的“军事活动”，仲裁庭对菲律宾第 14（a）至（c）项诉求无管辖权；

b. 中国在华阳礁、永暑礁、南薰礁（北）、赤瓜礁、东门礁、渚碧礁和美济礁的填海和 / 或人工岛屿、设施和结构的建造活动不构成

《公约》第298（1）（b）条规定含义中的"军事活动"，仲裁庭对菲律宾第14（d）项诉求有管辖权；

（7）关于菲律宾第15项诉求，认定，争端双方之间不存在需要仲裁庭行使管辖的争端；

（8）宣布，仲裁庭对菲律宾第1、2、3、4、5、6、7、8、9、10、11、12、13和14（d）项诉求所提事项有管辖权，这些诉求都可受理。

B. 关于当事国争端的实体问题，仲裁庭：

（1）宣布，就菲律宾和中国之间而言，其在南海的海洋权利范围受《公约》规制，这些权利不能超越《公约》限定的范围；

（2）宣布，就菲律宾和中国之间而言，中国就"九段线"相关部分所涵盖的南海海域主张的历史性权利、其他主权权利或管辖权，如果超出《公约》规定的中国的海洋权利的地理范围和实体内容，超出部分违反《公约》，是无效的；进一步宣布，《公约》取消了任何超出《公约》限定范围的历史性权利、其他主权权利或管辖权；

（3）关于南海地物的地位，认定：

a. 仲裁庭获得了充分的南海潮汐条件信息，以至于仲裁庭2015年10月29日《管辖权和可受理性裁决》第401段和第403段提及的对垂直基准面和潮汐模型选择的实际操作问题，不会对地物地位的确定产生阻碍；

b. 黄岩岛、南薰礁（北）、西门礁、赤瓜礁、华阳礁和永暑礁含有，或在其自然状态下确曾含有《公约》第121（1）条规定含义中的四面环水并在高潮时高于水面的自然形成的陆地区域；

c. 渚碧礁、南薰礁（南）、东门礁、美济礁和仁爱礁属于《公约》第13条规定含义中的低潮高地；

d. 渚碧礁位于中业岛以西礁盘上的高潮地物铁线礁的12海里范围内；

e. 南薰礁（南）位于南薰礁（北）和鸿庥岛这两个高潮地物的12海里范围内；且

f. 东门礁位于西门礁和景宏岛这两个高潮地物的12海里范围内；

（4）宣布，作为低潮高地，美济礁和仁爱礁不产生领海、专属经济区或大陆架，不是可被据为领土的地物；

（5）宣布，作为低潮高地，渚碧礁、南薰礁（南）和东门礁不产生领海、专属经济区或大陆架，不是可被据为领土的地物，但可作为测算距其不超过领海宽度的高潮地物的领海宽度的基线；

（6）宣布，黄岩岛、南薰礁（北）、西门礁、赤瓜礁、华阳礁和永暑礁，在其自然状态下，属于《公约》第121（3）条规定含义中的不能维持人类居住或其本身的经济生活的岩礁，因此黄岩岛、南薰礁（北）、西门礁、赤瓜礁、华阳礁和永暑礁不产生专属经济区或大陆架；

（7）关于南海其他地物的地位，认定：

a. 在《公约》第121（3）条规定含义下，南沙群岛中没有任何高潮地物在其自然状态下能够维持人类居住或其本身的经济生活；

b. 南沙群岛中没有任何高潮地物可产生专属经济区或大陆架；且

c. 因此，中国主张的任何地物都产生不了对专属经济区和大陆架的权利，能与菲律宾在美济礁和仁爱礁地区的权利相重叠；并宣布，美济礁和仁爱礁在菲律宾的专属经济区和大陆架内；

（8）宣布，中国通过其海监船在2011年3月1日和2日针对“维利塔斯”号的行动，违反了在《公约》第77条下对菲律宾在礼乐滩区域大陆架的非生物资源主权权利的义务；

（9）宣布，中国颁布2012年南海休渔令，未排除位于菲律宾专属经济区内的南海区域，未将休渔令限于悬挂中国国旗的船只，违反了在《公约》第56条下对菲律宾在专属经济区内生物资源的主权权利的义务；

（10）关于中国船只在美济礁和仁爱礁的捕鱼活动，认定：

a. 2013年5月，悬挂中国国旗船只上的渔民在菲律宾专属经济区内的美济礁和仁爱礁进行捕鱼活动；且

b. 中国通过其海监船的行动，知悉、容忍而且未尽责阻止悬挂中国国旗船只的这些捕鱼活动；且

c. 因此，中国未适当顾及菲律宾在其专属经济区内对渔业的主权权利；并

宣布，中国违反在《公约》第58（3）条下的义务；

（11）认定，黄岩岛是许多国家渔民的传统渔场，并宣布，中国通过官方船只2012年5月以来在黄岩岛的操作，非法阻止菲律宾渔民

在黄岩岛从事传统捕鱼活动；

（12）关于南海海洋环境的保护和保全，认定：

a. 悬挂中国国旗的船只上的渔民大量捕捞濒危物种；

b. 悬挂中国国旗船只上的渔民以严重破坏珊瑚礁生态系统的方式捕捞砗磲；且

c. 中国知悉、容忍、保护而且未阻止上述有害活动；并

宣布，中国违反在《公约》第192条和第194（5）条下的义务；

（13）有关南海海洋环境的保护和保全，进一步认定：

a. 中国在华阳礁、永暑礁、南薰礁（北）、赤瓜礁、东门礁、渚碧礁和美济礁的填海和人工岛屿、设施和结构的建造活动，对珊瑚礁生态系统造成了严重而不可修复的破坏；

b. 中国未就这些活动涉及的海洋环境保护和保全与其他南海沿岸国进行合作或协调；且

c. 中国未在《公约》第206条规定含义下，提送这些活动对海洋环境潜在影响的评价；并

宣布，中国违反在《公约》第123、192、194（1）、194（5）、197和206条下的义务；

（14）关于中国在美济礁人工岛屿、设施和结构的建造活动：

a. 认定，中国未经菲律宾授权在美济礁进行人工岛屿、设施和结构建造活动；

b. 忆及，（i）其关于美济礁是低潮高地的认定，（ii）其关于低潮高地不可被据为领土的宣告，（iii）其关于美济礁位于菲律宾专属经济区和大陆架内的宣告；

c. 宣布，针对菲律宾在其专属经济区和大陆架上的主权权利，中国违反《公约》第60条和第80条；

（15）有关中国执法船在黄岩岛附近的行动，认定：

a. 中国执法船于2012年4月28日和2012年5月26日的操作，对菲律宾的船只和人员造成了严重碰撞风险和危险；

b. 中国执法船于2012年4月28日和2012年5月26日的操作，违反了1972年《国际海上避碰规则公约》第2、6、7、8、15和16项规则；并

宣布，中国违反了在《公约》第94条下的义务；

（16）认定，在争端解决程序进行中，中国：

a. 在美济礁这一位于菲律宾专属经济区内的低潮高地上建造了一个大型人工岛屿；

b. 通过其填海和人工岛屿、设施和结构建造活动，对在美济礁、华阳礁、永暑礁、南薰礁（北）、赤瓜礁、东门礁和渚碧礁的珊瑚礁生态系统造成了严重且不可修复的破坏；且

c. 通过其填海和人工岛屿、设施和结构建造活动，永久性毁坏了美济礁、华阳礁、永暑礁、南薰礁（北）、赤瓜礁、东门礁和渚碧礁自然状况的证据；并

进一步认定，中国

d. 加剧了当事国关于各自在美济礁区域的权利的争端；

e. 加剧了当事国关于保护和保全美济礁区域海洋环境的争端；

f. 当事国关于保护和保全海洋环境的争端范围扩大至华阳礁、永暑礁、南薰礁（北）、赤瓜礁、东门礁和渚碧礁；且

g. 加剧了当事国关于南沙群岛中海洋地物的地位及其能否产生对海洋区域权利的争端；并

宣布，中国违反了在《公约》第279、296和300条和一般国际法下的义务，即避免采取任何可对执行即将作出的裁决产生不利影响的措施，以及更广泛来说，在争端解决程序进行中不容许任何可能加剧或扩大争端的步骤。[11]

三、中国政府对南海仲裁案的立场

29. 对菲律宾单方面提起南海仲裁案，中国通过外交照会、信函、声明、立场文件、外交部发言人谈话、发言人问答等多种方式一再反对提起仲裁和推进仲裁程序的任何做法和每一个步骤，表达中国不接受、不参与的坚定立场。中国退回了菲律宾及仲裁庭的所有文件。这一立场一以贯之，清晰明确。

30. 2013年2月19日，中国驻菲律宾共和国大使馆照会菲律宾共和国外交部，退回了菲律宾1月22日照会及所附仲裁通知和权利主张说明，表明如下立场：

[11]《7月12日裁决》第1203段。

中方在南海问题上的立场和主张是一贯的和明确的。中国对南海诸岛及其附近海域拥有无可争辩的主权。中国与菲律宾在南海争议的核心是南沙群岛部分岛礁的领土主权争议，双方在南海部分海域也存在海洋管辖权主张重叠问题。造成争议的直接原因是菲方非法侵占中国南沙群岛的部分岛礁。中方坚决反对菲方的非法侵占。

中菲领土争端悬而未决，但双方在通过双边谈判解决争议方面存在共识。菲方提起仲裁违背了中菲双方有关共识，违背了《南海各方行为宣言》中关于"由直接有关的主权国家通过友好磋商和谈判，以和平方式解决它们的领土和管辖权争议"的原则和精神。

菲方来照所附通知在事实上和法律上存在严重错误，包含许多对中方的不实指控。通知中还有数处内容严重违背一个中国原则，损害中菲双边关系的政治基础，中方坚决反对。

基于上述，中方对菲方来照及其所附通知不予接受，并将其退回。

中国坚持通过双边谈判和平解决争端，并为维护南海稳定、促进区域合作做出了各种努力。2010年3月，中方向菲方正式提出建立"中菲海上问题定期磋商机制"的建议，中方亦曾多次向菲方提出重启两国间建立信任措施机制（CBMs），菲方至今均未作答复。中方希望菲方回到双边谈判解决争端的正确轨道上来。[12]

31. 2013年4月26日，中国外交部发言人就菲律宾推进设立仲裁庭事答记者问，其中表示：

20世纪70年代起，菲律宾违反《联合国宪章》和国际法原则，非法侵占了中国南沙群岛的部分岛礁，包括马欢岛、费信岛、中业岛、南钥岛、北子岛、西月岛、双黄沙洲和司令礁。中方一向坚决反对菲方的非法侵占，郑重重申要求菲方从中国岛礁上撤走一切人员和设施。

菲方在通知中声称"不要求对双方均主张的岛礁的主权归属进行判定"。1月22日菲方又公开表示，提起仲裁的目的是使菲中南海争端"获得一个持久的解决"。这本身就是自相矛盾的。而且，菲方以其对中国岛礁的非法侵占作为提起仲裁的基础，歪曲了中菲争端的基本事实。菲方企图以此否定中国的领土主权，使其非法侵占中国岛礁的

[12] 中华人民共和国驻菲律宾共和国大使馆（2013）第039号照会。

行为披上“合法化”外衣。菲方谋求这种所谓“持久的解决”企图及其手段，是中方绝对不会接受的。

按照国际法，特别是海洋法中的“陆地统治海洋”的原则，确定领土归属是海洋划界的前提和基础。菲方提出的仲裁事项实质上是两国在南海部分海域的海洋划界问题，这必然涉及相关岛礁主权归属，而领土主权问题不是《联合国海洋法公约》的解释和适用问题。因此，在中菲岛礁争端悬而未决的情况下，菲方提出的仲裁事项不应适用《公约》规定的强制争端解决程序。更何况中国政府于2006年已经根据《公约》第298条的规定提交了声明，将涉及海洋划界等争端排除在包括仲裁在内的强制争端解决程序之外。因此，菲方的仲裁主张明显不成立。中方拒绝接受菲方的仲裁要求，有充分的国际法根据。

从维护中菲双边关系和南海和平稳定大局出发，中方一贯致力于通过与菲律宾的双边谈判和协商解决有关争议。由直接有关的主权国家谈判解决领土和海洋权益争议，也是包括菲律宾在内的签署国在《南海各方行为宣言》中作出的承诺。《宣言》理应得到全面、认真落实。中方坚持按国际法的有关规定和《宣言》的有关精神，通过双边谈判解决领土和海洋划界争议。[13]

32. 2013年7月29日，针对仲裁庭7月12日第一号指令，正式指定常设仲裁法院[14]作为仲裁庭书记处，就《程序规则》草案征求中菲意见，并提供仲裁员所签“接受任命声明”和“公正独立声明”，中国通过照会重申不接受菲律宾所提起的仲裁，特将2013年7月12日仲裁庭致中国驻荷兰大使的函及所附文件退回，并强调该照会“不应被视为中国接受或参与了仲裁程序”。

33. 2014年12月7日，中国外交部受权发布《中华人民共和国政府关于菲律宾共和国所提南海仲裁案管辖权问题的立场文件》（以下简称“《立场文件》”）。[15] 12月8日，中国驻荷兰大使馆致函常设仲裁法院，要求其将中国的《立场文件》转交门萨、科特、帕夫拉克、松斯和沃尔夫鲁

---

[13] 外交部发言人华春莹就菲律宾推进设立涉中菲南海争议仲裁庭事答记者问（2013年4月26日），http://www.fmprc.gov.cn/ce/ceun/chn/fyrth/t1035477.htm.

[14] 严格地说，指定的是常设仲裁法院国际局而非常设仲裁法院本身。

[15] 《中华人民共和国政府关于菲律宾共和国所提南海仲裁案管辖权问题的立场文件》（2014年12月7日），http://www.fmprc.gov.cn/nanhai/chn/snhwtlcwj/t1368888.htm.

姆，并表示“转交上述立场文件不得被解释为中国接受或参与仲裁”。《立场文件》重申中国不接受、不参与仲裁的立场，并从法律角度全面阐述中国关于仲裁庭对菲律宾有关诉求没有管辖权的立场及其理据：

> 菲律宾提请仲裁事项的实质是南海部分岛礁的领土主权问题，超出《公约》的调整范围，不涉及《公约》的解释或适用；以谈判方式解决有关争端是中菲两国通过双边文件和《南海各方行为宣言》所达成的协议，菲律宾单方面将中菲有关争端提交强制仲裁违反国际法；即使菲律宾提出的仲裁事项涉及有关《公约》解释或适用的问题，也构成中菲两国海域划界不可分割的组成部分，而中国已根据《公约》的规定于2006年作出声明，将涉及海域划界等事项的争端排除适用仲裁等强制争端解决程序。因此，仲裁庭对菲律宾提起的仲裁明显没有管辖权。基于上述，并鉴于各国有权自主选择争端解决方式，中国不接受、不参与菲律宾提起的仲裁有充分的国际法依据。[16]

34. 2015年2月6日，中国驻荷兰大使陈旭致信门萨、帕夫拉克、科特、松斯、沃尔夫鲁姆，申明：

> 中国不接受、不参与菲律宾所提南海仲裁案，这是中国政府的既定立场，是一贯的、明确的，具有充分的国际法依据，不会改变。
>
> 基于不接受、不参与仲裁的立场，中国不对仲裁庭提出的问题进行回应和评论，这并非表明中国同意或不反对仲裁庭已经或可能提出的一切程序和实体问题，不得被任何方面在任何意义上作此理解或解释，更不得成为仲裁庭作出任何程序或实体安排、建议、命令、决定和裁定等的理由。中国政府强调指出，中国反对提起和推进仲裁程序的任何做法，反对所有要求中国答复的程序或步骤问题，例如第三方介入、“法庭之友”、实地考察等等，反对利用中国的不接受、不参与立场执意推进仲裁程序。
>
> 仲裁庭已经或可能作出的涉及中国的一切程序性和实质性安排、建议、命令、决定和裁定等都是无效的，对中国没有拘束力。
>
> 国际仲裁须以当事国明确同意为前提，并应充分尊重当事国的意愿。在中国申明不接受、不参与原则立场并阐明仲裁庭明显没有管辖

[16] 同上注，第3段。

权的情况下，有关方面仍继续推进仲裁，甚至还拟引入“法庭之友”、“第三方”等违反国际仲裁实践的程序，中国对此表示严重关切并坚决反对。[17]

35. 2015年7月1日，中国驻荷兰大使陈旭再次致信门萨、帕夫拉克、科特、松斯、沃尔夫鲁姆，申明：

一、同直接有关的当事国通过谈判协商解决有关领土和海洋权益争议，是中国政府的一贯政策和实践。在领土主权和海洋权益问题上，中国绝不接受强加的任何方案，绝不接受任何单方面诉诸第三方的争议解决办法。这是包括《联合国海洋法公约》在内的国际法赋予中方的合法权利。对菲律宾无视中国这项合法权利，违背与中方多次确认的共识及在《南海各方行为宣言》中的承诺，单方面就中菲南海争议提起的仲裁，中国政府坚持不接受、不参与的立场。

二、企图通过单方面提起和推进仲裁解决南海争议，不仅会干扰直接当事国通过谈判协商解决争议的努力，也会损害中国与东盟国家共同维护南海和平稳定的信心。

三、2014年12月7日发表的《中华人民共和国政府关于菲律宾共和国所提南海仲裁案管辖权问题的立场文件》及2015年2月6日我向你的致函已经明确阐述了中国政府对该案的立场。

四、基于上述，中国政府的有关表态和文件、及我的信件等，均不得被解释为中国以任何形式参与了仲裁程序。中国反对提起和推进仲裁程序的任何做法，不接受包括庭审程序在内的一切安排。[18]

36. 2015年7月14日，中国外交部发言人就仲裁庭管辖权和可受理性问题庭审结束答记者问，表示：

对于菲律宾无视中国根据包括《联合国海洋法公约》在内的国际法享有的合法权利，违背与中国多次确认的共识及在《南海各方行为宣言》中的承诺，单方面提起的南海仲裁案，中国已多次阐明“不接受、不参与”的立场。这一立场具有充分的国际法依据，具体请参阅

---

[17] Letter from the Ambassador of the People’s Republic of China to the Kingdom of the Netherlands to the individual members of the Tribunal (6 February 2015).

[18] Letter from the Ambassador of the People’s Republic of China to the Kingdom of the Netherlands to the individual members of the Tribunal (1 July 2015).

去年12月中国外交部受权发表的《中华人民共和国政府关于菲律宾共和国所提南海仲裁案管辖权问题的立场文件》。

……

中国反对菲律宾提起和推进仲裁程序的任何做法。在领土主权和海洋权益问题上，中国绝不接受强加于中国的任何方案，绝不接受单方面诉诸第三方争议解决办法。中国敦促菲律宾尽快回到谈判协商解决争议的正确轨道上来。[19]

37. 2015年8月24日，外交部发言人就仲裁庭公布管辖权问题庭审实录答记者问，指出：

中方对菲律宾单方面提起的南海仲裁案，一再表明不接受、不参与的立场。这一立场具有充分的国际法依据，不会改变。

……

菲方违背与中方多次确认的共识和在《南海各方行为宣言》中的承诺，无视中菲南海争议的核心是领土主权争议和海洋权益重叠问题，单方面将有关争议提交强制仲裁，违反国际法，滥用法律程序，严重侵犯中国作为主权国家和《公约》缔约国应享有的合法权利。菲方单方面提起并执意推进仲裁，企图否定中国在南海的领土主权和海洋权益，迫使中国在有关问题上妥协，不仅是不切实际的，不会有任何效果，还会损害《公约》的完整性，严重冲击国际海洋法秩序。

中方敦促菲方尊重国际法赋予中方的选择争端解决方式的权利，回到通过谈判协商解决南海有关争端的正确道路上来。[20]

38. 2015年10月30日，就仲裁庭作出《管辖权裁决》，中国外交部发表《中华人民共和国外交部关于应菲律宾共和国请求建立的南海仲裁案仲裁庭关于管辖权和可受理性问题裁决的声明》。声明指出，《管辖权裁决》“是无效的，对中方没有拘束力”。

39. 2015年11月25日，中国外交部发言人就仲裁庭举行实体问题以及管辖权和可受理性剩余问题庭审，重申仲裁庭没有管辖权以及中国不接

[19] 外交部发言人华春莹就应菲律宾请求建立的南海仲裁案仲裁庭管辖权和可受理性问题庭审结束答记者问（2015年7月14日），http://www.mfa.gov.cn/nanhai/chn/fyrbt/t1281116.htm.

[20] 外交部发言人华春莹就应菲律宾请求建立的南海仲裁案仲裁庭公布管辖权问题庭审实录答记者问（2015年8月24日），http://www.mfa.gov.cn/ce/ceke/chn/fyrth/t1290725.htm.

受、不参与仲裁的立场，并强调：

> 在领土主权和海洋权益问题上，中国不接受任何强加于中国的方案，不接受单方面诉诸第三方的争端解决办法。菲律宾企图通过仲裁否定中国在南海的领土主权和海洋权益，不会有任何效果。[21]

40. 2015 年 12 月 21 日，中国外交部发言人就仲裁庭公布实体问题以及管辖权和可受理性剩余问题的庭审实录答记者问，重申中国不接受、不参与仲裁的立场，并表示：

> 菲方在庭审中罔顾历史事实、国际法和国际正义，妄图否定中国对南海诸岛的主权，否定《开罗宣言》和《波茨坦公告》的效力，这恰恰说明中菲南海争议的本质就是领土争议，仲裁庭对本案完全没有管辖权，也恰恰说明所谓仲裁案是披着法律外衣的政治挑衅，其目的不是为了解决争议，而是妄图否定中国在南海的主权和海洋权益。
>
> 中国的领土主权只能由全体中国人民自己做主，任何其他人和机构都无权处置。在领土主权和海洋划界问题上，中国不接受任何诉诸第三方的争端解决办法。中方敦促菲方放弃不切实际的幻想，改弦易辙，回到通过谈判协商解决争议的正确道路上来。[22]

41. 2016 年 5 月 20 日，中国外交部发言人就中菲是否就菲律宾诉求事项进行过谈判答记者问，表示：

> ……菲律宾政府 2013 年 1 月单方面提起仲裁前，并未就有关事项与中方进行任何磋商或谈判，更谈不上用尽了双边谈判解决争议的手段。菲律宾单方面提起仲裁，既不符合《公约》规定的提起仲裁的条件，也不可能起到解决争议的作用，更不可能达到解决争议的目的。
>
> 中方一贯主张，中菲在南海的有关争议，只有通过双边谈判协商才能寻求真正解决。各方应鼓励菲律宾根据中菲双边共识、《南海各方行为宣言》和包括《公约》在内的国际法，与中方通过谈判和平解决争议。[23]

---

[21] 2015 年 11 月 25 日外交部发言人洪磊主持例行记者会，http://www.fmprc.gov.cn/web/fyrbt_673021/t1318322.shtml。

[22] 2015 年 12 月 21 日外交部发言人洪磊主持例行记者会，http://www.fmprc.gov.cn/web/fyrbt_673021/t1326378.shtml。

[23] 2016 年 5 月 20 日外交部发言人华春莹主持例行记者会，并转交仲裁员，http://www.fmprc.gov.cn/web/fyrbt_673021/t1365177.shtml。

42. 2016年6月3日，中国外交部发言人就中国南沙群岛太平岛地位问题答记者问，表示：

> 中国对包括太平岛在内的南沙群岛及其附近海域拥有无可争辩的主权。中国南沙群岛作为整体，拥有领海、专属经济区和大陆架。历史上，中国渔民曾常年居住在太平岛上，进行捕捞、挖井汲水、垦荒种植、盖房建庙、饲养禽畜等生产生活活动。对此，中国渔民世代传承下来的“更路簿”，以及上世纪30年代前许多西方航海志都有明确记载。
>
> 中国人民在太平岛的生产生活实践已充分证明，太平岛是岛，完全能够维持人类居住或其本身的经济生活。菲律宾试图将太平岛定性为“岩礁”，暴露出其提起仲裁的目的是企图否定中国对南沙群岛的主权及相关海洋权益，这是违反国际法的，完全不能接受的。[24]

43. 2016年6月8日，中国外交部发表《中华人民共和国外交部关于坚持通过双边谈判解决中国和菲律宾在南海有关争议的声明》，重申中国不接受、不参与仲裁的严正立场，强调通过双边谈判解决在南海的有关争议是中菲共识和承诺。声明指出：

> 菲律宾提起仲裁以来，单方面关闭了与中国通过谈判解决南海有关争议的大门，并违背双方达成的关于管控分歧的共识，采取一系列侵权和挑衅行动，导致中菲关系和南海局势的急剧恶化。中国坚决反对菲律宾的单方面行动，坚持不接受、不参与仲裁的严正立场，将坚持通过双边谈判解决中菲在南海的有关争议。[25]

44. 2016年6月10日，中国驻荷兰大使向门萨、帕夫拉克、科特、松斯、沃尔夫鲁姆转交中国国际法学会《菲律宾所提南海仲裁案仲裁庭的裁决没有法律效力》一文。该文指出，“仲裁庭对于菲律宾提出的所有仲裁事项均没有管辖权，其关于管辖权问题的裁决缺乏事实和法律依据，没有法律效力，其下一步就实体问题所作裁决也不产生任何法律效力。”[26]该

---

[24] 外交部发言人华春莹就太平岛有关问题答记者问（2016年6月3日），http://www.mfa.gov.cn/nanhai/chn/fyrbt/t1369175.htm。

[25]《中华人民共和国外交部关于坚持通过双边谈判解决中国和菲律宾在南海有关争议的声明》（2016年6月8日），http://www.mfa.gov.cn/nanhai/chn/snhwtlcwj/t1370477.htm。

[26] 中国国际法学会：菲律宾所提南海仲裁案仲裁庭的裁决没有法律效力，北京：法律出版社，2016年，第2页。

文还指出《管辖权裁决》的六大谬误：

> 第一，错误地认定菲律宾所提诉求构成中菲两国有关《公约》解释或适用的争端；
>
> 第二，错误地对不属于《公约》调整而本质上属于陆地领土主权问题的事项确定管辖权；
>
> 第三，错误地对已被中国排除适用强制程序的有关海域划界的事项确定管辖权；
>
> 第四，错误地否定中菲两国存在通过谈判解决相关争端的协议；
>
> 第五，错误地认定菲律宾就所提仲裁事项的争端解决方式履行了“交换意见”的义务；
>
> 第六，背离了《公约》争端解决机制的目的和宗旨，损害了《公约》的完整性和权威性。[27]

45. 2016年7月12日，就仲裁庭公布的《7月12日裁决》，中国外交部发表《中华人民共和国外交部关于应菲律宾共和国请求建立的南海仲裁案仲裁庭所作裁决的声明》，强调，“菲律宾提起仲裁违背中菲协议，违背《联合国海洋法公约》（“《公约》”），违背国际仲裁一般实践，仲裁庭不具有管辖权……该裁决是无效的，没有拘束力”；“仲裁庭的行为及其裁决严重背离国际仲裁一般实践，完全背离《公约》促进和平解决争端的目的及宗旨，严重损害《公约》的完整性和权威性，严重侵犯中国作为主权国家和《公约》缔约国的合法权利”；“中国在南海的领土主权和海洋权益在任何情况下不受仲裁裁决的影响，中国反对且不接受任何基于该仲裁裁决的主张和行动。”[28]

46. 2016年7月12日，中国政府还发表《中华人民共和国政府关于在南海的领土主权和海洋权益的声明》，重申中国在南海的领土主权和海洋权益。[29]

47. 2016年7月13日，中国政府发布《中国坚持通过谈判解决中国与菲律宾在南海的有关争议》白皮书（“白皮书”）。白皮书系统阐述了南

[27] 同上注。

[28]《中华人民共和国外交部关于应菲律宾共和国请求建立的南海仲裁案仲裁庭所作裁决的声明》（2016年7月12日），第1、3、4段，http://www.fmprc.gov.cn/nanhai/chn/snhwtlcwj/t1379490.htm.

[29] 参见《关于在南海的领土主权和海洋权益的声明》（2016年7月12日），http://www.fmprc.gov.cn/nanhai/chn/snhwtlcwj/t1380021.htm.

海诸岛是中国固有领土，中菲南海有关争议的由来，中菲已就解决南海有关争议达成共识，菲律宾一再采取导致争议复杂化的行动以及中国处理南海问题的政策。白皮书再次强调：

> 菲律宾单方面提起仲裁违反包括《公约》争端解决机制在内的国际法。应菲律宾单方面请求建立的南海仲裁案仲裁庭自始无管辖权，所作出的裁决是无效的，没有拘束力。中国在南海的领土主权和海洋权益在任何情况下不受仲裁裁决的影响。中国不接受、不承认该裁决，反对且不接受任何以仲裁裁决为基础的主张和行动。[30]

[30] 《中国坚持通过谈判解决中国与菲律宾在南海的有关争议》（2016 年 7 月），第 120 段，http://www.fmprc.gov.cn/nanhai/chn/snhwtlcwj/t1380600.htm.

第二章

管辖权问题

48.《公约》附件七第9条规定，“如争端一方不出庭或对案件不进行辩护，……仲裁法庭在作出裁决前，必须不但查明对该争端确有管辖权，而且查明所提要求在事实上和法律上均确有根据”。

49. 当代国际体系建立在主权平等基础之上。国家同意原则是国际争端解决机制的基石和合法性来源。基于这一原则，任何国际司法或仲裁机构对国家间的争端确立和行使管辖权必须以当事国的同意为基础。[1]1899年和1907年海牙《和平解决国际争端公约》、《常设国际法院规约》和《国际法院规约》及有关案例都确认了这一原则。[2]

50.《公约》有关争端解决的第十五部分也体现了国家同意原则。出席第三次联合国海洋法会议的各国代表经过长期艰苦的谈判，作为一揽子协议的要件达成了解决有关《公约》解释或适用争端的第十五部分。根据《公约》第十五部分中的第287条，除其他外，缔约国可以选择按照附件七组成的仲裁庭解决它们之间的争端。如果没有选择

---

[1] 参见 International Court of Justice, “Basis of the Court’s Jurisdiction”, http://www.icj-cij.org/en/baisis-of-jurisdiction/. 常设国际法院在“东卡雷利亚咨询意见案”中强调：“没有任何一个国家可以不经其同意，被迫将其与其他国家的争端提交给调解、仲裁或其他任何和平解决方式，此规则已在国际法上牢固确立”，载于 Status of Eastern Carelia, Advisory Opinion of 23 July 1923, P.C.I.J., Series. B, No.5, p.7, at 27. 国际法院在“保加利亚、匈牙利和罗马尼亚和平条约解释咨询意见案”中再次确认：“争端当事国同意是法院在诉讼案件中行使管辖权的基础”，载于 Interpretation of Peace Treaties with Bulgaria, Hungary and Romania, Advisory Opinion, I.C.J. Reports 1950, p.65, at 71.

[2] 参见1899年和1907年《和平解决国际争端公约》第四编“国际仲裁”有关规定、《常设国际法院规约》第36条和《国际法院规约》第36条。

或者没有选择同一程序，应视为已接受附件七所规定的仲裁。附件七规定的仲裁庭管辖权不能超越《公约》第十五部分的授权范围，否则就超越缔约国的同意。

51.《公约》第288条第1款明确规定，“第二八七条所指法院或法庭，对于按照本部分向其提出的有关本公约的解释或适用的任何争端，应具有管辖权”。

《公约》第288条第1款明文规定将争端解决机制的属事管辖权限于“有关本公约的解释或适用的争端”。《公约》第十五部分的许多其他条款也都使用“有关本公约的解释或适用”的修饰语来限定要解决的“争端”。[3]

《公约》第十五部分对强制程序的适用作出了具体规定。其中，第一节规定争端各方有和平解决争端的义务，并应尊重当事方就争端解决方法自行作出的选择；第二节规定有关争端只有在诉诸第一节而仍未得到解决的情况下，并在第三节的限制下，争端方可诉诸导致有拘束力裁判的强制程序；第三节规定了导致有拘束力裁判的强制程序的限制和例外。

52. 基于《公约》上述规定，本案中为查明对菲律宾提出的诉求是否“确有管辖权”：

首先，仲裁庭应确定中菲就菲律宾的诉求是否存在有关《公约》解释或适用的争端。这不仅要求仲裁庭查明中菲就菲律宾的诉求存在争端，而且要求仲裁庭查明争端所涉事项属于《公约》调整范围。如果有关争端事项不属于《公约》调整范围，例如陆地领土主权问题，则不适用《公约》争端解决机制，[4] 仲裁庭没有管辖权。

其次，仲裁庭还应查明是否适用《公约》第十五部分第三节规定的限制和例外情形。其中，第298条第1款允许缔约国将关于划定海洋边界的争端、涉及历史性海湾或所有权的争端、关于军事和执法活

---

3 《公约》第279-284条，第286-287条，第297条。

4 参见Chagos Marine Protected Area (Mauritius v. United Kingdom), Award of 18 March 2015, Arbitral Tribunal under Annex VII of the UNCLOS, paras.214-219.

动的争端、正由联合国安理会执行《联合国宪章》所赋予的职务的争端排除适用《公约》第十五部分第二节规定的强制程序。

2006 年 8 月 25 日，中国依据《公约》第 298 条的规定向联合国秘书长提交声明。声明称："关于《公约》第二百九十八条第 1 款 (a)、(b) 和 (c) 项所述的任何争端，中华人民共和国政府不接受《公约》第十五部分第二节规定的任何程序。"[5] 通过这一声明，中国明确将《公约》第 298 条第 1 款所指争端全部排除适用第二节的强制程序，包括附件七仲裁程序。[6]

再次，如果确定就菲律宾的诉求中菲存在有关《公约》解释或适用的争端，仲裁庭还应查明相关争端是否"诉诸第一节而仍未得到解决"，即争端提交第二节规定的仲裁前是否已满足第一节所规定的条件。例如，第 281 条要求，如已协议用自行选择的和平方法来谋求解决争端，则只有在诉诸这种方法而仍未得到解决以及争端各方间的协议并不排除任何其他程序的情形下，才适用本部分所规定的程序。第 283 条则有关于交换意见义务的要求。

53．中国作为《公约》缔约国已接受《公约》第十五部分关于争端解决的规定，但这种接受以《公约》的上述框架为限。尽管《公约》第 288 条第 4 款规定"对于法院或法庭是否具有管辖权如果发生争端，这一问题应由该法院或法庭以裁定解决"，但仲裁庭在行使这一权力时，要谨记并充分尊重《公约》对管辖权的限制，真诚对待当事国援

---

[5] Declaration made by China after ratification (25 August 2006), http://www.un.org/depts/los/convention_agreements/convention_declarations.htm#China after ratification.

[6] 另外，菲律宾在签署《公约》时提交了一份谅解，1984 年批准《公约》时又对谅解进行了确认。该谅解可被解读为，菲律宾将涉及主权或者对其主权可能产生不利影响的争端排除适用《公约》强制程序。值得注意的是该谅解的第 4 段和第 8 段：

> 4. 签署［《公约》］不以任何方式妨碍或影响菲律宾共和国对其行使主权权威的领土的主权，例如卡拉延岛群及其附属水域。
>
> 8. 菲律宾共和国同意将《公约》第 298 条下的争端提交《公约》规定的任何程序以和平解决，不能认为是对菲律宾主权的减损。

Understanding made by the Philippines upon signature (10 December 1982) and confirmed upon ratification (8 May 1984), http://www.un.org/Depts/los/convention_agreements/convention_declarations.htm.

引排除性声明的意图。[7] 仲裁庭不得违反《公约》的规定，对超越管辖权的事项行使管辖权；否则，就违背国家同意原则，破坏《公约》第十五部分的微妙平衡。正如中国政府在《立场文件》中指出：

> 中国重视《公约》强制争端解决程序在维护国际海洋法律秩序方面的积极作用。中国作为《公约》缔约国，接受了《公约》第十五部分第二节有关强制争端解决程序的规定。但是，中国接受该规定的适用范围不包括领土主权争端，不包括中国与其他缔约国同意以自行选择的方式加以解决的争端，也不包括《公约》第二百九十七条和中国2006年根据《公约》第二百九十八条所作声明排除的所有争端。对于菲律宾所提仲裁事项，中国从未接受《公约》第十五部分第二节规定的任何强制争端解决程序。[8]

54. 仲裁庭明知其管辖权受到《公约》上述限制，[9] 却毫不顾及并超越这些限制，作出了极端的《管辖权裁决》和《7月12日裁决》。仲裁庭认定，中菲就菲律宾的14项诉求存在有关《公约》解释或适用的争端，这些诉求既不涉及领土主权，也不涉及海洋划界；认定双方已将相关争端“诉诸第一节而仍未得到解决”；认定关于第3项、第4项、第6项、第7项、第10项、第11项和第13项诉求不存在第297条和第298条规定的限制和例外情形，对这些诉求具有管辖权；认定对第1项、第2项、第5项、第8项、第9项、第12项和第14项诉求，除第14(a)—(c)项诉求因涉及第298条规定的军事活动例外而被中国2006年声明排除管辖外，均有管辖权。[10]

55. 在上述裁定中，仲裁庭将不属于《公约》调整的事项纳入管辖，将中国已经明确排除适用强制程序的事项纳入管辖，错误认定中菲之间不存在通过谈判解决争端的协议以及菲律宾已履行交换意见义务，将菲律宾在请求中未提出的事项纳入管辖。仲裁庭上述做法超越

---

[7] 参见Abraham D. Sofaer, The Philippine Law of the Sea Action against China: Relearning the Limits of International Adjudication, 15 Chinese Journal of International Law (2016), p.295, at para.9.

[8] 《立场文件》第79段。

[9] 参见《管辖权裁决》第130-131段，第189-192、356、364-365段。

[10] 同上注，第397-412段；《7月12日裁决》第1203.A段。

《公约》规定的管辖权，刻意否定中国排除性声明应有的效力，违背国家同意原则。

56. 本章旨在揭示仲裁庭在管辖权问题上所犯错误，阐释仲裁庭对菲律宾的诉求明显没有管辖权。

第一节论述菲律宾诉求的主题事项是中菲在南海的领土和海洋划界问题，仲裁庭对菲律宾所有诉求都没有管辖权。

第二节揭示仲裁庭错误认定菲律宾诉求与中菲在南海的领土和海洋划界争议无关，进而越权行使管辖权。

第三节揭露仲裁庭错上加错，错误认定中菲就 14 项诉求分别存在有关《公约》解释或适用的争端。

第四节阐明仲裁庭错误认定本案不存在《公约》第 281 条规定的管辖权障碍的情况。

第五节阐明仲裁庭错误认定菲律宾已履行《公约》第 283 条规定的交换意见义务。

第六节揭示仲裁庭超出菲律宾诉求，越权审理或裁定多个事项，违背“不诉不理”原则。

第一节 仲裁庭对反映中菲领土和海洋划界争议的菲律宾诉求没有管辖权

57. 中菲两国在南海存在复杂的领土和海洋划界争议，这是不争的事实。仲裁庭对中菲间涉及领土和海洋划界的争议没有管辖权。菲律宾否认其诉求所涉事项与中菲领土和海洋划界争议有关；中国则认为菲律宾诉求实质上是南沙群岛部分岛礁和中沙群岛黄岩岛的领土问题，并构成中菲海洋划界不可分割的组成部分。厘清菲律宾诉求与中菲领土和海洋划界争议的关系，是确定仲裁庭对本案是否有管辖权的关键。

58. 本节将首先考察中菲在南海的领土和海洋划界争议的由来及其发展，然后讨论菲律宾诉求与中菲相关争议的关系，并揭示：（1）中菲在南海的争议涉及领土主权和海洋划界问题，它们相互交织在一起，应一体对待；（2）菲律宾诉求构成中菲领土和海洋划界争议的组成部分，并反映了这一争议的不同方面，不得将其割裂出来单独处理。

一、中菲在南海存在领土和海洋划界争议

59. 如前所述，中菲在南海的领土和海洋划界争议是 20 世纪 70 年代以后出现的。中菲南海有关争议的核心是菲律宾非法侵占中国南沙群岛部分岛礁而产生的领土问题。随着国际海洋法的发展，尤其是专属经济区和大陆架制度的建立，中菲在南海部分海域出现了海洋划界争议。

（一）中菲在南海领土问题的起源与发展

60. 中国对南海诸岛的主权在 20 世纪前未遭遇任何挑战。20 世纪 30 年代至 40 年代，日本在侵华战争期间以武力非法侵占中国西沙群岛和南沙群岛，中国人民对日本的侵略进行了英勇抵抗。第二次世界大战结束后，中国政府恢复对南海诸岛行使主权，派遣军政官员乘军舰前往西沙群岛和南沙群岛举行接收仪式，树碑立标，派兵驻守。中国还进行了地理测量，在此基础上于 1947 年核准了《南海诸岛新旧名称对照表》，对南海诸

岛及其组成部分进行重新命名。中国还于1948年在公开发行的官方地图上标绘南海断续线。中国对南海诸岛的主权得到国际社会广泛承认。

61. 1949年10月1日中华人民共和国成立以来，中国政府一直坚持并采取实际行动积极维护南海诸岛的主权。1958年《中华人民共和国政府关于领海的声明》和1992年《中华人民共和国领海及毗连区法》均明确规定，中华人民共和国的领土包括东沙群岛、西沙群岛、中沙群岛和南沙群岛等。1959年3月，中国政府在西沙群岛的永兴岛设立“西沙群岛、南沙群岛、中沙群岛办事处”。1969年3月，该办事处改称“广东省西沙群岛、中沙群岛、南沙群岛革命委员会”。1981年10月，该机构恢复“西沙群岛、南沙群岛、中沙群岛办事处”的称谓。1988年4月，中国设立海南省，管辖范围包括西沙群岛、南沙群岛、中沙群岛的岛礁及其海域。2012年6月，中国撤销海南省西沙群岛、南沙群岛、中沙群岛办事处，设立地级三沙市，管辖西沙群岛、中沙群岛、南沙群岛的岛礁及其海域。通过上述行动，中国一再重申在南海的领土主权和海洋权益。

62. 菲律宾的领土范围是由包括1898年《美西和平条约》（《巴黎条约》）、1900年《美西关于菲律宾外围岛屿割让的条约》（《华盛顿条约》）、1930年《关于划定英属北婆罗洲与美属菲律宾之间的边界条约》在内的一系列国际条约确定的。中国南海诸岛在菲律宾领土范围之外。菲律宾非法侵占中国南沙群岛部分岛礁是目前中菲两国在南海领土问题的根源。20世纪50年代，菲律宾曾企图染指中国南沙群岛，但在中国的坚决反对下收手。自20世纪70年代起，菲律宾非法侵占中国南沙群岛的马欢岛、费信岛、中业岛、南钥岛、北子岛、西月岛、双黄沙洲和司令礁等岛礁。1978年，菲律宾总统马科斯签署第1596号总统令，将中国南沙群岛部分岛礁并连同周边大范围海域称为“卡拉延岛群”，划设“卡拉延镇区”，非法列入菲律宾领土范围。此外，菲律宾还通过一系列国内立法，提出自己的领海、专属经济区和大陆架等主张，其中部分与中国在南海的海洋权益产生冲突。

63. 自20世纪80年代以来，菲律宾一再采取导致争端复杂化的行动。如在非法侵占的中国南沙群岛有关岛礁上建设军事设施，企图制造既成事实，长期霸占，并扩大非法侵占；一再采取各种海上侵权行动，企图扩大其在南海的非法主张，严重侵犯中国在南海的主权及相关权益等。1997年以来，菲律宾还对中国中沙群岛的黄岩岛提出领土要求并企图非法侵占。[11]

64. 2009 年 2 月 17 日，菲律宾国会通过第 9522 号共和国法案，非法将中国黄岩岛和南沙群岛部分岛礁划入菲律宾领土。就此，中国即向菲律宾提出交涉并发表声明，重申：

> 黄岩岛和南沙群岛历来都是中国领土的一部分。中华人民共和国对这些岛屿及其附近海域拥有无可争辩的主权。任何其他国家对黄岩岛和南沙群岛的岛屿提出领土主权要求，都是非法的，无效的。[12]

65. 2009 年 5 月 7 日，中国常驻联合国代表团照会联合国秘书长，指出："中国对南海诸岛及其附近海域拥有无可争辩的主权，并对相关海域及其海床和底土享有主权权利和管辖权。中国政府的这一一贯立场为国际社会所周知。"[13] 就此，菲律宾常驻联合国代表团 2011 年 4 月 5 日照会联合国秘书长，声明"卡拉延岛群构成菲律宾不可分割的一部分。菲律宾共和国对卡拉延岛群的地物享有主权和管辖权。"[14] 此前，菲律宾外交部于 2011 年 4 月 4 日照会中国驻菲律宾大使馆，声称"菲律宾共和国拥有卡拉延岛群的主权和管辖权"。[15] 2011 年 4 月 14 日，中国常驻联合国代表团再次照会联合国秘书长，强调：

> 中国对南海诸岛及其附近海域拥有无可争辩的主权，并对相关海域及其海床和底土享有主权权利和管辖权。中国在南海的主权及相关权利和管辖权有着充分的历史和法律根据。[16]

---

[11] 中国政府认为，黄岩岛是中国的固有领土，中国持续、和平、有效地对黄岩岛行使主权和管辖，菲律宾自 1997 年以来对黄岩岛提出的领土主张是无理、非法和无效的。因此，中国政府不认为双方就黄岩岛存在领土主权争端。

[12] 中华人民共和国外交部，《中华人民共和国外交部声明》，2009 年 2 月 18 日，http://www.fmprc.gov.cn/web/ziliao_674904/1179_674909/t537809.shtml。

[13] Note Verbale from the Permanent Mission of the People's Republic of China to the United Nations to the Secretary-General of the United Nations, No. CML/17/2009 (7 May 2009), Memorial of the Philippines, Vol. VI, Annex 191.

[14] Note Verbale from the Permanent Mission of the Republic of the Philippines to the United Nations to the Secretary-General of the United Nations, No. 000228 (5 April 2011), Memorial of the Philippines, Vol. VI, Annex 200.

[15] Note Verbale from the Department of Foreign Affairs of the Republic of the Philippines to the Embassy of the People's Republic of China in Manila, No. 110885 (4 April 2011), Memorial of the Philippines, Vol.VI, Annex 199.

[16] Note Verbale from the Permanent Mission of the People's Republic of China to the Secretary-General of the United Nations, No. CML/8/2011 (14 April 2011), Memorial of the Philippines, Vol. VI, Annex 201.

66. 中菲在南海有关争议的核心是部分岛礁的领土问题，这一问题对中菲在南海的海洋权益主张有重大影响。中国依南海诸岛与菲律宾依菲律宾群岛主张的海洋权益产生重叠，同时，由于菲律宾对中国中沙群岛黄岩岛和南沙群岛部分岛礁提出主张，并对有关单个岛礁的法律地位提出貌似有道理却站不住脚的看法，导致双方的海洋权益冲突和划界情势更加复杂。

（二）中菲在南海的地理框架和海洋划界争议的产生

67. 中国和菲律宾隔海相望，两国属于《公约》第 74 条和第 83 条所指“海岸相向或相邻的国家”。中国南海诸岛包括东沙群岛、西沙群岛、中沙群岛和南沙群岛，这些群岛分别由数量不等、大小不一的岛、礁、滩、沙等组成。中国历来以群岛整体主张海洋权利。其中，中国中沙群岛和南沙群岛与菲律宾隔海相望，距离菲律宾群岛海岸均小于 200 海里。这显然构成海洋划界地理框架，[17] 且由于双方提出的大陆架和专属经济区主张重叠，导致中菲在南海存在海洋划界情势。另外，菲律宾为本仲裁所聘请专家承认，中国有可能基于大陆、海南岛、西沙群岛和东沙群岛在南海主张 200 海里外大陆架。[18]

68. 即使按照菲律宾诉求将所涉 9 个岛礁单个拎出来考虑的拆分逻辑，两国之间同样存在海洋划界的地理框架，划界情势同样明显。菲律宾群岛海岸与中沙群岛黄岩岛的距离只有 120 海里；与南沙群岛渚碧礁、华阳礁和永暑礁的距离在 230 至 260 海里之间；与其他岛礁的距离都小于 200 海里。此外，所涉 8 个南沙岛礁也都位于中国南沙群岛太平岛、中业岛等岛屿 200 海里以内；黄岩岛位于中国西沙群岛永兴岛和南沙群岛中业岛的 350 海里之内。

---

[17] 关于“地理框架”概念，参见如 Protocol on Environmental Protection to the Antarctic Treaty, Annex V, Article 3.2（“在系统的环境 - 地理框架内”）; Separate Opinion of Judge Luchaire in Frontier Dispute (Burkina Faso/Republic of Mali), I.C.J. Reports 1986, p.554, at 652; Keith Highet and George Kahale III, International Decisions, 87 American Journal of International Law (1993), p.452; L.H. Legault and Blair Hankey, From Sea to Seabed: The Single Maritime Boundary in the Gulf of Maine Case, 79 American Journal of International Law (1985), p.961, at 963; Sienho Yee, The South China Sea Arbitration (The Philippines v. China): Potential Jurisdictional Obstacles or Objections, 13 Chinese Journal of International Law (2014), p.663, at Part IV.A.

[18] 参见Supplemental Written Submission of the Philippines, Vol. I, at para.8.9; The potential for China to develop a viable submission for continental shelf area beyond 200 nautical miles in the South China Sea, Expert Report prepared by Lindsay Parson, Maritime Zone Solutions Ltd, March 2015, in Supplemental Written Submission of the Philippines, Vol. IX, Annex 514.

69. 中菲双方在南海都提出了相应的海洋权利主张。基于中国人民和中国政府的长期历史实践及历届中国政府的一贯立场，依据国内法以及国际法，包括1958年《中华人民共和国政府关于领海的声明》、1992年《中华人民共和国领海及毗连区法》、1996年《中华人民共和国全国人民代表大会常务委员会关于批准〈联合国海洋法公约〉的决定》、1998年《中华人民共和国专属经济区和大陆架法》和1982年《联合国海洋法公约》，中国南海诸岛拥有内水、领海、毗连区、专属经济区和大陆架。此外，中国在南海拥有历史性权利。

70. 菲律宾方面，依据菲律宾1949年第387号共和国法案、1961年第3046号共和国法案、1968年第5446号共和国法案、1968年第370号总统公告、1978年第1599号总统令、2009年第9522号共和国法案等法律，菲律宾宣布了内水、群岛水域、领海、专属经济区和大陆架的主张。在南海，菲律宾从菲律宾群岛海岸主张专属经济区和大陆架权利。

71. 双方上述海洋权利主张出现重叠，由此产生海洋划界争议。中菲尚未就南海有关争议的解决进行实质性谈判，但一直努力推动在争议区域的合作以为通过谈判解决争议创造条件。如双方早在1999年3月就举行了关于在南海建立信任措施工作小组首次会议，此后信任措施小组会议多次召开。又如，2004年9月3日，双方发表《中华人民共和国政府和菲律宾共和国政府联合新闻公报》，指出："双方重申将继续致力于维护南海地区的和平与稳定。在尚未全面并最终解决南海地区的领土和海洋权益争端前，双方将继续探讨共同开发等合作"。[19] 在该公报发表的两天前，经中菲两国政府批准并在两国领导人的见证下，中国海洋石油总公司与菲律宾国家石油公司签署《南中国海部分海域联合海洋地震工作协议》，决定在有关海域进行联合地震勘探活动。"协议区域"处于中菲海洋权利主张重叠海域内，也在菲律宾此次所提仲裁诉求所涉海域之内。正如中国于2014年12月7日发布的《立场文件》所述：

> 中国与菲律宾是海上邻国，两国属于《公约》第七十四条和第八十三条所指的"海岸相向或相邻的国家"，两国之间存在海域划界问题。由于中菲有关岛礁领土争端悬而未决，两国尚未进行海域划界谈

[19]《中华人民共和国政府和菲律宾共和国政府联合新闻公报》，2004年9月3日，第16段。

判，但已开展合作为最终划界创造条件。[20]

72. 在 2015 年 7 月的管辖权和可受理性庭审中，菲律宾律师说：

> 两国有关海洋权利的争端显然存在于南海的南半部分。这里存在有关海洋权利的两种不同争端。菲律宾从巴拉望主张 200 海里专属经济区和大陆架权利。中国对整个南沙群岛主张主权，并为南沙群岛主张 200 海里权利。正如您所看到的，在这部分海域，菲律宾几乎所有的海洋权利都与中国有关南沙群岛 200 海里的主张重叠。菲律宾质疑中国对南沙岛礁提出的 200 海里权利主张。因为在我们看来，依据《公约》没有任何岛礁可产生专属经济区或大陆架。[21]

73. 菲律宾律师的描述生动地说明中菲在南海存在海洋划界情势，也说明菲律宾承认与中国存在海洋划界争议。菲律宾律师所描述的权利重叠情形并未说明中国基于群岛主张的海洋权利与菲律宾主张的海洋权利之间的关系，但其已清楚表明海洋划界争议的存在。

（三）中菲在南海的领土和海洋划界问题密不可分

74. 菲律宾将其诉求包装为南海相关岛礁的海洋权利问题，但也无法绕开领土和海洋划界问题。海洋权利的确定首先取决于领土主权。只有先处理了领土主权归属之后，才能处理作为海洋划界一部分的海洋权利问题。

75. 中菲两国深刻认识到在南海的领土问题和海洋划界问题具有内在关联性，相互交织。中国与东盟国家在相互关系中通常将领土和海洋权利主张重叠产生的海洋划界争议称为“领土和管辖权争议”，以“管辖权争议”指代海洋划界争议。在多年管控争议和促进合作的磋商中，中菲将在南海的争议归为领土和海洋管辖权争议，将其作为不可分割的事项看待，一并处理，形成了固定模式。中菲之间涉及南海相关问题的所有讨论均遵循这一模式。早在 1995 年的磋商中，中菲就将双方在南海的争端归为领土和海洋划界争议。菲律宾在诉状中表示：

> ［中国外交部］王［英凡］副部长和［菲律宾外交部］塞韦里诺

---

[20]《立场文件》第 59 段。

[21] Jurisdictional Hearing Tr. (Day 1), pp.45-46（文中引注省略）。

> 副部长同意，尽管有关美济礁和其他南沙地物的争议有一部分是领土事项，该争议也涉及这些地物可产生的海洋管辖权范围的分歧，后者可以通过《公约》解决。[22]

据菲律宾记录，王英凡副部长当时指出：

> 中国和菲律宾在南沙的争议根本上是一项领土争议，尽管它一定程度上包含海洋管辖权问题。《公约》主要是一项关于划定海洋管辖权区域的一项条约。
>
> 因此，我认为两国的法律专家均认同，要从根本上解决两国之间的争议，我们不能仅仅依赖《公约》。当然，争议中的某些问题可根据《公约》解决。[23]

76. 菲律宾所作的会议记录清楚表明，中菲均认为美济礁等南沙地物的争议属于领土争议，南沙地物可产生海洋管辖权争议，中菲在南海的争议是领土和管辖权争议。双方还认同两国的领土和海洋划界争议相互交织，这也是双方在磋商中以单数形式的“dispute”指代双方在南海的领土和管辖权争议的原因。

77. 这一理解也体现在中国和东盟国家在 2002 年 11 月共同签署的《南海各方行为宣言》第 4 条中。在此，各方郑重承诺：

> 根据公认的国际法原则，包括 1982 年《联合国海洋法公约》，由直接有关的主权国家通过友好磋商和谈判，以和平方式解决它们的领土和管辖权争议，而不诉诸武力或以武力相威胁。

《宣言》中“领土和管辖权争议”的用语表明了有关各方将南海相关争端归为领土和海洋划界争端的广泛共识。

78. 此后，中菲多个双边文件都承诺全面有效落实《宣言》，[24] 确认中菲在南海的争议属于领土和管辖权争议。

79. 2009 年，菲律宾通过第 9522 号共和国法案，对所谓“卡拉延岛

[22] Memorial of the Philippines, Vol. I, para.3.28.

[23] Government of the Republic of the Philippines, Transcript of Proceedings Republic of the Philippines-People's Republic of China Bilateral Talks (10 Aug. 1995), p.3, Memorial of the Philippines, Vol. VI, Annex 181，引自 Memorial of the Philippines, Vol. I, para.3.28.

[24] 参见2004年9月3日《中华人民共和国政府和菲律宾共和国政府联合新闻公报》、2011年9月1日《中华人民共和国和菲律宾共和国联合声明》等。

群”区域适用《公约》第 121 条规定的岛屿制度。菲律宾的这一立法对其专属经济区和大陆架权利主张没有影响。

80. 综上，中菲以整体视角来一体看待双方在南海的争议，认为所有事项相互交织、密不可分，将有关争议归为领土和管辖权争议。为了消除双方争议的这一性质给仲裁庭管辖权带来的障碍，菲律宾在仲裁程序中不遗余力地将这一争议碎片化，并将其包装为单纯的海洋权利争议，但是这种做法掩盖不了菲律宾诉求的实质。

二、菲律宾诉求的实质是中菲领土和海洋划界问题

81. 仲裁庭对中菲领土和海洋划界争议明显没有管辖权，菲律宾对此心知肚明。为绕开这一障碍，菲律宾一再声称其所提仲裁事项不涉及领土主权问题，也不涉及海洋划界问题，并在 2015 年 7 月举行的管辖权庭审中声称其所提“每一项诉求都构成一项法律争端……每一项争端都产生于并且其解决离不开对《公约》特定条款的解释或适用”。[25] 然而，事实并非如此。

82. 本案中，菲律宾先后三次对其诉求进行重大变更。在 2013 年 1 月 22 日“仲裁通知和权利主张说明”中，菲律宾提出了 13 项诉求。在 2014 年 2 月 28 日“修改的仲裁通知和权利主张说明”中，菲律宾在 13 项诉求中的第 4 项和第 5 项中增加了涉及仁爱礁的请求。[26] 在 2014 年 3 月 30 日提交的诉状中，菲律宾将 13 项诉求调整为 15 项诉求，增加了有关保护和保全海洋环境以及加剧和扩大争端的两项诉求。在 2015 年 11 月的实体问题以及管辖权和可受理性剩余问题的庭审中，菲律宾诉求进行了第三次修改，调整了有关诉求的具体内容，扩大了有关诉求涵盖的地理范围。[27]

83. 需要指出的是，菲律宾对诉求的修改无一脱离中菲领土和海洋划界争议框架，菲律宾诉求的性质没有发生变化。鉴于仲裁庭确定对菲律宾第 15 项诉求没有管辖权，下文将以菲律宾 2014 年诉状中提出的前 14 项

---

[25] Jurisdictional Hearing Tr. (Day 2), 引自《管辖权裁决》第 147 段。

[26] 有一种观点认为，从管辖权角度考虑，在中国不到案的情况下，仲裁庭不得允许菲律宾增加有关仁爱礁的请求。参见 Sienho Yee, The South China Sea Arbitration (The Philippines v. China): Potential Jurisdictional Obstacles or Objections, 13 Chinese Journal of International Law (2014), p.663, at para.17.

[27] 关于菲律宾诉求变更所产生的可受理性问题，详见第三章“可受理性问题”部分。

诉求作为主要考察对象，结合菲律宾2013年提出的仲裁申请、2014年和2015年的修改和相关证据，来考察菲律宾诉求与中菲领土和海洋划界争议的关系，以查明诉求的实质。

（一）菲律宾诉求绕不开领土主权和海洋划界问题

84. 为了绕开仲裁庭对中菲领土和海洋划界争议明显没有管辖权的法律障碍，菲律宾在歪曲南海历史和地理事实的基础上，人为地将中菲两国之间的领土和海洋划界问题拆分成多个看似独立的仅仅是有关海洋权利或海上活动的诉求，试图将它们塞入仲裁庭的管辖范围。然而，这些诉求或其本身就是领土主权和海洋划界问题，或其解决需要以处理领土和海洋划界问题为前提。换言之，各项诉求只是中菲领土和海洋划界争议的不同方面，与领土和海洋划界问题不可分割，不能单独孤立处理。

85. 仲裁庭在《管辖权裁决》中将菲律宾修改后的前14项诉求划分为两大类：第1项至第7项诉求涉及海洋权利的来源和范围，第8项至第14项诉求涉及中国在南海的海上活动。[28] 以下将按仲裁庭这一分类对菲律宾诉求进行分析。

1. 有关海洋权利的诉求（第1项至第7项诉求）

86. 菲律宾在2014年3月30日诉状中提出的第1项至第7项诉求如下：

（1）中国在南海的海洋权利，同菲律宾的一样，不得超过《联合国海洋法公约》（简称《公约》）允许的范围；

（2）中国关于所谓“九段线”内南海海域的主权权利和管辖权以及“历史性权利”主张，如果超出《公约》对中国海洋权利地理范围和实体内容的限制，超出部分违反《公约》，没有法律效力；

（3）黄岩岛不产生专属经济区或大陆架；

（4）美济礁、仁爱礁和渚碧礁是低潮高地，不产生领海、专属经济区或大陆架，并且是不得通过占领或其他方式据为领土的地物；

（5）美济礁和仁爱礁是菲律宾专属经济区和大陆架的一部分。

（6）南薰礁和西门礁（包括东门礁）是低潮高地，不产生领海、专属经济区或大陆架，但是其低潮线可分别用于确定测算鸿麻岛和景

[28] 《管辖权裁决》第173段。由于仲裁庭最终确认对菲律宾第15项诉求不具有管辖权，下面的论述主要针对菲律宾提出的前14项诉求。

宏岛领海宽度的基线；

（7）赤瓜礁、华阳礁和永暑礁不产生专属经济区或大陆架。[29]

87. 中国对中沙群岛和南沙群岛拥有主权。菲律宾对中国中沙群岛和南沙群岛部分岛礁提出了非法的领土声索。例如，美济礁和仁爱礁是中国南沙群岛的组成部分，却被菲律宾划入其非法在南沙群岛建立的“卡拉延岛群”的范围之内。菲律宾要求仲裁庭宣布美济礁和仁爱礁构成菲律宾专属经济区和大陆架的一部分，将中国领土置于菲律宾的管辖之下，本身就直接反映了中菲领土争议的一个方面。

88. 上述 7 项诉求提出的有关海洋权利事项，都不能脱离岛礁归属问题，且属于划界过程中考虑的事项，直接影响着海洋划界的结果。中国对南海诸岛的主权是确定的。本报告将说明菲律宾诉求并非像仲裁庭所称的那样与领土主权无关，必要时使用“领土问题”、“领土主权问题”、“领土主权争议”等措辞，并不意味着中国对南海诸岛的主权不确定。

89. 第一，如果要判断中国在南海的海洋权利主张是否超出了《公约》允许的范围，不能绕开中国对南海诸岛的领土主权，但仲裁庭对此没有管辖权。菲律宾第 1 项和第 2 项诉求请求仲裁庭判定中国在南海的海洋权利主张是否超出了《公约》允许的范围。国家的领土主权是其海洋权利的基础，这是国际法中适用的一般原则。正如国际法院所指出，“海洋权利源自沿海国对陆地的主权，这可概括为‘陆地统领海洋’原则”。[30] 国际法院还强调，“陆地是一个国家对其领土向海延伸部分行使权利的法律渊源”。[31] 同时，正如有学者指出的，“《联合国海洋法公约》条款的适用是以假定某

---

[29] 同上注，第 101 段；另参见 Memorial of the Philippines, Vol. I, pp.271-272. 在 2015 年 11 月的实体问题庭审中，菲律宾将第 1 项和第 2 项诉求修改为（参见《7 月 12 日裁决》第 112 段）：

（1）中国在南海的海洋权利，同菲律宾的一样，不得超过《联合国海洋法公约》（简称《公约》）明文允许的范围；

（2）中国关于所谓“九段线”内南海海域的主权权利和管辖权以及“历史性权利”主张，如果超出《公约》对中国海洋权利地理范围和实体内容的明文限制，超出部分违反《公约》，没有法律效力。

[30] Maritime Delimitation and Territorial Questions between Qatar and Bahrain, Merits, Judgment, I.C.J. Reports 2001, p.40, at para.185, 援引 North Sea Continental Shelf (Federal Republic of Germany/Denmark; Federal Republic of Germany/Netherlands), Judgment, I.C.J. Reports 1969, p.3, at para.96; Aegean Sea Continental Shelf, Judgment, I.C.J. Reports 1978, p.3, at para.86.

[31] North Sea Continental Shelf (Federal Republic of Germany/Denmark; Federal Republic of Germany/Netherlands), Judgment, I.C.J. Reports 1969, p.3, at para. 96. 另参见Territorial and Maritime Dispute (Nicaragua v. Colombia), Judgment, I.C.J. Reports 2012, p.624, at para.140.

一特定国家对于其据以提出海域主张的领土毫无争议地拥有主权为前提”。[32] 国家也可以基于长期实践在海洋特定区域享有历史性权利。在现代海洋法制度的背景下，一国基于“陆地统领海洋”原则享有的有关管辖海域，有可能与该国享有历史性权利的海域产生重合。因此，中国在《立场文件》中指出，“如果不确定中国对南海岛礁的领土主权，仲裁庭就无法确定中国依据《公约》在南海可以主张的海洋权利范围，更无从判断中国在南海的海洋权利主张是否超出《公约》允许的范围”。[33]

90. 第二，如果要确定有关岛礁的法律地位及其可产生的海洋权利，必须先处理相关岛礁的主权归属，仲裁庭对此没有管辖权。菲律宾第 3 项至第 7 项诉求请求仲裁庭确定中国中沙群岛和南沙群岛部分岛礁的法律地位及其可产生的海洋权利。中国的《立场文件》指出，“《公约》规定的有关专属经济区和大陆架的海洋权利均赋予对相关陆地领土享有主权的国家。”[34]

岛礁主权归属是岛礁能产生的海洋权利以及岛礁所属国最终主张什么样的海洋权利的前提。有关岛礁是否可产生海洋权利以及可产生什么样的海洋权利，都是在确定主权归属后才讨论的问题。任何国际性法庭或仲裁庭在审理有关岛礁争端案件中，从未在不确定有关岛礁主权归属的情况下，对有关岛礁的海洋权利作出判定。在管辖权庭审过程中，有仲裁员曾向菲律宾提问，有无先不处理岛礁主权归属而单独处理岛礁海洋权利问题的先例，[35] 菲律宾向仲裁庭提交了四个案例。然而，一位经验丰富的学者对这四个案例研究后得出结论认为，这些案例并不能支持可在岛礁主权归属未确定情形下处理岛礁海洋权利的观点，[36] 并指出“裁决中没有迹象表明［菲律宾团队］能够找到先例”。[37] 中国对南海岛礁的海洋权利主张基于中国对这些岛礁的领土主权。只有先处理相关岛礁的主权归属，才能确定基

---

[32] Robert W. Smith and Bradford L. Thomas, Island Disputes and the Law of the Sea: An Examination of Sovereignty and Delimitation Disputes, 2 Maritime Briefing (1998), p.1, at 16, https://www.dur.ac.uk/ibru/publications/view/?id=235. 另参见Natalie Klein, Expansions and Restrictions in the UNCLOS Dispute Settlement Regime: Lessons from Recent Decisions, 15 Chinese Journal of International Law (2016), p.403.

[33]《立场文件》第 13 段。

[34] 同上注，第 17 段。

[35] Written responses of the Philippines to the Tribunal's 13 July 2015 Questions (23 July 2015), Judge Pawlak's Questions to Professor Sands, p.9.

[36] 参见 Chris Whomersley, The South China Sea: The Award of the Tribunal in the Case Brought by Philippines against China – A Critique, 15 Chinese Journal of International Law (2016), p.239, at para.33.

[37] 同上注，第 32 段。

于这些岛礁所能享有的海洋权利，才能确定中国的相关主张是否符合《公约》规定。

某一岛礁是作为独立的单元还是作为某个群岛的一部分，对其可产生的海洋权利有直接影响。比如，如果某一地物是低潮高地，就其单独而言其可能不产生海洋权利，但作为群岛的组成部分[38]，则其属于相关国家领土的一部分，可能影响群岛产生的海洋权利。是以单个岛礁个体还是群岛作为整体拥有海洋权利，取决于群岛所属国的实践。上述诉求中所涉岛礁属于中国南沙群岛或中沙群岛，中国对有关群岛整体享有主权，基于群岛整体而非单个岛礁主张海洋权利。

相关诉求提出低潮高地能否被据为领土，本身就是领土主权问题。在国际司法实践中，国际性法庭或仲裁庭只有在对领土主权问题有管辖权的情况下，才能审理这一问题。本案不属于这种情况。

91. 第三，即使按照菲律宾诉求，孤立地考察单个南海岛礁的地位及其可产生的海洋权利，其也应该放入中菲南海海洋划界的框架下来讨论。由于中菲在南海存在划界情势，单个岛礁的地位及其海洋权利问题必须在海洋划界过程中予以考虑，脱离其他地物或划界框架孤立地谈论岛礁地位及其海洋权利是没有意义的，也是不适当的。换言之，在中菲南海划界情势下，海洋权利诉求是海洋划界争议不可分割的一部分。确定岛礁地位及其海洋权利是海洋划界的必要步骤；在多数情形下，确定岛礁地位及其海洋权利本身即构成海洋划界。

诚然，海洋权利与海洋划界是两个不同的概念，但在两国海洋权利主张存在重叠即存在划界情势的情况下，两者之间有密不可分的关系。在这种情况下，一般而言，如果某个地物位于国家领海以外被确定为低潮高地，当然就不能产生任何海洋区域；如果某个地物被确定为《公约》第121 条第 1 款和第 2 款所指的岛屿，可以产生的海洋区域包括领海、专属经济区和大陆架；如果有关岛屿被认定为《公约》第 121 条第 3 款所规定的“岩礁”，则不能产生专属经济区和大陆架。[39] 一旦确定了岛礁等地物的

---

[38] 《公约》第 46 条（b）项关于“群岛”的定义反映了习惯国际法规则。根据该定义，群岛的组成部分包括“其他自然地形”。更多讨论参见本报告第五章“中国南沙群岛和中沙群岛的法律地位问题”相关论述。

[39] 依照《公约》第 121 条第 2 款，第 3 款所指“岩礁”的沿海国仍然在该“岩礁”的毗连区内享有第 33 条所规定的管制权。该管制权与沿海国享有的专属经济区和大陆架权利性质完全不同，《公约》也不调整因行使管制权的区域出现重叠而产生的争端。

地位及其可产生的海洋权利，也就确定了双方的海洋权利是否重叠及其范围。这毫无疑问属于划定两国海洋边界的问题。当事国有关地物地位及其海洋权利的主张对划界有影响，构成海洋划界争议的一部分。对地物地位及其海洋权利作出决定构成划界的主要内容甚至划界本身。

如果某个地物属于大陆国家远海群岛的一部分，该大陆国家可将群岛作为整体而非基于单个地物主张海洋权利，由此产生的海洋区域范围将显著不同于单个或一些地物所产生的海洋区域范围，这将不可避免地对海洋划界产生重大影响。在中菲海洋划界的框架下，对这些问题的处理即构成海洋划界的重要内容。

92. 划界情势下海洋权利与海洋划界密不可分，这得到了国际性法庭和仲裁庭的确认。例如，在“爱琴海大陆架案”（希腊诉土耳其，1978 年）中，国际法院指出，希腊主权下的岛屿本身是否可产生大陆架权利是基本问题，“正如请求书所阐述的那样，争端的实质是那些希腊岛屿对大陆架的权利，划定［海洋］边界是在就第一个作出决定后，并根据对该问题的决定才能解决的第二位的问题”，[40] 因此“任何处在争议中的的边界划定都需要就哪个国家对于待划界区域拥有权利作出判定”。[41] 可见，海洋权利的确定对海洋划界结果有影响。在“大陆架案”（利比亚 / 马耳他，1985 年）中，国际法院进一步指出：“大陆架权利及其定义是一方面的问题，大陆架划界是另一方面的问题，二者不仅是不同的，更是相互补充的，这不证自明。待划界的大陆架及其权利的法律基础不可能不与划界直接相关。”[42] 国际海洋法法庭在“孟加拉国和缅甸在孟加拉湾的海洋边界划界案”（孟加拉国 / 缅甸，2012 年）中指出：“虽然［大陆架］权利和划界是《公约》第 76 条和第 83 条分别规定的两个不同概念，但二者相互关联。”[43]

93. 本案仲裁员松斯和一位共同作者曾指出，有关单个岛礁法律地位及其海洋权利的争端在实践中不可能单独出现，它们通常构成海洋划界不可分割的组成部分，且通常涉及岛礁领土主权争端。1990 年，克维亚特科夫斯卡（Barbara Kwiatkowska）和松斯写道：

---

[40] Aegean Sea Continental Shelf Case (Greece v. Turkey), Judgment, I.C.J. Reports 1978, p.3, at para.83.

[41] 同上注，第 84 段。

[42] Continental Shelf (Libyan Arab Jamahiriya/Malta), Judgment, I.C.J. Reports 1985, p.13, at para.27.

[43] Dispute concerning Delimitation of the Maritime Boundary between Bangladesh and Myanmar in the Bay of Bengal (Bangladesh/Myanmar), ITLOS Case No.16, Judgment of 12 March 2012, para.398.

岩礁的定义及其可产生的海洋权利，与一般意义上的岛屿的定义及其海洋权利一样，构成海岸相向或相邻国家间海洋划界固有的一部分。国家实践清楚地证明，除非存在海洋划界争端，这些问题不会引起争议。[44]

2011 年，克维亚特科夫斯卡和松斯再次写道：

事实上，除了冲之鸟礁这个唯一例外，实践中第 121 条第 3 款的最终适用问题不会出现，除非是在具体的海洋划界中，而且通常与主权争端交织在一起……。[45]

94. 由此可见，在中菲这样的情势中，处理有关海洋权利诉求必须以确定岛礁主权为前提，海洋权利诉求当然而且必须是海洋划界争端的组成部分。

2. 有关海上活动诉求（第 8 项至第 14 项诉求）

95. 菲律宾在2014年3月30日诉状中提出的第8项至第14项诉求如下：

（8）中国非法干扰菲律宾享有和行使对其专属经济区和大陆架生物和非生物资源的主权权利；

（9）中国非法地未阻止本国国民和船只在菲律宾专属经济区内开发生物资源；

（10）中国通过干扰菲律宾渔民在黄岩岛的传统捕鱼活动，非法阻止他们谋求生计；

（11）中国在黄岩岛和仁爱礁违反《公约》下保护和保全海洋环境的义务；

（12）中国对美济礁的占领和在其上的建设活动：

（a）违反《公约》关于人工岛屿、设施和结构的规定；

（b）违反中国在《公约》下保护和保全海洋环境的责任；且

（c）构成试图据为己有的非法行为，违反《公约》；

（13）中国违背《公约》义务，以危险方式操作其执法船舶，引

---

[44] Barbara Kwiatkowska and Alfred H.A. Soons, Entitlement to Maritime Areas of Rocks Which Cannot Sustain Human Habitation or Economic Life of Their Own, 21 Netherlands Yearbook of International Law (1990), p.139, at 181.

[45] Barbara Kwiatkowska and Alfred H.A. Soons, Some Reflections on the Ever Puzzling Rocks-Principle under UNCLOS Article 121(3), The Global Community: Yearbook of International Law and Jurisprudence (2011), p.111, at 114（文中引注省略）。

发与菲律宾在黄岩岛附近航行的船舶发生碰撞的严重风险；

（14）自2013年1月本仲裁启动以来，中国通过包括以下在内的行为，非法加剧和扩大争端：

（a）干扰菲律宾在仁爱礁及其附近水域的航行权利；

（b）阻止菲律宾在仁爱礁驻扎人员的轮换和补给；

（c）危害菲律宾在仁爱礁驻扎人员的健康和福祉……。[46]

2015年11月30日，菲律宾提交了“最终诉求”，在第14项诉求中增加了（d）项，即“在美济礁、华阳礁、永暑礁、南薰礁、赤瓜礁、东门礁和渚碧礁从事挖沙、人工岛屿的建造和建设活动”。

96. 第8项和第9项诉求只能在确定相关岛礁主权归属并完成海洋划界后予以考虑，对有关活动合法性的判断首先取决于主权归属和海洋划界。换言之，处理菲律宾的这些诉求，需要先行或同时考虑中菲在南海的领土和划界争议，明确中菲各自管辖海域的范围。对此，中国《立场文件》明确指出，“中国在南沙群岛和黄岩岛附近海域采取行动的合法性是基于中国对有关岛礁享有的主权以及基于岛礁主权所享有的海洋权利”；[47]菲律宾诉求所依赖的前提是，“菲律宾的海域管辖范围是明确而无争议的，中国的活动进入了菲律宾的管辖海域。然而事实并非如此。中菲尚未进行海域划界。对菲律宾这一主张进行裁定之前，首先要确定相关岛礁的领土主权，并完成相关海域划界”。[48]菲律宾在第8项和第9项诉求中主张中国在菲律宾的专属经济区和大陆架上从事非法行为。实际上仲裁庭也认识到，两项诉求的前提是“因为在相关地区只有菲律宾享有对专属经济区的权利，不存在权利重叠”，但“情况是否如此依赖于对南海地物地位的实体决定”。[49]而处理地物地位问题首先要确定中国南沙群岛的范围。这就涉及主权问题，在仲裁庭的管辖范围之外。

97. 第10项、第11项、[50]第12项、第13项和第14项诉求涉及中国宣示、行使和维护主权的行为。中国在相关岛礁及其附近海域的活动是基于

---

[46]《管辖权裁决》第101段；另参见 Memorial of the Philippines, Vol. I, pp.271-272.

[47]《立场文件》第26段。

[48] 同上注，第27段。

[49]《管辖权裁决》第405段和406段。

[50] 菲律宾在第11项诉求中指控中国在黄岩岛、仁爱礁纵容和保护中国渔民进行有害捕捞，所涉海域包括岛礁12海里以内和以外的海域。

主权。因此，中国相关活动的合法性不能脱离主权问题来判定。例如，菲律宾第12项诉求指控“中国对美济礁的占据及在其上的建设活动”违反《公约》多项规定。事实上，美济礁是中国领土南沙群岛的组成部分，中国在美济礁的相关活动是主权范围内的事。

再如，菲律宾第14（a)、(b）和（c）项诉求指控中国在仁爱礁的活动加剧和扩大了争端。实际上，中国关于仁爱礁是中国南沙群岛一部分的立场是明确的、一贯的。而菲律宾自1999年将一艘破军舰搁浅在仁爱礁，并一直到现在都没有拖走，试图将仁爱礁据为己有。菲律宾为这一闹剧给出的理由一直是“技术故障搁浅”，并多次明确向中国承诺拖走该舰。然而，菲律宾不但没有这样做，还于2013年2月在非法“坐滩”的军舰四周拉起固定缆绳，准备建设固定设施。[51] 在2013年4月23日菲律宾外交部长呈送给其总统的内部备忘录中，菲律宾外交部长说：

> ……菲律宾回应中国行动的表述一直是，该艘舰船搁浅是发生在属于菲律宾领土一部分的一个沙洲上的海上事故。
>
> 仁爱礁是菲律宾的领土，也是巴拉望地区群岛地块自然延伸的一部分。[52]

在2013年6月10日菲律宾外交部致中国大使馆的照会中，菲律宾表示，其在仁爱礁“已维持了长期、和平、持续和有效的存在”[53]。菲律宾所称的中国“干扰菲律宾在仁爱礁及其附近水域航行的权利”，“阻止驻守在仁爱礁的菲律宾人员的轮换和给养补给”，以及所谓“危及驻守在仁爱礁的菲律宾人员的健康和福利”等，正是反映了菲律宾长期滞留中国领土的非法企图，证明中国是在采取合法必要的维护领土主权的行动。

同样的逻辑也适用于第10项、第11项、第13项和第14（d）项诉求中对中国相关海上活动的指控。

98. 以上分析显示，菲律宾上述诉求实质都指向中菲在南海的领土和海洋划界问题。在“武力使用的合法性案”（南斯拉夫诉比利时，临时措

---

[51] 中华人民共和国国务院新闻办公室：《中国坚持通过谈判解决中国与菲律宾在南海的有关争议》（2016年7月），第97段，http://www.fmprc.gov.cn/web/zyxw/t1380600.shtml。

[52] Memorandum from the Secretary of Foreign Affairs of the Republic of the Philippines to the President of the Republic of the Philippines (23 Apr. 2013), Memorial of the Philippines, Vol. IV, Annex 93, p.2.

[53] Note Verbale from the Department of Foreign Affairs of the Republic of Philippines to the Embassy of the People's Republic of China in Manila, No. 13-1882 (10 June 2013) (Annex 219).

施决定，1999 年）中，国际法院认定，虽然前南斯拉夫在诉状中提出 13 项不同的诉求，但它们“实质上指向‘对南斯拉夫联盟共和国领土的轰炸行为’”；[54] 因此，争端的主题事项是“那些轰炸行为作为整体的合法性问题”。[55] 同样，本案菲律宾诉求尽管涉及方方面面，但实质上均指向中菲领土和海洋划界争议，是该争议不同方面的表现，应作为完整的争议予以对待，而不应将其割裂开来作为若干单独的争端予以处理。

（二）菲律宾提起仲裁的真实目的是试图按照对菲有利的方向有效解决中菲在南海的领土和海洋划界问题

99. 在提起仲裁时，菲律宾声称：“在此次仲裁中不寻求决定哪一方对双方主张的岛屿享有主权，也不要求划定任何海洋边界。”[56] 但是，菲律宾对所提争议的描述及相关行为都表明，试图有效解决中菲在南海的领土和海洋划界问题才是它单方面提起本案的真实目的。

100. 菲律宾于 2013 年 1 月 22 日就启动仲裁照会中国大使馆，在第一段中将提交仲裁的“争端”描述为“在西菲律宾海与中国之间的有关菲律宾海洋管辖权的争端”，在第二段中指出它提起本仲裁旨在为该项“争端”“寻求和平与持久的解决”。[57] 这里的英文使用单数的“争端”，非常醒目。可见，菲律宾将提交仲裁的争端明确界定为中菲之间的海洋管辖权争端，提起仲裁目的是为了解决该争端。而如前所述，海洋管辖权争端是中菲在南海的领土和海洋划界争议的重要组成部分。

101. 同样，菲律宾在“仲裁通知和权利主张说明”第 34 段和第 39 段中都是用单数的“争端”描述本案。第 39 段将这个单数的“争端”涉及的诉求分为四类。这种对争端和诉求的描述表明，虽然菲律宾提出的诉求有 13 项，但是争端只有一个。第 34 段指出，“菲律宾与中国通过自行选择的和平方法未能解决两国间的这个争端”；第 39 段也采用“这一个争端

---

[54] Legality of Use of Force (Yugoslavia v. Belgium), Provisional Measures, Order of 2 June 1999, I.C.J. Reports 1999, p.124, at para.27.

[55] 同上注，第 28 段。

[56] Notification and Statement of Claim of the Philippines (22 January 2013), Memorial of the Philippines, Vol. III, Annex 1, para.7.

[57] Note Verbale from the Department of Foreign Affairs of the Republic of the Philippines to the Embassy of the People’s Republic of China in Manila, No. 13-0211, 22 January 2013, Memorial of the Philippines, Vol. III, Annex 2.

涉及"的用语。[58]菲律宾参议院[59]和众议院[60]在支持菲律宾政府对中国提起仲裁的决议中，也采用单数形式的"争端"；菲律宾外交部长和副部长在对媒体[61]或他国[62]提及仲裁时，也是如此。这些都表明，菲律宾提起仲裁所针对的"这一争端"就是中菲在南海的领土和海洋划界争端。

102."仲裁通知和权利主张说明"提出的主张或诉求的内容也最终指向领土和海洋划界问题。比如，在第31段中，菲律宾主张："南海中高潮时未露出水面、不位于沿海国领海内的水下地物是海床的一部分，不得被一国取得或置于其主权下，除非它们构成该国在《公约》第六部分下的大陆架的一部分。"[63]在第41段，除其他外，菲律宾请求仲裁庭：

- 宣布美济礁和西门礁是水下地物，构成菲律宾在《公约》第六部分下的大陆架的一部分，中国占据这些地物及在其上的建设活动侵犯菲律宾的主权权利；
- 要求中国终止对美济礁和西门礁的占据及在其上的活动；
- 宣布南薰礁和渚碧礁是南海中没入水面的地物，高潮时不露出水面，不是《公约》下的岛屿，不位于中国的大陆架上，中国占领这些地物及在其上的建设活动是非法的；

---

58 Notification and Statement of Claim of the Philippines (22 January 2013), Memorial of the Philippines, Vol. III, Annex 1, paras.34, 39.

59 P.S. RES. No. 931, preambular para. 7 ("settle the dispute")，被引用于 Sienho Yee, The South China Sea Arbitration (The Philippines v. China): Potential Jurisdictional Obstacles or Objections, 13 Chinese Journal of International Law (2014), p.663, at n.81.

60 Philippine House Resolution No. 2008, preambular paras. 6 ("settle the dispute") and 7 ("bring the matter"), http://www.dfa.gov.ph/index.php/component/content/article/187-house-supp/7329-resolution-strongly-supporting-the-filing-of-an-arbitration-case-againt-china-under-article-287-and-annex-vii-of-the-united-nations-convention-of-the-law-of-the-seas-by-president-benigno-s-aquino-iii, last visited 25 May 2013.

61 Statement of 22 January 2013, http://www.dfa.gov.ph/index.php/newsroom/dfa-releases/7300-statement-by-secretary-of-foreign-affairs-albert-del-rosaro-on-the-unclos-arbitral-proceedings-against-china-to-achieve-a-peaceful-and-durable-solution-to-the-dispute-in-the-wps, last visited 25 May 2013; US Congressional Delegation Discusses Veterans1 Welfare, West Phl Sea with Secretary Del Rosario, 21 February 2013, http://www.dfa.gov.ph/index.php/newsroom/dfa-releases/7478-us-congressional-delegation-discusses-veterans-welfare-west-phl-sea-with-secretary-del-rosario, last visited 23 May 2013.

62 Statement of the Department of Foreign Affairs (DFA) Undersecretary Erlinda F. Basilio, in PHL-Israel Meet to Strengthen Relations, Unveil Blueprint of Cooperation, 15 March 2013, 引自 Sienho Yee, The South China Sea Arbitration (The Philippines v. China): Potential Jurisdictional Obstacles or Objections, 13 Chinese Journal of International Law (2014), p.663, at n.82.

63 Notification and Statement of Claim of the Philippines (22 Jan. 2013), in Memorial of the Philippines, Vol. III, Annex 1, para.31.

• 要求中国终止对南薰礁和渚碧礁的占领及在其上的活动……。[64]

上述主张和请求涉及的地物均为中国南沙群岛不可分割的组成部分。这些主张和请求直接要求仲裁庭裁定中国对相关岛礁不能拥有领土主权，还要求仲裁庭将有关岛礁所处海域确定为菲律宾管辖海域，不可避免地要对领土主权和海洋划界问题进行处理。

103. 随着仲裁程序的推进，菲律宾可能意识到仲裁指向领土主权和海洋划界问题太过明显，将使得仲裁庭难以确立管辖权。就此，菲律宾在2014年3月提交的诉状中开始使用复数形式的“争端”代替之前使用的单数的“争端”，试图证明其所提诉求构成多项独立的争端，试图掩盖其真实目的。例如，菲律宾在2013年1月22日致中国大使馆的照会中，将提起仲裁的目的表述为“寻求和平和持久地解决在西菲律宾海的争端”。[65] 这里用的“争端”是单数形式。单数的“争端”同样用在“仲裁通知和权利主张说明”中，如第34段、36段和39段。而在诉状中，菲律宾却将其在上述照会中的说法表述为：

> 2013年1月22日，菲律宾引用其在《公约》第十五部分第二节下的权利，寻求和平和持久地解决这些争端，通过向中国在马尼拉的大使提交照会以及通知和主张声明正式提起仲裁。[66]

在该段的脚注中，菲律宾引用了上述照会。在此，菲律宾在照会和诉状中使用了相同的句子表述其提起仲裁的目的，但却将照会中单数形式的“争端”在诉状中修改为复数形式的“争端”，而未做任何说明。

这种措辞变化掩盖不了菲律宾提起仲裁的真正目的，也改变不了菲律宾诉求的实质。

104. 事实上，菲律宾在提起仲裁后的所作所为也证实其提起仲裁明显是针对领土主权和海洋划界问题。

---

64 Notification and Statement of Claim of the Philippines (22 Jan. 2013), in Memorial of the Philippines, Vol. III, Annex 1, para.41.

65 Note Verbale from the Department of Foreign Affairs of the Republic of the Philippines to the Embassy of the People's Republic of China in Manila, No. 13-0211, 22 January 2013, in Memorial of the Philippines, Vol. III, Annex 2.

66 Memorial of the Philippines, Vol. I, para.3.75.

105. 菲律宾对领土主权问题一直念念不忘。在仲裁程序启动的第二天，即 2013 年 1 月 23 日，菲律宾外交部发表《艾伯特·德尔·罗萨里奥部长的声明：对中国提起的 < 公约 > 仲裁程序是为了和平而持久地解决“西菲律宾海”的争端》[67] 和《< 公约 > 仲裁程序问答文件》。[68] 在该文件中，菲律宾将提起本仲裁的目的描述为“保护我们的国家领土和海疆”（问题 1），“保卫菲律宾领土和海疆”（问题 3），声明“在此阶段，法律手段是在国际法基础上保卫国家利益和领土最具持久性的选择”（问题 6），声称不会“放弃我们的国家主权”（问题 15），“所有菲律宾人应团结起来，支持总统保护菲律宾领土和国家利益的宪法授权”（问题 19），菲律宾将不惜一切代价捍卫“国家领土”（问题 25），其最后声称“我们的行为是在捍卫我们的国家领土和海疆”（问题 26）。

菲律宾参议院在支持仲裁的决议中也称：

> 为保卫菲律宾的主权、领土完整和海疆的主权权利，菲律宾在和平解决争端方面没有其他的选择，只能对中国诉诸《公约》第十五部分的仲裁。[69]

菲律宾外交部副部长巴西里奥也声称，“争议区域法律上是菲律宾的领土，受到国际法的保护”。[70] 菲律宾总统办公室于 2014 年 7 月出版的《2014 年国情咨文技术报告》，将仲裁案列于“通过推动法治维护领土完

---

[67] Statement of Secretary Albert del Rosario on the UNCLOS Arbitral Proceedings against China to achieve a peaceful and durable solution to the dispute in the West Philippine Sea, http://www.officialgazette.gov.ph/2013/01/22/statement-the-secretary-of-foreign-affairs-on-the-unclos-arbitral-proceedings-against-china-january-22-2013/.

[68] Guide Q & A on the Legal Track of the UNCLOS Arbitral Proceedings, http://www.officialgazette.gov.ph/2013/01/22/dfa-guide-q-a-on-the-legal-track-of-the-unclos-arbitral-proceedings/.

[69] Fifteenth Congress of the Republic of the Philippines, Third Regular Session, P.S. RES. No. 931, Resolution preambular para.7 (“settle the dispute”), http://www.dfa.gov.ph/index.php/component/content/article/188-senate-supp/7336-senate-resolution-strongly-supporting-the-filing-of-an-arbitration-case-against-china-under-article-287-and-annex-vii-of-the-united-nations-convention-of-the-law-of-the-seas-by-president-benigno-s-aquino-iii?tmpl=component&print=1&page=, last visited 25 May 2013.

[70] Phl-Israel Top Officials Meet to Strengthen Relations, Unfold Blueprint for New Areas of Cooperation, 04 March 2013, http://www.philippine-embassy.org.il/index.php?option=com_content&view=article&id=236:phl-israel-top-officials-meet-to-strengthen-relations-unfold-blueprint-for-new-areas-of-cooperation&catid=7:news&Itemid=25.

整”项下；[71] 于2015年7月出版的《2015年国情咨文技术报告》，又将该案列于“保护我们的国家领土和边界”项下。[72] 显然，上述措辞均指向中菲在南海的领土问题。

106. 同样，菲律宾企图通过仲裁解决在南海的海洋划界问题。在仲裁通知中，菲律宾将中国描绘成一个在南海的远洋捕捞国或者船旗国。它通过对南海地理框架的误导性描述，试图表明中菲在南海的海洋权利不存在重叠，相关岛礁和海域属于菲律宾专属经济区或大陆架的一部分，从而不存在也没有必要划分海洋边界。比如，“仲裁通知和权利主张说明”第1段称：

> 菲律宾共和国针对中华人民共和国提起本仲裁，质疑中国对距离其最近海岸870海里之远的南海区域及其底土提出主张，依据1982年《联合国海洋法公约》(《公约》)，中国对上述区域及其底土不享有权利，依据《公约》它们构成菲律宾的专属经济区和大陆架。[73]

又如，“仲裁通知和权利主张说明”第10段声称：

> 南沙群岛是由大约150个小地物组成的群组，其中很多地物是暗礁、滩和低潮高地。它们距离菲律宾巴拉望岛50到350海里不等，距离中国海南岛超过550海里。[74]

107. 事实上，南海的地理框架并非如菲律宾所描述的那样。中国和菲律宾是海上邻国，两国为《公约》第74条和第83条所指“海岸相向或相邻的国家”。两国在南海存在海洋划界情势，菲律宾诉求与中菲在南海的海洋划界问题密切相关。正如《立场文件》所指出，“对菲律宾提出的任何仲裁请求作出判定，……都将不可避免地产生实际上海域划界的效果。”[75]

---

[71] The Office of the President of the Philippines, The 2014 SONA Technical Report, pp.64-65, http://www.gov.ph/2014/07/28/2014-sona-technical-report/, last visited 8 June 2016.

[72] 参见The Office of the President of the Philippines, The 2015 SONA Technical Report, pp.61-62, http://www.gov.ph/downloads/2015/2015-SONA-TECHNICAL-REPORT.pdf, last visited 8 June 2016.

[73] Notification and Statement of Claim of the Philippines (22 Jan. 2013), in Memorial of the Philippines, Vol. III, Annex 1, para.1.

[74] 同上注，第10段。

[75] 《立场文件》第29段。

108. 对菲律宾所提诉求的实质和真实目的，中国是清楚的。中国外交部发言人2013年4月26日声明：

> 20世纪70年代起，菲律宾违反《联合国宪章》和国际法原则，非法侵占了中国南沙群岛的部分岛礁，包括马欢岛、费信岛、中业岛、南钥岛、北子岛、西月岛、双黄沙洲和司令礁。……
>
> ……菲方以其对中国岛礁的非法侵占作为提起仲裁的基础，歪曲了中菲争端的基本事实。菲方企图以此否定中国的领土主权，使其非法侵占中国岛礁的行为披上“合法化”外衣。
>
> ……菲方提出的仲裁事项实质上是两国在南海部分海域的海洋划界问题，这必然涉及相关岛礁主权归属，而领土主权问题不是《联合国海洋法公约》的解释和适用问题。因此，在中菲岛礁争端悬而未决的情况下，菲方提出的仲裁事项不应适用《公约》规定的强制争端解决程序。更何况中国政府于2006年已经根据《公约》第298条的规定提交了声明，将涉及海洋划界等争端排除在包括仲裁在内的强制争端解决程序之外。[76]

这一点在《立场文件》第4–29段和57–75段中得到了进一步详细阐述。中国明确指出：

> 菲律宾提请仲裁的上述事项的实质是南海部分岛礁的领土主权问题，超出《公约》的调整范围，不涉及《公约》的解释或适用。仲裁庭对菲律宾提出的这些仲裁事项均无管辖权。[77]

中国还指出：

> ……即使菲律宾提请仲裁的事项涉及有关《公约》的解释或适用的问题，也是海域划界争端不可分割的组成部分，已被中国2006年声明所排除，菲律宾不得就此提起强制仲裁程序。[78]

109. 综上所述，菲律宾诉求的实质是中菲在南海的领土和海洋划界争

---

[76] 外交部发言人华春莹就菲律宾推进设立涉中菲南海争议仲裁庭事答记者问，2013年4月26日，http://www.fmprc.gov.cn/web/wjdt_674879/fyrbt_674889/t1035477.shtml。

[77]《立场文件》第9段。

[78] 同上注，第75段。

端。[79] 仲裁庭对本案诉求是否具有管辖权取决于它对中菲领土和海洋划界争端是否具有管辖权。显然，仲裁庭对中菲在南海的领土和海洋划界争端没有管辖权，相应它对菲律宾所有诉求都没有管辖权。仲裁庭在对菲律宾诉求进行定性方面犯了根本性错误，导致其对本案错误确立管辖权。

---

[79] 多名国际法专家的分析与这一判断一致，例如参见：Chris Whomersley, The South China Sea: The Award of the Tribunal in the Case Brought by Philippines against China—A Critique, 15 Chinese Journal of International Law (2016), p.239, at paras.23-34; Sreenivasa Rao Pemmaraju, The South China Sea Arbitration (The Philippines v. China): Assessment of the Award on Jurisdiction and Admissibility, 15 Chinese Journal of International Law (2016), p.265, at paras.37-50; Stefan Talmon, The South China Sea Arbitration: Observations on the Award on Jurisdiction and Admissibility, 15 Chinese Journal of International Law (2016), p.309, at paras.47-81; Chinese Society of International Law, The Tribunal's Award in the "South China Sea Arbitration" Initiated by the Philippines is Null and Void, 15 Chinese Journal of International Law (2016), p.457, at paras.16-54; Tullio Treves, The South China Sea Dispute: Prospects After the 2016 Award, in Chinese Society of International Law and Hong Kong International Arbitration Centre, Proceedings of Public International Law Colloquium on Maritime Disputes Settlement (Hong Kong International Arbitration Centre, 2016), p.398; Michael Sheng-ti Gau, Issues of Jurisdiction in Cases of Default of Appearance, in Stefan Talmon and Bing Bing Jia (eds.), The South China Sea Arbitration: A Chinese Perspective (Oxford: Hart Publishing, 2014), p.81, at 98-101.

第二节　仲裁庭错误认定菲律宾诉求与中菲在南海的领土和海洋划界争端无关，越权管辖

110. 前一节论述菲律宾诉求的实质是中菲在南海的领土和海洋划界问题，仲裁庭没有管辖权。但是，仲裁庭在《管辖权裁决》中认定，菲律宾前 14 项诉求所反映的海洋权利来源的争端不涉及领土主权，也不涉及海洋划界。[80] 同时，仲裁庭认定，第 5 项、第 8 项和第 9 项诉求内容可能涉及海洋权利重叠问题，为确定其是否具有管辖权，需要确定中菲在相关区域是否存在海洋权利重叠；[81] 第 12 项诉求所涉美济礁和第 14 项诉求所涉仁爱礁可能构成陆地领土（“岛屿”或“岩礁”），只有当二者不能构成陆地领土时仲裁庭才可以管辖中国在相关区域活动的合法性问题。[82] 另外，仲裁庭认为，第 1 项和第 2 项诉求所反映的争端可能属于第 298 条所指“历史性海湾或所有权的争端”。[83] 在《7 月 12 日裁决》中，仲裁庭认定中菲在美济礁和仁爱礁地区不存在海洋权利重叠；[84] 美济礁和仁爱礁是“低潮高地”，不能构成一国法律意义上的陆地领土；[85] 中国从未对南海水域提出过“历史性所有权”主张。[86] 鉴于上述，仲裁庭认为对菲律宾前 13 项诉求和第 14（d）项诉求具有管辖权。[87]

111. 本节将考察：（1）仲裁庭是否客观、适当地查明菲律宾诉求的实质；（2）仲裁庭认定菲律宾诉求不涉及领土主权的相关论述是否成立；（3）仲裁庭认定菲律宾诉求不涉及海洋划界的相关论述是否成立；（4）仲裁庭认定菲律宾诉求所涉历史性权利问题未被中国 2006 年声明所排除的相关论述是否成立。

---

80 《管辖权裁决》第 152-157、398-411 段。

81 同上注，第 157、402、405-406 段。

82 同上注，第 409、411 段。

83 同上注，第 398-399 段。

84 《7 月 12 日裁决》第 633 段。

85 同上注，第 309、378、381 段。

86 同上注，第 229 段。

87 同上注，第 1203.A(8) 段。

一、仲裁庭采取碎片化做法错误定性菲律宾诉求所体现的争端，未客观、适当地查明菲律宾诉求的实质是领土和海洋划界争端

112. 本章第一节基于事实和证据对菲律宾诉求的实质进行了客观分析，阐明菲律宾诉求反映了中菲在南海的领土和海洋划界争端的不同方面，诉求所涉事项与领土主权和海洋划界问题交织在一起，不能割裂处理。第一节还指出，为了绕开管辖权障碍，菲律宾人为地将中菲在南海的领土和海洋划界争端拆分且包装成多个孤立的貌似仅有关海洋权利或海上活动的诉求。仲裁庭本不应无视菲律宾这种碎片化和包装的做法，而应客观审查菲律宾诉求以查明诉求的实质。但是，仲裁庭却未尽其责。仲裁庭认定，菲律宾第 1 项至第 7 项诉求涉及当事国在南海海洋权利来源和范围争端的不同方面，[88] 菲律宾第 8 项至第 14 项诉求涉及一系列有关中国在南海的活动的争端。[89] 仲裁庭认定，“菲律宾所有仲裁诉求提出的事项都存在有关《公约》解释和适用的争端”。[90] 仲裁庭的这种做法未遵循国际司法实践，相关认定没有事实和法律依据。

113. 在国际司法实践中，国际性法庭或仲裁庭承担着查明案件真实争议的职责。为此，法庭或仲裁庭须对诉求的性质作出准确判断。在当事双方就诉求性质提出不同看法，而提起程序一方可能对诉求进行包装的情形下，法庭或仲裁庭认真履行该项职责显得尤为重要。正如国际法院在“核试验案”（澳大利亚诉法国；新西兰诉法国，1974 年）中指出，“本法院有责任辨别出案件的真实问题，确定诉求的目的”。[91] 国际法院在“就出入太平洋进行谈判义务案”（玻利维亚诉智利，2015 年）中重申这一点并进一步强调，“应由本法院在客观的基础上确定当事方争端的主题事项，即‘辨别出案件的真实问题，确定诉求的目的’”。[92] 国际法院还认为，为达成上述目的，“应审查当事双方的立场，‘尤其应特别注意申请方所选择的争

---

[88] 《管辖权裁决》第 164、169、172 段。

[89] 同上注，第 173 段。

[90] 同上注，第 178 段。

[91] Nuclear Tests (Australia v. France), Judgment, I.C.J. Reports 1974, p.253, at para. 29; Nuclear Tests (New Zealand v. France), Judgment, I.C.J. Reports 1974, p.457, at para.30.

[92] Obligation to Negotiate Access to the Pacific Ocean (Bolivia v. Chile), Preliminary Objection, Judgment, I.C.J. Reports 2015, p.592, at para. 26; 另参见 Chagos Marine Protected Area (Mauritius v. United Kingdom), Award of 18 March 2015, Arbitral Tribunal under Annex VII of the UNCLOS, para. 208.

端表述方式'"。[93] 本案仲裁庭援引国际法院的观点也承认，在对争端定性时，"应采用客观做法，本庭必须'辨别出案件的真实问题，确定诉求的目的'"。[94] 因此，仲裁庭应基于事实和证据，客观考察菲律宾所提诉求与中菲在南海的领土和海洋划界争议的关系，以确定诉求的真实主题事项，在此基础上再判定自身有无管辖权。这是仲裁庭的基本职责，也是《公约》附件七第 9 条的明文要求。

114. 尽管仲裁庭明确承认应采用客观做法来查明争端的真实主题事项，但它却没有遵循这一做法且没有说明原因。仲裁庭没有基于事实进行客观分析以查明争议中的真实问题。相反，仲裁庭认同菲律宾采用的碎片化和包装做法。如同菲律宾一样，仲裁庭将反映中菲在南海的领土和海洋划界争议不同方面、不应孤立处理的事项割裂处理，事实上是在掩盖菲律宾诉求的领土主权和海洋划界实质。

115. 仲裁庭承认中菲就南海部分岛礁存在领土争端，但否认菲律宾诉求涉及两国间的领土争端。[95] 仲裁庭还称："本庭不认为菲律宾诉求的成功对其主权主张有任何影响，同时本庭也认可菲律宾提起仲裁是出于缩小两国争议事项这一完全合理的目的。" [96] 仲裁庭没有为该论断提出任何支持性依据。特别是，仲裁庭没有谈及"菲律宾诉求的成功"为什么不会损害中国的领土主权。下文论述将证明仲裁庭的论断是错误的。

116. 仲裁庭不认为中菲在南海存在海洋划界情势，不承认在海洋划界情势中确定海洋权利构成划界的一部分。仲裁庭称：

> 虽然确定当事方海洋权利的范围和权利重叠区域通常是划定海洋边界首先要处理的问题之一，但仍是不同的问题。海洋边界的划定只

---

[93] Obligation to Negotiate Access to the Pacific Ocean (Bolivia v. Chile), Preliminary Objection, Judgment, I.C.J. Reports 2015, p.592, at para.26; 另参见 Fisheries Jurisdiction (Spain v. Canada), Jurisdiction of the Court, Judgment, I.C.J. Reports 1998, p.432, at para.30; Territorial and Maritime Dispute (Nicaragua v. Colombia), Preliminary Objections, Judgment, I.C.J. Reports 2007, p.832, at para.38; Chagos Marine Protected Area (Mauritius v. United Kingdom), Award of 18 March 2015, Arbitral Tribunal under Annex VII of the UNCLOS, para.208.

[94]《管辖权裁决》第 150 段，引自 Nuclear Tests (New Zealand v. France), Judgment, I.C.J. Reports 1974, p.457, at para.30; Request for an Examination of the Situation in Accordance with Paragraph 63 of the Court's Judgment of 20 December 1974 in the Nuclear Tests (New Zealand v. France) Case, Order of 22 September 1995, I.C.J. Reports 1995, p.288 at para.55 (sic).

[95]《管辖权裁决》第 153 段。

[96] 同上注，援引 Memorial of the Philippines, para.1.34.

能在海岸相向或相邻并且海洋权利存在重叠的国家之间进行。与之不同，即使在没有海洋权利重叠的情况下，海洋权利主张的争议也可能存在。例如，一国在被他国认为是《公约》所指的公海或“区域”的地方主张海洋区域就是这样的情形。[97]

仲裁庭根本没有考虑中菲在南海的划界地理框架和划界情势，也根本没有考虑在此情势下，海洋权利构成海洋划界的一部分，不能与划界分开处理。至于仲裁庭所称“即使在没有海洋权利重叠的情况下，海洋权利主张的争议也可能存在。例如，一国在被他国认为是《公约》所指的公海或‘区域’的地方主张海洋区域就是这样的情形”，与在南海的划界框架或划界情势完全不同，不具相关性。

117. 如果仲裁庭采用客观做法，基于事实对菲律宾诉求进行定性，即使不对中菲在南海有关争端的由来和发展进行梳理，而只要简单了解仲裁提起后中菲各自的相关言行，也不难得出如下结论：菲律宾诉求反映了中菲在南海的领土和海洋划界争端，应该作为该争端的一部分一体处理。正如中国在《立场文件》中所指出：

菲律宾要求在不确定相关岛礁主权归属的情况下，先适用《公约》的规定确定中国在南海的海洋权利，并提出一系列仲裁请求，违背了解决国际海洋争端所依据的一般国际法原则和国际司法实践。仲裁庭对菲律宾提出的任何仲裁请求作出判定，都将不可避免地直接或间接对本案涉及的相关岛礁以及其他南海岛礁的主权归属进行判定，都将不可避免地产生实际上海域划界的效果。[98]

118. 实际上，裁决本身也验证了中国立场和观点的正确性。仲裁庭在两个裁决中处理了中菲在南海的领土和海洋划界争端。例如，仲裁庭将南沙群岛中的 8 个岛礁作为孤立的海洋地物进行处理，这种做法本身就是无视中国对南沙群岛整体拥有主权的立场，越权对领土问题进行处理。又如，仲裁庭裁定作为中国南沙群岛一部分的美济礁和仁爱礁属于菲律宾专属经济区和大陆架的一部分，[99] 实际上是将以上两个地物从中国南沙群岛中剥离，肢解中国南沙群岛。再如，仲裁庭裁定，“南沙群岛中没有高潮地

---

97 同上注，第 156 段。

98 《立场文件》第 29 段。

99 《7 月 12 日裁决》第 647 段和第 1203.B（7）段。

物产生专属经济区或大陆架的权利”，[100] 进而把中菲存在领土和海洋划界争议的部分区域说成是菲律宾专属经济区和大陆架的一部分，实际上为中菲划定了海上边界。这些情况证明，要脱离中菲在南海的领土和海洋划界争议单独处理菲律宾诉求事实上是不可能的。

119. 在涉及领土和海洋划界的案件中，国际性法庭或仲裁庭通常采用整体视角来对当事方诉求进行客观审查并确定真实主题事项。从国际法院处理的多个案例及其名称可以看出这一点，如“陆地、岛屿和海洋划界争端案”（萨尔瓦多/洪都拉斯，尼加拉瓜介入，1992年）、[101]“海洋划界和领土问题案”（卡塔尔诉巴林，1994年）、[102]“陆地领土和海洋划界案”（喀麦隆诉尼日利亚，赤道几内亚介入，1996年）、[103]“领土和海洋争端案”（尼加拉瓜诉哥伦比亚，2012年）[104] 等。

“海洋划界和领土问题案”（卡塔尔诉巴林，1994年）很好地说明了这一点。在该案中，当事国同意采用“巴林表述”：“当事国请求法院判定双方可能存在不同意见的任何领土权利或其他权利来源或利益的事项；在两国各自的海床底土和上覆水域海洋区域之间划定一条单一的海洋边界。”[105] 在另一份文件中，当事国将争端的主题描述为：“两国之间有关岛屿主权、海洋边界和领水的所有争议问题，应被认为是相互补充、不可分割的，应被一同整体解决。”[106] 随后，当事国还经常使用单数形式的“事项”来描述争端。[107] 法院因此得出结论认为，当事国作为“巴林表述”的作者，这一表述“是为了使法院能够整体处理每一当事方所界定的那些问题”。[108] 在发现卡塔尔有意并自己承认只提出了其想要法院判定的争端的一些因素，而非整个争端时，法院决定暂停审理进程以使当事方（共同或单独）

---

100 同上注，第1203.B（7）b段。

101 Land, Island and Maritime Frontier Dispute (El Salvador/Honduras: Nicaragua intervening), Judgment, I.C.J. Reports 1992, p.351.

102 Maritime Delimitation and Territorial Questions between Qatar and Bahrain, Jurisdiction and Admissibility, Judgment, I.C.J. Reports 1994, p.112.

103 Land and Maritime Boundary between Cameroon and Nigeria, Preliminary Objections, Judgment, I.C.J. Reports 1998, p.275.

104 Territorial and Maritime Dispute (Nicaragua v. Colombia), Judgment, I.C.J. Reports 2012, p.624.

105 Maritime Delimitation and Territorial Questions between Qatar and Bahrain, Jurisdiction and Admissibility, Judgment, I.C.J. Reports 1994, p.112, at para.18.

106 同上注，第37段。

107 同上注。

108 同上注。

可以提交争端的所有问题给法院解决。[109]

120. 在其他类型的案件中，国际法院同样采用整体视角来客观查明当事方诉求的主题事项。例如，在“关于武力使用的合法性案”（南斯拉夫诉比利时，临时措施决定，1999 年）中，南斯拉夫基于“诉诸战争权”和“战时法”等依据，在诉状中列出多达 13 项诉求。[110] 国际法院在认真审查后认定，这些诉求实质上指向针对南斯拉夫联盟共和国领土的轰炸行为。因此，当事方之间存在一项有关“那些轰炸行为**作为整体**的合法性问题”的法律争端。[111]

121. 就本案而言，依据《公约》规定以及中国 2006 年声明，仲裁庭对中菲在南海的领土和海洋划界争端明显没有管辖权。但是，仲裁庭通过碎片化做法，把菲律宾诉求所涉事项扭曲成一些与领土主权和海洋划界无关的问题，从而为确立自身管辖权清除障碍。在裁决中，仲裁庭援引国际法院在“在德黑兰的美国外交和领事人员案”（美国诉伊朗，1980 年）中的观点，试图说明将菲律宾诉求与领土主权问题切割的合理性。仲裁庭称：

> 本庭认为，对于两个存在着如此广泛和多层次关系的国家来说，中菲之间存在多种不同事项的争端是完全正常和可预期的。确实，即使在像南海这样的地理区域，当事方之间很容易在主要的事实情势或者其法律后果等多个方面产生争端。仲裁庭同意国际法院在“在德黑兰的美国外交和领事人员案”中的观点，即没有理由“仅因为争端有其他方面，不论其多重要，就拒绝对争端的一个方面行使管辖”。[112]

仲裁庭援引该案不能支持其在本案中的做法。该案所讨论的是政治和法律两类不同性质的问题。伊朗主张国际法院不能脱离它与美国二十多年以来双边关系的“总体问题”而单独处理美国提出的具体法律诉求。[113] 国际法院认为，双边的总体政治关系并不影响其对有关具体法律问题建立管辖权。本案情况与此不同。仲裁庭要处理的不是政治和法律问题的区别，

---

[109] 同上注，第 38 段。

[110] Legality of Use of Force (Yugoslavia v. Belgium), Provisional Measures, Order of 2 June 1999, I.C.J. Reports 1999, p.124, at para. 4.

[111] 同上注，第 28 段（强调为作者所加）。

[112]《管辖权裁决》第 152 段，援引 United States Diplomatic and Consular Staff in Tehran (United States v. Iran), Judgment, I.C.J. Reports 1980, p.3, at para.36.

[113] United States Diplomatic and Consular Staff in Tehran (United States v. Iran), Judgment, I.C.J. Reports 1980, p.3, at para.37.

而是菲律宾诉求和中菲在南海的领土和海洋划界争议的关系。菲律宾诉求构成中菲在南海领土和海洋划界争议的不同部分，仲裁庭没有管辖权。

122. 无论如何，仲裁庭必须依据《公约》相关规定确定自身管辖权，为此应查明争端主题事项。仲裁庭对领土争端没有管辖权，它对涉及领土争端的任何一部分都没有管辖权；关于海洋划界的争端被排除在仲裁庭管辖权之外，则仲裁庭对该争端的任何一部分都没有管辖权。将依据《公约》规定明显没有管辖权的争端拆分并包装成多个看似孤立的争端，不会赋予仲裁庭以管辖权。仲裁庭的碎片化做法违背前文所述的辨别案件真实问题、确定诉求目的这一基本职责，也违背构成国际性法庭或仲裁庭管辖权基础的“国家同意原则”。

123. 正如国际法院在诸多案件中所强调，领土和边界在现代国际关系中具有极端重要性。[114] 南海的领土和海洋划界问题正是这样的重要事项。任何国家对领土和边界问题都非常敏感，中国更是如此。例如，中国前国务委员戴秉国 2016 年 7 月 5 日在华盛顿谈到：

> 近代以来，中国一直是霸权主义和强权政治的受害者，饱受西方列强欺辱，例如，一战后的凡尔赛和会出卖中国山东、日本侵略中国东三省后国联派出的李顿调查团为侵略者背书，即便是二战后美国主导的《旧金山和约》谈判也将中国排斥在外。如此种种，中国人记忆犹新。这就是为什么中国在领土主权问题上要把命运牢牢地掌握在自己手里，绝不接受任何第三方解决方案。[115]

124. 因仲裁事项涉及领土和海洋划界问题，中国明确表示不接受、不参与仲裁的立场。仲裁庭本应更加审慎地基于事实客观查明争端的真实主题事项。然而，仲裁庭却十分草率地对菲律宾诉求作出定性，将构成中菲在南海的领土和海洋划界争议组成部分的有关事项认定为所谓“有关《公约》解释或适用”的争端，从而错误建立管辖权。

---

114 参见 Maritime Dispute (Peru v. Chile), Judgment, I.C.J. Reports 2014, p.3, para.91; Territorial and Maritime Dispute (Nicaragua v. Colombia), I.C.J. Reports 2012, p.624, at para.219; Territorial and Maritime Dispute between Nicaragua and Honduras in the Caribbean Sea (Nicaragua v. Honduras), I.C.J. Reports 2007, p.659, at para.253.

115 戴秉国同志在中美智库南海问题对话会上的讲话，http://www.mfa.gov.cn/nanhai/chn/wjbxw/t1377746.htm。

二、仲裁庭基于主观臆断而非事实，错误认定菲律宾诉求与领土争端无关

125. 仲裁庭对领土争端没有管辖权。因此，厘清菲律宾诉求与领土主权的关系非常重要。菲律宾承认中菲就南海部分岛礁的主权存在争端，但是声称本案“根本无一诉求请求仲裁庭就中国或任何其他国家的陆地领土主权范围发表意见”，因此主权争端的存在不影响仲裁庭对本案行使管辖权。[116] 对于菲律宾这一说法，仲裁庭本应进行客观审查，却没有这样做。正如中国《立场文件》所指出，“菲律宾提请仲裁的上述事项的实质是南海部分岛礁的领土主权问题，超出《公约》的调整范围，不涉及《公约》的解释或适用。仲裁庭对菲律宾提出的这些事项均无管辖权”。[117] 中国《立场文件》还指出，“仲裁庭对菲律宾提出的任何仲裁请求作出判定，都将不可避免地直接或间接对本案涉及的相关岛礁以及其他南海岛礁的主权归属进行判定”。[118] 鉴于上述，仲裁庭对本案明显没有管辖权。

126. 仲裁庭非常清楚，《公约》不处理领土争端。[119] 仲裁庭提出判断菲律宾诉求是否涉及领土问题的两种情形，并得出结论认为本案与此无关。仲裁庭称：

> 如果能说服仲裁庭（1）解决菲律宾诉求要求仲裁庭先行就主权问题作出明示或默示的决定，或者（2）菲律宾诉求的真实目的是提升其在双方主权争端中的地位，那么仲裁庭就可以认为菲律宾诉求与主权有关。然而，上述情形在本案中无一存在。菲律宾没有请求仲裁庭就主权问题作出决定，而且还明确并一再要求仲裁庭不要这样做。本庭也没有发现菲律宾诉求有任何一项需要对主权问题作出默示决定。本庭认为，正如菲律宾建议的那样，完全可以在假设中国对黄岩岛和南沙群岛的主权主张是正确的这一前提下审理菲律宾诉求。本庭完全清楚菲律宾主张的限制，在处理菲律宾诉求的实体问题时，将会确保仲裁庭的决定不会加强或减损任何一方在南海的领土主权主张。本庭认为菲律宾并未寻求任何其他东西。本庭不认为菲律宾诉求的成功对

---

116 《管辖权裁决》第 141 段，引自 Jurisdictional Hearing Tr. (Day 1), pp.61-62.

117 《立场文件》第 3-29 段。

118 同上注，第 29 段。

119 参见《管辖权裁决》第 152-154 段。

其主权主张有任何影响，同时本庭也认可菲律宾提起仲裁是出于缩小两国之间争议事项这一完全合理的目的。[120]

基于上述，仲裁庭表示“不接受中国《立场文件》所述的菲律宾提交的争端涉及海洋地物主权的反对意见”；[121] 裁定 14 项诉求所反映的争端均不涉及领土主权。[122]

127. 仲裁庭的上述认定是在主观臆断而非根据事实进行客观评判的基础上草率作出的，特别是没有客观评估菲律宾诉求对中国南海诸岛领土主权的影响。从上述引述的仲裁庭的论述可以看出，仲裁庭提出的两种情形实际上体现了判断菲律宾诉求与领土主权关系的标准。但仲裁庭并未善意适用这两项标准，只是照单全收菲律宾的主张。仲裁庭也未认真审慎对待中国有关菲律宾诉求涉及领土主权的立场。仲裁庭实际上未赋予其认定的中国对管辖权的“抗辩”以应有的效力。仲裁庭作出的菲律宾诉求与领土主权无关的结论明显不成立。

（一）仲裁庭并未善意适用其所提出的两项标准客观审查菲律宾诉求是否涉及领土主权

128. 如上所述，为判断菲律宾诉求是否涉及领土主权问题，仲裁庭提出两项独立标准：（1）解决菲律宾诉求要求仲裁庭先行就主权问题作出明示或默示的决定（下称“前提标准”），或者（2）菲律宾诉求的真实目的是提升其在双方主权争端中的地位或减损中国在南海领土主权争端中的主张（下称“目的和效果标准”）。仲裁庭只是简单给出这些标准，但并没有善意对照适用。仲裁庭全盘接受菲律宾的表面表态，没有审查菲律宾诉求及菲律宾的真实意图。仲裁庭只是简单断言，没有实际分析菲律宾诉求对中国主权可能产生的减损效果。仲裁庭的结论明显是不客观、不公正的。

1. 仲裁庭在适用“前提标准”时仅凭借菲律宾的表面表态作出判断

129. 关于“前提标准”，仲裁庭认为解决菲律宾诉求不需要先行就领土主权明示或默示作出决定，其理由如下：首先，“菲律宾没有请求仲裁庭就主权问题作出决定，而且还明确并一再要求仲裁庭不要这样做”；其次，“本庭也没有发现菲律宾诉求有任何一项需要对主权问题作出默示决

120　同上注，第 153 段（文中引注省略）。

121　同上注。

122　参见上注，第 398-411 段。

定。本庭认为，正如菲律宾建议的那样，完全可以在假设中国对黄岩岛和南沙群岛的主权主张是正确的这一前提下审理菲律宾诉求。”[123] 这些理由显然难以成立。

130. 第一，仲裁庭混淆了解决菲律宾诉求客观上是否需要对领土主权作出决定与菲律宾表面上是否请求对领土主权作出决定两个不同问题。仲裁庭有责任基于事实客观查明菲律宾诉求的性质，不能只是凭借菲律宾的表面表态来作出判断。菲律宾的表面表态只是仲裁庭履行责任时需要考虑的因素之一，但绝不是决定性因素。诚然，菲律宾的诉求表面上没有要求仲裁庭对领土主权问题作出决定。然而，解决菲律宾诉求是否需要对领土主权问题作出明示或默示决定，仲裁庭不能仅凭“菲律宾没有请求”和“本庭也没有发现”两句话就应付了事。正如仲裁庭所承认的，通过审查双方立场，由法庭在客观基础上自行确定当事方的争端，“该决定不仅应‘建立在申请书和最终诉求基础上，而且应建立在双方外交往来、公开声明和其他相关证据的基础上’”。[124] 仲裁庭根本没有谈及相关事实和证据。事实上，如果采用客观方法，仲裁庭很容易就会发现，解决菲律宾有关海洋权利诉求需要以处理岛礁主权归属为前提，解决有关中国在相关海域活动的合法性诉求不仅需要先行处理岛礁的主权归属，而且需要完成相关海洋划界。

不能忽视的是，即使对菲律宾的表面态度，仲裁庭也只是提及对建立管辖权有利或者对中国立场不利的信息，而对那些能体现菲律宾真实目的、对建立管辖权不利或者对中国立场有利的信息，例如，上文提及的菲律宾官员和议会的表态等，仲裁庭都忽略了。

131. 第二，仲裁庭认为完全可以在假设中国对黄岩岛和南沙群岛的主权主张是正确的这一前提下审理菲律宾诉求并得出菲律宾诉求与主权无关的结论，这是错误的。

在诉讼案件中，法庭是否可以在假设基础上裁判是令人怀疑的。无论如何，仲裁庭既然认为有必要假设中国的主权，就说明主权问题在本案中并不是一个不相关的因素。

再者，仲裁庭并未真正基于其所做假设进行分析。仲裁庭若这样做，

---

[123] 同上注，第 153 段。

[124] 同上注，第150段，援引 Fisheries Jurisdiction (Spain v. Canada), Jurisdiction of the Court, Judgment, I.C.J. Reports 1998, p.432, at paras.30-31.

就应基于中国对有关地物主权的立场进行分析。中国的立场非常清楚，即：对包括黄岩岛在内的中沙群岛以及包括菲律宾第4–7项诉求提及的8个岛礁在内的南沙群岛拥有主权。中国对中沙群岛和南沙群岛各自作为整体拥有主权的立场，应作为仲裁庭论证的基础。在此情况下，仲裁庭应该明白，菲律宾有关岛礁地位及其海洋权利的诉求（第3项至第7项诉求）已经明显指向中国在南海的领土主权，对此仲裁庭无权审理。菲律宾诉求要求裁定南沙群岛有关地物作为个体的地位及其海洋权利，明显与中国对南沙群岛整体的领土主权相冲突。

132. 第三，仲裁庭声称菲律宾“没有请求仲裁庭决定领土主权问题”，虽然菲律宾在仲裁庭的说法可能会给人这种印象，但事实上并非如此。例如，美济礁、仁爱礁和渚碧礁都是中国南沙群岛的组成部分。可是，菲律宾第4项诉求请求仲裁庭认定美济礁、仁爱礁和渚碧礁不能被据为领土，而第5项诉求则更明确地要求仲裁庭裁定“美济礁和仁爱礁是菲律宾专属经济区和大陆架的一部分”。显然，两项诉求实际上均要求仲裁庭就领土问题作出裁决，而非它表面所声称的“要求仲裁庭不要这样做”。仲裁庭应该充分认识到这一点，并依此裁定对有关事项没有管辖权。

133. 第四，仲裁庭不可能在不先行就领土主权作出决定的情形下解决菲律宾的诉求。中国《立场文件》第18段指出：

> 就本案而言，菲律宾不承认中国对相关岛礁拥有主权，意在从根本上否定中国依据相关岛礁主张任何海洋权利的资格。在这种情形下，菲律宾要求仲裁庭先行判断中国的海洋权利主张是否符合《公约》的规定，是本末倒置。[125]

例如，菲律宾第10项诉求指控中国通过干扰菲律宾渔民在黄岩岛的传统捕鱼活动，非法阻止他们谋求生计。在《7月12日裁决》中，仲裁庭支持了该诉求，并援引“查戈斯海洋保护区仲裁案”（毛里求斯诉英国，2015年）称，“《公约》第2条第3款包括一项国家‘在遵守其他国际法规则的前提下’行使其主权的义务”；[126] 仲裁庭还称，“传统捕鱼权构成既

---

125 英国学者沃姆斯利认为，仲裁庭接受菲律宾的做法是“将主权之本和地位之末本末倒置”，参见 Chris Whomersley, The South China Sea: The Award of the Tribunal in the Case Brought by Philippines against China — A Critique, 15 Chinese Journal of International Law 239 (2016), p.239, at para.36.

126 《7月12日裁决》第808段，援引 Chagos Marine Protected Area (Mauritius v. United Kingdom), Award of 18 March 2015, Arbitral Tribunal under Annex VII of the UNCLOS, at para.514.

得权利，仲裁庭认为有关对待外国国民既得权利的国际法规则完全属于适用于领海的‘其他国际法规则’”。[127] 显然，只有确定有关海域属于领海，才能适用《公约》第 2 条第 3 款中的“其他国际法规则”。然而，黄岩岛是中国领土。中国目前尚未划定黄岩岛地区的领海基线，内水和领海的具体界限尚待明确。鉴于上述，仲裁庭不首先处理黄岩岛的领土主权问题，或代替中国作出本应由主权国家作出的决定，就无法确定有关海域是否属于领海。因此，仲裁庭关于其处理菲律宾第 10 项诉求的管辖权并不依赖于先行就黄岩岛的主权作出决定的结论 [128] 不能成立。

再如，按照仲裁庭的分析，菲律宾第 13 项诉求主要涉及中国在黄岩岛“领海”内操作执法船的活动。菲律宾援引《公约》第 21 条、第 24 条、第 94 条，指控“中国违背《公约》义务，以危险方式操作其执法船舶，引发与菲律宾在黄岩岛附近航行的船舶发生碰撞的严重风险”。仲裁庭称，“菲律宾援引的《公约》条款为沿海国和行使无害通过权的船舶都规定了义务。因此，仲裁庭的管辖权不依赖于对黄岩岛的主权先行作出决定。”[129] 仲裁庭的这种说法无法成立。《公约》第 21 条以“沿海国关于无害通过的法律和规章”为标题，其第 1 款至第 3 款规定沿海国有权制定关于无害通过的法律和规章，并妥为公布。第 4 款规定“行使无害通过领海权利的外国船舶应遵守所有这种法律和规章以及关于防止海上碰撞的一切一般接受的国际规章”。第 24 条以“沿海国的义务”为标题，其第 1 款规定“沿海国不应妨碍外国船舶无害通过领海”。以上规定明确了沿海国在其领海内的权利义务。如上所述，中国在黄岩岛地区的内水和领海界限尚未明确。仲裁庭要处理菲律宾第 13 项诉求，首先需要处理黄岩岛的主权问题或者代行中国作为主权国家的职能。只有这样，才可能确定在黄岩岛海域中国和菲律宾究竟谁是沿海国、谁是进行无害通过的外国。仲裁庭对此明显没有管辖权。

2. 仲裁庭在适用“目的和效果标准”时未查实菲律宾的真实目的

134. 在声称菲律宾没有明示或默示要求裁定主权问题后，仲裁庭认为如果菲律宾诉求的真实目的是提升其在两国主权争端中的地位，则其诉求与主权有关。仲裁庭未对菲律宾诉求进行客观考察，即认为：

---

[127]《7 月 12 日裁决》第 808 段（文中引注省略）。

[128]《管辖权裁决》第 407 段。

[129] 同上注，第 410 段。

菲律宾并未寻求任何其他东西。本庭不认为菲律宾诉求的成功对其主权主张有任何影响，同时本庭也认可菲律宾提起仲裁是出于缩小两国之间争议事项这一完全合理的目的。[130]

135. 菲律宾是否“寻求任何其他东西”这一问题，仲裁庭不能不加分析而仅仅作出结论，以“本庭不认为……”这几个字草草了事。要回答这个问题，如前所述，仲裁庭不仅要对菲律宾的书面和口头陈述，而且要对双方的外交往来、公开声明和其他相关证据，进行全面审查。为此，如前文第 113 段和第 130 段所述，仲裁庭应审查当事双方的立场，尤其应特别注意申请方所选择的争端表述方式。然而，仲裁庭根本没有进行这些工作。正如本章第一节所示，菲律宾提起仲裁的真实目的是试图“有效解决”中菲在南海的领土和海洋划界争端。有关事实和证据包括菲律宾 2013 年 1 月 22 日发给中国的照会，仲裁通知和权利主张说明，提起仲裁后菲律宾政府、参议院、众议院及高级官员就仲裁所作表态，菲律宾 2014 年 3 月 30 日提交的诉状，菲律宾相关官方材料，以及中国外交部发言人就仲裁作出的相关表态，2014 年 12 月 7 日中国《立场文件》等。[131] 这些都表明，菲律宾诉求最重要的真实目的是提升其在领土主权争端中的地位。“本庭不认为……”的表述，只能表明仲裁庭关于菲律宾提起仲裁真实意图的结论是毫无根据的。

136. 在“查戈斯海洋保护区仲裁案”中，毛里求斯在第 1 项和第 2 项诉求中请求仲裁庭判定谁是《公约》下的“沿海国”。仲裁庭在认定毛里求斯第 2 项诉求是否涉及领土主权时指出，“本庭同意毛里求斯的观点，其第 1 项诉求和第 2 项诉求所提事项不同。尽管如此，本庭认为毛里求斯第 2 项诉求必须在双方关于查戈斯群岛主权存在争端的背景下看待”。[132] 如果本案仲裁庭遵循同样的逻辑，应该在中菲在南海的领土争议背景下审视菲律宾诉求。

---

[130] 同上注，第 153 段。

[131] 参见本章第一节相关论述。

[132] 参见 Chagos Marine Protected Area (Mauritius v. United Kingdom), Award of 18 March 2015, Arbitral Tribunal under Annex VII of the UNCLOS, at para.229. 毛里求斯的前两项诉求请求仲裁庭裁定并宣布：（1）英国无权宣布“海洋保护区”或其他海洋区域，因为英国不是《公约》第 2、55、56 和 76 条等条款所指“沿海国”；和 / 或者（2）鉴于英国就查戈斯群岛对毛里求斯作出的承诺，英国无权单方面宣布“海洋保护区”或其他海洋区域，因为毛里求斯享有《公约》第 56 条第 1 款 (b)(iii) 项和第 76 条第 8 款等条款所指“沿海国”的权利。《管辖权裁决》第 158 段。

例如，菲律宾第12项诉求涉及中国在美济礁的活动。就该诉求所涉争端的性质，菲律宾提供了多份内部备忘录作为证据。然而2009年以前的备忘录表明，菲律宾视美济礁为其本国领土的一部分；[133] 中国主张美济礁属于其南沙群岛的一部分，强调中国在美济礁“进行的修复和维护活动是中国政府主权范围内的行为”。[134] 尽管菲律宾在本案中主张美济礁不能被占据，是菲律宾大陆架的一部分，但这并不影响该诉求的领土主权性质。

再如，菲律宾第14项诉求涉及中国与菲律宾在仁爱礁坐滩军事人员之间的对峙。就该诉求所涉争端的性质，菲律宾提供了两份在仲裁启动后才产生的机密和内部文件证据：2013年4月23日外交部长呈报给总统的一份备忘录；[135] 2014年3月10日菲律宾一少将以参谋总长的名义写给外交部长的一封信。[136] 从内容看，菲律宾主张“仁爱礁属于菲律宾领土”。[137] 这与中国关于仁爱礁属于中国南沙群岛一部分的立场相冲突。尽管菲律宾在第4项诉求中提出仁爱礁是低潮高地，不能被据为领土，但菲律宾在仁爱礁通过军舰坐滩的所作所为以及上述机密和内部文件恰恰证明，菲律宾是企图将仁爱礁作为领土予以占据，这才是菲律宾第14项诉求背后所隐藏的真实意图。

137. 仲裁庭认为，“菲律宾提起仲裁是出于缩小两国之间争议事项这一完全合理的目的”，[138] 这一说法是误导性。“缩小两国之间争议事项”不能证明菲律宾诉求不是在提升其在中菲领土主权争端中的地位。实际上，

---

133 引自Memorandum from the Undersecretary of Foreign Affairs of the Republic of the Philippines to the Ambassador of the People's Republic of China in Manila (6 Feb. 1995) (Memorial of the Philippines, Vol. III, Annex 17), Aide Memoire; Memorandum from Ambassador of the Republic of Philippines in Beijing to the Secretary of Foreign Affairs of the Republic of the Philippines, No. ZPE-77-98-S (9 Nov. 1998) (Memorial of the Philippines, Vol. III, Annex 34), Points b & e; Memorandum from Lauro L. Baja, Jr., Undersecretary for Policy, Department of Foreign Affairs, Republic of the Philippines [sic] to all Philippine Embassies (11 Nov. 1998) (Memorial of the Philippines, Vol. III, Annex 35), p.1.

134 Memorandum from the Ambassador of the Republic of Philippines in Beijing to the Secretary of Foreign Affairs of the Republic of the Philippines, No. ZPE-76-98-S (6 Nov. 1998), Memorial of the Philippines, Vol. III, Memorial Annex 33, Point.2.

135 Memorandum from the Secretary of Foreign Affairs of the Republic of the Philippines to the President of the Republic of the Philippines (23 Apr. 2013), Memorial of the Philippines, Vol. IV, Annex 93.

136 Letter from the Virgilio A. Hernandez, Major General, Armed Forces of the Philippines, to the Secretary of Foreign Affairs, Department of Foreign Affairs of Republic of the Philippines (10 Mar. 2014), Memorial of the Philippines, Vol. IV, Annex 99.

137 Memorandum from the Secretary of Foreign Affairs of the Republic of the Philippines to the President of the Republic of the Philippines (23 Apr. 2013) (Memorial of the Philippines, Vol. IV, Annex 93, p.2.

138《管辖权裁决》第153段。

菲律宾是试图通过解决两国间领土和海洋划界争议的一部分来缩小相关争议。

3. 仲裁庭在适用“目的和效果标准”时根本没有考虑解决菲律宾诉求对中国南海诸岛主权的影响

138. 关于“目的和效果标准”，仲裁庭称：

> 本庭完全清楚菲律宾主张的限制，在处理菲律宾诉求的实体问题时，将会确保仲裁庭的决定不会加强或减损任何一方在南海的领土主权主张。本庭……不认为菲律宾诉求的成功对其主权主张有任何影响。[139]

同上述讨论的“仲裁庭不认为”一样，这种用词只能说明仲裁庭的结论是没有依据的。仲裁庭“将会确保”的说法也只是一种空谈。仲裁庭完全没有考虑解决菲律宾诉求本身就可能提升菲律宾主权主张，造成中国主权的减损。裁决结果也表明，仲裁庭支持菲律宾的诉求即是减损中国主权。例如，菲律宾第 4 项至第 7 项诉求将中国南沙群岛的 8 个岛礁作为孤立的地物处理，完全无视中国对南沙群岛整体享有领土主权的事实。仲裁庭处理菲律宾上述诉求这一行为本身就是对中国南沙群岛领土主权的减损。

139. 仲裁庭在《管辖权裁决》中作出了“将会确保仲裁庭的决定不会加强或减损任何一方在南海的领土主权主张”之承诺。这完全是空头支票。仲裁庭违背其作出的承诺，在《7 月 12 日裁决》中反其道而行之。例如，中国对南沙群岛整体享有主权，美济礁、仁爱礁、渚碧礁、南薰礁和东门礁作为南沙群岛的一部分，均为中国领土，仲裁庭却裁定它们不能被据为领土。[140] 又如，美济礁和仁爱礁属于中国南沙群岛的组成部分，仲裁庭却裁定它们属于菲律宾专属经济区和大陆架的一部分。[141]

通过上述裁定，仲裁庭直接将部分岛礁从南沙群岛中切除，减损中国对南沙群岛的主权。仲裁庭言行不一的做法和结论恰恰证明，菲律宾诉求涉及主权问题，仲裁庭无法绕开。对此，中国在《立场文件》中早已阐明：“仲裁庭对菲律宾提出的任何仲裁请求作出判定，都将不可避免地直接或

139　同上注。

140《7 月 12 日裁决》第 1203.B（4）-（5）段。

141　同上注，第 1203.B（7）段。

间接对本案涉及的相关岛礁以及其他南海岛礁的主权归属进行判定”。[142]

4. 仲裁庭背离“查戈斯海洋保护区仲裁案”的相关实践且未妥为叙明理由

140. 在“查戈斯海洋保护区仲裁案”中，毛里求斯第1项和第2项诉求与本案菲律宾诉求在性质上相同，英国在管辖权抗辩中提出的观点、依据和推理在性质上与中国在公开声明和立场文件中的观点、依据和推理基本一致，仲裁庭将此认定为中国对管辖权的抗辩。“查戈斯海洋保护区仲裁案”仲裁庭认定毛里求斯两项诉求均涉及领土主权。[143] 而本案仲裁庭却认定菲律宾诉求不涉及领土主权，得出相反结论。仲裁庭解释如下：

> 在这方面，本案不同于“查戈斯海洋保护区仲裁案”的最近决定。本庭理解，该案的多数意见是基于裁定毛里求斯的第1项和第2项诉求需要仲裁庭就主权问题作出默示决定，以及主权问题是毛里求斯主张的真实目的这一认识而作出的。[144]

141. 仲裁庭认为本案有别于“查戈斯海洋保护区仲裁案”，但没有提供依据和理由。法庭偏离先前类似裁决，理应叙明理由。正如国际法院所指出，“根据第59条，法院的裁决只对争端方就特定案件具有拘束力。法院在过去案件中的判决对尼日利亚不具有拘束力。这里不存在法院用先前案件中的判决约束尼日利亚的问题。真正的问题是，在本案中是否有理由不遵循先前案例的推理和结论。”[145] 在另外一个案件中，国际法院在“喀麦隆和尼日利亚陆地和海洋边界案”（喀麦隆诉尼日利亚，1998年）中同样指出，“尽管［先前作出的］判决对法院没有拘束力，但是本法院不会偏离已经确立的实践，除非它认为有非常特别的理由这样做”。[146] 遗憾的是，仲裁庭在本案中偏离“查戈斯海洋保护区仲裁案”并得出结论认为不需要就主权问题作出决定，只是简单地说与“查戈斯海洋保护区仲裁案”的不同，未具明原因。

---

142 《立场文件》第29段。

143 参见Chagos Marine Protected Area (Mauritius v. United Kingdom), Award of 18 March 2015, Arbitral Tribunal under Annex VII of the UNCLOS, paras.212, 230.

144 《管辖权裁决》第153段。

145 Land and Maritime Boundary between Cameroon and Nigeria (Cameroon v. Nigeria), Preliminary Objections, Judgment, I.C.J. Reports 1998, p.292, at para.28.

146 Application of the Convention on the Prevention and Punishment of the Crime of Genocide (Croatia v. Serbia), Preliminary Objections, Judgment, I.C.J. Reports 2008, p.412, at para.53.

142. 在“查戈斯海洋保护区仲裁案”中，毛里求斯认为其第1项和第2项诉求都涉及《公约》具体条款的解释或适用，处理上述诉求不需要先行解决主权问题。[147] 英国则认为查戈斯群岛的主权才是上述两个诉求的真实主题事项，而主权问题不在《公约》第十五部分争端解决机制的适用范围之内。[148] 值得注意的是，英国在辩诉状中援引“南海仲裁案”，特别提及两案的相同之处，并援引中国外交部发言人观点支持其主张：

> 在最近针对中国提起的［《公约》］第十五部分仲裁中，菲律宾宣称“在本仲裁中不寻求就双方都主张的岛屿的主权归属作出决定”。因此，菲律宾在该案中试图避开请求仲裁庭作出如同毛里求斯寻求仲裁庭作出的决定。尽管菲律宾对其诉求进行包装，中国外交部发言人2013年4月26日的声明指出：
>
> > “菲方提出的仲裁事项实质上是两国在南海部分海域的海洋划界问题，这必然涉及相关岛礁主权归属，而领土主权问题不是《联合国海洋法公约》的解释和适用问题。因此，在中菲岛礁争端悬而未决的情况下，菲方提出的仲裁事项不应适用《公约》规定的强制争端解决程序”。[149]

由此可见，菲律宾诉求无论措辞有何不同，与毛里求斯诉求在性质上是相同的。

该案仲裁庭采纳了英国的立场，判定毛里求斯第1项和第2项诉求涉及主权，在其管辖范围之外。本案仲裁庭本应该遵循“查戈斯海洋保护区仲裁案”仲裁庭的决定，裁定菲律宾诉求涉及领土主权。

143. 在“查戈斯海洋保护区仲裁案”中，仲裁庭依据什么认定“毛里求斯的第1项和第2项诉求要求仲裁庭就主权问题作出默示决定”，以及为什么认定“主权问题是毛里求斯主张的真实目的”？答案是事实和证据。

144. 尽管毛里求斯针对每个诉求都援引了《公约》具体条款，但仲裁庭并未照单全收，而是全面考察事实和证据。在此基础上，仲裁庭裁定，第1项和第2项诉求确实涉及查戈斯群岛的领土主权，仲裁庭没有管辖权。

---

[147] Chagos Marine Protected Area (Mauritius v. United Kingdom), Award of 18 March 2015, Arbitral Tribunal under Annex VII of the UNCLOS, paras.175-177, 226-227.

[148] 同上注，第164、169-173、223-225段。

[149] Chagos Marine Protected Area (Mauritius v. United Kingdom), Counter-Memorial submitted by the United Kingdom, 15 July 2013, para.4.50（文中引注省略）。

仲裁庭使用的证据包括双边交流文件、毛里求斯发给联合国的声明。仲裁庭还注意到：有大量记录表明，在一系列会议和有关文件中，在提起仲裁前，双方就主权问题进行过交锋；相反，极少有证据证明在仲裁启动前毛里求斯即已向英属印度洋领地代表就实施《公约》表达过具体关切。[150] 基于此，关于毛里求斯的第 1 项诉求，仲裁庭认定有关争端“应恰当定性为有关查戈斯群岛陆地领土主权的争端。双方有关《公约》所指‘沿海国’的不同观点只是这一更大争端的一个方面”。[151] 关于毛里求斯的第 2 项诉求，仲裁庭认为它虽然与第 1 项诉求所涉事项不同，但是同样“必须在双方关于查戈斯群岛的主权争端背景下来看待”，[152] 认定该项诉求的真实目的是支持毛里求斯对查戈斯群岛的主权主张。[153]

145. 反观本案，仲裁庭在认定菲律宾诉求的性质时，没有客观查明相关事实，仅仅根据菲律宾的表面态度就作出主观臆断。如果仲裁庭采用其一再强调的客观方法进行分析，如第一节所论，其结论只能是菲律宾诉求涉及中菲在南海的领土争议。对菲律宾这些诉求，仲裁庭没有管辖权。

（二）仲裁庭未认真审慎对待中国基于菲律宾诉求的领土主权性质对管辖权提出的反对

146. 仲裁庭将《立场文件》和相关表态认定为实际上构成对管辖权的抗辩。[154] 前文指出，仲裁庭提出了判断菲律宾诉求是否涉及领土主权问题的两项标准，但在适用时没有客观考察有关事实，没有认真审慎对待中国对其管辖权的反对，没有赋予中国立场以应有的效力。[155] 这种做法违背仲裁庭应查明有关事实的职责，也明显背离国际司法实践，有悖于程序公正。

147. 在国际司法实践中，对于不参与程序一方在程序外对管辖权提出的反对，“国际法院为查明其是否确有管辖权，不仅考虑了被诉国在程序外的意见，而且实质性审查了这些意见，以确定被诉国关于其反对法院

---

150 Chagos Marine Protected Area (Mauritius v. United Kingdom), Award of 18 March 2015, Arbitral Tribunal under Annex VII of the UNCLOS, para.211.

151 同上注，第 212 段。

152 同上注，第 229 段。

153 同上注，第 230 段。

154 Procedural Order No. 4, p.5, para. 1.1, 引自《管辖权裁决》第 68 段。

155 本小节的分析同样适用于仲裁庭对中国基于海洋划界对其管辖权提出的反对意见的轻率处理 [见以下（三）和（四）部分论述]。

管辖权的态度”;[156]“依据法治原则，仲裁庭不仅应知悉当事方提出的论据，而且应在决定过程中赋予其恰当的效力”。[157] 事实上，对于争端一方对管辖权提出的反对，国际性法庭或仲裁庭都会予以实质考虑，进行有针对性的分析并正面作出回应。

148. 仲裁庭既然将中国在程序外对管辖权提出的反对认定为管辖权抗辩，并以关于管辖权的决定专门处理，就应针对中国的立场及其理据，认真逐项进行分析并作出判断。遗憾的是，仲裁庭在《管辖权裁决》中，更多的是在论证菲律宾的观点为什么成立，而对中国的反对意见及其理据，只是在“中国的立场”部分进行了归纳。中国的观点及其理据在“仲裁庭的决定”部分中没有得到有针对性或有意义的回应，在相关部分，人们看到的基本上都是菲律宾和仲裁庭的观点。对于中国基于菲律宾诉求的领土主权性质对管辖权提出的强有力反对，仲裁庭并未认真审慎对待，更别说给予效力。

149. 首先，从形式上看，仲裁庭没有公正对待或者有意忽视中国的观点和理据。有一点最为明显。《立场文件》关于仲裁庭明显没有管辖权的论证共三部分 72 段。[158] 其中，《立场文件》第二部分用了 26 段论证“菲律宾提请仲裁事项的实质是南海部分岛礁的领土主权问题，不涉及公约的解释或适用”。对于中国如此详尽的观点和理据，仲裁庭在《管辖权裁决》中只用了 3 段进行回应，而且这 3 段文字几乎没有针对中国的观点和理据进行具体分析。[159] 在这种情况下，仲裁庭竟然能作出不能同意中国立场的结论，令人费解。

仲裁庭的《管辖权裁决》正文共计近 150 页 413 段。其中，直接涉及仲裁庭有无管辖权的内容共计约 107 页 284 段（第 130 至 413 段），而仲裁庭仅用了 3 段 1 页半的篇幅回应中国《立场文件》基于菲律宾诉求的领土主权性质对管辖权提出的长达 26 段的反对意见和理据。相比之下，对

---

156 Xue Hanqin, Judicial Practice of the International Court of Justice in the Settlement of Territorial and Maritime Disputes and A Few Observations on the Arbitral Awards in the South China Sea Case, in Chinese Society of International Law and Hong Kong International Arbitration Centre, Proceedings of Public International Law Colloquium on Maritime Disputes Settlement (Hong Kong International Arbitration Centre, 2016), p.16, at 22.

157 Sienho Yee, The South China Sea Arbitration Decisions on Jurisdiction and Rule of Law Concerns, 15 Chinese Journal of International Law (2016), p.219, at para.17.

158 《管辖权裁决》第 4-75 段。

159 同上注，第 152-154 段。

于《立场文件》第三部分关于中菲两国已选择谈判方式解决领土和管辖权争议的 27 段论述，仲裁庭用了共 43 段（《管辖权裁决》第 212–229 段、第 241–251 段、第 265–269 段、第 281–289 段）回应，甚至用 6 段（第 256–258 段、第 274–276 段）以“可能的反对”构想中国的“观点”。关于《东南亚友好条约》对争端解决做出的安排是否排除了仲裁庭的管辖权这一观点，该条约明文已经说清该安排不影响其他选择。中国政府不认为有必要提出该问题，仲裁庭却将其作为中国可提出的管辖权反对意见的依据之一，用了共计 18 段（第 252–269 段）约 5 页的篇幅来处理《公约》第 281 条的适用问题，最后得出《东南亚友好条约》并没有在《公约》第 281 条项下构成管辖权障碍；并用 8 段（第 303–310 段）1 页多的篇幅来处理《公约》第 282 条的适用问题，最后同样得出《东南亚友好条约》并没有在《公约》第 282 条项下构成管辖权障碍。

需要指出的是，中国在任何场合从未提及的《公约》第 282 条，仲裁庭先是用了 7 段（《管辖权裁决》第 292–293 段、第 303–304 段、第 311–313 段）以“可能的反对”构想中国依照第 282 条所提出的“管辖权抗辩”，随后又用了 13 段（《管辖权裁决》第 299–302 段、第 307–310 段、第 317–321 段）分析第 282 条的可适用性，对中国可能提出的“管辖权抗辩”进行“驳斥”。

对于中国关于管辖权的反对意见，仲裁庭避重就轻，对于重要的、关键性的理据未作出正面回应。仲裁庭不给予中国基于领土主权对管辖权提出的反对应有的效力，在中国不参与的情况下，假装为中国着想，构想中国“可能的反对”，摆出一副公平的姿态，实际上是混淆视听。

150. 其次，从内容上看，仲裁庭几乎没有针对中国的观点和理据作出正面回应，只是着重阐述菲律宾的观点为什么成立，无异于为菲律宾辩护。如前所述，就菲律宾诉求与中菲南海领土争议的密不可分关系，中国在《立场文件》中进行了有份量的法律分析。仲裁庭为确定对菲律宾诉求的管辖权，本应基于事实认真逐项考察菲律宾每项诉求与中菲南海领土争议的关系，以判断中国对管辖权的反对是否成立。

若对中国的上述观点作出正确的判断，仲裁庭需要正面回答三个问题：第一，是否只有首先确定中国在南海的领土主权，才能判断中国在南海的海洋权利主张是否超出《公约》允许的范围；第二，南海部分岛礁的性质和海洋权利问题是否与主权问题不可分割；第三，处理菲律宾有关海上行为的诉求，是否要先行确定相关岛礁的领土主权。对于上述问题，仲裁庭并未作出有针对性的回应，就草率认定菲律宾每项诉求都不涉及领土主权。例如，中国《立场文件》专门论述低潮高地能否被据为领土本身就是领土主权问题，[160] 但仲裁庭对此未作分析，径直裁定对该问题有管辖权。

仲裁庭对中国基于菲律宾诉求的领土主权性质而对管辖权提出的反对意见，只在一处作出了具体回应，但这一回应并没有针对领土主权问题。中国认为菲律宾仅仅挑出少数几个“中国占领或控制的”岛礁要求仲裁庭就其海洋权利作出裁定，“旨在否定中国对整个南沙群岛的主权”。[161] 仲裁庭对此表示，它“不同意菲律宾仅仅关注中国占领的海洋地物就会对主权问题带来影响。不过，它认为，这种狭窄的选择可能会对菲律宾诉求中的实体问题带来影响”。[162]

151. 在国际司法实践中，迄今为止还从来没有出现过国际性法庭或仲裁庭不对对管辖权的反对进行有针对性的实质分析和不作出正面回应的情形，除非在对争端一方的、在案件中具有决定性的反对观点及其理据分析后，确认对管辖权的反对成立，因此无需对其他观点及其理据进行分析。在“渔业管辖权案”（英国诉冰岛，1974 年）中，国际法院说，“应当强调的是，在本案适用《规约》第 53 条时，鉴于被诉国未出庭，本法院特别慎重，特别谨慎行事”。[163] 在“核试验案”（澳大利亚诉法国，1974 年）中，法国决定不到庭，并就澳大利亚诉求涉及的核试验问题发表白皮书。如专案法官巴威克所言，“[法国关于阐明法院对本案明显没有管辖权的附件材料] 和法国《关于核试验的白皮书》发表后，在案件审理期间并未被发送给法院，但事实上得到了法院的**充分**考虑”。[164] 中国《立场文件》同样是公开发表的，本案仲裁庭也注意到中国《立场文件》，并声称要考虑，但实际上并未从实质上审查中国反对意见，更别说“充分考虑”，也未赋予中国的反对意见应有的效力。

152. “北极日出号仲裁案”（荷兰诉俄罗斯，2013 年）是另一起《公约》

---

160 《立场文件》第 23-25 段。

161 同上注，第 22 段。

162 《管辖权裁决》第 154 段。反而，仲裁庭进一步错误地表示，为了确定中菲两国是否存在海洋权利重叠，它有必要考虑南海所有岛礁所能产生的海洋区域情况。

163 Fisheries Jurisdiction (United Kingdom v. Iceland), Merits, Judgment, I.C.J. Reports 1974, p.3, at para.17.

164 Nuclear Tests (Australia v. France), Judgment, I.C.J. Reports 1974, p.253, Dissenting Opinion of Judge Sir Garfield Barwick, at 401（强调为作者所加）.

附件七下的仲裁案。[165] 针对荷兰的指控，俄罗斯向仲裁庭发送了一份简短的照会，并附上俄罗斯于 2013 年 10 月 22 日致荷兰驻俄罗斯大使馆的照会，明确表示不接受仲裁程序、不参与仲裁。[166] 对于俄罗斯 2013 年 10 月 22 日的照会，该案仲裁庭形式上将其视为对管辖权的初步反对，就此专门作出裁决，而且实质上也赋予其应有的效力。尽管仲裁庭并未接受俄罗斯的观点，但在裁决中对俄罗斯这一照会相关内容进行了充分的、有针对性的分析。[167]

“北极日出号仲裁案”和本案有诸多相似之处。比如，有 2 人分别在两个仲裁庭担任仲裁员，占每一仲裁庭仲裁员总数的 40%；[168] 两案程序推进的时间部分重叠；[169] 两个仲裁所针对的国家都依照《公约》第 298 条作出排除性声明，并将有关声明作为反对仲裁庭管辖的依据，并以此为由不参与仲裁。中国对仲裁庭明显没有管辖权进行了充分的论证，提出了强有力的反对理据。与“北极日出号仲裁案”仲裁庭的做法相似，本案仲裁庭将中国《立场文件》和相关声明视为管辖权抗辩，决定分阶段处理。但不知

---

[165] “北极日出号案”和“南海仲裁案”是截至 2017 年 9 月《公约》附件七仲裁案中仅有的两起一方不接受、不参与程序的案件。有关该案的具体情况，参见 https://pcacases.com/web/view/21。

[166] 在该案中，荷兰针对俄罗斯在专属经济区内扣押“北极日出号”并逮捕船上人员的行为，启动了《公约》附件七仲裁程序，并随后向国际海洋法法庭提起了临时措施请求。2013 年 10 月 22 日，俄罗斯就此向国际海洋法法庭发送照会。在照会中，俄罗斯声明：

> 俄罗斯当局对“北极日出号”船舶及其船员已经和将要采取的行动，均为俄罗斯联邦行使其管辖权包括刑事管辖权的举措，旨在根据《联合国海洋法公约》相关规定，执行其作为沿海国所制定的法律和规章。
>
> 俄罗斯在 1997 年 2 月 26 日批准《公约》时，作出声明称，除其他外，“关于……行使主权权利或管辖权的法律执行活动的争端，俄罗斯不接受《公约》第十五部分第二节所规定的导致具有拘束力裁判的程序”。
>
> 基于此，俄罗斯方面已通过照会（附后）通知荷兰王国，俄罗斯不接受荷兰就有关“北极日出号”船舶的案件根据《公约》附件七提起的仲裁程序，并且俄罗斯也无意参加国际海洋法法庭应荷兰王国请求而启动的、根据《公约》第 290 条第 5 款规定临时措施的程序。

在仲裁庭组成以后，俄罗斯向仲裁庭发送了照会，将上述内容转述给仲裁庭。

[167] The Arctic Sunrise Arbitration (Netherlands v. Russia), Award on Jurisdiction, 26 November 2014, Arbitral Tribunal under Annex VII of the UNCLOS, paras.65-78.

[168] “南海仲裁案”仲裁庭由托马斯 · A. 门萨（Thomas A. Mensah），让 - 皮埃尔 · 科特（Jean-Pierre Cot），斯坦尼洛夫 · 帕夫拉克（Stanislaw Pawlak），阿尔弗雷德 · 松斯（Alfred H. A. Soons），吕迪格 · 沃尔夫鲁姆（Rüdiger Wolfrum）组成。“北极日出号案”仲裁庭由托马斯·A. 门萨，亨利·布尔梅斯特（Henry Burmester），阿尔弗雷德·松斯，雅努什·瑟莫尼德斯（Janusz Symonides），阿尔贝托·塞凯伊（Alberto Székely）组成。两个仲裁庭的庭长均为托马斯 · A. 门萨，并且阿尔弗雷德 · 松斯在两个仲裁庭中均担任仲裁员。

[169] 南海仲裁案于 2013 年 1 月 22 日启动，仲裁庭于 2015 年 10 月 29 日作出《管辖权裁决》，2016 年 7 月 12 日就实体问题和剩余管辖权和可受理性问题作出裁决；“北极日出号案”于 2013 年 10 月 4 日启动，仲裁庭于 2014 年 11 月 26 日作出管辖权裁决，2015 年 8 月 14 日作出实体裁决。

何故，本案仲裁庭尽管在形式上决定将管辖权和实体问题分开处理，但实质上并未对其所认定的中国管辖权抗辩进行充分的、有说服力的分析。仲裁庭这些走过场的做法无法令人信服。仲裁庭完全是疏于职守。

三、仲裁庭基于对海洋划界的错误理解和对《公约》第 298 条的错误解释作出菲律宾诉求与海洋划界争端无关的错误认定

153. 仲裁庭的管辖权受《公约》第 298 条规定的例外约束。菲律宾声称“第 298 条规定的任何例外都不适用”，[170] 所有诉求“都不属于中国 2006 年 8 月 25 日所作声明的适用范围”[171]；“直到确定海洋权利存在重叠时，海洋划界的问题才会出现”，[172]“解决划界问题可能要求先行解决［海洋］权利问题，但这并不意味着［海洋］权利问题是划界过程本身不可分割的一部分”。[173]

154. 中国则坚持，“即使菲律宾提出的仲裁事项涉及有关《公约》解释或适用的问题，也构成海域划界不可分割的组成部分，已被中国 2006 年声明所排除，不得提交仲裁”。[174]《立场文件》指出：

> 菲律宾提出的各项仲裁事项，包括海洋权利主张、岛礁性质和海洋权利范围，以及海上执法活动等等，均是国际司法或仲裁机构在以往海域划界案中所审理的主要问题，也是国家间海域划界实践中需要处理的问题。这些问题属于海域划界不可分割的组成部分。[175]

《立场文件》强调，“海域划界是一项整体、系统工程。……国际司法判例和国家实践均确认，为使海域划界取得公平的结果，必须考虑所有相关因素”，[176]“菲律宾提出的仲裁事项构成中菲海域划界不可分割的组成部分……。菲律宾将中菲海域划界问题拆分并将其中的部分问题提交仲裁，

---

170 Amended Notification and Statement of Claim (28 Feb. 2014), para.42, Memorial of the Philippines, Vol. III, Annex 5.

171 同上注，第 43 段。

172 Jurisdictional Hearing Tr. (Day 2), p.44.

173 同上注，第 46 页。

174《立场文件》第 4-29 段、第 57-75 段。

175 同上注，第 66 段。

176 同上注，第 67 段。

势必破坏海域划界问题的整体性和不可分割性……”。[177]《立场文件》进一步强调：

> 菲律宾表面上不要求进行划界，但却请求仲裁庭裁定部分岛礁是菲律宾专属经济区和大陆架的一部分，裁定中国非法干涉菲律宾对其专属经济区和大陆架享有和行使主权权利，等等。……这实际上是在变相地要求仲裁庭进行海域划界。菲律宾提出的各项仲裁事项，实际上已涵盖了海域划界的主要步骤和主要问题，如果仲裁庭实质审议菲律宾的各项具体主张，就等于是间接地进行了海域划界。[178]

基于上述，中国还强调“缔约国根据《公约》第二百九十八条作出的排除性声明理应受到尊重”，[179]“根据《公约》第二百九十九条的规定，未经中方同意，其他国家不得针对中国就相关争端单方面提交强制争端解决程序”。[180]

155. 仲裁庭意识到中国 2006 年依据《公约》作出的声明将海洋划界争端排除在《公约》强制争端解决程序之外，但却认定“菲律宾诉求不涉及海洋划界，因此不受《公约》争端解决条款的例外约束”，强调“菲律宾没有请求其划定海洋边界”。[181]

156. 首先，仲裁庭承认“海洋划界是一项整体、系统工程”，[182]但表示，一项有关某事项的争端可能会在海洋划界过程中被考虑，并不意味着该争端构成划定海洋边界本身的争端。[183]仲裁庭称，“关于海洋权利存在与否的争端不同于关于在当事方在权利重叠区域划定边界的争端”，“海洋边界的划定只能在海岸相向或相邻并且海洋权利存在重叠的国家之间进行。与之不同，即使在没有海洋权利重叠的情况下，海洋权利主张的争议也可能存在。例如，一国在他国认为是《公约》所指公海或‘区域’的地方主

---

[177] 同上注，第 68 段。

[178] 同上注，第 69 段。

[179] 同上注，第 70 段。

[180] 同上注，第 71 段。《公约》第 299 条第 1 款规定：“根据第二九七条或以一项按照第二九八条发表的声明予以除外，不依第二节所规定的解决争端程序处理的争端，只有经争端各方协议，才可提交这种程序。”

[181]《7 月 12 日裁决》第 155 段，该段概述《管辖权裁决》第 157 段。

[182]《管辖权裁决》第 155 段。

[183] 同上注。

张海洋区域就是这样的情形”。[184] 仲裁庭还称，“这不是海洋划界争端。菲律宾并未要求仲裁庭为两国的权利重叠区域划界。仲裁庭也不会划出任何海洋边界”。[185]

157. 其次，仲裁庭承认，“中国在其《立场文件》中正确地指出，菲律宾的某些诉求（第 5 项、第 8 项和第 9 项诉求）要求仲裁庭宣布特定岛礁‘属于菲律宾专属经济区和大陆架的一部分’，或者中国的某些活动非法干涉菲律宾在其专属经济区内行使主权权利”。[186] 仲裁庭表示，“因为本庭没有被请求也不会划定双方之间的海洋边界，只有在认定中国在相关海域不享有任何潜在的重叠权利，且南海的某些区域属于菲律宾的专属经济区或大陆架一部分的前提下，本庭才会审理菲律宾的这些诉求”。[187]

158. 最后，仲裁庭在《7 月 12 日裁决》中裁定，南沙群岛不存在可以产生自身的专属经济区和大陆架的岛礁，第 5 项、第 8 项和第 9 项诉求所涉海域“只能构成菲律宾的专属经济区”，中国在相关海域不享有与菲律宾重叠的海洋权利，因此上述诉求不涉及海洋划界问题。[188]

159. 仲裁庭的上述论述不仅错误否定了菲律宾诉求涉及领土主权，而且根本没考虑中菲在南海存在的海洋划界情势。主要有三点错误：第一，仲裁庭将海洋划界狭隘地理解为在海洋权利重叠区域最终划定边界这一行为；第二，仲裁庭将《公约》第 298 条第 1 款（a）项规定的“关于划定海洋边界的争端”错误解释为“划定海洋边界本身的争端”；第三，仲裁庭错误裁定，只有在争端双方的海洋权利确有重叠时，才能适用关于海洋划界争端对管辖权的排除。

（一）仲裁庭错误地将海洋划界狭隘理解为仅是在海洋权利重叠区域最终划定边界这一行为

160. 在两个裁决中，仲裁庭不当聚焦海洋权利确定与海洋划界的不同，将海洋划界狭隘理解为在海洋权利重叠区域最终划定边界这一行为，完全割裂了中菲在南海海岸相向的划界情势中海洋权利以及基于海洋权利

---

[184] 同上注，第 156 段。

[185] 同上注，第 157 段。

[186] 同上注。

[187] 同上注。

[188] 参见《7 月 12 日裁决》第 628-633、690-695、733-734、1203 段。

主张的海上活动与海洋划界的内在联系。事实上，由于中菲在南海存在海洋划界情势，菲律宾提出的海洋权利诉求和海上活动诉求均构成中菲海洋划界不可分割的组成部分。

161. 首先，仲裁庭完全割裂在海洋划界情势中确定海洋权利与海洋划界之间的内在联系。

如第一节所述，在海洋划界情势下，确定海洋权利是海洋划界的重要事项，与海洋划界密不可分。《公约》第 298 条规定可以将“关于划定海洋边界的第 15 条、第 74 条和第 83 条在解释或适用上的争端，或涉及历史性海湾或所有权的争端”排除在强制程序之外。《公约》第 15 条规定了领海划界的方法。第 74 条和第 83 条则明确纳入了《国际法院规约》第 38 条规定的适用于海洋划界的国际法，包括条约、习惯国际法和一般法律原则。根据《公约》规定、习惯国际法和国家实践，海洋划界是一项系统工程，其核心步骤包括确定当事国的海洋权利、海洋权利重叠范围，以及在权利重叠区域最终划定边界，以此明确当事方海洋权利的各自范围。一般情况下，专属经济区或大陆架的划界首先从确定相关海岸、划界区域和基点开始，然后划出一条临时分界线，再考虑各种有关情况对临时分界线进行调整，最后采用等比例方法进行公平性检验。基于上述，海洋划界事项“既涉及权利基础、岛礁效力等问题，也涉及划界原则和方法，以及为实现公平解决所必须考虑的相关因素”。[189]

关于海洋划界的上述做法，已为国际法院在一系列案件中反复适用并一再确认，如“格陵兰和扬马延海域划界案”（丹麦诉挪威，1993 年）[190]、“卡塔尔和巴林海洋划界和领土问题案”（卡塔尔诉巴林 2001 年）[191]、“黑海划界案”（罗马尼亚诉乌克兰 2009 年）[192]、“领土和海洋争端案”（尼加拉瓜诉哥伦比亚，2012 年）[193] 和“海洋争端案”（秘鲁诉智利，2014 年）[194] 等。处

---

[189]《立场文件》第 67 段。

[190] Maritime Delimitation in the Area between Greenland and Jan Mayen (Denmark v. Norway), Judgment, I.C.J. Reports 1993, p.38.

[191] Maritime Delimitation and Territorial Questions between Qatar and Bahrain, Merits, Judgment, I.C.J. Reports 2001, p.40.

[192] Maritime Delimitation in the Black Sea (Romania v. Ukraine), Judgment, I.C.J. Reports 2009, p.61.

[193] Territorial and Maritime Dispute (Nicaragua v. Colombia), Judgment, I.C.J. Reports 2012, p.624.

[194] Maritime Dispute (Peru v. Chile), Judgment, I.C.J. Reports 2014, p.3.

理划界案的国际海洋法法庭[195]、仲裁庭[196]都持相同做法。资深国际法院法官[197]、权威公法学家[198]也支持这种理解。

上述理解也可以在《公约》缔约历史中得到佐证。在《公约》起草过程中，就第 298 条排除适用强制程序的海洋划界争端的范围曾有过争论。缔约国对有关海洋划界争端的认识是涵盖涉及与划界有关的所有问题，包括涉及到的具体情形、相关情况、原则和方法等。[199]

总之，海洋划界通常包括确定海洋权利、划界区域、划界应考虑的有关情况和最终划定海洋边界，而非“划定海洋边界本身”或者在权利重叠区域最终划定边界这一行为。正如《立场文件》指出，“菲律宾提出的各项仲裁事项，实际上已涵盖了海域划界的主要步骤和主要问题”。[200]

162. 其次，仲裁庭完全割裂海洋划界情势中海上活动与海洋划界的内在关联。

在菲律宾第 8 项至第 14 项诉求中，第 10 项、第 12 项、第 13 项和第 14 项诉求涉及领土主权，而第 8 项、第 9 项和第 11 项诉求涉及处理相关岛礁主权归属和海洋划界后才能处理的事项，且对后 3 项诉求的处理直接取决于中菲在南海的海洋划界结果。要处理第 8 项、第 9 项和第 11 项诉求，都需要先行考虑中菲在南海的海洋划界争议并对此作出裁决，以明确各自海洋区域的界限和范围。仲裁庭完全割裂了上述诉求与中菲海洋划界的关联性。例如，仲裁庭处理菲律宾第 8 项和第 9 项诉求的前提是相关海域属

---

195 Dispute concerning Delimitation of the Maritime Boundary between Bangladesh and Myanmar in the Bay of Bengal (Bangladesh / Myanmar), Judgment of 12 March 2012, ITLOS Case No.16.

196 Case concerning the delimitation of the maritime boundary between Guinea and Guinea-Bissau (1985), Decision of 14 February 1985, RIAA, Vol. XIX, pp.149-196.

197 例如Shi Jiuyong, Maritime Delimitation in the Jurisprudence of the International Court of Justice, 9 Chinese Journal of International Law (2010), p.271.

198 Prosper Weil, The Law of Maritime Delimitation – Reflections, Cambridge University Press, 1989, p.203; Sienho Yee, The South China Sea Arbitration (The Philippines v. China): Potential Jurisdictional Obstacles or Objections, 13 Chinese Journal of International Law (2014), p.663, at para.64; Nuno Marques Antunes, Towards the Conceptualisation of Maritime Delimitation: Legal and Technical Aspects of a Political Process, Durham theses, Durham University, 2002, p.139, http://etheses.dur.ac.uk/4186/, last visited 8 June 2016.

199 参见Summary of the Chairman of Negotiating Group 7, NG7/26 (1979), 引自Shabtai Rosenne & Louis B. Sohn (eds.), United Nations Convention on the Law of the Sea 1982: Commentary, Vol. V (Martinus Nijhoff Publishers, 1989), pp.124-125. 另参见 A. O. Adede, The System for Settlement of Disputes under the United Nations Convention on the Law of the Sea: A Drafting History and a Commentary (Martinus Nijhoff, 1987), pp.178-182.

200 《立场文件》第 69 段。

于菲律宾的专属经济区。在中菲存在海洋划界情势下，要确定相关海域属于菲律宾的专属经济区，意味着仲裁庭首先要解决中菲领土争议并为中菲划定海洋边界，而且要确定相关海域为菲律宾的专属经济区。很明显，菲律宾诉求不可避免地涉及海洋划界问题，仲裁庭对此的管辖权业已被中国 2006 年声明所排除。[201]

163. 按照国际司法实践，当国际性法庭或仲裁庭对“下游问题”（如海上活动）的处理有赖于其对“上游问题”（如划定海洋边界本身）的处理时，如果国际性法庭或仲裁庭对“上游问题”没有管辖权，则其对“下游问题”也没有管辖权。[202] 在“白礁、中岩礁和南礁主权案”（马来西亚 / 新加坡，2008 年）中，当事国双方请求国际法院决定南礁的主权归属。法院注意到，“南礁位于马来西亚大陆、白礁和中岩礁所产生的领水重叠区域内”。为决定谁有南礁的主权，法院需要首先决定“南礁是位于属于新加坡的白礁岛 / 白礁所产生的领水内，还是位于属于马来西亚的中岩礁所产生的领水内”。[203] 但法院注意到，当事双方并没有请求法院对两国领水进行划界，从而未对南礁归属作出最终裁定。[204]

上述案件涉及两个不同事项，一是南礁所在水域的划界问题，二是南礁的主权归属问题。国际法院面临的问题是，只有在对双方领水重叠区域划界后，才能确定南礁的主权归属。但是，双方并没有同意法院在领水重叠区域划界。既然确定南礁的主权归属这一“下游问题”依赖于双方领水重叠区域的划界这一“上游问题”，而法院对划界问题没有管辖权，这就决定了它对南礁主权的最终归属也没有管辖权。

这一推理同样适用于本案。在本案中，领土主权和海洋划界问题都是“上游问题”，仲裁庭都没有管辖权。因此，仲裁庭对作为“下游问题”的

---

201 由于第 8 项和第 9 项诉求涉及生物资源的主权权利或该权利的行使，将相关海域认定为菲律宾的专属经济区还意味着第 297 条的可能适用。第 297 条一旦适用，将自动排除仲裁庭的管辖权。

202 参见Sienho Yee, The South China Sea Arbitration (The Philippines v. China): Potential Jurisdictional Obstacles or Objections, 13 Chinese Journal of International Law (2014), p.663, at para.37.

203 Sovereignty over Pedra Branca/Pulau Batu Puteh, Middle Rocks and South Ledge (Malaysia/Singapore) Judgment, I.C.J. Reports 2008, p.12, at para.297.

204 同上注，第 298-299 段。

菲律宾关于中国相关海上活动的诉求，也没有管辖权。[205]

164. 基于上述分析，菲律宾有关海洋权利和海上活动诉求，都是中菲在南海的海洋划界争议的组成部分。仲裁庭完全脱离中菲在南海的海洋划界情势，割裂确定海洋权利、海上活动的合法性与海洋划界的关联，进而建立管辖权，是完全错误的。

（二）仲裁庭将“关于划定海洋边界的争端”错误解释为“划定海洋边界本身的争端”

165. 中国通过 2006 年声明将《公约》第 298 条允许排除的所有争端排除适用《公约》第十五部分第二节规定的强制程序。就海洋划界而言，仲裁庭需要对该条第 1 款（a）项规定的“关于划定海洋边界的第十五、第七十四和第八十三条在解释或适用上的争端”（以下简称“关于划定海洋边界的争端”）进行解释，以明确其适用范围。在两个裁决中，仲裁庭没有明确对“关于划定海洋边界的争端”进行解释，但从其论述可明显看出，仲裁庭实际上将“关于划定海洋边界的争端”解释为“划定海洋边界本身的争端”，即在海洋权利重叠区域最终划定边界的争端。这种解释是错误的。无论海洋划界是否只是最终划定海洋边界这一行为，第 298 条中“关于”（concerning）、“有关”（relating to）或“涉及”（involving）等术语的使用都表明可排除的海洋划界争端范围远比仲裁庭理解的要大。仲裁庭没有对此进行解释，没有赋予这些术语以正确的含义和应有的效力。

166. 在《公约》第 288、287、298 条所涉及法院或法庭管辖权的规定中，多处采用“关于”、“有关”或“涉及”等用语，它们对确定仲裁庭管辖权

---

205 在最近的“加纳和科特迪瓦大西洋海洋划界案”（2017 年）中，国际海洋法法庭特别分庭指出，“‘关于’一词可以被理解为包含不属于划界的一部分但与划界密切相关的问题。”然而，特别分庭又说，“若将‘有关其海洋划界的争端’的表述解释为包括关于国家责任的争端，则将远超出这一表述应有的含义”（Dispute Concerning Delimitation of the Maritime Boundary between Ghana and Côte d'Ivoire in the Atlantic Ocean (Ghana/Côte d'Ivoire, 2017), ITLOS Case No. 23, Judgment of 23 September 2017, para.548）。特别分庭在“关于划界的争端”与“国家责任的争端”之间关系问题上的说法，令人费解。特别分庭在同一判决的第 592 段中指出，“如果两国均是基于善意对某一大陆架区域提出主张，而国际判决将该区域划归为一国，另一国在判决作出前在该争议海域开展的海洋活动不能认为是侵犯了该国的主权权利。”换言之，特别分庭也认识到，在此情形下，划界是确定责任的前提，或如本书指出的，是责任的上游问题。

具有直接影响。[206]《公约》虽未专门规定这些用语的含义，但是它们作为常见用语，含义是明确的，很少会出现歧义。《梅里亚姆－韦伯斯特学院词典》将“concerning”（关于）定义为“relating to”（有关）或“regarding”（涉及）；[207] 同时，“related”（有关联的）或“relating”（有关系的）表示两种事物之间存在某种特定关系，或者更简单地讲，两种事物因为某种原因而存在关联。[208] 这表明，通常“concerning”和“relating to”具有相同的含义。同样，其他词典也表明“involving”与“concerning”和“relating to”通常具有相同的含义。[209]《公约》缔约资料也支持这种理解。[210]

167. 仲裁庭将第 298 条规定可声明排除的争端概括为四类：“关于（concerning）（a）划定海洋边界；（b）历史性海湾和所有权；（c）执法活动；和（d）军事活动的争端”。[211] 仲裁庭在处理军事活动问题时，将“concerning military activities”（涉及军事活动）和“relating to military activities”（有关军事活动）互换使用。[212] 这表明仲裁庭认为在该种情况下，《公约》是在同一含义上使用“有关”或“涉及”这些术语的。

168. 在《公约》框架中，对于“有关”这一措辞所修饰的争端，不应作出狭义的解释。关于涉及某一事项的不同条款之间的关系问题，以及“关于”某一条款所规定事项的争端如何与其他条款相关联的问题，国际海洋法法庭在“路易莎号案”（圣文森特和格林纳丁斯诉西班牙，2013 年）中作出了阐述。在该案中，圣文森特和格林纳丁斯就西班牙扣留悬挂该国国旗船只的行为提起诉讼。圣文森特和格林纳丁斯依照《公约》第 287 条声明“选择（《公约》）附件六所指国际海洋法法庭作为解决有关逮捕或者

---

206 依照《公约》规定的条件和例外，就依据《公约》提交的“有关《公约》解释或适用的任何争端”，第 288 条规定第 287 条所指法院或法庭具有管辖权；同时，一缔约国可以依照第 298(1)(a)(i) 条规定通过任择性声明排除关于划定海洋边界的第 15 条、第 74 条和第 83 条在解释或适用上的争端适用强制程序。基于这一事实，“concerning”（关于）和／或“relating to”（相关）等术语直接限定了符合《公约》第十五部分第二节所指法院或法庭可以管辖的争端范围，以及被排除不受第二节法院或法庭管辖权的争端范围。

207 Marriam-Webster’s Collegiate Dictionary, 11st edition, 2001, p.257.

208 同上注，第 1050 页。

209 例如《牛津高阶英汉双解词典》（2004 年第六版），第 341、933、1458 页。

210 参见Shabtai Rosenne & Louis B. Sohn (eds.), United Nations Convention on the Law of the Sea 1982: Commentary, Vol. V (Martinus Nijhoff Publishers, 1989), pp.85-141.

211 《7 月 12 日裁决》第 161 段。

212 例如《管辖权裁决》第 396、409 段。

扣留该国船只的争端的方法”。[213] 西班牙认为，法庭的管辖权仅限于《公约》规定的有关逮捕或扣留船只的争端，也就是说，仅限于因《公约》明文含有“逮捕”或“扣留”船只术语的条款而产生的争端。对此，国际海洋法法庭认定：

> ［圣文森特和格林纳丁斯］声明中对“关于”一词的使用表明，该声明并非仅仅涵盖《公约》中明文含有“逮捕”或“扣留”字眼的条款，而且还涵盖与逮捕或扣留船只有关联的《公约》任何条款。考虑到圣文森特和格林纳丁斯在作出声明时的意图，这一意图在圣方起诉书所提诉求中得以证明，上述解释得到了强化。从圣方诉求中可以清楚地看到，圣方的声明意在涵盖所有与逮捕或扣留其船只有关的所有诉求。基于以上理由，法庭得出结论：西班牙针对圣文森特和格林纳丁斯的声明所作狭义解释不成立。[214]

国际海洋法法庭特别分庭在最近处理的一起海洋划界案中指出，“‘关于’一词可以被理解为包含不属于划界的一部分但与划界密切相关的问题。”[215] 尽管该项论述比较笼统，但“关于”的含义是清楚的。

169.“关于”这一用语在《公约》第十五部分和其他部分都广泛使用。必须考虑到，它在整个《公约》规定中的含义是相同的，在《公约》关于争端解决机制规定中的含义也是相同的，在第 287 条中的含义与在第 298 条中的含义也是相同的。同样，基于某一特定条款作出的声明所使用的术语应当与该条款本身所使用的相同术语的含义相同，即该术语在第 287 条与基于该条作出的声明中的含义相同，在第 298 条与基于该条作出的声明中的含义相同。因此，同属《公约》第 15 部分，该术语在第 287 条与 298 条中的含义及基于该两个条款所作声明中的含义是相同的。[216]

---

213 The M/V “Louisa” Case (Saint Vincent and the Grenadines v. Kingdom of Spain), Judgment of 28 May 2013, ITLOS Case No.18, para.75.

214 同上注，第 83 段。

215 Dispute Concerning Delimitation of the Maritime Boundary between Ghana and Côte d’Ivoire in the Atlantic Ocean (Ghana/Côte d’Ivoire, 2017), ITLOS Case No. 23, Judgment of 23 September 2017, para.548.

216 Sienho Yee, The South China Sea Arbitration (The Philippines v. China): Potential Jurisdictional Obstacles or Objections, 13 Chinese Journal of International Law (2014), p.663, at para.65. 相反观点参见 Andreas Zimmermann and Jelena Bräumler, Navigating Through Narrow Jurisdictional Straits: The Philippines–PRC South China Sea Dispute and UNCLOS, 12 Law and Practice of International Courts and Tribunals (2013), p.431, at 458-459，该文未作全面分析，仅凭“关于”所处位置不同，就对该词作不同的解释。

170. 国际海洋法法庭的上述认定清楚地表明：如果一项争端涉及到某一特定条款的解释或适用，其范围显然大于该条款本身的解释或适用，还包括与此有“关联”的《公约》其他条款的解释或适用。换言之，该争端涵盖与该事项“有关的所有诉求”。如前所述，“concerning”（关于）、“relating to”（有关）和“involving”（涉及）具有相同的含义，因此，国际海洋法法庭在“路易莎号案”中对“concerning”（关于）的解释同样适用于对“relating to”（有关）和“involving”（涉及）的解释。

171. 实践中，存在着国家故意无视“concerning”（关于）或“relating to”（相关）用语的广泛含义的情况，试图将“关于某事项的争端”与“某事项本身是什么的争端”相混淆，以缩小争端范围，以寻求扩大或缩小国际性法庭或仲裁庭的管辖权范围。对于这种错误做法，国际法院在“爱琴海大陆架案”（希腊诉土耳其，1978 年）中已予以揭示并否定。在该案中，希腊企图通过缩小“关于希腊领土地位的所有争端”范围以扩大法院的管辖权。国际法院认为，就“关于希腊领土地位的所有争端”而言，

> 问题不在于希腊所认为的大陆架权利是领土性权利还是被包含在“领土地位”的表述之内。需要决定的真正问题是该争端是否与希腊的领土地位相关。[217]

法院因此认定，“关于大陆架权利及其划界的争端本质上与领土地位有关，原因是在法律上沿海国对大陆架的权利既附属于又直接源于国家对大陆架相邻领土享有的主权”。[218]

172. 由此可见，要明确中国 2006 年声明排除的《公约》第 298 条第 1 款（a）项所指的“关于划定海洋边界的争端”范围，问题不在于划定海洋边界本身是什么，而在于争端是否与海洋划界相关或者争端是否涉及海洋划界。划定海洋边界本身内在的东西当然与海洋划界有关，但这只是海洋划界的最小范围，而最大可能的情形则丰富得多。换言之，不应当混淆

---

[217] Aegean Sea Continental Shelf (Greece v. Turkey), Judgment, I.C.J. Reports 1978, p.3, at para.81.

[218] 同上注，第 86 段。同样，在“纳米比亚咨询意见案”中，国际法院明确表示，“两国或多国间实际存在的关于一个法律问题提起的咨询意见请求（国际法院规则第 82 条，现第 102 条第 2 款）”，比两国或多国间“就一个法律问题提起的咨询意见请求在范围上要大的多（国际法院规则第 83 条，现第 102 条第 3 款）”，载于 Legal Consequences for States of the Continued Presence of South Africa in Namibia (South West Africa) notwithstanding Security Council Resolution 276 (1970), Advisory Opinion, I.C.J. Reports 1971, p. 16, at para. 38.

“某事项本身是什么的争端”与“关于某事项的争端”或者“涉及某事项的争端”。如果把前者称为“M”，则后者就是大于“M”，即“M+”。在海洋划界操作或过程中某一步骤产生的争端无疑是与划定海洋边界有关的争端。简单地说，如果解决一个问题会“影响”或者“作用于”海洋划界过程，那么该问题就属于“关于划定海洋边界的争端”。

173. 在中菲海洋划界情势下，海洋权利事项和海上活动事项显然“与海洋划界相关”或者“涉及海洋划界”。诚然，就像仲裁庭所说，一项有关某事项的争端可能会在海洋划界过程中被考虑，并不意味着该争端构成划定海洋边界本身的争端。[219] 也如仲裁庭所说，“海洋权利存在与否的争端不同于在权利重叠区域划定边界的争端”。[220] 但是在划界情势下，在海洋划界过程中考虑的争端构成第 298 条所指“关于划定海洋边界的争端”；“海洋权利存在与否的争端”与“在权利重叠区域划定边界的争端”都属于第 298 条所指“关于划定海洋边界的争端”。

174. 在《管辖权裁决》中，仲裁庭在谈及第 298 条第 1（a）(i) 款规定的“关于划定海洋边界的争端”时，使用“over”一词取代了“concerning”和“relating to”。[221] 仲裁庭尽管没有对“concerning”和“relating to”进行解释，但实际使用的手法与西班牙在“路易莎号案”中和希腊在“爱琴海大陆架案”中的手法如出一辙，将“关于划定海洋边界的争端”非法限定为“划定海洋边界本身的争端”，从而试图缩小《公约》规定的可排除管辖的争端范围，进而缩小中国 2006 年声明排除管辖的争端的范围，非法扩大管辖权。

175. 在《7 月 12 日裁决》中，仲裁庭在处理第 298 条第 1 款（b）项规定的军事活动例外时，曾强调“concerning”（关于）这一术语的作用，称“第 298 条第 1 款（b）项适用于‘关于军事活动的争端’，而非‘军事活动’的争端”。[222] 仲裁庭进一步认为，“问题在于争端本身是否涉及军事活动，而非争端方是否围绕争端以某种方式使用了军事力量”。[223] 可见，仲裁庭并非不明白“concerning”这一术语对可排除适用强制程序的争端范

219《管辖权裁决》第 155 段。

220 同上注，第 156 段。

221 参见《管辖权裁决》第 157、366 段。仲裁庭没有解释它是否在与“concerning”或“relating to”两个单词完全相同的意义上使用“over”一词。

222《7 月 12 日裁决》第 1158 段。

223 同上注。

围具有的意义和影响。

176. 形成强烈对比的是，仲裁庭在讨论第 298 条第 1 款（a）项时使用“over”取代“concerning”和“relating to”，并且不加说明。这实在让人无法理解。唯一可能的解释是，仲裁庭把“关于划定海洋边界的争端”解释为仅限于“划定海洋边界本身”，是有意不顾国家同意原则，非法扩大自身管辖权。

177. 如前所述，如果争端“有关”某一特定条款的解释或适用，那么争端范围就不仅包括该条款本身的解释或适用，而且还包括与该条款的解释或适用有关联的《公约》其他条款的解释或适用。在本案中，就排除有关海洋划界争端而言，问题不在于菲律宾诉求是否涉及第 74 条和第 83 条的解释或适用，而在于对菲律宾诉求涉及《公约》其他条款（如第 13 条、第 76 条或第 121 条）的解释或适用，是否对第 74 条和第 83 条的解释或适用产生影响。前文已一再阐述，因为中菲在南海存在着海洋划界的情势，对《公约》关于海洋权利或海上活动条款的解释或适用，必然影响到或取决于对第 74 条和第 83 条的解释或适用。与此有关的争端都应纳入“关于划定海洋边界的争端”的范围。

（三）仲裁庭错误认定只有在中菲海洋权利确有重叠时，才能适用关于海洋划界争端对管辖权的排除

178. 中菲是海岸相向国家，双方在南海的海洋权利主张存在重叠是一个客观事实。对此，中菲在外交实践中早已予以确认。然而在本案中仲裁庭却无视中菲外交实践，并基于菲律宾因诉讼策略而发生的立场变化，认为中菲在南海是否存在海洋权利重叠构成一个待决问题。

179. 仲裁庭基于《公约》第 298 条所指海洋划界争端等同于在海洋权利重叠区域最终划定边界争端这一错误理解，声称只有在中菲有权主张的海洋区域被仲裁庭认定为确有重叠时，中国 2006 年声明才能排除其管辖权。为此，仲裁庭需要确定中菲海洋权利是否确有重叠。仲裁庭以海洋权利是否确有重叠为标准来认定海洋划界争端是否存在完全是错误的。

180. 仲裁庭认为，划定海洋边界“只能在海岸相向或相邻并且海洋权利存在重叠的国家之间进行”。[224] 为确定管辖权的目的，如果海岸相向或相

---

[224]《管辖权裁决》第 156 段。

邻的国家之间存在海洋划界的地理框架，只要双方提出的海洋权利主张重叠或者海洋权利可能重叠，就足以构成海洋划界争端，而中菲之间正是这种情形。也就是说，在划界地理框架下，只要确定海洋权利主张存在重叠或者海洋权利可能重叠，就存在第 298 条所指的“关于划定海洋边界的争端”，就足以适用第 298 条规定的排除。[225] 实际上，中菲正是海岸相向以及存在海洋权利重叠或可能重叠的国家。这足以适用中国 2006 年的排除性声明从而排除仲裁庭对中菲有关海洋划界问题的管辖权。

181. 在“石油平台案”（伊朗诉美国，1996 年）中，当事国就美国对伊朗石油平台所采取行动的合法性问题是否属于有关 1955 年《友好、经济关系及领事权利条约》的解释或适用的争端，以及国际法院对此是否具有管辖权存在分歧。[226] 该条约第 10 条规定：“在两个缔约国的领土之间，应有通商和航行自由。”[227] 国际法院指出，“为确定本法院是否具有管辖权，必须决定的问题是：伊朗所指控的美国行动是否有**可能影响**到上述规定所保护的‘通商自由’”。[228] 在同一判决中，国际法院在表达相同观点时还使用了“可能影响”（capable of affecting）这样的措辞。[229] 国际法院在随后的其他案件中也使用了这一措辞，比如“关于使用武力的合法性案”临时措施命令（1999）[230] 和关于初步反对的判决（2004）[231]。

182. 就菲律宾第 5 项、第 8 项和第 9 项诉求，仲裁庭表示，“关于菲律宾那些以南海的某些区域属于菲律宾专属经济区或大陆架一部分为前提的诉求，只有在认定中国在相关海域不享有任何潜在的重叠权利，且南海的某些区域属于菲律宾的专属经济区或大陆架一部分的前提下，本庭才会

---

[225] 当然，各方的海洋权利主张需要满足初步的合理性要求。如果不存在海洋划界的地理框架，海洋权利主张的重叠就不具有初步的合理性，因而可以直接判断海洋权利重叠是不可能的。例如，日本声称与美国在夏威夷海域存在重叠的权利主张就没有可能性。因为日美两国虽然理论上是海岸相向的国家，但二者之间在夏威夷海域并不存在海洋划界的地理框架。在一个划界地理框架中，海洋权利重叠主张当然具有初步的合理性。

[226] Oil Platforms (Islamic Republic of Iran v. United States of America), Preliminary Objection, Judgment, I.C.J. Reports 1996, p.803, at para.16.

[227] 同上注，第 37 段。

[228] 同上注，第 38 段（强调为作者所加）。

[229] 同上注，第 50-51 段。

[230] Legality of Use of Force (Serbia and Montenegro v. Belgium), Provisional Measures, Order of 2 June 1999, I.C.J. Reports 1999, p.124, at paras.38-41. 在该案中，国际法院基于初步证据来确定其是否具有管辖权。法院认为，该案不存在规定临时措施的初步条件。这一决定对明确管辖权具有重要意义。

[231] Legality of Use of Force (Serbia and Montenegro v. Belgium), Preliminary Objections, Judgment, I.C.J. Reports 2004, p.279, at para.48.

审理菲律宾的这些诉求”。[232] 仲裁庭是错误的。就中国 2006 年声明是否排除了仲裁庭的管辖权，仲裁庭需要查明的是，中菲在南海的海洋权利主张是否存在可能重叠。

中菲在南海海洋权利毫无疑问存在可能重叠。实际上，中菲两国都承认双方权利主张存在实际重叠，并非仅仅可能重叠。正如第一节所述，基于中菲两国间的划界地理框架，中国对南海诸岛拥有主权，以群岛整体主张海洋权利，中国的海洋权利主张无疑同菲律宾的海洋权利主张重叠，而且已远不止是潜在的海洋权利重叠问题，而是事实上已经产生海洋权利重叠，足以排除仲裁庭的管辖权。即使按照仲裁庭的碎片化作法，南海有关岛礁就个体而言，也有产生海洋权利的潜在能力，并可能对最终划定海洋边界产生影响。国际司法实践表明，国际性法庭和仲裁庭对认定影响管辖权的这种可能性并没有很高的要求。[233] 从国家基于其岛礁主张海洋权利的一般实践来看，南海有关岛礁能够产生完全的海洋权利，与菲律宾的海洋权利主张已不仅仅是潜在重叠。

183. 仲裁庭表示它需要认定中国在相关海域是否“拥有任何潜在的重叠海洋权利”。这实际上是在审查中国在南海的海洋权利主张在实体法上是否成立，是在通过处理涉及海洋划界的实体问题而确定管辖权，超越了审查管辖权问题的权限。在此阶段，国际性法庭或仲裁庭适用法律确定管辖权的权力不应与适用实体法的权力混淆。[234] 国际性法庭或仲裁庭无权审查争端各方的诉求在实体法上是否适当。在确立管辖权之前，仲裁庭无权对中国在相关海域是否“拥有任何潜在的重叠权利”进行审理并以此来确立管辖权。当遇到需要决定潜在重叠问题时，仲裁庭无权继续审理。

184. 事实上，正是因为相关主张在实体法上可能存在争议，国际性法

232 《管辖权裁决》第 157 段。

233 确实，就国际法院相关案例而言，正如克里斯蒂安·托穆沙特（Christian Tomuschat）所说：“总而言之，可以说，法院将会对涉及一条仲裁条款的法律方面进行彻底的检查。就事实方面而言，法院将会通常避免确定所援用事实的真实性。另一方面，它也不会盲目地接受与实际情况明显不符的指控。”参见 Christian Tomuschat, Article 36, in Andreas Zimmermann et al (eds.), The Statute of the International Court of Justice: A Commentary, 2nd edition (Oxford University Press, 2012), p.633, at 675.

234 如国际法院所述，“国家接受法院的管辖权与特定行为和国际法的兼容性有本质的区别。前者需要同意。后者的问题只有当法院已经确立管辖权并已审理双方的充分的法律论证后，处理实体问题时才能解决。” Fisheries Jurisdiction (Spain v. Canada), Jurisdiction of the Court, Judgment, I.C.J. Reports 1998, p.432, at para.45.

庭或仲裁庭的管辖权例外问题才显得尤为重要。[235]

185. 鉴于中菲在南海海岸相向、海洋权利主张存在重叠，并且两国在外交实践中多次予以确认，仲裁庭应当认定两国之间存在海洋划界争端，适用《公约》第 298 条和中国 2006 年声明，排除对菲律宾有关诉求的管辖权。

186. 令人遗憾的是，本案仲裁庭并未依此行事，它反而基于中菲在南海的海洋权利确不存在重叠这一对实体性问题的论断，确立对菲律宾部分诉求的管辖权。仲裁庭认为要确立对菲律宾有关诉求的管辖权，需要消除中菲存在海洋权利重叠的可能性。仲裁庭这样做的时候，实际上是在对菲律宾有关诉求进行实体审议，先就海洋权利是否重叠得出一个审查结论，再以此确定其管辖权是否被排除。这种做法将剥夺中国 2006 年声明以及《公约》其他缔约国依照第 298 条所作排除性声明的应有效力。照此逻辑，缔约国根据第 298 条所作的排除性声明不仅没有排除仲裁庭的管辖权，反而"授权"仲裁庭可以越过管辖权对实体问题进行审理，以确立其管辖权。其荒谬之处在于，仲裁庭先裁判实体问题，再依据对实体问题裁判的结果来宣称，由于海洋权利重叠的可能性不存在，所以仲裁庭的管辖权未被排除。利用实体结果来确立其管辖权，这在国际司法实践中找不到先例，完全违背国家同意原则。

四、仲裁庭不当认定有关诉求不涉及"历史性所有权"，未考虑历史性权利是否构成海洋划界有关情况

187. 仲裁庭认为菲律宾第 1 项和第 2 项诉求涉及的是海洋权利来源的争端，不涉及海洋划界。[236] 仲裁庭还认定，"《公约》第 298 条第 1 款（a）项的管辖权例外限于'历史性所有权'争端，而中国在南海海域没有主张'历史性所有权'，中国主张的历史性权利未达到主权程度"。[237] 基于上述，

235　国际法院在"渔业管辖权案"（西班牙诉加拿大，1998 年）中指出，"出于各种原因，国家会在接受管辖方面作出诸多保留：国家对法院管辖权作出保留有多种原因，有时恰恰是因为它们觉得自身的立场或政策的合法性容易受到质疑。法院的司法实践不存在这样的规则，即根据被排除在法院管辖权之外的事项在国际法下的合法性，来解释对管辖权的保留本身。"同上注，第 54 段。

236《管辖权裁决》第 164 段。

237《7 月 12 日裁决》第 229 段。

仲裁庭认为菲律宾第1项和第2项诉求未被《公约》第298条第1款（a）项和中国2006年声明排除管辖事项所涵盖。

仲裁庭的上述论断存在明显错漏：第一，它轻率决定中国历史性权利不包含"历史性所有权"的因素；第二，它无视中国历史性权利至少构成海洋划界应考虑的有关情况。

（一）仲裁庭忽视中国的历史性权利涉及"历史性所有权"争端的可能

188. 仲裁庭意识到，对菲律宾涉及中国在南海历史性权利的诉求，仲裁庭的管辖权取决于诉求有关事项是否被第298条规定的历史性所有权所涵盖。[238] 但在随后论述中，仲裁庭有倾向性地、片面地使用相关材料，没有完成必要的法律分析，错误地裁定中国在南海的历史性权利未被"历史性所有权"所涵盖。[239] 仲裁庭声称，"中国承诺将尊重航行自由和飞越自由表明，中国并不认为'九段线'内海域等同于它的领海或内水"。仲裁庭还声称，如果中国基于断续线主张领海或内水，其就不会公布海南岛和西沙群岛的领海基线。[240] 仅凭此，仲裁庭就草率作出中国历史性权利不具有主权性质的结论，没有考察中国相关主张的独特性。

189. 在此，仲裁庭无视两个最重要的案例，即"大陆架案"（突尼斯/利比亚，1982年）和"陆地、岛屿和海洋边界争端案"（萨尔瓦多/洪都拉斯，尼加拉瓜介入，1992年）。在这两个案件中，国际法院确认历史性权利/所有权的独特性质。在1982年"大陆架案"中，国际法院指出1958年第一次联合国海洋法会议没有在实质上处理历史性水域制度，国际法委员会虽得到指令对其进行研究但也没有做。国际法院表示：

> 第三次海洋法会议的公约草案也未包含历史性水域制度的任何具体规定：既没有对这一概念的定义，也没有对"历史性水域"或"历史性海湾"法律制度的阐释。但公约草案中有提及"历史性海湾"、"历史性所有权"或历史原因，其在一定意义上构成对公约规定规则的保留。看起来很清楚，该事项继续由一般国际法调整。一般国际法并没有规定单一的"历史性水域"或"历史性海湾""制度"，而是为

[238] 《管辖权裁决》第393、398-399段。

[239] 《7月12日裁决》第202-229段。

[240] 同上注，第213段。

每一个具体的、被承认的“历史性水域”或“历史性海湾”个案提供一个具体的制度。[241]

在“陆地、岛屿和海洋边界争端案”中，国际法院分庭进一步阐明丰塞卡湾水域的独特性：

393. ……丰塞卡湾是一个有三个沿岸国的海湾，进入该任一国家的船舶都需通过丰塞卡湾与大洋之间的主航道。很清楚，这种无害通过权并非不符合历史性水域制度，因为这正是之前是公海但现在是由直线基线所包围而形成的群岛内水的情况。另外，从实际情况看，这些水域在沿海国享有排他管辖权的3海里范围外，在这一3海里范围内无害通过权实践中已得到承认，因为只有穿过这些水域才能到达这一3海里的海域内，如果不承认在这些水域存在无害通过权，就会变得荒唐。

……

412. ……由于三个沿岸国依然认为存在受三个沿岸国各自主权支配但相互有无害通过权的沿岸海洋带，在海湾内的其他水域中必定也有通行的权利。这不仅是由于历史原因，也是因为那些狭窄的海湾水域构成船舶进入所有三个沿岸国的通道，属于实际情况所需。因此，这些通行的权利也适用于需要进入三国中任一国家港口的第三国船舶；这种通行的权利对有出入通道的三国海湾非常重要，对三个国家也同样重要。因此，如果这样的海湾水域确实是内水，也是属于受到联合主权和通行权这一特殊和具体制度限制的内水。所以，在共管或共有的意义上而言，将海湾水域视为自成一体的制度可能是合理的。[242]

190. 在群岛水域、历史性水域等主权性质的水域中，可以存在对主权进行一定限制的航行或飞越制度。这些水域并不因此丧失其主权性质。实际上，这种自成一体制度的美妙之处在于，它既能满足有关主权国家的主权关切，又能满足国际航行的需要。

---

241 Continental Shelf (Tunisia/Libyan Arab Jamahiriya), Judgment, I.C.J. Reports 1982, p.18, at para.100. 历史性权利 / 所有权的独特性质早已被阐明，参见 UN Secretariat, Historic Bays, A/Conf.13/1 (1957), UNCLOS I (1958) Official Documents, Vol.1, 1-39; UN Secretariat, Juridical Régime of Historic Waters, including Historic Bays, A/CN.4/143 (1962), Yearbook of International Law Commission, 1962, Vol. II, pp.1-26.

242 Land, Island and Maritime Frontier Dispute (El Salvador/Honduras: Nicaragua intervening), I.C.J. Reports 1992, p.351, at paras.393, 412.

191. 遗憾的是，本案仲裁庭在处理历史性权利问题时，未能适当考察有可能阻碍其行使管辖权的公开资料。仲裁庭完全忽视了中国自 1948 年以来，在公开出版的所有地图上，以未定国界线符号标绘南海断续线。

192. 事实上，一些专业人士已注意到这些图标（可能）具有的含义。美国国务院在《海洋界限》（第 143 号）报告中对中国南海断续线进行分析，认为从图标位置和表现形式看，断续线存在这样一种可能性，它是一条“国界线”。[243] 但美国认为，如果是这样，这样一条单方面划定的国界线不符合国家实践和关于海洋划界的国际司法实践。[244] 然而，断续线作为国界线是否符合国家实践和关于海洋划界的国际司法实践，这完全是另外一个问题。只要断续线表现为国界线，仲裁庭就不能排除线内水域的主权性质。在这种情况下，仲裁庭应确认没有管辖权。根据国际司法实践，国际法庭和仲裁庭在处理管辖权问题时，不应通过对实体问题的预判来影响对管辖权的决定，甚至为行使管辖权扫除障碍。[245]

193. 仲裁庭没有注意到可公开获得的相关重要资料，例如，中国驻法国公使馆 1932 年呈递给法国外交部的备忘录，有关内容如下：

> [西沙群岛] se trouvent dans la mer territoriale de la Province du Kouang Tong (South China Sea) ; elles forment un des groupes de l’ensemble des Iles de la Mer de Chine du Sud qui font partie intégrante de la mer territorial de la province du Kouang-Tong.[246]

该备忘录的英文译文在 2000 年的公开出版物中可以找到，具体如下：

> [Xisha Qundao (the Paracels)] lie in the territorial sea of Kwangtung Province (South China Sea) ; [...they] form one group among all the islands in the South China Sea which are an integral part of the territorial sea of Kwangtung Province.[247]

---

243 参见 United States Department of States, Bureau of Oceans and International Environmental and Scientific Affairs, Limits of the Sea, No.143, China: Maritime Claims in the South China Sea, pp.14-15, https://www.state.gov/documents/organization/234936.pdf.

244 同上注，第 15 页。

245 参见 Fisheries Jurisdiction (Spain v. Canada), Judgment, I.C.J. Report 1998, p.432, at paras.54-55.

246 《“外交部”南海诸岛档案汇编》（上册）（1995），第 203 页。中文原文是：[西沙与东沙相对峙]，“为我国广东省领海，South China Sea 二大群岛之一”，同上书，第 187 页。

247 Monique Chemillier-Gendreau, Sovereignty over the Paracel and Spratly Islands (Springer, 2000), p.184.

仲裁庭似乎在表示其尽到了勤勉义务，声称其从法国档案馆获取了相关文件。[248]但它竟然没有注意到以上可公开获得的资料。这些资料明显表明，仲裁庭对菲律宾相关诉求的管辖权很可能被2006年声明所排除。

（二）仲裁庭未考察中国历史性权利是否构成海洋划界有关情况

194. 仲裁庭认定，中国在南海的历史性权利主张是非主权性的，不涉及《公约》第298条第1款（a）（i）项所指“历史性所有权”，因此，仲裁庭对菲律宾第1项和第2项诉求的管辖权未被中国2006年声明所排除。即使在这种情况下，鉴于中菲在南海存在着海洋划界情势，仲裁庭也应考察中国历史性权利是否构成两国海洋划界应考虑的有关情况，是否构成《公约》第298条第1款（a）（i）项所指的“关于划定海洋边界的争端”的一部分。然而，仲裁庭没有具体考察这种情况。

195. 历史性权利通常构成海洋划界应考虑的有关情况。这既是《公约》规定的应有之义，也为相关国际司法实践所确认。如《公约》第15条明确规定，海岸相邻或相向国家之间领海界限的划定一般情况下适用等距离线，“但如因历史性所有权或其他特殊情况而有必要按照与上述规定不同的方法划定两国领海的界限，则不适用上述规定”。《公约》第74条和第83条虽然没有明确指出历史性权利构成专属经济区和大陆架划界的有关情况，但从第74条和第83条规定看，海洋界限应在“国际法院规约第三十八条所指国际法的基础上以协议划定，以便得到公平解决”。这两个条款所称“国际法”包含习惯国际法，据此，历史性权利明显构成划界的有关情况。《公约》的缔约过程佐证了这一点。不论是支持以“公平原则”划界还是以“等距离/中间线”方法划界的国家，都提及海洋划界应考虑“有关/特殊情况”。[249]一些国家在提案中明确列举出历史性权利[250]或“对自

---

248 参见《7月12日裁决》第141段。

249 如19国提案明确表示应在适用等距离线和中间线原则的同时考虑特殊情况。参见Bahamas, Barbados, Colombia, Costa Rica, Cyprus, Democratic Yemen, Denmark, Greece, Guyana, Italy, Japan, Kuwait, Malta, Norway, Spain, Sweden, Tunisia, United Arab Emirates and United Kingdom (1977, mimeo), 转载于Renate Platzöder (ed.), Third United Nations Conference on Law of the Sea: Documents, Vol. IV, p.467；而11国提案表示应采用一切达到公平结果的方法。参见Algeria, France, Iraq, Ireland, Libyan Arab Jamahiriya, Morocco, Nicaragua, Papua New Guinea, Poland, Romania and Turkey, (1977, mimeo.), 转载于Renate Platzöder (ed.)，同前，第468页；一些国家的提案综合了这两种观点，如摩洛哥，它提出在合适的时候适用等距离线或中间线，但要求考虑一切有关情况，并强调其中包括自然资源情况和地质因素。参见Morocco (1977, mimeo.), 转载于Renate Platzöder (ed.)，同前，第389-390页。

250 如马耳他1973年提案，参见A/AC.138/SC.II/L.28, 转载于III SBC Report 1973, pp.35-43.

然资源的历史性主权权利"[251]，构成划界应考虑的情况。1975年"非正式单一协商案文"（ISNT）、1976年"非正式单一协商案文修订"（RSNT）以及1977年"非正式综合协商案文"（ICNT）等文件在综合所有国家的意见后，明确指出专属经济区划界"应考虑所有有关情况"。[252]就1958年《大陆架公约》和1982年《公约》没有在大陆架划界中提到历史性权利问题，希门尼斯·德·阿雷查加（Jiménez de Aréchaga）法官指出：

> 这并不是说，历史性权利与大陆架划界没有关联或者对大陆架划界并不重要，而是在本案中，除历史性因素之外，还有许多特殊情况同样重要，因此，历史性因素被包含在更广泛的"特殊情况"之中。[253]

安德里亚·佐雅（Andrea Gioia）也指出，"毫无疑问，历史性权利在相关国家的划界谈判中发挥着重要作用"。[254]

196. 国际司法实践也确认历史性权利构成海洋划界的有关情况。如相关海域存在这种历史性权利，国际性法庭或仲裁庭从来都是在海洋划界的框架中予以讨论。

197. 在"格里斯巴丹那仲裁案"（挪威/瑞典，1909年）中，仲裁庭认为，海洋划界中将格里斯巴丹那滩划归瑞典考虑的情况之一，就是瑞典渔民在格里斯巴丹那海域的龙虾捕捞活动。[255]仲裁庭还认为，"早已确立的国际法原则是，真实存在且已长期存在的事物应尽可能少地予以改变"，"这种渔业活动是赋予格里斯巴丹那滩作为渔场价值的重要因素"。[256]瑞典人对格里斯巴丹那滩的开发要远比挪威人更早、更有效。因此，仲裁庭将格里斯巴丹那滩划归瑞典。[257]由此可见，历史性权利对领海划界产生了重大影响。

---

[251] 澳大利亚和挪威1973年的提案。参见 A/AC.138/SC. II/L.36, 转载于 III SBC Report 1973, pp.77-78.

[252] 参见 A/CONF.62/WP.8/Part II (ISNT, 1975), UNCLOS III Official Records, Vol. IV, p.162; A/CONF. 62/WP.8/Rev.1/Part II (RSNT, 1976), UNCLOS III Official Records, Vol. V, p.164; A/CONF. 62/WP.10 (ICNT, 1977), UNCLOS III Official Records, Vol. VIII, p.16.

[253] Continental Shelf (Tunisia/Libyan Arab Jamahiriya), Separate Opinion of Judge Jimenez De Aréchaga, I.C.J. Reports 1982, p.100, at para.80.

[254] 参见 Andrea Gioia, Tunisia's Claims over Adjacent Seas and the Doctrine of "Historic Rights", 11 Syracuse Journal of International Law and Commerce (1984), p.373.

[255] The Grisbådarna Case (Norway/Sweden), Arbitral Award Rendered on October 23, 1909, p.6（非正式英译文载于常设仲裁法院网站）。

[256] 同上注。

[257] 同上注，pp.6-8.

198. 在“大陆架案”（突尼斯／利比亚，1982 年）中，国际法院指出：“‘构成区域特征的有关情况’并不局限于地理或地质情况。……法院还要进一步妥为考虑突尼斯所主张的历史性权利。”[258] 法院对突尼斯的历史性权利主张予以了充分考虑。

199. 在“缅因湾区域海洋边界划界案”（加拿大／美国，1984 年）中，美国和加拿大均在其沿岸要求设立 200 海里的专属渔区并主张大陆架，由此产生海洋权利主张重叠，引发海洋划界争端。在该案中，国际法院分庭需要处理的问题是海洋划界问题，而当事国双方均提出以捕鱼实践作为公平划界的相关因素。法院分庭的判决未给予美国渔民在相关区域的渔业主导地位以决定性分量。法院分庭将美国的捕鱼活动主张视为一定程度上“接近引用历史性权利”，但没有说其就是引用历史性权利，也没有否定历史性权利构成海洋划界的相关情况。法院分庭似乎认为美国主导性的捕鱼活动尚未达到历史性权利的程度。[259]

需要指出的是，本案仲裁庭援引“缅因湾划界案”论证中国通过《公约》在其专属经济区内获得额外权利的同时，已放弃可能在《公约》已划归其他国家的专属经济区内拥有的权利。[260] 仲裁庭在此引用“缅因湾划界案”是不适当的。法院分庭在“缅因湾划界案”中处理的传统捕鱼活动与中国长期以来在南海的历史性权利不具可比性。法院分庭只是认为“单纯的事实上的优势”不起作用，而非历史性权利不起作用。无论如何，法院分庭并没有说历史性权利不构成划界有关情况。

200. 在“格陵兰和扬马延之间区域海洋划界案”（丹麦诉挪威，1993 年）中，国际法院将捕鱼活动作为调整中间线的相关因素予以考量，“有关居民所进行的不同种类渔业活动的传统特征”[261] 在海洋边界划定中被赋予一定作用。在该案中，当事双方都强调这一因素在争议海域中对于海洋资源权益的重要性。国际法院认为，在早期海洋划界中，当事方实质上是对渔业资源捕捞的权利产生了分歧。这也解释了为什么要强调渔业活动在

---

[258] 参见 Continental Shelf (Tunisia/Libyan Arab Jamahiriya), Judgment, I.C.J. Reports 1982, p.18, at para.81.

[259] Delimitation of the Maritime Boundary in the Gulf of Maine Area (Canada/United States of America), Judgment, I.C.J. Reports 1984, p.246, at paras.233-237.

[260] 参见《7月12日裁决》第256-257段。

[261] Maritime Delimitation in the Area between Greenland and Jan Mayen (Denmark v. Norway), Judgment, I.C.J. Reports 1993, p.38, at para.75.

经济上的重要性及不同种类渔业活动的传统特征。[262]因此，法院认为，“必须考虑是否应对中间线进行调整或移动，以保证有关脆弱的渔业活动团体能平等地对毛鳞鱼资源进行捕捞”。[263]

201. 在“巴巴多斯—特立尼达和多巴哥仲裁案”（2006 年）中，仲裁庭在划定临时等距离线后，考虑了巴巴多斯主张的历史性捕鱼活动是否构成调整临时等距离线的因素。仲裁庭认为巴巴多斯主张的捕鱼活动尚不构成“传统捕鱼权”，最终没有支持巴巴多斯的主张。[264]

202. 在国家实践中，历史性权利通常被当作海洋划界应考虑的因素。在斯里兰卡和印度的海洋划界中，斯里兰卡主张在距离印度最南端的科摩林角（Comorin Cape）西南 25 海里处的维奇滩（Wadge Bank）享有历史性捕鱼权。印度接受斯里兰卡的历史性权利主张，双方在谈判中讨论了斯里兰卡的历史性捕鱼权是否将对海洋划界产生影响。虽然两国最终同意历史性捕鱼权不具有调整临时等距离线的效力，但在海洋划界的同时对历史性捕鱼权作出了特别安排。[265]

203. 由此可见，历史性权利构成海洋划界的有关情况，应作为海洋划界的一部分予以考量。在国际司法实践中，国际性法庭和仲裁庭可能在实体问题上不同程度地考虑历史性权利可能对最终划界的影响。但不管给予什么分量，丝毫不损害历史性权利构成划界有关情况的地位，不影响它与划界的重要关系。就管辖权问题而言，在存在海洋划界的地理框架且有关国家的海洋权利主张重叠的情形下，历史性权利毫无疑问构成海洋划界的一个因素，足以启动适用《公约》第 298 条第 1 款（a）项关于划界例外规定。中菲正是这种情况。

204. 综上所述，仲裁庭对本案明显没有管辖权。仲裁庭错误认定菲律宾诉求与中菲领土主权和海洋划界争端没有关系：（1）仲裁庭对中菲在南海的领土和海洋划界争端采用碎片化方法看待，并以此评判菲律宾诉求，无视菲律宾诉求的领土和海洋划界的性质；（2）仲裁庭基于主观臆断而非

---

[262] 同上注。

[263] 同上注。

[264] Arbitration between Barbados and the Republic of Trinidad and Tobago, relating to the delimitation of the exclusive economic zone and the continental shelf between them, Decision of 11 April 2006, RIAA, Vol. XXVII, p.147, at paras.266, 293.

[265] 参见Jonathan I. Charney and Lewis M. Alexander (eds.), International Maritime Boundaries, Vol. II (Martinus Nijhoff, 1993), pp.1419-1431.

事实来判断菲律宾诉求与领土争议的关系，作出了错误认定；（3）仲裁庭基于对海洋划界的错误理解和对《公约》第 298 条的错误解释来判断菲律宾诉求与海洋划界争端的关系，作出了错误认定；（4）仲裁庭关于菲律宾诉求所涉历史性权利问题的相关论述忽视了中国的历史性权利涉及历史性所有权的可能，未考察历史性权利属于划界有关情况的可能，作出了不当认定。基于上述错误认定，仲裁庭对菲律宾诉求错误确立管辖权。

第三节　仲裁庭错误认定菲律宾诉求反映中菲两国有关《公约》解释或适用的争端

205. 本章第二节已经阐明，菲律宾诉求的实质是中菲在南海部分岛礁的领土问题，有关诉求也构成中菲在南海海洋划界争端不可分割的组成部分。仲裁庭本应裁定其对菲律宾诉求没有管辖权，然而并没有这样做，而是错误地认定菲律宾诉求不涉及领土问题，不涉及海洋划界争端。此后，仲裁庭为确立对菲律宾诉求的管辖权，进一步分析菲律宾诉求是否反映了中菲之间有关《公约》解释或适用的争端，具体包括两个问题：一是中菲之间是否就菲律宾诉求存在争端，二是该争端是否有关《公约》的解释或适用。[266]

206. 仲裁庭在《管辖权裁决》中认定，对于第 1 项至第 14 项诉求，中国和菲律宾“就菲律宾诉求所涉事项都存在有关《公约》的解释和适用的争端”。[267] 仲裁庭的这一认定是错误的。本节旨在论证说明：即使按照仲裁庭的逻辑来分析管辖权问题，仲裁庭在考察所涉争端的存在和争端的定性问题时，并未严格遵循国际法上关于判断争端是否存在以及争端定性的基本要求，其裁定及其理据在法律和事实上均站不住脚。

一、确定争端存在和争端性质的国际司法实践

207. 确定争端是否存在以及确定争端的性质是仲裁庭判定其是否具有管辖权的必经步骤。国际法院指出，“争端的存在是［法院或法庭］行使司法职能的首要条件”。[268] 本案仲裁庭也承认，“除非当事方之间存在一个或多个实际争端，否则仲裁庭无权审理。”[269] 在确定存在争端后，需要进一

266　参见《管辖权裁决》第 131 段。

267　同上注，第 178 段，另参见第 398-412 段。

268　Nuclear Tests (Australia v. France), Judgment, I.C.J. Reports 1974, p.253, at para.55; Nuclear Tests (New Zealand v. France), Judgment, I.C.J. Reports 1974, p.457, at para.58.

269《管辖权裁决》第 148 段。

步对争端进行定性，以确定是否在其管辖范围之内。国际司法实践已就如何识别和定性争端形成了一些基本要求。本案仲裁庭也应遵循这些要求，却没有这么做。

（一）确定争端是否存在的基本要求

208. 常设国际法院很早就指出，争端是指“对法律或事实的分歧，是双方法律观点或利益上的冲突”。[270] 这一定义已被广泛接受，[271] 也为本案仲裁庭引用 [272]。国际法院还多次指出，确定争端的存在是一个“实质事项，而非形式或程序的问题”，[273] “诉讼案件当事一方宣称同另一方存在争端尚是不够的。简单的主张不足以证明争端的存在，如同简单地否认争端不存在不足以证明没有争端一样”。[274] 国际性法庭或仲裁庭需要在考察有关事实包括当事方的立场后，对争端是否存在进行“客观评判”。[275] 从国际司法实践看，对于确定当事方之间是否存在争端，主要有以下三个要素：一是争端的存在体现为当事方之间具体而非抽象的分歧或争议点；二是争端的存在体现为当事方之间就同一事项或主张存在有针对性的分歧或争议点；三是判定争端是否存在应以提起诉讼或仲裁的日期为准。

1. 争端的存在体现为当事方之间具体而非抽象的分歧或争议点

209. 国际性法庭和仲裁庭的职责不是澄清抽象的法律问题，它们对当

---

270 Mavrommatis Palestine Concessions, Jurisdiction, Judgment of 30 August 1924, P.C.I.J. Series A, No.2, p.6, at 11.

271 例如South West Africa (Ethiopia v. South Africa; Liberia v. South Africa), Preliminary Objections, Judgment, I.C.J. Reports 1962, p.319, at 328; Southern Bluefin Tuna Cases (New Zealand v. Japan; Australia v. Japan), Provisional Measures, Order of 27 August 1999, ITLOS Cases Nos 3 & 4, para.44; Maffezini v. Spain, Decision on Jurisdiction, 25 January 2000, 40 International Legal Materials 1129 (2001), 5 ICSID Reports 396, para.96.

272 《管辖权裁决》第 149 段。

273 Obligation concerning Negotiation relating to Cessation of the Nuclear Arms Race and to Nuclear Disarmament (Marshall Islands v. India), Jurisdiction of the Court and Admissibility of the Application, Judgment of 5 October 2016, I.C.J., at para.35. 另参见其中所援引的案例。

274 Territorial and Maritime Dispute (Nicaragua v. Colombia), Preliminary Objections, Judgment, I.C.J. Reports 2007, p.832, at para.138, 援引 South West Africa Cases (Ethiopia v. South Africa; Liberia v. South Africa), Preliminary Objections, Judgment, I.C.J. Reports 1962, p.319, at 328.

275 Alleged Violations of Sovereign Rights and Maritime Spaces in the Caribbean Sea (Nicaragua v. Colombia), Preliminary Objections, Judgment of 17 March 2016, I.C.J., at para.50; 另参见 Nuclear Tests (Australia v. France), Judgment, I.C.J. Reports 1974, p.253, at para.55; Nuclear Tests (New Zealand v. France), Judgment, I.C.J. Reports 1974, p. 457, at para.58; Application of the International Convention on the Elimination of All Forms of Racial Discrimination (Georgia v. Russian Federation), Preliminary Objections, Judgment, I.C.J. Reports 2011, p.70, at para.30.

事方间有关纯理论问题的分歧并无管辖权。[276] 国际法院认为，法院的“职能是阐明法律，但只有当审判时存在涉及当事方之间法律利益冲突的实际争议时，才能就具体案件作出判决”。[277] 国际仲裁实践也确认，国际仲裁庭的职责是“裁定当事方之间的争端，而非作出抽象的决定”。[278]

2. 争端的存在体现为当事方之间就同一事项或主张存在有针对性的分歧或争议点

210. 国际法院指出，“案件双方存在利益冲突”不足以证明争端的存在，认定争端的存在，“必须显示一方的主张被另一方有针对性地反对”。[279] 也就是说，双方就特定国际义务的“履行或者未履行持有明确对立的观点”。[280] 仅凭某一当事方的单方面主张，不足以认定争端的存在。要证明争端的存在，就要查明当事方之间就同一事项或主张持有相反的态度或观点。国际法院一再指出，“如果有证据表明被诉国知道或者不可能不知道其观点受到起诉国‘有针对性地反对’，则争端存在”。[281]

3. 判定争端是否存在应以提起诉讼或仲裁的日期为准

211. 根据国际司法实践，确定争端存在的日期原则上是向国际性法庭

---

276 参见Christoph Schreuer, What is a Legal Dispute?, in I. Buffard, J. Crawford, A. Pellet and S. Wittich (eds.), International Law between Universalism and Fragmentation, Festschrift in Honour of Gerhard Hafner (Leiden/ Boston: Martinus Nijhoff Publishers) 2008, p.970; Robert Jennings, Reflections on the Term “Dispute”, in R. St. J. Macdonald (ed.), Essays in Honour of Wang Tieya (Leiden/Boston: Martinus Nijhoff Publishers, 1994), p.404.

277 Case concerning the Northern Cameroons (Cameroon v. United Kingdom), Preliminary Objections, Judgment, I.C.J. Reports 1963, p.15, at 33-34; 另参见Question of the Delimitation of the Continental Shelf between Nicaragua and Colombia beyond 200 nautical miles from the Nicaragua Coast (Nicaragua v. Colombia), Preliminary Objects, Judgment of 17 March 2016, I.C.J., at para.123.

278 Larsen v. Hawaii Kingdom, Award of 5 February 2001, PCA Case No. 1999-01, para.11.3.

279 South West Africa Cases (Ethiopia v. South Africa; Liberia v. South Africa), Preliminary Objections, Judgment, I.C.J. Reports 1962, p.319, at 328.

280 Alleged Violations of Sovereign Rights and Maritime Spaces in the Caribbean Sea (Nicaragua v. Colombia), Preliminary Objections, Judgment of 17 March 2016, I.C.J., at para.50, 引自Interpretation of Peace Treaties with Bulgaria, Hungary and Romania, First Phase, Advisory Opinion, I.C.J. Reports 1950, p.74.

281 Obligation concerning Negotiation relating to Cessation of the Nuclear Arms Race and to Nuclear Disarmament (Marshall Islands v. India), Jurisdiction of the Court and Admissibility of the Application, Judgment, I.C.J. Reports 2016, at para.38; 另参见Alleged Violations of Sovereign Rights and Maritime Spaces in the Caribbean Sea (Nicaragua v. Colombia), Preliminary Objections, Judgment, I.C.J. Reports 2016, at para.73; Application of the International Convention on the Elimination of All Forms of Racial Discrimination (Georgia v. Russian Federation), Preliminary Objections, Judgment, I.C.J. Reports 2011, p.70, at paras.61, 87, 104.

或仲裁庭提交请求书的日期。[282] 国际法院指出，“请求书或争端各方随后在诉讼程序中所做的行为和声明都不能用于判定同一案件中有关争端存在的条件已经满足”。[283] 因此，起诉国在提起程序前至少应当以某种方式向被诉国表达其对拟提交事项的观点，以便被诉国不会完全一无所知，并能在提起程序前有机会作出回应。常设国际法院曾就此指出：

> 如果一国此前没有付出合理限度的努力，非常清楚地表明双方存在通过其他方式已无法解决的观点分歧，它不应采取将另一国诉至法院这样严重的手段。这无疑是可取的。[284]

212. 如果起诉国在提起程序前没有与被诉国就相关事项进行一定程度的交流，则国际性法庭和仲裁庭可以认定争端并不存在。在“关于或起诉或引渡义务的问题案”（比利时诉塞内加尔，2012 年）中，就比利时提出的有关塞内加尔违反习惯国际法中禁止酷刑义务的诉求，国际法院判定双方不存在争端，因为在提起程序前的外交信函中，比利时从未提及或暗示塞内加尔承担了习惯国际法义务，双方唯一讨论的义务源自《禁止酷刑和其他残忍、不人道或有辱人格的待遇或处罚公约》。[285] 在“在加勒比地区据称侵犯主权权利和海洋区域案”（尼加拉瓜诉哥伦比亚，2016 年）中，就

---

[282] 参见，如The Electricity Company of Sofia and Bulgaria, Preliminary Objection, Judgment, P.C.I.J., Series A/B, No. 77, 1939, p.64, at 83; Application of the International Convention on the Elimination of All Forms of Racial Discrimination (Georgia v. Russian Federation), Preliminary Objections, Judgment, I.C.J. Reports 2011, p.70, at para.30; Questions relating to the Obligation to Prosecute or Extradite (Belgium v. Senegal), Judgment, I.C.J. Reports 2012, p.442, at para.46; Obligation concerning Negotiation relating to Cessation of the Nuclear Arms Race and to Nuclear Disarmament (Marshall Islands v. India), Jurisdiction of the Court and Admissibility of the Application, Judgment of 5 October 2016, I.C.J., at para.39; The M/V “Louisa” Case (Saint Vincent and the Grenadines v. Kingdom of Spain), Judgment of 28 May 2013, ITLOS Case No. 18, para.151.

[283] 参见Obligation concerning Negotiation relating to Cessation of the Nuclear Arms Race and to Nuclear Disarmament (Marshall Islands v. India), Jurisdiction of the Court and Admissibility of the Application, Judgment of 5 October 2016, I.C.J., at para.40; Obligation concerning Negotiation relating to Cessation of the Nuclear Arms Race and to Nuclear Disarmament (Marshall Islands v. Pakistan), Jurisdiction of the Court and Admissibility of the Application, Judgment of 5 October 2016, I.C.J., at para.40; Obligation concerning Negotiation relating to Cessation of the Nuclear Arms Race and to Nuclear Disarmament (Marshall Islands v. United Kingdom), Preliminary Objections, Judgment of 5 October 2016, I.C.J., at para.43; 另参见Questions relating to the Obligation to Prosecute or Extradite (Belgium v. Senegal), Judgment, I.C.J. Reports 2012, p.422, at paras.53-55;

[284] Interpretation of Judgments Nos. 7 and 8 (the Chorzów Factory) (Germany v. Poland), Judgment No. 11, 1927, P.C.I.J., Series A, No. 13, pp.10-11.

[285] 参见Questions relating to the Obligation to Prosecute or Extradite (Belgium v. Senegal), Judgment, I.C.J. Reports 2012, p. 422, at paras.53-55.

尼加拉瓜有关哥伦比亚非法使用或威胁使用武力的诉求，国际法院同样判定双方不存在争端，因为尼加拉瓜在提起程序前从未指出哥伦比亚违反《联合国宪章》或者习惯国际法中与使用或威胁使用武力有关的义务。[286]

213. 本案仲裁庭引述了有关案例，认同上述判断争端是否存在的标准。仲裁庭也承认，争端必须在 2013 年 1 月 22 日，即菲律宾提交“仲裁通知和权利主张说明”时已经存在。[287]

214. 仲裁庭进一步表示，考虑到“中国并没有就其在南海主张的权利和海洋权利的某些重要方面进行阐释”，[288] 并援引国际司法实践认为，认定争端是否存在“可以通过推理得出一方的立场或态度，而不论该方声称的观点如何”。[289] 具体而言，“争端的存在也可由‘一国在情势要求其回应的情况下未对某一主张作出回应’推理出来”。[290] 同时，仲裁庭强调，“它有义务不对双方的交流或一方在表达立场时的故意模糊作过度技术性的分析，从而使通过仲裁解决真实争端的努力受挫”。[291]

（二）确定争端是否有关条约解释或适用的基本要求

215. 本案仲裁庭称，除了需确定当事方之间存在争端外，还需要进一步查明所确定的争端是否“有关《公约》的解释或适用”。[292] 为此，仲裁庭要“辨别出案件的真实问题，确定诉求的目的”，[293] 并认为解释双方的诉求不仅是其权利，而且是其义务。[294]

216. 关于确定争端是否有关条约的解释或适用，国际司法实践已形成明确的规则，主要包括三点：争端必须属于条约调整的事项；争端与条约条款之间应存在合理联系；起诉国应承担证明争端性质的责任。

---

[286] 参见Alleged Violations of Sovereign Rights and Maritime Spaces in the Caribbean Sea (Nicaragua v. Colombia), Preliminary Objections, Judgment of 17 March 2016, at paras.75-78.

[287] 参见《管辖权裁决》第 149 段。

[288] 同上注，第 160 段。

[289] 同上注，第 161 段，援引 Land and Maritime Boundary (Cameroon v. Nigeria), Preliminary Objections, Judgment, I.C.J. Reports 1998, p.275, at para.89.

[290]《管辖权裁决》第 161 段（文中引注省略）。

[291] 同上注，第 163 段。

[292] 同上注，第 131 段。

[293] 同上注，第 150 段，援引 Nuclear Tests (New Zealand v. France), Judgment, I.C.J. Reports 1974, p. 457, at para.30; Request for an Examination of the Situation in Accordance with Paragraph 63 of the Court's Judgment of 20 December 1974 in the Nuclear Tests (New Zealand v. France) Case, Order of 22 September 1995, I.C.J. Reports 1995, p.288, at para.55.

[294]《管辖权裁决》第 150 段。

1. 争端必须属于条约调整的事项

217. 在“石油平台案”（伊朗诉美国，1996 年）中，当事双方就美国对伊朗石油平台采取的行动是否构成有关 1955 年《友好、经济关系及领事权利条约》解释或适用的争端存在分歧。[295] 国际法院指出：

> 为回答该问题，法院……必须查明伊朗所指控的违反 1955 年条约的行为是否属于或者不属于该条约条款的范围，并由此依照该条约第 21 条第 2 款确定法院对该争端是否具有属事管辖权。[296]

218. 在“关于《消除一切形式种族歧视公约》适用案”（格鲁吉亚诉俄罗斯，2011 年）中，国际法院在述及诉求所涉争端是否有关《消除一切形式种族歧视公约》的解释或适用时指出：

> 尽管一国在与另一国交换意见时，并无必要明确提及某项特定条约方能使该国之后援引该条约将争端诉至法院……，但交换意见必须充分清晰地提及该项条约的主题事项，以使得被诉国得以确定双方存在或可能存在一个关于条约主题事项的争端。[297]

该判决清楚地表明，判断一个争端是否与一项条约的解释或适用有关，应考察其是否涉及该条约的主题事项。

219. 就本案而言，为确定某一争端“有关《公约》的解释或适用”，该争端事项必须属于《公约》主题事项范围。《公约》前言“确认本公约未予规定事项，应继续以一般国际法的规则和原则为准据”，从此可明显看出并非所有海洋争端都涉及到“有关《公约》的解释或适用”。也就是说，对于那些《公约》未调整的事项，不可能产生有关《公约》解释或适用的争端。[298]

2. 争端与条约条款之间应存在合理联系

220. 确定相关争端的主题事项是否为条约所调整，“取决于诉求与作

---

[295] 参见 Oil Platforms (Islamic Republic of Iran v. United States of America), Preliminary Objection, Judgment, I.C.J. Reports 1996, p.803, at para.16.

[296] 同上注。

[297] Application of the International Convention on the Elimination of All Forms of Racial Discrimination (Georgia v. Russian Federation), Preliminary Objections, Judgment, I.C.J. Reports 2011, p.85, at para.30.

[298] 参见 Oil Platforms (Islamic Republic of Iran v. United States of America), Preliminary Objection, Separate Opinion of Judge Shahabuddeen, I.C.J. Reports 1996, p.822, at 824.

为诉求法律依据的条约之间的关系”。[299] 国际司法实践确认，起诉国只在诉求所涉事实与所依赖的条约之间建立“薄弱的联系”是不够的，[300] 而“所援引条约与提交法院解决的诉求之间具有合理联系”是必要的。[301] 国际法院曾提出，原告就其诉求所依据的条约条款提出的观点，必须“足以能够证明该条约是诉求的依据”，[302] 或者原告就所依赖的任何条款所作解释“看起来属于该条款可能的解释之一，尽管并不一定是正确的解释”，[303] 或者原告“依据的是对一种条约有说服力的解释，即该解释是有道理的，无论其是否最终成立”[304]；或者被告国应“说明申诉和所援引条款之间的某些真实联系”；[305] 或者所援引条款与被指控的行为之间“存在实质的而非虚假的联系”。[306]

221. 国际海洋法法庭也遵循大致相同的实践。法庭在“路易莎号案”（圣文森特和格林纳丁斯诉西班牙，2013 年）中援引国际法院在“石油平台案”中的上述意见，指出，“为让本法庭确定是否有管辖权，必须在起诉国……提交的事实与其援引用来支持其诉求的《公约》条款之间建立关联。”[307] 该案中，起诉国圣文森特与格林纳丁斯援引《公约》第 73 条、第 87 条、第 226 条、第 227 条、第 245 条和第 303 条作为其诉求的依据。国际海洋法法庭在进行逐条认真考察后，认定上述任何条款都不能作为圣文森特与格林纳丁斯诉求的依据，[308] 判定“在申请提交时当事方之间不存在有关《公约》解释或适用的争端，因而本法庭对该案没有属事管辖权”。[309]

222. 在“诺斯塔号案”（巴拿马诉意大利，2016 年）中，国际海洋法法庭指出：“只是作出一般性陈述而不援引被违反的《公约》具体条款是不

---

299 同上注。

300 参见 Ambatielos Case (Greece v. United Kingdom), Merits, Judgment of May 19th, I.C.J. Reports 1953, p.10, at 18.

301 Military and Paramilitary Activities in and against Nicaragua (Nicaragua v. United State of America), Jurisdiction and Admissibility, Judgment, I.C.J. Reports 1984, p.392, at para.81.

302 Ambatielos Case (Greece v. United Kingdom), Merits, Judgment of May 19th, I.C.J. Reports 1953, p.10, at 18.

303 同上注。

304 同上注。

305 Judgments of the Administrative Tribunal of the ILO upon Complaints Made against U.N.E.S.C.O., Advisory Opinion, I.C.J. Reports 1956, p.77, at 89.

306 同上注。

307 The M/V “Louisa” Case (Saint Vincent and the Grenadines v. Kingdom of Spain), Judgment of 28 May 2013, ITLOS Case No. 18, para.99.

308 参见上注，第 100-150 段。

309 同上注，第 151 段。

够的。”[310] 该案起诉国巴拿马援引《公约》第 33 条、第 87 条、第 58 条、第 111 条和第 300 条等作为其指控意大利的依据。国际海洋法法庭认为，为查明当事方之间的争端“有关《公约》的解释或适用”，“必须在巴拿马所声称的事实与所援引支持其诉求的《公约》条款之间建立关联性，并证明这些条款可以支持巴拿马的诉求”。[311]

223. 在规定临时措施的决定中，国际海洋法法庭指出，“除非起诉国援引《公约》条款可以为本庭的管辖权提供初步法律依据，否则本庭不可以规定临时措施。”[312] 国际海洋法法庭还表示，在规定临时措施前，“法庭必须查明是否起诉国援引的任何［《公约》］条款初步看可为附件七仲裁庭的管辖提供基础。”[313]

224.“南方蓝鳍金枪鱼仲裁案”（澳大利亚和新西兰诉日本，2000 年）的附件七仲裁庭同样遵循这样的实践。在该案中，仲裁庭引用“石油平台案”之后指出，为支持其管辖权，要确定争端有关《公约》的解释或适用，就要确定诉求必须与《公约》的法律标准具有合理的关联，或者能合理地依据《公约》的法律标准对其进行评判。[314]

3. 起诉国应承担证明争端性质的责任

225. 关于起诉国的责任，科特在“路易莎号案”中发表反对意见说，“起诉国必须基于《公约》的特定条款提出请求”，[315]“但是，提及一堆《公约》条款并不会带来确立［国际海洋法法庭］初步管辖权的结果”，[316] 更不用说确立对实体问题的管辖权。沃尔夫鲁姆和科特在“自由号案”中发表

---

310 The M/V “Norstar” Case (Panama v. Italy), Preliminary Objections, Judgment of 4 November 2016, ITLOS Case No. 25, para.109.

311 同上注，第 110 段。

312 The M/V “Saiga” Case (No. 2) (Saint Vincent and the Grenadines v. Guinea), Provisional Measures, Order of 11 March 1998, ITLOS Case No. 2, para.29.

313 The “Enrica Lexie” Incident (Italy v. India), Provisional Measures, Order of 24 August 2015, ITLOS Case No. 24, para.52; 另参见 The “ARA Libertad” Case (Argentina v. Ghana), Provisional Measures, Order of 15 December 2012, ITLOS Case No. 20, para.60; Southern Bluefin Tuna Cases (New Zealand v. Japan; Australia v. Japan), Provisional Measures, Order of 27 August 1999, ITLOS Cases Nos 3 and 4, paras.40, 52; The “Arctic Sunrise” Case (Kingdom of Netherlands v. Russian Federation), Provisional Measures, Order of 22 November 2013, ITLOS Case No. 22, paras.58, 70.

314 Southern Bluefin Tuna Case between Australia and Japan and between New Zealand and Japan, Award on Jurisdiction and Admissibility, Decision of 4 August 2000, RIAA, Vol. XXIII, p.1, at para.48.

315 The M/V “Louisa” Case (Saint Vincent and the Grenadines v. Kingdom of Spain), Provisional Measures, ITLOS Case No. 18, Order of 23 December 2010, Dissenting Opinion of Judge Cot, para.12.

316 同上注，第 19 段。

单独意见说，应“由起诉国援引《公约》具体条款，论证这些条款可以支持其诉求，展示其对这些条款的解释观点受到对方有针对性地反对”，[317] 而“起诉国只是提及［《公约》］条款，以一种抽象的方式表明其理论上可能为法院或法庭的管辖权提供法律依据是不够的”。[318] 沃尔夫鲁姆和阿塔尔德在“诺斯塔号案”中强调，在管辖权阶段，原告必须“证明所提供的事实能够支持其基于《公约》赋予的权利提出的诉求。只是提及《公约》一个或多个条款或者提出救济主张是不够的。”[319]

226. 在本案中，菲律宾应承担证明其诉求构成有关《公约》解释或适用的争端的责任。为此，菲律宾不仅应提出有关的《公约》具体条款，而且应说明其诉求和《公约》条款之间的合理联系。仲裁庭不能主动代替或帮助菲律宾履行这一责任。

227. 综上所述，要判定菲律宾诉求是否构成有关《公约》解释或适用的争端，仲裁庭必须查明菲律宾诉求所涉事项是否属于《公约》的调整事项，是否与《公约》条款之间存在合理联系。为此，仲裁庭应认真考察菲律宾援引支持其诉求的《公约》条款，以确定这些条款能否作为其诉求的法律依据。

二、仲裁庭对菲律宾第 1 项和第 2 项诉求所涉争端的认定存在明显谬误

228. 菲律宾在其 2014 年 3 月 30 日诉状中提出的第 1 项和第 2 项诉求如下：

（1）中国在南海的海洋权利，同菲律宾的一样，不得超过《联合国海洋法公约》（简称《公约》）允许的范围；

（2）中国关于所谓“九段线”内南海海域的主权权利和管辖权以及“历史性权利”主张，如果超出《公约》对中国海洋权利地理范围

[317] The “ARA Libertad” Case (Argentina v. Ghana), Provisional Measures, ITLOS Case No.20, Order of 15 December 2012, Joint Separate Opinion of Judge Wolfrum and Judge Cot, para.35.

[318] 同上注，第 16 段。

[319] The M/V “Norstar” Case (Panama v. Italy), Preliminary Objections, ITLOS Case No. 25, Joint Separate Opinion of Judges Wolfrum and Attard, para.23.

和实体内容的限制，超出部分违反《公约》，没有法律效力；[320]

229. 菲律宾称，上述两项诉求所涉及的争端是：“中国在南海的海洋权利主张超出《公约》所允许的范围（对抗我们的第1项诉求），中国在‘九段线’内的‘历史性权利’主张，包括主权权利和管辖权，超出《公约》赋予权利的限度（对抗我们的第2项诉求）”。[321] 关于该两项诉求与《公约》的关系，菲律宾援引了《公约》第55条和第56条（即沿海国在专属经济区的权利和义务）、第76条和第77条（即沿海国对大陆架的权利）以及第121条（即岛屿制度）。[322]

230. 仲裁庭在《管辖权裁决》中援引中国与菲律宾之间的往来照会作为依据，裁定中国与菲律宾就菲律宾第1项和第2项诉求存在着有关《公约》解释和适用的争端。然而，这一裁定缺乏事实和法律上的依据。

231. 仲裁庭认为，“菲律宾的第1项和第2项诉求反映了一项有关在南海的海洋权利来源以及中国所主张‘历史性权利’与《公约》条款之间相互关系的争端”。[323] 仲裁庭还表示，“这一争端明显存在于双方在中国2009年5月7日照会之后的外交往来信函中”。[324]

232. 在列出2009年5月7日至2011年4月14日期间中国和菲律宾的四份照会相关内容后，仲裁庭用简短的一段话直接认定争端的存在：

> 仲裁庭认为，一项争端非常明显地存在于这些照会的文字和背景中：从描绘一种貌似扩张性的海洋权利主张的地图，到菲律宾有关海洋权利源于“地理地物”和只能基于《公约》的主张，到中国求诸“充分的历史和法律根据”并以“不予接受”的表述拒绝菲律宾的照会内容。在这些问题上的争端的存在并不因中国没有澄清九段线的含义或者详细阐明其有关历史性权利的主张而削弱。[325]

233. 仲裁庭还进一步就争端的定性发表意见：

> 中国所主张的权利看上去是基于对独立于《公约》并被声称为

---

320 Memorial of the Philippines, Vol. I, p.271.

321 《管辖权裁决》第147段，援引 Jurisdictional Hearing Tr. (Day 3), pp.5-6.

322 Memorial of the Philippines, Vol. I, paras.4.38-4.54.

323 《管辖权裁决》第164段。

324 同上注。

325 同上注，第167段。

《公约》所保留的历史性权利的理解，但这并不能损害一项有关《公约》解释和适用的争端的存在。从其外交照会和在本案中所提诉求可以明显地看出，菲律宾的立场是"《公约》取代了《公约》生效以前可能存在的任何'历史性权利'，使之无效"。[326]

随后，仲裁庭进一步表示：

因此，这不是一项特定历史性权利是否存在的争端，而是一项有关《公约》框架下历史性权利的争端。一项有关《公约》与其他法律文书或法律体系的关系的争端，包括由其法律体系产生的权利是否被《公约》所保留的问题，确信无疑是一项涉及《公约》解释和适用的争端。[327]

234. 以上表明，仲裁庭通过援引中国和菲律宾之间的四份照会，裁定菲律宾第 1 项和第 2 项诉求构成中菲之间有关《公约》解释或适用的争端。但是，仲裁庭只是引用了有关照会内容，并对争议进行断言，而没有对事实和其断言之间的关系进行必要分析。仲裁庭在判定争端存在和争端定性过程中显然没有遵循国际司法实践所确立的相关要求和标准。

235. 仲裁庭提及的"中国 2009 年 5 月 7 日照会"，系指中国针对越南和马来西亚于 2009 年 5 月 6 日向大陆架界限委员会联合提交的南海地区 200 海里以外大陆架划界案[328]，以及越南于 2009 年 5 月 7 日向大陆架界限委员会单独提交的南海地区 200 海里以外大陆架划界案[329]，分别向联合国秘书长发送的照会。中国在同日发出的两份照会中，分别对两个外大陆架划界案提出反对意见，重申中国对南海诸岛的主权和相应的海洋权利，并附上标绘中国南海断续线的地图。两份照会的主体内容相同，具体如下：

中国对南海诸岛及其附近海域拥有无可争辩的主权，并对相关海域及其海床和底土享有主权权利和管辖权（见附图）。中国政府的这一一贯立场为国际社会所周知。

上述……划界案所涉二百海里以外大陆架区块，严重侵害了中国

---

[326] 同上注，第 168 段

[327] 同上注。

[328] 详见 Submissions to the Commission: Joint submission by Malaysia and the Socialist Republic of Viet Nam, http://www.un.org/Depts/los/clcs_new/submissions_files/submission_mysvnm_33_2009.htm.

[329] 详见Submissions to the Commission: Submission by the Socialist Republic of Viet Nam, http://www.un.org/Depts/los/clcs_new/submissions_files/submission_vnm_37_2009.htm.

在南海的主权、主权权利和管辖权。根据《大陆架界限委员会议事规则》附件一第5条（a）项，中国政府郑重要求委员会对……划界案不予审理。中国政府已将上述立场知会……。[330]

236. 仲裁庭提及的“中国2009年5月7日之后的外交往来信函”[331]包括两份照会：一是菲律宾针对中国2009年5月7日照会，于2011年4月5日向联合国秘书长发送的照会；二是中国针对菲律宾此份照会，于2011年4月14日向联合国秘书长发送的复照。

237. 菲律宾2011年4月5日照会的主体内容译文如下：

菲律宾常驻代表团注意到，前述照会是特别针对越南社会主义共和国和马来西亚提交的在南海的外大陆架单独划界案和联合划界案作出的回应。然而，鉴于中国在对这些划界案的回应中所提出的理由不仅涉及对南海岛礁本身及其“附近海域”的主权，而且涉及附图所示的其他“相关海域及其海床和底土”，并指出这些主张“为国际社会所周知”，菲律宾共和国政府由此谨就相关事项表达立场。

关于岛屿以及其他地理地物

第一，卡拉延岛群构成菲律宾不可分割的一部分。菲律宾共和国对卡拉延岛群中的地物享有主权和管辖权。

关于岛屿以及其他地理地物的“附近水域”

第二，根据“海洋支配”这一罗马法概念以及“陆地支配海洋”这一国际法原则，菲律宾当然得以对卡拉延岛群每一相关地物的周边或附近海域行使《联合国海洋法公约》(《公约》) 所规定的主权和管辖权。

无论如何，根据《公约》，具体而言《公约》第121条（岛屿制度），相关地物“附近”海域的范围是明确的和可确定的。

关于南海其他“相关海域及其海床和底土”

第三，既然相关地物附近海域的范围是明确的，并需从法律和技术方面予以测定，那么中华人民共和国对“相关海域及其海床和底土”（正如2009年5月7日第CML/17/2009号照会和2009年5月7日第

[330] Note Verbale from the Permanent Mission of the People's Republic of China to the United Nations to the Secretary-General of the United Nations, No. CML/17/2009 (7 May 2009), Note Verbale from the Permanent Mission of the People's Republic of China to the United Nations to the Secretary-General of the United Nations, No. CML/18/2009 (7 May 2009).

[331] Award on Jurisdiction, para.164.

CML/18/2009 号照会后附的所谓九段线地图所示）所提出的主张，其超出基于前述卡拉延岛群相关地物及其“附近海域”所提主张的部分缺乏国际法的依据，具体而言是缺乏《公约》的依据。对于这些区域，可能存在的主权和管辖权或主权权利必然附属于或归属于相应的沿海国或群岛国，即菲律宾。根据《公约》第 3 条、第 4 条、第 55 条、第 57 条和第 76 条，这些海域及其海床和底土或作为领海、或作为 200 海里专属经济区，或作为大陆架，都附属于菲律宾。[332]

238. 中国在 2011 年 4 月 14 日照会中驳斥了菲律宾对南沙群岛部分岛礁提出的主权主张，并重申中国在南海的领土主权、相关权利和管辖权。中国在该照会中指出：

中国对南海诸岛及其附近海域拥有无可争辩的主权，并对相关海域及其海床和底土享有主权权利和管辖权。中国在南海的主权及相关权利和管辖权有着充分的历史和法律根据。对于菲律宾 000228 号照会所述内容，中国政府不予接受。

菲律宾所称的“卡拉延岛群”完全是中国南沙群岛的一部分。在确定菲律宾领土范围的一系列国际条约以及 20 世纪 70 年代以前的菲律宾国内立法中，菲律宾从未对南沙群岛及其任何组成部分提出领土要求。20 世纪 70 年代起，菲律宾开始侵占中国南沙群岛部分岛礁并提出领土要求。中国政府对此坚决反对。菲律宾对中国南沙群岛部分岛礁的占领及相关行为构成对中国领土主权的侵犯。根据“非法行为不产生合法权利”的法律原则，菲律宾不能援引其非法占领行为支持其领土要求。同时，根据国际法上“陆地支配海洋”的原则，沿海国提出的专属经济区和大陆架主张不能损害其他国家的领土主权。

中国政府自 20 世纪 30 年代以来多次公布南沙群岛的地理范围及其组成部分的名称，中国南沙群岛的范围是明确的。按照《联合国海洋法公约》、1992 年《中华人民共和国领海及毗连区法》和 1998 年《中华人民共和国专属经济区和大陆架法》的有关规定，中国南沙群岛拥有领海、专属经济区和大陆架。[333]

332 Memorial of the Philippines, Vol. VI, Annex 200.

333 Note Verbale from the Permanent Mission of the People's Republic of China to the Secretary-General of the United Nations, No. CML/8/2011 (14 April 2011).

239. 考察照会的内容以及仲裁庭的主要观点，仲裁庭就菲律宾第 1 项和第 2 项诉求所涉争端的存在和争端的定性问题作出的裁定存在谬误。

240. 第一，仲裁庭未合理说明第 1 项和第 2 项诉求反映出仲裁庭所认定的争端。仲裁庭援引中国和菲律宾的四份外交照会作为唯一的论据，试图说明为什么菲律宾第 1 项和第 2 项诉求“反映了一项有关在南海的海洋权利来源以及中国所主张‘历史性权利’与《公约》条款之间相互关系的争端”。[334] 然而，仲裁庭并未对任何一份照会的内容进行具体分析，径直用非常简短、模糊的表述得出中菲之间“明显地”存在这样一项争端的结论。仲裁庭如此草率地得出结论显然有悖其司法职能。

241. 关于认定争端须存在“有针对性的反对”的要求，仲裁庭在其关于争端存在问题的简短论述中，提及源自中菲照会的四个要素：一是“描绘一种貌似扩张性的海洋权利主张的地图”；二是菲律宾认为，有关海洋权利源自于“地理地物”，并且只能基于《公约》提出权利主张；三是中国指出，中国在南海的主权及相关权利和管辖权有着充分的历史和法律根据；四是中国对菲律宾 2011 年 4 月 5 日照会的内容不予接受。仲裁庭仅从上述四个要素就能得出结论认为中菲之间“非常明显地”存在“一项有关在南海的海洋权利来源以及中国所主张‘历史性权利’与《公约》条款之间相互关系的争端”，实在让人无法理解。单从这四个要素，根本无法得出仲裁庭的结论。

242. 关于“在南海的海洋权利来源”的争端，即便上述四点要素中的第二点代表了菲律宾的观点，即有关海洋权利只能基于《公约》，源于“地理地物”，但仲裁庭并没有说明，在中国照会中，哪些内容反映了中国反对菲律宾主张的基于《公约》的海洋权利。

243. 关于“中国所主张‘历史性权利’与《公约》条款之间相互关系”的争端，纵观仲裁庭所援引的四份照会，无论是中国的照会还是菲律宾的照会，从头至尾都未出现过“历史性权利”的措辞，更没有关于“历史性权利”与《公约》之间存在关联的表述。仲裁庭对为何能从四份照会得出其结论未作出任何说明。

244. 第二，即使按照仲裁庭所说，有关争端确实存在，仲裁庭也未尽责查明两项诉求所涉事项构成有关《公约》解释或适用的争端。如前所述，

---

[334] 《管辖权裁决》第 164 段。

仲裁庭没有合理地说明菲律宾第 1 项和第 2 项诉求反映了仲裁庭所认定的争端，即“一项有关南海海洋权利来源以及历史性权利与《公约》条款之间相互关系的争端”。[335]

245. 如一项争端有关《公约》的解释或适用，仲裁庭需要查明菲律宾所援引的《公约》条款是否可以作为其诉求的法律依据，即查明菲律宾诉求与其所援引的《公约》条款之间存在合理关联。

246. 虽然菲律宾在第 1 项和第 2 项诉求中援引了《公约》关于专属经济区、大陆架和岛屿制度的相关条款作为其诉求的基础，但是仲裁庭在论证菲律宾诉求构成有关《公约》的解释或适用的争端时，完全撇开了菲律宾所援引的《公约》条款，只是提及菲律宾立场是“《公约》取代了《公约》生效以前可能存在的任何‘历史性权利’，使之无效”[336]。

247. 无论是要认定菲律宾第 1 项和第 2 项诉求构成“历史性权利与《公约》条款之间相互关系的争端”，还是要认定有关争端构成“一项有关《公约》与其他法律文书或法律体系的关系的争端”，[337] 仲裁庭均应查明菲律宾诉求与《公约》具体条款之间存在合理联系。但仲裁庭作出上述两项认定时，没有提及《公约》具体条款。

248. 国际海洋法法庭在“诺斯塔号案”中详细考察了诉求所涉事项与起诉国援引《公约》条款之间是否存在关联后，在其相关决定中直接指明了具体条款。[338] 即便如此，沃尔夫鲁姆法官还批评法庭的标准过于宽松，“还达不到在临时措施程序中的初步标准”。[339] 然而，即使这样低的标准也明显高于本案仲裁庭所适用的标准。国际海洋法法庭在该案中至少在起诉国诉求和《公约》的具体条款之间建立了形式上的联系。鉴于上述，仲裁庭裁定菲律宾第 1 项和第 2 项诉求反映了有关《公约》解释或适用的争端，难以令人信服。

---

335 同上注，第 151 段。

336 同上注，第 168 段，援引 Memorial of the Philippines, Vol. I, para.4.96(2).

337 同上注。

338 参见 The M/V “Norstar” Case, (Panama v. Italy), Preliminary Objections, Judgment of 4 November 2016, ITLOS Case No. 25, paras.112-132.

339 The M/V “Norstar” Case, (Panama v. Italy), Preliminary Objections, ITLOS Case No. 25, Joint Separate Opinion of Judges Wolfrum and Attard, para.5.

三、仲裁庭对菲律宾第3项至第7项诉求所涉争端的认定缺乏理据

249. 菲律宾在其2014年3月30日诉状中提出的第3项至第7项诉求如下：

（3）黄岩岛不产生专属经济区或大陆架；

（4）美济礁、仁爱礁和渚碧礁是低潮高地，不产生领海、专属经济区或大陆架，并且是不得通过占领或其他方式据为领土的地物；

（5）美济礁和仁爱礁是菲律宾专属经济区和大陆架的一部分。

（6）南薰礁和西门礁（包括东门礁）是低潮高地，不产生领海、专属经济区或大陆架，但是其低潮线可分别用于确定测算鸿庥岛和景宏岛领海宽度的基线；

（7）赤瓜礁、华阳礁和永暑礁不产生专属经济区或大陆架。[340]

仲裁庭将菲律宾上述各项诉求所涉争端归纳为：

第3项诉求涉及菲律宾认为黄岩岛是《公约》第121条第3款所指岩礁，而中国反对这一立场，认为黄岩岛“不是滩沙而是岛屿”。

第4项诉求涉及菲律宾认为美济礁、仁爱礁和渚碧礁是不能产生海域的低潮高地，而中国主张“中国的南沙群岛拥有领海、专属经济区和大陆架”。

第5项诉求涉及一项“有关美济礁和仁爱礁是菲律宾专属经济区和大陆架的一部分，还是如中国所说，是‘中国南沙群岛’的一部分的争端”。“该争端需要考察南沙群岛能否产生专属经济区和大陆架的问题”。

第6项诉求涉及南薰礁和西门礁（包括东门礁）是“不能产生自身海洋权利”的低潮高地的争端。

第7项诉求涉及“三个礁石（赤瓜礁、华阳礁和永暑礁）能否产生专属经济区和大陆架权利”的争端。[341]

250. 仲裁庭裁定，中国与菲律宾就菲律宾上述五项诉求存在着有关

---

[340] Memorial of the Philippines, Vol. I, p.271.

[341]《管辖权裁决》第147段。

《公约》解释和适用的争端。仲裁庭认为：

- 菲律宾第 3 项、第 4 项、第 6 项和第 7 项诉求“反映了一项有关海洋地物的地位以及在南海海洋权利来源的争端”。[342]
- 中国和菲律宾之间“似乎很少就特定的单个地物的地位交换过意见”。[343]
- 中国将南沙群岛中的地物看作是一组岛礁，并已就其地位表达了立场，即“中国的南沙岛礁拥有领海、专属经济区和大陆架”。[344]
- 菲律宾同样表达过一般性主张，即“根据《公约》，具体而言是《公约》第 121 条（岛屿制度），相关地物‘附近’水域的范围是清楚和可确定的”。[345]
- 菲律宾强调，南沙群岛中的地物最多只拥有 12 海里领海，在南海的任何关于专属经济区或大陆架的主张必须来自南海周边的沿岸国或群岛国。[346]

251. 仲裁庭列举了菲律宾外交部于 2011 年 4 月 4 日就礼乐滩事件致中国驻菲律宾大使馆的照会。该照会说，“尽管菲律宾共和国拥有‘卡拉延岛群’的主权和管辖权，但无论是依据习惯国际法还是《联合国海洋法公约》，CSEC101 区块所在的礼乐滩不构成任何相关地理地物的‘相关海域’，即 12 海里领海的组成部分”；“礼乐滩不是岛屿、岩礁或低潮高地。相反，礼乐滩完全是构成巴拉望大陆边一部分的水下滩沙。因此，根据《公约》，礼乐滩……构成菲律宾群岛 200 海里大陆架的一部分”。[347]

252. 仲裁庭于是总结道，“客观地看，双方之间存在在南海生成的有关海洋权利的争端”。[348]

253. 关于菲律宾第 5 项诉求，仲裁庭认为，该诉求其实反映了“中菲之间关于在南海的海洋权利来源这一一般性争端的另一方面”。[349] 仲裁庭还称，在第 5 项诉求中，菲律宾并未要求确定特定海洋地物的法律地位，而

---

342 同上注，第 169 段。
343 同上注。
344 同上注。
345 同上注。
346 同上注。
347 同上注。
348 同上注，第 170 段。
349 同上注，第 172 段。

是要求宣布美济礁和仁爱礁作为低潮高地“是菲律宾专属经济区和大陆架的一部分”。[350]

254. 在《管辖权裁决》的结论部分，仲裁庭针对菲律宾上述五项诉求逐一列明其所反映的争端，具体如下：

> 第 3 项诉求反映了一项有关黄岩岛属于《公约》第 121 条所规定的“岛屿”还是“岩礁”的地位问题的争端……。
>
> 第 4 项诉求反映了一项有关美济礁、仁爱礁和渚碧礁属于《公约》第 13 条所规定的“低潮高地”的地位问题的争端……。
>
> 第 5 项诉求反映了一项有关在南海的海洋权利来源和在美济礁及仁爱礁海域是否存在专属经济区或大陆架权利重叠情形的争端……。
>
> 第 6 项诉求反映了一项有关南薰礁和西门礁（包括东门礁）属于《公约》第 13 条所规定的“低潮高地”的地位问题的争端……。
>
> 第 7 项诉求反映了一项有关赤瓜礁、华阳礁和永暑礁属于《公约》第 121 条所规定的“岛屿”还是“岩礁”的地位问题的争端……。[351]

255. 仲裁庭就菲律宾上述五项诉求所作的分析和结论，主要存在四个方面的错误。

256. 第一，中菲就菲律宾有关诉求所涉事项不存在真实的分歧或争议点。根据前述有关国际司法实践，要认定菲律宾有关诉求构成中菲之间的争端，仲裁庭必须基于事实查明，菲律宾在提起仲裁前曾向中国提出过诉求中的相关主张，而中国曾对此表示反对。但是，仲裁庭未能查明。

菲律宾在第 3 项、第 4 项、第 6 项和第 7 项诉求中就南海 9 个单个岛礁的地位及其海洋权利提出诉求。中国则历来对包括黄岩岛在内的整个中沙群岛以及包括美济礁等 8 个岛礁在内的整个南沙群岛拥有领土主权并主张海洋权利，从未就菲律宾诉求涉及的黄岩岛、美济礁、仁爱礁、渚碧礁等 9 个岛礁单独主张海洋权利，也从未与菲律宾就单个岛礁产生海洋权利的问题交换过意见。显然，中菲之间不存在有针对性的反对，也就不构成争端。

257. 第二，仲裁庭把菲律宾关于 9 个岛礁的具体诉求抽象为一般性争端，回避逐项适用认定争端存在的标准。菲律宾认为，其“每一项诉求都

---

350 同上注。

351 同上注，第 400-404 段。

构成一项法律争端”。[352] 然而仲裁庭并未对这些诉求进行逐项分析，而是笼统地认定菲律宾四项诉求“反映了一项有关海洋地物地位以及南海海洋权利来源的争端”。[353]

菲律宾第 5 项诉求涉及美济礁、仁爱礁是否属于菲律宾专属经济区或大陆架一部分的问题。对此，仲裁庭将其认定为构成中菲之间关于南海海洋权利来源的一般性争端。这两个地物构成南沙群岛一部分，仲裁庭罔顾其认定对中国南沙群岛主权的影响以及菲律宾诉求的领土主权性质。

258. 第三，仲裁庭篡改中国关于南沙群岛作为整体的立场，刻意制造中菲之间在海洋权利方面的分歧或争议点。仲裁庭将菲律宾诉求抽象为“一项有关海洋地物地位以及南海海洋权利来源”的一般性问题，并对中菲关于该一般性问题的立场进行解释，以此证明争端的存在。一方面，仲裁庭将菲律宾的一般性立场描述为“南沙群岛中的地物最多只拥有 12 海里领海，在南海的任何关于专属经济区或大陆架的主张必须来自南海周边的沿岸国或群岛国”；另一方面，仲裁庭通过援引中国 2011 年 4 月 14 日照会中的措辞，将中国的立场曲解为“中国南沙岛礁拥有领海、专属经济区和大陆架”，[354] 以显示两国之间存在对立的立场。

必须强调的是，仲裁庭对中国照会中相关措辞进行了篡改。中国照会相关措辞原文为“中国南沙群岛拥有领海、专属经济区和大陆架”，中国向联合国秘书长提交的照会英文译文为“China's Nansha Islands is fully entitled to Territory Sea, Exclusive Economic Zone (EEZ) and Continental Shelf”，此处使用“is”这一单数形式表明中国是对南沙群岛基于整体主张海洋权利，此为中国的一贯立场。仲裁庭在引述时，却将照会英文译文中的单数形式的“is”擅自篡改为复数形式的“are”。仲裁庭通过篡改中国照会的相关措辞，完全歪曲中国立场。中国使用单数“is”是为了说明中国是基于南沙群岛整体主张海洋权利。而仲裁庭使用复数的“are”，则将中国立场歪曲为中国是在基于南沙群岛中的单个岛礁主张海洋权利。由此，仲裁庭伪造了中菲之间的争端。

而在《7 月 12 日裁决》中，仲裁庭也多次提及中国 2011 年 4 月 14

---

352 同上注，第 147 段。
353 同上注，第 169 段。
354 同上注。

日照会，但均正确地予以援引，未再做任何篡改。[355]仲裁庭还实质性地处理了南沙群岛作为整体能否拥有海洋权利的问题，但并没有再回头审查这种做法带来的管辖权问题。一切皆充分说明，仲裁庭对于中国将南沙群岛作为整体主张海洋权利的立场十分清楚，其在管辖权阶段对中国照会的篡改和对中国立场的歪曲是有意为之，旨在规避菲律宾诉求的主权和划界实质给其管辖权带来的障碍。

259. 第四，仲裁庭在分析菲律宾诉求是否构成中菲之间的争端问题上，不能自圆其说。仲裁庭说，中国和菲律宾“似乎很少就特定的单个地物的地位问题交换过意见”[356]，但认为“缺乏就每一单个地物（的地位问题）逐个地交换意见并不否定争端的存在”，[357]并得出结论认为存在争端。仲裁庭在此忘记了一个问题，即只有就有关单个地物的地位有足够的意见交换，才能证明两国存在“有针对性的反对”。

260. 中菲在南海确实存在争端，但这一争端并不是仲裁庭认定的关于单个岛礁地位及其海洋权利的争议，而是中菲领土和海洋划界争议。中国对南海诸岛拥有主权，并基于群岛整体主张海洋权利。菲律宾非法侵占中国南沙群岛部分岛礁并对有关岛礁提出非法领土要求，还对相关海域提出了海洋权利主张。菲律宾的有关诉求构成上述争端的组成部分，并反映了上述争端的不同方面。

四、仲裁庭未尽责查明中菲就菲律宾第 8 项至第 14 项诉求是否存在有关《公约》解释或适用的争端

261. 菲律宾在其 2014 年 3 月 30 日诉状中提出的第 8 项至第 14 项诉求如下：

（8）中国非法干扰菲律宾享有和行使对其专属经济区和大陆架生物和非生物资源的主权权利；

（9）中国非法地未阻止本国国民和船只在菲律宾专属经济区内开发生物资源；

[355] 如《7 月 12 日裁决》第 185、301、470 段。

[356]《管辖权裁决》第 169 段。

[357] 同上注，第 170 段。

（10）中国通过干扰菲律宾渔民在黄岩岛的传统捕鱼活动，非法阻止他们谋求生计；

（11）中国在黄岩岛和仁爱礁违反《公约》下保护和保全海洋环境的义务；

（12）中国对美济礁的占领和在其上的建设活动：

（a）违反《公约》关于人工岛屿、设施和结构的规定；

（b）违反中国在《公约》下保护和保全海洋环境的责任；且

（c）构成试图据为己有的非法行为，违反《公约》；

（13）中国违背《公约》义务，以危险方式操作其执法船舶，引发与菲律宾在黄岩岛附近航行的船舶发生碰撞的严重风险；

（14）自2013年1月本仲裁启动以来，中国通过包括以下在内的行为，非法加剧和扩大争端：

（a）干扰菲律宾在仁爱礁及其附近水域的航行权利；

（b）阻止菲律宾在仁爱礁驻扎人员的轮换和补给；

（c）危害菲律宾在仁爱礁驻扎人员的健康和福祉……[358]

仲裁庭将菲律宾第8项至第14项诉求所涉争端归纳为：

第8项诉求涉及一项由于“中国错误认为其有权主张超出《公约》规定的主权权利，干涉菲律宾在距离其大陆200海里区域内进行石油勘探、地震勘测和渔业合法活动”而产生的争端。

第9项诉求涉及一项“有关中国授权其国民和船舶在菲律宾行使主权权利的区域内进行活动是否符合《公约》规定”的争端。

第10项诉求涉及一项“有关基于中国非法阻止菲律宾渔民在黄岩岛领海内进行传统捕鱼活动”的争端。

第11项诉求涉及一项“有关中国未能保护和保全黄岩岛和仁爱礁的海洋环境”的争端。

第12项诉求涉及一项“以美济礁作为低潮高地属于海床和底土的一部分并位于菲律宾专属经济区内和大陆架上为前提，且涉及中国的岛礁建设和其他活动”的争端。

第13项诉求涉及菲律宾抗议中国的“执法活动违反了《防止海

358 Memorial of the Philippines, Vol. I, pp.271-272.

上避碰规则国际公约》和《联合国海洋法公约》”，以及中国对这些抗议的拒绝。

第 14 项诉求涉及一项有关中国在“仲裁程序开始后在仁爱礁的各项活动的争端”。[359]

262. 仲裁庭表示：

第 8 项至第 14 项诉求涉及一系列有关中国在南海的活动的争端。导致诉求产生的事件都完整地记录在双方的外交信函中，仲裁庭认为存在涉及《公约》条款的争端，这些争端有关双方各自的石油勘探活动、捕鱼（包括中国渔民的捕鱼活动和中国被指控的干扰菲律宾渔民捕鱼的行为）、中国在美济礁上的设施、中国执法船的行为和菲律宾在仁爱礁的军事存在。[360]

在没有进一步分析的情况下，仲裁庭在管辖权结论部分说：

第 8 项诉求反映了一项有关中国的行为被指控干涉了菲律宾在其主张的专属经济区内进行的石油勘探、地质调查和捕鱼活动的争端。……

第 9 项诉求反映了一项有关中国在菲律宾主张的专属经济区内进行捕鱼活动的争端。……

第 10 项诉求反映了一项有关中国的行为被指控干涉了菲律宾国民在黄岩岛的传统捕鱼活动的争端。……

第 11 项诉求反映了一项有关黄岩岛和仁爱礁海洋环境的保护和保全以及《公约》第 192 条和 194 条的适用的争端。……

第 12 项诉求反映了一项有关中国在美济礁的活动以及这些活动对海洋环境的影响的争端。……

第 13 项诉求反映了一项有关中国在黄岩岛附近的执法行动以及《公约》第 21 条、第 24 条和第 94 条的适用的争端。……

第 14 项诉求反映了一项有关中国在仁爱礁上及其周围的行为以及中国与菲律宾驻守在仁爱礁上军事力量的互动的争端。……[361]

---

359 《管辖权裁决》第 147 段。

360 同上注，第 173 段（文中引注省略）。

361 同上注，第 405-411 段。

263. 在《管辖权裁决》作出后，菲律宾于 2015 年 11 月 30 日向仲裁庭提交经过修改的“最终诉求”，其中包括对第 11 项诉求的修改和新增第 14（d）项诉求。

经修改的第 11 项诉求表述为：“中国在黄岩岛、仁爱礁、华阳礁、永暑礁、南薰礁、赤瓜礁、东门礁和渚碧礁违反《公约》下保护和保全海洋环境的义务”，[362] 其中提及的“华阳礁、永暑礁、南薰礁、赤瓜礁、东门礁以及渚碧礁”为增加的内容。

关于指控中国加剧和扩大争端的第 14 项诉求，菲律宾增加：“（d）在美济礁、华阳礁、永暑礁、南薰礁、赤瓜礁、东门礁和渚碧礁从事挖沙、人工岛屿的建造和建设活动”。[363]

264. 对于修改后的第 11 项诉求，仲裁庭认为，“有关修改涉及或附属于菲律宾先前提出的第 11 项诉求，并未在当事方之间引入一项新的争端”。[364] 对于新增的第 14（d）项诉求，仲裁庭称，就管辖权而言，“仲裁庭不需要处理菲律宾第 14（d）项诉求与菲律宾声称被加剧或扩大的争端是否构成一个不同争端的问题”。[365]

265. 仲裁庭针对菲律宾第 8 项至第 14 项诉求的上述做法，无论是认定争端是否存在，还是认定争端性质方面，都偏离了国际司法实践。

266. 菲律宾声称其第 8 至第 14 项诉求构成中菲之间七项不同的争端，仲裁庭理应对这些诉求逐项分析，查明中菲是否就有关诉求存在明确的对立观点或态度，以确定争端是否存在，但仲裁庭除了声称“导致诉求产生的事件都完整地记录在双方的外交信函中”，只是简单地提及菲律宾诉求所指向的海上活动或行为，没有具体分析双方是否就相关事项存在明确的对立观点。[366] 仲裁庭没有履行应尽的职责。

267. 以菲律宾第 10 项诉求为例。仲裁庭认定菲律宾第 10 项诉求“反映了一项有关中国的行为被指控干涉了菲律宾国民在黄岩岛的传统捕鱼活动的争端”。为了指控中国阻止菲律宾渔民在黄岩岛进行捕鱼，菲提交了一系列证据，包括渔民宣誓书、政府内部报告、外交照会。

---

[362] 参见《7 月 12 日裁决》第 78、112 段。
[363] 同上注。
[364] 同上注，第 933 段，援引 Letter from the Tribunal to the Parties (16 December 2015).
[365] 同上注，第 1164 段。
[366] 参见《管辖权裁决》第 173 段。

268. 就菲律宾渔民的宣誓书而言[367]，其内容只是渔民个人的观点，无论如何不能被视为菲律宾在指控中国的行为违反《公约》下的义务。另外，这些宣誓书是在仲裁提起后专门为诉讼目的制作，根本不能证明争端的存在。就菲律宾政府内部报告[368]而言，虽然有军方的内部报告，也有渔业水产局的内部报告，还有外交部的备忘录，但由于这些文件只是内部的，即便在这些文件中指控中国违反特定的国际法义务，中国也根本无法获知，更不用说表示有针对性地反对。菲律宾所提供的外交照会[369]，内容根本没有提到菲律宾在黄岩岛海域的“传统捕鱼活动”或“传统捕鱼权”的问题。因此，从这些文件来看，对于菲律宾关于所谓“传统捕鱼活动”的第10项诉求，根本没有“争端”。仲裁庭径直裁定有关诉求反映了中菲之间有关《公约》解释或适用的争端，是错误的。

269. 综合上述，仲裁庭在查明中菲就菲律宾有关诉求是否存在争端以及是否构成有关《公约》解释或适用的争端的问题上，未对有关问题进行必要分析，轻率认定争端存在，并构成有关《公约》解释或适用的争端。仲裁庭没有查明其对菲律宾诉求具有管辖权。

---

367 Affidavit of R.Z. Comandante (12 November 2015) (Annex 693); Affidavit of T.D. Forones (12 November 2015) (Annex 694); Affidavit of M.C. Lanog (12 November 2015) (Annex 695); Affidavit of J.P. Legaspi (12 November 2015) (Annex 696); Affidavit of Crispen Talatagod (12 November 2015) (Annex 697); Affidavit of C.O. Taneo (12 November 2015) (Annex 698).

368 Memorandum from Colonel, Philippine Navy, to Chief of Staff, Armed Forces of the Philippines, No.N2E-0412-008 (April 2012) (Annex 77); Report from the Commanding Officer, SARV-003, Philippine Coast Guard to the Commander, Coast Guard District Northwestern Luzon, Philippine Coast Guard (28 April 2012) (Annex 78); Memorandum from the Commander, Naval Forces Northern Luzon, Philippine Navy to the Flag Officer in Command, Philippine Navy, No. CNFNL Rad Msg Cite NFCC-0612-001 (2 June 2012) (Annex 83); Memorandum from the FRPLEU/QRT Chief, Bureau of Fisheries and Aquatic Resources, Republic of the Philippines, to the Director, Bureau of Fisheries and Aquatic Resources, Republic of the Philippines (2 May 2012) (Annex 79); Report from FRPLEU/QRT Officers, Bureau of Fisheries and Aquatic Resources, Republic of the Philippines, to Director, Bureau of Fisheries and Aquatic Resources, Republic of the Philippines (2 May 2012) (Annex 80); Report from FRPLEU-QRT Officers, Bureau of Fisheries and Aquatic Resources, Republic of the Philippines, to the Director, Bureau of Fisheries and Aquatic Resources, Republic of the Philippines (28 May 2012) (Annex 82); Memorandum from the Embassy of the Republic of the Philippines in Beijing to the Secretary of Foreign Affairs of the Republic of the Philippines, No. ZPE-080-2012-S (24 May 2012) (Annex 81); Memorandum from the Embassy of the Republic of the Philippines in Beijing to the Secretary of Foreign Affairs of the Republic of the Philippines, No. ZPE-110-2012-S (26 July 2012) (Annex 84).

369 参见《7 月 12 日裁决》第 764 段内脚注 784、785。

第四节　仲裁庭错误认定中菲就争端解决方式作出的选择及其效力

270. 根据《公约》第 288 条第 1 款，“第二八七条所指的法院或法庭，对于按照本部分向其提出的有关本公约的解释或适用的任何争端，应具有管辖权。”《公约》第 286 条规定：“在第三节限制下，有关本公约的解释或适用的任何争端，如已诉诸第一节而仍未得到解决，经争端任何一方请求，应提交根据本节具有管辖权的法院或法庭。”据此，《公约》第 287 条所指法院或法庭在确立其管辖权时，即使存在有关公约解释或适用的争端，也需要查明争端“已诉诸第一节而仍未得到解决”，即争端的提交符合《公约》第十五部分第一节各条的规定。

其中，第 281 条第 1 款规定了缔约国将争端诉诸《公约》第十五部分第二节规定的强制争端解决程序的前提条件：

> 作为有关本公约的解释或适用的争端各方的缔约各国，如已协议用自行选择的和平方法来谋求解决争端，则只有在诉诸这种方法而仍未得到解决以及争端各方间的协议并不排除任何其他程序的情形下，才适用本部分所规定的程序。

271. 菲律宾不承认中菲之间存在《公约》第 281 条所指排除适用第十五部分规定程序（包括附件七仲裁）的协议（以下简称“第 281 条排除协议”）。[370] 中国坚持存在这种协议。[371]

272. 仲裁庭认定第 281 条规定的条件已得到满足，否认中菲之间存在《公约》第 281 条排除协议。第一，仲裁庭认为，包括《宣言》在内的中菲多边、双边文件不属于第 281 条所指的“具有法律拘束力的协议”，而只是政治性文件，政治性文件不能为当事方确立具有拘束力的权利义务关

---

[370] Memorial of the Philippines, Vol. I, paras.7.50-7.58; The Philippines' Supplemental Written Submissions, Vol. I, paras.26.27-26.39; Jurisdictional Hearing Tr. (Day 2), pp.7-11.

[371] 参见《立场文件》第 39 段。

系；[372] 第二，即使《宣言》等文件属于具有法律拘束力的协议，中菲两国也已就争端进行了多年的谈判协商而未能解决；[373] 第三，即使《宣言》等多边、双边文件属于创设权利义务关系的具有拘束力的协议，上述文件也没有“明文”排除适用其他程序[374]。

273. 仲裁庭的上述结论是错误的。第一，仲裁庭错误解读第 281 条排除协议的含义以及中国所指中菲之间的协议，从而错误认定中菲之间不存在第 281 条排除协议；第二，仲裁庭无视中菲在南海的领土和管辖权争议正通过谈判协商的方式、循序渐进地寻求最终解决，错误认定“诉诸这种方法而仍未得到解决”；第三，仲裁庭毫无根据地将第 281 条中“排除”改写为“明文排除”，并以此错误认定中菲之间的协议“不排除任何其他程序”。仲裁庭的这些错误降低了启动公约第十五部分第二节强制争端解决程序的门槛。

一、仲裁庭错误认定中菲之间不存在通过谈判解决争端的协议

274. 仲裁庭认定《宣言》是政治性文件，不具有拘束力；仲裁庭还认为，中国在立场文件中提及的六份中菲双边文件也都是政治性文件，不构成具有法律拘束力的协议。[375] 因此，中菲之间不存在第 281 条排除协议。

（一）仲裁庭错误解读文件形式、文件整体效力与其包含的特定义务效力的关系

275. 第 281 条只是对协议内容作出了规定，即“协议用自行选择的和平方法来谋求解决争端”，而对于协议的形式并没有施加任何限制。只要争端双方就通过某种和平方法寻求解决争端达成一致，就构成当事方之间的协议。至于该协议是通过一份或多份文件来表现，还是通过一份或多份文件中的某些内容来表现，以及某一文件自身整体是否必须具有拘束力，并无特别要求。换言之，第 281 条对作为协议载体的文件本身并不要求其具有法律拘束力。但仲裁庭错误地认为整个文件具有拘束力是文件中的部

---

[372] 参见《管辖权裁决》第 212-218、241-245 段。

[373] 参见上注，第 219-220 段。

[374] 参见上注，第 221-228、246-247、265-269、281-289 段。

[375] 参见上注，第 217、231-233、241-251 段。

分内容构成协议的必要条件。

276. 仲裁庭关于文件形式、文件整体效力与其包含的特定义务效力关系的观点，未得到国际法院司法实践的支持。在爱琴海大陆架案（希腊诉土耳其，1978 年）中，希腊和土耳其就一份未经签署的联合公报是否构成双方之间将有关争端提交国际法院的协议存在分歧。国际法院指出：

> 关于（协议的）形式问题，法院只需要注意的是，没有国际法规则排除联合公报构成双方将争端提交仲裁或司法解决的国际协议（参见《维也纳条约法公约》第 2 条、第 3 条和第 11 条的规定）。因此，1975 年 5 月 31 日的《布鲁塞尔联合公报》是否构成这样一份协议，根本上取决于该公报所处理的行为或事务的性质；仅看规定该行为或事务的文件形式，即联合公报，解决不了问题。相反，在确定《布鲁塞尔联合公报》中所体现的行为或事务的真实性质时，法院必须首先考虑其实际用语和起草该公报的具体情形。[376]

277. 国际法院详细考察了《布鲁塞尔联合公报》有关用语和达成公报的背景，认定双方并未就将相关争端提交国际法院一事达成一致。[377] 国际法院通过考察文件背景和当事双方真实意图来确定一份或多份相关文件是否构成协议的做法在“海洋划界和领土问题案”（卡塔尔诉巴林，1994）[378] 和“喀麦隆和尼日利亚陆地和海洋边界案”（喀麦隆诉尼日利亚，2002）[379] 中也得到反映。

278. 因此，中菲之间是否存在通过谈判解决有关争端的协议，不取决于中菲双边文件和《宣言》本身的形式或者单个文件整体来说是否有约束力，而取决于这些文件中是否有具体的条款或语言体现了中菲就争端解决办法达成了有约束力的协议。这应考虑中菲之间多项双边文件和《宣言》的相关用语和就争端解决办法作出规定的情形，特别是能反映双方真实意图的内容。

---

376 Aegean Sea Continental Shelf Case (Greece v. Turkey), Judgment, I.C.J. Reports, 1978, p.3, at para.96.

377 参见上注，at paras.97-107. 另参见Fisheries Jurisdiction (United Kingdom v. Iceland), Jurisdiction of the Court, Judgment, I.C.J. Reports 1973, p.3, at para.28-19; Fisheries Jurisdiction (Federal Republic of Germany v. Iceland), Jurisdiction of the Court, Judgment, I.C.J. Reports 1973, p.49, at para.28.

378 参见Maritime Delimitation and Territorial Questions between Qatar and Bahrain (Qatar v. Bahrain), Jurisdiction and Admissibility, Judgment, I.C.J. Reports 1994, p.112, at paras.21-30.

379 参见Land and Maritime Boundary between Cameroon and Nigeria (Cameroon v. Nigeria: Equatorial Guinea intervening), Judgment, I.C.J. Reports 2002, p.303, at paras.258, 262, 263.

279. 在国际法上，一项文件无论采用何种名称和形式，只要其为当事方创设权利和义务，这种权利和义务就具有拘束力。[380] 即使是口头协定、单方面声明也可以为当事国确立有拘束力的权利义务。拘束力的来源不是口头协议、单方面声明或政治性文件等所采取的形式，而是就相关事项确立权利义务关系的意图。正如国际法院在“柏威夏寺案”（柬埔寨诉泰国，1961 年）管辖权判决中所言：

> 通常情况是，国际法重在强调当事方的意图，未规定特定形式。在这种情况下，当事方可自行选择它们希望采取的形式，只要能够从中清晰辨别其意图即可。[381]

280. 国际法院还强调：

> 诚信原则是创设和履行法律义务的一项基本原则，无论该义务源于何处。信任和信心是国际合作的关键因素，特别是在诸多领域的合作愈发重要的当下。就像诚信原则是条约法中“义务必须信守”规则的基础一样，它也是由单方面声明所承担的国际义务的拘束力的基础。因此，利害关系国可能知晓单方面声明并相信它，有权要求由此产生的义务得到尊重。[382]

281. 仲裁庭承认，一个文件要构成具有拘束力的协议，必须显示其“为当事国创设权利义务的明确意图”。[383] 仲裁庭引用“海洋划界和领土问题案”（卡塔尔诉巴林，1994 年），来支持其观点。但是在该案中，国际法院明确指出，并非只有以条约、协定等形式的文件才能为当事方创设权利和义务，纪要和交换信函等形式的外交文书同样可以为当事方创设具有拘束力的权利义务。这里的问题是，记录当事方观点的纪要是否足以构成将该案提交至法院的协议。国际法院说：“纪要列举了当事方同意履行的承诺，因而为当事方创设了国际法上的权利和义务。这些纪要构成一项国际

---

380 Maritime Delimitation and Territorial Questions between Qatar and Bahrain (Qatar v. Bahrain), Jurisdiction and Admissibility, Judgment, I.C.J. Reports 1994, p.112, at paras.22-26; Land and Maritime Boundary between Cameroon and Nigeria (Cameroon v. Nigeria: Equatorial Guinea intervening), Judgment, I.C.J. Reports 2002, p.303, at paras.258, 262, 263.

381 Temple of Preah Vihear (Cambodia v. Thailand), Preliminary Objection, I.C.J. Reports 1961, p.17, at 31.

382 Nuclear Tests Case (Australia v. France), Judgment, I.C.J. Reports 1974, p.253, at para.46; Nuclear Tests Case (New Zealand v. France), Judgment, I.C.J. Reports 1974, p.457, at para.49.

383 《管辖权裁决》第 213 段。

协议。”[384]

282. 即使单方面声明这种通常来看比较弱的形式，也可以创设国际法上的权利和义务。如在“核试验案”（澳大利亚诉法国；新西兰诉法国，1974 年）中，国际法院确认法国总统所做的单方面声明同样具有拘束力。国际法院表示：“众所周知，涉及法律或事实的单方面声明可以具有创设法律义务的效果。”[385]

283. 可见，义务的来源及来源的形式并不重要。重要的是，国家根据诚信原则承担国际义务的意愿。正如本学会早前所指出，“只要存在当事方在自愿的基础上达成一致的行为，无论是口头还是书面，无论是采取条约还是其他国际文书的形式，无论表现为一个或多个文件还是一个或多个文件中的具体条款，都构成第 281 条所称的‘协议’。”[386]

284. 本案仲裁庭只是讨论了《宣言》和中菲双边文件本身是否构成具有拘束力的文件。但是，正如国际法院在“爱琴海大陆架案”（希腊诉土耳其，1978 年）中指出，这样的讨论“解决不了问题”；重要的是体现在该文件中的“行为或事务”的实际用语及文件达成的具体情形。[387] 因此，仲裁庭必须考虑上述文件中涉及争端解决内容的实际用语和达成有关规定的具体情形，以确定双方是否具有创设通过谈判解决有关争端的义务的明显意图，才能最终确定中菲两国是否存在通过谈判解决有关争端的协议。仲裁庭以体现协议内容的形式来认定协议是否存在，是毫无根据的错误做法。

（二）仲裁庭错误理解中菲之间就争端解决办法达成的协议

285. 仲裁庭除了错误解读第 281 条所指协议，还错误理解中菲就争端解决办法达成的协议。

286. 在这一问题上，中国的立场非常明确：

> 38. 中菲双边文件在提及以谈判方式解决有关争端时反复使用了“同意”一词，确立两国之间相关义务的意图非常明显。《宣言》第四

---

[384] Maritime Delimitation and Territorial Questions between Qatar and Bahrain (Qatar v. Bahrain), Jurisdiction and Admissibility, Judgment, I.C.J. Reports 1994, p.112, at paras.25.

[385] Nuclear Tests Case (Australia v. France), Judgment, I.C.J. Reports 1974, p.253, at para.43; Nuclear Tests Case (New Zealand v. France), Judgment, I.C.J. Reports 1974, p.457, at para.46.

[386] 《菲律宾所提南海仲裁案仲裁庭的裁决没有法律效力》，中国国际法学会，法律出版社，2016 年 7 月，第 25 页。

[387] 参见 Aegean Sea Continental Shelf Case (Greece v. Turkey), Judgment, I.C.J. Reports 1978, p.3, at para.96.

条使用了“承诺”一词，这也是协议中通常用以确定当事方义务的词语。……

39. 上述中菲两国各项双边文件以及《宣言》的相关规定一脉相承，构成中菲两国之间的协议。两国据此承担了通过谈判方式解决有关争端的义务。[388]

换言之，中国并未主张《宣言》本身构成中菲之间的协议，也没有主张中菲六份双边文件单独或一起构成中菲之间的协议；中国主张的是，中菲双边文件和《宣言》中有关通过谈判方法来谋求解决争端的内容构成中菲之间的协议。

287. 仲裁庭应考察中菲双边文件和《宣言》中的相关内容是否存在为双方创设权利义务的明确意图，以判断中菲之间是否存在第 281 条所指的协议。

288. 仲裁庭认为，判断是否存在创设权利义务明确意图的要素有三个：实际用语、达成时的具体情形和当事方的嗣后行为。[389] 即使按照上述标准，中菲双边文件和《宣言》中有关通过谈判方法解决争端的内容为中菲两国创设权利义务的意图也是显而易见的。仲裁庭错误裁定中菲之间不存在相关协议。

1. 中菲双边文件和《宣言》中的实际用语

289.“同意”、“确认”等都是国际法上用来确立国家之间权利义务的常见词汇。在“海洋划界和领土问题案”（卡塔尔诉巴林，管辖权和可受理性，1994 年）中，国际法院指出：

1990 年会议纪要提及巴林和卡塔尔两国外长在沙特外长见证下进行的会谈，记载了当事方“同意”的事项。在第 1 段中，当事方此前“同意”的事项（至少包括通过 1987 年 12 月的外交换文达成的协议）得到了确认。[390]

290. 中菲之间的有关双边文件和两国同为签署国的多边文件《宣言》在提及以谈判方式解决有关争端时，反复使用“同意”、“承诺”等用语，

388 《立场文件》第 38-39 段。

389 参见《管辖权裁决》第 213 段。

390 Maritime Delimitation and Territorial Questions between Qatar and Bahrain (Qatar v. Bahrain), Jurisdiction and Admissibility, Judgment, I.C.J. Reports 1994, p.112, at para.24.

确立两国之间权利义务关系的意图非常明显。

291. 在中菲双边文件中，1995 年 8 月 10 日《中华人民共和国和菲律宾共和国关于南海问题和其他领域合作的磋商联合声明》指出，双方“同意遵守”下列原则：“有关争议应通过平等和相互尊重基础上的磋商和平友好地加以解决”（第一点）；“双方承诺循序渐进地进行合作，最终谈判解决双方争议”（第三点）；“争议应由直接有关国家解决，不影响南海的航行自由”（第八点）。该双边文件第三点中使用的“同意遵守”、“最终谈判解决双方争议”等用语清楚地表明：中菲之间存在以谈判解决争端的协议，并且将通过谈判最终解决争端。实际上，正如中国《立场文件》指出，中菲已将谈判作为“双方唯一的争端解决方式”[391]。

292. 1999 年 3 月 23 日《中菲建立信任措施工作小组会议联合公报》指出：“双方认为，中菲之间的磋商渠道是畅通的。他们同意通过协商和平解决争议”（联合公报第 12 段）。

293. 2000 年 5 月 16 日《中华人民共和国政府和菲律宾共和国政府关于 21 世纪双边合作框架的联合声明》第九点规定：

> 双方致力于维护南海的和平与稳定，同意根据公认的国际法原则，包括 1982 年《联合国海洋法公约》，通过双边友好协商和谈判促进争议的和平解决。双方重申遵守 1995 年中菲两国关于南海问题的联合声明……。

294. 2001 年 4 月 4 日《中国——菲律宾第三次建立信任措施专家组会议联合新闻声明》第四点指出：

> 双方认识到两国就探讨南海合作方式所建立的双边磋商机制是富有成效的，双方所达成的一系列谅解与共识对维护中菲关系的健康发展和南海地区的和平与稳定发挥了建设性作用。

295. 除上述双边文件之外，《宣言》第四条、第五条中使用的“承诺”一词，也是协议中通常用以确定当事方义务的词语。事实上，仲裁庭也承认这一用语“暗示协议的存在”。[392]《宣言》规定：

> 四、有关各方承诺根据公认的国际法原则，包括 1982 年《联合

[391]《立场文件》第 40 段。

[392]《管辖权裁决》第 216 段。

国海洋法公约》，由直接有关的主权国家通过友好磋商和谈判，以和平方式解决它们的领土和管辖权争议，而不诉诸武力或以武力相威胁。

五、各方承诺保持自我克制，不采取使争议复杂化、扩大化和影响和平与稳定的行动，包括不在现无人居住的岛、礁、滩、沙或其他自然构造上采取居住的行动，并以建设性的方式处理它们的分歧。在和平解决它们的领土和管辖权争议之前，有关各方承诺本着合作与谅解的精神，努力寻求各种途径建立相互信任，包括：(一)在各方国防及军队官员之间开展适当的对话和交换意见；(二)保证对处于危险境地的所有公民予以公正和人道的待遇；(三)在自愿基础上向其他有关各方通报即将举行的联合军事演习；(四)在自愿基础上相互通报有关情况。

第 4 条和第 5 条中使用的“承诺”一词和整体案文毫无疑问超出“暗示协议的存在”的范畴，明显体现了“协议”的存在。

296. 从以上文件中使用的“同意”、“承诺”等措辞显然可以看出，中菲之间就通过谈判解决领土和管辖权争端有确立权利义务的明确意图，它们构成《公约》第 281 条中的“协议”。

2. 中菲双边文件和《宣言》达成时的具体情形

297. 从中菲双边文件和《宣言》达成的具体情形来看，其有关通过协商谈判解决南海有关争议的相关规定创设义务的意图非常明显。

298. 首先，中菲双边之间就通过谈判解决南海有关争议早有共识和承诺。早在 1975 年 6 月，中菲关系实现正常化之际，两国政府就同意不诉诸武力、不以武力相威胁，和平解决所有争端。[393]1995 年 8 月，中菲共同发表的《中华人民共和国和菲律宾关于南海问题和其他领域合作的磋商联合声明》表示，“双方承诺循序渐进地进行合作，最终谈判解决双方争议”。此后，中菲通过一系列双边文件确认通过双边谈判协商解决南海有关问题的共识，例如，1999 年 3 月《中菲建立信任措施工作小组会议联合公报》、2000 年 5 月《中华人民共和国政府和菲律宾共和国政府关于 21 世纪双边合作框架的联合声明》等。[394]

393　参见中华人民共和国国务院新闻办公室：《中国坚持通过谈判解决中国与菲律宾在南海的有关争议》(2016 年 7 月)，第 75 段，http://www.fmprc.gov.cn/web/zyxw/t1380600.shtml。

394　参见上注，第 79 段。

299. 其次,《宣言》是中国与东盟国家经过多年耐心的谈判，在相互尊重和平等的基础上达成的重要文件。在谈判过程中，东盟特别是菲律宾坚持《宣言》应具有拘束力。中国提议纳入“由直接有关的主权国家通过友好磋商和谈判，以和平方式解决它们的领土和管辖权争议”的第四条。仲裁庭承认，从其签署、序言、使用文字等方面来看，“《宣言》具备国际协议的一些特征”。[395] 第 4 条明确规定了当事国的义务，不仅具有协议的“特征”，而且实际上构成通过谈判协商解决争议的“协议”。作为《宣言》主要起草人之一，泰国前副总理素拉杰表示,《宣言》是“处理义务问题的东盟方式，即不在乎表现义务的文件的称谓或形式”。[396] 因此，东盟各国和中国都意图通过《宣言》第 4 条创设义务。

300. 菲律宾作为东盟国家，参与了《宣言》的整个磋商过程，十分清楚《宣言》对通过谈判和平解决在南海的争端的重要性。在领土和海洋权利问题上，中国一贯坚持由直接有关的主权国家通过谈判和平解决争议，反对任何第三方的介入。对于中国这一立场，菲律宾十分清楚。中国坚持将第 4 条内容写入《宣言》的意图非常明确，第 4 条不可能偏离中国的根本立场。《宣言》对稳定南海局势，促进中国与东盟国家的海上合作起到了积极作用。贬低《宣言》对于和平解决南海有关争议的作用，将危及中国和包括菲律宾在内的东盟国家在南海的合作关系。

3. 当事国的嗣后行为

301. 在中菲有关双边文件和《宣言》通过后，两国又通过多个双边文件对上述文件中有关通过谈判方式解决南海争端的规定一再表示“同意”和“确认”。中菲在达成通过双边谈判解决争议的协议后的“嗣后行为”表明，双方通过相关规定确认权利义务的意图非常明显。

302. 例如，2004 年 9 月 3 日，时任菲律宾总统格罗丽亚·马卡帕加尔·阿罗约对中国进行国事访问，两国政府发表《中华人民共和国政府和菲律宾共和国政府联合新闻公报》，强调“双方一致认为尽快积极落实中国与东盟于 2002 年签署的《南海各方行为宣言》有助于将南海变为合作

---

395 《管辖权裁决》第 214 段。

396 泰国前副总理和外交部部长素拉杰在香港召开的国际会议发言的讲话摘要，Chinese Society of International Law and Hong Kong International Arbitration Centre, Proceedings of Public International Law Colloquium on Maritime Disputes Settlement (Hong Kong International Arbitration Centre, 2016), p.418.

之海”。[397]

303. 再如，在2011年8月30日至9月3日菲律宾总统贝尼尼奥·阿基诺对中国进行国事访问期间，两国发表《中华人民共和国和菲律宾共和国联合声明》，“重申将通过和平对话处理争议”，并“重申尊重和遵守中国与东盟国家于2002年签署的《南海各方行为宣言》”。

304. 菲律宾在提起仲裁后的行为也说明，菲律宾承认《宣言》第四条和第五条规定的义务。例如，2014年8月1日，菲律宾外交部发表声明，提出解决南海问题的倡议，要求各方遵守《宣言》第五条的规定，“全面、有效执行《宣言》”。[398]

305.《宣言》其他签署国的嗣后行为也表明，各方有明确意图将通过协商谈判方式解决南海争议确立为具有拘束力的义务。例如，2009年8月18日，越南在致联合国秘书长的照会中明确表示：

> 越南坚定地认为，所有关于东海（南海）的争端必须根据国际法、特别是1982年《联合国海洋法公约》和《南海各方行为宣言》通过和平谈判解决。[399]

306. 简言之，关键问题不是中菲六份双边文件和《宣言》各自整体上是否是具有拘束力的法律文件，而是这些文件是否有具体的条款体现了中菲就通过谈判方式解决南海有关争议达成了协议。如上所述，中菲双边文件和《宣言》中的有关具体条款，已反映出中菲之间已达成有关协议。从这些文件的有关实际用语、达成时的具体情形以及中菲和《宣言》签署方的嗣后行为看，这些文件中关于通过谈判解决南海有关争议的内容体现为当事方创设权利义务关系的明确意图，构成《公约》第281条所指协议，对中菲具有拘束力。

二、仲裁庭错误认定中菲已就有关争端诉诸谈判但未获解决

307. 仲裁庭在错误否定中菲之间存在第281条所指协议后，进一步表

[397] 《立场文件》第36段。

[398] 同上注，第52段。

[399] Permanent Mission of the Socialist Republic of Viet Nam to the United Nations, No. 240HC-2009, http://www.un.org/Depts/los/clcs_new/submissions_files/mysvnm33_09/vnm_re_phl_2009re_mys_vnm_e.pdf.

示，即使双方之间存在第281条所指协议，双方也已将争端诉诸谈判方法而未获解决。仲裁庭说：

> ……尽管双方为解决争端进行了多年的讨论，但争端并未得到解决。甚至相反，争端进一步加剧了。第281条并不要求当事方之间无限期地通过协议选择的方式解决争端。[400]

308. 仲裁庭的说法不但没有客观反映中菲为解决南海有关争议所作的努力，而且对此作出了歪曲解读。

309. 仲裁庭的错误在于，一方面，不承认菲律宾诉求构成中菲在南海的领土和海洋划界争端的一部分；另一方面，又将中菲就南海领土和海洋划界问题的有关磋商说成是中菲就菲律宾有关诉求进行的磋商。仲裁庭的做法是自相矛盾的，企图以此混淆视听。

310. 诚然，正如中国《立场文件》所指出，“中菲有关岛礁领土争端悬而未决，两国尚未进行海域划界谈判”。[401] 菲律宾14项诉求实际上构成中菲在南海的领土和海洋划界争端的一部分，反映了这一争议的不同方面。但是，仲裁庭却认为，菲律宾诉求与上述争端没有关系。既然如此，仲裁庭就不能把中菲就领土和海洋划界问题的磋商移接到菲律宾的14项诉求上。仲裁庭将磋商与争议错乱配置并基于此认定中菲已就菲律宾有关诉求进行了多年磋商而未解决，是错误的。

311. 没有证据表明，中菲已就仲裁庭错误确立的14项争端进行过任何讨论。正如中国《立场文件》所指出，“事实上，迄今为止，中菲两国从未就菲律宾所提仲裁事项进行过谈判。”[402] 中菲两国之间的磋商，要么是处理两国领土和划界争端，要么是为了管控局势、促进互信与合作，根本未涉及菲律宾诉求所涉事项。例如，仲裁庭将2012年4月26日菲律宾外交部发给中方的外交照会作为中菲已“就争端解决方式交换意见”的重要证据之一，[403] 但在该照会中菲律宾是在领土和海洋划界问题框架内提出黄岩岛问题的，[404] 而非仲裁庭所认定的与主权和划界无关的交换意见。

312. 如果仲裁庭客观审查，就会发现中菲从未就菲律宾诉求所涉事项

---

[400]《管辖权裁决》第220段（文中引注省略）。

[401]《立场文件》第59段。

[402] 同上注，第45段。

[403]《管辖权裁决》第342段。

[404] Memorial of the Philippines, Vol. VI, Annex 207.

进行过谈判，更别说穷尽谈判解决争端的努力。

313. 仲裁庭认为中菲通过谈判解决争端的努力已经穷尽，这一结论是轻率的，也不符合中菲的实践和解决国际争端的一般国家实践。通过谈判协商解决涉海争端，尤其是涉及敏感且重要的领土和海洋划界问题的中菲争端，过程通常都是艰难和漫长的。

314. 当事方的具体解决方案既可能是诸如通过缔结海洋划界条约的一次性解决，如 2000 年 12 月 25 日中国和越南签署的《中华人民共和国和越南社会主义共和国关于两国在北部湾领海、专属经济区和大陆架的划界协定》；也可能是通过临时性安排，在循序渐进的合作中逐步推进争端的全面解决，如中国和日本、中国和韩国分别通过渔业协定，就海洋划界前有关海域的渔业资源的利用、养护和管理作出临时性安排。

315. 中菲已就管控有关争议和海上分歧多轮磋商，就“通过循序渐进的合作，最终谈判解决双方争议”达成一致。

316. 中菲多年来就南海的领土和海洋划界问题进行了多次磋商，主要集中于管控争议和增进互信，为最终谈判解决争议创造条件。但双方尚未就最终解决争议开展实质性磋商，也未为最终解决设定期限。诚然，正如仲裁庭所说，第 281 条并不要求当事方无休无止地追求通过约定方法来解决争端，但该条也没有规定当事方必须在某个期限内通过约定方法解决争端。有关领土和海洋划界争议的谈判是漫长的。例如，中越北部湾划界谈判前后长达 27 年。

317. 中菲就南海有关争议的磋商，尽管因南海形势和菲律宾政局的变化而断断续续，但通过这些磋商双方总体上还是维护了南海形势的稳定，并不断为解决争端积累有利条件，没有任何迹象显示之后的谈判会没有意义。

三、仲裁庭错误认定中菲即使存在协议也未排除强制程序

318. 仲裁庭表示，即使中国所提文件能够体现中菲之间存在通过谈判方法解决有关争端的协议，根据第 281 条，该协议也“不排除任何其他程序”，因此菲律宾仍然可以诉诸附件七仲裁。仲裁庭的结论建立在对“排除”的错误解释上，也是错误的。

（一）仲裁庭将“排除”改写为“明文排除”

319. 仲裁庭认定，中菲双边文件和《宣言》中有关内容没有“明文”排除其他争端解决程序的规定，中菲未排除适用其他争端解决程序，不符合第 281 条“排除”的规定。仲裁庭将第 281 条对“排除任何其他程序”的“排除”直接等同于“明文排除”。[405] 仲裁庭的做法违反条约解释规则，是将《公约》中的“排除”改写为“明文排除”，是错误的。

320. 仲裁庭对“排除”一词作如此解释依据的是，在“南方蓝鳍金枪鱼仲裁案”（澳大利亚和新西兰诉日本，2004 年）中新西兰籍仲裁员肯尼思·基斯（Kenneth Keith）的个人意见。[406] 该案涉及 1993 年《南方蓝鳍金枪鱼养护公约》第 16 条是否可以根据《公约》第 281 条排除其他程序的问题。基斯在个人意见中从未将《公约》第 281 条中的“排除”等同于“明文排除”，无法支持本案仲裁庭有关“明文排除”的说法。基斯的确说需要“清晰的措辞”以达到排除的效果，不同意该案仲裁庭的判断。[407] 本案仲裁庭混淆了“清晰的措辞”与“明确排除”。

对同一问题，该案仲裁庭的决定则为：

> 1993 年公约第 16 条条文没有明文排除也没有使用过多语言排除任何其他程序，包括公约第十五部分第二节的程序。
>
> 然而，本庭认为，第 16 条缺少一项对任何程序的明文排除不是决定性的。……
>
> ……在《联合国海洋法公约》通过之后，有大量涉海的国际协议存在，这些国际协议以不同程度的明确性排除了将争端单方面诉诸司法或仲裁等强制性争端解决程序，很多国际协议是通过明确要求争端需经协商谈判的方式解决……而达到排除效果的。[408]

321. 由此可见，“南方蓝鳍金枪鱼仲裁案”仲裁庭不仅认为《公约》第 281 条下的“排除”不能被解释为“明文排除”，而且认为关于排除的明确性所应达到的程度没有统一标准。相关协议即使仅要求争端必须通过

---

405 同上注，第 225、246 段。

406 同上注，第 223 段。

407 参见 Southern Bluefin Tuna Case between Australia and Japan and between New Zealand and Japan, RIAA, Vol.XXIII, Separate Opinion of Justice Sir Kenneth Keith, p.49, at paras.19, 22.

408 Southern Bluefin Tuna Case between Australia and Japan and between New Zealand and Japan, Award on Jurisdiction and Admissibility, RIAA, Vol.XXIII p.1, at paras.56, 57, 63.

当事方同意的程序解决，也可能产生排除其他程序的效果。但是，本案仲裁庭对《公约》第 281 条下“排除”的解释采取了完全背离“南方蓝鳍金枪鱼仲裁案”仲裁庭裁决的观点，仲裁庭解释道：

> ……本仲裁庭认为，更好的理解应是第 281 条要求存在排除其他程序的明确表述。第 281 条正文和上下文，以及《公约》的结构和总体目的均支持这一观点。因此，本仲裁庭赞成国际海洋法法庭在“南方蓝鳍金枪鱼仲裁案”和“混合氧化物燃料厂案”所作临时措施命令中的观点，以及基斯法官在“南方蓝鳍金枪鱼仲裁案”中的单独意见，即在这一问题上“缺少一项明示排除任何程序的规定不是决定性”的多数意见与第 281 条的本意不符。[409]

322. 仲裁庭本应遵循“南方蓝鳍金枪鱼仲裁案”仲裁庭的裁决，而非对个别仲裁员个人意见的自我解读。[410] 为了解释这一点，仲裁庭提及“第 281 条正文和上下文，以及《公约》的结构和总体目的均支持这一观点”。[411] 这一说法是不成立的。“南方蓝鳍金枪鱼仲裁案”仲裁庭早已根据条约解释的规则，对《公约》第 281 条作出了正确的解释，即《公约》第 281 条下的“排除”并不要求“明文排除”。仲裁庭所谓根据《公约》第 281 条正文和上下文及其与《公约》的关系进行解释从而得出“明确排除”的结论，“南方蓝鳍金枪鱼仲裁案”已遇到相同情况并根据条约解释规则做出了正确决定。仲裁庭根据其自身所理解的少数意见而背离国际司法实践，是不成立的。[412]

323. 仲裁庭声称要根据《公约》第 281 条正文和上下文及其与《公约》的关系进行解释，但实际上并没有正确解读，而是错误地将《公约》中的“排除”说成是“明文排除”。仲裁庭的做法不符合体现在《维也纳条约法公约》第 31 条第 1 款中的关于条约解释的一般国际法规则，即“条约应依其用语按其上下文并参照条约之目的及宗旨所具有之通常意义，善意解释之。”《公约》第 281 条的规定是明确的，无论哪种文本，都不存在

---

409 《管辖权裁决》第 223 段（文中引注省略）。

410 仲裁庭所援引的“南方蓝鳍金枪鱼仲裁案”和“混合氧化物燃料厂案”的临时措施命令所适用的标准只是“表面上”不排除，并未做最终处理，与本案不同。

411 《管辖权裁决》第 223 段。

412 参见 Sienho Yee, The South China Sea Arbitration Decision on Jurisdiction and Rule of Law Concerns, 15 Chinese Journal of International Law (2016), p.219, at para.28.

“明文排除”的规定。从《公约》上下文或者《公约》的宗旨和目的，也不能得出《公约》第 281 条规定的“排除”指的是“明文排除”的判断。将“排除”改写为“明文排除”也得不到《公约》缔约资料的支持。实际上，《公约》对缔约国自主选择争端解决方式的尊重与仲裁庭的做法大相径庭。

324. 对于本案仲裁庭的做法，拉奥（Sreenivasa Rao Pemmaraju）指出：

> 仲裁庭对“排除”的解释不正确。仲裁庭坚持认为，除非当事国明文排除，《公约》的强制争端解决程序将继续适用，这一观点是错误的。在这方面，中国的观点才是正确的，就像“南方蓝鳍金枪鱼案”仲裁庭的多数意见一样，缺乏明文排除不是“决定性的”，起决定性作用的是明显的意图和当事国间共识的存在与否。[413]

325. 由此可见，第 281 条中“排除”，依对其正确理解，并不是“明文排除”。相关的文件只要表达出排除的意思，体现当事国排除的意图即满足了该条“排除”的要求。仲裁庭将“排除”错误解释为“明文排除”，其目的就是为了降低启动《公约》第十五部分第二节强制程序的门槛。仲裁庭的做法严重减损了《公约》第 281 条以及第 286 条对启动强制程序的限制性条款的价值。

（二）中菲已通过协议排除“任何其他程序”

326. 根据对《公约》第 281 条中“排除”的正确解释，中菲之间就通过谈判解决有关争议的协议构成该条所指的“排除”。就“排除”这一问题而言，中菲之间这一协议与“南方蓝鳍金枪鱼仲裁案”提及的《南方蓝鳍金枪鱼养护公约》第 16 条相似。正如中国《立场文件》所指出，“中菲双边文件和《宣言》第四条反复重申以谈判方式和平解决南海争端，并且规定必须在直接有关的主权国家之间进行，显然排除了第三方争端解决程序。”[414]

中菲之间就通过谈判解决有关争议的协议具有排除任何其他程序的明确意图。例如，《宣言》第四条规定：

---

[413] Sreenivasa Rao Pemmaraju, The South China Sea Arbitration (The Philippines v. China): Assessment of the Award on Jurisdiction and Admissibility, 15 Chinese Journal of International Law (2016), p.265, at para.27.

[414] 《立场文件》第 40 段。

有关各方承诺根据公认的国际法原则，包括 1982 年《联合国海洋法公约》，由直接有关的主权国家通过友好磋商和谈判，以和平方式解决它们的领土和管辖权争议，而不诉诸武力或以武力相威胁。

该条内容反映出包括中国和菲律宾在内的当事国已就通过友好谈判协商方式解决争议达成了协议，而且同意将其作为唯一方式。

越南在前引 2009 年 8 月 18 日致联合国秘书长的照会中，坚持“所有关于南海的争端必须根据国际法通过友好谈判解决”。[415] 越南的有关立场再次佐证了《宣言》第四条具有排除谈判以外其他程序的意义。

327. 中菲双边文件还明确承诺将谈判协商作为解决南海争端的唯一手段。例如，1995 年 8 月 10 日《中华人民共和国和菲律宾共和国关于南海问题和其他领域合作的磋商联合声明》第三点规定：“双方承诺循序渐进地进行合作，最终谈判解决双方争议。”正如中国《立场文件》所指出，这里的“最终”一词显然强调谈判是双方选择的唯一争端解决方式。[416] 这完全符合《公约》第 281 条所规定的“排除”。

328. 中菲 2000 年发表的联合声明重申遵守 1995 年联合声明。[417] 综合包括这两个联合声明在内的中菲双边文件、《宣言》以及中国仅同意通过谈判的方式解决领土和海洋划界争端的坚定立场，毫无疑问可以得出结论认为中菲之间的协议已排除其他争端解决方式。

329. 依据《公约》第 279 条的规定，《公约》缔约国有和平解决争端的义务。但这一义务不意味着缔约国必须解决争端；这一义务仅是对争端解决方式提出要求，指的是解决争端的方式必须是和平的。《公约》第 281 条第 1 款的规定表明：如果争端当事国已就争端解决的方法达成协议，而该自行选择的方法排除其他争端解决程序的适用，那么，“即便自行选择的方法不能最终解决争端，争端当事国在某些情形下仍然可能宁可选择暂不解决争端，也不适用第十五部分的强制程序”；“如果当事各方同意接受这样的结果，《公约》本身并无将第十五部分的强制程序强加于缔约国的

---

415 Permanent Mission of the Socialist Republic of Viet Nam to the United Nations, No. 240HC-2009, http://www.un.org/Depts/los/clcs_new/submissions_files/mysvnm33_09/vnm_re_phl_2009re_mys_vnm_e.pdf.

416 《立场文件》第 40 段。

417 如前所述，2000 年 5 月 16 日发布的《中华人民共和国政府和菲律宾共和国政府关于 21 世纪双边合作框架的联合声明》第九点规定：“双方致力于维护南海的和平与稳定，同意根据公认的国际法原则，包括 1982 年《联合国海洋法公约》，通过双边友好协商和谈判促进争议的和平解决。双方重申遵守 1995 年中菲两国关于南海问题的联合声明……”。

意思”。[418]

330. 中国一贯倡导并遵循和平解决国际争端的原则。同时，中国同其他主权国家一样，享有自主选择和平解决争端方式的权利。在领土主权和海洋权利问题上，中国坚持通过谈判协商和平解决争端，不接受任何第三方强制程序。这既是中国长期以来一贯奉行的外交政策，也是中国从近代历史中得出的教训。[419] 中国在贯彻这一外交政策方面有着丰富的、成功的实践。中华人民共和国成立以来，已与 14 个陆地邻国中的 12 个国家，本着平等协商，相互谅解的精神，通过双边谈判，签订了边界条约，划定和勘定的边界约占中国陆地边界长度的 90%。中国与越南已通过谈判划定了两国在北部湾的领海、专属经济区和大陆架界限。[420] 中国对通过谈判解决争议的诚意和不懈努力是有目共睹的。

---

[418] Shabtai Rosenne & Louis B. Sohn (eds.), United Nations Convention on the Law of the Sea 1982: A Commentary, Vol. V (Martinus Nijihoff Publishers, 1989), at p.24, para.281.5.

[419] 参见Dai Bingguo, China committed to peaceful resolution of disputes, http://www.china.org.cn/world/2016-07/06/content_38818850.htm.

[420] 中华人民共和国国务院新闻办公室:《中国坚持通过谈判解决中国与菲律宾在南海的有关争议》(2016 年 7 月)，第 131 段，http://www.fmprc.gov.cn/web/zyxw/t1380600.shtml。

第五节　仲裁庭错误认定菲律宾已履行第 283 条规定的交换意见的义务

331.《公约》第 283 条规定：

> 1. 如果缔约国之间对本公约的解释或适用发生争端，争端各方应迅速就以谈判或其他和平方法解决争端一事交换意见。
>
> 2. 如果解决这种争端的程序已经终止，而争端仍未得到解决，或如已达成解决办法，而情况要求就解决办法的实施方式进行协商时，争端各方也应迅速着手交换意见。

332. 交换意见是第 283 条规定的强制义务。就此而言，交换意见的时间必须是在有关争端产生后迅速进行；交换意见必须针对相关争端的主题事项。《公约》生效之前产生的争端不可能是“有关公约解释或适用”的争端。对于这类争端的交换意见不能算是第 283 条意义上的交换意见。争端当事国如果就不涉及《公约》解释或适用的争端进行磋商，这种磋商就不是第 283 条意义上的交换意见。交换意见作为一项《公约》明文规定的义务必须得到善意履行。

333. 关于该义务，菲律宾声称已忠实履行。中国则指出，从未与菲律宾就其诉求所涉事项交换过意见。在《管辖权裁决》中，仲裁庭裁定菲律宾已履行第 283 条规定的交换意见义务，其依据如下：

第一，中菲在 1995 年和 1998 年举行的两轮双边磋商中，就双方之间的争端解决方式交换了意见。[421]

第二，《宣言》本身连同进一步制定“南海行为准则”的磋商一起，代表各方就解决争端方式交换了意见。[422]

第三，中菲于 2012 年 1 月 14 日进行的双边磋商涉及包括南海问题在内的一系列问题。[423]

---

[421] 参见《管辖权裁决》第 330、334 段。

[422] 同上注，第 335 段。

[423] 同上注，第 337 段。

第四，2012 年 4 月下旬双方之间的照会往来，表明双方已就黄岩岛问题解决方式交换了意见。[424]

基于上述，仲裁庭“确信当事方就菲律宾在本仲裁中提起争端的可能解决方式已明显地交换了意见”。[425]

334. 仲裁庭的上述结论缺乏事实和法律依据。第一，仲裁庭并未查明菲律宾是否就诉求所涉争端解决方式履行了交换意见的义务。第二，仲裁庭错误地将中菲就领土和海洋划界问题的有关磋商作为两国就菲律宾诉求所涉争端解决方式交换意见的证据。第三，仲裁庭错误地解释《公约》规定的交换意见义务，将交换意见义务的内容错误地解读为仅就争端解决方式交换意见。

一、仲裁庭未尽责查明菲律宾是否已就有关“争端”履行交换意见义务

335. 第 283 条规定的交换意见义务是当事国将争端诉诸第十五部分第二节规定的强制争端解决程序前必须履行的程序义务，也是仲裁庭确立管辖权必须满足的前置条件。仲裁庭有义务查明有关《公约》解释或适用的争端是否发生以及当事国是否已就以谈判或其他和平方式解决争端交换了意见。国际海洋法法庭在“柔佛海峡围海造地案”（马来西亚诉新加坡，2003 年）临时措施命令中指出：“当‘争端发生’并且当事国对争端的存在没有异议时，《公约》第 283 条才予以适用。”[426]

336. 仲裁庭认定中菲就菲律宾 14 项诉求存在有关《公约》解释或适用的争端。即便仲裁庭的上述认定能成立，仲裁庭仍需查明：中菲已就上述 14 项诉求所涉争端及其解决方式交换了意见。仲裁庭认定菲律宾已履行交换意见的义务，显然是错误的，缺乏事实依据。

337. 中菲 1995 年和 1998 年的两轮磋商所涉主题事项、《宣言》以及中国和包括菲律宾在内的东盟国家在落实《宣言》框架下进行的“南海行为准则”磋商，与仲裁庭认定的 14 项诉求所涉争端及其解决方式没有关系，

---

[424] 参见上注，第 340-341 段。

[425] 同上注，第 342 段。

[426] Case concerning Land Reclamation by Singapore in and around the Straits of Johor (Malaysia v. Singapore), Provisional Measures, Order of 8 October 2003, ITLOS Case No.12, para.36.

不构成《公约》第 283 条下的意见交换。

《公约》于 1996 年 7 月 7 日对中国生效，1995 年中国与菲律宾之间不可能产生有关《公约》解释或适用的争端，而第 283 条中的需要交换意见的争端是指有关《公约》解释或适用的争端。因此，中菲 1995 年磋商不能被当作《公约》第 283 条项下的交换意见。

中菲 1998 年磋商也和仲裁庭认定的菲律宾 14 项诉求所涉争端无关。根据仲裁庭的裁定，只是在中国 2009 年 5 月 7 日提交附有标绘南海断续线地图的照会后，菲律宾第 1 项和第 2 项诉求中的争议才显现。依据这一逻辑，1998 年的磋商不可能是就菲律宾第 1 项至第 2 项诉求所涉争端交换意见。在 2009 年菲律宾修改其国内法前，菲律宾对卡拉延岛群整体主张主权并以此主张海洋权利，并没有就单个岛礁地位及其海洋权利提出主张。中菲不可能在 2009 年前就存在岛礁地位和海洋权利的分歧。在此情况下，中菲双方不可能在 1998 年磋商中就仲裁庭认定的菲律宾第 3 项至第 7 项诉求所涉争端及其解决方式交换意见。菲律宾第 8 项至第 14 项诉求所涉事项基本都发生在 2011 年以后，中菲 1998 年磋商也不可能就尚未发生的“争端”的解决交换意见。同理，2002 年签署的《宣言》也不可能表明双方就 2009 年以后才产生的“争端”及其解决方式交换意见。

显而易见，无论是 1995 年、1998 年的两轮磋商、还是 2002 年《宣言》及在此框架下的磋商，都不可能构成中菲就仲裁庭认定的菲律宾 14 项诉求所涉“争端”及其解决方式交换意见的证据。

338. 仲裁庭为掩盖这一矛盾，狡辩道：

> 本仲裁庭承认争端双方关于南海的各种争端彼此关联，并接受可能会发生这样的情况：即在仲裁程序开始之前，双方只是在争端进一步发展或与该争端相关联的其他争端发生时，才就争端的解决全面交换意见。但是，本仲裁庭并不需要明确确定第 283 条对此种情况的适用，因为记录表明，直到菲律宾提起仲裁前不久，双方都在持续就解决它们之间争端的方式交换意见。特别是，双方在 2012 年 1 月 14 日进行了一次双边磋商，以处理包括南海在内的一系列问题。[427]

339. 仲裁庭上述表述含义不清。仲裁庭似乎在说，如各方就一项争端

---

[427]《管辖权裁决》第 337 段。

的解决曾全面交换意见，在就该争端提起仲裁前产生了其他与此相关的争端，那么就不再需要就该“与此相关的争端”交换意见。这样一种观点是没有《公约》依据的。第 283 条的用词是“如果……发生争端”。该条条文清楚地表明，当一个案件中存在数个争端时，无论它们之间是否相关，当事方应就各个争端及其解决方式交换意见。而且，按照第 283 条第 1 款的规定，就有关争端的意见交换应在争端产生后进行。尽管当事方可能就争端有关问题进行过一般性讨论，但是此前一般性的讨论并不能免除当事方在“争端”产生后履行就这个争端交换意见的义务。[428]

340. 此外，中菲 2012 年 1 月 14 日的双边磋商也和仲裁庭认定的菲律宾 14 项诉求所涉争端及其解决方式无关。此次磋商谈到了南海有关问题，以及以谈判还是法律程序解决南海争议。即使按照菲律宾的单方面记录，在会谈中，中国提到“this dispute”，而菲律宾则提到“disputes in the West Philippine Sea”，但双方都没有提到菲律宾 14 项诉求所涉事项。[429] 对此，仲裁庭未尽责查明事实。

二、仲裁庭错误地将中菲就领土和海洋划界问题的磋商作为中菲已就仲裁庭认定的菲律宾诉求中的“争端”及其解决方式交换意见的证据

341. 仲裁庭一方面认为其认定的 14 项“争端”与主权和海洋划界无关，另一方面，仲裁庭又自相矛盾地将中菲两国就领土和海洋划界问题的磋商视为中菲就 14 项“争端”的磋商，将前者作为菲律宾履行交换意见义务的依据。

342. 仲裁庭认定菲律宾已履行第 283 条交换意见的义务的依据是：中菲在 1995 年和 1998 年两轮磋商、《宣言》及相关磋商、2012 年 1 月 14 日的磋商及 2012 年 4 月下旬双方之间的照会往来。上述材料几乎都是中菲两国之间有关领土和海洋划界问题的磋商记录，均不涉及仲裁庭所认定的有关《公约》解释或适用的争端及其解决方式。

---

428 参见高建军：评“南海仲裁案”法庭对《联合国海洋法公约》第 283 条的解释和适用，载《边界与海洋研究》2016 年第 1 期，第 48 页。

429《管辖权裁决》第 337-339 段。

343. 首先，1995 年和 1998 年两轮外交磋商涉及的是中菲有关南沙部分岛礁（包括美济礁）领土问题，不是有关《公约》的解释或适用问题。仲裁庭也承认：

> 菲律宾强调的磋商发生于 1995 年和 1998 年。从双方交换意见的记录来看，当时双方之间的争端涉及南沙群岛的主权和在美济礁的某些活动。菲律宾向本仲裁庭提交的争端的关键要素尚未发生。特别是，中国还没有发出 2009 年 5 月 7 日的照会，菲律宾第 8 项到第 14 项诉求中指称的多数中国行动尚未展开。[430]

就 1995 年磋商而言，仲裁庭采用了菲律宾提供的单方面会议记录作为证据，试图证明 1995 年磋商“已就解决双方之间的争端交换了意见”。该记录第 36 段记载了时任中国外交部副部长唐家璇的有关发言：

> 中国的一贯立场是通过双边渠道讨论这个问题，而不让与该争端无关的国家介入。该副部长表示，南沙的形势变得非常复杂，有些国家想让局势进一步恶化。[431]

仲裁庭认为这些记录“清楚地表明当事双方讨论了争端得以解决的方式”。[432] 而实际上，唐家璇副外长所谈及的“争端”涉及的是南沙群岛部分岛礁领土问题。菲律宾提供的内部会议记录第 26–32 段有记载，主要内容如下：

> 26. 唐唐家璇副外长回应说，谈到美济礁，不可避免要谈到南沙。他说解决美济礁问题不难，那里的情况并不复杂，也没有产生紧张和危机。但是他说，解决这一问题的关键在于如何处理南沙问题。
>
> 27. 他重申中国的如下基本立场：（1）从国际法和历史的角度看，中国对南沙拥有无可争辩的主权，这“当然包括美济礁”；（2）中国倾向于通过双边谈判解决争端，希望通过耐心的谈判和平解决；以及（3）如果一时找不到解决办法，中国已经做好搁置争议以及寻求其他方式开展合作和共同开发的准备。
>
> 28. 唐副外长说，菲律宾的主张可追溯至 20 世纪 50 年代。但是，

430　同上注，第 336 段。

431　引自《管辖权裁决》第 334 段（裁决原文表述有误）。

432　同上注。

> 他声称中国是最早发现和行使主权的国家。日本在第二次世界大战期间占领了岛礁，但是，《开罗宣言》和《波茨坦公告》要求日本将它们连同满洲、台湾和澎湖列岛一起归还中国。此后，它们由在台湾的高雄地方政府管理。
>
> > 28.1 唐副外长声称，第二次世界大战结束以后，自1946年9月至1947年3月，中国接收了这些岛礁，并履行了法律程序。他说，中国派驻了军队，绘制了地图，确定了名称，并编撰和出版了书籍。
> >
> > 28.2 他说，在20世纪50年代早期，菲律宾对该区域主张主权，中国政府已经对该主张作出了公开声明。
> >
> > ……
>
> 32. 塞韦里诺副部长的回应重申了菲律宾对卡拉延岛群的主权主张。[433]

上述菲律宾会议记录清楚表明，中菲两国所讨论的争端绝非有关《公约》解释或适用问题。正如中国《立场文件》指出:“既然菲律宾自己都认为，其直到2009年才开始放弃以往与《公约》不符的海洋权利主张，那么，何谈中菲两国自1995年起已就与本仲裁案有关的《公约》解释或适用的问题交换意见。”[434]

344. 其次，中国和东盟国家在《宣言》中以及在落实《宣言》的“准则”磋商中所谈到的是“领土和管辖权争议”及其解决方式，不是仲裁庭所认定的有关《公约》解释或适用的争端。仲裁庭认为，“《宣言》本身连同进一步制定‘准则’的磋商，代表各方就解决争端的方式交换了意见”。[435]但正如仲裁庭所承认：

> 《宣言》签署于2002年。……菲律宾提交到本仲裁庭的争端的关键要素尚未发生。特别是，中国还没有发出2009年5月7日的照会，在菲律宾提交的第8项到第14项诉求中指称的多数中国行动也尚未展开。[436]

---

433 Summary of Proceedings: Philippine-China Bilateral Consultations (20-22 Mar 1995), paras.26-32, Memorial of the Philippines, Vol.VI, Annex 177.

434 《立场文件》第50段。

435 《管辖权裁决》第335段。

436 同上注，第336段（文中引注省略）。

有鉴于此，《宣言》签署之时，仲裁庭所认定的14项“争端”的“关键要素”还没有产生，“争议”不可能出现，中国和包括菲律宾在内的东盟国家就有关争端及其解决方式交换意见不可能涉及仲裁庭认定的争端。如果将《宣言》作为交换意见的证据，《宣言》只能证明中国和东盟国家就《宣言》第四条所指“领土和管辖权争议”及其解决方式交换了意见，而且就解决方式达成了一致，即“由直接有关的主权国家通过友好磋商和谈判，以和平方式解决”。

345. 再次，2012年1月14日中菲磋商是一般性地讨论中菲在南海的有关争议，4月照会往来涉及黄岩岛的领土问题，均不涉及仲裁庭认定的与领土和海洋划界无关的“争议”。而仲裁庭却认定：

> 通过2012年的这些意见交换，本仲裁庭确信，当事方就菲律宾在本仲裁中提起争端的可能解决方式已明显地交换了意见。当然，这些意见交换并没有形成共识。菲律宾倾向于举行包括其他东盟成员国在内的多边谈判，或者将双方的争端提交《公约》规定的某个第三方机制。然而，中国坚持认为只可以考虑双边会谈。关于争端解决方式的同样的分歧在当事方先前的意见交换中也很明显。[437]

实际上，根据菲律宾的记录，在2012年1月14日双边磋商中，菲律宾提及的“争端”、“西菲律宾海争端”、“其他声索方”、“竞争性声索”，以及中国提及的“这一争端”、“争端事项”、“在南海的争端”均指《宣言》第四条下在南海的“领土和管辖权争议”，而非仲裁庭认定的有关《公约》解释或适用争端。仲裁庭也没有说明上述磋商如何具体地涉及到菲律宾14项诉求所涉事项。因此，2012年1月14日中菲磋商不能被看作是第283条项下的交换意见。

对于2012年4月下旬中菲关于黄岩岛问题的往来照会，仲裁庭援引的菲律宾外交部4月26日向中国驻菲律宾大使馆发出的照会称：

> ［菲律宾］呼吁中国尊重菲律宾根据包括《公约》在内的国际法分别对黄岩岛及其专属经济区享有的主权和主权权利。
>
> 但是，若中国不这样认为，那么作为与当前为和平解决问题而进行努力的平行途径，两国根据国际法，将两国在菲律宾专属经济区内

---

[437] 同上注，第342段。

依据国际法，即《公约》，所享有权利和义务的相关事项提交给适当的第三方裁决机构，特别是国际海洋法法庭，是不错的选择。菲律宾外交部相信，邀请中国与菲律宾一道将有关问题提交国际法规定的任何争端解决机制，将从长远上解决两国在该问题上的立场分歧，从而确保两国之间和平、稳定和持续的双边关系。[438]

在照会中，菲律宾提出对黄岩岛的主权主张和其专属经济区主张。对菲律宾的主张，中国在 4 月 29 日的照会中明确予以驳回，并敦促菲律宾尊重中国对于黄岩岛的主权：

黄岩岛是中国固有领土。菲律宾外交部将所谓“黄岩岛问题”提交第三方仲裁机构的提议毫无根据。中国敦促菲律宾充分尊重中国的领土主权，避免任何形式的侵犯。[439]

可见，中菲在照会往来中确实讨论过以何种方式解决有关黄岩岛领土问题，但并不是仲裁庭所认定的有关《公约》解释或适用争端。

三、仲裁庭错误地将《公约》规定的交换意见解释为仅就争端解决方式交换意见

346. 交换意见不仅是一种程序义务，更是一种实质义务。这是善意履行交换意见义务的内在要求。

347. 然而，在本案中，仲裁庭将中菲双方的外交磋商和照会往来作为菲律宾履行交换意见的证据，但没有对有关内容进行实质审查。仲裁庭仅仅将中菲之间的磋商和往来照会予以简单列举，但没有确定中菲之间交换意见所涉事项是否与仲裁庭所认定的有关《公约》解释或适用的争端直接相关，是否针对仲裁庭所认定的争端进行了有意义的、实质的交换意见。这样，仲裁庭刻意降低了《公约》第 283 条关于交换意见义务的门槛，实际上使该条规定的义务形同虚设。

348. 在“查戈斯海洋保护区仲裁案”（毛里求斯诉英国，2015 年）中，仲裁庭认为，第 283 条的目的是“确保一国不会因被卷入强制程序而感到

438 同上注，第 340 段。

439 引自《管辖权裁决》第 341 段。

意外”。[440] 同时国际法学者认为，第 283 条还确认了通过谈判解决争端的重要性。[441] 沃尔夫鲁姆法官在“路易莎号案”（圣文森特和格林纳丁斯诉西班牙，2010 年）的反对意见中说，“这些谈判明确表达了一个目的，即不通过《公约》第十五部分第二节的程序解决争端。”[442] 沃尔夫鲁姆在这里使用的是“这些谈判”，从其上下文来看，该词指的是第 283 条所指的“交换意见”。在同一案件中，特雷韦斯也指出，由起诉国承担提出诉求并邀请对方交换意见的责任，为以“谈判或其他方式”解决争端提供可能。[443] 可以看出，“交换意见”不可避免在一定程度上要涉及争议的实体问题。然而，在本案中，沃尔夫鲁姆忘了上述观点，采取了不同的立场。

349. 第 283 条要求的交换意见应是针对争端解决进行了有意义的、实质的交换意见。正如拉奥法官在“柔佛海峡围海造地案”（马来西亚诉新加坡，临时措施，2003 年）中的个人意见指出，

> 第 283 条所要求的交换意见并非走过场，争端当事方不能任意为之。这方面的义务必须善意的履行，对此进行审查是法庭的义务。[444]

350. 在“南方蓝鳍金枪鱼仲裁案”中，仲裁庭在确认双方已进行了“长时间、激烈和严肃的谈判”，认定当事方履行了第 283 条规定的交换意见的义务。[445] 这种“长时间、激烈和严肃的谈判”与本案情况形成强烈对比。

351. 关于交换意见的内容，仲裁庭在《管辖权裁决》中反复强调，中菲已就“争端解决的方法”交换了意见。仲裁庭似乎认为，履行交换意见义务仅要求当事方就争端解决方法交换意见。仲裁庭对《公约》中的交换意见义务做狭隘理解是没有依据的。在此方面，《弗吉尼亚评注》正确地

---

440 In the Matter of the Chagos Marine Protected Area Arbitration between Mauritius and the United Kingdom, before an Arbitral Tribunal Constituted under Annex VII of the United Nations Convention on the Law of the Sea, Award of 18 March 2015, para.382.

441 例如 Natalie Klein, Dispute Settlement in the UN Convention on the Law of the Sea (Cambridge University Press, 2005), p.33.

442 The M/V "Louisa" Case (Saint Vincent and the Grenadines v. Kingdom of Spanish), Request for Provisional Measures, ITLOS No. 18, Order of 23 December 2010, Dissenting Opinion of Judge Wolfrum, para.27.

443 The M/V "Louisa" Case (Saint Vincent and the Grenadines v. Kingdom of Spanish), Request for Provisional Measures, ITLOS No. 18, Order of 23 December 2010, Dissenting Opinion of Judge Treves, para.13.

444 Case concerning Land Reclamation by Singapore in and around the Straits of Johor (Malaysia v. Singapore), Provisional Measures, Order of 8 October 2003, ITLOS Case No. 12, Separate Opinion of Judge Chandrasekhara Rao, para.11.

445 参见 Southern Bluefin Tuna Case between Australia and Japan and between New Zealand and Japan, Award on Jurisdiction and Admissibility, Decision of 4 August 2000, para.55.

指出，从第283条的缔约历史看，缔约国原本要确立的一项最基本的义务是，“争端当事国要尽一切努力通过谈判协商解决争端”；最终形成的第283条条款“以一种非直接的方式体现了该义务，即交换意见的主要目的是使争端当事国就以和平方法最终解决争端交换意见”。[446] 即使是用“非直接的方式体现”的谈判义务，也是有实质内容的。仲裁庭不讨论菲律宾是否尽力与中方就争端解决进行了实质谈判就作出结论，是偏颇的。[447]

352. 在《公约》第十五部分第一节中的第283条规定的交换意见义务，是一项强制性的程序义务，该义务同时要求根据诚意原则首先诉诸谈判协商方法以达成最终解决争端的目标。该条构成适用第二节强制争端解决程序的前提条件。[448] 本案仲裁庭刻意降低第281条规定的履行交换意见义务的门槛，实际上使该项义务名存实亡。

446 Shabtai Rosenne & Louis B. Sohn (eds.), Virginia Commentary, Vol. V (1989), at p.29, para.283.1.

447 参见上注，第30页、第283.5段。

448 参见 Mariano J. Aznar, The Obligation to Exchange Views before the International Tribunal for the Law of the Sea: A Critical Appraisal, 47 Revue Belge de Droit International (2014), p.237, at 245-246.

第六节 仲裁庭违背“不诉不理”原则及《公约》附件七第 10 条的规定

353. 在《7 月 12 日裁决》的主文和推理部分中，仲裁庭对超出菲律宾最终诉求所提事项妄加论断或裁决。仲裁庭对其是否有权审理超出菲律宾诉求的事项未加任何考虑，甚至并未意识到这是一个问题。事实上，仲裁庭的这一做法为国际司法实践所确立的“不诉不理”原则及《公约》附件七第 10 条所禁止。仲裁庭的裁决超越其管辖权的依据，因越权而无效。

一、“不诉不理”原则

354. “不诉不理”原则在 19 世纪和 20 世纪的仲裁实践中得到确认，该原则旨在确立滥用权力的判决为无效，以制约越权行为。[449] 常设国际法院和国际法院自始就将该原则适用于国家之间的争端解决。国际法院在“庇护（解释）案”（哥伦比亚诉秘鲁，1950 年）中对这一原则作出如下精炼表述：

> 法院不仅有义务限于回答争端方在最终诉求中所陈述的问题，而且有义务避免就诉求不包含的事项作出判决。[450]

355. 该案中，法院面临的问题是，某一特定问题是否在要解释的先前案件中已经解决。法院认为：“法院只能参考其在判决中明确作出的宣告，即此问题被完全置于争端方的诉求之外。法院完全没有在判决中决定这一

[449] 参见如Robert Kolb, General Principles of Procedural Law, in Andreas Zimmermann, et al. (eds.), The Statute of the International Court of Justice: A Commentary, 2nd edition, Oxford University Press, 2012, pp.893-894, MN33; Shabtai Rosenne, The Law and Practice and the International Court 1920-2005, Vol. II, 4th edition (Martinus Nijhoff Publishers, 2006), pp.576-578; Sir Gerald Fitzmaurice, The Law and Procedure of the International Court of Justice, 1951-4: Questions of Jurisdiction, Competence and Procedure, 34 British Year Book of International Law (1958), p.1, at 98-107.

[450] Request for interpretation of the Judgment of November 20th, 1950 in the Asylum Case, Judgment of November 27th, 1950, I.C.J. Reports 1950, p.395, at 402.

问题，也没有权力作出该决定。争端方可就此问题提出各自的主张，但法院认为它们并未提出”。[451]

356. 基于“不诉不理”原则，国际法院在“科孚海峡案”（英国诉阿尔巴尼亚，1949 年）中拒绝确定专家所建议的超出英国主张的赔偿额；[452] 在“印度领土过境权案”（葡萄牙诉印度，1960 年）中拒绝判定是否存在请求书和最终诉求中均未提出的违反一般国际法的行为；[453] 在“巴塞罗那电车案”（比利时诉西班牙，1970 年）中拒绝对申请方未提出的主张依据或理论进行考察。[454] 在“巴塞罗那电车案”中，法院提到：

> 从请求书和律师于 1969 年 7 月 8 日作出的回应中，法院注意到比利时政府并未基于对股东的直接权利的侵犯提出诉求。因此，法院不能擅自逾越比利时政府提出的诉求，不会对这一点进行进一步审查。[455]

357. 罗森（Rosenne）认为，“‘不诉不理’原则为国际法院最终判决的一般范围提供了可能的限定。它在本质上是为了防止法院判给胜诉方多于其在正式诉求中所请求的利益”。[456] 此外，尽管该原则有一定的程序要素，其核心要素是管辖权问题。正如菲茨莫里斯（Fitzmaurice）认为：

> 一个案件被诉诸法庭，可能是通过争端解决条款或特别协议，或其他形式的临时同意；或者法庭依据条约或当事方的选择性条款声明对其有固有的管辖权。但这都不意味着法庭获得一种对案件的“滚动授权”。它仍限于判定特定案件，而非其他案件，且限于判定争端方事实上提交的问题，而非其他问题，或限于争端范围覆盖的问题，正如法院［在“庇护（解释）案”中］明确提出的那样。[457]

也就是说，尽管存在着比事实上提交判决的事项更宽泛的理论上或抽

---

451 同上注，第 403 页。

452 Corfu Channel case, Judgment of December 15th, 1949, I.C.J. Reports 1949, p.244, at 249.

453 Case concerning Right of Passage over Indian Territory (Merits), Judgment of 12 April 1960, I.C.J. Reports 1960, p.6, at 29-31.

454 Barcelona Traction, Light and Power Company, Limited, Judgment, I.C.J. Reports 1970, p.3, at para.49.

455 同上注。

456 Shabtai Rosenne, The Law and Practice of the International Court, 1920-2005, Vol. II, 4th edition (Martinus Nijhoff, 2006), pp.576-577.

457 Sir Gerald Fitzmaurice, The Law and Procedure of the International Court of Justice, 1951-4: Questions of Jurisdiction, Competence and Procedure, 34 British Year Book of International Law (1958), p.1, at 99.

象的管辖权授权，但国际性法庭或仲裁庭的管辖权受到争端方实际诉求的最终限定。

358. 正如菲茨莫里斯所说，这一原则可能不适用于对管辖权的反对。[458] 但它显然适用于阐述管辖权的依据。换言之，在案件中应该由起诉国提出国际法院有管辖权的合理依据，而非由法院自己来寻求管辖权的依据。如果允许法院对起诉国主张的管辖权依据进行补充，“不诉不理”作为一条管辖权原则就没有意义了。这样的补充事实上就是菲茨莫里斯所说的“滚动授权”。国际法院在“庇护（解释）案”说明了上述观点，并将“不诉不理”原则适用于在第 60 条项下的管辖权评估中。[459]

359. 此外，国际法院在“逮捕令案”（刚果民主共和国诉比利时，2002 年）中认为：

> 尽管法院因此无权就未请求的问题作出判决，“不诉不理”原则并不妨碍法院在其法律推理过程中处理特定法律问题。因此在本案中，法院不得在判决书主文中就比利时调查法官为执行其所称的普遍管辖权而发布的有争议的逮捕令是否符合有关国内法庭管辖权的国际法规则和原则问题作出判决。但这不意味着法院不能在其认为需要或愿意的情况下，在判决的法律推理部分处理这一问题的某些方面。[460]

尽管这可能给“不诉不理”原则的适用范围带来一些不确定性，国际法院的这一陈述表明，如果一个问题起诉国未提出，在推理部分法院可以讨论，但必须是“法律问题”，而非可以合理认为是起诉国诉求或诉求组成部分问题。就后者而言，国际法院在相关案件中并未区分判决书的主文和推理部分。

二、《公约》附件七第 10 条的“以争端的主题事项为限”要求

360.《公约》附件七第 10 条的用语比传统的“不诉不理”原则涵盖范

---

[458] 参见上注，第 104 页。

[459] Request for interpretation of the Judgment of November 20th, 1950, in the Asylum Case, Judgment of November 27th, 1950, I.C.J. Reports 1950, p.395, at 402-403.

[460] Arrest Warrant of 11 April 2000 (Democratic Republic of the Congo v. Belgium), Judgment, I.C.J. Reports 2002, p.3, at para.43.

围更广。该条款规定，“仲裁法庭的裁决书应以争端的主题事项为限”。第10条“以争端的主题事项为限”要求不仅涵盖裁决书主文，而且涵盖裁决书的任何其他部分。关于该条款，《弗吉尼亚评注》编者认为：

> 裁决书应以争端的主题事项为限。作为管辖权部分的一个正式说明，这可被视为一个创新，它是适用于裁决书全文还是仅适用于其主文并不明确。这一条款是1976年非正式全体会议讨论后增加的，但它对明显含有不必要附带意见裁决的有效性产生何种影响无法评估……。[461]

《评注》编者进一步认为，这一限定“可能引入实质性要求，从而为挑战裁决合法性铺平道路”。[462] 首先，第10条的用语表明这一条款肯定包含经典的“不诉不理”原则，这得到以上观点的支持。其次，《评注》编者倾向于对裁决书的全文适用这一要求，至少不存在任何反对适用这一要求的说法。

361. 更重要的是，“以争端的主题事项为限”条款的用语及其通过背景表明，这一要求适用于裁决书的全文。首先，该条款并未区分裁决书的主文和其他部分。“裁决书”一词通常意义上明显涵盖裁决书全文。其次，正如前文提及，“以争端的主题事项为限”的要求是《公约》的一项创新，在《公约》起草时，“不诉不理”原则已得到国际司法实践的确认，虽然该规则的适用范围具有一定的不确定性。这对第10条的解释是有意义的。“不诉不理”原则构成《公约》附件七第10条要求的背景，如果《公约》没有增加新的实质性内容，就无需在附件七中提及，正如无需在相应的《国际法院规约》第56条或建议的《国际海洋法法庭规约》第30条中提及一样，而《公约》附件七第10条以此为基础。[463] 此外，如果未增加新的实质性内容，起草者本可用具体、准确的语言直接写入传统的“不诉不理”原则，但起草者却并未如此，而是采用了现有第10条“以争端的主题事项为限”的用语。《公约》第10条旨在消除有关其适用范围的不确定性，对此应解释为这一要求适用于裁决书全文。

---

[461] Shabtai Rosenne & Louis B. Sohn (eds.), Virginia Commentary, Vol. V (1989), p.434.

[462] 同上注，第435页。

[463] 参考 A.O. Adede, The System for Settlement of Disputes under the United Nations Convention on the Law of the Sea: A Drafting History and a Commentary (Martinus Nijhoff Publishers, 1987), pp.228-229.

三、仲裁庭违背“不诉不理”原则和《公约》附件七第 10 条的规定

362. 本案仲裁庭多次违背“不诉不理”原则及《公约》附件七第 10 条项下“以争端的主题事项为限”的规定。

363. 首先，仲裁庭在《7 月 12 日裁决》主文和推理部分处理菲律宾最终诉求未提及的地物地位问题，严重违背“不诉不理”原则及《公约》附件七第 10 条项下“以争端的主题事项为限”的规定。仲裁庭在《7 月 12 日裁决》推理部分（第 577 至 626 段）花费大量篇幅处理菲律宾在最终诉求中未请求仲裁庭裁决的地物地位问题，并在主文（第 1203 段）中作出裁定：

A. 关于管辖权，仲裁庭

……

（2）关于菲律宾的第 5 项诉求，认定：

a. 在美济礁和仁爱礁 200 海里范围内，没有任何中国主张的海洋地物构成《公约》第 121 条下享有完全海洋权利的岛屿，因此在美济礁和仁爱礁 200 海里范围内，没有任何中国主张的海洋地物有能力产生专属经济区或大陆架；

……

（3）关于菲律宾第 8 项和 9 项诉求，认定：

a. 在美济礁和仁爱礁 200 海里范围内，没有任何中国主张的海洋地物构成《公约》第 121 条下享有完全海洋权利的岛屿，因此在美济礁和仁爱礁 200 海里范围内，没有任何中国主张的海洋地物有能力产生专属经济区或大陆架；

……

（5）关于菲律宾第 12（a）项和第 12（c）项诉求，认定：

a. 在美济礁和仁爱礁 200 海里范围内，没有任何中国主张的海洋地物构成《公约》第 121 条下享有完全海洋权利的岛屿，因此在美济礁和仁爱礁 200 海里范围内，没有任何中国主张的海洋地物有能力产生专属经济区或大陆架；

……

B. 关于当事国争端的实体问题，仲裁庭：

……

（7）关于南海其他地物的地位，认定：

a. 南沙群岛中没有任何高潮地物在其自然状态下能够，在《公约》第 121（3）条规定含义下，维持人类居住或其本身的经济生活；

b. 南沙群岛中没有任何高潮地物可产生专属经济区或大陆架；

……

在《7 月 12 日裁决》主文中，仲裁庭提及菲律宾最终诉求中的美济礁或仁爱礁“200 海里范围内中国所主张的任何地物”，范围非常宽泛，甚至更加宽泛地提及“南沙群岛中的所有高潮地物均不……”。这些认定显然超出确定菲律宾最终诉求所提地物地位的范围（《7 月 12 日裁决》第 112 段）。仲裁庭并非在审查对管辖权的反对（菲茨莫里斯认为“不诉不理”在此种情况下不适用），而是在《7 月 12 日裁决》主文中作出这些认定，以补充菲律宾最终诉求中未提出的请求，寻求完整地建立其对该事项的管辖权。在此，仲裁庭违背“不诉不理”规则担当起了起诉国的角色。提供仲裁庭管辖权依据是起诉国的责任，而非仲裁庭本身。“不诉不理”原则并不适用于裁决推理部分中对法律问题的探讨，但这些认定不仅仅是法律问题。它们被仲裁庭本身归为“认定”，在裁决书主文中作出，并在裁决书的其他部分详细讨论。事实上，仲裁庭在此的所作所为就是菲茨莫里斯所说的“滚动授权”，以此补充菲律宾的最终诉求。不管以什么为标准，仲裁庭都违反了“不诉不理”原则及附件七第 10 条项下的“以争端的主题事项为限”要求。

364. 其次，仲裁庭在《7 月 12 日裁决》主文和推理部分处理菲律宾最终诉求第 11 项和第 12（b）项有关捕鱼部分的问题，严重违背“不诉不理”原则及《公约》附件七第 10 条项下“以争端的主题事项为限”的规定。这些诉求所指控的是违反环境保护义务的问题，包含关于有害捕捞行为和濒危物种的捕捞。菲律宾提出这些行为的发生地是黄岩岛和仁爱礁，未在诉求中提出这些捕鱼行为发生在任何其他地方。但仲裁庭在其《7 月 12 日裁决》第 992 段存在“有害捕捞行为”的地区中增加了“南沙群岛的其他地物”，并认定“通过容忍、保护以及未能防止中国渔船在黄岩岛、仁爱礁以及南沙群岛的其他地物从事有害捕捞濒危物种活动，中国违反了《公约》第 192 条和第 194 条第 5 款的规定”。由此，仲裁庭违背“不诉不理”原则及附件七第 10 条项下的“以争端的主题事项为限”要求，因为菲律宾从未请求仲裁庭增加这些事项，它们不能被认为是推理过程的一部分。对于如此重大的问题，仲裁庭的处理方式却如同快餐店免费赠送配菜那般随意、草率。

365. 再次，仲裁庭在《7 月 12 日裁决》的推理部分处理菲律宾最终诉求关于中国历史性权利的部分问题，严重违背“不诉不理”原则及《公约》附件七第 10 条项下“以争端的主题事项为限”的规定。菲律宾在最终诉求中从未请求仲裁庭认定或裁定中国在南海海域不享有历史性权利，而只在最终诉求第 2 项中请求仲裁庭认定“中国关于所谓‘九段线’内南海海域的主权权利和管辖权以及‘历史性权利’主张，如果超出《公约》明文允许的对中国海洋权利地理范围和实体内容的限制，超出部分违反《公约》，没有法律效力”。仲裁庭也在《管辖权裁决》第 168 段认定，菲律宾诉求不是关于历史性权利是否存在的争端，而是在《公约》框架下关于历史性权利的争端。但仲裁庭在《7 月 12 日裁决》中花费大量精力（第 263 段至第 272 段）讨论中国历史性权利是否存在的问题并认定中国的历史性权利不存在。显然，历史性权利是否存在不是裁决书推理部分必须处理的简单法律问题，而是事实和法律理据结合的问题，仲裁庭不能越俎代庖。

366. 最后，仲裁庭在《7 月 12 日裁决》的推理部分处理菲律宾最终诉求未提及的南沙群岛整体海洋权利问题，严重违背“不诉不理”原则及《公约》附件七第 10 条项下“以争端的主题事项为限”的规定。菲律宾并未在最终诉求中请求仲裁庭就中国为主权和海洋权利及划界之目的对南海诸群岛的整体性主张作出认定或裁决。但仲裁庭在实体问题讨论中花费多段（《7 月 12 日裁决》第 571 段至第 576 段）讨论这一问题，并认定中国不符合群岛国的定义，《公约》第 47 条不适用于南沙群岛，第 7 条同样不适用于南沙群岛，且在该问题上尚未形成习惯国际法。显然，南沙群岛是否可以整体主张海洋权利不是裁决书推理部分必须处理的简单法律问题，而是事实和法律理据结合的问题，仲裁庭不能越俎代庖。

值得注意的是，仲裁庭在确定其管辖权时并未考虑中国群岛的整体性问题。它本应考虑这一点，判定存在划界情形且对本案没有管辖权。在决定将群岛作为整体作为实体问题的一部分进行分析后，仲裁庭并未回头重新审视其管辖权。因此，仲裁庭基于菲律宾关于单个岛礁的诉求建立管辖权。仲裁庭在《管辖权裁决》第 160 段和第 169 段中将中国提及南沙群岛时所用单数形式的“is”改为复数形式的“are”，体现了这一点。然而，在《7月12日裁决》中，仲裁庭却对南沙群岛作为整体主张海洋权利妄加论断，明显超越了确立管辖权的依据。仲裁庭这一伎俩是对国际司法职能的亵渎。

367. 综上所述，仲裁庭在《7月12日裁决》的主文和推理部分中，对于菲律宾并未请求仲裁庭裁定的有关地物的地位，有关有害捕鱼行为的发生地被扩大到黄岩岛和仁爱礁以外区域，有关中国在南海是否享有历史性权利，以及有关中国南沙群岛作为整体主张海洋权利的讨论和决定，超越了菲律宾在其最终诉求中的请求，违背“不诉不理”原则及《公约》附件七第10条项下的“以争端的主题事项为限”要求。仲裁庭逾越了确立本仲裁案管辖权的国家同意之界限，使相关结论甚至整体裁决归于无效。

本章结论

368. 通过本章各节的分析，可以得出如下结论：仲裁庭对本案明显没有管辖权。仲裁庭的错误主要为：

369. 第一，仲裁庭对中菲在南海的领土和海洋划界争端，以及构成该争端并反映该争端的菲律宾诉求没有管辖权。依照《公约》规定和中国 2006 年声明，仲裁庭对菲律宾所有诉求都没有管辖权。仲裁庭错误认定菲律宾诉求与中菲领土主权和海洋划界争端没有关系：（1）仲裁庭对中菲在南海的领土和海洋划界争端采用碎片化方法看待，并以此评判菲律宾诉求，无视菲律宾诉求的领土和海洋划界的性质；（2）仲裁庭基于主观臆断而非事实，作出菲律宾诉求与领土争议无关的错误认定；（3）仲裁庭基于对海洋划界的错误理解和对《公约》第 298 条的错误解释，作出菲律宾诉求与海洋划界争端无关的错误认定；（4）仲裁庭关于菲律宾诉求所涉历史性权利问题的相关论述忽视了中国的历史性权利涉及历史性所有权的可能，未考察历史性权利属于划界有关情况的可能，作出了不当认定。

370. 第二，仲裁庭错误认定菲律宾前 14 项诉求都反映了中菲有关《公约》解释或适用的争端。仲裁庭在考察菲律宾诉求所涉争端的存在和争端的定性时，未遵循国际法的基本要求，其所作裁定和理据在事实和法律上均缺乏依据。

371. 第三，仲裁庭错误认定中菲就争端解决方式作出的选择及其效力，包括：（1）错误解读第 281 条所指“协议”的含义以及中国所指中菲之间的协议，从而错误认定中菲之间不存在第 281 条所指“协议”；（2）无视中菲在南海的领土和海洋划界争议正通过谈判协商的方式循序渐进地推动解决，错误认定“诉诸了这种方法而争端仍未得到解决”；（3）错误地将第 281 条中“排除”的含义改写为“明文排除”，错误认定中菲之间的协议“不排除任何其他程序”。仲裁庭的这些错误降低了启动《公约》第十五部分第二节强制争端解决程序的门槛。

372. 第四，仲裁庭错误认定菲律宾已履行交换意见的义务，包括：（1）未尽责查明菲律宾是否就诉求所涉事项履行交换意见的义务；（2）错误将中菲就领土和海洋划界问题的有关磋商作为就仲裁庭认定的菲律宾诉求所涉争端交换意见的证据；（3）错误地将《公约》规定的交换意见义务解释为仅限于对争端解决方式的交换意见。

373. 第五，仲裁庭对菲律宾并未请求其裁定的有关地物的地位，有关有害捕鱼行为的发生地被扩大到黄岩岛和仁爱礁以外区域，有关中国在南海是否享有历史性权利，以及有关中国南沙群岛作为整体主张海洋权利进行讨论并决定，超越了菲律宾在其最终诉求中的请求，违反“不诉不理”原则及《公约》附件七第10条项下“以争端的主题事项为限”的要求。

374. 仲裁庭错误确立管辖权，违背建立在国家同意原则上的《公约》相关规定，其越权作出的裁决没有拘束力。

第三章

可受理性问题

375. 在国际司法实践中，管辖权和可受理性问题是国际性法庭或仲裁庭在处理实体问题之前要解决的问题。在确定管辖权后，国际性法庭或仲裁庭只有在进一步确定请求书和相关诉求具有可受理性的情况下，才可以继续推进有关程序，审理实体性问题。[1] 在实践中，可受理性问题涉及诉求变更是否允许，[2] 起诉国是否具有起诉资格，[3] 争端是否仍然存在等。[4] 由于个案情况不同，每个案件所涉及的可受理性问题也不尽相同。

376. 本案中，菲律宾在管辖权庭审中请求仲裁庭裁定对其全部诉求具有管辖权，且这些诉求均为完全可受理。[5] 仲裁庭在《管辖权裁决》中对其已确定有管辖权的诉求，没有就其可受理性问题作出裁定。仲裁庭在《7 月 12 日裁决》中认定对菲律宾第 1 项、第 2 项、第 3 项、第 4 项、第 5 项、第 6 项、第 7 项、第 8 项、第 9 项、第 10 项、第

---

[1] 参见 Legality of Use of Force (Serbia and Montenegro v. United Kingdom), Preliminary Objections, Judgment, I.C.J. Reports 2004, p.1307, at para.83; Oil Platforms (Islamic Republic of Iran v. United States of America), Judgment, I.C.J. Reports 2003, p.161, at para.29.

[2] 参见 Certain Phosphate Lands in Nauru (Nauru v. Australia), Preliminary Objections, Judgment, I.C.J. Reports 1992, p.240, at paras.62-71.

[3] 参见 Ahmadou Sadio Diallo (Republic of Guinea v. Democratic Republic of the Congo), Preliminary Objections, Judgment, I.C.J. Reports 2007, p.582, at para.50-67.

[4] 参见 Southern Bluefin Tuna Case (Australia and New Zealand v. Japan), Award on Jurisdiction and Admissibility, 4 August 2000, paras.45-46.

[5] Jurisdictional Hearing Tr. (Day 3), p.80.

11 项、第 12 项、第 13 项、第 14 (d) 项诉求具有管辖权，且这些诉求均为可受理。[6] 如前所述，实际上，仲裁庭对菲律宾所有诉求均无管辖权，因此无需进一步考虑可受理性问题。仲裁庭在错误裁定对菲律宾诉求具有管辖权后，不经分析就认定可受理。在案件相关法律和事实都显示出菲律宾部分诉求的可受理性明显存疑的情况下，仲裁庭未尽责查明可受理性问题，而是错误认定有关诉求为可受理。

377. 仲裁庭的严重失责和错误认定尤其体现在对诉求变更问题的处理上。诉求内容在案件中占有核心地位，国际性法庭或仲裁庭对起诉国的诉求变更向来持审慎态度。即使在被诉国未对诉求变更作出反对的情况下，法庭或仲裁庭也倾向于对可受理性进行审查，并已确立“不改变原诉求的性质”为诉求变更可受理性的判断标准。在本案中，中国已明确表示不接受、不参与仲裁，并明确反对仲裁及其程序的推进。在这种情况下，仲裁庭有义务对菲律宾的诉求变更持更加谨慎的态度。尽管如此，仲裁庭却先后三次允许甚至引导菲律宾对其诉求进行重大变更，使得第 11 项、第 12 (b) 项和第 14 项诉求发生性质变化。仲裁庭无视国际司法实践所确立的标准，草率笼统认定有关诉求为可受理。

6《7 月 12 日裁决》第 1203.A(8) 段。

第一节　菲律宾三次对其诉求作出重大变更

378. 诉求的确定性事关法律的确定性和正当司法以及另一当事方甚至第三方的权利。本案推进过程中，菲律宾在 2013 年 1 月 22 日提起仲裁时提出的“权利主张说明”的基础上，先后三次重大变更诉求。仲裁庭对此完全接受。

一、菲律宾在提交诉状前对诉求作出第一次重大变更

379. 2013 年 1 月 22 日，菲律宾在仲裁通知所附的“权利主张说明”中请求仲裁庭作出 13 项裁决：

（1）宣布中国在南海的海洋区域的权利，同菲律宾的一样，由《公约》确立，包括拥有《公约》第二部分下的领海和毗连区、第五部分下的专属经济区和第六部分下的大陆架的权利；

（2）宣布中国在南海基于其所谓“九段线”的海洋主张违反《公约》，是无效的；

（3）要求中国使其国内立法符合在《公约》下的义务；

（4）宣布美济礁和西门礁是水下地物，构成菲律宾在《公约》第六部分下的大陆架的一部分，中国占领这些地物及在其上的建设活动侵犯菲律宾的主权权利；

（5）要求中国终止对美济礁和西门礁的占领及在其上的活动；

（6）宣布南薰礁和渚碧礁是南海中没入水面的地物，高潮时不露出水面，不是《公约》下的岛屿，不位于中国的大陆架上，中国占领这些地物及在其上的建设活动是非法的；

（7）要求中国终止对南薰礁和渚碧礁的占领及在其上的活动；

（8）宣布黄岩岛、赤瓜礁、华阳礁和永暑礁是高潮时各只有小面积隆起部分高出水面，其余部分都在海平面以下的水下地物，它们是《公约》第 121 条第 3 款下的“岩礁”，因此只能产生不超过 12 海里的领海；中国在这些地物 12 海里外非法主张海洋权利；

（9）要求中国不阻止菲律宾船只在黄岩岛和赤瓜礁附近水域以可持续的方式开发生物资源，不在这些地物或其附近开展不符合《公约》的其他活动；

（10）宣布根据《公约》，菲律宾有权拥有《公约》第二部分、第五部分和第六部分下从其群岛基线量起的12海里领海、200海里专属经济区，以及大陆架；

（11）宣布中国非法主张和开发菲律宾专属经济区和大陆架内的生物和非生物资源，并非法阻止菲律宾开发其专属经济区和大陆架内的生物和非生物资源；

（12）宣布中国在菲律宾群岛基线起200海里以内和以外区域非法阻挠菲律宾行使其在《公约》下的航行权和其他权利；并

（13）要求中国不再开展这些非法活动。[7]

380. 菲律宾在“权利主张说明”中声明“保留在必要时修改和／或补充其诉求和所请求救济的权利”。[8] 2014年2月28日，菲律宾请求仲裁庭允许其修改2013年“权利主张说明”，以增加有关确定仁爱礁在《公约》项下的地位及其属于菲律宾大陆架的一部分，以及有关中国在仁爱礁的活动的诉求。此时距菲律宾提起仲裁已逾13个月，且离仲裁庭确定的提交诉状的截止日期仅剩1个月时间。菲律宾在“修改的权利主张说明”中的“事实背景”[9]、“菲律宾的诉求”[10]和“寻求的救济”等部分增加了仁爱礁的内容。菲律宾请求仲裁庭：

（4）宣布美济礁、西门礁和仁爱礁是水下地物，构成菲律宾在《公约》第六部分下的大陆架的一部分，中国占领美济礁和西门礁并在其上开展建设活动，阻止菲律宾船只进入仁爱礁，侵犯了菲律宾的主权权利；

（5）要求中国终止对美济礁和西门礁的占领，及在这两个地物和仁爱礁上的活动；……[11]

---

[7] Notification and Statement of Claim of the Philippines (22 Jan. 2013), in Memorial of the Philippines, Vol. III, Annex 1, para.41.

[8] 同上注，第43段。

[9] Amended Notification and Statement of Claim of the Philippines (28 Feb. 2014), in Memorial of the Philippines, Vol. III, Annex 5, paras.20-22.

[10] 同上注，第34段。

[11] 同上注，第44段。

381. 2014年3月11日，仲裁庭同意并接受菲律宾对2013年“权利主张说明”的修改，并称“试图征询中国的意见但未收到评论”。[12] 实际上，中国已明确表示不接受、不参与仲裁，这一立场构成对来自仲裁庭的任何程序性请求的反对。

二、菲律宾在诉状中对诉求作出第二次重大变更

382. 2014年3月30日，菲律宾根据仲裁庭所确定的时限，正式向仲裁庭提交诉状，提出15项诉求：

（1）中国在南海的海洋权利，同菲律宾的一样，不得超过《联合国海洋法公约》（简称《公约》）允许的范围；

（2）中国关于所谓“九段线”内南海海域的主权权利和管辖权以及“历史性权利”主张，如果超出《公约》对中国海洋权利地理范围和实体内容的限制，超出部分违反《公约》，没有法律效力；

（3）黄岩岛不产生专属经济区或大陆架；

（4）美济礁、仁爱礁和渚碧礁是低潮高地，不产生领海、专属经济区或大陆架，并且是不得通过占领或其他方式据为领土的地物；

（5）美济礁和仁爱礁是菲律宾专属经济区和大陆架的一部分。

（6）南薰礁和西门礁（包括东门礁）是低潮高地，不产生领海、专属经济区或大陆架，但是其低潮线可分别用于确定测算鸿庥岛和景宏岛领海宽度的基线；

（7）赤瓜礁、华阳礁和永暑礁不产生专属经济区或大陆架；

（8）中国非法干扰菲律宾享有和行使对其专属经济区和大陆架生物和非生物资源的主权权利；

（9）中国非法地未阻止本国国民和船只在菲律宾专属经济区内开发生物资源；

（10）中国通过干扰菲律宾渔民在黄岩岛的传统捕鱼活动，非法阻止他们谋求生计；

（11）中国在黄岩岛和仁爱礁违反《公约》下保护和保全海洋环境的义务；

[12]《管辖权裁决》第42-43段。

（12）中国对美济礁的占领和在其上的建设活动：

（a）违反《公约》关于人工岛屿、设施和结构的规定；

（b）违反中国在《公约》下保护和保全海洋环境的责任；且

（c）构成试图据为己有的非法行为，违反《公约》；

（13）中国违背《公约》义务，以危险方式操作其执法船舶，引发与菲律宾在黄岩岛附近航行的船舶发生碰撞的严重风险；

（14）自2013年1月本仲裁启动以来，中国通过包括以下在内的行为，非法加剧和扩大争端：

（a）干扰菲律宾在仁爱礁及其附近水域的航行权利；

（b）阻止菲律宾在仁爱礁驻扎人员的轮换和补给；

（c）危害菲律宾在仁爱礁驻扎人员的健康和福祉；且

（15）中国不得再有进一步的非法主张和活动。[13]

383. 菲律宾2014年诉状中的诉求与2013年“权利主张说明”和2014年“修改的权利主张说明”中所寻求的“救济”相对应，但内容上发生了明显的变化。尤其是，菲律宾在诉状中首次引入有关中国在黄岩岛、仁爱礁、美济礁违反《公约》项下的“保护和保全海洋环境”义务的诉求［第11项和第12（b）项诉求］，以及有关中国在仁爱礁的相关活动“加剧和扩大争端”的诉求（第14项诉求）。菲律宾对有关诉求的这一重大变更在时间上距离仲裁庭同意其作出第一次重大变更还不到三周。

三、菲律宾在实体问题庭审最后阶段对其诉求作出第三次重大变更

384. 2015年10月29日，仲裁庭作出《管辖权裁决》。2015年11月24日、25日、26日和30日，仲裁庭举行实体问题庭审。2015年11月30日，即仲裁庭作出管辖权裁决一个多月之后且实体问题庭审已接近尾声时，菲律宾提出15项“最终诉求”：

A. 本“最终诉求”B部分所有诉求，如果仲裁庭在2015年10月29日《管辖权和可受理性裁决》中尚未裁定有管辖权且可受理，则仲

---

[13]《管辖权裁决》第101段，引自 Memorial of the Philippines, Vol. I, pp.271-272。

裁庭对其有管辖权，且完全可受理。

B.（1）中国在南海的海洋权利，同菲律宾的一样，不得超过《联合国海洋法公约》（简称《公约》）明文允许的范围；

（2）中国关于所谓“九段线”内南海海域的主权权利和管辖权以及“历史性权利”主张，如果超出《公约》明文允许的对中国海洋权利地理范围和实体内容的限制，超出部分违反《公约》，没有法律效力；

（3）黄岩岛不产生专属经济区或大陆架；

（4）美济礁、仁爱礁和渚碧礁是低潮高地，不产生领海、专属经济区或大陆架，并且是不得通过占领或其他方式据为领土的地物；

（5）美济礁和仁爱礁是菲律宾专属经济区和大陆架的一部分；

（6）南薰礁和西门礁（包括东门礁）是低潮高地，不产生领海、专属经济区或大陆架，但是其低潮线可分别用于确定测算鸿庥岛和景宏岛领海宽度的基线；

（7）赤瓜礁、华阳礁和永暑礁不产生专属经济区或大陆架；

（8）中国非法干扰菲律宾享有和行使对其专属经济区和大陆架生物和非生物资源的主权权利；

（9）中国非法地未阻止本国国民和船只在菲律宾专属经济区内开发生物资源；

（10）中国通过干扰菲律宾渔民在黄岩岛的传统捕鱼活动，非法阻止他们谋求生计；

（11）中国在黄岩岛、仁爱礁、华阳礁、永暑礁、南薰礁、赤瓜礁、东门礁和渚碧礁违反《公约》下保护和保全海洋环境的义务；

（12）中国对美济礁的占领和在其上的建设活动：

（a）违反《公约》关于人工岛屿、设施和结构的规定；

（b）违反中国在《公约》下保护和保全海洋环境的责任；且

（c）构成试图据为己有的非法行为，违反《公约》；

（13）中国违背《公约》义务，以危险方式操作其执法船舶，引发与菲律宾在黄岩岛附近航行的船舶发生碰撞的严重风险；

（14）自2013年1月本仲裁启动以来，中国通过包括以下在内的行为，非法加剧和扩大争端：

（a）干扰菲律宾在仁爱礁及其附近水域的航行权利；

（b）阻止菲律宾在仁爱礁驻扎人员的轮换和补给；

（c）危害菲律宾在仁爱礁驻扎人员的健康和福祉；和

（d）在美济礁、华阳礁、永暑礁、南薰礁、赤瓜礁、东门礁和渚碧礁从事挖沙、人工岛屿的建造和建设活动；以及

（15）中国应尊重菲律宾在《公约》下的权利和自由，遵守其在《公约》下的义务，包括保护和保全南海的海洋环境，并且在南海行使其权利和自由时，应适当顾及菲律宾在《公约》下的权利和自由。[14]

385. 与 2014 年诉状中的诉求相比，菲律宾 2015 年“最终诉求”又发生多处明显变化：

第一，关于第 1 项诉求和第 2 项诉求中可主张的海洋权利，菲律宾将其中“《公约》允许的范围”的表述变更为“《公约》明文允许的范围”，增加了“明文”一词，以此进一步限定海洋权利；

第二，关于第 11 项诉求中有关中国被指违反保护和保全海洋环境义务的地理范围，菲律宾增加了华阳礁、永暑礁、南薰礁、赤瓜礁、东门礁和渚碧礁；

第三，关于第 14 项诉求有关中国被指加剧和扩大争端，菲律宾增加了中国在美济礁、华阳礁、永暑礁、南薰礁、赤瓜礁、东门礁和渚碧礁开展挖沙、人工岛屿建造和建设活动，作为中国加剧和扩大争端的行为；

第四，关于第 15 项诉求，菲律宾根据仲裁庭《管辖权裁决》第 413(I) 段的要求，进一步作了修改。

386. 仲裁庭归纳了菲律宾对第 11 项、第 14 项和第 15 项诉求的修改，但未提及第 1 项和第 2 项诉求的修改。[15] 2015 年 12 月 16 日，仲裁庭允许菲律宾在“最终诉求”中对诉求的修改。[16]

387. 综上，菲律宾在 2013 年“权利主张说明”中的诉求在此后随着仲裁程序的推进发生重大变化：一些对实质内容可能产生影响的诉求表述发生变化，特别是，增加了关于仁爱礁地位及其属于菲律宾专属经济区和大陆架的一部分，中国违反保护和保全海洋环境的义务，以及中国在南海的活动加剧和扩大了争端等诉求。

---

[14] 《7 月 12 日裁决》第 112 段，引自菲律宾 2015 年 11 月 30 日致仲裁庭的信函。

[15] 同上注，第 78 段。

[16] 同上注，第 80 段。

第二节　仲裁庭未尽责考察诉求变更引发的可受理性问题

388. 关于诉求变更引发的可受理性问题，已有丰富的国际司法实践，且国际性法庭或仲裁庭已确立了标准，主要涉及到是否有必要考察可受理性、变更后诉求是否具有可受理性、判断变更后诉求可受理性需参照提起程序时的原始诉求等方面。本案仲裁庭未尽责考察菲律宾诉求变更引发的可受理性问题，草率认定菲律宾变更后的诉求具有可受理性。

一、仲裁庭未尽责考察诉求变更引发的可受理性问题，甚至引导菲律宾修改诉求

389. 诉求的建构和内容在案件中占有核心地位。在实践中，国际性法庭和仲裁庭对诉求变更往往持谨慎态度，即使在被诉国未对诉求变更提出反对的情况下，也倾向于对诉求变更的可受理性进行审查。在争端一方不参与程序的情况下，这一责任不仅不应被减轻，反而应当更加受到重视。在不参与方对程序提出明确反对的情况下，更是如此。

390. 如果被诉国参与程序，它对起诉国的诉求变更可能持反对或不反对的意见。在被诉国明确反对的情况下，尽管这种反对并不必然导致新诉求不可受理的后果，但对于变更后的诉求，国际性法庭或仲裁庭必须考察其可受理性问题。这一做法为国际司法实践所确认。

391. 在被诉国参与程序但未对起诉国的诉求变更提出反对的情况下，国际性法庭或仲裁庭同样会审查变更后诉求的可受理性问题。如在“加勒比海领土和海洋争端案”（尼加拉瓜诉洪都拉斯，2007 年）中，尼加拉瓜在请求书中请求国际法院就两国的争议领海、专属经济区和大陆架划定单一海洋边界，然而在最终诉求中增加了判定争议海域内岛屿和沙洲归属的

请求。[17]法院认为，尼加拉瓜这一请求变更至少在形式上构成新的诉求。[18]尽管洪都拉斯就此没有提出管辖权和可受理性问题，[19]法院仍然依照国际司法实践所确立的标准对尼加拉瓜这一变更后诉求的可受理性进行详细分析，最后判定变更后的诉求“固有地存在于有关尼加拉瓜和洪都拉斯在加勒比海的海域划界的最初诉求中”，因而具有可受理性。[20]

392. 可以想象，一旦被诉国决定不参与程序，它往往不会就诉求变更等具体程序性问题提出反对。但鉴于诉求内容在案件中的核心地位，不参与程序的被诉国对诉求变更的意见应推定为反对。有学者认为，一旦争端一方决定不参与程序，“积极参与方的诉求就被冻结了，不能再作修改”。[21]还有学者认为：

> 相对于争端一方在参与程序过程中的“不反对”行为，不参与司法程序而未提出反对更加值得重视。前一情形下，一方没有回应可解读为默认；但后一情形下，默认并非唯一的解释，事实上它是最不可能的解释。[22]

393. 即便对不参与程序的被诉国立场不作反对的推定，国际性法庭或仲裁庭仍应考察起诉国诉求变更引发的可受理性问题。在上述“加勒比海领土和海洋争端案”中，“庭内不反对”并没有削弱考察可受理性的必要性。同理，“庭外不反对”也不应认为是削弱了这种必要性。鉴于被诉国不参与程序，国际性法庭或仲裁庭应持更加谨慎的态度，更有必要对变更后的诉求进行可受理性审查，以充分保障不参与方的合法权利。

394. 无论如何，中国在本案中已经明确表示不接受、不参与仲裁，反对推进仲裁的一切做法，这当然包括对诉求的修改。中国自始就表明了不接受和不参与这一仲裁案的立场。中国政府于 2015 年 2 月 6 日明确表示

---

17 Territorial and Maritime Dispute between Nicaragua and Honduras in the Caribbean Sea (Nicaragua v. Honduras), Judgment, I.C.J. Reports 2007, p.659, at paras.104-107.

18 同上注，第 109 段。

19 同上注，第 116 段。

20 同上注，第 108-115 段。

21 Geneviève Guyomar, Le défaut des parties à un différend devant les juridictions internationales (Paris: Librairie gènèrale de droit et de jurisprudence, R. Pichon et R. Durand-Auzias, 1960), p.194，引自 H.W.A. Thirlway, Non-Appearance before the International Court of Justice (Cambridge University Press, 1985), p.101.

22 H.W.A. Thirlway, Non-Appearance before the International Court of Justice (Cambridge: Cambridge University Press, 1985), p.102.

"中国反对提起和推进仲裁程序的任何做法，反对所有要求中国答复的程序或步骤问题"，[23] 并于 2015 年 7 月 1 日重申"反对提起和推进仲裁程序的任何做法，不接受包括庭审程序在内的一切安排。"[24] 对于仲裁庭征求中国意见的所有事项，中国的意见均应理解为反对。

395. 仲裁庭本应按照国际司法实践所确立的标准来审查菲律宾变更后诉求的可受理性问题。然而，仲裁庭从《管辖权裁决》到《7 月 12 日裁决》并未尽责考察这一问题，甚至通篇看不到仲裁庭对这一重要问题的关注。

396. 暂且不论全盘接受菲律宾多次对其诉求进行重大变更的问题，更有甚者，仲裁庭还积极作为，引导并协助菲律宾对其诉求进行修改。例如，在仲裁庭的建议下，菲律宾第 11 项"最终诉求"扩大了指控中国违背《公约》下保护和保全海洋环境义务的地理范围。在 2015 年 11 月的实体问题庭审中，仲裁庭通过提问示意菲律宾对第 11 项和第 12（b）项诉求进行修改，将黄岩岛和仁爱礁以外区域的海洋环境问题纳入诉求，并问菲律宾是否要这么做。菲律宾当即表示"是，我们要"，并对第 11 项诉求作出重大修改，纳入华阳礁、永暑礁、南薰礁、赤瓜礁、东门礁和渚碧礁的海洋环境问题。[25] 仲裁庭和菲律宾在诉求变更问题上的互动暴露了仲裁庭对菲律宾的偏袒，事实上仲裁庭是在充当菲律宾辩护律师和诉讼策略顾问的角色，完全丧失了应有的客观性和公正性。

二、仲裁庭无视判断新诉求可受理的一般标准，自创门槛极低的模糊标准且未予善意适用

397. 仲裁庭制定的《程序规则》第 19 条规定："在仲裁程序过程中，如果得到仲裁庭的允许，一方得修改或补充其书面状文"。菲律宾可按照第 19 条的规定对其诉求作出修改，但这并不意味着修改后的诉求自动或必然具有可受理性。在这个问题上，国际司法实践已确立了一致的标准，仲裁庭应该根据这些标准考察菲律宾变更后的诉求的可受理性问题。

398. 在国际司法实践中，当事方变更其诉求从而产生新诉求的情况并

---

[23] 《管辖权裁决》第 64 段。

[24] 《7 月 12 日裁决》第 51 段。

[25] Merits Hearing Tr. (Day 4), pp.169-170.

不少见。国际法院认为，一项诉求是新诉求这一事实本身并不足以否定该新诉求的可受理性，[26]决定因素是“[新]诉求与提起程序的请求书所表述的诉求之间联系的属性”。[27]

399. 国际法院在“瑙鲁磷酸盐岛屿案”（瑙鲁诉澳大利亚，1992年）中提出，要确定在诉讼过程中引入的新诉求是否可受理，法院需要考虑它是否“尽管在形式上是一个新诉求，但所涉诉求可以视为实质上被包含在最初的诉求中”。[28]法院同时认为，要认定新诉求实质上已经被包含在最初的诉求中，“它们之间仅仅存在一般性联系是不够的”。[29]那什么联系足够呢？国际法院重申其在“柏威夏寺案”（柬埔寨诉泰国，1962年）和“渔业管辖权案”（联邦德国诉冰岛，1974年）中的观点，即“补充的诉求必须已经隐含在请求书中”，[30]或“必须‘直接源于作为请求书主题事项的问题’”。[31]

早在“比利时商业公司案”（比利时诉希腊，1939年）中，常设国际法院就认为“法院原则上不能允许在请求书中提交给法院的争端经诉求修改而转变成性质不同的争端”。[32]国际法院在“加勒比海领土和海洋争端案”（尼加拉瓜诉洪都拉斯，2007年）中也强调，新诉求“不能改变请求书所界定的争端的事项”，否则新诉求不可受理。[33]

400. 国际海洋法法庭在“路易莎号案”（圣文森特和格林纳丁斯诉西

---

26 Territorial and Maritime Dispute (Nicaragua v. Colombia), Judgment, I.C.J. Reports 2012, p.624, at para.109, 援引 Territorial and Maritime Dispute between Nicaragua and Honduras in the Caribbean Sea (Nicaragua v. Honduras), Judgment, I.C.J. Reports 2007, p.659, at para.110.

27 同上注，援引 Ahmadou Sadio Diallo (Republic of Guinea v. Democratic Republic of the Congo), Judgment, I.C.J. Reports 2010, p.639, at para.41.

28 Certain Phosphate Lands in Nauru (Nauru v. Australia), Preliminary Objections, Judgment, I.C.J. Reports 1992, p.240, at para.65.

29 同上注，第67段。另见 Territorial and Maritime Dispute (Nicaragua v. Colombia), Judgment, I.C.J. Reports 2012, p.624, at para.110.

30 同上注，援引 Temple of Preah Vihear (Cambodia v. Thailand), Merits, Judgment, I.C.J. Reports 1962, p.6, at 36. 另见 Territorial and Maritime Dispute (Nicaragua v. Colombia), Judgment, I.C.J. Reports 2012, p.624, at para.110.

31 同上注，援引 Fisheries Jurisdiction (Federal Republic of Germany v. Iceland), Merits, Judgment, I.C.J. Reports 1974, p.175, at para.72. 另见 Territorial and Maritime Dispute between Nicaragua and Honduras in the Caribbean Sea (Nicaragua v. Honduras), Judgment, I.C.J. Reports 2007, p.659, at para.110.

32 The “Société Commerciale de Belgique”, Judgment of 15 June 1939, PCIJ, Series A/B, No.78, p.160, at 173.

33 Territorial and Maritime Dispute between Nicaragua and Honduras in the Caribbean Sea (Nicaragua v. Honduras), Judgment, I.C.J. Reports 2007, p.659, at para.108. 另见 Ahmadou Sadio Diallo (Republic of Guinea v. Democratic Republic of the Congo), Judgment, I.C.J. Reports 2010, p.639, at para.39.

班牙，2013 年）中适用了上述国际法院的法理，指出任何新诉求必须“直接源于或隐含在请求书中”才具有可受理性；[34]“虽然后面的书面状文可以阐明请求书中的用语，但它们绝对不能超出请求书中所提出的诉求的界限。简言之，通过请求书提交给法庭的争端不能被转变成性质不同的争端”。[35]

401. 本案中，仲裁庭在两份裁决中对国际司法实践所确立的有关标准未予以援引，但提出“所提议的修改有关或附带于菲律宾的最初诉求”这一新标准。[36] 仲裁庭对这一自创新标准未进行阐释。这一新标准看起来只要求变更后的诉求与最初诉求之间存在一般性的联系，远低于国际司法实践所确立的“隐含在”请求书中或“直接源于”请求书事项的标准。如前所述，国际法院已明确指出，存在“一般性联系”并不足以证明新诉求实质上已被包含在最初诉求中。

402. 实践中，假如起诉国的新诉求由于某些理由而不具可受理性，而国际性法庭或仲裁庭在处理其他诉求时又必须处理新诉求所涉事项，那么法庭或仲裁庭只能在推理部分讨论这些问题，而不能将其写入判决主文。在“柏威夏寺案”（柬埔寨诉泰国，1962 年）中，柬埔寨在其请求书和诉状中提出两项关于柏威夏寺地区主权归属的诉求，[37] 此后在庭审和最终诉求中就相关地图的法律效力、柬泰两国在该地区的边界线、泰国归还相关财产之义务等提出新的诉求。[38] 国际法院认为，提交给法院的争端的主题限于柏威夏寺地区的主权分歧；只有当两国在该地区的边界线和相关地图效力可为判决提交给它的唯一争端提供理由时，它才可以考虑这些问题。[39] 最终，法院只在推理部分处理两国在该地区的边界线和相关地图效力问题，未在判决书主文中予以处理。[40] 而关于柬埔寨要求泰国归还相关财产的新诉求，法院认为这并不构成最初诉求的扩大，而是“隐含在”且“产生于”主权

---

[34] The M/V “Louisa” Case (Saint Vincent and the Grenadines v. Kingdom of Spain), Judgment, ITLOS Reports 2013, p.4, para.142，援引 Certain Phosphate Lands in Nauru (Nauru v. Australia), Preliminary Objections, Judgment, I.C.J. Reports 1992, p.240, at para.67.

[35] 同上注，第 143 段。

[36]《7 月 12 日裁决》第 820 段。

[37] Temple of Preah Vihear (Cambodia v. Thailand), Merits, Judgment of 15 June 1962, I.C.J. Reports 1962, p.6, at 9.

[38] 同上注，第 10-11 页。

[39] 同上注，第 14 页。

[40] 同上注，第 36 页。

主张中，并对此作出判决。[41]

403. 值得注意的是，如果诉求变更发生在管辖权决定作出后，国际性法庭或仲裁庭通常会对变更后诉求的可受理性持更加谨慎的态度，因为这种变更可能影响管辖权决定的基础。关于诉求变更对管辖权的影响，常设国际法院在“比利时商业公司案”（比利时诉希腊，1939 年）中指出，“完全改变提交案件的基础可能会影响管辖权”。[42] 国际法院在“艾哈迈杜·萨迪奥·迪亚洛案”（几内亚诉刚果民主共和国，2010 年）中同样指出，起诉国在被诉国提交辩诉状后提出实质性的新诉求将损害被诉国的“基本程序权利”。该案中，被诉国针对起诉国请求书的可受理性提出初步反对意见，国际法院于 2007 年专门就此作出判决。随后，起诉国在提交的答辩状中提出了新诉求，国际法院在实体问题判决中审查新诉求的可受理性时指出：

> 因为如上所述，新诉求是在答辩状阶段提出来的，被诉国无法对它提出初步反对意见。……被诉国提出初步反对意见的权利，即法院需要在就实体问题开始辩论之前作出判决的反对意见，……是一项基本程序权利。如果起诉国在辩诉状之后提出一项实质性的新诉求，即使被诉国仍可对可受理性和管辖权问题提出并非初步反对意见的反对意见，这样也就侵犯了被诉国的这项权利。[43]

404. 该案中，国际法院结合其他情况，最终判定起诉国提出的新诉求不可受理。[44] 国际海洋法法庭在“赛加号”（二号）案（圣文森特和格林纳丁斯诉几内亚，临时措施，1998 年）中也强调：“当事一方诉求的变更只有在不损害另一方作出反应的权利情况下才可以被允许。”[45]

405. 本案中，仲裁庭在《管辖权裁决》中认定其对菲律宾提出的 7 项诉求有管辖权，同时明确菲律宾其他诉求的管辖权涉及不具有完全初步性质的事项，将在实体问题阶段一并处理。之后，在实体问题庭审最后，仲

---

[41] 同上注，第 36 页。

[42] The “Société Commerciale de Belgique”, Judgment of 15 June 1939, PCIJ, Series A/B, No.78, p.160, at 173.

[43] Ahmadou Sadio Diallo (Republic of Guinea v. Democratic Republic of the Congo), Judgment, I.C.J. Reports 2010, p.639, at para.44.

[44] 同上注，第 47 页。

[45] The M/V “SAIGA” (No.2) Case (Saint Vincent and the Grenadines v. Guinea), Provisional Measures, Order of 11 March 1998, para.33.

裁庭允许菲律宾在“最终诉求”中对已确定有管辖权的诉求，以及需要把管辖权问题与实体问题一并处理的诉求作出重大修改，例如：

关于第 11 项诉求，仲裁庭在《管辖权裁决》中认为它有管辖权。然而，仲裁庭虽承认“在 2015 年 11 月 30 日前”菲律宾的第 11 项诉求“一直限于”在“黄岩岛和仁爱礁”的海洋环境问题，[46] 但仍允许菲律宾变更此项诉求，将其他区域的海洋环境问题纳入。

关于第 14 项诉求，仲裁庭在《管辖权裁决》中决定将管辖权与实体问题合并审议，因为“仲裁庭对这些问题的管辖权取决于仁爱礁的法律地位”和“中国在仁爱礁及其附近活动的具体情况以及这些活动是否具有军事性质，最好和实体问题一起审查”。[47] 然而，菲律宾在实体问题庭审中对第 14 项诉求作出变更，显然菲律宾变更后的诉求已超出仲裁庭在《管辖权裁决》中对这一诉求所需处理事项的认定，增加了新的内容。

关于第 1 项和第 2 项诉求，仲裁庭在《管辖权裁决》中认为菲律宾的第 1 项诉求要求考虑中国所主张的任何历史性权利与《公约》规定的相互关系。[48] 菲律宾在最终诉求中将“《公约》允许”的海洋权利限定为“《公约》明文允许”的海洋权利。“《公约》允许”与“《公约》明文允许”是两个不同的问题，直接涉及菲律宾诉求的范围和性质，并且对仲裁庭管辖权的范围和实体问题审理有不同的影响。仲裁庭对菲律宾的这一诉求变更没有进行讨论。然而，在《7 月 12 日裁决》中，仲裁庭尽管表面上没有按照“《公约》明文允许”行事，但实质上完全是依据“《公约》明文允许”审理并作出裁决。

406. 仲裁庭在作出管辖权裁决后，允许菲律宾在“最终诉求”中作出重大变更，未尽责考察菲律宾变更后诉求的可受理性问题，实际上损害了不参与仲裁程序的中国的合法权利。

---

[46]《7 月 12 日裁决》第 818 段 .

[47]《管辖权裁决》第 411 段。

[48] 同上注，第 398 段。

三、仲裁庭错误将菲律宾 2014 年“修改的权利主张说明”作为最初诉求

407. 判断新诉求的可受理性，需要将新诉求与最初诉求进行对比。根据国际司法实践，最初诉求应以起诉国提起程序时提交的法律文书中的诉求为准。

408. 国际法院在“1971 年《蒙特利尔公约》解释和适用案”（利比亚诉英国，1998 年）中指出，判断新诉求的可受理性，应将新诉求与起诉国提起程序时提交的请求书中的诉求进行对比。利比亚提交请求书的日期是“决定请求书可受理性的唯一相关日期”。[49] 国际法院在“艾哈迈杜·萨迪奥·迪亚洛案”（几内亚诉刚果民主共和国，2010 年）等案件中明确指出，判断新诉求的可受理性，应将新诉求与起诉国提起程序时提交的请求书中的诉求进行对比；[50] 尽管“诉状可以对请求书的内容进行阐述，但不能超出后者界定的诉求范围”。[51] 法院还依此推断，“提交诉状后进行的诉求修改，不能改变请求书所界定的争端事项”。[52]

409. 除了可受理性，起诉国提起程序的时间及提交的法律文书对于确定国际性法庭或仲裁庭的管辖权同样至关重要，因为这关系到法律的确定性和正当司法。国际法院反复指出，“法院的管辖权通常必须按照启动程序文件的提交日期予以判定”。[53] 国际法院指出：

> 必须强调，决定在法院起诉的国家应当精心确定起诉时已满足法院管辖权的所有必要条件。如果未能如此，无论这些条件是否在其后满

---

[49] Questions of Interpretation and Application of the 1971 Montreal Convention arising from the Aerial Incident at Lockerbie (Libyan Arab Jamahiriya v. United Kingdom), Preliminary Objections, Judgment, I.C.J. Reports 1998, p.9, at para.44.

[50] See Ahmadou Sadio Diallo (Republic of Guinea v. Democratic Republic of the Congo), Judgment, I.C.J. Reports 2010, p.639, at para. 39; Territorial and Maritime Dispute between Nicaragua and Honduras in the Caribbean Sea (Nicaragua v. Honduras), Judgment, I.C.J. Reports 2007 (II), p.659, at para.108.

[51] Ahmadou Sadio Diallo (Republic of Guinea v. Democratic Republic of the Congo), Judgment, I.C.J. Reports 2010, p.639, at para.39.

[52] 同上注。

[53] Application of the Convention on the Prevention and the Punishment of the Crime of Genocide (Bosnia and Herzegovina v. Yugoslavia), Preliminary Objections, Judgment, I.C.J. Reports 1996, p.595, at para.26; Questions of Interpretation and Application of the 1971 Montreal Convention arising from the Aerial Incident at Lockerbie (Libyan Arab Jamahiriya v. United Kingdom), Preliminary Objections, Judgment, I.C.J. Reports 1998, p.9, at para.44; Application of the Convention on the Prevention and Punishment of the Crime of Genocide (Croatia v. Serbia), Preliminary Objections, Judgment, I.C.J. Reports 2008, p.412, at para.79.

足，原则上法院必须根据起诉时存在的条件对管辖权问题作出决定。[54]

410. 本案中，菲律宾于 2013 年 1 月 22 日通过提交“仲裁通知和权利主张说明”提起仲裁，这一日期应被视为菲律宾提交“请求书”的日期，菲律宾的“仲裁通知和权利主张说明”应被视为“请求书”，界定了本案仲裁庭应予处理的“争端”及其事项的范围。在没有中国同意的情况下，仲裁庭允许菲律宾修改诉求，从而扩大其在“权利主张说明”中提出的争端及其事项的范围，是错误的。[55] 菲律宾在“权利主张说明”中所提诉求应被视为最初诉求。然而，仲裁庭错误将菲律宾 2014 年 2 月 28 日“修改的权利主张说明”中的诉求视为菲律宾“最初诉求”，并认为菲律宾 2014 年 3 月 30 日诉状是对这些最初诉求进行“提炼和概括”。[56] 这一做法导致仲裁庭在管辖权、可受理性、争端的确定和定性等问题上的一系列错误。例如，菲律宾在“修改的主张说明”中增加关于仁爱礁的诉求，即请求仲裁庭宣布仁爱礁是构成菲律宾在《公约》第六部分项下的大陆架的一部分的水下地物，中国阻止菲律宾船只进入仁爱礁，侵犯了菲律宾的主权权利，要求中国停止在仁爱礁上的活动。这明显扩大了最初诉求的范围。

---

54 Application of the Convention on the Prevention and Punishment of the Crime of Genocide (Croatia v. Serbia), Preliminary Objections, Judgment, I.C.J. Reports 2008, p.412, at para.80.

55 See Land and Maritime Boundary between Cameroon and Nigeria (Cameroon v. Nigeria: Equatorial Guinea intervening), Judgment, I.C.J. Reports 2002, p.303, at paras.3-5. 在该案中，国际法院基于被诉国的同意，允许起诉国提交附加申请扩大诉求争议范围。

56《管辖权裁决》第 19 段。

第三节　仲裁庭错误认定菲律宾第 11 项、第 12（b）项和第 14 项诉求的变更部分具有可受理性

411. 与 2013 年“权利主张说明”相比，菲律宾 2015 年“最终诉求”中明显包含一些新诉求，尤其是指控中国违反保护和保全海洋环境义务的第 11 项和第 12（b）项诉求，以及指控中国在仲裁启动后加剧并扩大争端的第 14 项诉求。而根据前述国际司法实践所确立的判断标准，菲律宾诉求的变更部分都不具有可受理性。

一、仲裁庭错误认定菲律宾第 11 项和第 12（b）项诉求变更部分具有可受理性

412. 菲律宾在 2013 年“权利主张说明”、2014 年“修改的权利主张说明”中提出的 13 项诉求，完全没有提及“海洋环境”一词。然而，在 2014 年诉状中，菲律宾第 11 项诉求指控“中国在黄岩岛和仁爱礁违反《公约》下保护和保全海洋环境的义务”；第 12（b）项诉求指控“中国对美济礁的占领和在其上的建设活动……违反中国在《公约》下保护和保全海洋环境的责任”。菲律宾在 2015 年第 11 项“最终诉求”中进一步扩大有关环境问题的地理范围，指控“中国在黄岩岛、仁爱礁、华阳礁、永暑礁、南薰礁、赤瓜礁、东门礁和渚碧礁违反《公约》下保护和保全海洋环境的义务”。因此，2015 年最终诉求中有关“海洋环境”的内容已构成新诉求。[57] 依据上述国际司法实践确立的标准来判断，这些诉求的变更部分不具有可受理性。

413. 菲律宾最终诉求中的第 11 项和第 12（b）项并不在菲律宾的 2013 年 1 月 22 日最初诉求中。菲律宾的有关环境的最终诉求涉及两类活动，即捕鱼活动和岛礁建设活动。在 2015 年 11 月 30 日菲律宾第三次变

---

[57] 参见 Stefan Talmon, The South China Sea Arbitration: Observations on the Award on Jurisdiction and Admissibility, 15 Chinese Journal of International Law (2016), p.309, at para.133.

更诉求前，菲律宾诉状中的第 11 项诉求涉及捕鱼活动，而菲律宾的第 12（b）项诉求涉及岛礁建设活动。在实体问题庭审中，菲律宾请求修改其第 11 项诉求，使其涵盖华阳礁、永暑礁、南薰礁、赤瓜礁、东门礁和渚碧礁的海洋环境，其理由是“关于这些地物的证据在撰写诉状时尚不可得”。[58] 仲裁庭认为“所提议的修改有关或附带于菲律宾的最初诉求（美济礁岛礁建设活动的环境影响）”。[59] 仲裁庭在此所指美济礁岛礁建设活动环境影响的最初诉求应指第 12（b）项诉求。但仲裁庭并未对此断言作出解释。仲裁庭所说的“有关或附带于”的联系，远低于国际司法实践所确立的新诉求必须“隐含在”请求书中或“直接源于”请求书主题事项的标准。但即使是这样宽松的标准，仲裁庭也没有忠实适用，只是断言“不涉及在当事国之间引入新争端”，草率同意菲律宾的修改。[60]

414. 菲律宾第 12（b）项诉求涉及菲律宾指控中国在美济礁的建设活动破坏海洋环境。仲裁庭错误地将菲律宾在诉状中提出的第 12（b）项诉求作为菲律宾“最初诉求”。事实上，菲律宾第 12（b）项诉求本身相对于 2013 年“权利主张说明”中最初诉求甚至 2014 年“修改的权利主张说明”中的诉求完全是新诉求，因此第 12（b）项诉求本身就存在着可受理性问题。如果第 12（b）项诉求本身就是不可受理的，那么菲律宾在此基础上进一步提出的新诉求当然也是不可受理的。

415. 仲裁庭认为，菲律宾在“修改的权利主张说明”中提出了最初诉求，它在诉状中提出的诉求是对最初诉求的“精练”和“总结”。[61] 但事实并非如此。菲律宾在两个权利主张说明中关于美济礁的诉求是“（4）宣布美济礁……是水下地物，构成菲律宾在《公约》第六部分下的大陆架的一部分，中国占领美济礁……及在其上开展建设活动……侵犯了菲律宾的主权权利”，以及“（5）要求中国终止对美济礁……的占领，及在其上的活动”。显然，菲律宾在这里指控中国在美济礁的建设活动是认为这些活动“侵犯了菲律宾的主权权利”，与中国履行保护和保全海洋环境的义务完全无关。

416. 纵观菲律宾的两份“权利主张说明”，它从未将中国的岛礁建设活动与保护和保全海洋环境问题相关联。这样，菲律宾在 2014 年诉状中

---

[58]《7 月 12 日裁决》第 820 段。

[59] 同上注。

[60] 同上注。

[61]《管辖权裁决》第 19 段。

提出的第12（b）项诉求本身就存在着可受理性问题。基于此，仲裁庭认为菲律宾关于中国在华阳礁、永暑礁、南薰礁、赤瓜礁、东门礁和渚碧礁的岛礁建设对海洋环境影响的新诉求“有关于或附带于”2014年诉状中第12（b）项诉求的说法是根本不成立的。对菲律宾的“权利主张说明”的分析表明，中国的岛礁建设活动与保护和保全海洋环境的义务等事项并不“有关于或附带于”菲律宾的最初诉求中。

417. 至于菲律宾2015年修改前的第11项诉求，它同样并不“有关于或附带于”菲律宾“权利主张说明”提出的最初诉求中。菲律宾2014年诉状第11项诉求限于黄岩岛和仁爱礁的海洋环境，声称中国渔船在这两个地区进行损害环境的捕鱼活动，并指控中国政府容忍和支持这种活动。就涉及仁爱礁的诉求而言，它是菲律宾通过修改最初的“权利主张说明”而增加的新诉求。菲律宾2014年“修改的权利主张说明”也没有提及仁爱礁附近海洋环境问题，菲律宾有关请求是中国“干涉菲律宾在仁爱礁附近水域中的航行和捕鱼”，与环境问题无关。

418. 至于中国渔民在黄岩岛附近水域中的捕捞活动，菲律宾在“权利主张说明”中“要求中国不得阻止菲律宾船只在黄岩岛……附近水域以可持续的方式开发生物资源，不得在这些地物或者附近开展不符合《公约》的其他活动”。其中“不得在这些地物附近从事不符合《公约》的其他活动”这一表述含义不清，但结合“权利主张说明”中的相关内容来看，并不包含海洋环境事项。

419. 菲律宾第11项和第12（b）项诉求引入了保护和保全海洋环境的新诉求，改变了原诉求的性质。菲律宾在2013年仲裁通知中将本案争端界定为有关“菲律宾在西菲律宾海中的海洋管辖权”的争端，同时将它提起仲裁的目的表述为“明确菲律宾在西菲律宾海有权拥有的海洋区域的主权权利和管辖权”。菲律宾在“权利主张说明”中进一步解释提交的争端的四个组成部分，其中前三项有关中菲的海洋权利，第四项有关“中国是否侵犯菲律宾在南海水域的航行权，以及菲律宾对其专属经济区和大陆架内生物和非生物资源的权利”，[62] 完全没有提及中国保护和保全海洋环境的义务。[63]

---

[62] Notification and Statement of Claim of the Philippines (22 Jan. 2013), in Memorial of the Philippines, Vol. III, Annex 1, p.16, para.39.

[63] Stefan Talmon, The South China Sea Arbitration: Observations on the Award on Jurisdiction and Admissibility, 15 Chinese Journal of International Law (2016), p.309, at para.125.

420. 菲律宾关于侵犯航行权和违反环境保护义务的两项指控显然属于不同性质的问题，涉及不同性质的权利和义务关系。菲律宾有关中国违反其保护和保全海洋环境义务的第 11 项和第 12（b）项诉求没有包含在菲律宾 2013 年“权利主张说明”所提出的最初诉求中，甚至没有包含在 2014 年“修改的权利主张说明”所提出的诉求中，而且引入这些诉求改变了菲律宾在最初诉求中界定的争端的性质。按照国际司法实践所确立的标准，这些诉求是不可受理的。

二、仲裁庭错误认定菲律宾所提第 14 项诉求变更部分具有可受理性

421. 菲律宾最终诉求第 14 项的变更部分也是一项新诉求，因为 2013 年“权利主张说明”和 2014 年“修改的权利主张说明”中都没有“有关或附带于”加剧和扩大争端的诉求。菲律宾的第 14 项诉求最早出现在 2014 年菲律宾诉状中，指控“自从 2013 年 1 月本仲裁启动以来，中国通过包括以下在内的行为，非法加剧和扩大争端”。其中所列行为均与仁爱礁有关。仁爱礁问题是菲律宾 2014 年 3 月 11 日通过修改原来的“权利主张说明”新增的。

422. 菲律宾在“修改的权利主张说明”中第一次提到中国在仁爱礁附近的活动，并未涉及“加剧和扩大争端”问题。菲律宾在 2014 年 3 月 30 日的诉状中第一次提出中国在仁爱礁的活动“加剧和扩大争端”。有学者认为，仲裁庭接受菲律宾增加相关诉求，“等同于滥用程序权利”，“仲裁庭本应就此裁定第 14 项诉求不可受理”。[64]

423. 在 2015 年的实体问题庭审中，菲律宾在第 14 项诉求中增加（d）段，即指控中国通过“在美济礁、华阳礁、永暑礁、南薰礁、赤瓜礁、东门礁和渚碧礁从事挖沙、人工岛屿的建造和建设活动”加剧和扩大了争端。2015 年 12 月 16 日，仲裁庭同意菲律宾对第 14 项诉求的这一修改。很明显，新增诉求以及在新增诉求基础上修改的诉求不具可受理性。

[64] 同上注，第 116 段。

本章结论

424. 本案中，诉求变更对菲律宾第 11 项、第 12（b）项和第 14 项诉求的可受理性的影响十分突出。在相关法律和事实均指向这些诉求变更部分可受理性明显存疑的情况下，仲裁庭在考察诉求可受理性上尽显与其责任和能力不相匹配的“懈怠”与“草率”。

425. 仲裁庭先后三次允许菲律宾对其诉求作重大变更。这些变更不仅破坏了仲裁程序的稳定性，而且进一步动摇了仲裁庭有关管辖权决定的依据。仲裁庭在处理诉求变更及其可受理性问题上十分草率。仲裁庭无视国际司法实践确立的标准，自创含糊不清、门槛极低的新标准，甚至连这种自创的新标准，也未忠实适用。依照国际司法实践，并结合本案具体情况，仲裁庭本应裁定菲律宾第 11 项、第 12（b）项和第 14 项诉求变更部分不能接受，也不具有可受理性，但仲裁庭没有这样做。

426. 在中国不接受、不参与仲裁的情况下，仲裁庭的错误更为严重。仲裁庭本应采取更加审慎的态度，以确保中国的合法权利，但却采取了相反的做法。仲裁庭表面上说要维护中国的权利，但从其处理可受理性问题的做法可以明显看出，其只是说说而已。仲裁庭在这方面严重失责，甚至滥权引导菲律宾完善其诉求，事实上是在充当菲律宾辩护律师和诉讼策略顾问的角色，完全丧失了应有的客观性和公正性。

第四章

历史性权利事项（第 1 项和第 2 项诉求）

427. 菲律宾的第 1 项和第 2 项诉求为：

（1）中国在南海的海洋权利，同菲律宾的一样，不得超过《联合国海洋法公约》（简称《公约》）明文允许的范围；

（2）中国关于所谓“九段线”内南海海域的主权权利和管辖权以及“历史性权利”主张，如果超出《公约》明文允许的对中国海洋权利地理范围和实体内容的限制，超出部分违反《公约》，没有法律效力；[1]

428. 关于实体问题，仲裁庭主要提出并处理了三个问题：

第一，《公约》，尤其是它关于专属经济区和大陆架的规定，是否允许保护那些在《公约》生效之前以协议或单方行为所确立、与《公约》规定不一致、针对生物和非生物资源的权利？

第二，在《公约》生效以前，中国在南海领海范围之外的海域是否对生物和非生物资源拥有历史性权利和管辖权？

第三，独立于前两个问题，自《公约》缔结以来，中国对南海海域内的生物和非生物资源是否确立了与《公约》规定不一致的权利和管辖权？如果是，这种权利和管辖权的确立是否与《公约》相符？[2]

429. 仲裁庭认为，中国在成为《公约》缔约国后，对南海断续

1 《7 月 12 日裁决》第 112 段。

2 同上注，第 234 段。

线内生物和非生物资源可能拥有的历史性权利已被《公约》所取代。[3]仲裁庭还说，无论在《公约》生效前还是生效后，中国在南海从未取得和享有历史性权利。[4]

430．仲裁庭说，《公约》确定了中国与菲律宾在南海的海洋权利范围，不得超出《公约》规定的界限。[5]仲裁庭裁定："在中菲之间，中国在南海'九段线'内海域主张的历史性权利或者其他主权权利或管辖权，如超出《公约》明文规定的海洋权利地理范围和实质内容的限制，超出部分违反《公约》，是无效的。……任何超出《公约》规定界限的历史性权利或者其他主权权利或管辖权，均已为《公约》所取代。"[6]

431．第二章已阐明仲裁庭对菲律宾第1项和第2项诉求明显没有管辖权。本章将在上述基础上阐明菲律宾第1项和第2项诉求所涉及的中国在南海的历史性权利问题构成中菲在南海的领土和海洋划界争议不可分割的一部分，不存在仲裁庭所讲中国在菲律宾专属经济区和大陆架内主张历史性权利的问题；仲裁庭不当处理《公约》与一般国际法规则的关系，错误处理《公约》与历史性权利的关系；仲裁庭无视中国长期在南海的生产生活和管辖实践，错误定性和否定中国在南海的历史性权利。

[3] 同上注，第262段。
[4] 同上注，第263-275段。
[5] 同上注，第277段。
[6] 同上注，第278段。

第一节　仲裁庭错误地脱离中菲领土和海洋划界争议处理中国在南海的历史性权利问题

432. 仲裁庭无视中菲在南海存在领土问题和海洋划界情势，以有关区域确定属于菲律宾专属经济区和大陆架为前提进行分析并作出裁定。仲裁庭的裁定建立在错误的前提上，是不成立的。

一、菲律宾诉求所涉中国在南海的历史性权利问题构成中菲领土和海洋划界争议不可分割的一部分

433. 中国对南海诸岛的主权和在南海的相关权益，是在漫长的历史过程中确立的，具有充分的历史和法理依据。中国最早发现、命名和开发利用南海诸岛及相关海域，最早并持续、和平、有效地对南海诸岛及相关海域行使主权和管辖。

434. 仲裁庭承认无权处理涉及领土和海洋划界的问题，却以菲律宾在第 1 项和第 2 项诉求中提出的中国在南海的历史性权利问题与领土和海洋划界问题无关为由，脱离中菲领土和海洋划界争议强行确立管辖权。

435. 如第二章所述，中国和菲律宾之间存在领土和海洋划界问题。这是双方都承认的事实。考虑菲律宾诉求所涉中国在南海的历史性权利，不能脱离中菲在南海的领土和海洋划界争议背景。

第一，从地理区域上看，菲律宾诉求所涉的中国在南海的历史性权利问题，不能脱离中菲在南海的领土问题和海洋管辖权主张重叠。在领土问题上，菲律宾对中国南沙群岛部分岛礁和黄岩岛提出非法领土要求。在海洋划界问题上，中国依据南沙群岛和中沙群岛与菲律宾依据菲律宾群岛主张的专属经济区和大陆架存在大范围重叠。本案中，菲律宾所称中国历史性权利存在的区域与双方有待划界的区域重叠，因此，不能脱离中菲领土和海洋划界问题而单独处理。如第二章所述，在国际司法实践中，在存在海洋划界情势下，国际性法庭和仲裁庭从未脱离划界问题单独处理历史性权利问题。

第二，中国在南海的历史性权利形成和发展，与中国确立对南海诸岛主权的过程是一体的。中国对南海诸岛的主权以及在南海的历史性权利，是在漫长的历史过程中形成的。很久以来，中国就对南海诸岛及相关海域行使管辖，把有关群岛及相关水域作为整体纳入管辖范围，并未区分管辖权的对象是陆地区域还是海洋区域。（详见本章第三节）。脱离中国对南海诸岛的主权来讨论中国在南海的历史性权利问题是错误的。

第三，仲裁庭说，中国在南海主张的历史性权利是对生物和非生物资源的排他性权利。[7] 即便如此，中国在南海的历史性权利，也可视为具有区域权利的意义，这也只有在两国海洋划界的框架下才能妥善处理。

436. 综上，菲律宾诉求所涉的中国在南海的历史性权利问题与中菲在南海的领土和海洋划界争议密不可分，仲裁庭脱离这一争议处理中国在南海的历史性权利问题是错误的。

二、中菲之间尚未解决海洋划界问题，适用《公约》第 56 条、第 58 条、第 62 条、第 77 条的前提不存在

437. 仲裁庭认定中国在南海所主张的历史性权利与菲律宾的专属经济区和大陆架主张相冲突。通过对《公约》第 56 条第 1 款和第 58 条的解释，仲裁庭认为，《公约》明确规定专属经济区内所有有关生物和非生物资源的权利和管辖权都专属于沿海国，[8] 其他国家在沿海国专属经济区内所能享有的权利，仅限于第 58 条所规定的航行、飞越、铺设海底电缆和管道的自由，以及与这些海洋自由有关的其他国际合法用途。[9] 仲裁庭解释第 62 条并认为，沿海国只有在没有能力捕捞全部可捕量的情况下，才有义务允许外国国民进入其专属经济区捕鱼。[10] 仲裁庭进一步认为，沿海国在专属经济区内对于生物和非生物资源具有主权权利，此种权利与其他国家对于同种资源的历史性权利特别是专属性质的历史性权利不能兼容（例如中国的主张看起来就是这样）。[11] 仲裁庭基于同样的分析和推理解释《公约》第 77

---

[7] 同上注，第 270 段。
[8] 同上注，第 243 段。
[9] 同上注，第 241 段。
[10] 同上注，第 242 段。
[11] 同上注，第 243 段。

条有关大陆架的规定，并得出同样的结论，还强调沿海国对大陆架权利的专属性更为明确。[12]

438.《公约》第 56 条规定了“沿海国”在专属经济区内的主权权利、管辖权和义务，并要求“沿海国在专属经济区内根据本公约行使其权利和履行其义务时，应适当顾及其他国家的权利和义务，并应以符合本公约规定的方式行事”。[13]

《公约》第 58 条规定了各国在专属经济区内的权利。该条同时要求：

> 各国在专属经济区内根据本公约行使其权利和履行其义务时，应适当顾及沿海国的权利和义务，并应遵守沿海国按照本公约的规定和其他国际法规则所制定的与本部分不相抵触的法律和规章。[14]

《公约》第 62 条规定了“沿海国”应促进专属经济区内生物资源最适度的利用，并在一定条件下将专属经济区内渔业资源的可捕量对其他国家开放。[15]《公约》第 77 条则规定“沿海国为勘探大陆架和开发其自然资源的目的，对大陆架行使主权权利”。[16]

根据上述条款，适用《公约》第 56 条、第 58 条、第 62 条和第 77 条的前提条件是这些条款所指“沿海国”的专属经济区和大陆架范围是业已确定的、没有争议的。具体而言，仲裁庭必须首先认定菲律宾诉求所涉海域在业已确定的、没有争议的菲律宾专属经济区和大陆架内，而中国只能作为“其他国家”在该地理范围内活动。但事实上，中国是该区域的沿海国。有关海域是中国根据包括《公约》在内的国际法主张的管辖海域。菲律宾在其第 1 项和第 2 项诉求中主张的海域，实际上在中国和菲律宾各自主张的海洋权利重叠区内，并非无争议的菲律宾专属经济区和大陆架。

439. 仲裁庭针对菲律宾第 1 项和第 2 项诉求适用《公约》有关条款，是将有关海域认定为业已确定的、没有争议的菲律宾专属经济区和大陆架，这实际上是对中菲重叠海域进行了划界，超越了管辖权。

---

[12] 同上注，第 244 段。
[13]《公约》第 58 条第 2 款。
[14]《公约》第 58 条第 3 款。
[15] 参见《公约》第 62 条第 1 款、第 2 款。
[16]《公约》第 77 条第 1 款。

第二节 仲裁庭错误处理历史性权利与《公约》的关系

440. 仲裁庭在《公约》是否为海洋权利问题提供了全面规范、《公约》和其他国际法规则之间的关系以及历史性权利与《公约》的关系等方面的裁定存在错误。

一、仲裁庭不当认定《公约》为解决海洋法的一切问题提供了规则

441. 在本案中，菲律宾提出《公约》第 56 条、第 57 条、第 62 条、第 76 条、第 77 条以及第 121 条是确立每个国家海洋权利和管辖权范围和性质的规则，而这些规则是努力达成世界海洋治理完整法律秩序的全球协定的结果。[17] 在实体问题庭审阶段，菲律宾在回答一位仲裁员问题时声称，《公约》排除了所有《公约》不允许的主张，旨在解决海洋法的一切问题，并为海洋建立一个法律秩序。[18]

442. 仲裁庭全盘接受菲律宾的观点，将其作为《7 月 12 日裁决》的推理起点。仲裁庭梳理了《公约》有关海洋区域制度的条款，认为"《公约》提供了一个能够囊括所有海域或海底的全面海洋区域制度，规定并确定了有关界限。"[19] 仲裁庭进一步提出：

> 《公约》意图创立全面的海洋区域制度，覆盖所有海洋或海底区域。《公约》为缔约国的权利义务提供完备基础的意图，明显体现在序言中。序言指出《公约》意在解决"与海洋法有关的一切问题"，并强调建立"一种海洋法律秩序"的愿望。《公约》最大限度地限制各种例外的这一目的，也体现在《公约》第 309 条。该条规定"除非本

---

[17] Memorial of the Philippines, Vol. I, paras. 4.38-4.43.

[18] Merits Hearing Tr. (Day 4), pp.90-91.

[19] 《7 月 12 日裁决》第 231 段。

公约其他条款明示许可，对本公约不得作出保留或例外”。[20]

仲裁庭还说：

《公约》的谈判历史有助于指明《公约》作为一个全面文本的意图以及第309条规定禁止保留对此的重要性。《公约》是在协商一致的基础上谈判而成，最终文本体现了一揽子协议。对于防止国家通过保留撤回其在谈判中反对过的那些最终妥协，禁止保留至关重要。[21]

443. 基于上述，仲裁庭确立《公约》为评判国家在海洋法律秩序中权利和义务的唯一标准。仲裁庭关于《公约》为海洋权利问题提供全面规范的论断是完全错误的。

(一)《公约》未予规定事项继续由一般国际法调整

444.《公约》前言宣布：

本公约缔约各国，

本着以互相谅解和合作的精神解决与海洋法有关的一切问题的愿望，并且认识到本公约对于维护和平、正义和全世界人民的进步作出重要贡献的历史意义，

注意到自从一九五八年和一九六〇年在日内瓦举行了联合国海洋法会议以来的种种发展，着重指出了需要有一项新的可获一般接受的海洋法公约，

意识到各海洋区域的种种问题都是彼此密切相关的，有必要作为一个整体来加以考虑，

认识到有需要通过本公约，在妥为顾及所有国家主权的情形下，为海洋建立一种法律秩序，以便利国际交通和促进海洋的和平用途，海洋资源的公平而有效的利用，海洋生物资源的养护以及研究、保护和保全海洋环境，

……

确认本公约未予规定的事项，应继续以一般国际法的规则和原则为准据，

……[22]

---

[20] 同上注，第245段。

[21] 同上注，第253段。

[22]《公约》前言（强调为作者所加）。

445. 仲裁庭在裁决中片面援引《公约》前言内容，企图通过强调缔约国解决“与海洋法有关的一切问题”之目的，以及“为海洋建立一种法律秩序”之愿望，制造一种《公约》提供全面海洋法规则的印象。[23] 这是误导性的。《公约》前言第 8 段明确指出：“本公约未予规定的事项，应继续以一般国际法的规则和原则为准据”。由此可以认定，仍有事项未纳入《公约》规定，不能认为《公约》提供了全面的海洋规则。“解决与海洋法有关的所有议题”仅仅是缔约国的愿望，并且依旧仅仅是缔约国的愿望。尽管愿望是美好的，但并没有将作为一揽子协议的《公约》变成为海洋法的所有议题都确立规则的文件。

446. 愿望只是愿望，但现实是现实。这里的实际情况是，缔约国对诸多海洋法律问题达成妥协的同时，仍有不少问题没有得到处理，一些问题经谈判仍未能达成协议。《公约》是缔约国之间谈判和妥协的产物。一些事项虽经缔约国谈判但未能达成妥协，或者缔约国当时没有将其列为谈判日程而未作处理，最终未被纳入《公约》调整范畴。缔约国显然认识到这一现实，因此通过《公约》序言第 8 段确认一般国际法在调整海洋事务中的作用。

447. 尽管《公约》构建了当代国际海洋秩序的法律框架，但《公约》并未穷尽关于海洋权利义务的所有事项。国际海洋法并非一个封闭的法律体系，解决海洋法中的诸多具体问题仍需诉诸包括习惯国际法在内的一般国际法。换言之，《公约》不是国际海洋法的全部，也不能等同于国际海洋法。正如有学者指出，《公约》没有涵盖一国对水域和资源可能拥有的权利和管辖权的所有情况。[24]

448.《公约》没有穷尽所有海洋权利义务事项，这一现实是国际社会的普遍认知。例如，上世纪 90 年代，针对在公海海域出现的过度捕捞现象，国际社会发出呼吁，要求采取措施对在开阔海域洄游的鱼类资源进行管理和保护，谈判达成新的协定以弥补《公约》的不足。在此背景下，1995 年《联合国关于跨界鱼类种群与高度洄游鱼类种群的协定》应运而

---

23 《7 月 12 日裁决》第 245 段。

24 Ted L. McDorman, Rights and Jurisdiction over Resources in the South China Sea: UNCLOS and the “Nine-dash Line”, 在 S. Jayakumar, Tommy Koh and Robert Beckman (eds.), The South China Sea Disputes and the Law of the Sea (Edward Elgar, 2012), p.144, at 153.

生。中国政府指出，这一协定“是《联合国海洋法公约》的一个重要发展”。[25] 再如，《公约》谈判期间，各国对国家管辖范围以外区域海洋生物多样性问题缺乏认识与预期，导致《公约》未针对有关问题制订具体规范。为此，联合国大会于 2004 年决定设立非正式特设工作组研究应对方案，[26] 并于 2015 年 6 月通过第 69/292 号决议，决定就此“拟订一份具有法律约束力的国际文书”，[27] 以此一揽子处理海洋遗传资源、海洋保护区等问题，[28] 补充《公约》法律制度。截至 2017 年 12 月，为谈判制定上述国际文书所设预备委员会的工作取得积极进展。

449. 这一现实也得到权威海洋法专家的确认。特里维斯（Tullio Treves）指出，“《公约》条款没有预设到可能产生的每一个问题，也没有解决这些条款预设的每一个问题。”[29] 弗里斯通（David Freestone）和曼贡（Mangone）也指出，“仍然有重要的问题需要进一步工作——或因为这些问题根本没有解决，或因为有新的期望和需求。会议所采取的被广为评论的革新性的‘协商一致’程序和‘一揽子交易’方式需要大量的妥协，直接导致相当数量的问题没有完全解决”。[30] 这些评论是对序言第 8 段的注脚，确认《公约》并非规范所有海洋法问题。

450. 上述《公约》生效后的发展情况以及权威法学家的论述充分说明，《公约》未就有关海洋法的所有议题确立全面规则。仲裁庭片面援引《公约》前言，断章取义，将缔约国对《公约》寄托的希望与《公约》的实际内容相混淆，错误解读《公约》。

---

[25] “中华人民共和国政府关于《执行 1982 年 12 月 10 日（联合国海洋法公约）有关养护和管理跨界鱼类种群和高度洄游鱼类种群的规定的协定》的有关规定的声明”，1996 年 11 月 6 日，http://www.un.org/Depts/los/convention_agreements/fish_stocks_agreement_declarations.htm#CHINA.

[26] A/RES/59/24-Oceans and the Law of the Sea, Resolution adopted by the General Assembly on 17 November 2004, para.73.

[27] A/RES/69/292-Development of an international legally binding instrument under the United Nations Convention on the Law of the Sea on the conservation and sustainable use of marine biological diversity of areas beyond national diversity, Resolution adopted by the General Assembly on 19 June 2015, para.1.

[28] 同上注，第 2 段。

[29] Tullio Treves, The Law of the Sea “System” of Institutions, 2 Max Planck Y.B. U.N. L. (1998), p.325.

[30] David Freestone and Gerard J. Mangone, The Law of the Sea Convention: Unfinished Agendas and Future Challenges, 10 The International Journal of Marine and Coastal Law (1995), p.x（文中引注省略）。另参见 David Freestone, The Law of the Sea Convention at 30: Successes, Challenges and New Agendas, 27 The International Journal of Marine and Coastal Law (2012), p.675.

（二）《公约》第309条不能证明《公约》规则的全面性

451. 在关于《公约》是否为解决海洋法事项提供全面规范的问题上，仲裁庭还援引《公约》第309条认为，该条同样体现“最大程度限制《公约》例外”的目的。[31]《公约》第309条处理的是《公约》整体性而非全面性的问题。仲裁庭在此混淆了两个不同的问题。

452.《公约》第309条规定：除非本《公约》其他条款明示许可，对本公约不得作出保留或例外。这是关于条约保留的条款，目的在于维护《公约》规则的整体性。第三次联合国海洋法会议主席许通美（Tommy Koh）在蒙特哥湾会议上总结说：

> 尽管《公约》是由一系列妥协和诸多一揽子协议构成，但我想强调的是，它们构成了一个不可分割的整体。这就是为什么《公约》不允许保留的原因。因此，国家不可能挑选其喜欢的部分并丢弃不喜欢的部分。在国际法上，如同在国内法上一样，权利和义务是并行的。在法律上也就不允许根据《公约》主张权利的同时不愿意承担相应的义务。[32]

这段话非常明确指出，《公约》第309条的目的是为了维持《公约》整体性，与《公约》的全面性无关。许通美的评论反映了普遍共识。[33]

453. 第三次联合国海洋法会议希望实现国家的普遍参与，[34]协商一致和一揽子交易因此成为《公约》谈判的主要方式。[35]一揽子交易过程必然包含“交换”，这意味着参与谈判的国家在同意一些对其不利条款时，需要从其他条款中获益。一揽子交易程序可能在具体事项上形成一些小的一揽子，从而有助于在不同事项上形成综合性的一揽子协议。由此，《公约》各项

---

31 《7月12日裁决》第245段。

32 185th plenary meeting, UNCLOS III Official Records, Vol. XVII, p.21, at para.53.

33 参见 Shabtai Rosenne & Louis B. Sohn (eds.), Virginia Commentary, Vol. V (1989), p.223.

34 参见 D.H. Anderson, Legal Implications of the Entry into Force of the UN Convention on the Law of the Sea, 44 International and Comparative Law Quarterly (1995), p.313; Alan Boyle, Further Development of the Law of the Sea Convention: Mechanisms for Change, 54 International and Comparative Law Quarterly (2005), p.563.

35 参见 B. Buzan, Negotiating by Consensus: Developments in Technique at the UN Conference on the Law of the Sea, 75 American Journal of International Law (1981), p.324; H. Caminos and M. Molitor, Progressive Development of International Law and the Package Deal, 79 American Journal of International Law (1985), p.871.

规定之间密切相关，构成一个整体的一揽子。[36]《公约》整体上反映了不同国家的偏好和利益以及相互交换和妥协，最终达成的《公约》条文，体现了缔约国之间利益的微妙平衡。《公约》第 309 条的目的就是为了维护缔约国之间利益的微妙平衡，确保《公约》规则整体上为缔约国所接受。

454. 显然，《公约》的整体性和《公约》是否处理所有海洋法问题并形成完备的规则体系，是两个完全不同的问题。当一个条约不允许缔约国保留时，只能证明该条约的缔约国意图是使条约的所有条款得到全面遵守，但并不能由此推论出该条约全面处理了条约领域的所有问题。因此，第 309 条根本不能佐证《公约》已穷尽海洋法所有情势并排除包括习惯国际法在内的一般国际法适用的观点。

二、仲裁庭不当处理《公约》与一般国际法规则的关系

455. 仲裁庭在认定《公约》为解决海洋法的一切权利义务事项提供全面规范后，认为还需要处理《公约》与一般国际法规则之间的关系。在对菲律宾第 1 项和第 2 项诉求进行实体审议时，仲裁庭提出一个问题："对于在《公约》生效之前业已确立的资源权利，若与《公约》规定不一致，《公约》是否允许其存续"。[37] 仲裁庭说：

> 要回答这个问题，有必要考察《公约》和国际法上权利的其他可能来源之间的关系。《公约》第 311 条规定了《公约》与其他国际协定之间的关系。仲裁庭认为，该条款同样适用于《公约》与不以协定形式出现的其他国际法规范（例如历史性权利）之间的关系。[38]

仲裁庭认为，《公约》与其他国际法规则之间的关系在《公约》第 293 条第 1 款中有明确规定。[39] 第 293 条第 1 款规定："根据本节具有管辖权的法院或法庭应适用本公约和其他与本公约不相抵触的国际法规则"。仲裁庭进一步认为：

> 这些规定反映了国际法上关于不同法律体系之间相互关系的一般

[36] 参见 Myron H. Nordquist (ed.), Virginia Commentary, Vol. I (1985), p.15.

[37]《7 月 12 日裁决》第 235 段。

[38] 同上注。

[39] 同上注，第 236 段。

规则。这些规则规定，一项公约的缔约方的意图，将决定该公约和其他文件之间的关系。在条约之间发生冲突的情形下，该规则也体现在《维也纳条约法公约》第 30 条中。《维也纳条约法公约》第 30 条第 2 款和第 3 款规定，不同条约之间，在彼此不相合的范围内，后订条约优先于前订条约；除非其中任何一项条约规定其不得违反另一条约，此种情形下当事国的意图应居优先。[40]

456. 基于上述，仲裁庭推导出处理《公约》与一般国际法规则关系的四点“论断”：

第一，当《公约》明示许可或保持其他国际协定时，第 311 条第 5 款规定该协定不受影响。本仲裁庭认为，该条款同等适用于被明示许可或保持的历史性权利，即便其可能未采取严格的协定形式，例如，《公约》第 10 条和第 15 条均明确提及的历史性海湾和历史性所有权；

第二，当《公约》未明示许可或保持一项先前的协定、习惯国际法规则或历史性权利时，如果它们的实施并不与《公约》的任何规定相冲突，或者对《公约》的解释表明《公约》有意使先前的协定、规则或权利继续得以实施，则此类先前的规范并非与《公约》不相符合；

第三，当独立于《公约》所产生的权利义务和《公约》的规定并非不符合时，第 311 条第 2 款规定它们的实施保持不变。

第四，当在《公约》生效前已经产生的、独立的权利和义务与《公约》的规定不相符合时，《维也纳条约法公约》第 30 条第 3 款和《公约》第 293 条所确立的原则规定，《公约》将优先于这种先前产生的、与《公约》不相符合的权利或义务。[41]

（一）仲裁庭错误援引第 311 条和第 293 条第 1 款处理《公约》与一般国际法的关系

457. 仲裁庭说，《公约》第 311 条关于《公约》与其他条约关系的规定“同样适用于《公约》与其他国际法规则的关系”。仲裁庭的这种做法是对第 311 条的扩大适用，是错误的。如作此理解，仲裁庭应当证明第 311 条本身体现了处理条约与一般国际法关系的规则，或者证明第 311 条

---

[40] 同上注，第 237 段。

[41] 同上注，第 238 段。

本身含有处理此种关系的意图。但遗憾的是，仲裁庭对此没有论述，仅以“同样适用”说法敷衍了事。

458.《公约》第 311 条本身不明文处理《公约》与一般国际法的关系。那么只能基于缔约方的意图来处理两者的关系。仲裁庭也承认，在涉及不同法律体系相互关系时，“条约缔约方的意图决定条约与其他法律文件之间的关系”。[42] 因此，要确定第 311 条是否处理《公约》与其他法律规则之间关系，有必要考察《公约》缔约方的真实意图。

459. 第 311 条的标题是“同其他公约和国际协定的关系”，尽管公约和国际协定的表现形式多样，但无论是何种形式，都不能解释为涵盖习惯国际法在内的一般国际法规则。第 311 条的文本内容也表明，该条旨在处理《公约》和其他条约可能存在的冲突问题。第 311 条无论其文本内容还是标题，均无处理《公约》与一般国际法规则关系的意图。

460.《公约》谈判过程也清楚地表明，第 311 条仅用于处理《公约》和其他条约之间的关系。在《公约》外交谈判会议中，各方在“和其他公约的关系”议题下对该条款进行了讨论。在讨论过程中，非正式全体会议的主席将这一条款界定为处理“和其他公约的关系”。[43] 在《公约》第 311 条的谈判过程中，各方多次提及《维也纳条约法公约》第 30 条“关于同一事项先后所订条约之适用”，[44] 但未提及除国际协定外的其他国际法规则，也没有试图确立处理《公约》和包括习惯国际法在内的一般国际法规则关系的规则。权威海洋法学者认为，“第 311 条对若干可以相互独立的问题作出规定，这些问题的共同特点就是事实上或未来可能存在另一条约就《公约》规定的某一事项和《公约》产生交集”。[45]

461. 事实上，与《公约》第 311 条相似的条款在其他双边、多边条约中也普遍可见。这类条款旨在处理有关条约与其他国际协定的关系，不能将其解释为处理条约与一般国际法的关系。

462. 仲裁庭还援引《公约》第 293 条第 1 款佐证其对《公约》与其他国际法规则关系的观点。如前所述，该条款规定的是有管辖权的法院或法庭可以适用的法律。仲裁庭若适用第 293 条，则需要首先论证规范历史性

---

42 同上注，第 237 段。

43 Shabtai Rosenne and Louis B. Sohn (eds.), Virginia Commentary, Vol. V (1989), pp.233-234.

44 同上注，第 232、236 页。

45 同上注，第 242 页。

权利的一般国际法“规则”与《公约》制度是否存在具体冲突，而非将“规则”与“权利”混为一谈，将具体的权利之间的冲突不加论证地替换为规则之间的冲突。

（二）《公约》在海洋法律制度中不具有法律意义上的“宪法”地位

463. 在诉状和庭审中，菲律宾引用第三次联合国海洋法会议主席许通美关于《公约》是“海洋宪章”的发言，试图说明《公约》在海洋法律秩序中具有效力上的优先性。[46] 仲裁庭在《7 月 12 日裁决》中也提出，“《公约》作为‘海洋宪章’被通过，用于解决‘与海洋法有关的一切问题’，已获得 168 个国家批准”。[47] 仲裁庭虽然没有明确以“海洋宪章”为据赋予《公约》相对其他国际法规则的优先性，但实际上在仲裁进程中始终坚持《公约》具有优先地位。

464. 参加第三次联合国海洋法会议的各国从未赋予《公约》在海洋法律秩序中以“宪法”地位。在 1982 年第三次联合国海洋法会议闭幕会上，许通美在发言中指出会议达成了“一份将经得起时代考验的全面的海洋宪章”的基本目标。[48] 许通美所说“海洋宪章”，只是比喻，并不是对《公约》法律地位的描述，并不具有赋予《公约》“宪法”地位的意义和效力。换言之，“海洋宪章”这一用语是一个鼓励性口号，呼吁各国重视《公约》。实际上，会议主席也不具有决定会议文件法律地位的职能。

465.《公约》及其谈判历史均表明，在《公约》与一般国际法关系问题上，缔约国没有赋予《公约》以优先地位。在《公约》中，只有前言第 8 段提及《公约》与一般国际法的关系。关于在《公约》生效前基于一般国际法成立的历史性权利，《公约》中没有条款明确禁止保持其存续或使之归于无效。[49] 仲裁庭没有考察缔约国意图，错误地认定非源于《公约》且同《公约》相冲突的的权利和义务不能存在和和继续。

466. 在第三次联合国海洋法会议期间，大会对《公约》前言草案的讨

---

[46] Memorial of the Philippines, Vol. I, para.4.46; Jurisdictional Hearings Tr. (Day 1), pp.53, 56.

[47] 《7 月 12 日裁决》第 4 段。

[48] 185th Plenary meeting, UNCLOS III Official Records, Vol. XVII, p.13, para.47; A Constitution for the Ocean, Remarks by Tommy T. B. Koh, of Singapore, President of the Third United Nations Conference on the Law of the Sea, 10 December 1982, http://www.un.org/depts/los/convention_agreements/texts/koh_english.pdf.

[49] 参见 Sophia Kopela, Historic Titles and Historic Rights in the Law of the Sea in the Light of the South China Sea Arbitration, 48 Ocean Development & International Law (2017), p.181, at 184.

论始于第 4 轮会议，大会将《公约》前言与最后条款草案，作为会议的重要问题，其中《公约》未调整事项应当如何处理是一项重要内容。前言有关案文在《公约》谈判过程中的明显变化，反映了缔约国对《公约》和一般国际法规则关系理解的发展和最终结果。

467. 1976 年的相应案文为："确认本公约的条款未予明文规定的事项，应继续以习惯国际法规则为准据"。[50] 其后，斐济代表 77 国集团提出另一案文："确认本公约未予明文规定的事项，应继续以与本公约不相抵触的其他普遍接受的国际法规则为准据"。[51] 在进一步讨论中，该案文被调整为："确认本公约未予明文规定的事项，应继续以与本公约不相抵触的国际法规则为准据"。[52] 前述草案实际上赋予了《公约》在海洋法律秩序中优先适用的地位，一般国际法规则只有与《公约》不相抵触才能继续调整《公约》未规定事项。

468. 然而，缔约国最终未接受上述案文，而决定将其修改为："确认本公约未予规定的事项，应继续以一般国际法规则和原则为准据"。该案文删除了"不相抵触"这一限定。《公约》前言最终文本确认，对于《公约》未规定事项，由一般国际法调整，且未给予《公约》相对于一般国际法的优先地位。

469. 一般认为，《公约》前言第八段的表述是受到《维也纳条约法公约》序言第八段的启发，许多其他国际条约也有类似的表述。[53] 有学者对《维也纳条约法公约》序言第 8 段评论指出，"不能认为在条约法的不同渊源之间有等级之分，即不能认为《维也纳条约法公约》优于条约方面的习惯国际法"。[54] 这一理解同样适用于《公约》前言第 8 段，即《公约》前言第 8 段并未赋予《公约》对一般国际法规则的优先地位。

---

[50] A/CONF.62/L.13, UNCLOS III Official Records, Vol. VI (1976); Myron H. Nordquist (ed.), Virginia Commentary, Vol. I (1985), p.457.

[51] A/CONF.62/L.33, UNCLOS III Official Records, Vol. IX, p.188.

[52] Myron H. Nordquist (ed.), Virginia Commentary, Vol. I (1985), p.465.

[53] 同上注，第 457 页。《维也纳条约法公约》序言第 8 段："确认凡未经本公约各条规定之问题，将仍以国际习惯法规则为准"。其他条约如《维也纳外交关系公约》序言第 5 段规定："重申凡未经本公约明文规定之问题应继续适用国际习惯法之规例"。

[54] Oliver Dörr & Kirsten Schmalenbach (eds.), Vienna Convention on the Law of Treaties: A Commentary (Springer, 2012), p.16; 另 见 M.E. Villiger, Commentary on the 1969 Vienna Convention on the Law of Treaties (Martinus Nijhoff Publishers, 2009), p.51.

三、仲裁庭未能正确认识《公约》生效后历史性权利继续存在

470. 仲裁庭裁定，任何超出《公约》规定界限的历史性权利或者其他主权权利或管辖权，均已为《公约》所取代。[55] 仲裁庭进一步认定在另一国专属经济区或大陆架内对资源的历史性权利与《公约》规定的该国的主权权利相冲突，已被《公约》所取代。仲裁庭的这一裁定无视有关历史性权利的诸多问题属于《公约》未予规定事项，无视《公约》对历史性权利与专属经济区和大陆架制度的关系也未作出规定，无视一般国际法上的历史性权利是多样的，没有单一的制度，且各自自成一体。

（一）《公约》总体上对历史性权利采取尊重的态度

471.《公约》未就历史性权利的构成要素、性质等问题制定规则，也未就历史性权利与《公约》关系制定一般性规则，总体上对历史性权利采取尊重态度。

472.《公约》在第 10 条第 6 款、第 15 条、第 51 条第 1 款和第 298 条第 1 款等条款中分别提及“历史性海湾”、“历史性所有权”、“传统捕鱼权”等历史性权利问题，且规定上述权利属《公约》相应具体制度的例外或者应得到承认。这种规定具有明确保存历史性权利的意义。1962 年联合国秘书处《包括历史性海湾在内的历史性水域的法律制度》研究报告（以下简称“1962 年联合国秘书处研究报告”）指出，通过表述为一般规则之例外的方式，《领海及毗连区公约》的相关条款，目的在于维持“历史性所有权”的原状，而非将其置于更严苛的要求之下。[56]

473.《公约》谈判历程表明，谈判国无意处理历史性海湾、历史性所有权等历史性权利的具体制度问题。日本在第一次联合国海洋法会议上曾提出历史性海湾的定义，即“一个或者若干沿海国对一个海湾在长时间内持续有效行使权力并且得到外国对该实践的明示或者默示的承认者”。[57] 但这一提案并未得到支持。第三次联合国海洋法会议并未就历史性所有权和历史性水域的具体制度展开讨论，而只是将其作为排除等距离线规则适

---

[55]《7 月 12 日裁决》第 238 段。

[56] Juridical régime of historic waters, including historic bays – Study Prepared by the Secretariat, Yearbook of the International Law Commission, Vol. II (1962), p.1, at para.78.

[57] A/CONF.13/C.1/L.104, UNCLOS I Official Records, Vol. Ⅲ , 1958, p.241.

用的例外情况加以讨论。[58] 正如拉奥所指出，“有关历史性所有权和历史性权利的争端解决，是一个由一般国际法、相关条约和惯常实践所调整的事项。毕竟，如前所述，这些事项取决于有关长期、持续与和平行使主权的证据。这些事项显然在《公约》的范围之外”。[59]

474. 仲裁庭认为，《公约》第 62 条第 3 款中“以尽量减轻其国民惯常在专属经济区捕鱼……的需要”的规定，暗示《公约》专属经济区制度已处理其与传统捕鱼权的关系，从而否认传统捕鱼权的继续存在。[60] 仲裁庭这一判断与《公约》规定不合。事实上，《公约》只是处理了惯常捕鱼活动，未涉及《公约》与历史性捕鱼权的关系。惯常捕鱼活动与历史性捕鱼权在性质和内容上存在着区别，惯常捕鱼活动通常由私人开展，而《公约》第 51 条第 1 款谈的则是国家的传统捕鱼权。

475. 从《公约》看，“惯常在专属经济区捕鱼”与“历史性权利”是两个不同的概念，不能混淆。在《公约》缔约过程中，与“惯常在另一国专属经济区捕鱼”有关的案文，在不同提案中措辞各有不同，但都不涉及历史性权利。这一问题在第三次联合国海洋法会议之前，在海底委员会已有所讨论。在 1971 年美国提交海底委员会的提案中，所用措辞是“现有捕鱼行为”。[61] 在第三次联合国海洋法会议第二期会议中，保加利亚、白俄罗斯、民主德国、波兰、乌克兰和苏联提交案文，所用措辞是“一直在区域内捕鱼”。[62] 在第三期会议中，艾文森小组提交的草案措辞是“惯常捕

[58] 例如 A/CONF.62/SR.34, UNCLOS III Official Records, Vol. I, p.141; Provision 21 Formula A, A/CONF.62/L.8/Rev.1, ibid., Vol. III, p.111; Article 13, A/CONF.62/WP.8/Part II, ibid., Vol. IV, p.154; Article 15, A/CONF.62/WP.8/Rev.1/Part II, ibid., Vol. V, p.155; Article 15, A/CONF.62/WP.10, ibid., Vol. VIII, p.7; Article 15, A/CONF.62/WP.10/Rev.1, ibid., Vol. VIII, p.26; Article 15, A/CONF.62/WP.10/Rev.2, ibid., Vol. VIII, p.28; Article 13, A/CONF.62/WP.10/Rev.3, ibid., Vol. VIII, p.5; Article 15, A/CONF.62/L.78, ibid., Vol. XV, p.178.

[59] Sreenivasa Rao Pemmaraju, The South China Sea Arbitration (The Philippines v. China): Assessment of the Award on Jurisdiction and Admissibility, 15 Chinese Journal of International Law (2016), p.265, at para.61.

[60] 《7 月 12 日裁决》，第 804 段。

[61] Satya N. Nandan & Shabtai Rosenne (eds.), Virginia Commentary, Vol. II (1993), p.617.

[62] Bulgaria, Byelorussian Soviet Socialist Republic, German Democratic Republic, Poland, Ukrainian Soviet Socialist Republic, and Union of Soviet Socialist Republics: draft articles on the economic zone, A/CONF.62/C.2/L.38, Art.16, UNCLOS III Official Records, Vol. III, p.216.

鱼”。[63] 虽然各项建议案文不同，但有一点相同，即都未提及历史性权利。

另外，《公约》第 51 条第 1 款明确规定了在群岛水域中的“传统捕鱼权”问题。如果《公约》第 62 条第 3 款中的“惯常捕鱼”等同于“传统捕鱼权利”或“历史性捕鱼权”，缔约国没有理由不在该款中使用带有“权利”的措辞。也就是说，如果缔约国将“惯常捕鱼”作为权利，它们会采取不同的做法。

476. 有关国际判例也确认“惯常捕鱼”不同于历史性权利。例如，巴巴多斯—特立尼达和多巴哥仲裁案（2006 年）中，仲裁庭在讨论巴巴多斯主张的历史性权利是否构成调整等距离线的因素时，认为巴巴多斯提供的历史性捕鱼权证据非常薄弱。仲裁庭认为巴巴多斯的这种渔业活动自 1978 年至 1980 年间才开始；几年后，特立尼达和多巴哥就通过《群岛水域法》建立专属经济区，因此巴巴多斯渔民的捕鱼活动尚不能构成历史性捕鱼权。该案仲裁庭指出：

> 这些短暂的年限还不足以构成传统。特立尼达和多巴哥的专属经济区一旦建立，巴巴多斯渔民在其中的捕鱼活动，不论是否通过与巴巴多斯签订的协定获得授权，都不能构成巴巴多斯渔民的非专属性捕鱼权，更不能构成巴巴多斯要求调整等距离线的权利基础。[64]

477. 这样，仲裁庭裁定，巴巴多斯的这种捕鱼活动不产生“传统”，不构成可调整临时等距离线的基础。海洋划界之后，仲裁庭认为传统捕鱼问题是沿海国行使专属经济区权利的行为，已为《公约》第 297 条第 3 款（a）项所排除管辖，其无权管辖巴巴多斯渔民是否有权在特立尼达和多巴哥专属经济区捕鱼的问题，[65] 但提醒当事国也已承担通过谈判对渔业问题作出妥善安排的义务。[66] 该案中，历史性权利与看起来类似“惯常捕鱼”的活动之间的差别是很明显的。

---

[63] The Economic Zone (1975, mimeo.), Article 6 (Informal Group of Juridical Experts, i.e., the Evensen Group). Reproduced in Renate Platzöder (ed.), Third United Nations Conference on Law of the Sea: Documents, IV, 209, 213, 引自 Satya N. Nandan & Shabtai Rosenne (eds.), Virginia Commentary, Vol. II (1993). p.628.

[64] Arbitration between Barbados and the Republic of Trinidad and Tobago, relating to the delimitation of the exclusive economic zone and the continental shelf between them, Decision of 11 April 2006, RIAA, Vol. XXVII, p.147, at para.266.

[65] 同上注，第 276-277、384 段。

[66] 同上注，第 258、287-288、385 段。

478. 又如，在“缅因湾区域海洋边界划界案”(加拿大 / 美国，1984 年）中，当事国双方均提出以捕鱼实践作为公平划界的相关因素。美国主张在相关区域拥有占优势的捕鱼活动。法院分庭认为，不论美国渔民在相关区域的渔业主导地位为何，这不能构成将加拿大专属渔区有关部分纳入美国专属渔区的理由。[67] 美国没有主张在相关海域的历史性捕鱼权，法院分庭因此也未就此种权利及其与《公约》专属经济区制度类似的专属渔区的关系作出决定。[68] 很明显，历史性权利与美国主张的占优势的渔业活动（与“惯常捕鱼”相似）是不同的。

479. 从《公约》的谈判历史看，缔约国无意处理历史性权利与专属经济区和大陆架制度的关系问题。在第二次联合国海洋法会议磋商过程中，一些国家代表意识到沿海国专属权利的建立与其他国家历史性权利之间可能发生某种冲突，就此展开了初步讨论。[69] 南斯拉夫 [70]、塞拉利昂 [71]、墨西哥 [72] 等一些国家认为，这种争端应当留给区域性制度或国家间的双边条约解决，但有关问题的后续讨论未能进行下去。在第三次联合国海洋法会议上，各国并没有就专属经济区和大陆架制度与历史性权利的关系达成协议。伊朗等国家提出，沿海国可以以对沿岸水域享有的历史性权利为依据建立渔区。[73] 然而，各国未对历史性权利的实体规则进行讨论，未对历史性权利与即将达成的《公约》之间的关系进行讨论。

480. 国际司法实践表明，《公约》规定的专属经济区和大陆架制度并不当然取代为习惯国际法所确认的历史性权利。在“大陆架案”（突尼斯诉利比亚，1982 年）中，突尼斯对相关区域大陆架寄居生物和其他渔业资源主张自古以来的历史性权利。对此，国际法院指出：

> 历史性权利或水域与大陆架的概念在习惯国际法中分别由不同的法律制度调整。前者基于取得或占有，而后者基于“事实上和自始就

---

[67] 参见 Delimitation of the Maritime Boundary in the Gulf of Maine Area (Canada/United States of America), Judgment, I.C.J Report 1984, p.246, para.235.

[68] 参见上注。

[69] 参见 A/CONF.19/C.1/SR.2, UNCLOS II Official Records, Summary Records of Plenary Meetings and of Meetings of the Committee of the Whole, pp.40-41, at paras.12-22.

[70] 参见 A/CONF.19/C.1/SR.8, ibid., p.70, para.41.

[71] 参见 A/CONF.19/C.1/SR.15, ibid., p.99, para.29.

[72] 参见 A/CONF.19/C.1/SR.24, ibid., p.113, para.7.

[73] 23rd Plenary Meeting, UNCLOS III Official Records, Vol. I, p.72, para.22.

> 有的”权利。无疑，二者有时可能部分或全部发生竞合，但这种竞合纯属偶然……[74]

481. 伊梅内斯·德·阿雷查加法官在单独意见中指出，以大陆架权利“固有和自始”来取代在《杜鲁门宣言》前通过占有获得的历史性权利是不合理的，他认为，“1958 年提出的大陆架权利是固有的或自始就产生的。这一个新的法律概念，不能仅凭自身就废除或否定此前业已取得并存在的权利”。[75] 阿雷查加法官认为历史性权利是根据习惯国际法确立和存在的权利，并不当然为大陆架制度废除和取代。历史性权利和大陆架权利两者性质、内容和来源不同，它们在同一地理范围内可能重叠或发生冲突，但不存在一个当然取代另一个的问题。二者之间的具体关系应当结合具体情况，个案处理。

482. 仲裁庭认为，在第三次联合国海洋法会议上，中国“坚决反对任何有关沿海国应将其专属经济区内的资源分享给在该区域内拥有历史性权利的国家的提议”，[76] 这与中国认为其对南海生物和非生物资源主张的历史性权利优先于其他沿海国专属经济区权利的立场矛盾。[77] 仲裁庭援引中国代表凌青的发言记录：

> 沿海国对其专属经济区内的可再生和不可再生资源应当行使完全的主权还是仅享有优先权，在这个问题上，他表示，沿海国在近岸海域的这些资源是其自然资源不可分割的一部分。多年来，超级大国任意掠夺发展中沿海国家的近岸资源，严重损害了它们的利益。宣布对这些自然资源拥有永久主权是一项合法的权利，应当受到其他国家的尊重。然而，超级大国虽然口头上承认专属经济区，但却主张限制沿海国对其资源的主权。例如，它们之中的一个国家曾提议，沿海国如果不能百分之百地完成其可捕量，就应当给予外国渔民在这些区域内进行捕鱼的权利。这种逻辑毫无意义。事实上，这一建议退回到了该超级大国那一众所周知的提议，即沿海国对在其近海海域的捕鱼仅应被赋予“优先权”。然而，针对那些由沿海国行使永久主权的资源建立

---

[74] Continental Shelf Case (Tunisia/Libyan Arab Jamahiriya), Judgment, I.C.J. Reports 1982, p.18, at para.100.

[75] Continental Shelf Case (Tunisia/Libyan Arab Jamahiriya), Separate Opinion of Judge Jiménez de Aréchaga, I.C.J. Reports 1982, para.82.

[76]《7 月 12 日裁决》第 251 段。

[77] 同上注，第 252 段。

> 专属经济区，仅仅意味着发展中国家正在重新夺回其已失去很久的权利，而绝不意味着超级大国作出了牺牲。应当允许由沿海国来决定，是否许可外国渔民通过双边或地区协定在沿海国的管辖区域内进行捕鱼，但其他国家不应当被授予任何此等权利。[78]

仲裁庭对中国代表发言的理解和解释是错误的。中国作为南海沿海国，在南海既享有《公约》规定的沿海国权利，同时又享有历史性权利。中国代表的上述发言的确涉及沿海国对其专属经济区内资源的权利问题。但是，中国代表的发言旨在表明，中国作为发展中国家反对超级大国意图借助分享可捕量的条款掠夺沿海国专属经济区内的资源，维护发展中国家对其专属经济区资源的专属权利。中国代表上述发言不涉及处理专属经济区和历史性权利的关系问题，与本案无关。

483. 综上所述，《公约》对惯常捕鱼活动作出了调整，而对历史性权利则采取三种处理方式：一是不处理历史性权利的形成和性质问题，继续由一般国际法调整；二是在《公约》第 10 条、第 15 条、第 51 条、第 298 条等条款中，以尊重历史性权利的方式处理特定历史性权利与《公约》的关系；三是没有处理历史性权利与专属经济区和大陆架制度的关系。因此，《公约》有关规定和制度并没有“取代”为一般国际法所确认的历史性权利，不能阻碍历史性权利继续存在。麦克道曼（Ted McDorman）指出，为维护可能不在条约编纂范畴内的对某些水域的所有权，历史性水域的概念看起来非常有必要。对水域的历史性主张（历史性水域和历史性权利）存在于国际法中；[79]《公约》没有穷尽一个国家在水域和资源方面可能享有的权利和管辖权；成功维护历史性水域主张的不同国家，在行使的权利内容方面也是不同的。[80]

（二）一般国际法上的历史性权利

484. 历史性权利在一般国际法上早已确立。历史性权利，通常指“一

---

[78] 同上注，第 251 段，援引 A/CONF.62/C.2/SR.24, Summary records of meetings of the Second Committee 24th meeting, para.2, Official Record of the Third United Nations Conference on the Law of the Sea, Volume 2, p.187.

[79] Ted L McDorman, Rights and Jurisdiction over Resources in the South China Sea: UNCLOS and the Nine-Dash Line, in S. Jayakumar, Tommy Koh and Robert Beckman (eds.), The South China Sea Disputes and Law of the Sea (Edward Elgar, 2014), p.144, at 150, 援引 D.P. O'Connell.

[80] 同上注，第 152-153 页。

个国家在国际法的一般规则下一般不能获得但通过历史性巩固的过程取得的一些在陆地或者海域上的权利”。[81] 历史性权利在国际法上并无统一定义。仲裁庭也承认，“‘历史性权利’一词在性质上是一般性的，用来描述一国可拥有的某种权利，该种权利在不具备特定历史因素的情况下，根据国际法的一般规则通常不能产生。”[82] 佐雅认为，“历史性所有权”起初仅限于对“历史性海湾”主张领土主权，但随着时间推移，“在国际法学说中逐渐出现一般类型的历史性权利的发展趋势”。[83]

485. 历史性权利由一般国际法调整。在“大陆架案”（突尼斯诉利比亚，1982 年）中，国际法院明确指出：

> 历史性所有权由于长期实践，必须一如既往地得到尊重和保存。……第三次海洋法会议的公约草案也未包含历史性水域制度的任何具体规定：既没有对这一概念的定义，也没有对“历史性水域”或“历史性海湾”法律制度的阐释。《公约》草案中提及“历史性海湾”、“历史性所有权”或历史原因，其在一定意义上构成对《公约》规定规则的保留。看起来很清楚，该事项继续由一般国际法调整。[84]

486. 通过考察相关国家和国际司法实践，历史性权利具有以下内容和特点。

1. 历史性权利的种类包括主权和尚未达到主权程度的历史性权利

487. 基于国家和国际司法实践，历史性权利可以是主权性的，也可以是未达到主权程度的历史性权利。仲裁庭也承认此点。[85] 就达到主权程度的历史性权利而言，主权也可能受到一定限制；就未达到主权程度的历史性权利而言，可进一步分为排他性的历史性权利和非排他性的历史性权利。

488. 国际上不乏主张主权性质历史性权利的国家实践。例如，巴基斯坦《领海与海洋区域法》（1976 年）第 7 条第 2 款规定：“巴基斯坦的主

---

[81] Yehuda Z. Blum, Historic Rights, in Rudolf Bernhardt (ed.), Encyclopedia of Public International Law, Instalment 7 (North-Holland Publishing Co., 1984), p.120.

[82] 《7 月 12 日裁决》第 225 段。

[83] Andrea Gioia, Historical Titles, Max Planck Encyclopedia of Public International Law, May 2013, para.1, http://opil.ouplaw.com/view/10.1093/law:epil/9780199231690/law-9780199231690-e705?rskey=7gh5sm&result=1&prd=EPIL.

[84] Continental Shelf Case (Tunisia/Libyan Arab Jamahiriya), Judgment, I.C.J. Reports 1982, p.18, at para.100.

[85] 《7 月 12 日裁决》第 225 段。

权延伸至历史性水域，并及于该水域之下的海床与底土，同时及于水域上空。”[86] 斯里兰卡 1977 年根据 1976 年《海洋区域法》颁布的总统公告规定，“保克湾和保克海峡中的历史性水域构成斯里兰卡内水的一部分”；“马纳尔湾的历史性水域构成斯里兰卡领海的一部分”。[87] 加拿大也提出了历史性权利主张。加拿大 1996 年《海洋法》第 5 条第 3 款“涉及历史性所有权的基线”规定，“在本条第 2 分节未提及的区域，基线是除加拿大领海外，加拿大拥有历史性所有权或主权区域的外部界限。”[88]

489. 有些国家并未对其主张的历史性权利的性质作明确说明。2009 年 5 月，在向大陆架界限委员会提交的 200 海里外大陆架划界案中，汤加明确表示，“对依照《公约》可以纳入 1887 年 8 月 24 日皇家公告限定的地理范围内的海洋空间，适用国际法中的历史性所有权”。[89] 汤加认为，自 1887 年 8 月 24 日颁布皇家公告以来，汤加对相关水域行使管辖超过 120 年，且未遭遇任何国家反对。[90] 汤加表示，“实施《公约》与汤加王国决定维持其对海洋区域的历史性所有权主张是相符的”。[91]

490. 有些国家主张非排他性的历史性权利，如历史性捕鱼权和通行权等。在“厄立特里亚 / 也门仲裁案（第一阶段）”（1998 年）中，仲裁庭对不具有领土主权、不具有排他性的“国际地役”制度进行了论述：

> 许多世纪以来所盛行的对红海南部海洋资源进行传统上的开放捕捞，在红海两岸之间不受限制的交通，以及两岸人民对这些岛屿的共同使用，均为能够创设某种“历史性权利”的重要因素，其作为不是领土主权的一种“国际地役”，通过一个历史性巩固过程而不断累积，并有利于当事双方。此种历史性权利为维持存在了几个世纪的有利于

86 Territorial Waters and Maritime Zones Act of Pakistan, 1976 (of 22 December 1976), http://www.un.org/Depts/los/LEGISLATIONANDTREATIES/PDFFILES/PAK_1976_Act.pdf.

87 Sri Lanka Presidential Proclamation of 15 January 1977 in pursuance of Maritime Zones Law No. 22 of 1 September 1976, http://www.un.org/Depts/los/LEGISLATIONANDTREATIES/PDFFILES/LKA_1977_Proclamation.pdf.

88 Canada Oceans Act, 1996, http://laws-lois.justice.gc.ca/PDF/O-2.4.pdf.

89 See the Kingdom of Tonga, Executive Summary: A Partial Submission of Data and Information of on the Outer Limits of the Continental Shelf of the Kingdom of Tonga Pursuant to Part VI of and Annex II to the UNCLOS Part I, 11 May 2009, http://www.un.org/Depts/los/clcs_new/submissions_files/ton46_09/ton2009executive_summary.pdf.

90 参见上注，第 1 页。

91 参见上注，第 2 页。

红海两岸人民的共有物的若干方面，提供了足够的法理基础。[92]

在该案第二阶段中，仲裁庭强调在红海保护传统捕鱼权的重要性。仲裁庭认为，“传统捕鱼权不仅限于特定岛屿的领海”，还可以一直延伸到领海之外的海域。[93]

491. 1962 年联合国秘书处针对国家管辖和历史性水域的关系报告指出，国家行使主权的情况构成了其所主张历史性水域性质的基础。[94] 此外，权威学者也承认，国家实践不同，其所产生的历史性权利内容不同。奥布雷贡（Edgardo Sobenes Obregon）认为：“如果一国行使的主权权利与专属经济区下的主权权利相同，那么该国所主张的这片水域就可以成为专属经济区。这样，主张国所能获取的主权或者主权权利就与其权利实际行使情况相称。”[95] 佐雅也指出，“原则上没有任何理由认为，不可以基于历史性所有权去获得更宽广的领海的主权，或者在领海以外海域获得未达到完全领土主权的特殊的主权权利”。[96]

2. 历史性权利存在于不同的海域中

492. 历史性权利存在于不同的海洋区域中。根据联合国秘书处 1957 年《有关历史性海湾的备忘录》，国家不仅可以对海湾主张历史性权利，也可以在海湾之外其他海域主张历史性权利，这些水域包括海峡、河口、群岛以及一个群岛和相邻大陆之间的海域等。[97] 1962 年联合国秘书处研究报告也指出，“历史性所有权同样适用于海湾之外的水域，例如海峡、群岛及所有可以被国家纳入海洋疆域的那些水域”。[98] 该报告并指出，要给出

---

[92] Award of the Arbitral Tribunal in the first stage of the proceedings between Eritrea and Yemen (Territorial Sovereignty and Scope of the Dispute), October 9 of 1998, RIAA, Vol. XXII, p.209, at para.126（文中引注省略）.

[93] Award of the Arbitral Tribunal in the second stage of the proceedings between Eritrea and Yemen (Maritime Delimitation), 17 December 1999, RIAA, Vol. XXII, p.335, at para.109.

[94] Juridical régime of historic waters, including historic bays – Study Prepared by the Secretariat, Yearbook of the International Law Commission, Vol. II (1962), p.1, at para.189.

[95] Edgardo Sobenes Obregon, Historic Waters Regime: A Potential Legal Solution to Sea Level Rise, 7 KMI International Journal of Maritime Affairs and Fisheries (2015), p.17, at 26.

[96] Andrea Gioia, Historical Titles, Max Planck Encyclopedia of Public International Law, May 2013, para.17, http://opil.ouplaw.com/view/10.1093/law:epil/9780199231690/law-9780199231690-e705?rskey=7gh5sm&result=1&prd=EPIL.

[97] Historic Bays: Memorandum by the Secretariat of the United Nations, A/CONF.13/1, 1957, para.8.

[98] Juridical régime of historic waters, including historic bays – Study Prepared by the Secretariat, Yearbook of the International Law Commission, Vol. II (1962), p.1, at para.34.

一份关于历史性水域的最终清单，即使不是不可能，也是极度困难的。[99]

493. 历史性权利存在于不同的地理区域中，有关国家可基于历史性权利主张不同性质的海域。加拿大对哈德逊湾、哈德逊海峡和北极群岛水域主张历史性权利。1976 年斯里兰卡通过立法宣布："斯里兰卡共和国对历史性水域，以及历史性水域内的岛屿、大陆架、海床和底土行使主权、排他性管辖权和管制权。"[100] 在"大陆架案"（突尼斯 / 利比亚，1982 年）中，突尼斯除了主张突尼斯湾和加贝斯湾为历史性海湾之外，还对领海范围外的海域主张历史性权利，特别是历史性捕鱼权。根据学者研究，突尼斯认为，历史性权利可以延伸到现在被认为属于内水、领海、渔区或大陆架水域的海域或海床。[101] 俄罗斯一直坚持其历史性权利主张，在批准《公约》后，仍通过相关国内立法及双边条约对历史性权利作出相应规定。1998 年《俄罗斯联邦内海水域、领海和毗连区法》第 1 条第 2 款规定，俄罗斯的内水包括"历史上属于俄罗斯联邦的入口超过 24 海里的海湾、港湾、三角湾、海和海峡等水域，其目录清单由俄罗斯联邦政府确定，并公布于《航海公告》。"[102] 众所周知，俄罗斯对北方航道上喀拉海（Kara Sea）、拉普捷夫海（Laptev Sea）、东西伯利亚海（East Siberian Sea）、楚科奇海（Chukchi Sea）主张历史性权利。[103]

494. 为判定一国历史性水域的法律性质，必须进行个案考察。其中，核心是考察有关国家在特定历史性水域中行使管辖的情况。在"渔业案"（英国诉挪威，1951 年）中，国际法院认定，"'历史性水域'通常指那些被当作内水的水域，但是如果没有历史性所有权的存在，这些水域将不具

---

99 同上注，第 190 段。

100 Sri Lanka Maritime Zones Law, No. 22 of 1 September 1976, Section 9(2), https://www.un.org/depts/los/LEGISLATIONANDTREATIES/PDFFILES/LKA_1976_Law.pdf.

101 Andrea Gioia, Tunisia's Claim over Adjacent Seas and the Doctrine of "Historic Rights", 11 Syracuse Journal of International and Comparative Law (1984), p.327, at 346.

102 Federal Act on the internal maritime waters, territorial sea and contiguous zone of the Russian Federation, 17 July 1998, http://www.un.org/Depts/los/LEGISLATIONANDTREATIES/PDFFILES/RUS_1998_Act_TS.pdf.

103 在联合国秘书处 1957 年《有关历史性海湾的备忘录》中，俄罗斯（前苏联）的上述历史性权利主张被作为典型国家实践予以阐述。参见 Historic Bays: Memorandum by the Secretariat of the United Nations, A/CONF.13/1, UNCLOS I Official Records, Vol. I, p.8. 另见 D. W. Nixon, A Comparative Analysis of Historic Bay Claims: Technical Annexes to the Libyan Reply, in Pleadings (Tunisia/Libya), Vol. 4, I.C.J. Reports 1982, p. 321; Clive Symmons, Historic Waters in the Law of the Sea: A Modern Re-Appraisal (Martinus Nijhoff Publishers, 2008), pp.301-304.

备这种性质”。[104] 针对一国管辖情况和历史性水域的关系，1962 年联合国秘书处研究报告指出：

“历史性水域”的法律地位，即它们属于内水还是领海的一部分，原则上取决于主张国在这一水域行使的主权是属于在内水所行使主权的性质还是在领海所行使主权的性质。主张国行使的主权构成了其主张的基础。从逻辑上讲，所能获取的主权应当与实际行使的主权相称。[105]

3. 历史性权利各具特色

495. 国际法对历史性权利的性质、内涵和外延等事项没有统一规范。如需确定一国所主张历史性权利的性质、内涵和外延，必须基于相关国家的实践、相关地区的历史和地理情况，进行个案考察。

496. 1962 年联合国秘书处研究报告指出，确定历史性水域的存在需要考虑三个因素：第一，对有关水域行使管辖；第二，持续行使管辖；第三，他国态度。[106] 这一报告主要讨论历史性水域，但有关评论同样适用于更广泛的历史性权利。布鲁姆（Yehuda Z. Blum）认为：“历史性权利是一个长期过程的产物，在这个过程中，一系列的作为、不作为和行为模式作为一个整体并通过累积效果，使这些权利得以存在，也使这些权利通过巩固在国际法下变得合法有效。”[107]

497. 从国际司法实践看，历史性权利由习惯国际法调整，每一个案例都具有特殊性，都“自成一体”。在“大陆架案”（突尼斯 / 利比亚，1982 年）中，国际法院指出，“一般国际法并没有为‘历史性水域’或‘历史性海湾’规定单一的制度，而是为每一具体的、被承认的‘历史性水域’或‘历史性海湾’提供一个独特的制度。”[108]

在“陆地、岛屿和海洋边界争端案”（萨尔瓦多 / 洪都拉斯，尼加拉瓜介入，1992 年）中，国际法院基于丰塞卡湾水域的历史性特征、三个沿

---

[104] Fisheries case, Judgment of December 18th, 1951, I.C.J. Reports 1951, p. 116, at 130.

[105] Juridical régime of historic waters, including historic bays – Study Prepared by the Secretariat, Yearbook of the International Law Commission, Vol. II (1962), p.1, at para.189.

[106] 同上注，第 185 段。

[107] Yehuda Z. Blum, Historic Rights, in Rudolf Bernhardt (ed.), Encyclopedia of Public International Law, Instalment 7 (North-Holland Publishing Co., 1984), p.120, at 121.

[108] Continental Shelf Case (Tunisia/Libyan Arab Jamahiriya), Judgment, I.C.J. Reports 1982, p.18, at para.100.

岸国的持续主张以及没有其他国家的反对，[109] 认定丰塞卡湾海域除去沿岸 3 海里，构成受三个沿岸国共同主权支配的历史性水域。[110] 对于海湾水域的性质问题，法院指出：

> 在其有史以来的大部分时间内，这些水域是单一国家的海湾。在殖民地时期以及在中美洲联邦共和国时期，这些水域也没有被以后成为萨尔瓦多、洪都拉斯和尼加拉瓜的那些行政区域所分割或者分配。[111]

法院对于丰塞卡湾海域"自成一体"的独特法律地位进行了论述：

> 由于三个沿岸国依然认为存在受三个沿岸国各自主权支配但相互有无害通过权的沿岸海洋带，在海湾内的其他水域中必定也有通行的权利。这不仅是由于历史原因，也是因为那些狭窄的海湾水域构成船舶进入所有三个沿岸国的通道，属于实际情况所需。因此，这些通行的权利也适用于需要进入三国中任一国家港口的第三国船舶；这种通行的权利对三国必须共用出入通道的一个三国共有海湾而言至关重要。因此，如果这样的海湾水域确实是内水，也是属于受到联合主权和通行权这一特殊和具体制度限制的内水。所以，在共管或共有的意义上而言，将海湾水域视为自成一体的制度可能是合理的。[112]

498. 综上，历史性权利基于国家实践和历史事实产生，历史性权利的种类和性质具有多样性，历史性权利所涉水域也具有多样性。为判定一国历史性权利的性质和内容，必须基于相关国家的实践、相关地区地理和历史的具体情况，个案处理。

---

[109] Case concerning the land, island and maritime frontier dispute (El Salvador/Honduras: Nicaragua intervening), Judgment of 11 September 1992, I.C.J. Reports 1992, p.351, at para.405.

[110] 同上注，第 404 段。

[111] 同上注，第 405 段。

[112] 同上注，第 412 段。

第三节　仲裁庭错误否定中国在南海享有的历史性权利

499. 在涉及中国历史性权利问题上，仲裁庭主要有三个错误：一是错误定性中国在南海的历史性权利，二是错误否定中国在南海早已确立的历史性权利，三是错误提出《公约》生效后中国有关实践是否形成历史性权利的假问题，并自作否定回答。

一、仲裁庭错误定性中国在南海的历史性权利

500. 仲裁庭认为，中国在南海的历史性权利主张是对南海断续线内的区域主张生物和非生物资源的排他性权利，而非主张其内的水域全部为领海或内水。[113] 对此，仲裁庭选择性地考察了 2009 年后四个例证，即 2012 年 6 月中国海洋石油总公司发布的 BS16 石油招标区块、2011 年中国对菲律宾第 101 号地质调查和开采合同（GSEC101）区块的反对、2012 年 5 月中国发布的南海“休渔令”，以及中国关于尊重南海航行和飞越自由的表态。仲裁庭对中国历史性权利性质和内涵的解读，是武断的。仲裁庭用发生在 2009 年后的例证来判断中国的历史性权利，是荒唐的。

501. 仲裁庭有倾向性地仅选择 2009 年后四个例证，就以偏概全地解读中国在南海的历史性权利主张的性质和内涵，是错误的。

对任何历史性权利的定性，都应从整体上考察一国的相关实践。一直以来，中国在南海依据包括《公约》在内的国际法主张海洋权利，从未放弃依据习惯国际法上已取得的历史性权利。中国在 1998 年《专属经济区和大陆架法》中，确认享有专属经济区和大陆架权利，同时申明中国享有的历史性权利不受影响。[114] 相应地，中国的历史性权利与专属经济区和大陆架权利可以共存，在重合时相互叠加。仲裁庭想当然地认为中国历史性

[113] 《7 月 12 日裁决》第 207-214、270 段。

[114] 参见《中华人民共和国专属经济区和大陆架法》（1998 年 6 月 26 日）第 14 条。

权利只是对单一事项的权利，不涉及对海洋区域的权利。这一解读是错误的。仲裁庭忽略了中国在南海有关历史性权利的长期实践。仲裁庭所截取的 2009 年后的四个事例，无论从时间上还是空间上，都无法反映中国在南海历史性权利的全貌，从中仲裁庭无法推导出中国在南海的历史性权利的性质和内涵。

502. 仲裁庭从中国尊重他国在南海自由航行和飞越的立场，推导出中国对有关海域性质的主张，是错误的。仲裁庭认为：

> 在领海内，《公约》并没有规定超出无害通过权之外的飞越或航行自由。因此，仲裁庭认为，中国尊重航行与飞越自由的承诺表明，中国并未将南海“九段线”之内的海域视为其领海或内水。[115]

中国政府一贯尊重各国依据国际法在南海享有的航行和飞越自由。这里所说的“航行和飞越自由”，并非公海自由概念，而是对各国依据国际法享有的航行和飞越权利的统称。还需指出的是，中国这里使用的是“航行和飞越自由”而非“公海自由”。实际上，在特定情况下沿海国通过自我限制或惯例，允许他国在本国海洋区域中享有的航行和飞越权利，可以超过他国在正常情况下根据国际海洋法所享有的权利。因此，不能不考虑具体情况就以他国在沿海国海洋区域内所享有的权利来直接反推有关海域的性质。即便在国家享有主权的内水或领海，沿海国仍可自我限制或根据惯例，允许他国航行和飞越通过该海域。在国际法上，航行上对各国开放的水域，未必一定都是公海，有些是国家管辖范围内的海域；航行上对各国开放的国家管辖海域，未必一定都是专属经济区，有些还是国家的领海或内水。各国在特定海域享有航行权利，可能是根据《公约》，也可能是根据一般国际法、其他特定条约或惯例，还可能是出于沿海国的自我限制。

综上，中国长久以来尊重各国在南海的航行和飞越权利，但从逻辑上说，仲裁庭不能由此反推出南海相关水域不是中国的内水和领海。

503. 仲裁庭错误地从海南岛和西沙群岛领海基线推断出中国历史性权利主张的性质。仲裁庭说：

> 仲裁庭也注意到中国宣布了海南岛和西沙群岛的领海基线。在仲

[115]《7 月 12 日裁决》第 213 段（文中引注省略）。

> 裁庭看来，如果这些岛屿的 12 海里内外都已经通过“九段线”的历史性权利主张成为中国的领海（或内水），那么中国就不会这么做。[116]

中国于 1992 年颁布《领海及毗连区法》，于 1996 年发表《关于中华人民共和国领海基线的声明》。根据有关法律，中国用直线基线方法划定西沙群岛的领海。中国于 1998 年颁布《专属经济区和大陆架法》，确立专属经济区和大陆架制度，同时该法第 14 条规定，“本法的规定不影响中华人民共和国享有的历史性权利。”依据上述国内法，中国基于西沙群岛主张领海、毗连区、专属经济区和大陆架，并不妨碍中国依据习惯国际法享有的历史性权利继续存在，历史性权利与专属经济区和大陆架权利互相叠加。仲裁庭没有认识到这些问题，作出错误裁定。

504. 仲裁庭这里审议的是中国的历史性权利问题。历史性权利是一项特殊制度，受一般国际法的调整。仲裁庭不能依据《公约》关于海洋区域及相关权利的一般性规定，并且在未充分考察中国有关实践的情况下，推导中国历史性权利的性质。

505. 仲裁庭还片面解释中国在南海的油气开发活动和生物资源管理方面的立场。仲裁庭引用两个事例推断出中国在南海主张的历史性权利包括对非生物资源的排他性权利：一是中国海洋石油总公司公布在南海断续线内的 BS–16 招标区块；二是中国反对菲律宾在南海断续线内礼乐滩附近海域进行油气招标工程。

506. 仲裁庭认为，2012 年中海油发布的石油招标区块，超出“中国可以在《公约》项下主张的最大范围”[117]。而实际上，这一区块位于南海西部，与菲律宾无关。仲裁庭也注意到这点，承认该海域“与菲律宾海洋主张没有直接联系”，但认为“中国 2012 年招标公告对理解中国在‘九段线’内的主张性质有辅助作用”。[118]

仲裁庭没有对中国南海西部石油招标活动及其依据进行分析，没有把中国对南沙群岛主权的整体性及其可产生的海洋权利与历史性权利结合起来考虑，不能得出中国基于历史性权利主张资源权利[119]的结论。

507. 关于礼乐滩附近海域的油气活动问题，仲裁庭认为：

---

[116] 同上注，第 213 段。
[117] 同上注，第 208 段。
[118] 同上注。
[119] 同上注，第 209 段。

> 如果中国被认为是基于南沙群岛中的所有高潮地物，无论其有多小，以及基于黄岩岛主张专属经济区，那么菲律宾石油区块所在的区域几乎均可被中国根据《公约》主张权利的区域所覆盖。因此，中国的反对意见并不能必然地指明中国所主张权利的来源。[120]

但是，仲裁庭又把一份由中国驻马尼拉使馆发往菲律宾外交部的照会作为例证，认为中国是以历史性权利作为依据，对礼乐滩附近海域主张权利。仲裁庭援引中国照会内容为："区域3和区域4位于中国享有包括主权权利和管辖权在内的历史性所有权的水域内。"[121] 中国对南沙群岛拥有主权，礼乐滩构成中国南沙群岛组成部分。中国外交部发言人曾于2013年1月28日指出，"关于礼乐滩问题，中方的态度是明确的。礼乐滩是南沙群岛的一部分，中国对南沙群岛及其附近海域拥有无可争议的主权"。[122] 很清楚，中国反对菲律宾进行油气招标的是基于中国对礼乐滩及附近水域的主权。

508. 关于生物资源问题，仲裁庭将2012年5月中国发布的南海"休渔令"列为证据之一，试图证明中国在南海对生物资源主张历史性权利。仲裁庭承认，南海休渔令并不能表明中国在南海限制捕鱼的依据为何，根据《公约》主张的海洋权利可以覆盖其适用区域。[123] 毫无疑问，仲裁庭并不能依据南海休渔令证明中国在南海主张对生物资源的历史性权利。但仲裁庭认为"结合中国授予油气区块的结论和中国在没有进一步说明的情况下提及历史性权利"，南海休渔令的证据效力就可以大大提高，这些证据结合在一起就能使仲裁庭得出"中国基于历史性权利对'九段线'内的油气和渔业资源主张权利"。[124] 在仲裁庭自己承认南海休渔令适用的区域与中国可以根据《公约》主张的区域相重合的情况下，仲裁庭不加论证就排除中国是基于《公约》发布休渔令，进而得出中国是对南海的生物资源主张历史性权利的结论，实在让人无法理解。

509. 仲裁庭仅选择2009年以后的事例，没有对中国在南海长期的相

---

[120] 同上注。

[121] Note Verbale from the Embassy of the People's Republic of China in Manila to the Department of Foreign Affairs, Republic of the Philippines, No. (11) PG-202 (6 July 2011), 转引自《7月12日裁决》，第209段。

[122] 外交部发言人："黄岩岛是无争议的中国领土"（2013年1月28日），http://www.gov.cn/jrzg/2013-01/28/content_2321377.htm.

[123]《7月12日裁决》第211段。

[124] 同上注。

关实践进行考察，就对中国历史性权利断章取义，推定中国在南海的历史性权利的性质和内涵。仲裁庭这么做是错误的。

二、仲裁庭错误否定中国在南海的历史性权利

510. 仲裁庭本应根据中国人民在南海的生产生活活动和中国政府的管辖实践来界定中国在南海的历史性权利的性质和内涵。但仲裁庭却没有这么做，也没有进行有意义的分析。其第一步是武断认定中国在南海的历史性权利的性质和内涵，第二步是依据其认定的所谓“性质”和“内涵”寻找和解读中国的实践，以证明中国的历史性权利不存在。这种做法明显是先预判结果再按图索骥地进行求证，缺乏客观性和公正性。

（一）仲裁庭无视中国长期在南海的生产生活和管辖实践

511. 仲裁庭认为，无论菲律宾还是中国在历史上利用南海岛屿的证据，最多可以支持对那些岛屿的历史性权利，但不能证明对领海外的水域拥有历史性权利。[125] 仲裁庭认为相关的问题是，考虑什么样的证据才能证明中国对断续线内的生物和非生物资源具有历史性权利。[126] 但仲裁庭认为，领海之外的历史性航行和捕鱼活动是行使公海自由，不能构成历史性权利形成的基础，不能证明中国对断续线内的生物和非生物资源具有历史性权利。[127]

512. 仲裁庭的上述论断错误地将中国对南海诸岛的主权与中国在南海的历史性权利完全割裂开来。仲裁庭错误地把中国在南海的历史性权利界定为对生物和非生物资源的权利，并以此为前提认定中国在南海的历史性权利是否存在。仲裁庭从行使公海自由的角度看待中国在南海的航行和捕鱼活动，否定中国在南海的历史性权利。仲裁庭在认定证据的相关性以及审查中国在南海的相关实践方面出现重大的方向性偏差。事实上，中国在南海的历史性权利远不止对生物和非生物资源的权利，中国历史性权利的基础也远超过航行和捕鱼活动。

513. 中国在南海的领土主权和海洋权益是在长期历史过程中形成和

---

[125] 同上注，第 266 段。
[126] 同上注，第 267 段。
[127] 同上注，第 269-270 段。

发展起来的。中国人民自古以来在南海诸岛和相关海域生活和从事生产活动，中国最早发现、命名和开发利用南海诸岛及相关海域，最早并持续、和平、有效地对南海诸岛及相关海域行使主权和管辖，确立了对南海诸岛的主权和在南海的相关权益。

1. 20世纪前中国在南海的国家实践

514. 早在公元前2世纪的西汉时期，中国人民就在南海航行，并在长期实践中发现了南海诸岛。中国最迟在西汉时期就发明了帆船，进一步提高了在南海的航行能力。

中国历史古籍，例如东汉的《异物志》[128]、三国时期的《扶南传》[129]等已将南海及其中的岛礁称为“涨海崎头”。

唐宋以后，尤其是随着中国造船航海技术的进步和指南针在航海中的应用，中国政府和人民在南海的活动更加频繁。宋代的《梦粱录》[130]和《岭外代答》[131]、元代的《岛夷志略》[132]、明代的《东西洋考》[133]和《顺风相送》[134]、清代的《指南正法》[135]和《海国闻见录》[136]等，不仅记载了中国人民在南海的活动情况，而且记录了南海诸岛的地理位置和地貌特征、南海的水文和气象特点，并以很多生动形象的名称为南海诸岛命名，如“九乳螺洲”、“长沙”、“石塘”等。

中国人民对南海诸岛岛礁的命名，部分被西方航海家沿用并标注在19至20世纪一些权威的航海指南和海图中，如Namyit（鸿庥岛）、Sin Cowe（景宏岛）、Subi（渚碧礁）来源于海南方言发音“南乙”、“秤钩”、“丑未”[137]。

128（东汉）杨孚:《异物志》，见（明）唐胄:《正德琼台志》卷9《土产下药之属》，1964年上海古籍书店据宁波天一阁藏明正德残本影印，彭静中点校，海南出版社，2006年，上册，第197页。

129（三国）康泰:《扶南传》，见（宋）李昉:《太平御览》卷69《地部三十四·洲》，中华书局据影印宋本复制，1960年版，1995年重印，第1册，第327页。

130（宋）吴自牧:《梦粱录》卷12，《钦定四库全书》，第17页。

131（宋）周去非:《岭外代答校注》卷1《地理门·三合流》，杨武泉校注，中华书局，1999年，第36页。

132（元）汪大渊:《岛夷志略》之《万里石塘》，苏继庼校释，中华书局，1981年，第318页。

133（明）张燮:《东西洋考》卷9《舟师考》，谢方点校，中华书局，1981年，第188-189页。

134（明）《顺风相送》之《定潮水消长时候》，见《两种海道针经》，向达校注，中华书局，1961年，第27-28页。

135（清）《指南正法》之《指南正法·序》，见《两种海道针经》，向达校注，中华书局，1961年，第108页。

136（清）陈伦炯:《海国闻见录》卷上《南澳气》，1823年易理斋重印本，第14-15页。

137 刘南威:《中国海诸岛地名论稿》，北京科学出版社，1996年，第68页。

大量历史文献和文物资料证明，中国人民对南海诸岛及相关海域进行持续不断的开发和利用。很久以来，中国渔民每年乘东北信风南下至南沙群岛海域从事渔业生产活动，直至次年乘西南信风返回大陆。

515. 许多外国文献都记录了很长一段时间内只有中国人在南沙群岛生产生活的事实。

1868 年出版的英国海军部《中国海指南》提到南沙群岛的郑和群礁时指出，“海南渔民，以捕取海参、介壳为活，各岛都有其足迹，也有久居岛礁上的”，“在太平岛上的渔民要比其他岛上的渔民生活得更加舒适，与其他岛相比，太平岛上的井水要好得多”。[138]1906 年的《中国海指南》以及 1912 年、1923 年、1937 年等各版《中国航海志》也多处载明中国渔民在南沙群岛上生产生活。[139]

1933 年 9 月在法国出版的《彩绘殖民地世界》杂志记载：南沙群岛九岛之中，惟有华人（海南人）居住，华人之外并无他国人。当时西南岛（南子岛）上计有居民七人，中有孩童二人；帝都岛（中业岛）上计有居民五人；斯帕拉岛（南威岛）计有居民四人，较 1930 年且增加一人；罗湾岛（南钥岛）上，有华人所留之神座、茅屋、水井；伊都阿巴岛（太平岛），虽不见人迹，而发现中国字碑，大意谓运粮至此，觅不见人，因留藏于铁皮（法文原文为石头）之下；其他各岛，亦到处可见渔人居住之踪迹。该杂志还记载，太平岛、中业岛、南威岛等岛屿上植被茂盛，有水井可饮用，种有椰子树、香蕉树、木瓜树、菠萝、青菜、土豆等，蓄养有家禽，适合人类居住。[140]

此外，1940 年出版的日本文献《暴风之岛》[141] 和 1925 年美国海军航道测量署发行的《亚洲领航》（第四卷）[142] 等也记载了中国渔民在南沙群岛生产生活的情况。

---

138 The Hydrographic Office, Admiralty: China Sea Directory, Vol. II, Directions for the Navigation of the China Sea, between Singapore and Hong Kong, London (1868), p.71.

139 The Hydrographic Office, Admiralty: China Sea Directory, Vol. II, London (1906), p.114. The Hydrographic Department, Admiralty: China Sea Pilot, Vol. III, London (1912), pp.95, 107. The Hydrographic Department, Department: China Sea Pilot, Vol. III, London (1923), pp.90, 97, 100. The Hydrographic Department, Admiralty: China Sea Pilot, Vol. I, London (1937), p.116.

140 Commandant J. Vivielle, Les Ilots des mers de Chine, Le Monde Colonial Illustré, September 1933, p.142.

141 参见（日）小仓卯之助:《暴风之岛——新南群岛探险始末记》，小仓中佐遗稿刊行会，1940 年，第 155-159 页。

142 Hydrographic Office of US Secretary of the Navy, Asiatic Pilot, Vol. IV, 2nd edition, Washington: G.P.O. (1925), p.118, https://babel.hathitrust.org/cgi/pt?id=uc1.31822033789215;view=1up;seq=138.

516. 中国通过行政设治、加强海防、水师巡视、绘制地图、打击盗匪、救助外国遇难船舶等方式，对南海诸岛和相关海域进行持续、和平、有效的管辖。中国很多官修地方志，如《广东通志》、《琼州府志》、《万州志》等，在“疆域”“舆地”“山川”等条目中有“万州有千里长沙、万里石塘”或类似措辞。[143] 这表明中国已将南海诸岛及相关海域纳入管辖。

宋代曾公亮在《武经总要》中提到中国为加强南海海防，设立巡海水师，巡视南海。[144] 明、清以来，西沙、南沙群岛海域均列入中国水师的巡视范围。明代黄佐《广东通志》记载说：“督发兵船出海防御”，巡航范围包括“自东莞南亭门放洋，至乌猪、独猪、七洲三洋，星盘坤未针，至外罗；坤申针，则入占城，至昆仑洋，直子午收龙牙门港，则入暹罗。”[145] 清代明谊编著的《琼州府志》、钟元棣编著的《崖州志》等著作都把“石塘”、“长沙”列入“海防”条目。[146]

中国历代政府还在官方地图上将南海诸岛标绘为中国领土。1755 年《皇清各直省分图》之《天下总舆图》[147]、1767 年《大清万年一统天下图》[148]、1810 年《大清万年一统地理全图》[149]、1817 年《大清一统天下全图》[150] 等地图均将南海诸岛绘入中国版图。

中国历代政府高度重视在南海打击盗匪，维护海上秩序。据《清实录》记载，从 16 世纪中至 19 世纪末，中国政府在南海海域持续开展加强海防、惩治盗匪等活动。例如，乾隆皇帝、嘉庆皇帝、道光皇帝多次作出具体指示和部署，要求有关部门和地方确保南海管辖海域的和平和安宁。[151]

---

143 参见（清）阮元：《广东通志》卷 112《山川略 · 琼州府 · 万州》，援引《郝志》，道光二年（1822）刻本，第 504 页；（清）明谊：《道光琼州府志》卷 4《舆地志》，海南出版社，2006 年，第 1 册，第 162 页；（清）胡端书：《道光万州志》卷 3《舆地略 · 山川略》，海南出版社，2004 年，第 285 页。

144（宋）曾公亮：《武经总要》卷 21《广南东路》，见《中国兵书集成第 3-5 册》，解放军出版社，辽沈书社联合出版，1988 年，第 1055 页。

145（明）黄佐：《广东通志》卷 66《外志三 · 夷情上 · 番夷 · 海寇》，广东省地方史志办公室，1997 年，下册，第 1724 页。

146（清）明谊：《道光琼州府志》卷 18《海黎志·海防》，海南出版社，2006 年，第 2 册，第 782 页；（清）钟元棣：《光绪崖州志》卷 12《海防志一》，海南出版社，2006 年，上册，第 306 页。

147 参见韩振华主编：《我国南海诸岛史料汇编》，东方出版社，1988 年，第 88 页。

148 ID 号：008460382，藏于中国国家图书馆古籍馆。

149 ID 号：912001010969，藏于中国国家图书馆古籍馆。

150 中国第一历史档案馆—内务府全宗—舆图—舆 156 号。

151《仁宗实录》卷一三，云南历史研究所编，《清实录：越南缅甸泰国老挝史料摘抄》，云南人民出版社，1985 年，第 278-279 页。

中国政府还在南海救捞外国遇难船只。当时中国政府规定，外国海船在中国南海海域内遇难，由中国地方政府负责救济。据《清实录》记载，仅在公元1738年和1739年，就多次发生中国地方依照律例，对在南海发生海难的外国船只和人员进行救助的记录。中国政府的活动包括派员救助，发放口粮抚恤，遣送外国船员回国等。[152]

2. 20世纪以来中国在南海的国家实践

517. 进入20世纪以后，中国进一步宣示和维护在南海的领土主权和相关权益。1933年，法国曾一度侵入南沙群岛部分岛礁，发布政府公报宣告"占领"，制造了"九小岛事件"。中国各地各界反应强烈、群起抗议，纷纷谴责法国的侵略行径。[153]居住在南沙群岛的中国渔民也在实地进行抵抗。"九小岛事件"发生后，中国外交部发言人表示，南沙群岛有关岛屿"仅有我渔人居留岛上，在国际上确认为中国领土"，中国政府就法国侵入九小岛提出严正交涉。[154]同时，广东省政府针对法国诱骗中国渔民悬挂法国国旗，命令各县长布告，禁止在南沙群岛及海域作业的中国渔船悬挂外国旗帜，并给渔民发放中国国旗，要求悬挂。[155]

518. 日本在侵华战争期间曾非法侵占中国南海诸岛。第二次世界大战结束后，中国收回南海诸岛，中国政府并指派林遵上校等高级军政官员于1946年11月至12月乘坐"永兴"、"中建"、"太平"、"中业"4艘军舰，分赴西沙群岛和南沙群岛，举行仪式，重立主权碑，派兵驻守。[156] 1947年3月，中国政府在太平岛设立南沙群岛管理处，隶属广东省。中国还在太平岛设立气象台和电台，自6月起对外广播气象信息。[157] 1949年6月，中国政府颁布《海南特区行政长官公署组织条例》，把"海南岛、东沙群岛、西沙群岛、中沙群岛、南沙群岛及其他附属岛屿"划入海南特区。[158]

519. 中国政府还通过对南海诸岛调查、命名以及出版地图等形式，宣

---

152 《高宗实录》卷一〇一，第1-2页；云南历史研究所编，《清实录：越南缅甸泰国老挝史料摘抄》，云南人民出版，1985年，第26-27页。

153 参见1933年7月27日《申报》刊载"法占粤海九小岛外部准备提抗议"，另见1933年8月《海外月刊》刊载"法国占领九岛，外部将提严重抗议"。

154 参见1933年7月27日《申报》刊载"法占粤海九小岛外部准备提抗议"。

155 韩振华主编:《我国南海诸岛史料汇编》，东方出版社，1988年，第259页。

156 参见中华民国行政院训令［节京陆字］第7391号，1946年，现藏于"台湾国史馆"。

157 参见中华民国行政院指令第442号、《东、西、南沙岛管理处组织规程草案》等,1947年，现藏于"台湾国史馆"。

158 中华民国《总统府公告》第228号，1949年6月。

示主权和权利。由内政部、外交部、教育部、海军部、参谋本部、蒙藏委员会等官方机构代表组成的“水陆地图审查委员会”，于 1934 年 12 月和 1935 年 3 月间专门审定中国南海各岛屿、沙洲、暗礁、暗沙和暗滩的 132 个群体和个体地名，分属东沙、西沙、南沙（今中沙）、团沙（今南沙）群岛，其中团沙（今南沙）群岛地名 96 个。1935 年 4 月，水陆地图审查委员会编印《中国南海各岛屿图》，详细标明南海诸岛各岛、礁、沙、滩的名称和位置。[159] 在对南海诸岛重新进行地理测绘的基础上，中国政府于 1947 年组织编写了《南海诸岛地理志略》，审定《南海诸岛新旧名称对照表》，重新核定南海诸岛及其组成部分 172 个群体和个体地名，其中南沙群岛 102 个，绘制标有南海断续线的《南海诸岛位置图》。[160] 1948 年 2 月，中国政府公布《中华民国行政区域图》，包括《南海诸岛位置图》。[161]

520. 1949 年 10 月 1 日中华人民共和国成立后，中国政府多次重申并采取立法、行政设治等措施进一步维护在南海的主权和权益。中国对南海诸岛及相关海域的巡逻执法、资源开发和科学考察等活动从未中断过。

1958 年 9 月，中国发布《中华人民共和国政府关于领海的声明》，明确规定中国领海宽度为 12 海里，采用直线基线方法划定领海基线，上述规定适用于中华人民共和国的一切领土，包括“东沙群岛、西沙群岛、中沙群岛、南沙群岛以及其他属于中国的岛屿”。[162]

1959 年 3 月，中国政府在西沙群岛的永兴岛设立“西沙群岛、南沙群岛、中沙群岛办事处”；1969 年 3 月，该“办事处”改称“广东省西沙群岛、中沙群岛、南沙群岛革命委员会”；1981 年 10 月，恢复“西沙群岛、南沙群岛、中沙群岛办事处”的称谓。1983 年 4 月，中国地名委员会受权公布南海诸岛部分标准地名，总计 287 个，其中南沙群岛群体和个体地名 192 个。[163] 1984 年 5 月，第六届全国人民代表大会第二次会议决定设立海南行政区，管辖范围包括西沙群岛、南沙群岛、中沙群岛的岛礁及其海域。1988 年 4 月，第七届全国人民代表大会第一次会议决定设立海南省，管辖范围包括西沙群岛、南沙群岛、中沙群岛的岛礁及其海域。

---

159 参见《水陆地图审查委员会会刊》第一期，插图。

160 内政部方域司制《南海诸岛位置图》（六百五十万分之一图），见郑资约编：《南海诸岛地理志略》，商务印书馆，1947 年。

161 傅角今主编：《中华民国行政区域图》，商务印书馆，1947 年制版，1948 年发行。

162 1958 年《中华人民共和国政府关于领海的声明》。

163 参见《中华人民共和国国务院公报》1983 年第 10 期，第 452 页。

1992 年 2 月，中国颁布《领海及毗连区法》，确立了中国领海和毗连区的基本法律制度，其中第 2 条明确规定："中华人民共和国的陆地领土包括……东沙群岛、西沙群岛、中沙群岛、南沙群岛以及其他一切属于中华人民共和国的岛屿。"

1996 年 5 月，第八届全国人民代表大会常务委员会第十九次会议决定，批准《联合国海洋法公约》，同时声明"中华人民共和国重申对 1992 年 2 月 25 日颁布的《中华人民共和国领海及毗连区法》第二条所列各群岛及岛屿的主权。"[164]

1998 年 6 月，中国颁布《专属经济区和大陆架法》，确立了中国专属经济区和大陆架的基本法律制度，其中第十四条明确规定："本法的规定不影响中华人民共和国享有的历史性权利。"

1999 年中国修订 1982 年《海洋环境保护法》，将该法适用范围由"中华人民共和国的内海、领海以及中华人民共和国管辖的一切其他海域"，调整为"本法适用于中华人民共和国内水、领海、毗连区、专属经济区、大陆架以及中华人民共和国管辖的其他海域。"[165] 2000 年中国修订 1986 年《渔业法》，将适用范围调整至"中华人民共和国的内水、滩涂、领海、专属经济区以及中华人民共和国管辖的一切其他海域"。[166] 2016 年 8 月 1 日，最高人民法院公布《最高人民法院关于审理发生在我国管辖海域相关案件若干问题的规定》，其中第 2 条指出，"本规定所称我国管辖海域，是指中华人民共和国内水、领海、毗连区、专属经济区、大陆架，以及中华人民共和国管辖的其他海域。"[167]

从中国国内法看，中国管辖的海域不仅包括其根据《公约》拥有的海域，而且包括中国享有历史性权利的海域。

2012 年 6 月，国务院批准撤销海南省西沙群岛、南沙群岛、中沙群岛办事处，设立地级三沙市，管辖西沙群岛、中沙群岛、南沙群岛的岛礁及其海域。

521. 中国在南海两千多年的生产生活和管辖实践为中国在南海的历史

[164] Statement made by the People's Republic of China upon ratification of the UNCLOS, 7 June 1996, para.3, http://www.un.org/depts/los/convention_agreements/convention_declarations.htm.

[165] 《中华人民共和国海洋环境保护法》第 2 条。

[166] 《中华人民共和国渔业法》第 2 条。

[167] 《最高人民法院关于审理发生在我国管辖海域相关案件若干问题的规定（一）》，法释〔2016〕16 号。

性权利提供了坚实的支撑。中国人民一直将南海诸岛和相关海域作为生产场所和生活家园，从事各种开发利用活动，中国历代政府也持续、和平、有效地对南海诸岛及相关海域实施管辖。在长期历史过程中，中国确立了对南海诸岛的主权和在南海的相关权利。中国在南海相关水域的历史性权利早已确立，为一般国际法所承认。

（二）仲裁庭错误解读有关历史事实

522. 仲裁庭认为，《更路簿》等有关资料仅能证明对岛屿的主权，与其要处理的中国的历史性权利无关，[168] 并认为：

> 用作证明对岛屿产生历史性权利的证据不能确立对领海以外水域的历史性权利。反之亦然，即对南海水域的历史性使用也不能导致对其中岛屿的权利。这两个领域是不同的。[169]

仲裁庭进一步认为，中国历史上在南海的航行、贸易和在领海之外的捕鱼活动是在行使公海自由，与菲律宾和其他南海沿岸国的活动并无不同，是国际法赋予所有国家的权利。在二战前，对领海之外海床的利用也是各国所享有的自由。[170] 仲裁庭因此认为，历史性航行及在领海之外的捕鱼活动，不能构成历史性权利的基础。[171] 仲裁庭的认识是错误的。

1. 中国对南海诸岛和对相关海域的管辖活动不能分割

523. 事实上，中国在南海从事生产生活活动和行使管辖时，未区分对象是岛屿还是海洋区域。中国人民将南海诸岛及相关海域视为生产的场所和生活的家园。

524. 仲裁庭认为，《更路簿》不能作为确立对海域权利的证据。这表明仲裁庭对《更路簿》的无知。《更路簿》不仅包含对南海岛礁的记录，而且是中国渔民在南海海域生产活动的记录和指南，根本上服务于中国渔民在南海海域的生产生活。

525.《更路簿》全面反映了中国渔民在南海的生产和生活方式。据研究，约自元代中叶起，或至迟自明初起，中国东南沿岸的福建、广东、海南、广西等地渔民每年冬季驾驶帆船，使用中国 24 位航海罗盘指向，乘

---

[168]《7 月 12 日裁决》第 264 段。

[169] 同上注，第 266 段。

[170] 同上注，第 269 段。

[171] 同上注，第 270 段。

南海海域盛行的东北季风扬帆南下，前往西沙群岛、中沙群岛和南沙群岛捕捞生产。捕捞作业期间，有渔民远赴东南亚进行海货贸易。新加坡开埠后，中国南海渔民年年驾船到新加坡市场出售海货，购买生活用品等，有些人甚至留居南洋。翌年春季，渔民们又乘着刚起的西南季风扬帆北归。[172] 在此过程中，中国渔民自制航海簿册，用简洁的更路条文记载经历过的航线，形成代代相传的《更路簿》。“更”指航时，可根据航速折算为航程，[173]“路”是针路，指航向，[174]“簿”即纸质小册子。《更路簿》世代传承，不断补充和创新。

526.《更路簿》记载了中国渔民从始发港（文昌市清澜港、琼海市潭门港、万宁市大洲岛、三亚市亚龙湾等）往返南海诸岛以及各岛礁之间的航向和航程，还记载了中国渔民从南海诸岛往返新加坡等南洋地区的航线。[175] 据研究，各种抄本的《更路簿》共记载多达二十多条西沙捕鱼路线、二百多条南沙捕鱼路线，二十多条从南沙返回海南岛的航线、多个渔场。每年冬季，中国渔民乘东北季风开往西沙，因为风向与海洋流向的影响，靠自然风力驱动的帆船离开海南岛时，船头必须对东启航。因此，渔民便把西沙群岛及其附近海域称为“东海”，[176] 而把比西沙群岛海域更远的南沙群岛海域称为“北海”。[177]

---

172 参见海南史志网 / 地方志书 / 市县志 / 琼海县志 / 卷六林牧渔副 / 第四章渔业，Http://www.hnszw.org.cn/xiangqing.php?ID=46954。关于渔民将其在南沙群岛的渔货运至新加坡出售，亦见于海南渔民卢业发，吴淑茂、黄家礼等人的回忆，参见夏代云：《卢业发、吴淑茂、黄家礼 < 更路簿 > 研究》，海洋出版社，2016 年，第 28 至 29 页，第 157 页，第 280 页。

173 参见朱鉴秋：“方位不易指南篇”——从编著《渡海方程辑注》谈古代海道针经，《海交史研究》，2013（2），第 110 至 116 页。

174 参见夏代云：海南渔民的风帆船航海技术——地方性知识视角下科技史案例研究，《自然辩证法研究》，2016（9），第 87 页。

175 参见夏代云：《卢业发、吴淑茂、黄家礼 < 更路簿 > 研究》，海洋出版社，2016 年。

176 在簿中表明“东海”是西沙群岛及其附近海域的有：苏德柳本《更路簿》，该簿中有“立东海更路”；郁玉清本《定罗经针位》，该簿中第一段即为“东海更路俱例”；林鸿锦本《更路簿》中有“往东海庚度”一段；王国昌《顺风得利》本亦有“东海更路”一节；李根深《东海北海更流簿》有“自潭门去东海更路”一节；卢洪兰本第一段有“自大潭门去东海更路”；李魁茂本有《东海更路》簿；彭正楷本有《东海更路》。有关版本分别藏于广东省博物馆、华南师范大学地理系（今地理科学学院）、海南大学等。

177 在簿中体现“北海”是南沙群岛及其附近海域的有：苏德柳本《更路簿》，其第二编即为“立北海更路相对”；许洪福本《更路簿》，其中第二篇即为“北海更路注明”，第三篇“上东沙头更路注明”，主要记述南沙群岛及其附近海域的相关情况，其中“东沙头”指航线所经各礁岛地形，意即北海的东部各沙。郁玉清本《定罗经针位》第六篇即为“北海更路具例”；林鸿锦《更路簿》第三篇为“由东海去北海更路”；王国昌顺风得利本《更路簿》有“北海更路”；卢洪兰本《更路簿》第二篇为“自东海过北海更路”；彭正楷《更路簿》第二篇为“北海更路”。有关版本分别藏于广东省博物馆、华南师范大学地理系（今地理科学学院）、海南大学等。

527.《更路簿》不但记录了南海海域的地名和航路，还包括大量重要的海洋信息。其中航向、时间、距离，途中所见岛屿、暗礁，以及相关海域的海流速度、天气变化等重要内容，通过一代代渔民的总结完善和修改补充，内容不断丰富。

528. 可见，《更路簿》并非如仲裁庭所理解的，仅能作为有关岛礁主权的证据，不能作为对海洋区域行使权利的证据。事实是，《更路簿》记录了中国渔民在长期开发利用南海过程中所形成的对南海自然地理状况的深刻认知，反映了中国渔民以南海为家进行稳定的、有组织的生产、生活历史事实。

2. 仲裁庭错误地将中国在南海行使权利的实践视为行使公海自由

529. 仲裁庭认为，中国在南海的航行、贸易和捕鱼活动属于行使国际法允许的公海自由，即便数量巨大，也不足以产生历史性权利。[178] 仲裁庭错误解读中国有关活动，无视中国在南海丰富的行使权利的实践。

530. 第一，中国在南海的活动远远超过仲裁庭所认定的范围。前文已详细论述中国在南海开展的生产、生活和管辖活动，其中包括行政设治、加强海防、水师巡视、绘制地图、打击盗匪、救助外国遇难船舶等，有关活动充分展示中国对南海相关海域进行管辖的事实。仲裁庭无视大量中外历史资料和出版物中记载的历史事实，臆断中国在南海的历史活动仅有航行、贸易和捕鱼活动，是违背历史事实的。

531. 第二，仲裁庭无视中国将南海诸岛及相关海域视作本国疆域的确念。中国人民长期以来在南海相关海域进行航行、贸易和捕鱼活动，视相关海域为生产场所和生活家园，早已确立了疆域的信念。这与其他国家在南海进行的零星活动完全不同。

532. 第三，中国历史上的海上活动多被错误解读。例如，菲律宾曾就中国历史上的“海禁政策”向仲裁庭提出，在 14 世纪和 15、16 世纪大部分时间内，中国政府抑制海上活动，禁止中国人从事海上贸易，采取“海禁政策”，将海上活动视为叛国行为等。[179] 事实上，当时的“海禁政策”是禁止私人下海进行贸易等活动，加强政府对海上活动的管理。清朝政府通过海禁政策强化对渔业和渔民的管理。清代前期，海南岛潭门等地方政

---

[178] 参见《7 月 12 日裁决》第 268-270 段。

[179]《7 月 12 日裁决》第 195 段。

府，对当地渔民赴南海诸岛的渔业生产及驻岛行为加强管理。管理的主要方式为颁布许可、米粮限购与所得税征收。当时渔民出海必须获得乡一级政府的许可，基层政府依据船主上报的南海海上航行线路之远近、船工人数之多寡等确定其携带米粮的数量。[180] 渔船返回母港后，基层政府则委派民团人员登船核查所得渔获数量，以此作为所得税征收的依据。雍正元年（1723 年），清政府要求东南四省沿海商船和渔船必须用不同颜色的油漆涂饰船头和桅杆，以示区别，当时广东的船舶船头漆成红色，有“红头船”之称；海船的两侧需刊刻字号，写明某省某州县某字某号船，明令“取鱼不许越出本省境界……船只有照方能下海”。[181] 由此可知，在“海禁”期间，中国政府加强了对中国渔民赴南海捕捞作业和岛礁开发活动的管理。

三、仲裁庭错误提出《公约》生效后中国有关实践是否形成历史性权利的假问题

533. 仲裁庭在错误否定中国在南海早已形成并一直存在的历史性权利的基础上，进一步表示，为了完整性起见，有必要简要讨论自 1996 年《公约》对中国生效以来，中国是否取得与《公约》不符的权利和管辖权。[182] 仲裁庭认为：

> 加入《公约》后，中国在《专属经济区和大陆架法》中提及历史性权利，但无法使其他国家了解中国所主张权利的性质或范围。直至 2009 年 5 月中国提出有关照会时，中国在“九段线”内的历史性权利的范围才得以明确，但中国的主张当时即遭到有关国家的反对。[183]

仲裁庭据此将中国 2009 年的照会视为中国第一次明确历史性权利的范围，并认为对中国的历史性权利主张，不存在相关国家的默认，因此中国在《公约》生效后没有形成历史性权利。

534. 仲裁庭的做法实在令人费解。中国一直所强调的是其在南海长期的历史实践，从未提出过《公约》生效后在南海取得历史性权利的主张。

---

[180] （清）《清圣祖实录》卷二七一。

[181] （清）《嘉庆大清会典事例》卷五〇七。

[182] 《7 月 12 日裁决》第 273 段。

[183] 《7 月 12 日裁决》第 275 段（文中引注省略）。

仲裁庭这么做是在矫情地混淆是非。

如前文所述，中国在南海的历史性权利早已形成并一直存在，根本不存在仲裁庭所说中国在《公约》生效后的实践是否形成历史性权利的问题。仲裁庭认为中国是在 1998 年《专属经济区和大陆架法》中提及历史性权利，以此暗指这是中国首次提出历史性权利。该法第 14 条规定，"本法的规定不影响中华人民共和国享有的历史性权利。"显然，该条规定只是确认中国早已形成并一直存在的历史性权利与该法规定的专属经济区和大陆架制度并存。

535. 仲裁庭还认为，菲律宾直至 2009 年才有机会了解中国历史性权利的范围。仲裁庭这一说法是不成立的。中菲在南海的领土和海洋划界争议已存在多年，菲律宾对中国在南海的主权、管辖权和历史性权利主张是清楚的。菲律宾诉求所提及的"南海断续线"，中国自 1948 年起就予以标绘在公开出版的地图上，并且一直如此，在《公约》通过后仍然如此。菲律宾对此完全知晓，并且从未提出质疑。

在"渔业案"（英国诉挪威，1951 年）中，英国曾向国际法院提出其不了解挪威采取直线基线的有关措施，认为挪威的主张不具公开性这一至关重要的历史性权利基础。[184] 法院拒绝了英国的主张，指出英国作为北海的沿岸国，对该地区的捕鱼有重大利益，作为海洋大国一贯关注海洋法，特别是对维护海洋自由有重大关切，因此不可能对挪威 1869 年的立法不知情。[185]

同理，菲律宾作为对南海有利益关切的国家，一直关注中国的海上活动，无论对中国 1948 年以来在地图上标绘南海断续线，还是对中国 1998 年的立法提及历史性权利，菲律宾都是清楚的，但均未作出反应。在此，明显存在承认或默认。仲裁庭关于中国在 2009 年照会中首次明确中国历史性权利范围的说法是不成立的。

---

[184] Fisheries case, Judgment of December 18th, 1951, I.C. J. Reports 1951, p. 116, at 138-139.

[185] 同上注，第 139 页。

本章结论

536. 中国在南海的历史性权利与中国对南海诸岛的主权不可分割，是中国人民自古以来在南海从事生产生活活动，以及中国政府对南海相关海域长期管辖的结果。

537. 仲裁庭处理中国历史性权利问题的思路为：首先武断地认定中国是对南海的生物资源和非生物资源主张历史性权利；然后认定与《公约》冲突的历史性权利已被《公约》所取代，因此中国对生物和非生物资源的历史性权利因与《公约》规定的专属经济区和大陆架制度相冲突而归于无效；接着以没有证据支撑中国曾对南海的资源进行控制以及中国只是在行使公海自由为由，否定其所认定的中国主张的历史性权利。

538. 仲裁庭在关键环节的论证存在重大错误，有关结论不成立。

第一，中菲在南海存在领土和海洋划界争议，中国在南海的历史性权利构成中菲在南海领土和海洋划界争议的组成部分。仲裁庭脱离中菲在南海的领土问题和海洋划界情势，单独处理中国在南海的历史性权利，特别是认定中国是在菲律宾专属经济区主张历史性权利，是没有整体看待中菲在南海有关争议，也不符合《公约》制度下对历史性权利和划界关系的处理原则。

第二，《公约》没有处理其与一般国际法规则包括有关历史性权利规则的关系。仲裁庭声称《公约》为解决一切海洋问题提供了规则，并借助《公约》第 311 条、第 293 条以及第 309 条树立《公约》优先于一般国际法的地位，这是不成立的。《公约》在第 10 条、第 15 条、第 51 条、第 298 条等条款中以尊重历史性权利的方式处理历史性权利与《公约》的关系，在专属经济区和大陆架制度中没有处理历史性权利与《公约》制度之间的关系。

第三，中国在南海的历史性权利早已形成。中国人民一直将南海诸岛和相关海域视为生产场所和生活家园，并确立了疆域的信念，在此从事各种开发利用活动。中国历代政府也持续、和平、有效地对南海诸岛和南海相关海域实施管辖。仲裁庭认定中国在南海主张的对资源的历史性权利不存在，是从错误的前提出发，错误选择和解读有关史料和证据，无视中国长期以来在南海的生产生活和管辖实践。

539. 仲裁庭越权并错误处理中国在南海的历史性权利，其裁定根本不具任何效力。中国在南海的历史性权利为一般国际法所承认，当然继续存在。

第五章

中国南沙群岛和中沙群岛的法律地位问题（第3项至第7项诉求）

540. 本章回应仲裁庭关于菲律宾第3项至第7项诉求的裁定。菲律宾这五项诉求如下：

（3）黄岩岛不产生专属经济区或大陆架；

（4）美济礁、仁爱礁和渚碧礁是低潮高地，不产生领海、专属经济区或大陆架，并且是不得通过占领或其他方式据为领土的地物；

（5）美济礁和仁爱礁是菲律宾专属经济区和大陆架的一部分；

（6）南薰礁和西门礁（包括东门礁）是低潮高地，不产生领海、专属经济区或大陆架，但是其低潮线可分别用于确定测算鸿麻岛和景宏岛领海宽度的基线；

（7）赤瓜礁、华阳礁和永暑礁不产生专属经济区或大陆架。[1]

541. 仲裁庭在《7月12日裁决》中裁定，渚碧礁、南薰礁（南侧礁体）、东门礁、美济礁、仁爱礁等5个地物为《公约》第13条意义下的“低潮高地”，均不能被占据，不产生领海、专属经济区或大陆架。渚碧礁、南薰礁（南侧礁体）、东门礁分别位于其他“高潮地物”的12海里之内。[2]

仲裁庭在裁决主文：

---

[1]《7月12日裁决》第112段。

[2] 参见上注，第1203.B（3）-（5）段。

（6）宣布，黄岩岛、南薰礁（北）、西门礁、赤瓜礁、华阳礁和永暑礁，在其自然状态下，属于《公约》第121（3）条规定含义中的不能维持人类居住或其本身的经济生活的岩礁，因此黄岩岛、南薰礁（北）、西门礁、赤瓜礁、华阳礁和永暑礁不产生专属经济区或大陆架；

（7）关于南海其他地物的地位，认定：

a. 在《公约》第121（3）条规定含义下，南沙群岛中没有任何高潮地物在其自然状态下能够维持人类居住或其本身的经济生活；

b. 南沙群岛中没有任何高潮地物可产生专属经济区或大陆架；且

c. 因此，中国主张的任何地物都产生不了对专属经济区和大陆架的权利，能与菲律宾在美济礁和仁爱礁地区的权利相重叠；并

宣布，美济礁和仁爱礁在菲律宾的专属经济区和大陆架内。[3]

尽管中国和菲律宾都未有南薰礁（南侧礁体）、南薰礁（北侧礁体）的说法，但仲裁庭在裁定中却人为地将南薰礁拆分为南薰礁（南侧礁体）和南薰礁（北侧礁体），且未给出任何理由。

542. 本书第二章已阐明菲律宾第3项至第7项诉求涉及中菲在南海的领土和海洋划界问题，仲裁庭没有管辖权。本章旨在说明：撇开管辖权问题不论，仲裁庭在实体问题阶段处理中国南沙群岛和中沙群岛及其有关岛礁的法律地位和海洋权利时，在可适用法律的选择、法律解释和适用、证据采信等方面存在严重错误，其所作裁决是错误的。

543. 本章分四节：第一节阐明仲裁庭在处理中国南沙群岛和中沙群岛及其有关岛礁的地位和海洋权利时存在的根本性、方向性的错误；第二节阐明仲裁庭在南沙群岛作为大陆国家远海群岛地位认定方面的错误；第三节阐明仲裁庭在南沙群岛有关“低潮高地”地位认定方面的错误；第四节阐明仲裁庭在南沙群岛和中沙群岛有关岛礁地位认定方面的错误。

---

[3] 同上注，第1203.B（6）-（7）段。

第一节　仲裁庭无视中国南沙群岛和中沙群岛的整体性以及中菲领土和海洋划界争端的存在，错误分割处置有关岛礁的法律地位

544. 中国对南海诸岛，包括东沙群岛、西沙群岛、中沙群岛和南沙群岛拥有主权。中国南海诸岛拥有内水、领海、毗连区、专属经济区和大陆架。此外，中国在南海拥有历史性权利。

545. 菲律宾在第 3 项至第 7 项诉求中请求仲裁庭认定黄岩岛和南沙群岛中的 8 个地物为岩礁或低潮高地，并确定其各自可产生的海洋权利，同时要求仲裁庭确认美济礁和仁爱礁属于菲律宾专属经济区和大陆架的一部分。

546. 中国对南沙群岛和中沙群岛拥有领土主权，并一向以群岛整体享有海洋权利。中国《立场文件》重申这一立场，[4] 明确指出菲律宾对南沙群岛作“切割”并就黄岩岛和南沙群岛 8 个地物的地位和海洋权利分别提出诉求，“实质上是否定中国对南沙群岛的领土主权”，[5] 企图“篡改中菲南沙群岛主权争端的性质和范围”。[6]

547. 能否对南沙群岛作出切割的问题本身已涉及领土主权，仲裁庭没有管辖权。仲裁庭不顾这一绕不开的障碍，在《管辖权裁决》中断然否定“菲律宾仅聚焦中国占据的海洋地物会对主权问题产生任何影响”。[7] 仲裁庭上述认定是错误的。

548. 仲裁庭在《7 月 12 日裁决》中未给予中国以群岛整体主张主权和海洋权益的立场应有的效力，无视中国南沙群岛和中沙群岛的整体性以及中菲领土和海洋划界争端的存在，错误分割处置有关岛礁的地位和海洋权利问题。仲裁庭以《公约》不允许大陆国家在其远海群岛划设群岛基线

[4] 参见《立场文件》第 20-21 段。
[5] 同上注，第 19 段。
[6] 同上注，第 22 段。
[7]《管辖权裁决》第 154 段。

和直线基线为由，否定中国南沙群岛作为整体可以产生海洋权利。[8] 仲裁庭这种做法实际上是分割、肢解中国南沙群岛和中沙群岛，构成对中国国家主权和领土完整以及海洋权利的侵犯。

一、仲裁庭错误分割处置南沙群岛和中沙群岛有关岛礁的地位，肢解两群岛

549. 对于一个主权国家的远海群岛，采用整体性立场或予以分割处置在主权、海洋权益和划界方面存在重要区别。

550. 首先，对群岛整体的领土主权涵盖群岛整体，而不顾群岛单独看待其组成部分的主权，只涉及该组成部分。这两种角度分别具有领土完整和领土可分的含义。从主权角度看，未经主权国家同意将群岛组成部分割裂处理，构成对主权国家领土完整的侵犯。如主权国家同意，则不存在问题。

另外，两种不同的处理方式将导致主权国家拥有主权的区域面积不同。将群岛作为整体，主权国家将对所有组成部分、相连水域拥有主权，而将群岛组成部分单独看待，将导致一些地形可能不能被占据、相连水域可能不能被主权涵盖的情况，这样主权下的领土面积可能小于甚至远远小于将群岛作为整体看待的情况。

再者，对群岛组成部分的主权取得方式也与单个孤立地物的主权取得方式不同。对群岛整体拥有主权，即对群岛所有组成部分拥有主权。而取得群岛主要部分的主权即可涵盖群岛其他部分。群岛作为一个整体，无需按照通常方式证明对每一地形的主权。

551. 第二，在涉及海洋权利方面，群岛所属国将群岛作为整体可主张包括领海、毗连区、专属经济区和大陆架在内的完整海洋权利，而与孤立的单个地物在《公约》下的地位无关。若不顾群岛的整体性且未取得群岛所属国的同意而对其组成地物分割处理，则必须基于单个地物在《公约》下的地位确定相应的海洋权利。

552. 第三，在海洋划界方面，是否整体看待群岛直接影响群岛所属国与相关邻国之间的海洋划界地理框架和情势。群岛所属国基于群岛如与

---

[8] 参见《7 月 12 日裁决》第 573-576 段。

有关邻国存在海洋划界情势，则群岛作为整体的地位和效力构成划界的重要问题。在划界中，需要确定的并不是构成群岛组成部分的所有岛礁个体地位问题，而是群岛最外缘与有关邻国海岸相向的有关地物是否构成划界基点问题。相反，若单个处置群岛的组成地物，有关地物可能被认定为没有专属经济区和大陆架的“岩礁”或没有自身海洋权利的低潮高地，以致与有关邻国不存在海洋划界情势。即便存在划界情势，单个地物加起来的海洋权利区域面积也不能与群岛作为整体的情况相比，遑论最后的划界效果。

553. 在本案中，仲裁庭单独处理中国南沙群岛和中沙群岛组成部分的地位，完全不顾国际法上群岛作为整体在涉及领土主权、海洋权利和海洋划界等方面的重要地位。就中国南沙群岛而言，仲裁庭采取切割和肢解方法，认定南沙群岛有关地物为低潮高地，并裁定其不可被据为领土，已就领土问题越权作出实体裁断，且未顾及群岛内的相连水域已被置于中国对南沙群岛的主权之下。仲裁庭进一步错误将南沙群岛中所有岛屿认定为没有专属经济区和大陆架的岩礁，将部分岛礁认定为本身没有任何海洋权利的低潮高地，事实上否定南沙群岛作为群岛整体所拥有的海洋权利。在上述基础上，仲裁庭还错误地裁定中菲之间根本不存在海洋权利重叠，中国南沙群岛的美济礁和仁爱礁位于菲律宾专属经济区和大陆架内。仲裁庭有关做法严重侵犯中国对南沙群岛的主权及中国基于南沙群岛享有的海洋权利。

二、仲裁庭脱离中菲领土和海洋划界争议，错误孤立处置中国南沙群岛和中沙群岛单个岛礁的地位

554. 如第二章第一节所述，中国和菲律宾在南海存在领土和海洋划界争议。仲裁庭不能脱离这一争议，孤立地处置单个岛礁的地位和海洋权利问题。

555. 国际司法实践已反复确认“陆地统领海洋”，海洋地物的“陆地领土状况被视为决定沿海国海洋权利的起点”。[9] 就本案而言，陆地领土是

[9] Maritime Delimitation and Territorial Questions between Qatar and Bahrain (Qatar v. Bahrain), Merits, Judgment, I.C.J. Reports 2001, p.40, at para.185.

指中国的中沙群岛和南沙群岛整体，而不是作为群岛组成部分的单个地物。本案仲裁庭将所谓的“低潮高地的地位和海洋权利”[10]和“岩礁／岛屿的地位”[11]问题从中菲在南海的领土和海洋划界争议中剥离出来，脱离有关岛礁的主权归属问题，脱离南沙群岛作为整体的海洋权利问题，单独处理有关岛礁的地位和海洋权利问题是武断的、错误的。

556. 仲裁庭上述做法存在着方向、路径等根本性错误，导致如下错误和严重后果：

一是错误判定菲律宾诉求与主权问题无关，且不涉及海洋划界，中菲之间就菲律宾诉求所涉地物的地位和海洋权利存在争端，错误判定对菲律宾诉求具有管辖权。[12]

二是对构成中国领土的南沙群岛和中沙群岛进行分割处理，本身就构成对中国国家主权和领土完整的严重侵犯。[13]

三是错误选择适用《公约》第13条、第121条将有关岛礁区分为“低潮高地”和“高潮地物”，错误将作为中国南沙群岛组成部分的有关岛礁认定为“低潮高地”，错误裁定低潮高地不能被据为领土，为“水下陆块”，错误裁定作为中国南沙群岛组成部分的美济礁和仁爱礁构成菲律宾专属经济区和大陆架的一部分。[14]

四是错误解释和适用《公约》第121条（尤其是该条第3款），错误将中国有关岛礁认定为“岩礁”。[15]

---

[10] 参见《7月12日裁决》第307-309段。

[11] 参见上注，第175页（标题）。

[12] 参见本书第二章的相关分析。

[13] 参见本章第二节的相关分析。

[14] 参见本章第三节的相关分析。

[15] 参见本章第四节的相关分析。

第二节 中国南沙群岛作为大陆国家远海群岛具有充分的国际法依据

557. 大陆国家远海群岛制度在习惯国际法上早已确立，大陆国家远海群岛属于《公约》未予规定的事项，在《公约》通过后继续受习惯国际法调整，并得到国家实践的确认和加强。在本案中，就南沙群岛而言，仲裁庭曲解中国对南沙群岛整体拥有主权和海洋权利的立场，不将南沙群岛的组成部分作为群岛的一部分看待，错误适用《公约》有关条款，无视早已确立的大陆国家远海群岛的法律制度，还断言国家嗣后实践不足以支持这种制度，企图扼杀之。

一、大陆国家远海群岛制度早已确立[16]

558.《公约》第 46 条（b）项关于群岛的定义反映了习惯国际法。该项规定：“‘群岛’是指一群岛屿，包括若干岛屿的若干部分、相连的水域和其他自然地形，彼此密切相关，以致这种岛屿、水域和其他自然地形在本质上构成一个地理、经济和政治的实体，或在历史上已被视为这种实体。”早在 1958 年第一次联合国海洋法会议期间，远海群岛就被称为“远离大陆海岸从而可被视为独立的整体而非大陆海岸一部分的群岛”。[17] 远海群岛可分为以下两类：大陆国家的远海群岛和构成群岛国全部或部分领土的群岛。[18] 一般认为，大陆国家远海群岛具有三项特征：其一，这类群岛在地理意义上远离大陆海岸；其二，这类群岛并不构成一个独立主权国家的全部领土；其三，这类群岛处于一个独立的大陆国家的主权之下。[19]

---

[16] 该部分有关数据和资料重点参考了 Sophia Kopela, Dependent Archipelagos in the Law of the Sea (Martinus Nijhoff Publishers, 2013)，特此说明。

[17] Jens Evensen, Certain Legal Aspects Concerning the Delimitation of the Territorial Waters of Archipelagos, in UNCLOS I Official Records, Vol. I (1958), p.290.

[18] 该“大陆国家”相对于群岛国而言，是法律意义上的概念，而非地理意义上的概念。

[19] 参见 Mohamed Munavvar, Ocean States: Archipelagic Regimes in the Law of the Sea (Dordrecht: Nijhoff, 1995), p.136.

（一）群岛作为整体在习惯国际法上早已确立

559. 关于群岛构成一个法律上的整体，在南海地区之外的相关国家实践至迟在19世纪就已出现。“夏威夷岛屿之王”在1854年5月16日的“中立声明”中宣布：“在我们全部管辖范围中……其中包括我们所有岛屿外3海里范围以及连接这些岛屿之间的水道，我们的中立地位应得到所有交战国的尊重……。”[20] 几年后，汤加、斐济的土著国王也发表了同样的声明。[21] 早在1903年，丹麦就颁布法令，将法罗群岛当作一个整体看待。[22] 1921年10月20日关于阿兰德群岛的划界协定也将群岛及其周围水域看做是一个整体。[23] 1934年，厄瓜多尔宣称将加拉帕格斯群岛看作整体来主张领海。[24] 正因如此，胡伯法官在“帕尔马斯岛仲裁案”（美国／荷兰，1928年）中就指出：“就一组岛屿而言，在特定情形下被视为法律上的一个整体是可能的。”[25]

560. 与此同时，群岛在法律上构成整体也在国际法编纂工作中得到体现。智利的阿尔瓦雷兹（Alvarez）于1924年向国际法协会（International Law Association）建议：群岛应被看作是一个整体，在划定领水时作为整体，以距离中心最远的岛屿为基点。[26] 1928年，国际法研究院（Institut de Droit International）研究群岛构成法律上整体的问题，并对群岛作为整体划定领海提出建议。[27]

1930年海牙国际法编纂会议再次审议这一问题，各国代表讨论了基于群岛整体划定领海的问题。各国大都支持群岛作为整体这一制度，但对岛与岛之间的最大距离则有较大争议。预备委员会就群岛作为整体及岛间距离问题提交了作为讨论基础的案文。[28]

561. 在国际法实践和理论发展的基础上，国际法院在“渔业案”（英

---

20 “Hawaiian Territory”, http://www.hawaiiankingdom.org/hawn-territory.shtml.

21 参见 Laurent Lucchini and Michel Voelckel, Droit de la mer, Paris, A. Pédone, 1990, Tome I, p.359.

22 参见 Order No. 29 of 27 February 1903 respecting the supervision on Fisheries in the Sea surrounding the Faroe Islands and Iceland outside the Danish Territorial Sea, in UN Legislative Series ST/LEG/Ser.B/6, pp.467-468.

23 参见 Laurent Lucchini and Michel Voelckel, Droit de la mer, Paris, A. Pédone, 1990, Tome I, p.359.

24 Decree No. 607 of 29 August 1934, UN Legislative Series ST/LEG/Ser.B/6, p.478, at 480-481.

25 Island of Palmas case (Netherlands/USA), Award of 4 April 1928, RIAA, Vol. II, p.829, at 855.

26 参见 International Law Association, Report of 33rd Conference, 1924, pp.266 及以下。

27 参见 Annuaire de l'Institut de droit international, 1928, Vol. 34, pp.646 及以下。

28 参见 D.P. O'Connell, Mid-Ocean Archipelagos in International Law, 45 British Year Book of International Law (1971), p.1, at 9.

国诉挪威，1951 年）判决中支持挪威在“斯卡尔加德”（skjærgaard）划设直线基线，很大程度上体现了群岛概念，确认了在类似群岛的地形适用直线基线方法的合法性。[29] 该案促进了群岛制度的发展。[30]

562. 20 世纪 50 年代国际法委员会编纂海洋法过程中，领海制度特别报告员弗朗索瓦（François）深入探讨群岛问题，进一步提出群岛（岛群）概念：“法律意义上的岛群，应指三个及以上由直线相连围出一片水域的岛屿。”[31] 国际法委员会基于此建议原想在岛屿条款中写入一组岛屿的情况，但由于对细节问题的分歧，没有成功。[32] 无论如何，群岛作为整体的概念是得到承认的。

563. 1958 年《领海及毗邻区公约》第 4 条确立了直线基线方法，从一个侧面确认群岛法律上构成一个整体。1982 年《公约》在群岛作为整体这一基础上确立了群岛国法律制度，在第 46 条（b）项编纂了群岛的概念。1982 年《公约》之前，群岛作为整体在习惯国际法上早已确立。例如，在群岛国制度确立前，一些国家依据群岛构成法律上整体的概念将直线基线方法适用于划定领海基线。这一概念当然涵盖大陆国家的远海群岛。诚然，《公约》没有继续走下去，未能对大陆国家的远海群岛制度作出规定。造成这一结果的原因主要是政治上的。但《公约》对此未作规定并不意味着否定群岛作为法律上的一个整体这一概念的普遍意义，或者这一概念不适用于大陆国家的远海群岛。

564. 综上所述，群岛构成法律上的整体已为国际法所确认。

（二）《公约》未对大陆国家远海群岛作出规定

565.《公约》及其谈判资料显示，大陆国家远海群岛属于《公约》“未予规定的事项”，从而如《公约》前言第 8 段所说“应继续以一般国际法的规则和原则为准据”。

1.《公约》缔约谈判过程中对大陆国家远海群岛问题的搁置

566. 第三次联合国海洋法会议期间，早期提案针对所有类别的群岛，

[29] 参见 Fisheries Case (United Kingdom v. Norway), Judgment, I.C.J. Reports 1951, p.116, at 128-130.

[30] 参见 Sophia Kopela, Dependent Archipelagos in the Law of the Sea (Leiden: Martinus Nijhoff Publishers, 2013), pp.14-16.

[31] Yearbook of the International Law Commission, 1954, Vol. II, p.5.

[32] 参见 Yearbook of the International Law Commission, 1956, Vol. II , p.270.

并未对岛屿国家的群岛和大陆国家的远海群岛作出区分。[33] 这反映了岛屿国家和大陆国家在其群岛周围划设直线基线的实践。[34] 当时有一些国家反对将群岛制度不加区分地一体适用于所有群岛。这些国家主要包括部分海洋大国、[35] 一些毗邻大陆国家远海群岛的国家等。[36] 这些国家接受群岛制度适用于岛屿国家（后来成为《公约》中的“群岛国”制度），但反对将此适用于大陆国家的远海群岛。然而，多数国家只关注群岛内水域的无害通过问题。[37]

567. 第二委员会在《单一工作文件》中总结了各国立场，并总体上形成了两种选择：一是将群岛制度仅适用于群岛国，二是将该制度不加区别地适用于所有群岛，包括大陆国家远海群岛。[38] 由岛屿国家和海洋大国组成的非正式“群岛问题工作组”基于《单一工作文件》集中讨论了适用群岛国制度的具体条件以及群岛水域内的通行权问题，未涉及大陆国家远海群岛问题。[39]

上述非正式工作组讨论的一些共识被纳入 1975 年《非正式单一协商案文》，其中将群岛国和大陆国家远海群岛作为两个独立问题放在两节中处理。第一节针对群岛国，规定群岛基线的适用以及基线内水域的主权性

---

33 参见 Working paper co-sponsored by Canada, Chile, Iceland, India, Indonesia, Mauritius, Mexico, New Zealand and Norway, A/CONF.62/L.4, UNCLOS III Official Records, Vol. III, pp.82-83.

34 Sophia Kopela, Dependent Archipelagos in the Law of the Sea (Martinus Nijhoff Publishers, 2013), p.30（内部引注 104).

35 C.F. Amerasinghe, The Problem of Archipelagos in the International Law of the Sea, 23 International & Comparative Law Quarterly (1974), p.539, at 544; J.A. Roach and R.W. Smith, Excessive Maritime Claims, 3rd edition (Martinus Nijhoff Publishers, 2012), p.203.

36 这些国家主要包括毗邻希腊爱琴海群岛的土耳其、毗邻印度安达曼群岛和尼科巴群岛的泰国和缅甸，以及巴基斯坦、保加利亚等。分别参见 39th plenary meeting, UNCLOS III Official Records, Vol. I, pp.169-170, paras.29 and 42 (Turkey); 36th meeting of the Second Committee, UNCLOS III Official Records, Vol. II, p.262, para.22 (Bulgaria), p.265, para.70 (Thailand); 37th meeting of the Second Committee, UNCLOS III Official Records, Vol. II, p.266, para.7 (Myanmar), p.270, para.51 (Pakistan).

37 参见 36th meeting & 37th meeting of the Second Committee, UNCLOS III Official Records, Vol. II, pp.260-273.

38 参见 Appendix I: Working Paper of the second Committee: Main Trends (originally issued as Doc.A/CONF.62/C.2/WP.1), Doc.A./CONF.62/L.8/Rev.1, UNCLOS III Official Records, Vol. III, pp.136-138. 该文件第 202 条和第 204 条提出了处理远海群岛问题的三种解决方案：(1) 方案 A 规定：“这些条款仅适用于群岛国”；(2) 方案 B 规定：“拥有一个或一个以上远海群岛的沿海国……在作出声明的情况下，有权将上述条款的规定适用于此类群岛”；(3) 方案 C 规定：“适用于群岛国划定领海基线的方法应同样适用于构成大陆国家组成部分的远海群岛，而无需改变此类群岛的水域或其领海的自然制度”。

39 参见 Sophia Kopela, Dependent Archipelagos in the Law of the Sea (Leiden: Martinus Nijhoff Publishers, 2013), pp.34-35.

质。第二节关于大陆国家远海群岛仅有一个条款（第 131 条）："第一节规定无损于构成一个大陆国家领土不可分割一部分的远海群岛的地位。"[40] 在 1976 年的《修订后的单一协商案文》中，前述第 131 条被删除。[41] 自此，《公约》草案不再含有关于大陆国家远海群岛的规定，此种状况延续至《公约》通过。

568. 实际上，在《公约》谈判过程中，尽管拥有远海群岛的大陆国家有重大利益，但没有机会参与上述"群岛问题工作组"的讨论，而该工作组的讨论结果基本上决定了谈判的方向。[42] 为此，厄瓜多尔在 1979 年第三委员会续会第八轮会议上对群岛问题的讨论排除有关国家参与表示不满。[43]

569. 整个缔约谈判过程表明，《公约》规定的群岛国制度充分反映了群岛国与海洋大国之间的利益妥协。[44]《公约》第四部分仅适用于群岛国，大陆国家远海群岛是《公约》未予调整的事项。

2. 大陆国家在缔约谈判过程中对远海群岛整体性地位的维护

570. 如前所述，在第三次联合国海洋法会议前，一些大陆国家已把其远海群岛看作是法律上的一个整体。在《公约》谈判中，将远海群岛作为法律上的一个整体纳入《公约》是这些大陆国家的共同立场。在谈判早期阶段，拥有远海群岛的大陆国家明确主张，《公约》拟创设的群岛制度应无差别地适用于所有群岛。[45] 在 1974 年第 27 次全体会议上，印度提案明确要求："不应区别对待组成单一国家的群岛和构成沿岸国一部分的群岛；也不应当差别对待远离沿岸国的群岛和邻近沿岸国的群岛。"[46] 中国代表团提

---

40 Informal single negotiating text, part II, A/CONF.62/WP.8/Part II, UNCLOS III Official Records, Vol. IV, p.170.

41 参见 Revised single negotiating text (part II), Doc.A/CONF.62/WP.8/Rev.1/Part II, Chapter VII, UNCLOS III Official Records, Vol.V, pp.170-172.

42 Sophia Kopela, Dependent Archipelagos in the Law of the Sea (Leiden: Martinus Nijhoff Publishers, 2013), p.34.

43 42nd meeting of the Third Committee, UNCLOS III Official Records, Vol. XII, pp.44-45, paras.42-47.

44 参见 Sophia Kopela, Dependent Archipelagos in the Law of the Sea (Leiden: Martinus Nijhoff Publishers, 2013), pp.42-49.

45 此类国家包括印度、加拿大、中国、希腊、西班牙、法国、澳大利亚、葡萄牙、厄瓜多尔、秘鲁、阿根廷、委内瑞拉、洪都拉斯等。分别参见 27th plenary meeting, UNCLOS III Official Records, Vol. I, p.96, para.8 (India), p.98, para.23 (Canada); 31st plenary meeting, UNCLOS III Official Records, Vol. I. p.125, para.52 (China); 37th meeting of the Second Committee, UNCLOS III Official Records, Vol. II, p.266, para.5 (Portugal), p.267, para.16 (Ecuador), p.268, para.24 (Peru), p.272, para.83 (Argentina); 40th meeting of the Second Committee, UNCLOS III Official Records, Vol. II, p.286, para.1 (Venezuela); 3rd meeting of the Second Committee, UNCLOS III Official Records, Vol. II, p.100, para.17 (Honduras).

46 27th plenary meeting, UNCLOS III Official Records, Vol. I, p.96, para.8.

议："彼此邻近的岛屿组成的群岛或者岛链，在确定领海基线时可以作为一个整体。"[47]

571. 大陆国家强烈反对将其远海群岛排除在关于群岛问题的谈判之外，多次要求大会重启对该问题的讨论。例如，法国表示，该制度应适用于一切群岛，而不论其类型和位置，因为它们的问题是相似的。[48] 又如，厄瓜多尔代表指出，尽管大陆国家的远海群岛问题与许多国家相关，但会议对该问题几无讨论。[49] 西班牙指出，大会应考虑大陆国家的远海群岛问题，建议相关委员会成立谈判组考虑该事项。[50] 希腊指出，大陆国家的群岛问题在《非正式完整协商文件》中未涉及，希腊不反对群岛国条款，但认为应该就其他群岛达成解决方案，因为这些群岛遭受了严重的不公正待遇。[51]

572. 在群岛国制度的草案基本达成后，大陆国家仍持续要求平等对待其远海群岛。直至《公约》谈判最后两轮会议，仍有不少国家提出这一要求。在第十轮会议期间，厄瓜多尔认为，既然大会已为群岛国建立特殊制度，法律上并无有效理由歧视构成国家领土一部分的群岛法律地位，对相同的地理情况应给予相同待遇。[52] 希腊与佛得角支持厄瓜多尔的立场。[53] 在第十一轮会议上，印度、西班牙和厄瓜多尔表示：将远海群岛排除在群岛国制度之外，对于拥有群岛的大陆国家是不公平的。[54] 在谈判最后阶段，有关大陆国家郑重申明：大陆国家远海群岛的法律地位属未决事项。[55]

573. 谈判过程表明，《公约》并未对大陆国家远海群岛作出规定，而大陆国家在谈判中有效维护了远海群岛构成法律上整体的地位。

---

47 31st plenary meeting, UNCLOS III Official Records, Vol. I, p.125. para.52.

48 36th plenary meeting, UNCLOS III Official Records, Vol. II, p.263, para.46.

49 90th plenary meeting, UNCLOS III Official Records, Vol. IX, p.16, para.123.

50 参见 91st plenary meeting, UNCLOS III Official Records, Vol. IX, p.18, para.21.

51 103rd plenary meeting, UNCLOS III Official Records, Vol. IX, p.65, para.48.

52 参见 135th plenary meeting, UNCLOS III Official Records, Vol. XIV, p.19, para.1.

53 参见 UNCLOS III Official Records, Vol. XIV, 136th plenary meeting, p.38, para.110 (Greece); 139th plenary meeting, p.64, para.37 (Cape Verde).

54 参见 UNCLOS III Official Records, Vol. XVII, 187th plenary meeting, p.38, para.8 (India); 190th plenary meeting, p.90, para.100 (Spain), pp.96-97, paras.196, 200 (Ecuador).

55 同上注，另参见 103rd plenary meeting, UNCLOS III Official Records, Vol. IX, p.65, para.48 (Greece).

（三）大陆国家远海群岛的国际法地位在习惯国际法中已牢固确立

574. 习惯国际法是“作为通例之证明而经接受为法律者”。[56] 正如国际法委员会所指出，“决定一项习惯国际法规则的存在和内容，有必要确定是否存在一般实践被接受为法律者（法律确信）。”[57] 在大陆国家远海群岛的整体性地位方面，这两项构成习惯国际法规则的要素都是具备的。

1. 有关远海群岛整体性的国家实践

575. 如前所述，早在《公约》签署前，大陆国家的远海群岛作为整体的地位在习惯国际法上已经确立。《公约》签署以来，大陆国家在远海群岛方面的实践进一步发展了相关习惯国际法。其中，如下文表格一所示，已将远海群岛作为整体划定基线或在立法中明确将远海群岛作为整体划定基线的国家实践主要包括：

（1）丹麦（法罗群岛、西兰群岛、莱斯群岛）

早在 1903 年的法令中，丹麦就将法罗群岛当作一个整体看待。[58] 1963 年，丹麦通过第 156 号法令，公布法罗群岛直线基线体系，最长一段为 60.8 海里。1976 年，丹麦通过第 599 号法令，[59] 修正 1963 年公布的直线基线，其中最长为 61 海里。2003 年，丹麦政府通过第 680 号行政法令，[60] 公布西兰群岛和莱斯群岛的直线基线体系。

（2）厄瓜多尔（加拉帕戈斯群岛）

早在 1934 年厄瓜多尔就宣称将加拉帕戈斯群岛看作整体来主张领海。[61] 1971 年，厄瓜多尔通过第 959–A 号最高法令，[62] 宣布环绕加拉帕戈斯群岛的直线基线体系，其中最长约 124 海里，平均长度约 69 海里，距离主岛约 90 海里的达尔文岛也被包括在基线内。

---

56 《国际法院规约》第 38 条第 1 款 (b) 项。

57 Report of the International Law Commission on the work of its sixty-eighth session, 2 May-10 June and 4 July-12 August 2016, A/71/10, p.82.

58 参见 Order No. 29 of 27 February 1903 respecting the supervision on Fisheries in the Sea surrounding the Faroe Islands and Iceland outside the Danish Territorial Sea, in UN Legislative Series ST/LEG/Ser.B/6, pp.467-468.

59 参见 Ordinance No. 599 of 21 December 1976 on the Delimitation of the Territorial Sea around the Faroe Islands, http://www.un.org/Depts/los/LEGISLATIONANDTREATIES/PDFFILES/DNK_1976_Ordinance599.pdf.

60 参见 Executive Order No. 680 of 18 July 2003 amending Executive Order No. 242 of 21 April 1999 concerning the Delimitation of Denmark's Territorial Sea, in Law of the Sea Bulletin, No. 53 (2003), pp.44-53.

61 参见 Decree No. 607 of 29 August 1934, in UN Legislative Series ST/LEG/Ser.B/6, pp. 478–481.

62 参见 Supreme Decree No. 959-A of 28 June 1971 prescribing straight baselines for the measurement of the Territorial Sea, http://www.un.org/Depts/los/LEGISLATIONANDTREATIES/PDFFILES/ECU_1971_Decree.pdf.

（3）挪威（斯瓦尔巴群岛）

1970年，挪威通过皇家法令公布了斯瓦尔巴群岛西部和南部的直线基线体系。2001年，挪威通过一项新的皇家法令，[63]将直线领海基线制度扩展至整个群岛。挪威对三大主岛使用一套直线基线体系，而对于远离群岛主体的三个岛群则分别划设了直线基线。

（4）西班牙（巴利阿里群岛、加那利群岛）

1977年，西班牙通过第2510号皇家法令，[64]公布巴利阿里群岛的领海基线。针对该群岛的2组岛屿分别划设直线基线体系，其中最长为39海里。

通过上述法令，西班牙也公布了加那利群岛的直线基线体系。该体系为其中四个稍大的岛屿划设了单独的领海基线，然后用9条领海基线将其他6个小岛礁连接起来，其中最长为43.4海里。1978年，西班牙通过关于经济区的第15号法令，规定其群岛的经济区应从连接群岛的岛礁最外缘点的直线基线起算。[65]2010年，西班牙通过关于加那利群岛海域的第44/2010号法律，将加那利群岛的一系列外部基点连成一个由20条领海基线组成的直线基线体系。[66]

（5）法国（克尔格伦群岛、瓜德罗普岛、新喀里多尼亚群岛）

法国于1978年通过第78–112号法令，[67]公布克尔格伦群岛的直线基线体系；于1999年通过第99–324号法令，[68]公布瓜德罗普岛的直线基线体系；于2002年通过第2002–827号法令，[69]公布新喀里多尼亚群岛的分组直

---

[63] 参见 Regulations Relating to the Limits of the Norwegian Territorial Sea Around Svalbard, Royal Decree of 1 June 2001, in Law of the Sea Bulletin, No. 46 (2001), pp.72-80.

[64] 参见 Royal Decree No. 2510/1977 of 5 August 1977, http://www.un.org/Depts/los/LEGISLATIONANDTREATIES/PDFFILES/ESP_1977_Decree.pdf.

[65] 参见 Act No. 15/1978 on the Economic Zone, http://www.un.org/Depts/los/LEGISLATIONANDTREATIES/PDFFILES/ESP_1978_Act.pdf.

[66] 参见 Law 44/2010 of 30 December of Canary Islands waters; Boletín Oficial del Estado, Num. 318, Ser. I, pp. 109237–109240, 引自 Sophia Kopela, Dependent Archipelagos in the Law of the Sea (Martinus Nijhoff Publishers, 2013), p.128.

[67] 参见 Decree No. 78–112 of 11 January 1978. 引自 Sophia Kopela, Dependent Archipelagos in the Law of the Sea (Martinus Nijhoff Publishers, 2013), p.117.

[68] 参见 Decree No. 99-324 to determine the baselines from which the breadth of the French territorial sea adjacent to the Martinique and Guadeloupe regions is measured, 21 April 1999, http://www.un.org/Depts/los/LEGISLATIONANDTREATIES/PDFFILES/FRA_1999_Decree.pdf.

[69] 参见 Decree No. 2002-827 of 3 May 2002 – Decree defining the straight baselines and closing lines of bays used to determine the baselines from which the breadth of French territorial waters adjacent to New Caledonia is measured, in Law of the Sea Bulletin, No. 53 (2003), p.58.

线基线体系，其中最长一段为 36 海里。

（6）澳大利亚（霍特曼–阿布洛霍斯群岛、弗诺群岛）

1983 年，澳大利亚通过基线声明，[70] 公布霍特曼–阿布洛霍斯群岛的直线基线体系。根据该基线声明，澳大利亚也公布弗诺群岛的东部、南部适用直线基线体系，但在北部没有适用直线基线。

（7）葡萄牙（亚速尔群岛和马德拉群岛）

1985 年，葡萄牙通过第 495/85 号法令，[71] 公布亚速尔群岛和马德拉群岛的多个群岛基线体系，其中最长一段为 62 海里。

（8）阿根廷 [马尔维纳斯群岛（争议中 [72]）]

1991 年，阿根廷通过第 23.968 号法令，为马尔维纳斯群岛的两个主岛及其附近小岛分别划设了直线基线。[73]

（9）英国 [特克斯和凯科斯群岛、福克兰群岛（争议中 [74]）]

1989 年，英国通过特克斯和凯科斯群岛领海法令，[75] 公布由低潮线和直线组成的混合领海基线体系，其中最长一段约 29.8 海里。同年，英国通过"福克兰群岛"的领海法令，[76] 公布其占领的福克兰群岛由 21 条直线基线组成的领海基线体系，其中最长一段约 41.2 海里。

（10）中国（西沙群岛、钓鱼岛及其附属岛屿）

1958 年，中国通过《关于领海的声明》，[77] 规定采用直线基线方法划定领海，适用于包括东沙群岛、西沙群岛、中沙群岛和南沙群岛在内的中国的一切领土。1992 年，中国《领海及毗连区法》[78] 规定，采用直线基线方法

---

[70] 参见 Proclamation of 4 February 1983 (Proclamation of the inner limits (the baseline)), pursuant to section 7 of the Seas and Submerged Lands Act 1973, http://www.un.org/Depts/los/LEGISLATIONANDTREATIES/PDFFILES/AUS_1983_Proclamation.pdf.

[71] 参见 Decree-Law No. 495/85 of 29 November 1985，http://www.un.org/Depts/los/LEGISLATIONANDTREATIES/PDFFILES/PRT_1985_Decree.pdf. 该法令标明"亚速尔群岛群岛基线"（Azores Archipelagic Baselines）和"马德拉群岛群岛基线"（Madeiras Archipelagic Baselines），但未明确其此种"群岛基线"内水域的性质。

[72] 阿根廷与英国对该群岛的主权归属有争议，英国对该群岛的称谓为"福克兰群岛"。

[73] Sophia Kopela, Dependent Archipelagos in the Law of the Sea (Martinus Nijhoff Publishers, 2013), p.122.

[74] 英国与阿根廷对该群岛的主权归属有争议，阿根廷对该群岛的称谓为"马尔维纳斯群岛"。

[75] 参见 United Kingdom, Statutory Instruments, 1989, No. 1996, http://www.legislation.gov.uk/uksi/1989/1996/made.

[76] 参见 Falkland Islands (Territorial Sea) Order 1989, United Kingdom, Statutory Instruments, 1989, No. 1993, http://www.legislation.gov.uk/uksi/1989/1993/made.

[77] 参见《中华人民共和国政府关于领海的声明》（1958 年 9 月 4 日），第二段、第四段，《人民日报》1958 年 9 月 5 日第一版。

[78] 参见《中华人民共和国领海及毗连区法》（1992 年 2 月 25 日），第 2 条、第 3 条，http://law.npc.gov.cn/FLFG/flfgByID.action?flfgID=140&keyword= 领海及毗连区法 &zlsxid=01.

划定领海。1996 年，中国宣布西沙群岛的直线基线，[79] 其中最长一段为 68.5 海里。2012 年，中国宣布钓鱼岛及其附属岛屿的直线基线。[80]

（11）印度（安达曼-尼科巴群岛、拉克沙群岛）

2009 年，印度为安达曼-尼科巴群岛和拉克沙群岛划设直线基线体系，[81] 前者最长一段为 84.7 海里，后者最长一段为 113.7 海里。

（12）缅甸（普瑞派瑞斯群岛和科科群岛）

2008 年，缅甸通过第 8 号国家、和平与发展委员会法，[82] 公布普瑞派瑞斯群岛和科科群岛的直线基线体系。

（13）厄立特里亚（埃塞俄比亚）（达赫拉克群岛）

根据埃塞俄比亚 1952 年第 126 号联邦收入声明，达赫拉克群岛的向海领水边界由连接外缘岛屿的直线所形成的四边形构成。[83] 厄立特里亚独立时宣布将当时在埃塞俄比亚有效的边界纳入其涉海法律。[84] 厄立特里亚尚未公布达赫拉克群岛的基线细节，也尚未在海图上划出基线。

（14）苏丹

苏丹 1970 年《领水和大陆架法》规定，其直线基线适用于其群岛。[85]

（15）伊朗

伊朗 1993 年《波斯湾和阿曼海洋区域法》规定，伊朗所属相邻岛屿之间的水域属于伊朗的内水。[86]

---

[79] 参见 Deposit of lists of geographical coordinates as contained in the Declaration on the Baselines of the Territorial Sea of the People's Republic of China of 15 May 1996, in Law of the Sea Bulletin, No. 32 (1996), pp.37-40.

[80] 参见《中华人民共和国政府关于钓鱼岛及其附属岛屿领海基线的声明》（2012 年 9 月 10 日），http://www.fmprc.gov.cn/diaoyudao/chn/flfg/zcfg/t1304547.htm.

[81] 参见 Act No. 80 of 28 May 1976 (Territorial Waters, Continental Shelf, EEZ and other Maritime Zones Act); Notification of the Ministry of External Affairs of 11 May 2009 concerning the baseline system, in Law of the Sea Bulletin, No. 71 (2010), p.26-31; Notification of the Ministry of External Affairs of 11 May 2009 concerning the baseline system Corrigendum, in Law of the Sea Bulletin, No. 72 (2010), p.80. 另参见 Sophia Kopela, Dependent Archipelagos in the Law of the Sea (Martinus Nijhoff Publishers, 2013), pp.137-138. 印度目前仅宣布了安达曼—尼科巴群岛西部的直线基线，该群岛东部的直线基线将另行宣布。

[82] 参见 Law Amending the Territorial Sea and Maritime Zones Law of 5 December 2008 (The State Peace and Development Council Law No. 8/2008), in Law of the Sea Bulletin, No. 69 (2009), pp.69-73.

[83] 参见 Federal Revenue Proclamation No. 126 of 1952, 引自 Sophia Kopela, Dependent Archipelagos in the Law of the Sea (Martinus Nijhoff Publishers, 2013), pp.135-136.

[84] 参见上注 Sophia Kopela 书，第 135 页（内部引注 128）。

[85] 参见 Territorial Waters and Continental Shelf Act, 1970, art. 6 (g), http://www.un.org/Depts/los/LEGISLATIONANDTREATIES/PDFFILES/SDN_1970_Act.pdf.

[86] 参见 Act on the Marine Areas of the Islamic Republic of Iran in the Persian Gulf and the Oman Sea, 1993, art. 3, http://www.un.org/Depts/los/LEGISLATIONANDTREATIES/PDFFILES/IRN_1993_Act.pdf.

（16）叙利亚

叙利亚 2003 年第 28 号法令规定，叙利亚所属相邻岛屿之间的水域属于叙利亚的内水。[87]

（17）阿联酋

阿联酋 1993 年第 19 号联邦法令规定，阿联酋所属相邻岛屿之间的水域属于阿联酋的内水。[88]

表格一　大陆国家远海群岛作为整体划定基线的实践情况表

（来源：作者）

序号	国家	远海群岛	基线类型及划定方式	划定基线或立法时间	批准或加入《公约》时间[89]
1	丹麦	法罗群岛	整体概念	1903	2004
			直线基线（单一）	1963/1976	
		西兰群岛、莱斯群岛	直线基线（单一）	2003	
2	厄瓜多尔	加拉帕戈斯群岛	整体概念	1934	2012
			直线基线（单一）	1971	
3	挪威	斯瓦尔巴群岛	直线基线（分组）	1970/2001	1996
4	西班牙	巴利阿里群岛	直线基线（分组）	1977	1997
		加那利群岛	直线基线（单一）	1977/2010	
5	法国	克尔格伦群岛	直线基线（单一）	1978	1996
		瓜德罗普岛	混合基线（单一）	1999	
		新喀里多尼亚群岛	直线基线（分组）	2002	
6	澳大利亚	霍特曼－阿布洛霍斯群岛	直线基线（单一）	1983	1994
		弗诺群岛	混合基线（单一）	1983	
7	葡萄牙	亚速尔群岛和马德拉群岛	群岛基线（分组）	1985	1997

87 参见 Law No. 28 dated 19 November 2003 – Definition Act of Internal Waters and Territorial Sea Limits of the Syrian Arab Republic, art. 2, http://www.un.org/Depts/los/LEGISLATIONANDTREATIES/PDFFILES/syr_2003e.pdf.

88 参见 Federal Law No. 19 of 1993 in respect of the delimitation of the maritime zones of the United Arab Emirates, 17 October 1993, art. 2 (4), http://www.un.org/Depts/los/LEGISLATIONANDTREATIES/PDFFILES/ARE_1993_Law.pdf.

89 参见 Chronological lists of ratifications of, accessions and successions to the Convention and the related Agreements, http://www.un.org/Depts/los/reference_files/chronological_lists_of_ratifications.htm#The%20United%20Nations%20Convention%20on%20the%20Law%20of%20the%20Sea.

（续表）

序号	国家	远海群岛	基线类型及划定方式	划定基线或立法时间	批准或加入《公约》时间
8	英国	特克斯和凯科斯群岛	混合基线（单一）	1989	1997
		福克兰群岛（争议中）	直线基线（单一）	1989	
9	阿根廷	马尔维纳斯群岛（争议中）	直线基线（分组）	1991	1995
10	中国	西沙群岛	直线基线（单一）	1996	1996
		钓鱼岛及其附属岛屿	直线基线（分组）	2012	
11	印度	安达曼－尼科巴群岛	直线基线（不完整）	2009	1995
		拉克沙群岛	直线基线（单一）		
12	缅甸	普瑞派瑞斯群岛和科科群岛	直线基线（分组）	2008	1996
13	厄立特里亚（埃塞俄比亚）	达赫拉克群岛	立法体现群岛整体；尚未具体划出基线	1952/1991	尚未加入《公约》
14	苏丹	所属群岛	立法体现群岛整体；尚未具体划出基线	1970	1985
15	伊朗	所属群岛	立法体现群岛整体；尚未具体划出基线	1993	1998
16	叙利亚	所属群岛	立法体现群岛整体；尚未具体划出基线	2003	尚未加入《公约》
17	阿联酋	所属群岛	立法体现群岛整体；尚未具体划出基线	1993	尚未加入《公约》

2. 大陆国家的远海群岛国家实践和法律确信足以确立远海群岛在习惯国际法上的地位

576. 事实上，大陆国家将远海群岛作为整体划定基线，已形成普遍、一致、持续的国家实践，并存在相应的法律确信，足以确立其在习惯国际法上的地位。

（1）普遍、一致的国家实践

577. 在国家实践的普遍性方面，习惯国际法的形成对参与国家的数量并无绝对要求，而更看重国家的代表性。国际法院在“北海大陆架案（联邦德国／荷兰；联邦德国／丹麦，1969）”中强调，“较多有代表性的参与”

就足够了，特别是如果这些实践包括“利益特别受影响国家的实践”。[90] 对于“利益特别受影响的国家”实践的重要性，亚洲 – 非洲法律协商组织关于习惯国际法的非正式专家组特别报告员曾指出：

> 事实是，许多事项可能不会引起不受影响的国家的注意。通常，在某事项上受特别影响的那些国家，将在该事项有关规则的产生过程中留下更深重的足迹。无疑，那些国家必须比其他国家承担更大的责任。那些国家的关切和行为自然值得特别的考虑。[91]

578. 2016 年国际法委员会一读通过的《关于习惯国际法识别的结论草案》“结论 8”指出：“有关实践必须具备普遍性，即必须具有足够的广泛性和代表性，而且是一致的。”[92] 针对“广泛性和代表性”要求，国际法委员会评论道：“显然不要求全面参与：没有必要证明所有国家都参与了所涉实践。参与的国家应包括那些**有机会或有可能适用所称规则的国家**。”[93] 对此，该专题的特别报告员迈克尔·伍德（Michael Wood）指出：“很可能的情况是，只有较少国家从事某项实践，而其他国家的不作为足以创立一项习惯国际法规则。”[94]

579. 因此，在评价国家将远海群岛作为整体划定基线的实践是否具有普遍性时，拥有远海群岛的大陆国家实践最为相关，根据国际法委员会的说法，这些国家才是“有机会或有可能适用所称规则的国家”，同时也是“利益特别受影响的国家”。据统计，共有约 20 个大陆国家拥有远海群岛，其中至少有 17 个国家将远海群岛作为整体适用直线基线方法划定基线或在立法中以一定形式确立了群岛的整体性。另外，希腊在第三次联合国海洋法会议期间曾明确主张应同等对待大陆国家远海群岛。[95] 未将远海群岛视为整体而对其中各岛单独划定基线的国家只有美国、新西兰、俄罗斯等个

---

[90] North Sea Continental Shelf cases (Federal Republic of Germany/Netherlands; Federal Republic of Germany/Denmark), Judgment, I.C.J. Reports 1969, p.3, at para.73.

[91] Sienho Yee, Report on the ILC Project on “Identification of Customary International Law”, 14 Chinese Journal of International Law (2015), p.375, at para.48.

[92] Report of the International Law Commission on the work of its sixty-eighth session, 2 May–10 June and 4 July–12 August 2016, A/71/10, p.94.

[93] 同上注，第 94-95 页（文中引注省略；强调为作者所加）。

[94] Second report on identification of customary international law, by Michael Wood, Special Rapporteur, A/CN.4/672, para.53.

[95] 参见 103rd plenary meeting, UNCLOS III Official Records, Vol. IX. p.65, para.48; 136th plenary meeting, UNCLOS III Official Records, Vol. XIV, p.38, para.110.

别国家。[96]绝大多数拥有远海群岛的大陆国家实践构成主流，远远超过“广泛性和代表性”要求。另一方面，如下所述，不具有远海群岛的国家普遍对大陆国家在远海群岛方面的实践不持异议。

580. 在国家实践的一致性方面，国际法委员会指出，国际法所要求的并非完全一致，而是事实上或实质上的一致。[97]拥有远海群岛的绝大多数大陆国家均将其远海群岛作为整体划定基线（特别是直线基线），或在立法中将其群岛作为整体。有些国家结合有关远海群岛的地理情况，在为其远海群岛整体划定基线时采用直线基线和正常基线相结合的方式。

581. 在国家实践的时间要求方面，2016年国际法委员会《关于习惯国际法识别的结论草案》“结论8”还指出：“在实践是普遍的情况下，并不要求特定的期限。”[98]大陆国家将远海群岛作为整体划定基线的实践不仅是普遍的，而且是持续不断的。早在1903年丹麦就将法罗群岛视为整体，此后，厄瓜多尔、埃塞俄比亚（厄立特里亚）、挪威相继将各自的远海群岛作为整体。中国在1958年宣布将直线基线方法适用于包括南沙群岛在内的远海群岛。在《公约》谈判期间，丹麦、厄瓜多尔在先前实践的基础上进一步确认直线基线，西班牙、法国也将其远海群岛视为整体划定基线。在1982年《公约》通过至1994年生效期间，澳大利亚、葡萄牙、英国、阿根廷将其远海群岛作为整体划定基线。1994年《公约》生效后，中国再次通过立法确认将直线基线方法适用于其远海群岛，并先后划定了西沙群岛和钓鱼岛及其附属岛屿的领海基线；法国、印度、缅甸均将其远海群岛作为整体划定基线。所有上述国家在批准《公约》后坚持将其远海群岛作为整体划定基线的实践，没有国家改变相关实践。

（2）法律确信

582. “经接受为法律”（法律确信）是习惯国际法另一构成要素。该要素要求“有关实践必须带有一种法律权利或义务意识，即它必须伴有关于此种实践被习惯国际法所允许、要求或禁止的确念”。[99]大陆国家远海群岛

---

[96] 具体如下：美国（夏威夷群岛、阿留申群岛、佛罗里达群岛、中途岛和维尔京群岛）、新西兰（库克群岛）、俄罗斯（法兰士约瑟夫地群岛）。参见 Sophia Kopela, Dependent Archipelagos in the Law of the Sea (Martinus Nijhoff Publishers, 2013), p.140.

[97] Report of the International Law Commission on the work of its sixty-eighth session, 2 May-10 June and 4 July-12 August 2016, A/71/10, p.96.

[98] 同上注，第94页。

[99] 同上注，第97页。

作为整体划定基线（特别是直线基线）的普遍、一致和持续的实践伴有法律确信。

583. 事实上，相关国家将其远海群岛作为整体的实践的一致性、反复性充分说明，法律确信已经存在。诚如前述，早在第三次联合国海洋法会议之前，有关大陆国家就确信有权将远海群岛作为整体划定基线，并付诸实践。在《公约》谈判期间，有关国家重申这种确信，并坚持不懈地维护远海群岛作为整体的法律地位。《公约》未对大陆国家远海群岛作出规定并不减损这一法律确信。有关国家在《公约》通过后包括在本国批准《公约》后，通过与《公约》有关的国家实践巩固了这一法律确信。例如，丹麦在回复美国就法罗群岛直线基线提出抗议时明确指出，“此类基线在国际法上是允许的”。[100] 厄瓜多尔 2012 年批准《公约》时重申，按照国际法，1971 年关于加拉帕戈斯群岛适用直线基线的法令具有“完全的效力与合法性”。[101]

584. 其他国家针对特定实践作出或不作出反应，包括沉默，也构成显示法律确信存在的重要证据。国际法院在“白礁、中岩礁和南礁主权案”（马来西亚 / 新加坡，2008 年）中指出，“沉默也能说话，但仅在其他国家的行为需要回应时。”[102] 一国在有可能并有必要作出反应时而不作为，将产生国际法上的默许效果。国际法院在“渔业案”（英国诉挪威，1951 年）中指出，面对挪威反复、持久的直线基线实践，“[其他]政府的态度证实，它们不认为这与国际法相悖”。[103] 国际法委员会《关于习惯国际法识别的结论草案》“结论 10”指出：“在有关国家有可能作出反应并且有关情况也要求作出某种反应的情况下，对一项实践经过一定时间而没有作出反应，可用作已接受其为法律（法律确信）的证据。”[104]

585. 基线划定“总是具有国际性的一面”。[105] 大陆国家将远海群岛作为

---

100 American Embassy Copenhagen telegram 07435, Oct. 24, 1991，引自 J.A. Roach & R.W. Smith, Excessive Maritime Claims, 3rd edition (Martinus Nijhoff Publishers, 2012), p.109.

101 参见 Ecuador's Declaration upon ratification of the LOSC, 24 September 2012, http://www.un.org/Depts/los/convention_agreements/convention_declarations.htm#Ecuador%20Upon%20ratification.

102 Sovereignty over Pedra Branca/Pulau Batu Puteh, Middle Rocks and South Ledge (Malaysia/Singapore), Judgment, I.C.J. Reports 2008, p.12, at para.121.

103 Fisheries Case (United Kingdom v. Norway), Judgment, I.C.J. Reports 1951, p.116, at 139.

104 Report of the International Law Commission on the work of its sixty-eighth session, 2 May-10 June and 4 July-12 August 2016, A/71/10, p.99.

105 Fisheries Case (United Kingdom v. Norway), Judgment, I.C.J. Reports 1951, p.116, at 132.

整体划定基线，为各国所知悉。[106] 对此，各国普遍采取容忍、默认、甚至明确接受的态度。例如，挪威、英国在与丹麦签订的有关法罗群岛海洋划界协议中，明确承认丹麦将法罗群岛作为整体。[107]

586. 大陆国家将其远海群岛作为整体划定基线受到的抗议是零星的、孤立的、有选择性的，其中美国是主要抗议者。美国对厄瓜多尔（加拉帕戈斯群岛）[108]、丹麦（法罗群岛）、葡萄牙（亚速尔群岛和马德拉群岛）[109]、中国（西沙群岛[110]、钓鱼岛及其附属岛屿[111]）等国所划直线基线提出了抗议，但这种抗议并非针对所有类似情况。美国的抗议是有限的、选择性的、缺乏一致性，[112]在很大程度上是出于维护美国军用舰机出入世界各大洋和主要海域的考虑。

3. 大陆国家远海群岛作为整体拥有完整海洋权利

587. 大陆国家的远海群岛作为法律上的整体拥有完整的海洋权利，包括内水、领海、毗连区、专属经济区和大陆架，这已为习惯国际法所确认。一些海洋划界协定也反映了这一情况。例如，丹麦将法罗群岛作为整

106 相关国内立法刊载于《海洋法公告》（Law of the Sea Bulletin）与联合国海洋事务与海洋法司网站。

107 分别参见 Agreement between the Government of the Kingdom of Denmark and the Government of the Kingdom of Norway concerning the delimitation of the continental shelf in the area between the Faroe Islands and Norway and concerning the boundary between the fishery zone near the Faroe Islands and the Norwegian economic zone (signed on 15 June 1979; entry into force on 3 June 1980) http://www.un.org/Depts/los/LEGISLATIONANDTREATIES/PDFFILES/TREATIES/DNK-NOR1979CS.PDF; Agreement between the Government of the Kingdom of Denmark together with the Home Government of the Faroe Islands, on the one hand, and the Government of the United Kingdom of Great Britain and Northern Ireland, on the other hand, relating to Maritime Delimitation in the Area between the Faroe Islands and the United Kingdom(signed on18 May 1999; entry into force on 21 July 1999), Preamble, Paragraph 2, http://www.un.org/Depts/los/LEGISLATIONANDTREATIES/STATEFILES/DNK.htm.

108 参见 American Embassy Quito Note delivered on 24 February 1986, State Department telegram 033256, 3 February 1986, American Embassy Quito telegram 01651, 25 February 1986，引自 J.A. Roach & R.W. Smith, Excessive Maritime Claims, 3rd edition (Martinus Nijhoff Publishers, 2012), p.109.

109 参见 Excerpt from the State Department telegram 266998, Aug. 25, 1986 delivered to the American Embassy Lisbon in the fall of 1986 as quoted in J.A. Roach & R.W. Smith, Excessive Maritime Claims, 3rd edition (Martinus Nijhoff Publishers, 2012), p.108.

110 参见 Maritime Claims Reference Manual (2016), http://www.jag.navy.mil/organization/documents/mcrm/ChinaNov2016.pdf.

111 同上注。

112 美国在托管琉球群岛时曾对其划定直线基线。参见 Ordinance No. 68 (29 February 1952), Article 1; United States Civil Administration of the Ryukyu Islands, Office of the Deputy Governor, Civil Administration Proclamation No. 27: Geographical Boundaries of the Ryukyu Islands (25 December 1953), Articles I, II; Ordinance No. 125 (11 February 1954), Article 6; Ordinance No. 144 (16 March 1955), Article 2.1.9.

体主张 200 海里专属经济区（渔区）和大陆架，并，基于此分别与挪威[113]和英国[114]达成有关划界协定。又如，挪威将斯瓦尔巴群岛作为整体主张 200 海里专属经济区（渔区）和大陆架，并分别与丹麦（格陵兰岛）[115]和俄罗斯[116]达成有关划界协定。这些协定在不同程度上给予了群岛作为一个整体所拥有的完整海洋权利。

二、中国南沙群岛的远海群岛地位早已确立

（一）中国南沙群岛符合习惯国际法中的群岛构成标准

588.《公约》第 46 条（b）项将“群岛”定义为“一群岛屿，包括若干岛屿的若干部分、相连的水域和其他自然地形，彼此密切相关，以致这种岛屿、水域和其他自然地形在本质上构成一个地理、经济和政治的实体，或在历史上已被视为这种实体。”《公约》这一定义是对习惯国际法的编纂，一般认为也适用于大陆国家的远海群岛。中国南沙群岛即属于这种群岛。

1. 南沙群岛构成“地理、经济和政治上的实体”

589. 南沙群岛构成地理上的整体。南沙群岛位于南海中南部，北起礼乐滩北的雄南滩，南至曾母暗沙一带，西自万安滩，东到海马滩，是南海诸岛中分布海域最广、岛礁数目最多的群岛，整个群岛共有岛、礁、沙、滩近 200 个。从地理事实上看，南沙群岛具有群岛所共有的特点，即由岛、

113 参见 Agreement between the Government of the Kingdom of Denmark and the Government of the Kingdom of Norway concerning the Delimitation of the Continental Shelf in the Area between the Faroe Islands and Norway and concerning the Boundary between the Fishery Zone near the Faroe Islands and the Norwegian Economic Zone (15 June 1979), http://www.un.org/Depts/los/LEGISLATIONANDTREATIES/PDFFILES/TREATIES/DNK-NOR1979CS.PDF.

114 参见 Agreement between the Government of the Kingdom of Denmark together with the Home Government of the Faroe Islands, on the one hand, and the Government of the United Kingdom of Great Britain and Northern Ireland, on the other hand, relating to Maritime Delimitation in the Area between the Faroe Islands and the United Kingdom (18 May 1999), http://www.un.org/Depts/los/LEGISLATIONANDTREATIES/PDFFILES/TREATIES/DNK-GBR1999MD.PDF.

115 参见 Agreement between the Government of the Kingdom of Norway on the one hand, and the Government of the Kingdom of Denmark together with the Home Rule Government of Greenland on the other hand, concerning the delimitation of the continental shelf and the fisheries zones in the area between Greenland and Svalbard (20 February 2006), UNTS, Vol. 2378, No. 42887, pp.30-32.

116 参见 Treaty between the Russian Federation and the Kingdom of Norway concerning maritime delimitation and cooperation in the Barents Sea and the Arctic Ocean (15 September 2010), http://www.un.org/Depts/los/LEGISLATIONANDTREATIES/PDFFILES/TREATIES/NOR-RUS2010.PDF.

礁、沙、滩、相连水域和其他自然地形所组成。南沙群岛在地质上主要是由珊瑚礁所构成，岛屿、沙洲和礁滩彼此环绕，成环礁，环礁内形成潟湖。小的环礁往往构成大的群礁的组成部分。这些地理和地质特点进一步加强了构成南沙群岛各组成部分、各种自然地形之间以及自然地形与有关水域之间的联系。从自然地理特点上看，南沙群岛完全符合群岛概念，即群岛的各个组成部分及相连水域之间密切相关，以致这种岛礁、水域和其他自然地形构成地理上的整体。

590. 南沙群岛构成经济和政治上的实体。从历史看，中国人民最早发现南沙群岛，并在南沙群岛及其附近海域进行生产经营活动，历代中国政府都对南沙群岛进行了管辖。最迟在明朝时期形成的《更路簿》证明，中国渔民在南沙群岛的开发活动已使得其岛、礁、滩、沙和相连水域形成较密切的经济网络。[117] 中国人民在长达数千年开发南沙群岛的过程中，已将南沙群岛作为自己的家园。无论是通过人民开发活动还是政府管辖行为，中国一直是将南沙群岛作为政治和经济上的整体进行开发、利用和管理。在第二次世界大战后，中国政府于1946–1947年间收复曾一度被日本非法占领的包括南沙群岛在内的南海诸岛并恢复行政管辖。新中国成立后，通过设立“西、南、中沙群岛办事处”，“广东省西、南、中沙群岛革命委员会”，“西、南、中沙群岛办事处”，“三沙市”等行政设置对南沙群岛进行管辖。针对一些国家侵犯中国南沙群岛主权及其侵入南沙群岛有关海域从事经济活动的行为，中国政府均发表声明，提出抗议，申明中国对南沙群岛及其附近海域拥有无可争辩的主权。[118]

591. 综上，中国南沙群岛构成“地理、经济和政治的实体”。

2. 南沙群岛历史上一直被视为整体

592. 中国南沙群岛历史上一直被视为一个整体。这体现在相关国家实践和国际性文件中。

593. 中国人民在历史上一直将南沙群岛视为整体。中国大量古代地图一直将南沙群岛作为整体予以清晰标绘，并给予南沙群岛以“万生

[117] 参见本书第四章第三节的相关论述。

[118] 参见《人民日报》，1951年8月16日，1971年7月17日，1974年1月12日、1月21日、2月5日、4月1日、5月8日、7月3日，1976年6月15日，1978年12月29日，1979年4月27日，1979年9月27日，1980年1月30日、7月22日，1982年11月29日。

石塘屿”（如《郑和航海图》），[119]“万里石塘”（如《大清万年一统天下全图》），[120]“万里长沙”（如《清绘府州县厅总图》）[121]等名称。20世纪以来，中国政府曾于1935年、1947年和1983年三次正式命名南海诸岛及其组成部分并予以公布，虽然具体名称有所变化，但皆将南沙群岛作为整体看待。[122]中国政府一直将南沙群岛作为整体进行管理。

594. 中国南沙群岛的群岛地位，也得到了国际社会的广泛认识和认可。例如，日本在侵华战争期间曾非法侵占中国南沙群岛。1943年12月，中、美、英三国发表《开罗宣言》郑重宣布，日本必须将所窃取的中国领土归还中国。1945年7月，中、美、英三国发表《波茨坦公告》，其中第8条明确规定："开罗宣言之条件必将实施"。在日本宣布接受《波茨坦公告》无条件投降后，中国收复一度被日本侵占的南沙群岛。1951年，针对美英对日和约草案，中国外交部长周恩来发表声明指出，"西沙群岛和南威岛正如整个南沙群岛及中沙群岛、东沙群岛一样，向为中国领土，在日本帝国主义发动侵略战争时虽曾一度沦陷，但日本投降后已为当时中国政府全部接收"，"中华人民共和国在南威岛和西沙群岛之不可侵犯的主权，不论美英对日和约草案有无规定及如何规定，均不受任何影响"。[123]南沙群岛作为整体出现在1951年《旧金山和约》中，该文件第二条说："日本放弃对南沙群岛及西沙群岛之一切权利、权源与要求"。[124]南沙群岛作为整体还出现1952年日本同中国台湾当局签订的"日华和约"中，该文件第二条说："兹承认依照公历一千九百五十一年九月八日在美利坚合众国金山市签订之对日和平条约……第二条，日本国业已放弃对于台湾及澎湖群岛以及南沙群岛及西沙群岛之一切权利、权利名义与要求。"[125]在1972年《中华人民共和国政府与日本国政府联合声明》中，日本重申坚持遵循《波茨坦公告》第8条的立场。这实际上是对二战后中国恢复行使领土主权的进

119 参见韩振华主编：《我国南海诸岛史料汇编》，东方出版社，1988年版，第86页。

120 参见上注，第88页。

121 参见上注，第84页。

122 广东省地名委员会编：《南海诸岛地名资料汇编》，广东省地图出版社，1987年版，第38-61页。

123 参见《人民日报》1951年8月16日第1版。

124 Treaty of Peace with Japan (signed at San Francisco on 8 September 1951), article 2 (f), in UNTS, Vol. 136, No. 1832, p.50.

125 "Treaty of Peace" between Japan and China's Taiwan authorities (signed at Taipei on 28 April 1952; entered into force on 5 August 1952, by the exchange of the instruments of ratification at Taipei), article 2, in UNTS, Vol. 138, No. 1858, p.38.

一步承认。

595. 中国将南沙群岛作为整体行使主权为周边国家所承认。中国于1935年、1947年、1983年三次正式公布南海诸岛有关地名，均将现南沙群岛作为一个整体对待，未遭遇任何国家反对。1958年9月4日，中国政府发表《关于领海的声明》宣布12海里领海和采用直线基线方法划定领海，两项规定适用范围包括南沙群岛。10天后，越南政府总理范文同照会中国国务院总理周恩来郑重表示，越南政府承认和赞同中国政府《关于领海的声明》，尊重这项决定。[126] 一些国家明确承认南沙群岛作为整体在中国主权下。例如，1974年2月4日，时任印度尼西亚外长马利克对法新社表示：

> 如果我们看一看现在发行的地图，就可以从图上看到帕拉塞尔群岛（西沙群岛）和斯普拉特利群岛（南沙群岛）都是属于中国的，……这意味着，对我们来讲，这些群岛属于中华人民共和国。[127]

（二）中国对南沙群岛整体拥有领土主权和海洋权利

596. 中国对南沙群岛整体拥有领土主权。中国南沙群岛的地理范围是明确的。对于菲律宾将中国南沙群岛部分岛礁并连同周边大范围海域称为“卡拉延岛群”，中国政府明确指出，菲律宾所谓的“卡拉延岛群”完全是中国南沙群岛的一部分，菲律宾对中国南沙群岛部分岛礁的占领及相关行为构成对中国领土主权的侵犯。

597. 中国依据国际法已宣布，以直线基线方法划定领海，适用于南沙群岛。中国1958年《关于领海的声明》[128] 和1992年《领海及毗连区法》[129]

---

[126] 《1958年9月14日越南民主共和国政府总理范文同致中华人民共和国国务院总理周恩来的照会》，复载于 http://www.fmprc.gov.cn/nanhai/chn/snhwtlcwj/W020140608602937535933.zip.

[127] AFP, La Position de L'Indonesie, AFP/SLN/%22, 4 February 1974；同时引在《中国坚持通过谈判解决中国与菲律宾在南海的有关争议》，第52段，http://www.mfa.gov.cn/nanhai/chn/snhwtlcwj/t1380600.htm.

[128] 该声明第二段规定：“（二）中国大陆及其沿海岛屿的领海以连接大陆岸上和沿海岸外缘岛屿上各基点之间的各直线为基线，从基线向外延伸十二海里（浬）的水域是中国的领海。在基线以内的水域，包括渤海湾、琼州海峡在内，都是中国的内海。”第四段明确规定上述直线基线制度适用于南沙群岛：“（四）以上（二）（三）两项规定的原则同样适用于台湾及其周围各岛、澎湖列岛、东沙群岛、西沙群岛、中沙群岛、南沙群岛以及其他属于中国的岛屿。”

[129] 该法第2条规定：“中华人民共和国的陆地领土包括中华人民共和国大陆及其沿海岛屿、台湾及其包括钓鱼岛在内的附属各岛、澎湖列岛、东沙群岛、西沙群岛、中沙群岛、南沙群岛以及其他一切属于中华人民共和国的岛屿。”第3条规定：“中华人民共和国领海基线采用直线基线法划定，由各相邻基点之间的直线连线组成。”http://law.npc.gov.cn/FLFG/flfgByID.action?flfgID=140&keyword=领海及毗连区法&zlsxid=01.

都规定采用直线基线方法划定领海，适用于中国的一切领土，包括南沙群岛。

598. 中国基于南沙群岛整体拥有完整的海洋权利。这一立场是清晰和一贯的。中国常驻联合国代表团在第 CML/8/2011 号照会中明确指出："中国南沙群岛拥有领海、专属经济区和大陆架。"[130]

599. 中国政府在 2016 年 7 月 12 日仲裁庭作出《7 月 12 日裁决》后发布声明，重申中国在南海的领土主权和海洋权益，包括：

> （一）中国对南海诸岛，包括东沙群岛、西沙群岛、中沙群岛和南沙群岛拥有主权；
>
> （二）中国南海诸岛拥有内水、领海和毗连区；
>
> （三）中国南海诸岛拥有专属经济区和大陆架；
>
> （四）中国在南海拥有历史性权利。[131]

三、仲裁庭将《公约》有关条款适用于中国南沙群岛是错误的

（一）仲裁庭错误定性中国的南沙群岛整体性立场

600. 如前所述，中国南沙群岛以群岛整体主张海洋权利。

601. 针对菲律宾要求仲裁庭裁定南沙群岛部分岛礁个体海洋权利的诉求，中国明确表示：

> ……在南沙群岛中，菲律宾仅仅挑出少数几个岛礁，要求仲裁庭就其海洋权利作出裁定，实质上是否定中国对南沙群岛的领土主权。[132]

中国还明确指出：

> 菲律宾在仲裁诉求中对南沙群岛作出"切割"，只要求对其声称的"中国占领或控制的"岛礁的海洋权利进行判定，刻意不提南沙群岛中的其他岛礁，包括至今仍为菲律宾非法侵占或主张的岛礁，旨在否定中国对整个南沙群岛的主权，否认菲律宾非法侵占或主张中国南

---

[130] 2011 年 4 月 14 日中华人民共和国常驻联合国代表团致联合国秘书长第 CML/8/2011 号照会。

[131] 《中华人民共和国政府关于在南海的领土主权和海洋权益的声明》（2016 年 7 月 12 日），http://www.mfa.gov.cn/nanhai/chn/snhwtlcwj/t1380021.htm.

[132] 《立场文件》第 19 段。

沙群岛部分岛礁的事实，从而篡改中菲南沙群岛主权争端的性质和范围。菲律宾还刻意将中国台湾驻守的南沙群岛最大岛屿——太平岛排除在“中国占领或控制”的岛礁之外，严重违反了一个中国的原则，侵犯了中国的主权和领土完整。显而易见，此类仲裁事项的实质是中菲有关领土主权的争端。[133]

602. 仲裁庭为了确立管辖权，否认菲律宾诉求仅选取部分岛礁必然对中国南沙群岛整体主权产生影响，[134] 并歪曲中国有关立场。针对中国第 CML/8/2011 号照会关于“中国南沙群岛拥有领海、专属经济区和大陆架”[135] 的立场，仲裁庭在《管辖权裁决》第 160 段中声称，中国“一般性地主张‘中国南沙岛礁拥有领海、专属经济区和大陆架’”。[136] 仲裁庭引用中国立场时，把中国照会英文本中的“is”改成“are”，将中国基于南沙群岛整体主张海洋权利的立场曲解为中国以构成南沙群岛组成部分的单个岛礁主张海洋权利。仲裁庭在《管辖权裁决》第 169 段再次声称“中国是以组合的方式发表其关于南沙群岛中地物地位的意见，称‘中国的南沙岛礁拥有领海、专属经济区和大陆架’”。[137] 在此，仲裁庭再次把中国照会英文本中的“is”改成“are”。

仲裁庭引述中国立场，两次引用中国第 CML/8/2011 号照会，每次均把该照会英文本中清晰反映中国基于南沙群岛整体主张海洋权利的表述——单数形式“is”篡改为复数形式“are”，为了确定海洋权利的目的将南沙群岛分割为各个单独的岛礁，直接影响远海群岛制度。仲裁庭如此歪曲中国立场，是为了迎合菲律宾的立场和确立自身管辖权的需要。

（二）仲裁庭错误适用《公约》岛屿制度以否定中国南沙群岛整体性

603. 南沙群岛作为中国的远海群岛，在法律上构成整体，仲裁庭不能通过肢解、分割的方法将中国南沙群岛拆分成一个个单独的岛礁，适用《公约》岛屿制度。

604. 仲裁庭对中国关于南沙群岛的整体立场作出错误解读，将南沙群

---

[133] 同上注，第 22 段。

[134] 参见《管辖权裁决》第 154 段。

[135] 2011 年 4 月 14 日中华人民共和国常驻联合国代表团致联合国秘书长第 CML/8/2011 号照会。

[136] 《管辖权裁决》第 160 段。

[137] 同上注，第 169 段。

岛歪曲为一组松散的“高潮地物”，排除了南沙群岛所包含的相连水域及其他自然地形。仲裁庭在《7 月 12 日裁决》中说，中国的立场可以被理解为，“［《公约》第 121 条第 3 款中的］人类居住和经济生活标准的评估，必须顾及人类可通过利用一组密切关联的海洋地物实现自我维持”。[138] 仲裁庭还认为，“其并未将考察限定于菲律宾在诉求中专门指定的地物，而是要求菲律宾提供南沙群岛中所有重要高潮地物的具体信息。”[139] 仲裁庭仅关注南沙群岛中的“高潮地物”，未将南沙群岛视为一个群岛。另外，如下文所述，仲裁庭错误地认为远海群岛不能适用直线基线制度。仲裁庭通过上述步骤完成了对南沙群岛的肢解和拆分。

605. 仲裁庭错误将中国南沙群岛拆分成一个个单个岛礁，适用《公约》第 121 条，以否定南沙群岛的整体性。《公约》第 121 条根本无法适用于大陆国家远海群岛及其组成部分。《弗吉尼亚评注》指出：“第 121 条适用于……单个岛屿，而不适用于属于第 46 条群岛定义的群岛。”[140] 如果将《公约》第 121 条强行适用于大陆国家远海群岛的组成部分，那么无法充分地保护群岛的整体性。这种强行适用将在法律上肢解远海群岛，从而重塑地理。这也将剥夺大陆国家对其远海群岛整体的主权，影响拥有主权的地理范围面积。正如柯佩拉（Sophia Kopela）指出，对群岛问题采取功能性海域的解决方案，无法对远海群岛提供类似于群岛制度的同等保护。[141]

（三）仲裁庭错误适用《公约》基线规则以否定中国南沙群岛整体性

1. 仲裁庭越权裁定中国南沙群岛的基线划定问题

606. 仲裁庭说，“中国的立场也可以被理解为，应围绕南沙群岛的高潮地物划出群岛基线或直线基线，并作为一个单一单元赋予海洋权利”。[142] 菲律宾诉求并未提出任何关于中国南沙群岛基线划定问题，仲裁庭无权妄加论断。[143]

607. 划定领海基线属于沿海国主权范围内的事，应首先由沿海国自主

---

138 《7 月 12 日裁决》第 572 段。

139 同上注（文中引注省略）。

140 Satya N. Nandan and Shabtai Rosenne (eds.), Virginia Commentary, Vol. III, p.326, para.121.1.

141 Sophia Kopela, Dependent Archipelagos in the Law of the Sea (Martinus Nijhoff Publishers, 2013), pp.236-243.

142 《7 月 12 日裁决》第 573 段。

143 参见本书第二章第六节。

进行。在“渔业案”（英国诉挪威，1951 年）中，国际法院指出，“划界必然是一项单方面的行为，因为只有沿海国才有权实施该行为”，虽然“划定海洋区域总是具有国际性的一面”。[144] 国际法院确认，划定基线属于沿海国的专属权限，虽然其效力取决于国际法。中国已宣布直线基线方法适用于划定南沙群岛领海基线，但尚未宣布具体的基点、基线。在这种情况下，仲裁庭无权对中国南沙群岛的基线问题进行主观臆测并妄加论断。

2. 仲裁庭错误将《公约》群岛基线规则适用于中国南沙群岛

608. 仲裁庭对中国立场进行解读，推测中国可能主张用群岛基线或直线基线将南沙群岛作为一个单元划定海洋区域。仲裁庭认为在此群岛基线不适用，理由如下：（1）《公约》规定的群岛基线仅适用于群岛国，中国作为大陆国家不符合群岛国定义，不能适用群岛基线；[145]（2）南沙群岛适用群岛基线不符合《公约》第 47 条规定的水陆比要求，因为“南沙群岛的水陆比在任何一种可想象的基线制度下，都将远远超出九比一”。[146]

609. 中国是大陆国家，《公约》规定的群岛国制度不能直接适用于中国，《公约》有关群岛基线条款也不能直接适用于中国南沙群岛划定基线的问题。在此应该适用的是习惯国际法中的远海群岛制度。仲裁庭不审查习惯国际法，而是将焦点集中在《公约》第 47 条规定的水陆比问题，是错误的。

3. 仲裁庭错误否定直线基线在远海群岛的可适用性

610. 仲裁庭认为，《公约》第 7 条规定国家可在某些情形下使用直线基线，其也清楚一些国家对其远海群岛适用直线基线，与适用群岛基线的效果相近。但仲裁庭认为，“将直线基线以任何方式适用于南沙群岛与《公约》相悖。”[147] 仲裁庭说：

> 第 7 条规定直线基线仅适用于“在海岸线极为曲折的地方，或者如果紧接海岸有一系列岛屿”的情形。这些条件不包括远海群岛情形。虽然《公约》并未明确排除在其他情形下使用直线基线，第 7 条关于直线基线的一般性授权与第 46 条和第 47 条关于某些国家划定群岛基线的有条件授权，排除了在其他情形下（特别是不符合群岛基线标准

---

144 Fisheries Case (United Kingdom v. Norway), Judgment, I.C.J. Reports 1951, p.116, at 132.

145 参见《7 月 12 日裁决》第 573 段。

146 同上注，第 574 段。

147 同上注，第 575 段。

的远海群岛）采用直线基线的可能性。任何其他解释将事实上使第7条与第47条形同虚设。[148]

仲裁庭进一步认为，“没有证据表明对此规则的违背已产生了一项新习惯国际法规则，从而允许偏离《公约》明文规定”。[149]

611. 仲裁庭断然排除《公约》第7条对远海群岛的可适用性，是错误的。《公约》规定沿海国有选择划定领海基线方法的权力，第7条只是对适用直线基线方法的客观地理条件作出限制，并没有对适用这种方法的地理范围作出限制。因此，只要符合客观地理条件，大陆国家完全可以将直线基线方法适用于远海群岛。国际法院在“渔业案”（英国诉挪威，1951年）中指出，划定领海的方法“取决于地理现实”。[150]奥康奈尔（D.P. O'Connell）认为：“虽然远海群岛和沿岸群岛有明显差别，但是法院适用的原则不至于如此狭窄以致只能包含一类群岛。”[151]“渔业案”推动了直线基线制度的发展。从《公约》第7条文本看，该条仅规定“在海岸线极为曲折的地方，或者如果紧接海岸有一系列岛屿”可适用直线基线，而对大陆海岸还是岛屿/群岛海岸并无限定。关于《公约》第7条的目的，联合国海洋事务与海洋法司的关于基线研究报告指出：

> 要把重点放在第7条第1款的精神及文字上……直线基线的概念，目的是为了在处理正常基线和河口、湾口规则的适用会造成复杂的领海情形时，避免这些规则的繁琐适用。[152]

避免这种复杂情形是适用直线基线的合法依据。这一点在远海群岛的情形下更为明显。仲裁庭对《公约》第7条的粗浅解读以及在此基础上得出远海群岛不能适用直线基线的结论，是不合理的。

612. 另外，直线基线只是划定领海的一种方法，而非一种特殊制度。[153]仲裁庭对第7条的狭隘理解罔顾关于直线基线的嗣后国家实践。就此，

---

148 同上注。

149 同上注，第576段。

150 Fisheries Case (United Kingdom v. Norway), Judgment, I.C.J. Reports 1951, p.116, at 128.

151 D.P. O'Connell, Mid-Ocean Archipelagos in International Law, 45 British Year Book of International Law (1971), p.1, at 15.

152 UN Office for Ocean Affairs and the Law of the Sea, Baselines: An Examination of the Relevant Provisions of the United Nations Convention on the Law of the Sea (United Nations, 1989), p.18, para.35.

153 International Law Association Committee on Baselines under the International Law of the Sea, Washington Conference Report (2014), para.20.

洛（Vaughan Lowe）和塔纳科波罗斯（Antonios Tzanakopoulos）指出，“国家实践趋向于漠视这些限定条件，而将直线基线几乎视为‘正常’基线的公开替代，而且几无反对。”[154]

613. 仲裁庭注意到大陆国家在远海群岛方面的实践，但未对有关实践进行考察，草率断定有关实践偏离《公约》有关规定，与《公约》不符，并认为这种实践尚未形成一项新的习惯国际法规则。[155] 在此，仲裁庭跑偏了方向。正如前文所述，大陆国家的远海群岛问题属于《公约》未规定事项，受习惯国际法调整，不存在偏离《公约》的问题。大陆国家的远海群岛制度在习惯国际法早已牢固确立，不容否定。

---

[154] Vaughan Lowe QC and Antonios Tzanakopoulos, The Development of the Law of the Sea by the International Court of Justice, in Christian J. Tams and James Sloan (eds.), The Development of International Law by the International Court of Justice (Oxford University Press, 2013), p.177, at 190.

[155] 参见《7 月 12 日裁决》第 576 段。

第三节 仲裁庭错误分割处置南沙群岛有关“低潮高地”（第 4 项至第 6 项诉求）

614. 在《7 月 12 日裁决》中，仲裁庭针对菲律宾涉及低潮高地的第 4 项至第 6 项诉求认定：东门礁、南薰礁（南）、渚碧礁、美济礁、仁爱礁为低潮高地，不可被占据，不可产生领海、专属经济区和大陆架；渚碧礁、南薰礁（南）、东门礁可作为测量有关高潮地物领海宽度的基点；美济礁、仁爱礁位于菲律宾的专属经济区和大陆架内。[156]

615. 仲裁庭认定的这些所谓“低潮高地”均为中国南沙群岛的组成部分。如本章第一节所述，仲裁庭犯了罔顾南沙群岛整体性的根本错误，导致分割处置南沙群岛，错误将有关岛礁区分为“低潮高地”和“高潮地物”从而选择适用《公约》第 13 条、第 121 条，错误将南沙群岛有关岛礁判定为“低潮高地”且不能据为领土。仲裁庭裁定的前提是低潮高地不能据为领土并为“水下陆块”。仲裁庭的做法对中国对南沙群岛的主权和基于该群岛享有的海洋权益产生不利影响。

一、仲裁庭分割处置中国南沙群岛并错误地将南沙群岛有关岛礁认定为“低潮高地”

（一）仲裁庭分割处置作为中国南沙群岛组成部分的有关岛礁

616.《公约》第 13 条第 1 款规定：“低潮高地是在低潮时四面环水并高于水面但在高潮时没入水中的自然形成的陆地。”《公约》第 121 条第 1 款规定：“岛屿是四面环水并在高潮时高于水面的自然形成的陆地区域。”上述条款所指“低潮高地”和“岛屿”定义是为了判定单个地物的地位，但如果其构成群岛的一部分，则其地位只有在更宏观的框架下才能确定。在此情况下，从主权和海洋权利的角度来看，上述定义不能直接适用于群

---

[156] 同上注，第 1203.B (3) - (7) 段。

岛组成部分。

617. 仲裁庭单个处置东门礁、南薰礁（南侧礁体）、渚碧礁、美济礁、仁爱礁，并仅仅依据这些地物本身的自然属性来确定其地位。不论有关地物本身的自然属性是什么，仲裁庭都不能仅据此就对有关地物的地位作出裁定。仲裁庭混淆了地物本身的自然属性与地物的地位问题。有关地物均构成中国南沙群岛不可分割的组成部分，仲裁庭单个处置有关地物，以其自然属性来确定其地位，实际上是肢解中国南沙群岛。

（二）仲裁庭在认定有关岛礁为“低潮高地”方面，没有做到在事实上确有根据

618. 仲裁庭在认定有关岛礁为“低潮高地”的过程中认为，菲律宾提交的遥感卫星图像等证据不足以确定有关事实，[157] 主动获取了英国、日本和美国海军的历史调查材料，并将它们作为主要证据，其中包括英国海军在 1862 年至 1868 年、英国海军和日本海军在 20 世纪 20 年代以及法国和美国海军在 20 世纪 30 年代针对中国南沙群岛有关岛礁及海域所做调查记录及出版的海图和航行指南等。[158] 这些航海调查报告、航行指南以及海图显然都是年代久远的资料，无法为判定南沙群岛所属地物的自然属性提供足够的证明。

619. 国际法院在“领土和海洋争端案”（尼加拉瓜诉哥伦比亚，2012 年）中对年代久远的资料证明力问题已作明确阐述。在判定有关地物自然属性问题上，国际法院指出，“不认为在案件多年（有的是数十年）前开展的调查对解决问题是相关的”，[159] “与问题相关的是当下的证据”。[160] 就判断地物自然属性而言，年代久远的资料不具相关性。在本案中，仲裁庭显然已注意到国际法院的上述论述，但借口“必须在该案［“领土和海洋争端案”（尼加拉瓜诉哥伦比亚，2012 年）］的情形下理解该评论意见”，[161] 而实际上采取了忽略这一重要意见的做法，且未说明理由。仲裁庭的做法显然是没有正当理由地背离有关证据采信的国际司法实践。

620. 另外，这些航海调查报告、航行指南以及海图是以辅助航行、确

[157] 参见上注，第 326 段。

[158] 参见上注，第 329 段。

[159] 参见 Territorial and Maritime Dispute (Nicaragua v Colombia), Judgment, I.C.J. Reports 2012, p.624, at para.35.

[160] 同上注，第 36 段。

[161] 《7 月 12 日裁决》第 331 段。

保航行安全为主要目的，而非用于判定这些地物的自然属性，对此意义不大。国际法院在“领土和海洋争端案”（尼加拉瓜诉哥伦比亚，2012 年）中指出：“法院不认为尼加拉瓜依据的海图对于地物属性的判定有多少证明力。那些海图是用于显示基塔斯维纽地区的航行危险，而并非用于辨别高潮时地物究竟是否高于水面。”[162] 本案仲裁庭也承认“航行指南的目的是便于目视航行”，[163] 但却无视国际法院的法理，将无关的航海调查报告、航行指南以及海图作为裁定相关地物属性的证据，赋予它们极高的证明力，甚至作为唯一的、决定性的证据，这与国际法院的做法形成鲜明对比。

621. 仲裁庭依据这些资料认定有关地物为“低潮高地”，没有做到在事实上确有根据。

二、仲裁庭错误裁定南沙群岛有关“低潮高地”不能被据为领土

622. 关于低潮高地可否被据为领土问题，仲裁庭在《7 月 12 日裁决》第 309 段中认为：

> 虽然［《公约》］在关于低潮高地的物理描述中使用了“陆地”一词，低潮高地并不构成法律意义上的国家陆地领土的组成部分。低潮高地构成国家水下陆块的组成部分，依具体情形适用领海或大陆架法律制度。因此，仲裁庭赞同以下观点，由于不同于陆地领土，“低潮高地不能被占据，虽然‘沿海国对位于本国领海之内的低潮高地拥有主权，这只是因为它对领海本身享有主权’。”

这一看法来自国际法院“领土和海洋争端案”（尼加拉瓜诉哥伦比亚，2012 年）判决第 26 段。

623. 菲律宾诉求所涉五个所谓“低潮高地”事实上均为中国南沙群岛组成部分，中国拥有主权，因此不存在单独判定有关“低潮高地”能否被据为领土的问题。仲裁庭却错误地裁定南沙群岛有关“低潮高地”不可被据为领土。此外，即便是在单个低潮高地的情形下，仲裁庭作出低潮高地不可被据为领土的裁定亦缺乏国际法依据。

---

162 Territorial and Maritime Dispute (Nicaragua v. Colombia), Judgment, I.C.J. Reports 2012, p.624, at para.35.

163 《7 月 12 日裁决》第 338 段。

（一）仲裁庭错误裁定南沙群岛有关岛礁不能被据为领土

624. 如本章第二节所述，群岛在法律上构成整体，国家对群岛的领土主权及于群岛整体和各个组成部分，不论其是仲裁庭所说的“高潮地物”或是“低潮高地”。

625. 国际司法判例明确支持以整体方式处理群岛及其组成部分归属的问题。在“明基埃岛和埃克荷斯岛案”（英国／法国，1953 年）中，国际法院将明基埃岛的主权判归英国时，也依据了明基埃岛构成英属海峡群岛的组成部分。[164] 在“厄立特里亚／也门仲裁案”（第一阶段，1998 年）中，仲裁庭将构成各群岛的岛屿、小岛、岩礁、低潮高地分别作为整体判归当事国各方。[165] 在“领土和海洋争端案”（尼加拉瓜诉哥伦比亚，2012 年）中，考虑到有关国际条约对圣安德烈斯群岛主权作了明确处置，国际法院指出，“为了处理争端中海洋地物的主权问题，法院需要首先查明圣安德烈斯群岛的组成”。[166]

626. 在本案中，仲裁庭不是首先查明中国南沙群岛的组成，而是置若罔闻，错误聚焦于南沙群岛有关岛礁的自然属性并认定其中部分岛礁为“低潮高地”，以此为基础裁定其不可被据为领土。仲裁庭的这种做法背离国际司法实践，实质上是“肢解”中国南沙群岛。

（二）仲裁庭裁定单个低潮高地不可被据为领土缺乏依据

627. 正如本书第二章第一节和第二节所述，单个低潮高地可否被据为领土问题，本身就是主权问题，仲裁庭没有管辖权。仲裁庭在《7 月 12 日裁决》中援引国际法院在“领土和海洋争端案”（尼加拉瓜诉哥伦比亚，2012 年）判决第 26 段称：

> 仲裁庭赞同以下观点，由于不同于陆地领土，“低潮高地不能被据为领土，虽然‘沿海国对位于本国领海之内的低潮高地拥有主权，这只是因为它对领海本身享有主权’。”[167]

628. 仲裁庭凭借这一判例认定“低潮高地”不构成沿海国的陆地领土

---

[164] The Minquiers and Ecrehos case, Judgment of November 17th, 1953: I.C.J. Reports 1953, p.47, at 71.

[165] 参见 Award of the Arbitratal Tribunal in the first stage of the proceedings between Eritrea and Yemen (Territorial Sovereignty and Scope of the Dispute), Decision of 9 October 1998, RIAA, Vol. XXII, p.209, at para.527.

[166] Territorial and Maritime Dispute (Nicaragua v. Colombia), Judgment, I.C.J. Reports 2012, p.624, at para.42.

[167] 《7 月 12 日裁决》第 309 段（文中引注省略）。

的组成部分，不能被据为领土。仲裁庭似乎把国际法院在“领土和海洋争端案”中一般性的、抽象的阐述当作“金科玉律”。实际上，国际法院在该案中的这一阐述既无必要也无依据。其实，国际法院在过往案件中仅处理了位于重叠领海中的低潮高地归属问题，有关案例并未完全排除低潮高地可被据为领土的情形。

629. 在“海洋划界和领土问题案”（卡塔尔诉巴林，2001 年）中，国际法院面对低潮高地是否可被据为领土问题，确认在有关问题上没有条约或习惯法规则可循。国际法院指出：

> 条约国际法在低潮高地可否被视为“领土”问题上保持沉默。法院并没有看到存在一致和广泛的国家实践，以至于可能形成明确允许或排除占据低潮高地的习惯法规则。仅在海洋法上确立了一些授权性的规则，且这些规则仅适用于与海岸距离相对较近的低潮高地。[168]

国际法院在随后的“加勒比海领土和海洋争端案”（尼加拉瓜诉洪都拉斯，2007 年）[169] 和“白礁、中岩礁和南礁主权案”（马来西亚／新加坡，2008 年）[170] 的判决中均全部或部分援引并遵循了此段意见。然而，如此重要的一个段落在后来的“领土和海洋争端案”（尼加拉瓜诉哥伦比亚，2012 年）中完全被忽略。[171] 国际法院对此没给出任何理由，令人费解。

630. 在“海洋划界和领土问题案”（卡塔尔诉巴林，2001 年）中，国际法院还指出低潮高地不同于岛屿，但并未排除低潮高地被据为领土的可能。国际法院说：

> 岛屿毫无争议地构成固定陆地，适用领土取得规则和原则；海洋法赋予岛屿和低潮高地效力的差异是巨大的。[172]

国际法院并指出：

---

168 Maritime Delimitation and Territorial Questions between Qatar and Bahrain (Qatar v. Bahrain), Merits, Judgment, I.C.J. Reports 2001, p.40, at para.205.

169 Territorial and Maritime Dispute between Nicaragua and Honduras in the Caribbean Sea (Nicaragua v. Honduras), Judgment, I.C.J. Reports 2007, p.659, at para.141.

170 Sovereignty over Pedra Branca/Pulau Batu Puteh, Middle Rocks and South Ledge (Malaysia/Singapore), Judgment, I.C.J. Reports 2008, p.12, at para.296.

171 参见 Territorial and Maritime Dispute (Nicaragua v. Colombia), Judgment, I.C.J. Reports 2012, p.624, at para.26.

172 Maritime Delimitation and Territorial Questions between Qatar and Bahrain (Qatar v. Bahrain), Merits, Judgment, I.C.J. Reports 2001, p.40, at para.206.

> 现有的少数规则并不支持一种一般性的假设，即，低潮高地与岛屿属于完全相同的领土。[173]

法院在这里仅是从海洋法赋予不同权利的角度认定低潮高地并非是与岛屿“完全相同的领土”。法院的这种说法并没有正面回答低潮高地能否被据为领土的问题本身。[174]

631. 国际法院接着强调可能还存在其他规则和法律原则：

> 因此，不能得出以下结论：在不存在其他规则和法律原则的情况下，从主权取得的角度看，可将低潮高地完全等同于岛屿或其他陆地领土。[175]

国际法院此段论述表明，不排除存在一定的规则和法律原则将低潮高地完全等同于岛屿或其他陆地领土。

632. 就菲律宾诉求所涉“低潮高地”而言，确实存在着国际法院所说的“其他规则和法律原则”。[176] 如前文所述，有关“低潮高地”属于中国南沙群岛的组成部分，而南沙群岛是中国的远海群岛，其领土地位在习惯国际法上早已确立。在这种情况下，仲裁庭本应遵循国际法院的法理首先查明中国南沙群岛的组成（上文第 625 段），却不顾在习惯国际法上早已确立的大陆国家的远海群岛地位，仅凭有关岛礁是“低潮高地”这一自然属性，片面地就领土地位问题作出裁定。

另外，仲裁庭也未考虑历史上形成的对特定海域内低潮高地的主权或主权主张。关于历史性海湾、历史性所有权等规则，也毫无疑问构成国际法院所说的“其他规则和法律原则”。

633. 在“加勒比海领土和海洋争端案”（尼加拉瓜诉洪都拉斯，2007

173 同上注。

174 参见小田滋法官的个别意见：“我相信，关于国家可否通过占据取得……低潮高地的主权，此类地物如何影响领海的范围或领海的边界，这些问题仍无定论。” Maritime Delimitation and Territorial Questions between Qatar and Bahrain (Qatar v. Bahrain), Merits, Separate Opinion of Judge Oda, I.C.J. Reports 2001, p.119, at para.7.

175 Maritime Delimitation and Territorial Questions between Qatar and Bahrain (Qatar v. Bahrain), Merits, Judgment, I.C.J. Reports 2001, p.40, at para.206.

176 这种“其他规则和法律原则”在“卡塔尔诉巴林案”中不存在，却在厄里特里亚 / 也门仲裁案（第一阶段）中存在。在后一案件中，地物的整体性和历史性所有权似乎是将低潮高地判予有关国家的理由。参见 Award of the Arbitral Tribunal in the first stage of the proceedings between Eritrea and Yemen (Territorial Sovereignty and Scope of the Dispute), Decision of 9 October 1998, RIAA, Vol. XXII, p.209, at para. 527(i), (ii), (iv) and (v).

年）中，国际法院援引“海洋划界和领土问题案”（卡塔尔诉巴林，2001 年）判决确认，不存在允许或排除将低潮高地据为领土的习惯国际法规则。[177] 法院说，考虑所有情况，法院不能处理有关问题。[178]

634. 在“白礁、中岩礁和南礁主权案”（马来西亚／新加坡，2008 年）中，国际法院忆及曾在以往案件中处理过类似问题，对“海洋划界和领土问题案”（卡塔尔诉巴林，2001 年）判决进行援引，[179] 并指出：

> 考虑到法院之前的判例、当事国的抗辩意见及其提交的证据，法院将在如下事实的基础上判案，即：南礁位于属于新加坡的白礁岛所产生的领海之内，或位于属于马来西亚的中岩礁所产生的领海之内。关于这一点，法院注意到南礁明显位于马拉西亚大陆、白礁和中岩礁所产生的重叠领海之内。[180]

635. 法院还注意到，双方在特别协定及最终诉求中请求分别判定白礁、中岩礁和南礁的主权归属，但并未赋予法院划定两国重叠领海边界的权限。[181] 法院最终裁定：“作为低潮高地，南礁的主权属于它所处的领海所属国家”，但基于对划界没有管辖权而未对该礁的主权作出判定。[182] 显然，国际法院这里没有超出在“海洋划界和领土问题案”（卡塔尔诉巴林，2001 年）中的做法。

636. 然而，在“领土和海洋争端案”（尼加拉瓜诉哥伦比亚，2012 年）中，国际法院在判决第 26 段断言“低潮高地不可被据为领土”。[183] 对此，中国《立场文件》指出：“国际法院在 2012 年尼加拉瓜—哥伦比亚案的判决中虽然表示‘低潮高地不能被据为领土’……，但未指出此论断的法律依据，未涉及低潮高地作为群岛组成部分时的法律地位，也未涉及在历史上形成的对特定海洋区域内低潮高地的主权或主权主张。”[184] 在国际法院成

---

[177] Territorial and Maritime Dispute between Nicaragua and Honduras in the Caribbean Sea (Nicaragua v. Honduras), Judgment, I.C.J. Reports 2007, p.659, at para.141.

[178] 同上注，第 142、144 段。

[179] 参见 Sovereignty over Pedra Branca/Pulau Batu Puteh, Middle Rocks and South Ledge (Malaysia/Singapore), Judgment, I.C.J. Reports 2008, p.12, at paras.295-296.

[180] 同上注，第 297 段。

[181] 参见上注，第 298 段。

[182] 同上注，第 299 段。

[183] Territorial and Maritime Dispute (Nicaragua v. Colombia), Judgment, I.C.J. Reports 2012, p.624, at para.26.

[184]《立场文件》第 25 段。

立 70 周年庆典研讨会上，一位学者在关于适用法和《国际法院规约》第 38 条的主讲报告中提出质疑：

> 在“尼加拉瓜诉哥伦比亚案”中，法院没有重新考察国家实践或在之前判决中提出的关于低潮高地地位的抗辩理由，尽管在“卡塔尔诉巴林案”中，小田滋法官已经发表了强烈的单独意见，称低潮高地的地位是一个未定的问题，而且“厄立特里亚/也门仲裁案”的裁决的确将位于领海之外的此类地物的主权判归当事国。[185]

637. 综上所述，关于低潮高地是否可被据为领土问题，国际法院曾明确表示，条约国际法和习惯国际法均无明确规定。从“海洋划界和领土问题案”（卡塔尔诉巴林，2001 年）到“领土和海洋争端案”（尼加拉瓜诉哥伦比亚，2012 年），国际法院在各个判例中，考虑有关案件具体情况，并未排除低潮高地可被据为领土的可能性。在“领土和海洋争端案”（尼加拉瓜诉哥伦比亚，2012 年）中，国际法院尽管笼统地提出“低潮高地不可被据为领土”的说法，但是并没有运用到具体地物上，因此是没有必要这样说的，不构成可援引的先例。国际法院这一做法与其先前在有关问题上审慎的立场相悖。

在本案中，仲裁庭未认真全面考察国际性法庭或仲裁庭处理相关问题的案件，仅挑了一个不能作为依据的说法作为唯一依据，妄下论断。在“厄立特里亚/也门仲裁案”中，由权威国际法学家组成的仲裁庭裁定低潮高地主权作为群岛一部分归为有关沿海国所有。对此，瑞斯曼（Michael Reisman）认识到此案的意义，指出“厄立特里亚/也门仲裁案”“可能是将位于领海之外的低潮高地定性为领土的第一个权威裁决，实际上将低潮高地等同于岛屿”，实质上将低潮高地“领土化”。[186]

---

[185] Sienho Yee, Article 38 of the ICJ Statute and Applicable Law: Selected Issues in Recent Cases, 7 Journal of International Dispute Settlement (2016), p.472, at 486（文中引注省略）。

[186] Michael Reisman, The Government of the State of Eritrea and the Government of the Republic of Yemen, Award of the Arbitral Tribunal in the First Stage of the Proceedings (Territorial Sovereignty and Scope of the Dispute), 93 American Journal of International Law (1999), p.668, at 680.

三、仲裁庭错误裁定中国南沙群岛中的美济礁和仁爱礁为“水下陆块”，构成菲律宾专属经济区和大陆架的一部分

638. 仲裁庭在《7 月 12 日裁决》中称，“低潮高地构成国家水下陆块的组成部分，依具体情形适用领海或大陆架法律制度”，[187] 认定“美济礁和仁爱礁构成菲律宾专属经济区和大陆架的一部分”，[188] 并在裁决主文中支持菲律宾第 5 项诉求：“美济礁和仁爱礁在菲律宾的专属经济区和大陆架内。”[189] 仲裁庭的裁决是错误的。

639. 如上所述，中国对南沙群岛拥有领土主权，这一主权及于群岛整体及其组成部分，包括美济礁和仁爱礁。仲裁庭单独处理这两个地物，构成对中国领土主权的侵犯，损害中国基于南沙群岛享有的海洋权利。

640. 仲裁庭关于低潮高地是“水下陆块”的认定，无论从《公约》还是习惯国际法中都找不到依据。不仅如此，这种说法也与《公约》规定不符，还与《公约》精神背道而驰。

641.《公约》没有任何条款提及低潮高地为“水下陆块”。事实上，“水下陆块”一词在《公约》中根本没有出现过，完全是仲裁庭的创造。《公约》第 13 条明确将低潮高地界定为自然形成的“陆地”，低潮时位于水面之上，高潮时位于水面之下，显然不是海床、底土或“水下陆块”。

642.《公约》第 7 条、第 13 条和第 47 条规定，低潮高地在特定条件下可作为划定领海的基点，产生领海。在此情况下，低潮高地是陆地领土。在“海洋划界和领土问题案”（卡塔尔诉巴林，2001 年）中，巴林曾提出：

> 低潮高地可以在某些情形下产生领海，这表明它们构成有关国家领土的组成部分，而且它们在该国的领土主权之下。只有存在领土主权的前提下，才可能存在领海。[190]

在此情况下，低潮高地也可能对海洋划界产生重要影响。

643. 从《公约》其他条款也不能得出低潮高地是“水下陆块”的结论。除了《公约》第 13 条，只有第 76 条提及“大陆边包括沿海国陆块没入水

[187]《7 月 12 日裁决》第 309 段。
[188] 同上注，第 647 段。
[189] 同上注，第 1203.B（7）段。
[190] Counter-Memorial of Bahrain, 31 December 1997, para.524.

中的延伸部分，由……海床和底土构成”。这与低潮高地没有关系。

644. 根据反映习惯国际法的《公约》第 46 条（b）项，中国对南沙群岛的领土主权及于南沙群岛整体及其组成部分，包括美济礁、仁爱礁。菲律宾不能以专属经济区和大陆架主张来对抗中国对南沙群岛的领土主权。仲裁庭的裁决亦不能。

第四节　仲裁庭错误解释和适用《公约》第 121 条（第 3 项、第 5 项和第 7 项诉求）

645. 仲裁庭裁定：黄岩岛和南沙群岛中的赤瓜礁、华阳礁、永暑礁、南薰礁（北）、西门礁（包括东门礁）为《公约》第 121 条第 3 款规定的不能维持人类居住或其本身经济生活的“岩礁”；南沙群岛中所有“高潮地物”均为这类“岩礁”，不能产生专属经济区或大陆架；中国所主张的任何地物在美济礁和仁爱礁海域都不产生专属经济区和大陆架，无法与菲律宾在此区域的海洋权利产生重叠。[191]

646. 如本章第一节所述，仲裁庭错误单个处置有关岛礁的地位和海洋权利问题，实际上是肢解中国南沙群岛和中沙群岛，构成对中国领土主权和海洋权益的一种侵犯。仲裁庭的错误在于将《公约》第 121 条适用于作为中国两个群岛组成部分的单个岛礁，[192] 孤立地裁定其地位和海洋权利。

647. 本节将重点分析仲裁庭对《公约》第 121 条的解释和适用错误。

一、仲裁庭错误解释《公约》第 121 条

648.《公约》第八部分“岛屿制度”第 121 条规定：

第一二一条 岛屿制度

1. 岛屿是四面环水并在高潮时高于水面的自然形成的陆地区域。

2. 除第 3 款另有规定外，岛屿的领海、毗连区、专属经济区和大陆架应按照本公约适用于其他陆地领土的规定加以确定。

3. 不能维持人类居住或其本身的经济生活的岩礁，不应有专属经

[191] 参见《7 月 12 日裁决》第 1203.B. (6) - (7) 段。

[192]《弗吉尼亚评注》明确指出：“第 121 条适用于……单个岛屿，而不适用于属于第 46 条群岛定义的群岛。” Satya N. Nandan and Shabtai Rosenne (eds.), Virginia Commentary, Vol. III (1995), p.326, para.121.1. 相关缔约准备资料也证实了这种理解。例如，希腊在其关于岛屿制度的提案中明确纳入了“不影响条款”（第 9 条第 4 款）：“以上条款不影响群岛制度。” Greece: draft articles, A/CONF.62/C.2/L.22, UNCLOS III Official Records, Vol. III, p.201.

济区或大陆架。

显然，该条第3款“不能维持人类居住或其本身的经济生活”的措辞模糊，《公约》并没有就此给出阐释。如下文所述，这种模糊是有意而为之。任何国际性法庭和仲裁庭对第121条的解释和适用，应充分尊重该条款有意模糊的缔约原意，谨慎认定“不能维持人类居住或其本身的经济生活的岩礁”。当然，岛屿自然条件一目了然，明显不能维持人类居住或其本身的经济生活的，毫无疑问应认定为第3款意义上的岩礁。但第3款作为第2款的例外，在情况存疑的情况下，应朝有关岛礁属于第121条第2款中“岛屿”的方向认定。也就是说，在不能证明例外的情况下，自然应适用原则规定。

649. 本案仲裁庭对121条第3款作出如下解释：（1）“岩礁”并不必然由坚固的岩石构成；[193]（2）地物的地位应依据其自然能力确定，排除外来的增加其能力的添加和改造；[194]（3）“人类居住”应当是非临时性的，有稳定的人类社群；[195]（4）“其本身的经济生活”通常是在地物上定居的人类生活和生计，且为附属于地物本身的经济生活，围绕该地物进行，不包括领海外海域或海底的经济活动；[196]（5）维持“人类居住”的能力或“其本身的经济生活”的能力，二者只要满足其一，即构成可产生专属经济区和大陆架的岛屿；[197]（6）地物的能力必须依据客观标准判断，不取决于地物主权归属；[198]（7）地物能力的评判必须个案进行，考量因素主要包括地物上有充足的水、食物和遮蔽物能使一群人长期生活，也包括当地气候、该地物与其他有人类居住的区域之间的距离、地物生活潜力等；[199]（8）地物能力的评判要适当考虑一组小岛地物集体维持人类居住和经济生活的情况；[200]（9）在评估地物能力时，如有关证据表明其自然条件不足以清楚地界定其是岩礁还是岛屿，则应考虑人类居住或经济活动的历史证据。[201]

---

193 参见《7月12日裁决》第540段。
194 参见上注，第541段。
195 参见上注，第542段。
196 参见上注，第543段。
197 参见上注，第544段。
198 参见上注，第545段。
199 参见上注，第546段。
200 参见上注，第547段。
201 参见上注，第548-551段。

650. 在解释第 121 条过程中，仲裁庭忽视第 121 条各款之间的关系，实际上改写了第 121 条第 3 款的条文，背离了第 121 条的缔约原意和国家实践，违背国际法中的条约解释规则。

651. 普遍承认，1969 年《维也纳条约法公约》第 31 条和第 32 条两个条款是对习惯国际法中条约解释规则的编纂。《维也纳条约法公约》第 31 条和第 32 条规定如下：

第三十一条 解释之通则

一、条约应依其用语按其上下文并参照条约之目的及宗旨所具有之通常意义，善意解释之。

二、就解释条约而言，上下文除指连同弁言及附件在内之约文外，并应包括：

（甲）全体当事国间因缔结条约所订与条约有关之任何协定；

（乙）一个以上当事国因缔结条约所订并经其他当事国接受为条约有关文书之任何文书。

三、应与上下文一并考虑者尚有：

（甲）当事国嗣后所订关于条约之解释或其规定之适用之任何协定；

（乙）嗣后在条约适用方面确定各当事国对条约解释之协定之任何惯例。

（丙）适用于当事国间关系之任何有关国际法规则。

四、倘经确定当事国有此原意，条约用语应使其具有特殊意义。

第三十二条 解释之补充资料

为证实由适用第三十一条所得之意义起见，或遇依第三十一条作解释而：

（甲）意义仍属不明或难解；或

（乙）所获结果显属荒谬或不合理时，为确定其意义起见，得使用解释之补充资料，包括条约之准备工作及缔约之情况在内。

652.《维也纳条约法公约》第 31 条和第 32 条反映了习惯国际法，国际法院多次予以确认。[202] 国际法委员会在评述相关条款草案时强调，条约

[202] 参见 LaGrand (Germany v. United States of America), Judgment, I.C.J. Reports 2001, p.466, at para.99; Kasikili/Sedudu Island (Botswana/Namibia), Judgment, I.C.J. Reports 1999, p.1045, at para.18.

“解释过程是一个整体，且［《维也纳条约法公约》第 31 条］诸款项构成一项密切联系的单一规则。”[203]

（一）《公约》第 121 条各款应从整体上解释

653. 第 121 条第 1 款是岛屿的定义，第 2 款规定岛屿享有与其他陆地领土同等的海洋权利，第 3 款是第 2 款的例外规定。正如国际法院所指出，三个条款所共同确立的“岛屿制度”构成整体，不可分割。[204] 据此，对于第 121 条应从整体上解释和适用，而不能孤立地解释和适用某一款。特别是，第 121 条第 3 款构成第 2 款的例外，应当与前两款结合起来解释和适用。

654. 第 121 条第 2 款规定：“除第 3 款另有规定外，岛屿的领海、毗连区、专属经济区和大陆架应按照本公约适用于其他陆地领土的规定加以确定。”在“海洋划界和领土问题案”（卡塔尔诉巴林，2001 年）中，国际法院指出，“按照反映习惯国际法的 1982 年《海洋法公约》第 121 条第 2 款，岛屿，不论其面积，与其他陆地领土一样享有同等地位，因此产生同等海洋权利”。[205] 第 2 款规定岛屿拥有完整海洋权利是一般规则，而第 3 款规定岩礁不享有完整海洋权利则构成对一般规则的例外。第 121 条整体上体现了这一“原则—例外”的关系。有学者指出，在条约解释中，“对一般规则的例外应加以严格理解”，换言之，“一般原则或规则比其例外更有分量”。[206]

655. 仲裁庭在《7 月 12 日裁决》中虽有“《公约》第 121 条的解释”的标题，[207] 但借口“第 3 款是整个第 121 条的关键要素”，[208] 只是围绕第 121 条第 3 款作文章，[209] 未从整体上对第 121 条进行解释，也未采用“原则—例

---

203 International Law Commission, Draft articles on the law of treaties with commentaries, Yearbook of the International Law Commission, 1966, Vol. II, p.220, at para.8.

204 Territorial and Maritime Dispute (Nicaragua v. Colombia), Judgment, I.C.J. Reports 2012, p.624, at para.139.

205 Maritime Delimitation and Territorial Questions between Qatar and Bahrain (Qatar v. Bahrain), Merits, Judgment, I.C.J. Reports 2001, p.40, at para.185.

206 Myron H. Nordquist and William G. Phalen, Interpretation of UNCLOS Article 121 and Itu Aba (Taiping) in the South China Sea Arbitration Award, in Myron H. Nordquist, John Norton Moore and Ronan Long (eds.), International Marine Economy (Brill Nijhoff, 2017), p.3, at 38.

207 《7 月 12 日裁决》第 204 页（标题）。

208 同上注，第 475 段。

209 参见上注，第 478-553 段。

外”框架进行分析。

656. 仲裁庭自创“高潮地物”概念，[210] 以此取代《公约》明文定义的“岛屿”。仲裁庭的这一“发明”，如果说对于区分低潮高地和岛屿有一定意义的话，那么运用于解释和适用第 121 条，将“高潮地物”区分为“完全权利岛屿”与“岩礁”两类，[211] 则毫无价值。这一“发明”却为仲裁庭错误解释该条大开方便之门。仲裁庭用“高潮地物”代指“岛屿”完全没有必要，因为第 121 条处理的对象均为“高潮地物”。仲裁庭在此采用这一“发明”别有用心，是借此概念淡化第 121 条第 1 款和第 2 款之间的关系，规避第 121 条第 2 款和第 3 款之间“原则—例外”的关系。仲裁庭这样做，实质上是对《公约》整个岛屿制度的歪曲解读。

657. 仲裁庭在讨论第 121 条第 3 款时认为：“地物在自然状态下是否具备维持人类居住或经济生活的能力？如果不具备，该地物就是岩礁。”[212] 仲裁庭对该款中“不能维持”的用语从“能维持”的角度来解读，这样做实际上是将第 3 款要求证明岩礁“不能维持……”改变为要求证明岛屿“能维持……”。通过这样一个问题及紧接着围绕证明“能维持”存在而进行分析，[213] 仲裁庭改变了需要证明的事项及门槛，而且通过将其作为一个孤立的问题处理，颠覆了第 2 款和第 3 款之间“原则—例外”的关系，致使在情况存疑时重心向认定有关岛屿为“岩礁”的方向倾斜。[214] 这与第 121 条第 2 款与第 3 款体现的“原则—例外”关系相反。实际上，应首先推定岛屿根据第 121 条第 2 款享有完整海洋权利，而只有能证明并且确实证明岛屿“不能维持人类居住或其本身的经济生活”时，才适用作为例外的第 121 条第 3 款。

（二）仲裁庭借解释之名改写第 121 条

658. 仲裁庭承认：“第 121 条第 3 款的适用范围并未清晰确立”，并称“在此情形下，必须对第 121 条第 3 款进行解释”。[215] 仲裁庭称对第 121 条第 3 款的解释需要根据 1969 年《维也纳条约法公约》第 31 条和第 32 条

210　参见上注，第 390 段。
211　参见上注。
212　同上注，第 483 段。
213　参见上注，第 548、616 段。
214　参见上注。
215　同上注，第 474 段。

两个条款进行。[216] 仲裁庭虽这么说，但实际上没有这样做。仲裁庭在解释和适用过程中，曲解第 121 条的通常含义和上下文，对该条的目的和宗旨乱加评论，选择性地使用缔约准备资料，添加了许多第 121 条第 3 款文本并不包含的内容，实际上是借解释之名重写《公约》第 121 条。

1.“不能维持”：仲裁庭增设自然标准和自身标准

659. 在考察第 121 条的上下文时，仲裁庭进一步认为，第 13 条与第 121 条均适用于“自然形成的陆地区域”，正如低潮高地或海床区域不能通过人为活动转化为岛屿一样，岩礁也不能通过填海转化为“完全权利岛屿”，因此，地物的地位必须在其自然状况基础上评价。[217] 仲裁庭强调，“地物的地位应基于其自然能力确定，不存在旨在增强其维持人类居住或其本身的经济生活能力的外在添加或改造”。[218]

660. 岛屿是“自然形成的陆地区域”不存在任何问题，但不能由此得出“地物的地位必须在其自然状况基础上评价”的说法，更不能得出“地物的地位应基于其自然能力确定”的结论。必须指出的是，决定地物的地位必须基于地物地位的定义。对于判定地物的地位，并不存在“自然状况”或“自然能力”这种一般性的标准。如果地物地位的定义有关其自然状况，毫无疑问应依其自然状况而定。否则，就应按照其他可适用的标准确定。第 121 条第 3 款中的“岩礁”也只能按照该款的定义确定。仲裁庭的根本错误在于，根据自身猜测，将第 13 条第 1 款与第 121 条第 1 款分别描述低潮高地和岛屿地理特征的“自然形成”一词，提炼为“自然能力”标准引入第 121 条第 3 款。[219]

661. 第 13 条第 1 款与第 121 条第 1 款的“自然形成”是条约用语，是对低潮高地和岛屿形成过程的客观描述，与能力问题无关。针对能力问题的是第 121 条第 3 款，其文本并无“自然”一词，没有任何文字明示或暗示“在自然状态下”或“自然能力”的意思。

662.“自然能力”标准无法适用于“人类居住”与“经济生活”，除非人类永远生活在自然状态下。人类活动在一定程度上就是对自然的改

---

216 参见上注，第 476 段。

217 《7 月 12 日裁决》第 508 段。

218 同上注，第 541 段。

219 参见 Myron H. Nordquist and William G. Phalen, Interpretation of UNCLOS Article 121 and Itu Aba (Taiping) in the South China Sea Arbitration Award, in Myron H. Nordquist, John Norton Moore and Ronan Long (eds.), International Marine Economy (Brill Nijhoff, 2017), p.3, at 5, 31.

造，人类要生存和发展，必然要对生存环境进行改善。自然是人类赖以生存发展的基础。维持人类居住和经济生活的能力是以一定的自然条件为基础，但这不是自然能力，而是人在特定环境下的生存发展能力，因此不能绝对、僵化地理解第121条第3款关于“不能维持人类居住或其本身的经济生活”这一规定。

663. 仲裁庭的自然能力标准及相关分析清楚表明其在“不能维持人类居住”一语中加上了“自身地”，把这一要求改变成“不能自身地维持人类居住”。仲裁庭认为，如有关地物目前有人居住或历史上有人居住，应进一步考察居住是否只有借助外部支持才有可能。[220] 仲裁庭认为，“与外界的贸易与联系旨在改善地物上居民的生活质量，不否定该地物的资格。然而，当外部支持是如此重要，以致构成地物上居民居住的必要条件，便不再是地物自身维持人类居住。”[221] 仲裁庭把第121条第3款规定的“不能维持人类居住”解释成“不能自身地维持人类居住”。这种解释是错误的。《公约》第121条第3款条文中并没有用“自然能力”或“自身地”措辞修饰“不能维持人类居住”。在该款中修饰“经济生活”的“本身”一词也不能借用到此处。“不能维持”是谓语，“经济生活”是宾语，两者不能混淆。

664. 仲裁庭关于“自身维持人类居住”的说法与“扬马延调解案”（挪威／冰岛，1981年）中调解委员会的结论明显不同。扬马延岛上没有定居居民，只有为数不多的气象工作人员，其居住几乎完全依赖于外部供给。尽管如此，扬马延调解委员会仍然确认扬马延为《公约》第121条第1款和第2款所述岛屿。[222]

2. “人类居住”：仲裁庭增设定居标准和人类社群标准

665. 仲裁庭认为，“‘居住’一词意味着人的非短暂居住，即人们选择以定居方式在有关地物上停留和安家。”[223] 仲裁庭还认为，“关于‘人类居住’，关键因素是非短暂的居住，以致这些居民可被视为该地物的自然人口，为其利益，专属经济区的资源才值得保护。”[224] 仲裁庭进一步认为，

220《7月12日裁决》第550段。

221 同上注（强调为作者所加）。

222 参见1981 Report and Recommendations of the Conciliation Commission on the Continental Shelf Area Between Iceland and Jan Mayen, reproduced in International Legal Materials, Vol. 20, No. 4 (1981), p.797, at 803-804.

223《7月12日裁决》第489段。

224 同上注，第542段。

“‘人类居住’一词应被理解为有关地物被一个稳定的人类社群居住，该地物构成其可居留的家园。”[225] 仲裁庭上述说法实际上已完全改变了第 121 条第 3 款“人类居住”一词的含义，添加了“定居”和“人类社群”两项额外标准。

666.《公约》第 121 条文本并无“定居”和“人类社群”的用语，也没有任何文字隐含需要对“人类居住”用“定居”和“人类社群”两项标准来衡量。仲裁庭提出“定居”标准，要求定居是非短暂的，这实际上超出了《公约》规定。克维亚特科夫斯卡和松斯在 1990 年的论文中不认为“人类居住”需要永久性特征：

> 岛屿上的人类居住无需永久，因为……岛屿（岩礁）需要满足的并非人类居住本身，而是维持人类居住的能力，这意味着岛屿（岩礁）的居住可能不是永久的。[226]

显然，《公约》关于“维持人类居住”的规定，指的是维持人类居住的能力，而非历史或现实居住的情况。仲裁庭混淆了上述两种不同的概念。作为仲裁员之一的松斯不知为何却忘记了其之前的学术观点。

仲裁庭还提出了“人类社群”标准。仲裁庭进一步说，“此种社群未必需要很大，在偏远环礁的情形下，一些人或家庭组合就满足了。”[227] 实际上，所谓“人类社群”的说法并非仲裁庭首创。早在 20 世纪 30 年代法国学者吉德尔（Gilbert Gidel）就提出岛屿应具备有组织人群稳定居住的自然条件，[228] 但这一观点当时未被接受，此后也没有在任何条约或习惯法规则中有所体现。

667. 仲裁庭声称，把“人类居住”标准与沿岸国人民的利益相联系，就会更好地实现《公约》第 121 条第 3 款和专属经济区制度的目的和宗旨，专属经济区资源是为了沿岸国人民的利益，如果没有人类居住（或经济生活），海洋地物与沿岸国人民的联系会变得微不足道。[229]

---

225 同上注。

226 Barbara Kwiatkowska and Alfred H.A. Soons, Entitlement to Maritime Areas of Rocks Which Cannot Sustain Human Habitation or Economic Life of Their Own, 21 Netherlands Yearbook of International Law (1990), p.139, at 166.

227《7 月 12 日裁决》第 542 段。

228 Gilbert Gidel, Le droit international public de la mer: le temps de paix, Vol. III (Mellottée, 1934), p.684.

229 参见《7 月 12 日裁决》第 517 段。

668. 仲裁庭的说法是误导性的。专属经济区制度毫无疑问造福于沿岸国人民。但一岛屿能否产生专属经济区，不取决于沿岸国的人民或岛上的居住情况，而是取决于第 121 条规定的条件，而不论有关国家沿海地区人口多少、经济发展状况如何。仲裁庭将人类居住和沿岸国人民的联系作为认定岛屿是否拥有专属经济区的基础，在《公约》中找不到依据。在《公约》谈判过程中讨论过很多问题，最终形成了现在的第 121 条及简洁的第 3 款，但解释该条不能重拾已被讨论过却未被接受的东西。

3.“其本身的经济生活”：仲裁庭增设自给自足标准

669. 关于“其本身的经济生活”规定，仲裁庭认为：

> “其本身”一语对解释至关重要，因为地物（或一组地物）本身必须具备支持独立经济生活的能力，而非主要依赖外部资源输入或纯粹充当采掘性活动的对象，而无当地人民参与。仲裁庭认为，经济活动如要构成地物的经济生活，从事该经济活动所涉及的资源必须是当地的而非输入的，经济活动收益同样必须服务于当地。通过输入外部资源才能开展经济生活，不构成“其本身的经济生活”，这种活动不是地物自身的经济生活，而是最终依靠外部支持的经济生活。同样，纯粹的采掘性经济活动，对地物或其人民无所增益，不构成地物“其本身”的经济生活。[230]

仲裁庭上述解释为“其本身的经济生活”增加了新内容，即要求“其本身的经济生活”达到自给自足的程度。

670. 仲裁庭对“其本身的经济生活”的理解过于狭隘。这种理解无论从《公约》还是国际法理论及实践看，都得不到支持。欧德–艾尔菲林克（Alex G. Oude Elfrink）指出：“决定性因素并非外部支持的程度，而是此类支持与岛屿本身的资源或服务的关联方式。”[231] 查尼（Jonathan I. Charney）认为，法文本和西班牙文本各自使用了“其本身的一种经济生活”，与英文本相似，允许基于地物本身的经济价值或资源从外部获取必需品。针对“其本身的经济生活”，中文本的用语是“维持”而非“自身

[230] 同上注，第 500 段（文中引注省略）。

[231] Alex G. Oude Elferink, The South China Sea Arbitration's Interpretation of Article 121(3) of the LOSC: A Disquieting First, https://site.uit.no/jclos/2016/09/07/the-south-china-sea-arbitrations-interpretation-of-article-1213-of-the-losc-a-disquieting-first/.

维持”，与阿拉伯文本一致。俄文本比较模糊。英文、法文、西班牙文、阿拉伯文本用语与中文本一致，据此，第 121 条第 3 款应被解释为只要地物产生的收益足以购买所缺的必需品，就应认为存在经济生活。[232]

671. 仲裁庭认为，没有当地居民参与的“采掘性经济活动”不构成“其本身的经济生活”。然而，现实中大量存在一国人民不在其某一岛屿居住而只将其作为资源供给地的情况。仲裁庭人为地切断了同一主权下居住于其他地方的人民与有关岛屿之间的联系。

672. 仲裁庭尽管承认“经济”通常“涉及货物和服务生产、销售、购买、交换的过程或系统”，[233] 但通过解释“其本身”一语最终将“其本身的经济生活”狭隘地理解为：由当地人参与，资源取之当地，收益用于当地，实际上是要求有关经济活动基本上达到自给自足的程度。这体现出仲裁员们对原始的自给自足农耕生活的向往。这种理解显然是过去式，与 21 世纪全球化条件下的人类经济生活大相径庭。早在 1999 年，查尼就曾教导过，“经济生活不限于传统的农耕活动。”[234] 仲裁庭不能将其对农耕生活的向往强加于中国的群岛。

673. 仲裁庭认为，“‘其本身的经济生活’与人类居住相关，两者在多数情况下同时具备”，“‘经济生活’通常是在某一或一组地物上居住，并以此为家园的人类生活生计”。[235] 仲裁庭承认“维持人类居住或其本身的经济生活”两项要求是可分开的，“符合其中一项条件即可认定高潮地物享有专属经济区和大陆架”；但仲裁庭却认为，“实际上，海洋地物只有在具有稳定人类社群居住的情形下才会有其本身的经济生活。”[236] 仲裁庭简单地以“实际上”的说法把第 121 条第 3 款中二选一的条件变为两者必须兼备的要求。

674. 欧德-艾尔菲林克指出，仲裁庭此种解释，“将‘其本身的经济

---

[232] Jonathan I. Charney, Rocks that Cannot Sustain Human Habitation, 93 American Journal of International Law (1999), p.863, at 871.

[233] 《7 月 12 日裁决》第 499 段。

[234] Jonathan I. Charney, Rocks that Cannot Sustain Human Habitation, 93 American Journal of International Law (1999), p.863, at 870.

[235] 《7 月 12 日裁决》第 543 段。

[236] 同上注，第 544 段。

生活’要求附属于“人类居住”要求，而非将两项要求同等对待。”[237] 仲裁庭刻意强调经济生活的自给自足特点，实质上取消了“其本身的经济生活”作为一项独立且是任择标准的地位。

675. 仲裁庭此种解释明显与第 121 条第 3 款规定相悖。第 121 条第 3 款明确将“人类居住”与“经济生活”作为两项独立的任择性要求。欧德－艾尔菲林克指出，“第 121 条第 3 款将人类居住与经济生活作为单独的要求加以区分，表明仲裁庭的此种解释缺乏《公约》案文依据，而是指向相反的方向。”[238]

676. 第 121 条第 3 款的缔约历史也无助于得出仲裁庭的结论。在《公约》谈判过程中，“人类居住”与“经济生活”是作为二选一的要求引入的。仲裁庭认为起草者所理解的“经济生活”为“其本身服务于当地民众的经济生活”，毫无根据。[239]

677. 其他学者也明确反对经济生活对人类居住的附属性。例如，普雷斯科特（Victor Prescott）和斯科菲尔德（Clive Schofield）早前指出，“多年来，此处［黄岩岛］一直吸引着渔民，有理由推定这些岩石和干出礁可以维持《公约》第 121 条第 3 款所指其本身的经济生活。”[240] 但不知为何，斯科菲尔德在本案作为专家证人却提供了相反的证言。[241]

4. 仲裁庭的错误解释实际上改写了第 121 条

678. 如国际法院所指出，国际性法庭和仲裁庭的职责在于“解释条约，而非修改条约”。[242] 本案仲裁员之一沃尔夫鲁姆也说过：“解释并非修改条约，亦非将其解读为条约未明确或必然纳入的含义。”[243] 仲裁庭显然并未如此行事。仲裁庭对第 121 条的错误解释实际上改写了该条，特别是将该条第 3 款（及第 2 款）改写为：“**只有在自然状态下自身能维持当地的**

---

237 Alex G. Oude Elferink, The South China Sea Arbitration’s Interpretation of Article 121(3) of the LOSC: A Disquieting First, https://site.uit.no/jclos/2016/09/07/the-south-china-sea-arbitrations-interpretation-of-article-1213-of-the-losc-a-disquieting-first/.

238 同上注。

239 参见上注，援引 The Law of the Sea; Regime of Islands (United Nations, 1988), passim.

240 Victor Prescott and Clive Schofield, The Maritime Political Boundaries of the World, 2nd edition (Martinus Nijhoff Publishers, 2005), p.434.

241 参见 Hearing on the Merits Tr. (Day 4), p.45.

242 Interpretation of Peace Treaties (second phase), Advisory Opinion, I.C.J. Reports 1950, p.221, at 229.

243 The M/V “SAIGA” Case (Saint Vincent and the Grenadines v. Guinea), Prompt Release, ITLOS Case No. 1, Dissenting Opinion of Vice-President Wolfrum and Judge Yamamoto, para.24（文中引注省略）。

人类社群居住和其本身的人类的经济生活的岛屿，才可有专属经济区和大陆架”。

679. 仲裁庭对第 121 条的解释严重违背条约解释规则。仲裁庭不是在解释条约，而是自我赋予造法职能，借条约解释之名改写《公约》有关条款。正如下文所述，仲裁庭的解释违背缔约原意，背离相关国家实践。

（三）仲裁庭的解释违背缔约原意

680. 仲裁庭承认，“第 121 条此前未成为法庭或仲裁庭重点考虑的问题，在学者中存在较大范围的不同解释。很显然，其第 3 款的适用范围并未被清晰地确立。”[244] 这种情况下，就需要诉诸缔约历史和缔约之情况以确定第 121 条的原意。仲裁庭对第 121 条第 3 款的解释不仅在缔约历史中找不到支持，而且违背缔约原意。

681. 从第 121 条第 3 款的措辞及缔约历史可以明显看出缔约国的意图是有意模糊。在《公约》谈判过程中，第 121 条第 3 款被称为“岩礁”条款。在第三次联合国海洋法会议第三轮会议（1975 年）期间，第二委员会主席安德烈斯·阿奎拉尔（Andres Aguilar）在先前讨论的基础上将“岩礁”条款纳入《非正式单一协商案文》，即第 132 条第 3 款。[245] 在此问题上形成两个阵营:（1）一些国家主张同等对待岛礁与大陆领土，建议删除“岩礁”条款；[246]（2）另一些国家主张按照面积、地理特征、所能维持的人口与经济生活等因素区分岛屿地位，进一步澄清“岩礁”条款。[247] 然而，两种不同的提案均未获得通过，不论是《修改的单一谈判文本》（第 128 条第 3 款）还是《非正式综合谈判文本》（第 121 条第 3 款）均原封不动保留了“岩礁”条款。第三次联合国海洋法会议主席汉密尔顿·谢利·阿梅拉辛格（Hamilton Shirley Amerasinghe）在关于《非正式综合谈判文本的

---

244 《7 月 12 日裁决》第 474 段（文中引注省略）。

245 参见 Informal single negotiating text, part II, Article 132, A/CONF.62/WP.8/Part II, UNCLOS III Official Records, Vol. IV, pp.170-171.

246 此类国家包括日本、希腊、法国、塞浦路斯、英国、巴西、赞比亚、伊朗、葡萄牙、厄瓜多尔。参见 UN Office for Ocean Affairs and the Law of the Sea, The Law of the Sea. Régime of Islands: Legislative History of Part VIII (Article 121) of the United Nations Convention on the Law of the Sea (New York: United Nations, 1988), pp.89-91, 95, 98, 105, 107-108.

247 此类国家包括阿尔及利亚、孟加拉国、喀麦隆、伊拉克、利比亚、马达加斯加、摩洛哥、尼加拉瓜、索马里、土耳其、毛里求斯、埃及、马耳他、莫桑比克、巴基斯坦、哥伦比亚、新加坡、多米尼加、罗马尼亚、爱尔兰、德意志民主共和国、苏联。参见上注，第 89-91 页、第 95-96 页、第 98-99 页、第 103-109 页。

1979 年修正的解释备忘录》中指出，岛屿制度“尚未得到充分的考虑，在后续会议中应成为进一步谈判的主题”。[248] 此后，个别国家针对第 121 条第 3 款提出澄清、删除或允许对其保留的提案，[249] 但这些提案均未成功，最终《非正式综合谈判文本》中的文本成为《公约》第 121 条第 3 款的规定。

682. 从《公约》谈判过程可以看出，在岛屿定义问题上，有两种截然不同的观点，一些国家主张根据面积、地理、人口、经济生活等因素对岛屿作出区别，只赋予部分岛屿以全部权利。这一观点没有得到普遍响应和支持。实际上另一些国家提出了反对意见，他们从本国利益出发，主张保留传统岛屿定义，认为运用“灵活的标准”和“复杂的形式”可能造成更大的不公平。第 121 条第 3 款“不能维持人类居住或其本身的经济生活”的岩礁的规定，体现了一种微妙、脆弱的平衡，确保《公约》相关制度得以通过。[250]

第三次联合国海洋法会议美国代表团成员诺奎斯特（Myron H. Nordquist）就此指出：

> 在意见纷纭并且世界各地事实情况不同的背景下，也许起草者认识到就具体标准达成一致是不可能的。通过在第 3 款中保持“有意的模糊”，起草者尽其可能形成文本并赌定各代表团最终将放弃寻求更清晰的协议，而最终的确如此。[251]

683. 上述看法体现了学术界的共识。例如，范岱克（Jon M. Van Dyke）和布鲁克斯（Robert A. Brooks）在 1983 年指出：

---

248 A/CONF. 62/WP.10/Rev.l (1979), 参见上注，第 93 页。

249 在第十一轮会议（1982）期间，罗马尼亚提议增加一款：“无人居住的小岛对相关国家主要海岸所拥有的海域不应有任何影响。”参见 169th plenary meeting, UNCLOS III Official Records, Vol. XVI, p.97, para.53. 另一方面，英国提议删除第 121 条第 3 款，因为“没有理由为了海域在不同形式的领土之间作出区分”。参见 168th plenary meeting, UNCLOS III Official Records, Vol. XVI, p.91, para.57. 委内瑞拉提议修改关于保留或例外的第 309 条，允许对第 15 条、第 74 条、第 83 条、第 121 条第 3 款提出保留。参见 Venezuela: draft amendment to article 309, A/CONF.62/L.108, UNCLOS III Official Records, Vol. XVI, p.223.

250 参见参加谈判的有关国家代表团的发言摘要，载于 UN Office for Ocean Affairs and the Law of the Sea, The Law of the Sea. Régime of Islands: Legislative History of Part VIII (Article 121) of the United Nations Convention on the Law of the Sea (United Nations, 1988), pp.103-104.

251 Myron H. Nordquist, Textual Interpretation of Article 121 in the UN Convention of the Law of the Sea, in Holger Hestermeyer et al (eds.), Coexistence, Cooperation and Solidarity: Liber Amicorum Rüdiger Wolfrum (Martinus Nijhoff Publishers, 2012), p.991, at 1034-1035（文中引注省略）。

> 鉴于该问题涉及如此广袤的海域，海洋法会议的谈判国在确定第121条的措辞前再次考虑该问题将是可取的。但是，由于许多国家（包括墨西哥和美国）拥有无人居住的岛屿，多数国家对此问题保持沉默。[252]

克维亚特科夫斯卡和松斯于1990年指出，“鉴于岛屿（不论岩礁与否）本身是公平划界中的特殊／相关情况，第三次联合国海洋法会议达成的关于岛屿定义的共识结果是如此模糊是不足为奇的。”[253]两人进一步指出，

> 即便最终达成保留第121条第3款的合意可被主张为国家有意在此创设具有法律拘束力原则的证据，会议也未能解决该原则内容的争议，使其……不可能对其内容给予任何合理程度的澄清。[254]

本案菲律宾指定的专家证人斯科菲尔德曾在2009年撰文指出：

> 尽管有杰出学者详尽的分析，《公约》第121条迄今尚无确定的解释。事实上，几乎无法想象只需基于第121条文本本身的分析就可得出确定的解释。这在很多方面都不足为奇，因为岛屿制度是有意以模糊不清的方式起草的。[255]

684. 正是在意见对立情况下为调和各方利益，达成各方均能接受的妥协，缔约国在《公约》第121条第3款上选择了“有意的模糊”。对该条款的解释应反映缔约原意，不应偏向任何一方。仲裁庭对第121条第3款的解释，实际上是在第三次联合国海洋法会议上缔约国两种不同的立场和主张上选边站队，是重翻旧案，严重违背了该条款的文本、精神和缔约原意。

685. 与仲裁庭相反，国际法院在第121条第3款的解释问题上采取了非常审慎的立场。在“黑海划界案”（罗马尼亚诉乌克兰，2009年）、“领

---

[252] Jon M. Van Dyke and Robert A. Brooks, Uninhabited Islands: Their Impact on the Ownership of the Oceans' Resource, 12 Ocean Development & International Law (1983), p.265, at 288.

[253] Barbara Kwiatkowska and Alfred H.A. Soons, Entitlement to Maritime Areas of Rocks Which Cannot Sustain Human Habitation or Economic Life of Their Own, 21 Netherlands Yearbook of International Law (1990), p.139, at 181.

[254] 同上注，第176页。

[255] Clive Schofield, The Trouble with Islands: The Definition and Role of Islands and Rocks, in Seoung-Yong Hong and Jon M. Van Dyke (eds.), Maritime Boundary Disputes, Settlement Processes, and the Law of the Sea (Martinus Nijhoff Publishers, 2009, p.19, at 27.

土和海洋争端案”（尼加拉瓜诉哥伦比亚，2012 年）等案件中，国际法院有机会对该条款的解释和适用发表意见，对有关地物是否构成“岩礁”作判断，但没有这么做，只是通过其他途径作出判决。[256]

（四）仲裁庭解释背离相关国家实践

686. 仲裁庭的解释同样背离国家实践。就此，欧德–艾尔菲林克指出：“目前，仲裁庭的方法与许多国家的实践之间存在着天壤之别。”[257]

1. 国家基于其小岛或少人居住岛屿主张海洋权利的实践

687. 在《公约》谈判期间及《公约》通过后，沿海国纷纷建立专属经济区和大陆架制度。基于岛屿包括小岛或很少人居住岛屿建立此类海域的国家不在少数。[258]

例如，美属约翰斯顿岛，原来只有 46 英亩（约 0.1861 平方公里），经过几次填海造地，目前面积达到 596 英亩（约 2.4119 平方公里）。[259] 该岛原本无人居住，19 世纪后期曾有外来人口较长时间采挖鸟粪，二战后美军曾将该岛作为核试验场和生化武器试验场，目前该岛由美国鱼类和野生动植物署管理，没有通常意义上的居民，更别说“稳定的社群”[260]。没有证据显示该岛在改造前有淡水水源。美国 1983 年基于该岛主张 200 海里专属经济区。[261]

688. 基于有关岛屿主张专属经济区和大陆架的部分国家实践如下表所示：

---

[256] 参见，例如 Maritime Delimitation in the Black Sea (Romania v. Ukraine), Judgment, I.C.J. Reports 2009, p.61, at para.187; Territorial and Maritime Dispute (Nicaragua v Colombia), Judgment, I.C.J. Reports 2012, p.624, at para.180.

[257] Alex G. Oude Elferink, The South China Sea Arbitration's Interpretation of Article 121(3) of the LOSC: A Disquieting First, https://site.uit.no/jclos/2016/09/07/the-south-china-sea-arbitrations-interpretation-of-article-1213-of-the-losc-a-disquieting-first/.

[258] 参见 Table of claims to maritime jurisdiction，http://www.un.org/Depts/los/LEGISLATIONANDTREATIES/PDFFILES/table_summary_of_claims.pdf.

[259] 参见 “Introduction of Johnston Island”, https://www.fws.gov/refuge/Johnston_Atoll/about.html.

[260]《7 月 12 日裁决》第 542 段。

[261] 参见 Proclamation 5030 by the President of the United States of America on the Exclusive Economic Zone of the United States of America, 10 March 1983, http://www.un.org/Depts/los/LEGISLATIONANDTREATIES/PDFFILES/USA_1983_Proclamation.pdf.

表格二　基于小岛或少人居住岛屿主张专属经济区 / 大陆架的部分国家实践表

（来源：作者）

序号	国家	岛屿	宣布专属经济区 / 大陆架时间	批准或加入《公约》时间[262]
1	挪威	扬马延岛	1976[263]	1996
		布维岛		
2	法国	克利伯顿岛	1978[264]	1996
		特罗莫林岛（毛里求斯亦主张主权）	1978[265]	
3	委内瑞拉	埃维斯岛	1978[266]	尚未加入《公约》
4	美国	约翰斯顿岛	1983[267]	尚未批准《公约》
		威克岛		
		贾维斯岛		
5	巴西	特林代德岛	1993[268]	1988

[262] 参见 Chronological lists of ratifications of, accessions and successions to the Convention and the related Agreements, http://www.un.org/Depts/los/reference_files/chronological_lists_of_ratifications.htm#The%20United%20Nations%20Convention%20on%20the%20Law%20of%20the%20Sea.

[263] 参见 Royal Decree of 17 December 1976 relating to the establishment of the Economic Zone of Norway, http://www.un.org/Depts/los/LEGISLATIONANDTREATIES/PDFFILES/NOR_1976_Decree.pdf.

[264] 参见 Decree No. 78-147 of 3 February 1978 creating an exclusive economic zone off the coasts of Clipperton Island, http://www.un.org/Depts/los/LEGISLATIONANDTREATIES/PDFFILES/DEPOSIT/fra_mzn80_2010.pdf.

[265] 参见 Decree no. 78-146 of 3 February 1978 establishing an exclusive economic zone along the coasts of Tromelin, Glorieuse, Juan-de-Nova, Europa and Bassas-da-India Islands, http://www.un.org/Depts/los/LEGISLATIONANDTREATIES/PDFFILES/DEPOSIT/fra_mzn74_2009.pdf.

[266] 参见 Act establishing an Exclusive Economic Zone along the coasts of the Mainland and Islands of 26 July 1978, http://www.un.org/Depts/los/LEGISLATIONANDTREATIES/PDFFILES/VEN_1978_Act.pdf.

[267] 参见 Proclamation 5030 by the President of the United States of America on the Exclusive Economic Zone of the United States of America, 10 March 1983, http://www.un.org/Depts/los/LEGISLATIONANDTREATIES/PDFFILES/USA_1983_Proclamation.pdf; Table of claims to maritime jurisdiction, http://www.un.org/Depts/los/LEGISLATIONANDTREATIES/PDFFILES/table_summary_of_claims.pdf; Public Notice 2237: Exclusive Economic Zone and Maritime Boundaries; Notice of Limits, http://www.un.org/Depts/los/LEGISLATIONANDTREATIES/PDFFILES/USA_1995_eez_public_notice.pdf.

[268] 参见 Law No. 8.617 of 4 January 1993, on the territorial sea, the contiguous zone, the exclusive economic zone and the continental shelf, http://www.un.org/Depts/los/LEGISLATIONANDTREATIES/PDFFILES/BRA_1993_8617.pdf.

689. 上表所列岛屿既有面积较大的岛屿（扬马延岛），也有面积较小的岛屿，具有以下特点：（1）自然条件差，无可饮用的淡水或淡水极为有限，植被缺乏或稀少并限于苔藓、灌木等，其中位于高纬度的岛屿气候条件恶劣；（2）部分岛屿经历过填海造陆等明显改造；（3）岛上只有军人、公务人员和科研人员，无定居居民，不存在人类社群；（4）岛上人员生存完全依赖外来补给。上述岛礁的情况均达不到仲裁庭所理解的维持人类居住的能力，更谈不上符合仲裁庭所理解的维持其本身的经济生活的能力。仲裁庭的解释背离国家实践。

2. 涉及岛屿的海洋划界实践

690. 在国家实践中，当事方更关心的并非岛屿是否构成第 121 条第 3 款意义上的“岩礁”，而是有关岛屿在海洋划界中的效力。克维亚特科夫斯卡和松斯指出：

> 如果说第 121 条第 3 款能发挥什么作用的话，其似乎在于表明对“岩礁”问题给予慎重考虑是必要的，但在绝大多数案件中，岩礁原则的实施仍是涉岛屿的海洋边界公平划定的问题。[269]

假如按照仲裁庭所认定的标准，许多岛屿将被认定为“不能维持人类居住或其本身的经济生活”的“岩礁”。然而，这些按照仲裁庭所认定标准的“岩礁”，却在国家实践中被视为“完全权利岛屿”并有专属经济区和大陆架，尽管实际范围大小有差异。

691. 国家在协议划界实践中，对岛礁的效力采取灵活的做法。例如，自 20 世纪 70 年代起，澳大利亚基于海尔德岛和麦克唐纳德岛[270]，法国基于凯尔盖朗群岛主张 200 海里管辖海域，两国于 1982 年完成有关岛屿之

[269] Barbara Kwiatkowska and Alfred H.A. Soons, Entitlement to Maritime Areas of Rocks Which Cannot Sustain Human Habitation or Economic Life of Their Own, 21 Netherlands Yearbook of International Law (1990), p.139, at 181.

[270] 澳属海尔德岛距离澳大利亚西部超过 2200 海里，面积约 368 平方公里。澳属麦克唐纳德岛位于更西方向 23 海里处，总面积约 2.5 平方公里。海尔德岛与麦克唐纳德岛上均无常住居民。参见 Clive Schofield, The Trouble with Islands: The Definition and Role of Islands and Rocks, in Seoung-Yong Hong and Jon M. Van Dyke (eds.), Maritime Boundary Disputes, Settlement Processes, and the Law of the Sea (Martinus Nijhoff Publishers, 2009), p.19, at 30.

间的海洋划界，[271] 没有国家对此表示反对。[272] 再如，委内瑞拉的埃维斯岛长约 585 米，最窄处 30 米，在委内瑞拉与法国、荷兰、美国的大陆架和专属经济区划界协定中，该小岛似均被赋予完全效力。[273] 在芬兰与爱沙尼亚、瑞典的海洋划界中，面积很小的伯格斯卡岛被确认构成芬兰的有效基点，被赋予一定划界效力。[274] 在丹麦（格陵兰）与冰岛的大陆架和渔区划界中，双方也同样将冰岛克尔本塞岛作为基点，赋予其一定划界效力。[275] 以上情况显示，有关国家倾向于在划界中灵活处理《公约》第 121 条第 3 款。上述实践说明，第 121 条第 3 款及其所包含的“有意的模糊”，不仅为国家处理相关问题提供了一个法律框架，同时也提供了灵活处理的空间。这也说明该条款作为缔约国间利益的微妙平衡，运行良好。

692. 在一些国际司法和仲裁案中，当事国的核心关切依然是相关岛礁的划界效力问题，而非第 121 条第 3 款的解释和适用问题。在“格陵兰岛和扬马延之间区域的海洋划界案”（丹麦诉挪威，1993 年）中，挪威主张扬马延岛与丹麦的格陵兰岛一样符合岛屿定义，在划界中具有完全效力。丹麦则依据《公约》第 121 条第 3 款质疑扬马延岛是否适合居住以及具有其本身的经济生活，[276] 但未主张扬马延不具有大陆架或渔区的权利，而是认为扬马延岛不应被赋予全部效力，而只具有部分效力。[277] 国际法院确认扬马延岛“能够产生习惯国际法所承认的从其基线起算 200 海里范围海域

---

[271] Agreement on Marine Delimitation between the Government of Australia and the Government of the French Republic (January 4, 1982), http://www.un.org/Depts/los/LEGISLATIONANDTREATIES/PDFFILES/TREATIES/AUS-FRA1982MD.pdf.

[272] 参见 Clive Schofield, The Trouble with Islands: The Definition and Role of Islands and Rocks, in Seoung-Yong Hong and Jon M. Van Dyke, Maritime Boundary Disputes, Settlement Processes, and the Law of the Sea (Martinus Nijhoff Publishers, 2009), p.19, at 30-31.

[273] 参见 Alex G. Oude Elferink, Clarifying Article 121(3) of the Law of the Sea Convention: The Limits Set by the Nature of International Legal Processes, IBRU Boundary and Security Bulletin Summer 1998, p.58, at 61.

[274] 芬兰的伯格斯卡岛由两个分别约 3700 平方米、1110 平方米的岛屿以及其他礁石构成，总面积约 5000 平方米，距离芬兰、爱沙尼亚、瑞典海岸分别为 16.4 海里、62 海里、22.6 海里。参见上注，第 60 页。

[275] 冰岛的克尔本塞岛面积约数百平方米，最高处约 6 米，距离冰岛北部海岸约 55 海里。参见上注，第 60 页。

[276] 参见 Maritime Delimitation in the Area between Greenland and Jan Mayen, Judgment, I.C.J. Report 1993, p.38, at paras.79-80. 国际法院将扬马延情况描述为：在扬马延岛上，除了约二十余名技术人员及其他人员外，并无定居人口。岛上有一个机场，但没有港口；大部分供给由船运入。挪威在扬马延与格陵兰岛之间海域的活动包括捕鲸、捕海豹、捕毛鳞鱼及其他物种。这些活动均由挪威大陆而非扬马延的船舶进行。参见同前，第 15 段。

[277] 参见上注，第 80 段。

的潜在权利”，[278] 驳回了丹麦关于扬马延岛仅具有部分效力的主张。[279] 上述情况表明，在划界背景下，当事国更关心的是相关岛屿的划界效力问题，而非是“岛”是“岩礁”的问题。

693. 由此可见，仲裁庭在本案中对《公约》第 121 条第 3 款的解释既违背了《公约》缔约原意，也严重脱离相关国家实践。贝克曼认为，仲裁庭关于第 121 条第 3 款的解释是“最为大胆、最具争议的”。[280] 欧德–艾尔菲林克指出：“如果仲裁庭关于面积、维持人类居住及其本身经济生活的裁决可以全面适用，许多未曾被认为属于第 121 条第 3 款的岛屿将有可能（重新）被归为第 121 条第 3 款意义上的岩礁。”[281]

694. 仲裁庭的错误做法是司法激进主义的表现。对此，诺奎斯特和弗伦（William G. Phalen）指出：“《公约》未授权仲裁庭改写《公约》文本，它超越了其角色；仲裁庭这种任意添加在《公约》文本和上下文中找不到可信的支持。”[282]

二、仲裁庭错误裁定中国南沙群岛和中沙群岛所有“高潮地物”皆为“岩礁”

695. 仲裁庭将对《公约》第 121 条的错误解释进一步适用于中国中沙群岛和南沙群岛有关岛礁，并错误裁定这两个群岛中的所有“高潮地物”皆为“岩礁”。仲裁庭的错误主要表现在三个方面：一是通过历史性使用证明地物客观能力，将两者混为一谈；二是对自己提出的标准和方法说一套做一套；三是未做到在事实上确有依据。

[278] 参见上注，第 70 段。

[279] 同上注。

[280] Robert Beckman, ‘Deliberate Ambiguity’ and the Demise of China’s Claim to Historic Rights in the South China Sea, 1 Asia-Pacific Journal of Ocean Law and Policy (2016), p.164, at 165.

[281] Alex G. Oude Elferink, The South China Sea Arbitration’s Interpretation of Article 121(3) of the LOSC: A Disquieting First, https://site.uit.no/jclos/2016/09/07/the-south-china-sea-arbitrations-interpretation-of-article-1213-of-the-losc-a-disquieting-first/.

[282] Myron H. Nordquist and William G. Phalen, Interpretation of UNCLOS Article 121 and Itu Aba (Taiping) in the South China Sea Arbitration Award, in Myron H. Nordquist, John Norton Moore and Ronan Long (eds.), International Marine Economy (Brill Nijhoff, 2017), p.3, at 5-6.

（一）仲裁庭错误通过历史性使用证明地物客观能力，将两者混为一谈

696. 关于《公约》第121条第3款，仲裁庭说：

> 第121条第3款使用“不能”一词体现了能力概念。……这一要求与地物是否实际维持人类居住或经济生活无关，而是涉及到地物是否客观上适于、能够或有助于人类居住或经济生活。也就是说，地物当前无人居住的事实不能证明其不适合居住。其无经济生活的事实不能证明其不能维持经济生活。[283]

仲裁庭接着又提出，“过去的人类居住和经济生活的历史证据可能与确定地物的能力相关”，以此引入“历史性使用”概念。[284] 仲裁庭不满足于此，还进一步提出：

> 如果一个地物接近有人居住的陆块，但从未有人居住且从未维持经济生活，这可能说明它不适合居住。反之，支持地物在历史上有人居住或是经济活动的场所的证据则可构成地物能力的相关证据。[285]

仲裁庭认为，“在此情形下，历史性使用是判定地物能力的‘最可靠证据’”。[286]

697. 仲裁庭在此提出了“客观能力”标准，但是将“历史性使用”视为判断此种能力的主要标准，混淆了“客观能力”和“历史性使用”。

698. 在上述基础上，仲裁庭在处理中国南沙群岛有关地物地位时，以相关地物“受到了重大人为改变”，“现在难以直接观察地物在自然情形下的原始状况”为由，提出应考察其在遭受此种改变之前的自然状况，[287] 强调“有关地物状况的历史证据”是判断地物维持人类居住或经济生活的“更可靠指引”。[288]

699. 历史性使用的存在固然能作为岛礁维持能力的证据，但不存在历史性使用本身并不能证明岛礁现在或将来不具有此种能力。仲裁庭无视不少岛礁及其他区域历史上无人或少人居住，不是因为不具有维持能力或者

---

283 《7月12日裁决》第483段。
284 参见上注，第484段。
285 同上注。
286 同上注，第549段。
287 同上注，第511段。
288 同上注，第578段。

仲裁庭所说的战争、污染等外部力量导致，而是基于与上述无关的原因，例如国家政策、传统习惯、文化禁忌、在其他地区拥有更好更便利的生产生活环境等。仲裁庭以历史性使用情况来证明岛礁的客观能力是错误的。

（二）仲裁庭在适用《公约》第 121 条第 3 款时未依循其提出的标准和方法

1. 仲裁庭罔顾南海有关地物之间的关联对维持能力的影响

700. 仲裁庭认为：

> 在评估地物的此等能力时，应当适当顾及一组小岛地物集体维持人类居住或经济生活的能力。……只要这些岛屿从整体上成为一个网络的一部分，可以维持人类居住，符合地物之上人民的传统生活方式，本仲裁庭不将多个岛屿以这种方式所起的作用等同于外部供应。将附近资源用于当地，并以此作为该人类群体生计的一部分，也不等同于为了实现遥远地方的经济利益而对自然资源进行的采掘性开采。[289]

701. 可见，在仲裁庭看来，评估某海洋地物维持人类居住或其本身经济生活的能力时，不得忽略有关地物之间的关联及其对各自的维持能力的影响。然而，仲裁庭在适用第 121 条第 3 款评判中国中沙群岛中的黄岩岛及南沙群岛中“高潮地物”的法律地位时，割裂了有关地物之间的紧密联系，罔顾这些地物作为集体维持人类居住或其本身经济生活的能力，明显违背了其自己提出的标准。

702. 仲裁庭罔顾南海其他地物对黄岩岛客观能力的助益。仲裁庭在评估黄岩岛维持人类居住或其本身经济生活的能力时，仅仅考察黄岩岛本身的自然特征和历史记录，没有顾及南海其他地物对黄岩岛客观能力的助益。[290] 仲裁庭不考察南海其他地物对黄岩岛客观能力的作用，似乎是基于黄岩岛远离任何拥有淡水、植被或生活空间等特征地物的理由。[291] 然而，何谓“远离”，仲裁庭没有说明。

703. 仲裁庭罔顾南海其他岛礁对南沙群岛有关岛礁客观能力的助益。仲裁庭虽然在表面上提及“紧密联系的地物之间形成一个网络”的问题，[292]

---

[289] 同上注，第 547 段。
[290] 参见上注，第 556 段。
[291] 同上注。
[292] 同上注，第 572 段。

但只是口头上说说而已，在评估南沙群岛有关岛礁的客观能力时，从未考虑过南海其他岛礁，如海南岛、西沙群岛、中沙群岛和东沙群岛对南沙群岛有关岛礁的助益。然而，事实表明，南沙群岛与南海其他岛礁，包括海南岛、西沙群岛、中沙群岛和东沙群岛有密切联系，早已形成人类居住和经济生活的网络。《更路簿》就是有力佐证，它记载了中国渔民赴南海诸岛捕鱼作业的路线图。中国渔民每年第一站到达西沙群岛的北礁，然后分两路航行和开展捕鱼作业。小吨位的渔船留在西沙群岛捕鱼，一般会前往永兴岛及其附近海域。大吨位的渔船继续朝着南沙群岛航行，到达北子岛和南子岛、南威岛、中业岛停靠，补充淡水。之后，一部分渔船留在这些岛礁及其近海海域捕鱼，其他的则远航至南康暗沙、曾母暗沙，并经此前往新加坡进行渔获交易。这些渔船返程则将购自新加坡的货物，原路运回海南。[293]

704. 仲裁庭罔顾南沙群岛地物对彼此客观能力的助益。仲裁庭声称：

> 仲裁庭知道微小岛屿之上的人们，通常都会使用一组珊瑚礁或者环状珊瑚礁，以便维持他们的生计，在那种情形下，则不认为应严格地就该单个岛屿本身适用第 121 条第 3 款。因此，本仲裁庭并不将其审查限于菲律宾特别指定的那些地物，而是要求菲律宾就南沙群岛中所有具有重大价值的高潮地物提供详细的信息。[294]

705. 但与其说法相反，仲裁庭均采取了“严格地就单个岛屿本身”适用第 121 条第 3 款的方式，没有依循其自身提出的一组地物集体维持人类生计的说法。事实上，南沙群岛是由多个环礁组成，大环礁包含小环礁，小环礁则可能包含多个岛礁和潟湖。除南沙群岛本身是一个整体外，各个环礁本身也是一个整体。历史事实证明，中国渔民从来不是孤立地利用单个南沙岛礁，而是将相关岛礁作为相互支撑的整体，进行生产生活。仲裁庭如确实适用其自身提出的标准，就会发现南沙群岛相关岛礁作为一个紧密联系的网络，完全可以维持人们的生计。

2. 仲裁庭无视影响南沙群岛历史性使用的外部因素

706. 仲裁庭在评估岛礁的历史性使用时说，“应当考虑是否有独立于地物的外部力量阻碍或终止了人类居住。战争、污染和环境损害都可能导

---

293 参见周伟民、唐玲玲编著：《南海天书——海南渔民〈更路簿〉文化诠释》，昆仑出版社，2015 年版。
294 《7 月 12 日裁决》第 572 段。

致地物在一个较长时期内的人口消失”。[295] 仲裁庭进而认为，“没有证据表明，南沙群岛历史上无人居住是外来力量……的结果。”[296] 仲裁庭未对历史事实进行任何考察就得出该结论，显然是武断的。事实上，近代以来，正是由于外部因素的介入，南海的平静一再被打破。

707. 20 世纪初以来，域外列强觊觎中国南沙群岛，曾先后以武力非法侵占南沙群岛部分岛礁。1933 年，法国侵占南沙群岛九小岛，派军舰登陆，驱赶中国渔民。1939 年，日本宣布将南沙群岛（日本命名为“新南群岛”）纳入日据台湾总督府管辖，并将中国渔民驱逐。二战期间，因充作日本的气象站及水上侦察飞机转场基地，南沙群岛成为军事目标，未免于战争炮火。二战结束后，中国收复南海诸岛。20 世纪 70 年代起，个别南海周边国家先后以武力非法侵占南沙群岛部分岛礁，并提出非法领土要求。在此背景下，中国渔民在南沙群岛有关海域的正常生产作业屡受袭扰，中国渔民生命和财产安全遭到非法侵犯的事件屡屡发生，甚至存在中国渔民遭到野蛮、粗暴、非人道待遇的情形。在这一系列因素的影响下，中国人民在南沙群岛及相关海域的正常活动受到严重干扰。

708. 仲裁庭自己提出了要考虑战争等外部力量对岛礁人类居住情况的影响，但却对南沙地区发生的战争等影响中国人民正常活动及危及其生命和财产安全的情况视而不见。显然，仲裁庭的结论是武断的、错误的。

（三）仲裁庭错误使用证据评判有关地物的能力

709. 仲裁庭自称其考察了南沙群岛中最重要的“高潮地物”状况的大量证据，包括菲律宾提供的证据，以及仲裁庭从英国水文局和法国国家图书馆和海外档案馆的档案中获取的可公开获得的证据。[297] 但仲裁庭没有查看中国的有关资料，包括中文出版物。即便对于手头的有关资料，仲裁庭也未适当考虑。例如，对于中国台湾方面的国际法学会以“法庭之友”名义提交的关于太平岛的报告，仲裁庭只是述及菲律宾对此的质疑立场，[298] 在认定太平岛的维持能力时未对报告内容作出反应。

710. 仲裁庭承认，南沙群岛在历史上为一小撮渔民所使用，其中一些

[295] 同上注，第 549 段。
[296] 同上注，第 622 段。
[297] 参见上注，第 577 段。
[298] 参见上注，第 438 段。

人在南沙岛礁上呆过较长时间，建立了贸易和时断时续的供应网络。[299] 仲裁庭就历史事实总结道：

> 在有记录的证据基础上，对仲裁庭来说，南沙群岛的主要高潮地物能够维持一小群人的生存。历史证据显示有淡水，可与雨水收集和存储相结合，尽管水质不一。同样有自然植被，可以提供居所和有限的农业产品以补充周边水域的食物来源。记录显示，主要来自海南的少量的渔民，历史上曾在太平岛和其他重要地物出现，似乎主要依赖于当地的资源维持生存（尽管提到了每年的大米和杂物的输送）。[300]

但仲裁庭话锋一转说：

> 南沙群岛的主要岛屿不是荒芜的、没有淡水的岩礁或沙洲，不能仅基于其自然特征就认定为不能居住。同时，这些地物不是明显地能够居住，其维持人类生存的能力明显是有限的。在这种情况下以及地物具有接近维持人类居住能力时，仲裁庭认为地物的自然特征就不能明确说明其能力。相应地，仲裁庭需要考察南沙群岛人类居住和经济生活的历史证据以及这种证据对地物自然能力的意义。[301]

711. 仲裁庭的上述说法主要是基于对第 121 条第 3 款的错误解释。正如第 657 段所述，要求直接证明岛屿“能维持人类居住或其本身的经济生活”，颠覆了该条第 2 款和第 3 款之间的“原则—例外”关系，致使在情况存疑时重心向认定有关岛屿为“岩礁”的方向倾斜，与对第 121 条的正确解释相悖。

712. 南沙群岛有关岛礁从单个来看，其自然条件明显属于第 121 条第 2 款中的岛屿。仲裁庭证明不了有关岛礁“不能维持人类居住或其本身的经济生活”。无论如何，这些岛礁不属于“具有接近维持人类居住能力”的岛礁。仲裁庭认定有关岛礁的能力“明显是有限的”，完全基于证明力有限的老旧历史材料，没有给予更相关的当代资料应有的分量。例如，为确认南沙岛礁上是否有可饮用的淡水，仲裁庭所用证据仅仅依靠自 1868 年至 1944 年出版的英国海军水文局的出版物，以及数十年前个人撰

---

299 同上注，第 601 段。
300 同上注，第 615 段。
301 同上注，第 616 段。

写的报告和文字记录，[302] 就武断地认为包括太平岛在内的南沙群岛大部分重要的“高潮地物”上的水质“不能保证一贯符合现代饮水标准，并且可能随着时间、降雨量、使用方法，甚至影响含盐程度的潮汐情况的变化而变化”。[303] 仲裁庭根本没有考察当代的资料，甚至无视上文提到的中国台湾方面的国际法学会以“法庭之友”名义提交的关于太平岛的报告。然而，仲裁庭所忽视的大量可获得的当代资料显示，南沙群岛尤其是其中的太平岛，有着充足的地下水供应，水量充沛，[304] 而且水质颇佳。[305]

713. 即使按照仲裁庭的说法，南沙群岛有关岛礁属于“具有接近维持人类居住能力”的岛礁而有必要考察其历史使用情况，仲裁庭的裁定也没有做到确有依据，包括对特定时期的有关证据材料的解读以偏概全，注意到但未给予有关证据应有的效力以及完全忽视了其他可获得的证据等。

714. 仲裁庭认为，在南沙岛礁上的居住都是出于经济目的的短暂居住，“渔民将收益带回大陆，他们自己最终也返回大陆”。[306] 仲裁庭由此认为这种短暂居住不构成其所界定的“人类居住”。[307]

715. 仲裁庭上述结论主要基于英国海军水文局出版物与法国调查报告描述的特定时间南沙群岛个别岛礁上的所见情况。[308] 然而，上述材料只能证明特定时间点渔民在个别岛礁上的情况，无法反映中国渔民在南海有关岛礁生产生活的实际情况和全貌，更不用说有关岛礁的客观能力问题。

716. 诸多可获得的资料表明，不少中国渔民常年留居南沙群岛上，以

---

302 参见上注，第 580-583 段。

303 同上注，第 584 段。

304 太平岛目前在使用的地下水井有四口（水井 5 号、9 号、10 号和 11 号），供应岛上居民日常饮食及民生用水。依专家登岛实地访查作成之地质及水质报告指出，太平岛上降雨量充沛，而太平岛之地表土壤系以珊瑚礁碎屑为主要组成，其粒径较大、质地较粗，非常适合地面水向下入渗，已形成永久地下之淡水层，蓄存量足以持续提供全岛居民每年约 23.7 万吨之地下水抽用水量。参见“On the Issue of the Feature of Taiping Island (Itu Aba Pursuant to Article 121(1) and (3) of the 1982 United Nations Convention of the Law of the Sea”, *Amicus Curiae* Submission by the Chinese (Taiwan) Society of International Law, 23 March 2016, paras.29-30.

305 太平岛上目前在使用的四口井之地下水水温介于 26.9°　C 至 29.3°　C 之间、酸碱度则相当稳定（介于 pH 7.3 至 7.7 之间）、盐度均低于 3‰（远低于海水之平均盐度 33‰至 35‰），依国际标准，太平岛无疑具有地下淡水。其中，更以 5 号井的水质属最佳，采样结果显示其水质与国际知名矿泉水品牌“依云”（Evian）之水质接近。5 号井每日足够抽用 2–3 吨之地下水，以每人每日摄水量 2000 毫升计算，可供应 1000 至 1500 人饮用。其余三口井主要供应居民一般生活用水使用，其水质甚至较澎湖本岛之水质为佳。参见上注，第 31 段。

306《7 月 12 日裁决》第 618 段。

307 同上注。

308 同上注，第 597-600 段。

岛为家，而非将其作为短期的蔽身之处。[309] 例如，相关文献详细记录了中国人在太平岛上居住的诸多遗迹，其中包括房屋、挖掘的水井、种植的作物、禽畜、墓冢、碑刻、庙宇等等。[310] 这些事实充分体现了中国渔民先辈在南沙群岛长期居住并以此为家的意图。由此可见，中国渔民在这些岛礁上并非仲裁庭所认定的短暂停留，而是常年居住。否则很难想象，在整日为食物忙碌奔波的时代，中国渔民会花费如此多的精力和财力去建诸多设施，特别是用于寄托心灵和情感的庙宇。仲裁庭或者注意到有关资料但未给予其应有效力或分量，[311] 或者完全忽视有关资料的存在。显然，仲裁庭得出的结论只能是片面的、错误的。

三、冲之鸟礁与中国南海诸岛中的岛礁不可相提并论

717. 仲裁庭在《7 月 12 日裁决》中描述中国关于《公约》第 121 条第 3 款的立场时，详细列举了中国在 2009 年至 2011 年期间，通过多个场合就冲之鸟礁问题表明的立场。中国表示，冲之鸟礁依其自然状况，显然不能维持人类居住或其本身经济生活，因此根据《公约》第 121 条第 3 款，冲之鸟礁不应有专属经济区或大陆架。仲裁庭认为，中国并没有依据对待冲之鸟礁的标准来分析南海的大部分单个地物，暗示中国在《公约》第 121 条第 3 款的解释和适用问题上采取双重标准，对冲之鸟礁是一个标准，对南海岛礁则是另外一个标准。[312] 仲裁庭这一观点混淆了南海岛礁与冲之鸟礁之间的本质差别，是完全错误的。

718. 就南沙群岛而言，该群岛近 200 个岛、礁、滩、沙，它们泛若繁星般散布在南海南部。南沙群岛主要是由珊瑚礁所构成，岛屿、沙洲和礁滩彼此环绕，称环礁，环礁内形成潟湖，小的环礁往往构成大的群礁的组成部分，形成一个整体。相较而言，冲之鸟礁则是西太平洋上一个孤立的

---

309 例如，有资料表明，海南文昌县不少渔民在太平岛、南威岛和马欢岛等岛居住过若干年。中国人久已居住于太平岛的史实也在 1933 年被法国人具体记载。参见《有关黄德茂的情况调查》、《1933 年法刊说海南渔民往南沙群岛从事渔业活动》，载韩振华主编：《我国南海诸岛史料汇编》，东方出版社，1988 年版，第 434-435 页、第 563-565 页。

310 例如参见《渔民梁安龙的口述材料》（1977 年 6 月 30 日整理），载韩振华主编：《我国南海诸岛史料汇编》，东方出版社，1988 年版，第 425-427 页。

311 例如《7 月 12 日裁决》第 100 段、第 466 段对中国外交部发言人发言的引用。

312 参见《7 月 12 日裁决》第 451-458 段。

岩礁，高潮时仅有两块岩石露出海面，[313] 面积不超过两张床的大小。[314] 另外，就单个岛礁的自然条件而言，南沙群岛有关岛礁也远远好于冲之鸟礁。

719. 冲之鸟礁很明显属于《公约》第 121 条第 3 款所称的“岩礁”，没有专属经济区和大陆架，也不涉及划界情势。这是国际公法学家的共识。[315] 就此，克维亚特科夫斯卡和松斯于 2011 年写道：

> 事实上，除了冲之鸟礁这个唯一例外，实践中第 121 条第 3 款的最终适用问题不会出现，除非是在具体的海洋划界中，而且通常与主权争端交织在一起……。[316]

720. 南沙群岛属于中国的远海群岛，其中的各个岛礁均构成该群岛不可分割的组成部分。判断群岛能产生的海洋权益，不能孤立看待作为其组成部分的单个岛礁，而应看群岛整体。南沙群岛作为整体拥有专属经济区和大陆架。

721. 冲之鸟礁与南沙群岛的情况存在本质差异。仲裁庭借中国在冲之鸟礁问题的立场说事，是企图混淆视听，在事实上和法律上都站不住脚。

---

313 参见上注，第 451 段。

314 参见 Jon Van Dyke, Speck in the Ocean Meets Law of the Sea, Letter to the Editor, The New York Times, January 21, 1988, p.A26.

315 参见 Jon Van Dyke, 同上注；Barbara Kwiatkowska and Alfred H.A. Soons, Some Reflections on the Ever Puzzling Rocks-Principle under UNCLOS Article 121(3), The Global Community: Yearbook of International Law and Jurisprudence, Vol. I (2011), p.111, at 114; Victor Prescott and Clive Schofield, The Maritime Political Boundaries of the World, 2nd edition (Martinus Nijhoff Publishers, 2005), p.63.

316 Barbara Kwiatkowska and Alfred H.A. Soons, 同上注（文中引注省略）。

本章结论

722. 仲裁庭关于南海地物地位问题的裁决存在诸多错误。

723. 第一，仲裁庭无视中国南沙群岛和中沙群岛的整体性以及中菲领土和海洋划界争端的存在，错误分割处置有关岛礁的法律地位。这是仲裁庭犯的根本性和方向性的错误。

724. 第二，仲裁庭罔顾大陆国家远海群岛在习惯国际法上的地位早已确立，曲解中国关于群岛的立场。仲裁庭错误地将《公约》第 121 条适用于中国南沙群岛和中沙群岛组成部分；不审查习惯国际法，错误地将焦点集中在《公约》第 47 条规定的水陆比问题；狭隘并错误地解释第 7 条，罔顾嗣后国家实践，错误地排除第 7 条直线基线规则对中国群岛的可适用性。

725. 第三，错误选择适用《公约》第 13 条、第 121 条将作为南沙群岛组成部分的有关岛礁区分为“低潮高地”和“高潮地物”，错误认定有关岛礁为“低潮高地”，错误裁定低潮高地构成“水下陆块”且不能被据为领土，错误裁定中国南沙群岛中的美济礁和仁爱礁在菲律宾专属经济区和大陆架内。

726. 第四，仲裁庭无视第 121 条第 2 款和第 3 款之间的“原则—例外”关系，将第 3 款要求证明岩礁“不能维持……”改变为要求证明岛屿“能维持……”，改变了需要证明的事项及门槛，致使在情况存疑时重心向认定有关岛屿为“岩礁”的方向倾斜。仲裁庭对第 121 条的错误解释，实际上将该款改写为：“只有在自然状态下自身能维持当地的人类社群居住和其本身的人类的经济生活的岛屿，才可有专属经济区和大陆架”。仲裁庭的解释违背条约约文和缔约原意，背离相关国家实践，严重违背条约解释规则。

仲裁庭还将其对第 121 条第 3 款的错误解释适用于中国南沙群岛和中沙群岛的有关岛礁，并基于不相关或不完整的证据材料，错误认定这两个群岛的有关岛礁皆为“岩礁”。在此过程中，仲裁庭将历史性使用和客观能力混为一谈，没有忠实适用其本身提出的标准，还错误地依赖老旧的历史资料，无视更相关的当代资料。

727. 仲裁庭关于南海地物地位问题的裁决，背离了《公约》附件七第 9 条规定的“在事实上和法律上均确有根据”的要求，贬损中国对南沙群岛和中沙群岛的领土主权和海洋权益，挑战习惯国际法中的大陆国家远海群岛制度。

第六章

中国在南海活动的合法性问题（第 8 项至第 14 项诉求）

728. 菲律宾第 8 项至第 14 项诉求涉及中国在南海的相关活动问题。仲裁庭在《管辖权裁决》中裁定对菲律宾有关传统捕鱼权（第 10 项诉求）、与捕捞有关的海洋环境保护（第 11 项诉求）和海上执法（第 13 项诉求）事项有管辖权；仲裁庭在《7 月 12 日裁决》中，裁定对中国在南海资源的管理活动（第 8 项和第 9 项诉求）、在美济礁的建设活动［第 12（a）项和第 12（c）项诉求］、与岛礁建设有关的环境保护［第 12（b）项诉求］以及加剧或扩大争端［第 14（d）项诉求］事项有管辖权。仲裁庭在《7 月 12 日裁决》中否定中国在南海的相关活动的合法性。仲裁庭的裁决存在明显的错误。

729. 正如第二章所述，菲律宾第 8 项至第 14 项诉求构成中菲领土和海洋划界争议的一部分，仲裁庭对此无管辖权。中国对南沙群岛和中沙群岛拥有主权，并基于群岛整体拥有海洋权利。礼乐滩、仁爱礁和美济礁是中国南沙群岛的组成部分，不能将这些地物从南沙群岛中割裂出来单独处置。

仲裁庭在中菲在南海有关领土和海洋划界争议没有解决的情况下，审议中国在南海有关海域活动的合法性问题，是本末倒置。“加纳和科特迪瓦大西洋海洋划界案”（加纳／科特迪瓦，2017 年）特别分庭就这一点作出了明确阐述。该分庭认为，划界决定具有构成性质，不能认为仅具有宣告性质。该分庭进一步指出，如果两国均是基于善意对某一大陆架区域提出主张，而国际判决将该区域划归为一国，另一国在判决作出前在该争议海域开展的海洋活动不能认为是侵犯了该国的主权权利。[1]

730. 仲裁庭在错误决定对第 8 项至第 14 项诉求具有管辖权的基础上，认定中国在南海有关海域的活动违反《公约》相关规定，仲裁庭在认定事实以及解释和适用法律方面存在诸多错误：

第一节阐明仲裁庭错误定性、裁判中国在南海的维权、资源管理和开发活动。

第二节阐明仲裁庭妄断菲律宾渔民在黄岩岛享有“传统捕鱼权”。

第三节阐明仲裁庭错误裁定中国纵容、保护本国渔民从事有害捕捞活动，中国岛礁建设活动违反《公约》下的海洋环境保护和保全义务。

第四节阐明仲裁庭将中国在美济礁上的建设活动错误认定为在菲律宾管辖海域进行人工岛屿设施和结构的建设。

第五节阐明仲裁庭将中国在黄岩岛海域的执法活动错误认定为一般航行行为，适用《公约》第 94 条和《国际海上避碰规则公约》（以下简称“《避碰规则公约》”）。

第六节阐明仲裁庭错误认定中国在南沙群岛有关岛礁的建设活动加剧和扩大了争端。

[1] Dispute Concerning Delimitation of the Maritime Boundary between Ghana and Côte d'Ivoire in the Atlantic Ocean (Ghana/Côte d'Ivoire, 2017), ITLOS Case No. 23, Judgment of 23 September 2017, para.592. 在判决第 593 段，分庭注意到国际法院在“领土和海洋划界案”（尼加拉瓜诉哥伦比亚，2012 年）判决第 250 段中作出了类似决定。

第一节　中国在南海的维权、资源管理和开发活动（第 8 项和第 9 项诉求）

731. 菲律宾在第 8 项诉求中请求仲裁庭宣告“中国非法妨碍菲律宾享有和行使对其专属经济区和大陆架生物和非生物资源的主权权利”，[2] 在第 9 项诉求中请求仲裁庭宣告“中国非法地未阻止本国国民和船只在菲律宾专属经济区内开发生物资源”。[3]

732. 第 8 项和第 9 项诉求所涉事项均构成中菲在南海领土和海洋划界争议的一部分；就此，前文第二章“管辖权问题”已阐明仲裁庭没有管辖权。菲律宾两项诉求提及的礼乐滩、仁爱礁和美济礁均为中国南沙群岛的组成部分，仲裁庭不能将这些地物从南沙群岛中割裂出来单独处置其地位或权利问题。中国海监船在礼乐滩、美济礁和仁爱礁的活动，以及中国在南海发布休渔令，是中国基于领土主权、主权权利和管辖权在有关区域的执法和管理活动。事实上，作为中国管理活动的一部分，为维护南海的海洋生态环境和保障渔业资源的可持续发展，中国自 1999 年起在南海海域实行伏季休渔。[4] 也就是说，在菲律宾提起仲裁前，中国已连续实行了 13 年的伏季休渔制度。

一、仲裁庭错误认定中国非法妨碍菲律宾享有和行使对其专属经济区和大陆架生物和非生物资源的主权权利

(一)《公约》第 77 条和第 56 条不适用于本案

733. 在《7 月 12 日裁决》中，仲裁庭就第 8 项诉求：

---

[2] 《7 月 12 日裁决》第 649 段。

[3] 同上注，第 717 段。

[4] 参见《农业部关于在南海海域实行伏季休渔制度的通知》，中华人民共和国农业部官网，http://www.moa.gov.cn/zwllm/zcfg/nybgz/200806/t20080606_1057142.htm.

> 宣布，中国通过其海监船在2011年3月1日和2日针对“维利塔斯”号的行动，违反了在《公约》第77条下对菲律宾在礼乐滩区域大陆架的非生物资源主权权利的义务；[5]
>
> 宣布，中国颁布2012年南海休渔令，未排除位于菲律宾专属经济区内的南海区域，未将休渔令限于悬挂中国国旗的船只，违反了在《公约》第56条下对菲律宾在专属经济区内生物资源的主权权利的义务……。[6]

734. 仲裁庭对菲律宾第8项诉求的裁定是建立在一系列错误的基础上的。仲裁庭确立对该诉求拥有管辖权本身就是错误的，仲裁庭错误裁定有关海域只可能是“菲律宾的专属经济区和大陆架”。在此基础上，仲裁庭将《公约》第77条和第56条适用于中国在有关海域的维权、资源管理和开发活动并认定中国违反这两个条款，也是错误的。《公约》第77条规定沿海国对大陆架的权利，[7]第56条规定沿海国在专属经济区内的权利、管辖权和义务。[8]适用《公约》上述条款的条件是沿海国的专属经济区和大陆架的范围业已明确，相关海域归属不存在争议。在中菲存在领土和海洋划界争议及中国坚持对有关海域拥有主权、主权权利和管辖权的情况下，相关

---

[5] 《7月12日裁决》第1203.B(8)段。

[6] 同上注，第1203.B(9)段。

[7] 《公约》第77条“沿海国对大陆架的权利”规定：

1. 沿海国为勘探大陆架和开发其自然资源的目的，对大陆架行使主权权利。
2. 第1款所指的权利是专属性的，即：如果沿海国不勘探大陆架或开发其自然资源，任何人未经沿海国明示同意，均不得从事这种活动。
3. 沿海国对大陆架的权利并不取决于有效或象征的占领或任何明文公告。
4. 本部分所指的自然资源包括海床和底土的矿物和其他非生物资源，以及属于定居种的生物，即在可捕捞阶段在海床上或海床下不能移动或其躯体须与海床或底土保持接触才能移动的生物。

[8] 《公约》第56条“沿海国在专属经济区内的权利、管辖权和义务”规定：

1. 沿海国在专属经济区内有：

（a）以勘探和开发、养护和管理海床上覆水域和海床及其底土的自然资源（不论为生物或非生物资源）为目的的主权权利，以及关于在该区内从事经济性开发和勘探，如利用海水、海流和风力生产能等其他活动的主权权利；

（b）本公约有关条款规定的对下列事项的管辖权：

（1）人工岛屿、设施和结构的建造和使用；

（2）海洋科学研究；

（3）海洋环境的保护和保全；

（c）本公约规定的其他权利和义务。

2. 沿海国在专属经济区内根据本公约行使其权利和履行其义务时，应适当顾及其他国家的权利和义务，并应以符合本公约规定的方式行事。
3. 本条所载的关于海床和底土的权利，应按照第六部分的规定行使。

海域并非无争议的菲律宾专属经济区和大陆架。

（二）仲裁庭错误解读中国维权行为，错误适用法律

735. 中菲在包括礼乐滩在内的海域存在领土和海洋划界争议，双方多次就礼乐滩问题进行外交交涉。礼乐滩是中国南沙群岛的组成部分，菲律宾则主张礼乐滩在其专属经济区和大陆架内。中国一向反对菲律宾未经中国许可在中国领土礼乐滩单方面进行油气开发活动。2011 年 3 月，菲律宾未经中国允许，利用“维利塔斯”号船在中国礼乐滩进行油气调查活动，中国海监船对该船进行劝离。

736. 仲裁庭认为，中菲对在南海特别是礼乐滩的各自权利持有不同的观点，“《公约》要求的处理方式是当事国通过谈判或者《公约》第十五部分和《联合国宪章》列明的争端解决方式寻求解决。”仲裁庭称，“中国毫无疑问清楚当事方对在南海特别是在礼乐滩区域的权利存在分歧”，但却“通过其海监船的行动寻求实施其对自身权利的理解”，“违反《公约》第 77 条，该条赋予菲律宾在礼乐滩的大陆架享有主权权利”。[9]

737. 仲裁庭承认中菲在礼乐滩的各自权利持有不同观点。仲裁庭也承认，在存在争议情况下，《公约》要求当事国通过谈判或者其他和平方式解决。这一义务是针对所有争议当事方的，而非针对其中一方。仲裁庭本应同等地将这一义务同样适用于中国和菲律宾，而仲裁庭没有这样做。在有关事件中，首先是菲律宾在有关争议海域采取单方面行动，进行油气资源勘探，企图通过单方面行动“实施其对自身权利的理解”，并强加给中国。对此，中国是不可能接受的。中国海监船的行动是对菲律宾这种单方面行动的一种反应措施，是劝阻菲律宾通过单方面行动“实施其对其权利的理解”。关于这一事件，仲裁庭无视菲律宾不仅没有履行应尽的义务而且还首先单方面采取行动。这是错误的。按照仲裁庭的逻辑，对于菲律宾的单方面行动，中国除了抗议以外，不能采取任何行动，否则就是违法的。仲裁庭这一逻辑是荒谬的。

738. 还需要指出的是，仲裁庭裁定中国违反《公约》第 77 条是错误的。如上所述，有关区域不属于无争议的菲律宾的大陆架，不存在适用第 77 条的问题。

---

[9] 《7 月 12 日裁决》第 708 段。

（三）仲裁庭认定第 8 项诉求所涉事项缺乏事实依据

739. 关于第 8 项诉求中的有关 2011 年 3 月事件涉及的“非生物资源”问题，菲律宾提交及仲裁庭认定事实所依赖的唯一证据是“2011 年 3 月菲律宾海军上校致菲律宾海军军旗官的备忘录”。[10] 这是一份菲律宾政府的内部文件。暂不论单凭一份文件能否还原事件真实全貌的问题。仲裁庭应审查这样一份文件的证明力问题，但却没有审查。[11]

740. 关于第 8 项诉求涉及“生物资源”问题，菲律宾认为，中国 2012 年发布的南海伏季休渔令，2012 年修订的《海南省沿海边防治安管理条例》[12] 以及 1995 年起在美济礁和仁爱礁阻止菲律宾渔民捕鱼，妨碍菲律宾在其海洋区域内开发生物资源的主权权利和管辖权。关于南海伏季休渔令，仲裁庭承认，菲律宾未能提供证据证明，中国是否在“菲律宾专属经济区”对菲律宾渔船执行了 2012 年休渔令。[13] 根据一般实践，没有证据就意味着无法认定事实，国际性法庭和仲裁庭会止步于此。但令人费解的是，尽管如此，仲裁庭认为休渔令会对菲律宾渔民造成一个现实预期，即如果他们在相关海域捕鱼，可能面临处罚。仲裁庭认为，这样的事态发展会对菲律宾渔民及其活动产生威慑效果。[14] 因此，仲裁庭裁定，中国 2012 年的休渔令实际上构成中国的渔业管辖权主张，这一主张违背《公约》第 56 条。[15] 很显然，仲裁庭这里提到的“现实预期”、“可能面临处罚”、还是“威慑效果”，均非经证明为实际发生的事，而是仲裁庭对可能发生情况的一种无端臆测。实际上，菲律宾渔民在南海的捕鱼活动并未因该休渔令受到任何减弱。仲裁庭对此视而不见。

741. 关于“中国在美济礁和仁爱礁阻止菲律宾渔民捕鱼”一事，仲裁庭同样承认“菲律宾并没有证明中国阻止过其渔民在美济礁或者仁爱礁进行捕鱼活动”。[16] 但令人费解的是，仲裁庭说：

---

[10] 参见 Memorandum from Colonel, Philippine Navy, to Flag Officer in Command, Philippine Navy (March 2011), Memorial of the Philippines, Vol. IV, Annex 69.

[11] 参见 Armed Activities on the Territory of the Congo(Democratic Republic of the Congo v. Uganda), Judgment, I.C.J. Reports 2005, p.168, at para.134.

[12] 参见《7 月 12 日裁决》第 686 段。

[13] 同上注，第 711 段。

[14] 同上注，第 712 段。

[15] 参见上注。

[16] 同上注，第 714 段。

仲裁庭急于强调，在这一点上没有可供考证的证据并不意味着这些事件没有发生，或者中国并没有阻止菲律宾渔民靠近仁爱礁和美济礁。仲裁庭可以想象中国执法船只在这两个地点的出现，加上中国对其在南海的渔业管辖权的一般主张，足以使菲律宾渔民避免到此海域捕鱼。[17]

这一论述充分说明仲裁庭的结论是“急于”和“想象”得出。在无任何证据的情况下，仲裁庭竟然仅凭想象，妄下论断，实属罕见，背离一个仲裁庭的本分，违反《公约》附件七第 9 条的要求。

二、仲裁庭错误地认为中国未阻止本国渔船在“菲律宾专属经济区”内捕鱼

742. 针对“关于中国船只在美济礁和仁爱礁的捕鱼活动”的菲律宾第 9 项诉求，仲裁庭认定：

a. 2013 年 5 月，悬挂中国国旗船只上的渔民在菲律宾专属经济区内的美济礁和仁爱礁进行捕鱼活动；且

b. 中国通过其海监船的行动，知悉、容忍而且未尽责阻止悬挂中国国旗船只的这些捕鱼活动；且

c. 因此，中国未适当顾及菲律宾在其专属经济区内对渔业的主权权利；并

宣布，中国违反在《公约》第 58（3）条下的义务……。[18]

（一）仲裁庭对中国错误适用《公约》第 58 条第 3 款

743.《公约》第 58 条第 3 款规定：

各国在专属经济区内根据本公约行使其权利和履行其义务时，应适当顾及沿海国的权利和义务，并应遵守沿海国按照本公约的规定和其他国际法规则所制定的与本部分不相抵触的法律和规章。

适用该款的前提是专属经济区归属是确定无疑的。仲裁庭之所以适用

[17] 同上注，第 715 段。

[18] 同上注，第 1203.B (10) 段。

该条款是建立在先前错误判断基础上的，即把诉求所涉海域认定为菲律宾的专属经济区，也即中国是非沿海国。然而事实并非如此。美济礁和仁爱礁是中国南沙群岛的组成部分，而非菲律宾的专属经济区。中国渔民当然有权在此捕鱼，中国政府当然有权对渔业活动进行管理。即使如仲裁庭所猜测的，中国政府船舶在美济礁和仁爱礁及相关水域对本国渔船采取管理和保护措施，这也是主权国家的当然权利。

（二）仲裁庭在处理第 9 项诉求时采信的证据不能支持其结论

744. 关于中国实施有关护渔行动，仲裁庭在事实认定上存在严重问题。仲裁庭认定事实的依据是菲律宾 2014 年 3 月 30 提交的第 94 号附件，标题为“菲律宾武装力量，2012 年 5 月最初几周几乎占领仁爱礁的中国船舶（2013 年 5 月）”。[19] 第 94 号附件记载的事件发生在菲律宾提起仲裁后。该附件内容仅涉及仁爱礁，与仲裁庭所称的 2013 年 5 月中国在美济礁的护渔行动没有任何关系。

745. 关于中国在美济礁和仁爱礁的活动，仲裁庭承认，菲律宾提供的证据是有限的，[20] 但接受菲律宾提供的唯一的证据，并认为“菲律宾军方的报告内容是准确的，即中国渔船在中国执法船的护卫下，于 2013 年 5 月在美济礁和仁爱礁进行了捕鱼活动”。[21] 仲裁庭认为：第一，中国主张对南海一般性的主权权利和管辖权，不承认美济礁和仁爱礁地区是菲律宾专属经济区的一部分，并且一直向本国国民发放“南沙专项渔业捕捞许可证”；第二，中国在美济礁和仁爱礁进行捕鱼活动的模式，与在渚碧礁和黄岩岛附近水域的捕鱼活动一致。[22] 根据上述，仲裁庭推定中国政府船舶在美济礁和仁爱礁保护了中国渔船的捕鱼活动。在此，仲裁庭结论并无充分的事实基础，而是捕风捉影。

---

[19] 参见 Armed Forces of the Philippines, Near-occupation of Chinese Vessels of Second Thomas (Ayungin) Shoal in the Early Weeks of May 2012 (May 2013), Memorial of the Philippines, Vol.IV, Annex 94. 关于这份证据，时间上存在瑕疵。

[20] 参见《7 月 12 日裁决》第 745 段

[21] 同上注，第 746 段。

[22] 参见上注，第 747-751 段。

第二节　中国在黄岩岛海域“阻止菲律宾渔民捕鱼”问题（第 10 项诉求）

746. 菲律宾第 10 项诉求请求仲裁庭裁定，中国非法阻止菲律宾渔民在黄岩岛的“传统捕鱼活动”。[23] 菲律宾认为，菲律宾渔民在黄岩岛水域的捕鱼活动为“传统捕鱼活动”，受一般国际法保护，《公约》第 2 条第 3 款所说的“其他国际法规则”包括一般国际法。[24] 菲律宾声称，中国阻止菲律宾渔民在黄岩岛水域进行捕鱼，违背《公约》第 2 条第 3 款。[25]

747. 在《7 月 12 日裁决》中，仲裁庭认为，传统捕鱼权属于一种既得私人权利，[26] 而国际法承认国家之间边界和主权变更应尽可能地不改变根据当时法律获得的私人权利，因此在领海中的传统捕鱼权应得到持续的尊重和保护。[27] 仲裁庭接受菲律宾提供的证据，认为菲律宾渔民在黄岩岛领海内的活动构成传统捕鱼权，属于受一般国际法保护的有关外国人的既得权利，受《公约》第 2 条第 3 款规定的“其他国际法规则”的调整。[28] 仲裁庭认定：黄岩岛是许多国家渔民的传统渔场，“中国通过官方船只 2012 年 5 月以来在黄岩岛的操作，非法阻止菲律宾渔民在黄岩岛从事传统捕鱼活动”。[29]

748. 本书第二章已阐明仲裁庭对菲律宾第 10 项诉求没有管辖权。本节将阐明仲裁庭无视菲律宾诉求与领土主权问题的密不可分性，错误认定菲律宾渔民在黄岩岛海域享有传统捕鱼权，错误解释和适用《公约》第 2 条第 3 款。

23　同上注，第 758 段。

24　同上注，第 777 段。

25　同上注，第 772 段。

26　有趣的是，按照仲裁庭的逻辑，菲律宾所谓的传统捕鱼权是一种“私人权利”，但它竟然没有考虑菲律宾渔民是否满足《公约》第 295 条中的“用尽当地补救办法”要求，以及因此带来的第 10 项诉求的可受理性问题。

27　参见《7 月 12 日裁决》第 799、804 段。

28　参见上注，第 808 段。

29　同上注，第 1203.B (11) 段。

一、仲裁庭无视菲律宾第 10 项诉求与黄岩岛主权问题的密不可分性

749. 仲裁庭认为，菲律宾第 10 项诉求建立在两个可替换的前提下：如果菲律宾对黄岩岛享有主权，中国阻止菲律宾渔民在黄岩岛捕鱼当然是非法的；如果中国对黄岩岛享有主权，中国阻止菲律宾渔民在黄岩岛捕鱼是对菲律宾渔民“在中国领海中传统捕鱼权”的不尊重。[30] 正是基于这一判断，仲裁庭认为对菲律宾第 10 项诉求所涉实体问题的处理可以不依赖于对黄岩岛主权问题的裁决。仲裁庭将菲律宾诉求与黄岩岛领土主权脱钩处理的做法是错误的。

750. 仲裁庭裁定第 10 项诉求所涉事项发生在黄岩岛领海，以此认定对相关实体问题可适用《公约》规定的领海法律制度。该裁定忽略了中国政府有关黄岩岛领土主权的立场。中国对包括中沙群岛在内的南海诸岛拥有主权，黄岩岛是中沙群岛的一部分，中国尚未在此地区划出基线。在这种情况下，无法确定第 10 项诉求所涉事项发生的海域是中国内水还是领海，更谈不上确定菲律宾指控的行为应适用《公约》规定的领海法律制度的问题。

751. 仲裁庭对菲律宾第 10 项诉求的裁决主文没有明确列出中国所违背的《公约》具体条款。仲裁庭清楚，它的裁定是在假定情形下作出的。仲裁庭如明确说中国违反《公约》第 2 条第 3 款，则无异于承认中国是对黄岩岛拥有主权的沿海国。菲律宾要求仲裁庭裁定中国违反第 2 条第 3 款的规定，仲裁庭接受菲律宾的主张，却没有说出中国所违背的《公约》具体条款。仲裁庭对有关诉求的裁定充其量是对假设问题的假定裁决，是蒙骗世人的小把戏。

二、仲裁庭错误裁定菲律宾渔民活动构成传统捕鱼权

（一）仲裁庭忽略构成传统捕鱼的根本要素是长期实践的积累

752. 一般而言，“传统捕鱼”是一国国民基于长期捕鱼活动取得的一种既得利益。菲茨莫里斯对该问题作了深入考察，并总结道，“如果一个

---

[30] 参见上注，第 811 段。

国家的捕鱼船舶根据公海捕鱼自由原则，自远古以来或已经在相对长的期间内，习惯于在某些海域从事捕鱼活动，那么，可以说该国已经……取得一种既得利益……”。[31] 在国际司法实践中，国际性法庭和仲裁庭特别重视传统捕鱼权的“传统”要素。“传统”通常通过“长时期”或“世代”来体现。

753. 尽管本案仲裁庭注意到传统捕鱼活动的上述“传统”要素，[32] 但没有对菲律宾渔民活动是否具有“传统”要素进行论证。

754. 在“巴巴多斯诉特立尼达和多巴哥仲裁案”（2006 年）中，巴巴多斯主张，巴巴多斯渔民在争议海域中享有传统捕鱼权，有关捕鱼活动记录最早始于 18 世纪上半叶，在一些英、法文献都有记载。[33] 但巴巴多斯没有提供 19 世纪早期到 20 世纪中叶巴巴多斯渔民进行传统捕鱼活动的直接证据，[34] 只提供了一些诸如口述历史等间接证据和推测，并称“巴巴多斯的捕鱼活动的传统性众所周知并得到公认”[35]。巴巴多斯渔民从 20 世纪 70 年代起开始使用现代装备的冰船在有关海域捕鱼。[36] 该案仲裁庭仔细考察了有关证据，认为巴巴多斯提供的证据：

> 不足以支持其渔民几个世纪以来在多巴哥海域对飞鱼进行了传统捕鱼活动。支持这一主张的证据，如果合情理，也是明显零散的，且难以得出明确结论。1980 年之前的记录太少。……当代的记录表明，巴巴多斯在当时还是公海的海域中的远海飞鱼捕捞活动，实质上始于 1978–1980 年冰船的引入。而这距特立尼达和多巴哥 1986 年颁布《群岛水域法》只有 6–8 年的时间。的确，巴巴多斯渔民的宣誓书中有连贯且直接的证据，但没有任何证据证明他们本人曾在那个时间之前去过多巴哥海域捕鱼。短短这些年不足以构成一种传统。[37]

---

[31] Gerald Fitzmaurice, The Law and Procedure of the International Court of Justice, 1951-54: General Principles and Sources of Law, 30 The British Year Book of International Law (1953), p.1, at 51.

[32] 参见《7 月 12 日裁决》第 798 段。

[33] 参见 Barbados v. Trinidad and Tobago, Memorial of Babardos, 2004, para.56.

[34] 参见 Arbitration between Barbados and the Republic of Trinidad and Tobago, relating to the delimitation of the exclusive economic zone and the continental shelf between them, Decision of 11 April 2006, RIAA, Vol. XXVII, p.147, at para.247.

[35] Barbados v. Trinidad and Tobago, Memorial of Babardos, 2004, para.62.

[36] 参见上注，第 65 段。

[37] Arbitration between Barbados and the Republic of Trinidad and Tobago, relating to the delimitation of the exclusive economic zone and the continental shelf between them, Decision of 11 April 2006, RIAA, Vol. XXVII, p.147, at para.266.

755. 该案表明，“传统”形成需要足够长期的渔业活动，这种活动应具有连贯性。该案仲裁庭不仅考查了传统捕鱼权是否存在的问题，而且为证明它的存在适用了严格的标准。这与本案仲裁庭的做法形成强烈对比。

756. 从国家实践来看，主张“传统捕鱼权”通常用“世纪”、“古往今来”等类似措辞来描述“传统”的形成。如“渔业管辖权案”（德意志联邦共和国诉冰岛，1974 年）中，德国主张在冰岛划定的专属渔业管辖区内享有“传统捕鱼权”，称德国渔船早在 19 世纪末就开始在该海域捕鱼。[38] 在“厄立特里亚 / 也门仲裁案”（第二阶段，1999 年）中，仲裁庭在论证“传统捕鱼权”是否存在时，使用了“很多个世纪”、“古往今来”等措辞。[39]

757. 本案仲裁庭在审议菲律宾在黄岩岛的捕鱼活动是否构成传统捕鱼活动时，并没有重点审核“传统”是否形成，而是将“传统捕鱼”与“手工捕鱼”混为一谈，认为：

> 传统捕鱼权是通过长期实践获得的习惯性权利，……国际法上保护的捕鱼方法应该是那些世代广泛沿用的捕鱼方法：换言之，与当地传统和习惯一致的手工捕鱼。[40]

758. 事实上，传统捕鱼活动通常采取手工作业的方式，但方式的传统性并不足以证明捕鱼活动的传统性。证明是否存在传统捕鱼活动，国际性法庭和仲裁庭通常强调的是捕鱼活动的长期性，这一点体现在“厄立特里亚 / 也门仲裁案”[41] 和“巴巴多斯诉特立尼达和多巴哥仲裁案”中。例如，在“巴巴多斯诉特立尼达和多巴哥仲裁案”中，巴巴多斯主张在多巴哥海域享有传统捕鱼权，且这种捕鱼活动具有手工作业性质，仲裁庭以巴巴多斯有关渔业活动在时间上不能满足“传统”的要求，否定了巴巴多斯的传统捕鱼权主张。仲裁庭在作此认定时，根本没有考虑手工作业性质的问题。[42]

---

[38] 参见 Fisheries Jurisdiction (Federal Republic of Germany v. Iceland), Merits, Judgment, I.C.J. Reports 1974, p.175, at para.55.

[39] 参见 Award of the Arbitral Tribunal in the second stage of the proceedings between Eritrea and Yemen (Maritime Delimitation), 17 December 1999, RIAA, Vol. XXII, p.335, at paras.92, 95.

[40]《7 月 12 日裁决》第 806 段。

[41] 参见 Award of the Arbitral Tribunal in the first stage of the proceedings between Eritrea and Yemen (Territorial Sovereignty and Scope of the Dispute), October 9 of 1998, RIAA, Vol. XXII, p.209, at paras.126-127; Award of the Arbitral Tribunal in the second stage of the proceedings between Eritrea and Yemen (Maritime Delimitation), 17 December 1999, RIAA, Vol. XXII, p.335, at para.103.

[42] 参见 Arbitration between Barbados and the Republic of Trinidad and Tobago, relating to the delimitation of the exclusive economic zone and the continental shelf between them, Decision of 11 April 2006, RIAA, Vol. XXVII, p.147, at para.266.

759. 本案仲裁庭没有从时间要素上来论证菲律宾有关捕鱼活动的传统性，却着力于论证菲律宾捕鱼活动的手工作业的传统性，企图以偏概全，含混地以“关于中国和菲律宾都在黄岩岛海域从事传统捕鱼活动的主张是确切的且基于善意而提出”的说法，[43] 确认菲律宾有关捕鱼活动构成传统捕鱼活动，完全背离了判断传统捕鱼权是否成立的逻辑框架。

（二）仲裁庭裁定菲律宾渔民捕鱼是“传统捕鱼活动”缺乏事实依据

760. 本案中，仲裁庭没有审查菲律宾提交的证据材料，就接受并依其认定菲律宾渔民在有关海域进行“传统捕鱼活动”或享有“传统捕鱼权”。仲裁庭所援引的材料没有一项能表明菲律宾渔民曾在黄岩岛海域进行“传统捕鱼活动”。

761. 仲裁庭所列出的材料主要如下：一是 2012 年菲律宾海军的报告和 2012 年 4 月 18 日中国外交部发言人的发言，仲裁庭认为它们证明黄岩岛附近海域是亚洲邻国的传统渔场；[44] 二是 1734 年、1784 年地图反映所谓黄岩岛与菲律宾本土之间的关系；[45] 三是 1953 年菲律宾渔业局出版的书籍及学者论文提及“黄岩岛历史上曾是菲律宾渔民的主要渔场之一”；[46] 四是菲律宾的 6 位渔民宣誓书，宣称“直接证明至少自 1982 年起，菲律宾渔民在黄岩岛从事渔业活动，间接证明自 1972 年开始 [从事捕鱼活动]”。[47]

762. 2012 年 4 月 18 日中国外交部发言人强调黄岩岛附近水域“只是”中国渔民的传统渔场，而不是周边各国渔民的传统渔场。菲律宾提供的 1953 年出版物第 121 页写道：“主要渔场包括斯图尔特滩（Stewart Banks）、黄岩岛、阿波礁（Apo Reef）以及好运岛（Fortune Island）、卢邦岛（Lubang Island）、马林杜克岛（Marinduque Island）、波利略岛（Polilio Island）、蒂考岛（Ticao Island）、布里亚斯岛（Burias Island）、马斯巴特岛（Masbate Island），库约群岛（Cuyo Islands）、布桑加岛（Busuanga Island）周边区域”。[48] 这一段话结合上下文看，仅强调上述地方（特别是黄

---

[43]《7 月 12 日裁决》第 805 段。

[44] 参见上注，第 761 段。

[45] 参见上注，第 762 段。

[46] 同上注。

[47] 同上注，第 763 段（文中引注省略）。

[48] P. Manacop, The Principal Marine Fisheries, in D.V. Villadolid (ed.), Philippine Fisheries: A Handbook Prepared by the Technical Staff of the Bureau of Fisheries, 1953, p.103, at 121, quoted in Memorial of the Philippines, Vol. III, Annex 8.

岩岛）为菲律宾主要渔场，并未提及菲律宾渔民在该海域有传统性活动，与该区域是否传统上作为菲律宾渔民的渔场这一事实不相关。仲裁庭提及的菲律宾学者的论文，阐述的是渔业作为菲律宾经济发展支柱及其发展情况，其中未讨论渔区问题，也没有提到黄岩岛及其附近水域。菲律宾海军的报告及有关出版物提及黄岩岛附近海域是菲律宾和其他国家的传统渔场，但没有任何证明。上述资料没有一项构成有证明力的证据，不能证明菲律宾渔民在黄岩岛海域从事了传统捕鱼活动。

763. 关于菲律宾渔民宣誓书作为证据的问题，需要注意的是，宣誓书作为证人证言的书面形式，与出庭的证人证言相比，证明力较弱。[49] 在国际法院"海洋划界和领土问题案"（卡塔尔诉巴林，2001 年）中，托雷斯·贝纳德斯（Torres Bernardez）法官在反对意见中指出，"由于事实上宣誓书并没有经过交叉询问，国际法院认为在诉讼程序中产生的宣誓书的证明价值是很小的"。[50] 在"巴巴多斯诉特立尼达和多巴哥仲裁案"中，巴巴多斯提交了 15 份当代渔民宣誓书，以此证明他们及其祖先都习惯性地前往多巴哥附近海域捕鱼。[51] 仲裁庭认为，这些宣誓书是在争议产生后巴巴多斯为了诉讼目的而制作的，因此不能予以过多的证明价值。[52]

在本案中，菲律宾渔民的宣誓书是在 2015 年 11 月 12 日制作的，时间上在菲律宾 2013 年 1 月 22 日提起仲裁后。显然是为了应对庭审制作的所谓证据，证明价值有限。无论如何，从这些宣誓书提供的有关内容看，菲律宾渔民只是在 1982 年之后赴黄岩岛海域捕鱼。有关活动显然缺乏长期性，不足以构成一种传统。

764. 仲裁庭对菲律宾主张的传统捕鱼活动的考察，没有顾及国际司法实践对传统捕鱼活动的"传统"要素的要求，甚至没有提及菲律宾所谓渔业活动开始的时间，草率仓促断定菲律宾渔民在有关海域享有"传统捕鱼权"，缺乏事实依据。

---

[49] 参见 Anna Riddell and Brendan Plant, Evidence before the International Court of Justice (British Institute of International and Comparative law, 2009), pp.279-280.

[50] Maritime Delimitation and Territorial Questions between Qatar and Bahrain (Qatar v. Bahrain), Judgment, Dissenting Opinion of Judge Torres Bernárdez, I.C.J. Reports 2001, p.257, at para.36.

[51] 参见 Arbitration between Barbados and the Republic of Trinidad and Tobago, relating to the delimitation of the exclusive economic zone and the continental shelf between them, Decision of 11 April 2006, RIAA, Vol. XXVII, p.147, at para.247.

[52] 参见上注，第 266 段。

三、仲裁庭错误解释传统捕鱼权的性质并不当适用《公约》规定

765. 仲裁庭认为，手工捕鱼不是国家的历史性权利，而是私人权利，对其保护的法律基础是既得权利概念。[53] 仲裁庭表示，国际法一直承认国际边界和主权概念的发展要尽可能地不改变私人权利。[54]《公约》第 2 条第 3 款“包含了一项对国家的义务，即行使主权受到‘其他国际法规则’的限制”。处理外国公民既得权利的国际法规则构成《公约》第 2 条第 3 款所指的可适用于领海的“其他国际法规则”。[55] 仲裁庭错误地将传统捕鱼权界定为私人权利，错误解读国际司法实践并错误解释和适用《公约》第 2 条第 3 款，在没有论证的情况下草率、生硬地将传统捕鱼权引入《公约》规定的领海制度中。

（一）仲裁庭认定传统捕鱼权是一种私人权利缺乏法律依据

766. 仲裁庭错误解读“厄立特里亚 / 也门仲裁案”（第二阶段，1999 年）。仲裁庭认为，“[传统捕鱼权] 不是国家的历史性权利，如同历史性所有权的情况那样，而是在‘厄立特里亚 / 也门仲裁案’中所承认的私人权利。该案仲裁庭拒绝支持‘这一西方法律假说，……根据 [该假说] 所有法律权利，即使现实中被私人持有的权利，都最终是国家的权利’。”[56] 本案仲裁庭所援引的该案裁决段落内容为：

> 在《主权裁决》中，仲裁庭指出，哈尼什（Hanish）和祖瓜尔（Zuqar）群岛及贾巴尔-泰尔（Jabalal-Tayr）和祖巴尔（Zubayr）群岛水域中的传统捕鱼制度是一项使厄立特里亚与也门两国渔民可以自由进入和享有权利的制度。……但是，这并不是说，厄立特里亚不可以通过与也门的外交接触或通过向本庭提起仲裁的方式代表其国民采取行动。在红海地区没有理由引入西方的法律假说——该假说无论如何正在失去其重要性——根据［该假说］所有法律权利，即使是现实中被私人持有的权利，都被认为是国家的权利。这个法律假说是为了在个人没有机会维护其自身权利的情形下，允许以外交方式（如果所代表的国家作出这样的选择）来维护其权利。这绝不意味着个人或其

[53]《7 月 12 日裁决》第 798 段。

[54] 同上注，第 799 段。

[55] 同上注，第 808 段（文中引注省略）。

[56] 同上注，第 798 段（文中引注省略）。

国家不能对个人所持有的权利寻求国际救济。[57]

该案仲裁庭没有讨论传统捕鱼权是私人权利还是国家权利的问题，而是考虑到红海地区法律和社会文化的特殊性，拒绝引入西方法律假说，即为了外交保护的目的，所有法律权利，即使实际上是个人持有的权利也被认为是国家权利。这个论述中并不支持传统捕鱼权不是国家权利而是私人权利的观点。仲裁庭除错误解读这一论述外，没有进一步论证传统捕鱼为什么是私人权利而非国家权利。

767. 仲裁庭无视《公约》将传统捕鱼权利视为国家的权利。《公约》第 51 条第 1 款规定：

> 在不妨害第四十九条的情形下，群岛国应尊重与其他国家间的现有协定，并应承认直接相邻国家在群岛水域范围内的某些区域内的传统捕鱼权利和其他合法活动。

这是《公约》唯一明确提及“传统捕鱼权”之处。根据该项规定，享有传统捕鱼权利的主体是国家，而非个人。

768. 国际法学说普遍将传统捕鱼权视为国家拥有的权利而非私人权利。菲茨莫里斯认为，传统捕鱼权虽然源于一国渔船的长期捕鱼活动，但取得这种既得利益的主体仍然是“国家”。[58] 菲茨莫里斯的观点得到学界的普遍认可。[59]

（二）仲裁庭错误援引和解读有关保护私人权利的国际司法案例

769. 仲裁庭援引常设国际法院“在波兰的德国移民咨询案”（1923 年）、“苏丹政府和苏丹人民解放运动军阿卜耶伊地区划界仲裁案”（2009 年）和“白令海海豹仲裁案”（美国 / 英国，1893 年），试图证明“有关国际边界和领土概念发展应尽可能避免改变个人权利”是一项国际法规则，[60] 并认为《公约》第 2 条第 3 款涵盖了这一规则，适用于本案。然而，仲裁庭忽视上述案例的特殊背景，错误解释有关裁决。其实，仲裁庭所援引的

---

[57] Award of the Arbitral Tribunal in the second stage of the proceedings between Eritrea and Yemen (Maritime Delimitation), Decision of 17 December 1999, RIAA, Vol. XXII, p.335, at para.101.

[58] 参见 Gerald Fitzmaurice, The Law and Procedure of the International Court of Justice, 1951-54: General Principles and Sources of Law, 30 The British Year Book of International Law (1953), p.1, at 51.

[59] 例如，Yehuda Blum, Historic Title in International Law (Martinus Nijhoff, 1965), pp.313-314.

[60] 参见《7 月 12 日裁决》第 799 段。

案例与本案无关。

770. 在“在波兰的德国移民咨询意见案”中，有关领土主权由德国转移到波兰，但《德国民法典》仍然在该领土上“不受干扰地继续适用”。常设国际法院认为，“很难坚持认为，虽然法律还有效，但根据该法律获得的权利消灭了”，因而“根据时行法律获得的私权利在主权发生转移时不会消灭”。[61] 私权利不受领土变更的影响，原因是作为该权利来源的《德国民法典》在领土变更后仍然有效。在该案中，常设国际法院一直强调它处理的是“法律和条约特定条款下的私人权利”，而不是泛泛而论，其论证完全是基于波兰与德国之间的条约及在该领土适用的国内法。[62] 本案仲裁庭在援引该案时，完全忽略了该案的特殊背景，特别是德国与波兰之间有关条约的安排，曲解了常设国际法院上述判决的真实含义。

771. 在“苏丹政府和苏丹人民解放运动军阿卜耶伊地区划界仲裁案”（2009 年）中，仲裁庭裁定划界不影响边民的传统放牧权，主要依据是《全面和平协议》（CPA）以及《阿卜耶伊议定书》（Abyei Protocol）确认双方对居住在阿卜耶伊地区人们的传统权利保护的意图。[63] 仲裁庭强调，“在传统土地利用模式占主导地位的地区，对领土的主权权利并不是唯一相关的因素。”[64] 这一案件对传统放牧权的处理，是《全面和平协议》以及《阿卜耶伊议定书》特殊安排的结果。而本案仲裁庭显然忽略了这一点。

772. 在“白令海海豹仲裁案”中，仲裁庭裁定美国对其海岸 3 海里之外的白令海海豹捕获不享有权利。[65] 根据仲裁条约的授权，仲裁庭草拟了有关海豹保护条例，其中规定印第安人在白令海捕杀海豹的传统权利受到特别保护。[66] 这一安排来自于英美两国对仲裁庭的授权。

773. 仲裁庭所援引的案例不适用于本案。首先，中国对黄岩岛拥有主权，根本不存在领土主权转移或变更的情况，也不存在划定边界的情形。

61　Questions relating to Settlers of German Origin in Poland, Advisory Opinion, 1923, PCIJ Series B, No. 6, p.6, at 36.

62　参见上注。

63　参见 Arbitration regarding the delimitation of the Abyei Area (Government of Sudan/Sudan People’s Liberation Movement/Army), Final Award of 22 June 2009, paras.750-752,758.

64　同上注，第 748 段。

65　Award between the United States and the United Kingdom relating to the Rights of Jurisdiction of United States in the Bering’s Sea and the Preservation of Fur Seals (United States/United Kingdom), Award of 15 August 1893, RIAA, Vol. XXVIII, p.263, at 269.

66　参见上注，第 271 页。

其次，上述各案处理的都是特定协议或国内法项下合法产生的私人权利问题。在本案中，仲裁庭认定菲律宾渔民的传统捕鱼活动构成“私人既得权利”，但并没有说明这种权利是根据什么法律或特定协议取得的，是否合法。

（三）仲裁庭认定《公约》第 2 条第 3 款所指“其他国际法规则”涵盖传统捕鱼权没有根据

774.《公约》第 2 条第 3 款规定，“对于领海的主权的行使受本公约和其他国际法规则的限制”。该款起源于 1958 年《领海及毗连区公约》第 1 条，而第 1 条文本的基础是 1956 年国际法委员会准备的《海洋法条款草案》，该款案文与《公约》第 2 条第 3 款案文一致。《海洋法条款草案》第 1 条规定：

> 1. 国家主权及于本国领陆及内水以外毗连本国海岸之一带海洋，称为领海。
>
> 2. 此项主权依本条款规定及国际法其他规则行使之。[67]

对该条引入的“其他国际法规则”所指为何，国际法委员会评论道：

> （3）毫无疑问，只能根据国际法的规定行使对领海的主权。
>
> （4）目前条款中规定的国际法对在领海行使主权施加的一些限制，并没有穷尽所有情形。领海内引发法律问题的事件，也受一般国际法规则的规范，而且不能为了它们适用于领海，就在目前的草案中专门进行编纂。这就是为什么，除了目前条款中所提及的规定之外，还有规定“其他国际法规则”。
>
> （5）由于特殊的地理或其他关系，在两个国家之间可能发生的是，一个国家将在领海的权利授予另一个国家，超出其在本《草案》所承认的权利范围。委员会不欲以任何方式限制国家根据惯例或条约享有更广泛的通过权或任何其他权利。[68]

《海洋法条款草案》第 1 条在 1958 年《领海及毗连区公约》谈判过程中没有进行充分讨论。在《公约》谈判过程中，有关条款也未受特别关注。

---

[67] Commentary to the articles concerning the law of the sea, Yearbook of the International Law Commission, 1956, Vol.II, p.265.

[68] 同上注。

775. 在“查戈斯海洋保护区案”（毛里求斯诉英国，2015 年）中，仲裁庭指出：

> 国际法委员会的观点是《条款草案》第 1 条第 2 款要求国家行使领海主权时受到一般国际法的约束。国际法委员会同时认识到，国家可通过双边条约或地区惯例在领海中获得特定权利，同时指出这些条款无意于阻止这些权利。[69]

《公约》第 2 条第 3 款完全采纳了 1958 年《领海及毗连区公约》的有关规定，其中的“其他国际法规则”指的是一般国际法规则。同时，该款的存在并不影响国家通过双边条约或惯例允许他国在沿海国领海特定海域中享有超出《公约》规定的权利。

776. 上述情况显示，《公约》准备文件和国际司法实践都表明，沿海国对领海拥有完全的主权是大前提。在此前提下，沿海国行使主权除《公约》规定外，还受到其他国际法规则的限制。这些限制必须有一般国际法、当地惯例或条约的依据。仲裁庭没有妥为证明菲律宾渔民的捕鱼活动可纳入上述范围。

777. 从《公约》整体看，沿海国对领海拥有的是主权，在性质上远远强于对专属经济区的权利。仲裁庭在关于历史性权利的部分分析认为，“对生物和非生物资源的主权权利的概念总体上与另一国对同样资源享有历史性权利的概念不符”。[70] 按照仲裁庭的说法，对资源的历史性权利，即使先前存在，在《公约》规定的专属经济区制度生效后已不复存在。令人难以置信的是，仲裁庭却认为在主权性质更为强烈的领海，传统捕鱼权还可以继续存在，仲裁庭的逻辑是荒谬的，已经被学者认为是“严重反常”。[71]

---

69 Chagos Marine Protected Area Arbitration (Mauritius v. UK), Award of 18 March 2015, para.516.

70 《7 月 12 日裁决》第 243 段。

71 参见 Chris Whomersley, The Award on the Merits in the Case Brought by the Philippines against China Relating to the South China Sea: A Critique, 16 Chinese Journal of International Law(2017), p.387, at para.77; Sophia Kopela, Historic Titles and Historic Rights in the Law of the Sea in the Light of the South China Sea Arbitration, 48 Ocean Development & International Law (2017), p.181, at 195-196.

第三节　中国在南海涉及海洋环境保护和保全的活动[第11项和第12（b）项诉求]

778. 在2014年3月30日的诉状中，菲律宾第11项、第12（b）项诉求要求仲裁庭裁定：中国在黄岩岛、仁爱礁违反《公约》下保护和保全海洋环境的义务；中国对美济礁的占领和在其上的建设活动，违反中国在《公约》下保护和保全海洋环境的责任。[72] 在2015年11月30日实体问题庭审中，菲律宾对第11项诉求作了修改，增加对中国在华阳礁、永暑礁、赤瓜礁、东门礁、南薰礁、渚碧礁上的建设活动违反保护和保全海洋环境义务的指控。[73]

779. 仲裁庭在《7月12日裁决》中，将菲律宾上述诉求分为两类:（1）中国在黄岩岛、仁爱礁纵容和保护中国渔船进行有害捕捞，违反《公约》下保护和保全海洋环境的义务;（2）中国在华阳礁、永暑礁、赤瓜礁、东门礁、南薰礁、渚碧礁、美济礁进行岛礁建设活动，违反《公约》下保护和保全海洋环境的义务。[74]

780. 对菲律宾指控“中国在黄岩岛、仁爱礁纵容和保护中国渔船进行有害捕捞”，仲裁庭在《管辖权裁决》中自认有管辖权。[75] 对菲律宾指控中国在7个岛礁上的建设破坏海洋环境的事项，仲裁庭在《7月12日裁决》中自认有管辖权。[76] 对实体问题，仲裁庭认定，中国渔民的有害捕捞行为损害海洋环境，中国政府知晓但仍予以纵容和保护，违背《公约》第192条和第194条第5款的规定；[77] 由中国政府主导的岛礁建设活动，给海洋环境造成毁灭性和持久的损害，违背《公约》第192条、第194条第1款和第5款、第197条、第123条以及第206条的规定。[78]

---

[72] 参见 Memorial of the Philippines, Vol.I, p.272.

[73] 参见 Merits Hearing Tr. (Day 4), p.169.

[74] 参见《7月12日裁决》第925、932-933段。

[75] 参见《管辖权裁决》第408段。

[76] 参见《7月12日裁决》第938段。

[77] 参见上注，第957-958、962-964段。

[78] 参见上注，第983-991段。

781. 如前文第二章所述，仲裁庭对菲律宾第 11 项、第 12（b）项诉求没有管辖权。仲裁庭在《7 月 12 日裁决》中对勤勉义务的认定存在偏差；关于“渔民有害捕捞行为”和南沙群岛岛礁建设的裁决，存在法律适用和事实认定问题。

一、仲裁庭引证之勤勉义务的内涵

782. 关于“渔民有害捕捞行为”和南沙群岛岛礁建设，仲裁庭认定中国违背《公约》，特别是第 192 条和第 194 条的规定，未履行勤勉义务。仲裁庭认为，《公约》第 192 条和第 194 条设定的义务，不仅涉及国家及其机构直接实施的活动，也涵盖确保在国家管辖和控制下的活动不损害海洋环境。仲裁庭引用国际司法案例表示，“确保”义务是一项行为义务，它要求各国“勤勉”，即“不仅要制定适当的规则和措施，而且在执法活动和行政控制中，要保持一定程度的警惕性。”[79] 仲裁庭虽然表面上承认勤勉义务是行为义务，但是在本案适用时，却以结果义务要求中国。另外，仲裁庭故意忽视勤勉义务中的“按照其能力”的因素。

783. 国际法上勤勉义务是行为义务。勤勉义务作为行为义务，不能保证损害绝对不会发生。当事国只要采取了必要的措施、并尽力将这些措施付诸实施，即履行了勤勉义务。2001 年国际法委员会在对《预防危险活动的跨界损害案文》第 3 条评论的第 7 段指出：

> 勤勉义务并不意图确保完全避免重大损害。最终，损害来源国被要求……尽最大可能地努力去减少损害危险。在这个意义上，勤勉义务不保证损害不会发生。[80]

国际海洋法法庭海底争端分庭在“担保国责任和义务的咨询意见（2011 年）”中认为，《公约》第 194 条中采用“必要措施以确保”的措辞，是为了给当事国提供一种可行的责任豁免，即只有当事国已经采取了必要措施，才可以不承担责任。[81]

---

[79]《7 月 12 日裁决》第 944 段（文中引注省略）。

[80] Draft articles on Prevention of Transboundary Harm from Hazardous Activities, with commentaries, Yearbook of the International Law Commission, 2001, Vol.II, Part Two, p.154.

[81] 参见 Responsibilities and Obligations of States Sponsoring Persons and Entities with respect to Activities in the Area (Request for Advisory Opinion submitted to the Seabed Disputes Chamber), Case No. 17, Advisory Opinion of 1 February 2011, ITLOS, para.119.

784. 勤勉义务要求当事国“按照其能力”履行。这意味着不能不切实际地要求当事国采取超出其能力的措施。实际上，一国的能力是不断发展变化的。国际海洋法法庭海底争端分庭指出：

> “勤勉”义务的内涵是很难用精准的语言去描述的。在使得［“勤勉”义务内涵］难以描述的因素中，就包括“勤勉”本身是一个可变的概念。一个当时被认为已尽勤勉的措施，随着时间的变化、根据新的科学技术知识可能会被认为是不够勤勉的。[82]

国际海洋法法庭全庭就“次区域渔业委员会请求发表的咨询意见”（2015 年）再次确认上述意见。[83] 鉴于各国实际情况差异，勤勉义务并没有对“必要措施”的内容作统一规定。只要各国根据自身能力状况，采取“必要措施”，就履行了勤勉义务。

二、仲裁庭错误认定中国因纵容、保护及未阻止有害捕捞而违反《公约》有关规定

785. 仲裁庭裁定，中国纵容、保护和未阻止中国渔船在黄岩岛、仁爱礁以及南沙群岛其他地物从事针对濒危动物的有害捕捞活动，违背《公约》第 192 条和第 194 条第 5 款的规定。[84] 仲裁庭援引《公约》第 192 条和第 194 条的规定，认为中国负有勤勉义务，不仅是制定适当的规则和措施，而且应在执法活动和行政控制中，保持一定程度的警惕性，包括保护和保全“稀有或脆弱的生态系统”以及“濒危物种栖息地”。[85] 仲裁庭认为，捕获濒临灭绝的海龟构成对海洋环境的损害，中国渔民在黄岩岛周围及南沙群岛有关岛礁大规模捕获珊瑚和砗磲，对脆弱的海洋环境产生有害影响。[86]

786. 仲裁庭认定，没有证据表明中国已采取措施对从事偷捕濒危物种

---

[82] 同上注，第 117 段。

[83] 参见 Request for an Advisory Opinion Submitted by the Sub-Regional Fisheries Commission (SRFC) (Request for Advisory Opinion submitted to the Tribunal), Case No. 21, Advisory Opinion of 2 April 2015, ITLOS, para.132.

[84] 《7 月 12 日裁决》第 992 段。

[85] 同上注，第 944-945 段。

[86] 同上注，第 960 段。

的渔民执行《公约》第 192 条和第 194 条第 5 款以及有关濒危物种的国际法规则和措施。而且，中国对渔民大规模捕获砗磲，不仅视而不见，而且还提供保护。[87]

787. 仲裁庭的上述裁决存在三大问题：一是仲裁庭故意歪曲中国维护主权的行为；二是仲裁庭错误适用《公约》第 194 条第 5 款；三是仲裁庭无视中国已积极履行勤勉义务。

（一）仲裁庭故意歪曲中国维护主权的行为

788. 仲裁庭称，在黄岩岛事件和仁爱礁事件中，中国派遣政府船是“保护”渔民从事有害捕捞活动。[88] 仲裁庭是故意歪曲解读中国政府船只在黄岩岛事件和仁爱礁事件中的维权行动，试图以“保护破坏环境行为”的指控抹黑中国。

789. 事实上，在仲裁庭所声称的两起事件中，中国政府的行为旨在维护领土主权。中国《立场文件》指出，在黄岩岛问题上，菲律宾首先采取包括威胁使用武力等强制手段，于 2012 年 4 月 10 日派出军舰进入黄岩岛海域，强行扣留、逮捕中国渔民和渔船。[89] 中国对黄岩岛享有主权，菲律宾武装人员在黄岩岛潟湖内登临中国渔船，严重侵犯中国领土主权。对于菲律宾的挑衅性行动，中国被迫采取维护主权措施，[90] 派出政府船只保护中国渔民人身和财产安全。仲裁庭错误认定事件性质，将中国维护主权的行为说成是“保护中国渔民从事捕捞濒危物种”，在事实认定和适用法律上犯下了根本性错误。在仁爱礁事件中，中国同样是被迫采取维护主权措施，仲裁庭对中国的指责是犯了同样的错误。很显然，在这两个事件中，根本不存在适用《公约》第 192 条和第 194 条的问题，更谈不上勤勉义务的问题。

（二）仲裁庭错误适用《公约》第 194 条第 5 款

790. 仲裁庭裁定，中国违反《公约》第 194 条第 5 款。《公约》第 194 条“防止、减少和控制海洋环境污染的措施”规定：

---

[87] 同上注，第 964 段（文中引注省略）。
[88] 同上注。
[89]《立场文件》第 51 段。
[90] 参见上注，第 48 段。

1. 各国应在适当情形下个别或联合地采取一切符合本公约的必要措施，防止、减少和控制任何来源的海洋环境污染，为此目的，按照其能力使用其所掌握的最切实可行的方法，并应在这方面尽力协调它们的政策。

2. 各国应采取一切必要措施，确保在其管辖或控制下的活动的进行不致使其他国家及其环境遭受污染的损害，并确保在其管辖或控制范围内的事件或活动所造成的污染不致扩大到其按照本公约行使主权权利的区域之外。

3. 依据本部分采取的措施，应针对海洋环境的一切污染来源。这些措施，除其他外，应包括旨在在最大可能范围内尽量减少下列污染的措施：

（a）从陆上来源、从大气层或通过大气层或由于倾倒而放出的有毒、有害或有碍健康的物质，特别是持久不变的物质；

（b）来自船只的污染，特别是为了防止意外事件和处理紧急情况，保证海上操作安全，防止故意和无意的排放，以及规定船只的设计、建造、装备、操作和人员配备的措施；

（c）来自用于勘探或开发海床和底土的自然资源的设施和装置的污染，特别是为了防止意外事件和处理紧急情况，保证海上操作安全，以及规定这些设施或装置的设计、建造、装备、操作和人员配备的措施；

（d）来自在海洋环境内操作的其他设施和装置的污染，特别是为了防止意外事件和处理紧急情况，保证海上操作安全，以及规定这些设施或装置的设计、建造、装备、操作和人员配备的措施。

4. 各国采取措施防止、减少或控制海洋环境的污染时，不应对其他国家依照本公约行使其权利并履行其义务所进行的活动有不当的干扰。

5. 按照本部分采取的措施，应包括为保护和保全稀有或脆弱的生态系统，以及衰竭、受威胁或有灭绝危险的物种和其他形式的海洋生物的生存环境，而有必要的措施。

第 194 条是一个整体。正如学者所指出，第 194 条第 5 款是将“保护和保全海洋环境”的概念，扩展至“稀有或脆弱的生态系统，以及衰竭、受威胁或有灭绝危险的物种和其他形式的海洋生物的生存环境”。[91] 因此，《公约》第 194 条的标题“防止、减少和控制海洋环境污染的措施”和第 1 至 4 款的具体内容都表明，第 5 款所规定的保护和保全措施，是针对“稀有或脆弱的生态系统，以及衰竭、受威胁或有灭绝危险的物种和其他形式的海洋生物的生存环境”，在遭受“海洋环境污染”时所采取的。换言之，存在“海洋环境污染”是适用第 5 款的前提。

791. 就本案而言，仲裁庭若想裁定第 5 款被违反，必须先证明“有害捕捞行为”，已造成第 194 条第 3 款所规定的任何一种污染，再证明此种污染致使生态系统遭受损害。这就是说，“海洋环境污染”是将“有害捕捞行为”与“致使生态系统遭受损害”联系起来的纽带。但仲裁庭在裁决中只提及“有害捕捞行为”对濒危物种造成的损害，未论证“有害捕捞行为”是否造成污染。[92] 仲裁庭直接将“有害捕捞行为”与“致使生态系统遭受损害”联系起来。仲裁庭既然没有证明“有害捕捞行为”已造成“海洋环境污染”，就不能适用第 194 条第 5 款。

（三）仲裁庭无视中国已积极采取措施履行勤勉义务

792. 如前所述，勤勉义务是行为义务，要求当事国根据相关活动的具体情况，“按照其能力使用其所掌握的最切实可行方法”。事实上，在防止非法捕捞濒危物种方面，中国政府根据具体情况和现实需要采取了一系列措施，包括制定法律法规，积极采取配套行政和司法措施。仲裁庭认为，“没有证据表明，中国采取了任何步骤来执行针对渔民捕捞濒危物种的规则和措施”。[93] 仲裁庭这一说法完全是无视基本事实。

793. 以下通过公开途径可获取的信息足以证明中国一直以来都在积极履行勤勉义务。

1. 中国制定法律法规保护水生野生动物，特别是濒危物种

794. 首先，国家立法保护水生野生动物，禁止捕捞、买卖国家重点保护的水生野生动物。例如，《野生动物保护法》（1988 年颁布，2004 年、2009 年两次修正，2016 年修订）禁止猎捕、杀害国家重点保护野生动物；

91　Shabtai Rosenne and Alexander Yankov (eds.), Virginia Commentary (Martinus Nijhoff Publishers, 1991), Vol. IV, p.68, para.194.10(o).

92　参见《7 月 12 日裁决》第 954-958 段。

93　同上注，第 964 段。

同时禁止出售、购买、利用国家重点保护野生动物及其制品。[94]《渔业法》（1986年颁布，经2000年、2004年、2009年、2013年四次修正）禁止捕杀、伤害国家重点保护的水生野生动物。[95]《水生野生动物保护实施条例》（1993年发布，2011年修订）禁止任何单位和个人破坏国家重点保护的和地方重点保护的水生野生动物生息繁衍的水域、场所和生存条件；禁止捕捉、杀害国家重点保护的水生野生动物；禁止出售、收购国家重点保护的水生野生动物或者其产品。[96]《野生动物保护法》、《水生野生动物保护实施条例》和《刑法》对于违反上述禁令行为的法律责任，都有详细规定。[97]

795. 其次，国家禁止以危险方式捕捞水生野生动物，以保护有关水生野生动物生息繁衍的环境。《野生动物保护法》禁止使用爆炸物等禁用工具进行猎捕，规定了相应的法律责任。[98]《渔业法》则专门强调禁止使用炸鱼、毒鱼、电鱼等破坏渔业资源的方法进行捕捞，规定了相应的法律责任。[99]对于严重违反上述禁令的行为，《刑法》规定了刑事责任。[100]

796. 最后，国家对于商业性捕鱼采取许可证制度。根据《渔业法》和《渔业捕捞许可管理规定》（2002年公布，经2004年、2007年、2013年三次修订）之规定，商业性捕鱼必须要获得国家有关部门颁发的捕捞许可证，无证渔船禁止到相关海域捕鱼；捕捞许可证持证人对其捕捞活动负责，承担相应法律责任。[101]

2. 中国积极采取行政措施保护濒危物种

797. 中国农业部是在国家层面负责执行上述法律法规的主要机构。

798. 中国政府还采取多部门联合执法方式打击非法捕捞砗磲、珊瑚、海龟等行为。例如，2003年6月25日，农业部、工商总局、海关总署、公安部4部门联手打击非法捕捉、杀害、收购、出售、运输、进出口水生

---

94 参见《野生动物保护法》第21条、第27条。

95 参见《渔业法》第37条。

96 参见《水生野生动物保护实施条例》第7条、第12条、第18条。

97 参见《野生动物保护法》第45条、第48条;《水生野生动物保护实施条例》第26-28条;《刑法》第341条。

98 参见《野生动物保护法》第24条、第45条、第46条。

99 参见《渔业法》第30条、第38条。

100 参见《刑法》第340-341条。

101 参见《渔业法》第23条;《渔业捕捞许可管理规定》第16-22条、第36条。

野生动物的专项执法活动。[102] 又如，2012 年 6 月 28 日，农业部、公安部、海关总署联合组织打击非法捕捉、经营利用和走私水生野生动物保护专项执法活动。[103]

799. 地方层面上，2005 年以来，一批国家级、省级和县级海洋自然保护区先后在广东、广西和海南三省（区）设立。[104] 海南省琼海市为保护南海海洋生态环境，打击非法采挖、销售砗磲贝壳的行为，制定《琼海市开展打击非法采挖运载及销售砗磲贝壳专项执法检查行动实施工作方案》。[105] 潭门镇渔民世代前往南海捕鱼，该镇政府制定了相应的实施工作方案，打击非法采挖运载及销售砗磲贝壳，建立长效管理机制。[106]

3. 中国通过司法手段保护濒危物种

800. 对已查明的、特别是发生在南海地区的非法捕捞砗磲、珊瑚、海龟等濒危物种并构成犯罪的行为，通过司法手段依法追究当事人的刑事责任。例如，2007 年 12 月 3 日，李某、符某、杨某因非法收购、运输、出售海龟被捕，后被海南省三亚市城郊人民法院判处刑罚。[107] 2014 年 5 月，姚某因非法出售红珊瑚制品被捕，后被广东省广州市荔湾区人民法院判处刑罚。[108]

801. 此外，有些刑事案件不直接涉及南海地区，但可以佐证中国在保护濒危物种方面的努力。例如，2013 年上半年，四名被告因涉嫌非法出售红珊瑚被捕，于 2014 年被福建省霞浦县人民法院处以刑罚。[109]

802. 上述事实表明，中国在立法、执法和司法方面所采取的相关措施，足以证明中国一直以来积极履行勤勉义务。仲裁庭关于中国没有针对

102 参见“四部门联手展开拯救水生野生动物专项行动”，http://news.xinhuanet.com/newscenter/2003-06/25/content_937686.htm.

103 参见“农业部水生野生动植物保护办：多部门联合执法保护水生野生动物”，http://news.xinhuanet.com/politics/2012-06/28/c_112310682.htm.

104 参见“南海区监测保护海洋多样性综述”，http://www.oceanol.com/zhuanti/201705/22/c64772.html。

105 参见“琼海市开展打击非法采挖运载及销售砗磲贝壳专项执法检查行动实施工作方案”，http://xxgk.hainan.gov.cn/qhxxgk/bgt/201503/t20150326_1539023.htm.

106 参见“关于开展打击非法采挖、运载、销售砗磲贝壳等违法行为专项检查行动实施工作方案”，http://xxgk.hainan.gov.cn/qhxxgk/tmz/201509/t20150925_1672393.htm.

107 参见“收购运输出售 54 只海龟，三人分别获刑九个月至两年”，http://www.hi.chinanews.com/hnnew/2008-08-07/121212.html。

108 参见“姚某某非法出售珍贵、濒危野生动物制品罪案”，（2014）穗荔法州初字第 859 号，http://v6.pkulaw.cn/pfnl/1970324871089435.html。

109 参见“非法出售 7 千余克红珊瑚 四人涉案受审获刑”，http://lfzy.hebeicourt.gov.cn/public/detail.php?id=10002。

渔民捕捞濒危物种采取措施的说法与事实不符。这表明，仲裁庭在本案中尽管认定勤勉义务是行为义务，但实际上对中国适用的却是结果义务。

三、仲裁庭错误认定中国岛礁建设违反《公约》有关规定

803. 仲裁庭根据其指定专家提供的报告、菲律宾所提供的材料，认定中国南沙群岛岛礁建设活动违反《公约》第 192 条、第 194 条第 1 款和第 5 款、第 197 条、第 123 条、第 206 条。仲裁庭的裁决包含三方面的内容：

首先，就保护和保全海洋环境的义务而言，仲裁庭基于专家报告认定中国南沙群岛岛礁建设活动对海洋环境造成毁灭性和持久的损害，[110]裁定中国违背《公约》第 192 条、第 194 条第 1 款和第 5 款。

其次，就合作义务而言，仲裁庭认为没有令人信服的证据表明，中国在岛礁建设方面试图与南海其他沿岸国进行合作或协调，认定中国违反《公约》第 123 条、第 197 条之规定。[111]

第三，就监测和评价义务而言，仲裁庭认为，“尽管中国代表向《公约》缔约国保证，中国南沙群岛岛礁建设活动在环境保护上遵循高标准，但据本庭所知，中国没有向缔约国会议或其他国际机构，递送书面的评估报告”，[112] 认定中国没有履行《公约》第 206 条下的义务。

804. 中国南沙群岛岛礁建设是中国在自己领土上的正常建设活动，是中国主权范围内的事情。中国进行岛礁建设活动充分考虑环境因素，并采取了相应的措施。仲裁庭对中国南沙群岛岛礁建设活动没有管辖权。仲裁庭对中国岛礁建设破坏环境的有关论断是错误的。

（一）仲裁庭错误认定中国岛礁建设违反保护和保全海洋环境的义务

805. 仲裁庭在有关问题上至少存在两方面的错误：首先，仲裁庭将《公约》第 192 条、第 194 条第 1 款和第 5 款规定的勤勉义务不是视为行为义务，而是视为结果义务；其次，在事实认定方面，仲裁庭主要凭借的专家报告不具有可信度，而且仲裁庭实际上完全无视中国在岛礁建设过程中采取的诸多环保措施。

---

110 参见《7 月 12 日裁决》第 983 段。

111 参见上注，第 986 段。

112 同上注，第 991 段（文中引注省略）。

1. 仲裁庭将第 192 条、第 194 条第 1 款和第 5 款之规定视为结果义务

806. 正如前所述，勤勉义务只是行为义务，不是结果义务，并非保证损害绝对不会发生。因此，仲裁庭判断中国是否违反勤勉义务，要考察的是中国是否采取必要措施来“防止、减少和控制海洋环境污染”以及“保护和保全生态系统、海洋生物生存环境”，并尽了最大努力，而非只紧盯结果。

807. 然而，仲裁庭仅凭专家报告，就得出中国南沙群岛岛礁建设活动对海洋环境造成了毁灭性和持久损害的结论，并认定中国违反《公约》规定。[113] 仲裁庭实际上是在适用“结果义务”标准，将此强加于中国。仲裁庭并没有按照行为义务的标准去了解，中国政府是否“按照其能力使用其所掌握的最切实可行方法”，“防止、减少和控制海洋环境污染”以及“保护和保全生态系统和海洋生物生存环境”。仲裁庭只是简单地将所谓“独立专家报告”认定的“损害结果”与违反第 192 条、第 194 条第 1 款和第 5 款等同起来。

2. 仲裁庭在事实认定上存在错误

808. 仲裁庭在事实认定上还存在一些重大问题。仲裁庭所依赖的专家报告不具可信度，并且对中国所采取的措施视而不见。

809. 仲裁庭所凭借的专家报告可信度存在严重问题。第一，仲裁庭于 2016 年 2 月 29 日向当事国提议任命塞巴斯蒂安 · 费斯（Sebastian Ferse）为独立专家，又于 2016 年 4 月 12 日通知当事国准备任命彼得 · 马姆比（Peter Mumby）、赛琳娜 · 瓦尔德（Selina Ward）为独立专家，[114] 最早至此才完成对三名独立专家的任命。令人震惊的是，2016 年 4 月 29 日，三名专家已完成所谓的“独立专家报告”。[115] 从最后指定两名专家，到 3 名专家报告出台，前后最多只有 17 天。这么短的时间根本不可能完成一份严肃的南海海洋环境评估报告。这不得不让人怀疑报告人的独立性和专业性。

第二，报告缺乏第一手的观测数据。在“尼加拉瓜在边境地区从事的特定活动案”（尼加拉瓜诉哥斯达黎加，2015 年）中，国际法院注意到尼加拉瓜没有对下圣胡安河的形态变化提供直接证据，其观点都是建立在专

---

[113] 参见上注，第 982-983 段。
[114] 参见上注，第 85、90 段。
[115] 参见上注，第 95 段。

家建立的模型和估计上，缺乏实证数据支撑。国际法院未给予其证明力。[116] 就本案而言，三名所谓“专家”，在判断南沙群岛岛礁建设的潜在环境影响时，理应基于观测数据，并运用科学方法进行分析评估。遗憾的是，他们并没有这么做，他们撰写的专家报告，通篇都是援引与中国南沙岛礁建设无关的研究成果，例如迈阿密港、加勒比地区、大堡礁和夏威夷等与南海无关的地理区域的资料。[117]

第三，报告不加审查地采用菲律宾所提供的航拍图像和卫星图像。在专家报告中，菲律宾所提供的航拍图像、卫星图像被反复采用。实际上，这些航拍图像、卫星图像的可靠性存在问题。例如，菲律宾提供的第 597 号、第 781 号和第 782 号附件中的航拍图像、卫星图像，均为美国国际战略研究中心网站公布的材料。[118] 美国国际战略研究中心是一家有倾向性的智库，而不是从事航拍图像、卫星图像的专业机构，有关图像的可靠性值得怀疑。其中菲律宾提供的第 787–792 号附件、第 795 号附件中的航拍图像、卫星图像没有标明来源，只是以“众多来源”的表述敷衍了事。[119]

810. 中国政府在进行南海岛礁建设过程中，始终关注有关岛礁和海域的生态环境保护问题，秉持“绿色工程、生态岛礁”的理念，经过深入研究、严谨论证，采取了全程动态保护措施，将工程与生态环境保护紧密结合起来。[120] 2015 年 6 月 10 日和 18 日，中国国家海洋局网站先后两次发文，强调在南沙岛礁建设过程中，中国按照“绿色工程、生态岛礁”的理念，在规划、设计、施工中同步采取多项保护措施。[121] 中国所采取的这些措施

---

116 参见 Certain Activities Carried Out by Nicaragua in the Border Area (Costa Rica v. Nicaragua) and Construction of a Road in Costa Rica along the San Juan River (Costa Rica v. Nicaragua), Judgment, I.C.J. Report 2015, p.665, at para.203.

117 参见 Assessment of the potential environmental consequence of construction activities on seven reefs in the Spratly Islands in the South China Sea.

118 参见上注，第 35 页，第 204 脚注和“ANNEX B: List of Cited Documents Provided by the PCA”，引自 Written Response of the Philippines to the Tribunal’s 13 July 2015 Questions, Volume II, Annex 597; Supplemental documents of the Philippines, Vol. IV, Annexes 781-782.

119 参见上注，第 36 页，第 209 脚注和“ANNEX B: List of Cited Documents Provided by the PCA”，引自 Supplemental documents of the Philippines, Vol. IV, Annexes 787-792,795. 在“ANNEX B”中对有关图片来源的描述是“各种来源”。

120 参见“2016 年 5 月 6 日外交部发言人洪磊主持例行记者会”，http://www.fmprc.gov.cn/web/fyrbt_673021/t1361181.shtml。

121 参见“南沙岛礁扩建工程未对珊瑚礁生态系统造成影响”，http://www.soa.gov.cn/xw/dfdwdt/jgbm_155/201506/t20150610_38318.html；“南沙岛礁扩建工程不会对海洋生态环境造成破坏”，http://www.soa.gov.cn/xw/hyyw_90/201506/t20150618_38598.html。

足以表明，中国在南沙岛礁建设方面已履行了保护海洋生态环境方面的勤勉义务。仲裁庭置上述事实于不顾，却利用不专业的专家报告作出对中国有偏见的裁定。

（二）仲裁庭错误认定岛礁建设违反合作义务

811. 仲裁庭在这一问题上存在两个错误：首先，《公约》第 197 条并不适用；其次，仲裁庭无视中国在促进南海海洋环境保护和保全合作方面的努力，错误认定中国违反《公约》第 123 条（b）项的规定。

1. 仲裁庭错误适用《公约》第 197 条

812. 仲裁庭将《公约》第 197 条适用于中国岛礁建设活动，是错误的。《公约》第 197 条"在全球性或区域性的基础上的合作"规定：

> 各国在为保护和保全海洋环境而拟订和制订符合本公约的国际规则、标准和建议的办法及程序时，应在全球性的基础上或在区域性的基础上，直接或通过主管国际组织进行合作，同时考虑到区域的特点。

简言之，第 197 条规定的是规则制定和各国在此方面的合作，强调各国在制定有关海洋环境保护和保全的国际规则、标准和建议的办法及程序时，有进行合作的基本义务。[122] 这里，合作义务涵盖的事项是"拟定和制定符合本公约的国际规则、标准和建议的办法及程序"。中国南沙群岛岛礁建设活动并不属于第 197 条调整的事项。第 197 条所规定的义务不适用于中国南沙群岛岛礁建设活动。仲裁庭认定中国违反第 197 条规定的合作义务明显是适用法律的错误。

2. 仲裁庭无视中国在促进南海海洋环境保护和保全合作方面的努力

813.《公约》第 123 条"闭海或半闭海沿岸国的合作"规定：

> 闭海或半闭海沿岸国在行使和履行本公约所规定的权利和义务时，应互相合作。为此目的，这些国家应尽力直接或通过适当区域组织：
>
> ……
>
> （b）协调行使和履行其在保护和保全海洋环境方面的权利和义务。

814. 自 20 世纪 90 年代以来，中国一直积极倡导和推动南海周边国家

---

[122] 参见 Shabtai Rosenne and Alexander Yankov (eds.), Virginia Commentary (Martinus Nijhoff Publishers, 1991), Vol. IV, p.78, at paras.197.1-197.2.

开展海洋环境保护合作。经过多年谈判，中国与东盟国家于 2002 年签署《南海各方行为宣言》，其中第六条确定有关各方可探讨或开展合作，合作领域包括海洋环保和海洋科学研究。在全面有效落实《南海各方行为宣言》框架下，中国于 2011 年倡导成立海洋科研与环保、航行安全与搜救、打击海上跨国犯罪三个专门技术委员会，并一直为此作出努力。[123] 同年，中国还设立了"中国—东盟海上合作基金"，推动南海周边国家在海上搜救、海洋科研与环保等领域开展合作。[124] 2012 年，中国国务院批准《南海及其周边海洋国际合作框架计划（2011–2015）》，其中将海洋环境保护和海洋生态系统与生物多样性作为合作重要领域。[125] 中国还积极与泰国、柬埔寨、印度尼西亚等国开展双边海洋环境保护合作。[126]

815.《公约》第 123 条对闭海或半闭海国家提出了开展合作的一般性要求，鼓励沿岸国"应尽力"直接或通过适当区域组织开展合作。仲裁庭判定中国南沙群岛岛礁建设活动违背第 123 条规定毫无道理，实际上也是无视中国长期以来积极推动南海周边国家通过区域机制和双边渠道开展海洋环保和科研等方面合作的努力。

（三）仲裁庭错误认定中国岛礁建设违反环境影响评价义务

816. 仲裁庭裁定中国南沙群岛岛礁建设活动违背《公约》第 206 条关于环境影响评价的规定。仲裁庭的论证如下：鉴于岛礁建设活动的规模和影响，中国除了相信建设活动可能对海洋环境造成重大和有害的变化，不可能有其他合理看法，因此必须尽可能地进行环境影响评价，并且有义务提交环境评价结果。[127] 仲裁庭声称其无法确定中国做了还是没有做环境影响评价，但可以肯定中国未提交书面环境评价结果报告，因此认定中国违

---

123 参见"南海问题：唱响和平、稳定、合作主旋律"，2011 年 8 月 2 日，http://news.xinhuanet.com/world/2011-08/02/c_121756333.htm.

124 参见"中方将设立中国东盟海上合作基金"，2011 年 11 月 10 日，http://news.xinhuanet.com/fortune/2011-11/19/c_122305378.htm.

125 参见"国家海洋局党组成员、副局长陈连增近日在接受媒体采访时指出：推进南海海洋国际合作框架计划的实施"，2012 年 6 月 11 日，http://www.soa.gov.cn/xw/hyyw_90/201211/t20121112_361.html。

126 参见"中国国家海洋局局长刘赐贵会见泰国自然资源与环境部部长披查·仁颂布苏"，2012 年 4 月 18 日，http://www.soa.gov.cn/xw/hyyw_90/201212/t20121226_23410.html；"首届中柬海洋合作研讨会在青岛召开"，2012 年 9 月 26 日，http://www.soa.gov.cn/bmzz/jgbmzz2/gjhzsgatbgs/201211/t20121109_12154.html；"国家海洋局代表团访问印尼海洋与渔业部并出席第六届中印尼海洋科研与环保研讨会"，2012 年 11 月 9 日，http://www.soa.gov.cn/bmzz/jgbmzz2/gjhzsgatbgs/201211/t20121109_14901.html。

127 参见《7 月 12 日裁决》第 988 段。

背《公约》第 206 条。[128]

仲裁庭在此至少存在两个错误：（1）不顾事实妄断中国岛礁建设活动的环境影响；（2）无视各国对于是否进行环境影响评价的自由裁量权。

1. 仲裁庭不顾事实妄断中国岛礁建设活动的环境影响

817. 如前所述，所谓专家报告不具可信度，仲裁庭称“岛礁建设活动对海洋环境造成毁灭性和持久的损害”，[129] 缺乏依据。仲裁庭称中国除了相信建设活动可能对海洋环境造成重大和有害的变化不可能有其他合理看法，这是不顾基本事实的妄加论断。

中国在南沙群岛岛礁建设的整个过程中，一直不间断地对有关工程及其环境影响进行实时监测，并定期对监测结果进行科学评估。评估结果表明，有关岛礁建设活动不会对海洋环境造成“重大污染或重大和有害的变化”。中国已在多个场合对有关情况进行了说明。例如，2015 年 4 月 9 日，中国外交部发言人指出，中方进行岛礁扩建工程经过了科学的评估和严谨的论证，坚持建设和保护并重，有严格的环保标准和要求，充分考虑到生态环境和渔业保护等问题，不会对南海的生态环境造成破坏。[130] 2015 年 4 月 28 日，外交部发言人再次进行了说明。[131] 2015 年 6 月 10 日，国家海洋局网站发文表示，南沙岛礁扩建工程未对珊瑚礁生态系统造成破坏。[132] 2015 年 6 月 18 日，国家海洋局网站载文说明，中国南沙群岛岛礁建设活动，对珊瑚礁生态环境的影响是局部的、暂时的、可控的，也是可恢复的。[133] 根据上述，中国有合理的根据认为南沙群岛岛礁建设活动不会对海洋环境造成“重大污染或重大和有害的变化”。

2. 仲裁庭无视各国对于是否进行环境影响评价的自由裁量权

818. 仲裁庭认为中国违背《公约》第 206 条。该条规定如下：

> 各国如有合理根据认为在其管辖或控制下的计划中的活动可能对

---

128 参见上注，第 991 段。

129 同上注，第 983 段。

130 “2015 年 4 月 9 日外交部发言人华春莹主持例行记者会”，http://www.fmprc.gov.cn/web/wjdt_674879/fyrbt_674889/t1253375.shtml。

131 参见“2015 年 4 月 28 日外交部发言人洪磊主持例行记者会”，http://www.fmprc.gov.cn/web/wjdt_674879/fyrbt_674889/t1258820.shtml。

132 参见“南沙岛礁扩建工程未对珊瑚礁生态系统造成影响”，http://www.soa.gov.cn/xw/dfdwdt/jgbm_155/201506/t20150610_38318.html。

133 参见“南沙岛礁扩建工程不会对海洋生态环境造成破坏”，http://www.soa.gov.cn/xw/hyyw_90/201506/t20150618_38598.html。

> 海洋环境造成重大污染或重大和有害的变化，应在实际可行范围内就这种活动对海洋环境的可能影响作出评价，并应依照第二〇五条规定的方式提送这些评价结果的报告。

第205条“报告的发表”规定：

> 各国应发表依据第二〇四条所取得的结果的报告，或每隔相当期间向主管国际组织提出这种报告，各该组织应将上述报告提供所有国家。

819. 第206条规定了附条件的环境影响评价义务以及提送这些评价结果报告的义务。根据该条，只有在国家有合理根据认为在其管辖或控制下的计划中的活动可能对海洋环境造成重大污染或重大和有害的变化，才有义务对海洋环境的可能影响作出评价。正如学者评论指出，对于是否进行环境影响评价，当事国拥有一定的裁量权，但在根据需要作出这种评价报告后，提送报告的义务是绝对的。[134] 然而，当事国通过科学评估，如没有合理根据认为在其管辖或控制下计划中的活动，会对海洋环境造成“重大污染或重大和有害的变化”，该国可自主决定不进行环境影响评价。根据第206条和第205条，既然不进行环境影响评价，就不存在提送评价结果报告的问题。

820. 中国政府基于不断地监测获得的数据，经过科学评估，有合理理由认为岛礁建设活动不会对海洋环境造成“重大污染或重大和有害的变化”，未达到启动第206条中“环境影响评价”的标准，不需要进行有关环境评价，更谈不上提送评价结果报告的问题。仲裁庭的裁决是错误的。

---

[134] 参见 Shabtai Rosenne and Alexander Yankov (eds.), Virginia Commentary (Martinus Nijhoff Publishers, 1991), Vol. IV, p.124, at para.206.6(b).

第四节　中国在南沙群岛组成部分美济礁的建设活动[第 12（a）和第 12（c）项诉求]

821. 菲律宾在其第 12（a）项和第 12（c）项诉求中请求仲裁庭裁定：

中国在美济礁的占领和建设活动

（a）违反了《公约》关于人工岛屿、设施和结构的规定；

……

（c）构成违反《公约》试图据美济礁为领土的非法行为……。[135]

822. 仲裁庭认为，它对该诉求拥有管辖权。[136] 仲裁庭：

a. 认定中国未经菲律宾授权在美济礁进行人工岛屿、设施和结构建造活动；

b. 忆及，（i）其关于美济礁是低潮高地的认定，（ii）其关于低潮高地不可被据为领土的宣告，（iii）其关于美济礁位于菲律宾专属经济区和大陆架内的宣告；

c. 宣布，针对菲律宾在其专属经济区和大陆架上的主权权利，中国违反《公约》第 60 条和第 80 条……。[137]

823. 仲裁庭错误认定作为中国南沙群岛组成部分的美济礁是位于菲律宾专属经济区和大陆架上的低潮高地，错误将仅适用于沿海国专属经济区和大陆架的《公约》第 60 条和第 80 条适用于中国在本国领土上的建设活动，进而错误认定中国未经菲律宾授权在美济礁建设人工岛屿、设施和结构，侵犯菲律宾在其专属经济区和大陆架上的主权权利。

一、中国在美济礁的建设活动是行使主权的行为

824. 中国对南沙群岛拥有主权，美济礁是南沙群岛的组成部分。中国

135 《7 月 12 日裁决》第 994 段。

136 同上注，第 1028 段。

137 同上注，第 1203.B.(14) 段。

在美济礁的建设是在本国领土内的建设活动，是行使主权的行为。南沙群岛隶属于中国海南省三沙市。美济礁上的建设活动是三沙市城市总体规划的一部分。

二、仲裁庭错误适用《公约》第 60 条和第 80 条，认定中国侵犯菲律宾专属经济区和大陆架的主权权利

825. 如上所述，仲裁庭越权将中国领土美济礁认定为菲律宾专属经济区和大陆架的一部分。在这一错误前提下，仲裁庭错误将仅适用于沿海国专属经济区和大陆架的《公约》第 60 条和第 80 条适用于中国在本国领土上的主权行使行为。

826.《公约》第 60 条的标题是“专属经济区内的人工岛屿、设施和结构”，第 1 款规定的是“沿海国在专属经济区内应有专属权利建造并授权和管理建造、操作和使用”，第 2 款至第 8 款规定的都是与此有关的事宜。[138] 第 80 条的标题是“大陆架上的人工岛屿、设施和结构”，该条规定

---

[138] 《公约》第 60 条规定：

1. 沿海国在专属经济区内应有专属权利建造并授权和管理建造、操作和使用：
   (a) 人工岛屿；
   (b) 为第 56 条所规定的目的和其他经济目的的设施和结构；
   (c) 可能干扰沿海国在区内行使权利的设施和结构。
2. 沿海国对这种人工岛屿、设施和结构应有专属管辖权，包括有关海关、财政、卫生、安全和移民的法律和规章方面的管辖权。
3. 这种人工岛屿、设施或结构的建造，必须妥为通知，并对其存在必须维持永久性的警告方法。已被放弃或不再使用的任何设施或结构，应予以撤除，以确保航行安全，同时考虑到主管国际组织在这方面制订的任何为一般所接受的国际标准。这种撤除也应适当地考虑到捕鱼、海洋环境的保护和其他国家的权利和义务。尚未全部撤除的任何设施或结构的深度、位置和大小应妥为公布。
4. 沿海国可于必要时在这种人工岛屿、设施和结构的周围设置合理的安全地带，并可在该地带中采取适当措施以确保航行以及人工岛屿、设施和结构的安全。
5. 安全地带的宽度应由沿海国参照可适用的国际标准加以确定。这种地带的设置应确保其与人工岛屿、设施或结构的性质和功能有合理的关联；这种地带从人工岛屿、设施或结构的外缘各点量起，不应超过这些人工岛屿、设施或结构周围五百公尺的距离，但为一般接受的国际标准所许可或主管国际组织所建议者除外。安全地带的范围应妥为通知。
6. 一切船舶都必须尊重这些安全地带，并应遵守关于在人工岛屿、设施、结构和安全地带附近航行的一般接受的国际标准。
7. 人工岛屿、设施和结构及其周围的安全地带，不得设在对使用国际航行必经的公认海道可能有干扰的地方。
8. 人工岛屿、设施和结构不具有岛屿地位。它们没有自己的领海，其存在也不影响领海、专属经济区或大陆架界限的划定。

"第六十条比照适用于大陆架上的人工岛屿、设施和结构"。这两条有关人工岛屿、设施和结构的规定非常清楚，仅适用于沿海国的专属经济区和大陆架。然而包括美济礁在内的南沙群岛是中国的领土。中国在美济礁上的建设是在本国领土上的建设，不是在菲律宾专属经济区和大陆架上建设人工岛屿、设施和结构，根本不适用《公约》第 60 条和第 80 条。

第五节　中国在黄岩岛地区驱离菲律宾船舶的执法活动(第13项诉求)

827. 菲律宾针对2012年4月28日和2012年5月26日中国执法船在黄岩岛地区的执法活动,[139]指控中国以危险方式操作执法船舶，造成与航行在黄岩岛附近的菲律宾船舶发生“严重的碰撞危险”,[140]违反了《公约》第94条和第21条第4款以及1972年《避碰规则公约》所规定的安全航行义务。[141]

828. 仲裁庭认为,《公约》第94条通过第5款的“一般接受的国际规章”，将1972年《避碰规则公约》纳入《公约》。《避碰规则公约》构成“一般接受的国际规章”，违反《避碰规则公约》即违反《公约》第94条。[142]仲裁庭裁定，中方执法船于2012年4月28日和5月26日在黄岩岛附近海域内的操作行为造成了严重的碰撞危险，危及到菲律宾船舶和人员的安全，违反了《避碰规则公约》第2条、第6条、第7条、第8条、第15条和第16条规则，同时也违反了《公约》第94条。[143]

829. 第二章已经指出菲律宾第13项诉求涉及领土主权问题，仲裁庭没有管辖权。本节指出:(1)仲裁庭片面截取并孤立看待整个黄岩岛事件的两个片段，无视黄岩岛事件的实质是菲律宾对中国领土主权的挑衅和中国采取必要的维权执法措施;(2)仲裁庭错误地通过《公约》第94条将《避碰规则公约》适用于中国的执法行动;(3)菲律宾船舶的活动不构成《公约》规定的“无害通过”，中国在黄岩岛海域驱离菲律宾船舶合法合理。

---

[139] 这两起事件具体是指:(1)2012年4月28日菲律宾执法船BRP Pampanga号与BRP Edsa II号在黄岩岛的领海内进行所谓的巡航和任务交接时，中国执法船渔政310号抵近行驶试图将其驱离黄岩岛领海，被菲律宾认为产生了“近似碰撞”。(2)2012年5月26日，菲律宾MCS 3008号执法船试图强行驶入黄岩岛的泻湖但遭到中国海监71、84船及渔政303船、渔政306船的阻拦，中方船只驱离菲律宾执法船只的行为被菲律宾诉称产生所谓的“近似碰撞”危险。参见《7月12日裁决》第1047-1058段。

[140] 参见上注，第1044段。

[141] 参见Memorial of the Philippines, Vol. I, para.6.114.

[142]《7月12日裁决》第1081-1083段。

[143] 同上注，第1203.B.(15)段。

一、仲裁庭错误定性中国驱离侵入黄岩岛海域的菲律宾船舶的行动

830. 2012 年 4 月 28 日和 2012 年 5 月 26 日中菲船舶在黄岩岛海域的活动，是中国为应对菲律宾对中国领土主权的挑衅而采取的维权执法行动。仲裁庭却片面截取中国执法船舶拦截阻止菲律宾船舶的片段，将中国维护主权的行动错误地定性为一般的航行活动。

831. 2012 年 4 月 10 日上午，12 艘中国渔船在黄岩岛潟湖内正常作业时，遭菲律宾海军“德尔皮拉尔号”巡逻舰袭扰。菲律宾武装人员登临中国渔船，讯问中国渔民，搜查船只，行为粗暴恶劣，挑衅中国领土主权，侵犯中国渔民人权。4 月 10 日下午，正在附近执行巡航执法任务的中国海监 84 号船和海监 75 号船接报后立即赶赴事发海域制止菲律宾非法行为。[144] 此后，中菲均往相关区域增派船只。

832. 菲律宾诉求提及的 2012 年 4 月 28 日和 5 月 26 日事件，正是菲律宾对中国领土主权挑衅和中国采取维权措施过程中的一部分。菲律宾向仲裁庭提交的一份海警报告清楚表明，菲律宾船舶 2012 年 4 月 28 日进入黄岩岛海域是菲律宾在“黄岩岛附近巡航及执法行动”的一部分，该行动的任务是：

> 1.1 在黄岩岛附近进行海上巡航和执法活动……；
>
> 1.2 为在黄岩岛附近展示旗帜、表示存在以及记录外国船舶在黄岩岛附近的存在情况和反常行动；
>
> ……
>
> 1.4 确保不同海域的活动符合菲方的相关政策，国内法以及《公约》；
>
> 1.5 监测黄岩岛水域情势并警惕中方有可能的威胁行动……。[145]

5 月 26 日，菲律宾船舶进入黄岩岛海域，通过急转急停等危险方式绕开中国执法船舶的层层阻拦，最终闯入黄岩岛潟湖内锚泊。针对菲律宾的上述挑衅，中国执法船被迫采取了一些必要的维权执法措施。中国在本

---

144 参见“黄岩岛十问”，2012 年 6 月 15 日，http://ph.china-embassy.org/chn/zgxw/t941671.htm.

145 Report from Commanding Officer, SARV-003, Philippine Coast Guard, to Commander, Coast Guard District Northwestern Luzon, Philippine Coast Guard, 28 April 2012, para.1, Memorial of the Philippines, Vol.IV, Annex 78.

国领海或内水采取的维权执法措施不是一般的航行活动。仲裁庭对中国船只活动的定性是错误的。

833. 仲裁庭认定菲律宾第13项诉求涉及的主要事件发生在“黄岩岛的领海”，[146] 认为中国执法船在领海内必须承担《避碰规则公约》项下的相关义务。从区域上看，中国对仲裁庭认定为“领海”的区域毫无疑问拥有主权，但在中国尚未公布黄岩岛地区领海基点和基线的情况下，仲裁庭认定有关海域为“领海”而非内水实属草率。正如第五章所述，中国对包括黄岩岛在内的中沙群岛整体享有主权和海洋权利。公布黄岩岛地区的领海基点和基线的权利属于中国，但中国尚未这么做。在此情况下，中国在黄岩岛地区的内水和领海的具体界限尚未明确。沿海国对内水和领海都拥有主权，但在《公约》和一般国际法框架下，内水和领海适用的法律规则是不同的。这进一步说明，仲裁庭不能脱离领土主权问题来审议菲律宾第13项诉求。

二、仲裁庭错误地通过《公约》第94条适用《避碰规则公约》

834. 仲裁庭认为：

> 《公约》第94条将《避碰规则公约》并入《公约》，并且二者均可拘束中国。因此，《避碰规则公约》作为涉及确保海上安全必要措施的“一般接受的国际规章”，违反它就构成了对《公约》本身的违反。[147]

835. 仲裁庭没有分析就将《公约》第94条适用于本案。中菲两国船舶活动的性质以及《避碰规则公约》的适用范围决定了《避碰规则公约》不应该被适用。

（一）仲裁庭不加分析地将《公约》第94条适用于本案

836.《公约》第94条规定的有关船旗国的义务属于《公约》第七部分“公海”项下的规定。该条规定：

[146] 《管辖权裁决》第410段；《7月12日裁决》第1045段。

[147] 《7月12日裁决》第1083段。

第九十四条 船旗国的义务

1. 每个国家应对悬挂该国旗帜的船舶有效地行使行政、技术及社会事项上的管辖和控制。

2. 每个国家特别应：

（a）保持一本船舶登记册，载列悬挂该国旗帜的船舶的名称和详细情况，但因体积过小而不在一般接受的国际规章规定范围内的船舶除外；

（b）根据其国内法，就有关每艘悬挂该国旗帜的船舶的行政、技术和社会事项，对该船及其船长、高级船员和船员行使管辖权。

3. 每个国家对悬挂该国旗帜的船舶，除其他外，应就下列各项采取为保证海上安全所必要的措施：

（a）船舶的构造、装备和适航条件；

（b）船舶的人员配备、船员的劳动条件和训练，同时考虑到适用的国际文件；

（c）信号的使用、通信的维持和碰撞的防止。

4. 这种措施应包括为确保下列事项所必要的措施：

（a）每艘船舶，在登记前及其后适当的间隔期间，受合格的船舶检验人的检查，并在船上备有船舶安全航行所需要的海图、航海出版物以及航行装备和仪器；

（b）每艘船舶都由具备适当资格、特别是具备航海术、航行、通信和海洋工程方面资格的船长和高级船员负责，而且船员的资格和人数与船舶种类、大小、机械和装备都是相称的；

（c）船长、高级船员和在适当范围内的船员，充分熟悉并须遵守关于海上生命安全，防止碰撞，防止、减少和控制海洋污染和维持无线电通信所适用的国际规章。

5. 每一国家采取第 3 和第 4 款要求的措施时，须遵守一般接受的国际规章、程序和惯例，并采取为保证这些规章、程序和惯例得到遵行所必要的任何步骤。

……

该“公海”部分第 86 条“本部分规定的适用”开门见山地规定：

本部分的规定适用于不包括在国家的专属经济区、领海或内水或群岛国的群岛水域内的全部海域。本条规定并不使各国按照第五十八条规定在专属经济区内所享有的自由受到任何减损。

837. 显然，公海部分的规定本身不适用于其他海洋区域。如果不借助于其他条款，《公约》第 94 条不适用于公海以外的其他区域。正因如此，《公约》通过第 58 条第 2 款规定将公海部分的有关规则适用到专属经济区。该款规定："第八十八条至第一一五条以及其他国际法有关规则，只要与本部分不相抵触，均适用于专属经济区。"如果第 94 条已经能够将《避碰规则公约》纳入《公约》并适用于专属经济区，那么第 58 条第 2 款就没有意义。这种解读违反条约解释要给予所有条约条款应有效力的原则。

838. 如果不借助引入条款，第 94 条不能适用于领海。仲裁庭如将第 94 条适用于领海，则需借助类似第 58 条第 2 款的规定，但是仲裁庭并未提及相应的条款，不加论证地将《公约》第 94 条直接适用于领海。[148] 菲律宾试图找出这样一个条款，只能提出第 21 条第 4 款，但仲裁庭并未采纳。该款规定，"行使无害通过领海权利的外国船舶应遵守所有这种法律和规章以及关于防止海上碰撞的一切一般接受的国际规章"。该款规定表明，在领海进行无害通过的外国船舶已纳入"关于防止海上碰撞的一切一般接受的国际规章"的调整范围。仲裁庭如听取菲律宾的说法适用该款，必须证明哪一国船舶属于"外国船舶"，毫无疑问涉及主权归属判定。从另一角度来看，如果第 94 条已经能够将《避碰规则公约》纳入《公约》并适用于领海，那么第 21 条第 4 款就会变得毫无意义，这种解读违反条约解释要给予所有条约条款应有效力的原则。

839. 更何况，仲裁庭找不到一个《公约》条款将第 94 条适用于内水。仲裁庭笼统地将事件发生海域界定为领海，并适用第 94 条，然而有关海域有可能属于中国的内水，在这种情况下根本不存在适用第 94 条的问题。仲裁庭的做法是草率的，不专业的。

（二）仲裁庭错误地将《避碰规则公约》适用于中国执法船只在黄岩岛地区"领海"内的执法活动

840. 无论如何，《避碰规则公约》只适用于一般意义的航行行为，并不适用于沿海国根据《公约》第 25 条行使的防止外国船舶非无害通过的

[148] 参见《管辖权裁决》第 410 段，《7 月 12 日裁决》第 1083 段。

执法活动。仲裁庭认定中国执法船在黄岩岛“领海”海域的执法活动应该适用《避碰规则公约》，属适用法律错误。

841.《避碰规则公约》规则 1 规定其适用于在所有海域的所有类型的船舶，并未排除执法船。但根据国际法和国家实践并从整体上加以解释，该公约仅适用于与一般航行相关的船舶避碰问题，不适用于执法船为执法目的采取接近、截停、登临等必要措施的情况。《避碰规则公约》的立法目的和立法背景体现了这一点。[149]

842. 执法船的执法行为虽然表面上与航行行为很相似，但有实质区别。执法行为的目的是使被违反的法律得到遵守，使违法者受到法律的制裁。海洋执法通常依靠船舶进行，执法行为往往体现为船舶的驾驶和操纵行为，这与陆地上以车辆为执法工具性质完全相同。《避碰规则公约》中规则 1（a）之所以将其适用范围确定为“在公海和连接于公海而可供海船航行的一切水域中的一切船舶”，是因为执法船首先也是船舶，也存在航行行为，因此也必须遵守《避碰规则公约》，这正如警车在一般情况下也要遵守道路交通规则，只在执法必要时才可以豁免。因此，在一般状态下，执法船的航行行为同样受《避碰规则公约》调整，而执法必要时则可不适用《避碰规则公约》。

843. 事实上，《公约》对在执法必要时不适用避碰规则已经有所体现。《公约》第 110 条和第 111 条分别规定的登临权和紧追权，充分说明了执法船的执法行为，尤其是针对抗拒执法的外国船舶的执法行为，不必遵守避碰规则。根据《公约》第 110 条，军舰和获得授权的执法船舶在公海上有合理根据认为外国船舶存在从事海盗、奴隶贩卖等涉嫌违法的行为时，享有登上该船进行检查的权利。类似地，《公约》第 111 条授予了军舰以及获得授权的执法船舶在有充分理由认为外国船舶违反本国法律和规章时对该外国船舶进行追逐、拿捕和交付审判的权利。众所周知，无论是登临权还是紧追权，其权利的实现都要求军舰或获得授权的执法船舶高速行驶并主动靠近甚至从船首截停被执法的外国船舶。而这些特征是与《避碰规则公约》规定的船舶应该遵守“安全速度”、保持“安全距离”，以及“不能横越船首”等避碰规则格格不入的。换言之，在《公约》项下军舰或获

[149] 参见 A. N. Cockcroft and J. N. F. Lameijer, A Guide to the Collision Avoidance Rules: International Regulations for Preventing Collisions at Sea, 7th edition (Elsevier, 2012), p.xi; Samir Mankabady, Collision at Sea: A Guide to the Legal Consequences (North-Holland Publishing Company, 1978), pp. 6-7;

得授权的执法船舶，在行使登临权和紧追权等执法行为时，是不用遵守《避碰规则公约》的。

844. 另外，《公约》没有要求沿海国在领海适用《避碰规则公约》。《公约》第 21 条第 4 款强调“关于防止海上碰撞的一切一般接受的国际规章”适用于行使无害通过领海权利的“外国船舶”，而对沿海国没有提出相应要求，更不要说沿海国在本国领海内的执法行为。[150]

845. 从国家实践看，以英国和美国为代表的一些国家在实践中均认为《避碰规则公约》调整与航行相关的船舶避碰问题，而且主要针对的是商船而不是执法船舶。在英国，避碰规则主要用于规范商船航行，并被纳入商业航行法或规章予以规制，如《1862 年商业航行法》、《1894 年商业航行法》,[151] 以及《1996 年商业航行（求救信号和避碰）规章》[152] 等。在美国，有关避碰的规则和国内航行规章被统一纳入《航行规则》中。[153] 尚未发现要求本国船只执法行动无一例外适用避碰规则的情况。

846. 曾在美国海岸警卫队工作了 21 年的艾伦（Craig H. Allen）作为菲律宾聘请的专家，在其提交给仲裁庭的报告中说：

> 我应该补充说明，我服务的美国海岸警卫队的任务经常需要驶近接近的船舶，以便确认其身份和船旗，以及行为性质，并且，在情况需要时可截停船舶进行登临执法……。对美国海岸警卫队而言，在执行警务活动时，我们仍应该遵守《避碰规则公约》。……因此，那种认为任何政府拥有或者操作的船舶在从事警务活动时可以免受这些规则的约束的说法，无论是在《公约》、《避碰规则公约》，还是在判例法里，都是找不到依据的。[154]

847. 艾伦的说法让人疑惑，但却表明，美国海岸警卫队的船舶在执法需要时可以采取包括逼近、截停等在内的一切必要手段。在上述情况下，

---

150 参见 Chris Whomersley, The Award on the Merits in the Case Brought by the Philippines against China Relating to the South China Sea: A Critique, 16 Chinese Journal of International Law (2017), p.387, at paras.66-68.

151 参见 Samir Mankabady, Collision at Sea: A Guide to the Legal Consequences (North-Holland Publishing Company, 1978), p.6.

152 参见 The Merchant Shipping (Distress Signals and Prevention of Collisions) Regulations 1996, UK Statutory Instrument 1996 No.75, http://www.uklaws.org/statutory/instruments_15/doc15451.htm.

153 参见 Navigation Rules, https://www.navcen.uscg.gov/?pageName=NavRulesWithAnnexes.

154 Opinion of Craig H. Allen, Judson Falknor Professor of Law, University of Washington (19 Mar. 2014), pp.5-6, Memorial of the Philippines, Vol. VII, Annex 239.

美国海岸警卫队的执法手段不可能符合《避碰规则公约》所包含的“保持安全距离”、“防止碰撞风险”等要求。另外，艾伦并没有全面列明美国海岸警卫队的执法手段，从《美国海岸警卫队指挥官指南》[155]可以看出，这些手段包括使用武力，就更谈不上受《避碰规则公约》约束的问题。在此情况下，不知艾伦在报告中的结论从何而来。执法船舶的必要执法活动当然要依法进行，但不是依据《避碰规则公约》。

三、中国船舶在黄岩岛海域的行动合法合理

848. 仲裁庭既然认定有关海域是领海，就应该适用《公约》有关领海的规定，特别是无害通过制度的规定。按照《公约》规定，菲律宾船舶在中国领海内的活动不属于“无害通过”，中国执法船舶有权按照包括《公约》在内的国际法对菲律宾船只“采取必要的步骤以防止非无害的通过”。[156]

（一）菲律宾船舶的活动不构成《公约》规定的“无害通过”

849. 仲裁庭在《管辖权裁决》中虽然认定菲律宾第 13 项诉求涉及《公约》第 21 条、第 24 条和第 94 条适用的争议。[157]但在实体问题裁决中，仲裁庭则将《公约》关于无害通过的第 21 条和第 24 条置之脑后。仲裁员是海洋法领域的专业人员，肯定不会不懂这两个条款的运用。他们也不是由于疏忽而遗忘了这两个条款，因为他们在《管辖权裁决》中已认定菲律宾的诉求反映了有关这两个条款适用的争端。唯一可能的解释是，仲裁庭如适用无害通过制度，则需要明确领海的沿海国和在领海进行无害通过的外国船舶。这涉及主权问题，仲裁庭无权审理。

850. 仲裁庭在认定事件发生海域属于“领海”后，本应认定菲律宾船舶在 2012 年 4 月 28 日和 5 月 26 日的活动不属于无害通过。

851. 首先，菲律宾执法船的活动不符合《公约》规定的“通过”目的和方式。《公约》第 18 条规定：

155　参见 The Commander’s Handbook on the Law of Naval Operations (edition July 2007), para.2.5.2.1.

156　参见《公约》第 25 条第 1 款。

157　参见《管辖权裁决》第 410 段。

第十八条 通过的意义

1. 通过是指为了下列目的，通过领海的航行：

（a）穿过领海但不进入内水或停靠内水以外的泊船处或港口设施；或

（b）驶往或驶出内水或停靠这种泊船处或港口设施。

2. 通过应继续不停和迅速进行。通过包括停船和下锚在内，但以通常航行所附带发生的或由于不可抗力或遇难所必要的或为救助遇险或遭难的人员、船舶或飞机的目的为限。

可见，在沿海国领海内行使“通过”的外国船舶，必须是以“航行”为目的予以“通过”。这种“通过”的目的包括第18条第1款中规定的两种情形。然而，菲律宾船舶并不符合第18条第1款规定的任何一种情形。菲律宾向仲裁庭提交的政府文件表明，其执法船只进入黄岩岛“领海”的目的是在黄岩岛附近进行海上巡航和执法活动。[158] 此外，《7月12日裁决》也提到菲律宾船只在黄岩岛“领海”内进行人员轮换、船只补给、监测情势等行为，并且明确地指出菲律宾执法船只的目的是进入黄岩岛潟湖。[159] 显然，这不是以“航行”为目的的通过。

菲律宾船舶也不符合《公约》第18条第2款规定的“应继续不停和迅速进行”的通过方式。菲律宾船舶在进入黄岩岛“领海”后，向菲律宾早前锚泊在此的菲律宾海警船停靠并进行补给和人员轮换。[160] 这明显不是第18条“继续不停和迅速进行”的通过方式。

852. 其次，即使菲律宾船舶的活动属于“通过”，也不是“无害通过”，不符合第19条规定的“无害通过”的意义。该条规定：

第十九条 无害通过的意义

1. 通过只要不损害沿海国的和平、良好秩序或安全，就是无害的。这种通过的进行应符合本公约和其他国际法规则。

2. 如果外国船舶在领海内进行下列任何一种活动，其通过即应视为损害沿海国的和平、良好秩序或安全：

---

158 参见 Report from the Commanding Officer, SARV-003, Philippine Coast Guard, to Commander, Coast Guard District Northwestern Luzon, Philippine Coast Guard (28 Apr. 2012), para.1.1, Memorial of the Philippines, Vol.IV, Annex 78.

159 参见《7月12日裁决》第1049-1058段。

160 参见上注，第1047-1050段。

……

（c）任何目的在于搜集情报使沿海国的防务或安全受损害的行为；

（d）任何目的在于影响沿海国防务或安全的宣传行为；

……

（g）违反沿海国海关、财政、移民或卫生的法律和规章，上下任何商品、货币或人员；

……

（j）进行研究或测量活动；

……

（l）与通过没有直接关系的任何其他活动。

如前所述，菲律宾船舶进入黄岩岛海域目的就是为了挑衅中国的主权。菲律宾船舶在黄岩岛“领海”内记录中方活动、海上巡航、执法、人员轮换、船只补给、监测情势、宣示存在等行为明显损害该地区的和平、良好秩序和安全，违背《公约》第 19 条规定，不是“无害”。

853. 再次，菲律宾船舶的活动违反了中国“关于无害通过的法律和规章”。《公约》第 21 条规定，“沿海国可依本公约规定和其他国际法规则，对航行安全和海上交通管理等事项，制定关于无害通过领海的法律和规章”，“行使无害通过领海权利的外国船舶应遵守所有这种法律和规章以及关于防止海上碰撞的一切一般接受的国际规章。”

中国制定了相应的国内立法，包括但并不限于 1992 年《领海及毗连区法》和 1983 年《海上交通安全法》（2016 年修订）等相关法律法规。但菲律宾船舶不顾中国执法船舶的拦阻，仍强行前往并闯入黄岩岛潟湖，停船锚泊。菲律宾船舶的行为既违反包括《公约》在内的国际法，也违反中国国内法。

（二）中国执法船舶驱离菲律宾船舶合法合理

854. 根据《公约》第 25 条第 1 款，“沿海国可在其领海内采取必要的步骤以防止非无害的通过”。一般认为，“防止非无害通过的必要措施包括交换信息以要求过错船舶停止相关行动、要求船舶立即驶离领海、布控船舶以防止过错船舶继续通过、执法部门登临船舶指挥驶离或者对威胁沿海国的违法船舶使用武力等”。[161] 国际海事组织通过的《〈制止危及海上航行安全非法行为公约〉（1988 年）2005 年议定书》第 8bis 条第 9 款，联合国大会通过的《执法人员行为守则》第 3 条，《执行 1982 年 12 月 10 日〈联合国海洋法公约〉有关养护和管理跨界鱼类种群和高度洄游鱼类种群的规定的协定》第 22 条第 1 款（f）项等文件都允许执法人员在必要时使用武力作为最后手段。

855. 从国际司法实践看，《公约》第 25 条所规定的“采取必要的步骤以防止非无害的通过”的手段，包含使用武力。在“赛加号（圣文森特诉几内亚，1999 年）”案中，国际海洋法法庭裁定，“尽管《公约》并没有明确规定查扣船舶时可以使用武力，但根据《公约》第 293 条适用的国际法的要求，应尽可能避免使用武力，在武力不可避免的情况下，使用武力不可超过合理和必要的限度。”[162] 而且，法庭还为海上执法活动的内涵和限度提供了一定指引，表示：“海上执法活动一直遵守着这些原则。迫使在海上航行的其他船停驶的通常措施，首先是使用国际通行的信号，发出视听停驶信号；当该方法不奏效时，可以采取多种措施，包括横穿船首的射击。只有在适当的措施失败后，作为最后的救济手段，追及方才可使用武力”。[163]

856. 各国实践也支持采用从逼近、截停、登临到使用武力等一切必要手段进行海上执法。《美国海岸警卫队指导方针》第 2.5.2.1 条规定，沿海国为阻止在其领海内的非无害通过，可在必要时使用武力。[164] 第 3.11.5 条也规定了在进行海洋执法时，“在必要且合适的情况下，可以使用武力”，并且这种规定适用于美国武装力量人员在其领土内和领土外的军事或战术控制活动。[165] 日本《海上保安厅法》第 20 条规定，海警警官使用武力时比照适用警察执行任务时的相关法律规定。[166] 一些国家，如日本，甚至建造

---

[161] Donald R. Rothwell and Tim Stephens, International Law of the Sea (Hart Publishing, 2010), p.218.

[162] The M/V “SAIGA” (No. 2) Case (Saint Vincent and the Grenadines v. Guinea), ITLOS Case No. 2, Judgment, 1999, para.155.

[163] 同上注，第 156 段。

[164] 参见 The Commander’s Handbook on the Law of Naval Operations (edition July 2007), para.2.5.2.1.

[165] 参见上注，第 3.11.5 段。

[166] 参见 Japan Coast Guard Law (Law No. 28 of April 27, 1948 as amended through Law No. 102 of 1999), http://nippon.zaidan.info/seikabutsu/2001/00500/contents/00021.htm.

能够承受船舶碰撞的执法船舶并已投入使用。[167]

857. 中国执法船舶面对菲律宾船舶对中国主权的挑衅和对中国执法的抗拒，仅仅采取了靠近、拦截等非物理接触措施，既符合包括《公约》在内的国际法规定，也是非常克制的。仲裁庭裁定中国违反《避碰规则公约》和《公约》第 94 条，是无视基本事实，错误适用法律。

[167] 参见 Elizabeth Shim, "Report: Japan to Deploy Enhanced Patrol Boats to Deter Chinese Vessels", UPI News (10 October 2016), http://www.upi.com/Top_News/World-News/2016/10/10/Report-Japan-to-deploy-enhanced-patrol-boats-to-deter-Chinese-vessels/9331476124548/.

第六节　中国在南海的相关活动与“加剧或扩大”争端的问题（第 14 项诉求）

858. 菲律宾第 14 项诉求是：自 2013 年本仲裁开始以来，中国非法加剧或扩大了争端，包括：（a）干扰菲律宾在仁爱礁及其附近水域航行的权利；（b）阻止驻守在仁爱礁菲律宾人员的轮换和给养补给；（c）危及驻守在仁爱礁菲律宾人员的健康和福利；（d）在美济礁、华阳礁、永暑礁、南薰礁、赤瓜礁、东门礁和渚碧礁上进行挖沙、人工岛屿建造和建设活动。[168]

859. 仲裁庭以中国和菲律宾在仁爱礁的行动［第 14（a）项至第 14（c）项］属于《公约》第 298 条第 1 款（b）项规定的“军事活动”例外情形为由，裁定对菲律宾第 14（a）至（c）项诉求没有管辖权，裁定第 14（d）项诉求不构成“军事活动”，仲裁庭享有管辖权。[169]

针对菲律宾第 14（d）项诉求所涉实体问题，仲裁庭裁定中国岛礁建设活动加剧或扩大了争端，违反《公约》第 279 条（用和平方法解决争端的义务）、第 296 条（裁判的确定和拘束力）、第 300 条（善意和滥用权利）及不得加剧或扩大在审争端这一基于一般国际法的义务。[170]

860. 为推导出其结论，仲裁庭采取了三步走方式：一是首先论述“不得加剧或扩大争端”构成一项“一般国际法原则”；二是回到《公约》，认为《公约》第 279 条、第 296 条和第 300 条包含“不得加剧或扩大争端”义务；三是认定中国在南沙群岛的岛礁建设活动“加剧或扩大了争端”。

861. 第二章已经阐明，仲裁庭对菲律宾第 14 项诉求没有管辖权。本节将阐明仲裁庭在对中国活动定性以及解释和适用法律方面的错误，包括无视菲律宾第 14 项诉求所涉事项属于中国行使主权的活动，基于错误前提将中国岛礁建设视为“加剧和扩大争端”，不当地解释“不得加剧或扩大

---

[168] 《7 月 12 日裁决》第 1110 段。

[169] 参见上注，第 1203.A(6) 段。

[170] 参见上注，第 1203.B(16) 段。

争端义务”，并强行将《公约》条款与“不得加剧或扩大争端”建立联系。

一、仲裁庭无视菲律宾第 14（d）项诉求所涉事项属于中国行使主权的活动

862. 如第四章所述，南沙群岛是中国的远海群岛，中国对南沙群岛及其组成部分拥有主权。菲律宾第 14 项诉求涉及的仁爱礁、美济礁、华阳礁、永暑礁、南薰礁、赤瓜礁、东门礁和渚碧礁，均属中国南沙群岛的组成部分，也即中国领土的一部分。

863. 中国在美济礁、华阳礁、永暑礁、南薰礁、赤瓜礁、东门礁和渚碧礁这些南沙群岛组成部分上的建设活动，与在中国其他领土上的建设活动一样，是中国作为主权国家依据国际法享有的固有权利，完全是中国主权范围内的事。中国外交部发言人曾多次表明：“南沙岛礁建设是中国主权范围内的事，合法、合理、合情，不针对任何国家”。[171]

864. 不管菲律宾以何种理由对中国南沙群岛组成部分提出权利主张，都不能改变菲律宾第 14 项诉求所涉事项属于领土主权问题的性质。仲裁庭无视这一事实，是其作出错误裁决的根本原因。

二、仲裁庭基于错误前提将中国岛礁建设视为“加剧或扩大争端”

865. 仲裁庭裁定：

（1）中国通过在菲律宾专属经济区内的低潮高地建设大型人工岛屿，加剧了中菲之间关于在美济礁地区各自权利的争端；

（2）中国通过对美济礁珊瑚礁栖居地造成永久的和不可弥补的损害，加剧了中菲之间在美济礁地区海洋环境保护和保全的争端；

（3）中国通过在华阳礁、永暑礁、南薰礁（北）、赤瓜礁、东门

[171] 例如，2016 年 1 月 2 日“外交部发言人华春莹就中国南沙群岛永暑礁新建机场校验飞行活动答记者问”，http://www.fmprc.gov.cn/nanhai/chn/fyrbt/t1329221.htm；“2016 年 1 月 4 日外交部发言人华春莹主持例行记者会”，http://www.fmprc.gov.cn/nanhai/chn/fyrbt/t1329433.htm；2015 年 6 月 16 日“外交部发言人陆慷就中国南沙岛礁建设有关问题答记者问”，http://www.fmprc.gov.cn/web/wjdt_674879/fyrbt_674889/t1273364.shtml.

碓和渚碧礁开展大型岛屿和设施建设扩大了中菲之间关于海洋环境保护和保全的争端；

（4）中国通过永久性地损害华阳礁、永暑礁、南薰礁（北）、赤瓜礁、东门礁和渚碧礁自然状态的证据，加剧了中菲之间关于南沙群岛海洋地物的地位以及这些地物产生海洋区域权利能力的争端。[172]

866. 仲裁庭认定中国在本国领土上正常行使主权的活动是“加剧或扩大了争端”，是不成立的。

867. 第一，仲裁庭认定中国在美济礁的建设活动“加剧”了中菲之间关于在美济礁地区各自权利争端，是基于错误前提。仲裁庭认定的中国加剧的“争端”主要是说中国侵犯了菲律宾在其专属经济区和大陆架的主权权利。仲裁庭作出此一判断的前提是中国在美济礁的建设属于在菲律宾专属经济区和大陆架进行“人工岛屿”建设。[173] 但正如第五章所述，美济礁是中国南沙群岛的组成部分，是中国领土，而不属于菲律宾的专属经济区和大陆架。中国在美济礁的建设活动，正如本章第四节所述，是在本国领土范围内进行的正常建设活动，是行使主权国家的固有权利，与《公约》第 60 条和第 80 条规定的在专属经济区和大陆架内进行的“人工设施”和“人工岛屿”建设没有任何关系。由于仲裁庭无权审理涉领土主权问题，无权处理中菲领土争议，中国在美济礁的建设活动与仲裁庭可能有权处理的关于“《公约》解释或适用的争端”没有关系，也就不会产生仲裁庭所称的“加剧争端”，即加剧中菲之间各自权利争端的问题。

868. 第二，仲裁庭认定中国岛礁建设“加剧”和“扩大”了海洋环境保护和保全争端，是基于错误前提。仲裁庭认为，中国在华阳礁、永暑礁、南薰礁（北）、赤瓜礁、东门礁、渚碧礁和美济礁的建设活动对珊瑚礁栖居地产生了永久和不可修补的破坏，从而“加剧”了海洋环境保护和保全的争端。[174] 正如第二章所述，菲律宾提出的海洋环境保护和保全的“争端”根本不存在。在“争端”这一前提都不存在的情况下，“加剧争端”更无从谈起。加剧一个不存在的争端完全是一个伪命题。同时，仲裁庭相关裁定的事实基础是中国的岛礁建设对海洋环境造成了永久和不可弥补的

---

[172] 《7 月 12 日裁决》第 1181 段。

[173] 参见上注，第 1177 段。

[174] 参见上注，第 1178 段。

损害。但这一前提并不存在。正如本章第三节所述，中国在南海的岛礁建设未对海洋环境造成永久和不可修补的破坏。

869. 第三，仲裁庭认定中国岛礁建设活动“加剧了中菲之间关于南沙群岛海洋地物地位以及这些地物能否产生海洋区域权利方面的争端”。[175] 仲裁庭声称，中国的岛礁建设永久破坏了有关岛礁自然地位的证据。“那些决定一个地物是低潮高地还是能够拥有领海权利的高潮高地的小岩礁和沙洲，现在已确定埋在成千上百万吨的沙土和混凝土下面。”[176] 正如第二章所述，中菲之间并不就南沙群岛有关具体地物的地位存在真实争端，所以也就不存在“加剧争端”的问题。同时，仲裁庭作出此一裁决的前提是有关地物是孤零零的“海洋地物”，是可以依据其自身单独的自然特征判定其法律地位的。但正如第二章和第五章所述，美济礁、华阳礁、永暑礁、南薰礁（北）、赤瓜礁、东门礁和渚碧礁都是中国南沙群岛的一部分，是中国的领土。仲裁庭将作为中国南沙群岛组成部分的单个地物单独拎出来处理，是错误的。这些地物作为中国南沙群岛的组成部分，无论其本身的自然特征为何，都不改变属南沙群岛组成部分的法律地位和其属于中国领土的主权属性。在本案的情况下，判断有关地物的地位，应看其是否构成南沙群岛的一部分，而不是其本身的自然状态或仅完全基于其自然状态判定其单独的地位。因此，仲裁庭认定中国岛礁建设加剧地物地位争端的前提，存在根本错误。

三、仲裁庭错误解读国际法中的“不得加剧或扩大争端义务”并将其适用于中国岛礁建设

870. 仲裁庭本应通过解释和适用《公约》有关条款来解决争议，即使需要适用其他国际法规则，也应在解释和适用《公约》条款之后。但仲裁庭的实际做法却是相反。仲裁庭第一步并没有在《公约》中找“不得加剧或扩大争端”的依据，而是先论证一般国际法中的“不得加剧或扩大争端义务”，然后再回到《公约》。仲裁庭不当解释“不得加剧或扩大争端义务”，并强行将其与《公约》有关条款建立联系。

175　同上注，第 1181(d) 段。

176　同上注，第 1179 段。

（一）仲裁庭不当认定一般国际法中存在“不得加剧或扩大争端”的一般性、不受具体条件限制的义务

871. 仲裁庭认为，在争端解决过程中，当事方有防止加剧或扩大争端的义务。这种义务来自争端解决的目的，以及争端解决程序中国家作为争端解决程序当事方的地位，独立于法院或法庭不得加剧或扩大争端的任何命令。当法院或法庭通过临时措施指示当事方不得加剧或扩大争端时，这不是向当事方施加新的义务，而是让当事方知道一旦他们卷入争端，该义务就已存在。[177] 仲裁庭认为，这一义务也体现在多边和双边涉及争端解决的条约中，也为《关于各国依联合国宪章建立友好关系及合作之国际法原则之宣言》（以下简称《国际法原则宣言》）所强调。[178]

872. 为支持其观点，仲裁庭引用了常设国际法院“索菲亚与保加利亚电力公司案”（比利时诉保加利亚，临时措施，1939 年）、国际法院“拉格朗案”（德国诉美国，2001 年）和国际海洋法法庭“关于加纳与科特迪瓦在大西洋的海洋划界争端案”（加纳 / 科特迪瓦，临时措施，2015 年）中的有关论述。但有关论述全部来自上述法院或法庭决定是否采取临时措施或所采取的临时措施效力时的裁定。除本案仲裁庭外，从没有发现其他国际性法庭或仲裁庭在不涉及临时措施的情况下认定“不得加剧或扩大争端义务”。从有关案例中可以明显看出，有关法院或法庭所阐述的“不得加剧或扩大争端义务”与临时措施密不可分。

另外，法院或法庭指示临时措施，有《常设国际法院规约》、《国际法院规约》或《公约》的明确授权。在仲裁庭援引的“拉格朗案”中，国际法院明确指出，《国际法院规约》的目的和宗旨是使法院履行赋予其的职能。[179] 这种在明确授权下由国际性法庭或仲裁庭通过指示临时措施而要求当事国“不得加剧或扩大争端”，与“不得加剧或扩大争端”是不是独立存在的一般国际法义务，是两回事。

873. 仲裁庭有关临时措施的目的只是为了提醒当事方注意“不得加剧或扩大争端”的义务的说法，[180] 是对临时措施制度的错误解读。事实上，临

---

177 同上注，第 1169 段。

178 同上注，第 1170 段。

179 参见 LaGrand (Germany v. United States of America), Judgment, I.C.J. Reports 2001, p. 466, at para.102.

180 《7 月 12 日裁决》第 1169 段。

时措施的最主要特征就是“临时”，国际性法庭或仲裁庭决定采取的临时措施是为了特定目的而作出的临时安排，而非永久性的。正如“圭亚那诉苏里南仲裁案（2007 年）”仲裁庭所述，“临时措施制度所受的限制要比在争议海域的行为大得多。正如［国际］法院在爱琴海案中所述，规定临时措施的权力是例外性的，它只适用于能够导致不可弥补损害的行为。对于那些在争议海域如果没有临时措施就是允许的行为类型而言，处理临时措施的案例具有启发性。”[181]

874. 仲裁庭所引用的多双边条约也只能证明“不得加剧或扩大争端”可以成为一项条约义务，并未证明其可以脱离条约成为“一般国际法义务”。正如仲裁庭所说，不得在争端解决期间加剧或扩大争端是有关争端解决的多边公约及一些双边的仲裁和调解条约的规定。[182] 这种义务是条约规定的，正好说明这种义务来源于国家间的明确协议。国家间当然可以通过缔结条约确立相互间适用的规则，但条约规定的规则并不必然成为习惯国际法规则或一般国际法规则。[183]

875. 仲裁庭援引的《国际法原则宣言》也不能支持其观点。《国际法原则宣言》是 1970 年联合国大会以决议形式通过的。该宣言相关部分规定：“国际争端各当事国及其他国家应避免从事足使情势恶化致危及国际和平与安全之维持之任何行动，并应依照联合国之宗旨与原则而行动。”暂且不论《国际法原则宣言》的法律地位如何，单就该条内容看，其是为了避免“情势恶化致危及国际和平与安全之维持”。仲裁庭未经任何分析论证简单地将该条等同于不受限制的“不得加剧争端”的做法，是武断的。

876. 综上，仲裁庭在没有深入研究有关方面的国家实践和法律确信问题的情况下，仅从过往个别国际判例中摘取只言片语及简单提及一些多双边条约，就得出“不得加剧或扩大争端”是“一般国际法义务”的结论，是草率的。上述案例、条约和文件只能证明，“不得加剧或扩大争端义务”的适用是受限于特定的授权、协议或具体情况。该义务不是国际法中一般

---

[181] Award of the Arbitral Tribunal of Guyana v. Suriname of 17 September 2007, para.469（文中引注省略）。

[182] 参见《7 月 12 日裁决》第 1170 段。

[183] North Sea Continental Shelf (Federal Republic of Germany/Denmark; Federal Republic of Germany/Netherlands), Judgment, I.C.J. Reports 1969, p.3, at paras.67-81.

性的、不受具体条件限制的义务。[184]

877. 实际上，正确认识国际法中的“不得加剧或扩大争端”，不能脱离国际社会现实，特别是不能忽略各国所具有的采取各种合法措施维护本国权利和利益的固有权利。在存在“争端”的情况下，这种维护本国权利和利益的权利依然存在。国家实践表明，在出现争端的情势下，采取国际法允许的各种措施宣示、确认、巩固和维护本国的权利主张，是各国普遍做法。各国在采取相应措施维护本国的主张或权利时，都不会认为本国“加剧或扩大”了争端。[185] 一般国际法中也找不到明确的、确定的和普遍适用的“加剧或扩大争端”的判断标准。也正因为如此，“不得加剧或扩大争端”只有与具体措施和具体情势相结合才有意义，不能泛泛而论，否则就只能是一个空洞的概念。从国际实践来看，“不得加剧或扩大争端”只适用于合法第三方机构作出决定或者争端当事国达成协议的情况。这也正是“不得加剧或扩大争端”的真正价值所在。“不得加剧或扩大争端”在国际法中的适用是有条件的，适用范围是受到限制的。仲裁庭故意忽视“不得加剧或扩大争端”适用的各种限制，是其对此作出不当解释的根本原因。

（二）仲裁庭错误认定“不得加剧或扩大争端义务”体现在《公约》有关条款中并适用于中国岛礁建设

878. 仲裁庭错上加错，进一步裁定，“中国违反了根据《公约》第 279 条、第 300 条、第 296 条以及一般国际法所承担的义务，即不得采取任何能够影响待决决定的执行的措施，以及一般意义上在争端解决程序进行过程中不允许采取任何可能加剧或扩大争端的措施。”[186] 仲裁庭这一结论

---

[184] 参见 Chris Whomersley, The Award on the Merits in the Case Brought by the Philippines against China Relating to the South China Sea: A Critique", 16 Chinese Journal of International Law (2017), p.387, at paras.95-100.

[185] 英国国际法与比较法研究所的一个研究团队对争议海域中是否有“克制”义务这一问题进行了深入研究，并得出以下结论：

> 401. 通过所整理的实践，很难得出任何关于第 74(3) 条和第 83(3) 条的义务内容或任何可适用的关于克制的习惯国际法义务的一般趋势。国家实践显示，国家在未划界区域开展各种活动，受到邻国不同程度的抗议。在区域内许可碳氢化合物勘探和收集地震数据的广泛实践可能表明，国家认为这些活动符合其在第 83(3) 条下的义务。另一方面，这些活动总是受到邻国反对，在一些情况下即使还未到达勘探阶段的活动，如发布关于勘探的广告材料，也被认为是不可接受的。

British Institute of International and Comparative Law, Report on the Obligations of States under Articles 74(3) and 83(3) of UNCLOS in respect of Undelimited Maritime Areas (2016), p.114.

[186] 《7 月 12 日裁决》第 1203.B.(16)(g) 段。

没有法律分析作支撑，其唯一可称得上理由的说法是，“任何一方加剧或扩大争端的行动将与以善意方式承认和履行这些义务［第 279 条、第 300 条和第 296 条项下的义务］相悖”[187]。在没有给出任何适当理由的情况下，仲裁庭强行将《公约》有关条款与“不得加剧或扩大争端”绑在一起。

879. 事实上，从《公约》第 279 条、第 300 条和第 296 条不能当然推导出仲裁庭所称的“不得加剧或扩大争端义务”。《公约》第 279 条规定：

> 各缔约国应按照《联合国宪章》第 2 条第 3 项以和平方法解决它们之间有关本公约的解释或适用的任何争端，并应为此目的以《宪章》第 33 条第 1 项所指的方法求得解决。

该条提及的《联合国宪章》第 2 条第 3 项规定：

> 各会员国应以和平方法解决其国际争端，俾免危及国际和平、安全及正义。

《联合国宪章》第 33 条第 1 项规定了和平解决争端的具体方法：

> 任何争端之当事国，于争端之继续存在足以危及国际和平与安全之维持时，应尽先以谈判、调查、调停、和解、公断、司法解决、区域机关或区域办法之利用，或各该国自行选择之其他和平方法，求得解决。

《公约》第 300 条规定：

> 缔约国应诚意履行根据本公约承担的义务并应以不致构成滥用权利的方式，行使本公约所承认的权利、管辖权和自由。

《公约》第 296 条规定：

> 1. 根据本节具有管辖权的法院或法庭对争端所作的任何裁判应有终局性，争端所有各方均应遵从。
>
> 2. 这种裁判仅在争端各方间和对该特定争端具有拘束力。

880. 第 279 条规定的“用和平方法解决争端”与“不得加剧或扩大争端”是两个不同的问题。第 279 条所要求和强调的只是“和平方法解决”，这种“和平方法”包括“谈判、调查、调停、和解、公断、司法解决、区

---

[187] 同上注，第 1172 段。

域机关或区域办法”等，与“不得加剧或扩大争端”指向不同。中国坚持通过谈判协商和平解决中菲南海领土和海洋划界争议，完全符合《公约》第279条及其所提及的《联合国宪章》第2条第3项和第33条第1项的规定。《联合国宪章》和《公约》只是要求缔约国以和平方式解决争端，但对各缔约国应选择哪一种方法没有规定。这种做法是为了尊重国家主权和各国的意愿。如果当事国没有选择第三方解决方法，只能通过当事国之间的直接谈判协商解决争议。这是国家主权平等原则的体现，也是国际社会基本共识。从第279条以及《联合国宪章》第2条第3项和第33条第1项的规定看不出这些条款包含了“不得加剧或扩大争端”的义务。

881. 第296条规定的是“裁决的确定性和约束力”，与仲裁庭所称的“加剧或扩大争端”完全是两回事。第296条第1款规定的是对“具有管辖权的法院或法庭”对争端所做的裁判是否可以上诉的问题。第2款规定的是裁判具有“约束力”的范围。“不得加剧或扩大争端”与裁判是否可以上诉或者裁判约束力的范围，完全不同。从第296条的规定也看不出该条包含“不得加剧或扩大争端”的义务。

882. 从《公约》第300条的文本含义及国际实践看，《公约》缔约国只有在非善意的情况下，以滥用权利的方式去行使《公约》“承认的权利、管辖权和自由”的时候，才构成违反《公约》第300条项下的义务。同样，从第300条的规定也看不出该条包含了“不得加剧或扩大争端的义务”。

883. 此外，仲裁庭只能处理涉及《公约》解释和适用的争端，而中国的岛礁建设，正如前文所述，是在中国南沙群岛内的建设，是行使主权的行为，不属于“有关本公约的解释或适用”的事项。仲裁庭自己也承认，其“完全清楚处理提交给它诉求的边际，……目的是确保其决定既不有利于也不有损于当事方在南海的陆地主权主张”。[188] 毫无疑问，中国岛礁建设不属于《公约》解释和适用的问题，不适用《公约》第279条、第296条和第300条。仲裁庭认定“不得加剧或扩大争端的义务”体现在《公约》第279条、第296条和第300条中，进而将其适用于中国岛礁建设，是错误的。

884. 综上所述，仲裁庭在认定中国“加剧或扩大争端”问题上存在事实和法律上的重大错误。第一，仲裁庭无视菲律宾第14（d）项诉求所涉

---

[188]《管辖权裁决》第153段。

事项属于中国行使主权的行为，不属《公约》调整范围。第二，仲裁庭基于错误前提，认定中国的岛礁建设是在菲律宾专属经济区和大陆架内建设"人工岛屿"及对海洋环境造成"永久和不可弥补的损害"，进一步认定中国加剧或扩大了争端。第三，仲裁庭故意忽视"不得加剧或扩大争端"适用所受到的各种限制，将其抽离国际司法或仲裁中的临时措施制度及有关条约的规定进行不当解读。第四，仲裁庭未加适当分析，错误认定"不得加剧或扩大争端的义务"体现在《公约》第279条、第296条和第300条中，进而将其适用于中国岛礁建设。

本章结论

885. 菲律宾有关中国在南海活动的诉求在本质上属于两国领土主权和海洋划界争端的一部分，仲裁庭对此没有管辖权。

仲裁庭在实体问题上的审理存在以下明显谬误：

第一，针对菲律宾第8项和第9项诉求，仲裁庭错误地将这两项诉求所涉区域认定为是“菲律宾的专属经济区和大陆架”，错误地将中国公务船维护领土主权和海洋权利的行为裁定为侵犯菲律宾专属经济区和大陆架权利。仲裁庭的裁决在事实和法律上缺乏依据。

第二，针对菲律宾第10项诉求，仲裁庭无视菲律宾诉求所涉事项涉及黄岩岛领土主权问题，缺乏事实根据地裁定菲律宾渔民活动构成“传统捕鱼权”，并错误地将“传统捕鱼权”解释为私权利及通过《公约》第2条第3款将“传统捕鱼权”引入领海制度。

第三，针对菲律宾第11项和第12（b）项诉求，仲裁庭口头上承认《公约》规定的勤勉义务是行为义务，但却把结果义务的要求适用于中国，并错误认定中国因没有阻止有害捕捞而违反《公约》有关义务，错误认定中国的岛礁建设对海洋环境造成重大损害并违背《公约》第123条、第192条、第194条、第197条和第206条。

第四，针对菲律宾第12（a）和第12（c）项诉求，仲裁庭错误地将中国在南沙群岛组成部分美济礁上的建设定性为是在菲律宾专属经济区和大陆架的建设活动，错误适用《公约》第60条和第80条有关“人工岛礁、设施和结构”的规定。

第五，针对菲律宾第13项诉求，仲裁庭无视黄岩岛事件的实质是菲律宾对中国领土主权的挑衅和中国采取必要的维权执法措施；在中国尚未公布该地区的领海基点和基线的情况下，没有根据地将中国拥有主权的黄岩岛海域妄断为“领海”，但却未适用相应的无害通过制度；错误地通过《公约》第94条将《避碰规则公约》纳入《公约》领海制度中并适用于中国执法船在黄岩岛海域采取的必要的维权执法行为，错误认定中国违反《公约》第94条。

第六，针对菲律宾第 14（d）项诉求，仲裁庭基于错误前提将中国岛礁建设这一行使主权的活动认定为加剧或扩大了争端，不当解读国际法中的“不得加剧或扩大争端义务”，错误地认定该义务体现在《公约》第 279 条、第 296 条和第 300 条中并将其适用于中国的岛礁建设。

第七章

正当程序和证据问题

886. 正当程序和证据问题是任何国际性法庭或仲裁庭处理案件的重要方面。遵循正当程序和证据方面的相关规则与惯常实践是依法裁判的应有之义，是公正审理案件和作出裁决的重要保障。

887. 对于南海仲裁案，中国自始至终坚持不接受、不参与的立场。中国坚持认为仲裁庭明显没有管辖权，坚决反对推进仲裁程序。在整个仲裁案期间，中国不接受也不参加该案的任何程序，包括不参加仲裁庭的组建，不提交辩诉状，不参加管辖权问题和实体问题的庭审，拒绝和退回仲裁庭通过书记官处发出的所有材料等等。[1]

888. 仲裁庭片面理解中国不接受、不参与南海仲裁案的立场，将中国视为本案中不出庭的当事国一方。[2]然而，即使按照仲裁庭的逻辑考察本案，也不能剥夺中国关于正当程序和证据的权利。不出庭是一国主权范围内的事项和正当权利，不意味着不出庭一方没有相应的程序权利，不意味着国际性法庭或仲裁庭可以不遵守正当程序和证据方面的一般规则和实践。

889. 仲裁庭在正当程序和证据方面没有严格遵循有关规则和实践，影响公正审理和裁决。

890. 仲裁庭在正当程序方面存在的问题主要包括：裁决未叙明

[1] 参见《管辖权裁决》第112段。

[2] 同上注，第114段。

理由；仲裁庭组建的代表性不足，所作裁决缺乏对亚洲文明、法系和地区因素的考虑；针对有关程序问题的处理未体现公正性；在仲裁进程中不当地且史无前例地允许多个国家作为观察员参加庭审。

891．仲裁庭在证据方面的主要谬误或瑕疵是：违反证明责任的基本要求，错误适用证明标准，采信缺乏相关性、实质性和证明力的证据，并错误推定事实。

第一节　正当程序问题

892. 除《公约》及其附件七的有关规定外，仲裁庭自行制定的《程序规则》是适用于本案的主要程序规则。在《公约》及其附件七和本案《程序规则》对某一程序性问题均无明文规定时，正如“查戈斯海洋保护区仲裁案”（毛里求斯诉英国）仲裁庭在其就其中一位仲裁员的适格性问题作出的决定中所言，由国际性法庭或仲裁庭的实践所证明的一般国际法原则也适用于仲裁程序。[3] 另外，《程序规则》的制定没有得到中国的同意，如果《程序规则》违背《公约》和一般国际法原则包括国际性法庭和仲裁庭的实践所证明的一般国际法原则，当属无效，不能适用。[4]

893. 结合《国际法院规约》、《国际法院程序规则》、《国际海洋法法庭规约》、《国际海洋法法庭规则》、《国家间仲裁争端的任择规则》、《解决投资争端国际中心仲裁规则》等成文法规则和国际法委员会 1958 年《仲裁程序示范规则》、2013 年《联合国国际贸易法委员会仲裁规则》等示范法，以及国际司法和仲裁的有关实践，也结合本案程序的具体情况，可以发现本案程序在仲裁庭所作裁决须叙明理由、仲裁庭的组建、程序问题的处理等方面未遵循正当程序的要求。

一、仲裁庭在若干重要问题上的裁定未叙明理由

894. 仲裁裁决的作出应叙明理由，是所有国际性法庭或仲裁庭的通行做法，指明了对裁决在形式和内容上的根本要求。[5]《国际法院规约》和《国

---

3 参见 The Chagos Marine Protected Area Arbitration (Mauritius v. United Kingdom), Reasoned Decision on Challenge, 2011, paras.140-155, https://pcacases.com/web/view/11.

4 参照 Hugh Thirlway, Article 30, in Andreas Zimmermann et al (eds.), The Statute of the International Court of Justice: A Commentary, 2nd edition (Oxford University Press, 2012), p.516, at 518-519; Sienho Yee, Intervention in an Arbitral Proceeding under Annex VII to the UNCLOS?, 14 Chinese Journal of International Law (2015), p.79, at paras.28-31.

5 Report of the International Law Commission covering the work of its fourth session, 4 June-8 August 1952, Article 24 and comment, Yearbook of the International Law Commission 1952, Vol. II, p.65.

际海洋法法庭规约》均明确规定，“判决书应叙明其所根据的理由。”[6]常设仲裁法院《国家间仲裁争端的任择规则》和2013年《联合国国际贸易法委员会仲裁规则》也规定，“仲裁庭应说明裁决所依据的理由，除非各方当事人约定无须说明理由。”[7]其他国际司法或仲裁规则有相同或类似的规定。[8]

判决或裁决的作出应叙明理由，这是任何国际性法庭或仲裁庭应予遵循的基本规则。正如詹宁斯（Robert Jennings）在评论《国际法院规约》时所指出的：

> 法院的唯一职责是将法律适用于所提交的案件，并因此作出决定。……法院必须给出其理由，因为法院此种职责所根源的事实在于，法院正是以此为宗旨而建立。[9]

895. 在判决或裁决中“叙明”的理由应当对主文或所有结论具有决定性的支撑作用。例如，国际法委员会1958年《仲裁程序示范规则》第29条规定：“裁决书应针对裁定的每一点，叙明其所依据的理由。”

896. 在国际仲裁中，未叙明理由可能导致裁决无效。1958年《仲裁程序示范规则》第35（c）条也规定，“未能叙明理由”是导致裁决无效的情形之一。[10]国际投资争端解决中心的《仲裁规则》第50条也规定，“未叙明理由是撤销裁决的理由之一”。[11]

897.《公约》和仲裁庭制定的《程序规则》体现了上述“裁决的作出应叙明理由”的基本规则。《公约》附件七第10条清楚规定，“仲裁法庭的裁决书应以争端的主题事项为限，并应叙明其所根据的理由”。《程序规则》第26条第1款规定，“仲裁庭应按照《公约》附件七第8条至第10条的规定作出裁决”。

---

6 《国际法院规约》第56条第1款、《国际海洋法法庭规约》第30条第1款。

7 常设仲裁法院《国家间仲裁争端的任择规则》第32条第3款、联合国国际贸易法委员会2013年《贸易法委员会仲裁规则》第34条第3款。

8 参见《国际刑事法院规约》第74条第5款、国际法委员会1958年《仲裁程序示范规则》第29条等。

9 Sir Robert Y. Jennings, Judicial Reasoning at an International Court (Vortrag vor dem Europainstitut der Universität des Saarlandes) (1991), p.2, 引 自 Lori F. Damrosch, Article 56, in Andreas Zimmermann et al (eds.), The Statute of the International Court of Justice: A Commentary, 2nd edition (Oxford University Press, 2012), p.1366, at 1374-1375, 脚注49.

10 参见1958年《仲裁程序示范规则》第35(c)条。

11 参见解决投资争端国际中心《仲裁规则》第50(1)(c)(iii)条。

898. 然而，仲裁庭并未切实遵循上述基本规则，对一些重要问题的裁决未叙明理由，或者仅罗列观点而未作分析，或者给出的理由过于简略，或者根本就没给出任何理由，从而无法满足前述关于所叙明的理由应足以支持裁决的要求。以下举例说明。

899. 第一，仲裁庭就若干重要问题得出的结论缺乏必要推理。如本书第二章第二节所述，仲裁庭在裁定菲律宾诉求是否涉及主权问题时，提出两项判断标准，并据此得出菲律宾所有诉求不涉及主权的结论。[12] 仲裁庭没有分析提出这两项标准的法律依据，也没有运用其提出的标准逐一分析菲律宾的 15 项诉求，而是径直给出结论。在仲裁庭给出结论的整个过程中，到处是诸如"仲裁庭同样看不出菲律宾任一诉求暗含要求对主权作出决定"，"仲裁庭看不出诉求的成功会对菲律宾的主权主张产生效果"等断言，[13] 但缺少支撑这些结论的理据。

900. 第二，仲裁庭未给出理由任意解释《公约》文本或篡改中国政府文件。如本书第二章第二节所述，仲裁庭将《公约》第 298 条第 1 款（a）项所称"关于划定海洋边界的争端"擅自解释为"海洋边界本身的争端"。[14] 无论从该款文本本身还是其含义来看，仲裁庭所作解释与该款的规定差异明显，对于本案管辖权问题的裁定影响巨大，但仲裁庭并未对其解释给出相应的理由。

再如本书第二章第三节所述，仲裁庭为认定中菲之间围绕菲律宾第 3 项至第 7 项诉求存在所谓的争端，在援引中国 2011 年 4 月 14 日提交的第 CML/8/2011 号照会英文译文中关于"南沙群岛拥有领海、专属经济区和大陆架"的表述时，没给出任何理由就将"China's Nansha Islands is"篡改为"China's Nansha Islands [are]"，把中国表达南沙群岛作为一个整体的立场的单数系动词"is"，改为把南沙群岛表述为多个岛礁的复数系动词"are"，[15] 将中国关于将南沙群岛作为一个整体享有领土主权和海洋权利的立场曲解为基于单个岛礁主张领土主权和海洋权利，完全背离了中国照会的原意。仲裁庭对上述做法没有给出理由。

901. 第三，仲裁庭未详述理由即允许菲律宾变更所提诉求。如本书第

---

[12] 参见《管辖权裁决》第 153 段。

[13] 同上注。

[14] 同上注，第 155 段。另参见第 157、366 段。

[15] 同上注，第 160 段。

三章第一节所述，菲律宾于2015年11月30日提交的“最终诉求”相较其于2014年3月30日提交的诉状有多处明显变化，其中包括将第11项诉求中指控中国从事违反保护和保全海洋环境义务活动的地理范围从黄岩岛和仁爱礁扩展到“华阳礁、永暑礁、南薰礁、赤瓜礁、东门礁以及渚碧礁”。将第14项诉求中指控中国从事加剧和扩大争端的行为增加“中国在美济礁、华阳礁、永暑礁、南薰礁、赤瓜礁、东门礁以及渚碧礁挖沙、建造人工岛屿和建设活动”。[16] 仲裁庭全盘接受菲律宾修改后的诉求，所给理由仅有一句话，即认为菲律宾提议修改的诉求“有关或附带于菲律宾原诉求”，“并不涉及在当事方之间增加新的争端”。[17] 除了第三章所述的这些诉求变更引发的可受理性问题，仲裁庭在裁决中根本没有分析为什么变更后的诉求与原诉求有关，或者附带于原诉求，以及为什么变更后的诉求不属于新增争端。

二、仲裁庭的组建缺乏代表性

902. 国际性法庭或仲裁庭的组建应具有代表性，具体而言，就是要尽量体现世界主要文明或法系，或尽量确保法官或仲裁员有来自不同地理区域的代表。这一要求有助于提高国际性法庭或仲裁庭的公正性，最大程度避免法官或仲裁员个人的主观偏见，尽量保障裁决是依国际法作出，而非基于对国际法的片面理解，并以最能为当事方所接受的方式解决争端。

903. 国际性法庭或仲裁庭的组成应具有代表性。《国际法院规约》第9条规定，务使法官全体确能代表世界各大文化及各主要法系。此处提及“世界各大文化”，旨在强调国际社会文明的多样性和多元化；此处提及“各主要法系”，旨在确保国际法院具有为履行其司法职能所必须的法律专长。[18] 根据《国际海洋法法庭规约》，无论是法庭全庭还是法庭海底争端分庭，其组成均“应确保其能代表世界各主要法系和公平地区分配”。[19]《国际刑事法院规约》第36条第8款（a）项亦有相似规定。

---

[16] 参见《7月12日裁决》第78段。

[17] 同上注，第820、933、1111段。

[18] Bardo Fassbender, Article 9, in Andreas Zimmermann et al (eds.), The Statute of the International Court of Justice: A Commentary, 2nd edition (Oxford University Press, 2012), p.292, at 307, para.32.

[19] 参见《公约》附件六《国际海洋法法庭规约》第2条第2款和第35条第2款。

904. 从国际司法实践上看，在“剑鱼案”（智利诉欧盟，2000 年）中，国际海洋法法庭特别分庭的五名法官中，两名来自拉丁美洲，其余三名分别来自西欧、东欧和亚洲国家，涵盖了不同的法系和地区。[20] 在 2014 年启动的加纳和科特迪瓦之间的“大西洋海域划界案”中，国际海洋法法庭特别分庭的组成也体现了上述原则。[21] 就《公约》附件七仲裁案件而言，2016 年启动的乌克兰与俄罗斯之间的黑海仲裁案中的五名仲裁员分别来自东欧（俄罗斯）、西欧（英国）、亚洲（韩国）、拉丁美洲（墨西哥）和非洲（阿尔及利亚），[22] 充分彰显地理区域和法系的代表性，也代表了世界主要文化和文明。

905.《公约》附件七并未明确规定仲裁庭组成在代表性方面的要求。在这种情况下，如果当事方之间无特殊协议，关于代表性的问题应遵循国际性法庭和仲裁庭的一般规则和实践。[23]

906. 本案中，菲律宾针对中国提起仲裁时，指派了一名仲裁员。中国坚持“不接受、不参与”仲裁的立场，未参与仲裁庭的组建。仲裁庭其余四名仲裁员全部由国际海洋法法庭时任庭长柳井俊二指派。最终，五名仲裁员分别来自德国、波兰、法国、荷兰和加纳。五名仲裁员中，无一人来自亚洲国家，其中四人来自欧盟国家，全属大陆法系，余下的那一名虽来自非洲国家，但常年生活在欧洲。

907. 显而易见，本案仲裁庭的组成在地理区域、文明和法系上代表性不足，特别是缺乏来自亚洲国家的仲裁员。这在一定程度上导致仲裁庭在处理案件过程中缺乏对亚洲文明、外交和法律传统以及其他本地区因素的认知和考量，从而对有关问题作出错误的裁定。

908. 首先，仲裁庭未能考虑亚洲国家的文化传统和具体外交实践对事实和法律的影响。例如，仲裁庭认为《南海各方行为宣言》和中菲一系列双边文件均属政治性文件，否认中菲两国就通过谈判解决有关争端达成了

---

20 参见 Case concerning the Conservation and Sustainable Exploitation of Swordfish Stocks in the South-Eastern Pacific Ocean (Chile/European Union), ITLOS Case No. 7.

21 参见 Dispute Concerning Delimitation of the Maritime Boundary between Ghana and Côte d'Ivoire in the Atlantic Ocean (Ghana/Côte d'Ivoire), ITLOS Case No. 23.

22 参见 Dispute Concerning Coastal State Rights in the Black Sea, Sea of Azov, and Kerch Strait (Ukraine v. the Russian Federation), https://pcacases.com/web/view/149.

23 Sienho Yee, The South China Sea Arbitration Decisions on Jurisdiction and Rule of Law Concerns, 15 Chinese Journal of International Law (2016), p.219, at para.12.

《公约》第281条所称的“协议”。仲裁庭的解释不仅不符合一般国际法，更有悖《宣言》的谈判历史和产生背景。而《宣言》的谈判历史和产生背景体现了本地区国家的文化传统和外交实践。正如《宣言》主要起草人之一、泰国前副总理和外交部长素拉杰所指出，东盟48年的历史实践表明，各国通常并不签订条约，而是发布宣言，在东盟，宣言得到各国遵守、坚持和适用。[24] 如果仲裁庭了解这一本地区的做法，就会得出中菲已通过《宣言》第4条和其他双边文件就谈判协商解决有关争端达成有拘束力协议的结论。

909. 其次，仲裁庭在解释和适用《公约》以及其他国际法规则时，忽视本地区的历史传统和法律实践。在本地区，存在对领土、边界、海域、海洋权利等概念的特殊认知。仲裁庭未能查明和考虑这些因素，其对历史性权利问题的裁定和那些罔顾主权问题的裁定，违背了本地区的历史和法律传统。

910. 再次，仲裁庭在采信证据和认定事实方面忽视了亚洲国家因素。仲裁庭所考察和使用的诸多证据，主要来自西方国家特别是前殖民国家的文献，对偶尔提及的《更路簿》等少量中国文献，仲裁庭的解读也非常片面、武断。此外，仲裁庭还指定了五位专家，分别是来自澳大利亚的一名水文专家，来自英国的一名航行安全专家和来自德国、英国、澳大利亚的三名珊瑚礁专家，没有一人来自亚洲国家。仲裁庭未经审查径直采信了五位指定专家的报告，藉此对涉及南海的重要事实作出认定。

911. 还必须指出的是，指定本案四名仲裁员的柳井俊二在出任国际海洋法法庭法官之前曾长期在日本政府任职。众所周知，日本曾于20世纪30年代至40年代非法侵占中国南海岛礁。长期以来，日本在南海问题上介入很深，特别是在菲律宾提起南海仲裁案之后，表现得比当事国还要活跃。在此情况下，柳井应该选择主动回避对仲裁员的指派，[25] 然而，他并没有这样做。这很难不让人质疑仲裁员指派和仲裁庭组建的公正性。

---

[24] 参见一位学者在素拉杰前副总理在场时对他的讲话的复述，载于 Chinese Society of International Law and Hong Kong International Arbitration Centre, Proceedings of Public International Law Colloquium on Maritime Disputes Settlement (Hong Kong International Arbitration Centre, 2016)，第417-418页；另参见 Teresa Cheng SC, Closing Remarks, 同上，第435-436页。

[25] 参照《公约》附件七第3(e)条的规定：“如果庭长不能依据本项办理，或为争端一方的国民，这种指派应由可以担任这项工作并且不是争端任何一方国民的国际海洋法法庭年资次深法官作出”。

三、仲裁庭对有关程序问题的处理未体现公正性

912. 公正性是任何一个国际性法庭或仲裁庭必须遵循的根本原则。有学者指出，公正性“不仅体现在裁决本身，也适用于作出裁决的过程。”[26]本案仲裁庭在处理有关程序问题时充斥着双重标准和自相矛盾之处，完全偏袒菲律宾，丧失仲裁庭应有的公正性。

913. 第一，仲裁庭有关做法前后矛盾。例如，在对菲律宾诉求反映的争端进行识别和定性时，仲裁庭罔顾菲律宾诉求的实质是领土主权和海洋划界问题的客观事实，断然否认菲律宾诉求与中菲领土主权和海洋划界问题的内在关联。然而，在判定中菲之间是否就有关争端进行过谈判时，仲裁庭却将菲律宾诉求所涉事项与领土主权和海洋划界问题混为一谈，援引中菲两国围绕南海相关岛礁主权和海洋划界问题进行讨论的事例，作为认定中菲之间已针对菲律宾诉求履行了交换意见义务的依据。再如，仲裁庭为确立管辖权，将中国照会中的“China’s Nansha Islands is”篡改为“China’s Nansha Islands [are]”。而在处理实体问题时，又认为中国主张的南沙群岛可能是一个整体并对此作出处理，却没有回头考虑对管辖权问题的影响。

914. 第二，仲裁庭在仲裁程序中明显偏袒菲律宾。例如，仲裁庭一再允许菲律宾变更诉求，甚至在仲裁提起后 33 个月，已经完成实体问题庭审的情形下，仍然允许菲律宾修改有关诉求。仲裁庭的相关做法在国际仲裁实践中十分罕见。又如，仲裁庭还违反“不诉不理”原则，无视《公约》关于“仲裁法庭的裁决书应以争端的主题事项为限”的规定，将菲律宾诉求本身并未包括的事项也写入仲裁裁决主文之中，客观上有利于菲律宾。再如，仲裁庭原本宣布将于 2015 年 11 月作出《管辖权裁决》，却毫无征兆地于 2015 年 10 月 29 日宣布《管辖权裁决》。在此后不到一个月时间内，就安排于 2015 年 11 月 24 日至 26 日和 30 日举行实体问题庭审，并于 2016 年 6 月 29 日菲律宾时任总阿基诺三世卸任当天，宣布将于 7 月 12 日公布实体问题裁决。仲裁庭这样的安排，根本体现不出公正性。

915. 第三，仲裁员关于重要法律问题的立场在本案前和本案中前后不一。例如，岛礁的地位及其可产生的海洋权利与海洋划界的关系是本案管

---

[26] Aznar Gomez, Article 2, in Andreas Zimmermann et al (eds.), The Statute of the International Court of Justice: A Commentary, 2nd edition (Oxford: Oxford University Press, 2012), p.233, at 240, para.11.

辖权裁决中面临的一个重要法律问题。本案两名仲裁员宋斯和科特，在其以往著述中表达了前述二者不可分的观点。松斯和一位共同作者早在 1990 年就指出："岩礁的定义及其可产生的海洋权利，与一般意义上的岛屿的定义及其海洋权利一样，构成海岸相向或相邻国家间海洋划界固有的一部分。国家实践清楚地证明，除非存在海洋划界争端，这些问题不会引起争议。"[27] 2011 年他们再次指出："事实上，除了冲之鸟礁这个唯一例外，实践中第 121 条第 3 款的最终适用问题不会出现，除非是在具体的海洋划界中，而且通常与主权争端交织在一起……。"[28] 科特在 2012 年的一篇论文中也认为，海洋权利的确定与划界是不同的，但在实践中是相互关联的。[29] 但在本案中，这两位仲裁员却都支持岛礁的地位及其可产生的海洋权利与海洋划界可分的观点，与其此前长期所持观点完全不同，而且没有说明作此重大改变的理由，这不得不让人对其裁决的公正性产生怀疑。

四、仲裁庭不当地允许多国以观察员名义参加庭审

916. 无论是《公约》及附件七，还是仲裁庭制定的《程序规则》，都没有关于邀请观察员的规定。针对管辖权和可受理性问题的庭审安排，仲裁庭自行提出观察员问题，表示仲裁庭无意向公众公开庭审，但在收到书面请求的情形下将考虑允许利益相关国家的代表作为观察员参加庭审。[30] 此后，仲裁庭允许马来西亚、印度尼西亚、越南、泰国和日本等五国作为观察员国参加管辖权和可受理性问题的庭审，[31] 并允许澳大利亚、新加坡、马来西亚、印度尼西亚、越南、泰国、日本和英国等八国作为观察员国参加

---

27 Barbara Kwiatkowska and Alfred H.A. Soons, Entitlement to Maritime Areas of Rocks which Cannot Sustain Human Habitation or Economic Life of Their Own, 21 Netherlands Yearbook of International Law (1990), p.139, at 181.

28 Barbara Kwiatkowska and Alfred H.A. Soons, Some Reflections on the Ever Puzzling Rocks-Principle under UNCLOS Article 121(3), The Global Community: Yearbook of Internatioanal Law and Jurisprudence (2011), p.111, at 114（文中引注省略）。

29 Jean-Pierre Cot, The Dual Function of Base Points, in Holger Hestermeyer, et al. (eds.), Coexistence, Cooperation and Solidarity: Liber Amicorum Rüdiger Wolfrum (Martinus Nijhoff, 2012), p.820.

30 参见《管辖权裁决》第 69、73 段。

31 同上注，第 78、84 段。

实体问题的庭审。[32] 英国最终未派代表参加庭审。[33] 仲裁庭允许多国作为观察员参加仲裁庭审的做法存在明显瑕疵。

917. 第一，仲裁庭有关做法不符合国际仲裁实践。国家间的仲裁，特别是涉及领土主权和海洋划界的案件，具有保密性和私密性特点。仲裁参与国对此点高度重视。自然，非案件当事国作为观察员参加庭审的情况极为罕见。本案仲裁庭也没有给出先例。仲裁庭未说明理由，允许多国以观察员身份参加庭审，实在让人难以理解，不知其动机为何。

918. 第二，仲裁庭未合理考虑中国的反对立场。《程序规则》第 1 条第 2 款规定，对于本《程序规则》和《公约》附件七及其它条款均无明文规定的程序问题，并且争端当事方未达成另行协议，则仲裁庭应当在征求争端当事方意见后确定相关问题。

如前所述，中国对南海仲裁案坚持不接受、不参与的立场，反对推进仲裁程序的任何做法，其中自然包括反对仲裁庭提出的邀请观察员的问题。中国驻荷兰大使 2015 年 2 月 6 日致函沃尔夫鲁姆、帕夫拉克、松斯、科特和门萨，指出：

> 基于不接受、不参与仲裁的立场，中国不对仲裁庭提出的问题进行回应和评论，这并非表明中国同意或不反对仲裁庭已经或可能提出的一切程序和实体问题，不得被任何方面在任何意义上作此理解或解释，更不得成为仲裁庭作出任何程序或实体安排、建议、命令、决定和裁定等的理由。中国政府强调指出，中国反对提起和推进仲裁程序的任何做法，反对所有要求中国答复的程序或步骤问题，例如第三方介入、"法庭之友"、实地考察等等，反对利用中国的不接受、不参与立场执意推进仲裁程序。
>
> ……
>
> 国际仲裁须以当事国明确同意为前提，并应充分尊重当事国的意愿。在中国申明不接受、不参与原则立场并阐明仲裁庭明显没有管辖权的情况下，有关方面仍继续推进仲裁，甚至还拟引入"法庭之友"、"第三方"等违反国际仲裁实践的程序，中国对此表示严重关切

---

[32] 《7 月 12 日裁决》第 65、67、68 段。美国曾申请成为观察员国，但仲裁庭以美国不是《公约》缔约国为由，拒绝了美国的请求。

[33] 同上注，第 68 段。

并坚决反对。[34]

显然，中国对包括“观察员程序”在内的所有仲裁程序或步骤均表达了全盘反对意见。

919. 中国驻荷兰大使 2015 年 7 月 1 日再次致函沃尔夫鲁姆、帕夫拉克、松斯、科特和门萨，再次表达了中国对仲裁程序的全盘反对意见，指出“中国反对提起和推进仲裁程序的任何做法，不接受包括庭审程序在内的一切安排”。[35]

920. 仲裁庭明知观察员程序的适用应当征求争端当事方意见，却罔顾中国全盘反对任何推进仲裁程序的做法这一清晰、鲜明的立场，允许多国作为观察员参加庭审，实在令人震惊。仲裁庭征求当事方意见的做法完全是形式上的。仲裁庭的所作所为背离了国际仲裁对程序问题的处理应尊重当事方意思自治的基本理念。[36]

---

[34] Letter from the Ambassador of the People's Republic of China to the Kingdom of the Netherlands to the individual members of the Tribunal (6 February 2015).

[35] Letter from the Ambassador of the People's Republic of China to the Kingdom of the Netherlands to the individual members of the Tribunal (1 July 2015).

[36] 关于仲裁程序强调当事方意思自治的理念，从许多仲裁规则中可得到印证。例如，国际法委员会在起草 1958 年《仲裁程序示范规则》时指出："国际法委员会渴望维护国际仲裁与更加制度化的国际司法解决程序所不同的根本特征。这一特征即，争端双方在仲裁员的选择、适用的法律以及仲裁庭的程序方面的意思自治"，参见 Report of the International Law Commission covering the work of its fifth session, 1 June-14 August 1953, Yearbook of the International Law Commission, 1953, Vol. II, p.200, at para.48. 再如，解决投资争端国际中心 2006 年《仲裁规则》第 32 条 2 款规定，在没有当事方反对的情况下，仲裁庭有允许非争端方出席庭审的权利。

第二节　证据问题

921.《公约》附件七第 9 条规定，“仲裁法庭在作出裁决前，必须不但查明对该争端确有管辖权，而且查明所提要求在事实上和法律上均确有根据。”本案仲裁庭还制定了《程序规则》，其中包含有关证据的规则，但比较原则和简略。在处理证据问题时，需要借助一般国际法以及其他国际性法庭或仲裁庭的有关规则或实践。

922. 本案仲裁庭未尽到《公约》附件七第 9 条要求的查明事实的责任，仲裁庭对证据问题的处理与国际司法实践不符，在处理证明责任、证明标准和证明力等方面存在诸多谬误和瑕疵。

一、仲裁庭违反证明责任的基本要求

923. 根据有关证据的一般规则和国际司法实践，证明责任主要由提出诉求的当事方承担。当事方在履行证明责任的过程中，应遵循在规定时间内提交证据等要求。国际性法庭或仲裁庭则应采取合理适当的方式查明事实。

924. 国际性法庭或仲裁庭在处理证据问题方面拥有一定的自由裁量权。但本案仲裁庭在主动获取证据、允许菲律宾提交补充证据和指定专家等过程中，超出自由裁量权的界限，违反证明责任的基本要求。

（一）仲裁庭不当行使权力替代菲律宾查找关键证据

925. 依据“谁主张谁举证”的一般法律原则，当事国应对其所主张的事实承担举证责任和证明责任。对此，桑迪佛（Durward Sandifer）曾指出：

> 赋予仲裁员要求当事方提交其已经主动提交之外的其他证据的裁量权力，无疑是合理的做法，但是，让仲裁员来承担决定当事方应当提交什么证据以支持该方主张的主要责任，是难以想象的。仲裁员要求提供更多证据的权力应当总是一种例外的权力，以帮助他补充当事方提交的证据，而不是把有关责任施加给仲裁员，由他来决定当事方

提出的哪些争议点应当具有证据支撑。[37]

926. 在论及证明责任时，阿梅拉辛格（Chitharanjan F. Amerasinghe）曾指出，国际性法庭或仲裁庭“在作出最终裁决前不能持对某方有利或不利的立场，也不应主动获取和添加对它们有利或不利的证据”。[38] 他认为，“国际法庭实践所依据的基本原则是，争端当事方应承担证明本方所主张事实的责任，而且需要依据有关证明的原则，达到仲裁庭可接受的程度。”[39]

927. 对于《国际法法院规约》的相关条款及国际法院的判例，本辛（Markus Benzing）评论道：

> 根据《规约》及国际法院的判例法，应由当事国承担提供证据支持本方主张事实的主要责任。法院不太愿意行使自身的证据权限，这表明法院认为自身的权力是附属性的，主要基于当事国提交的必要证据来证明它们的主张。
>
> ……
>
> ……当事国应确定争端范围以及承担提出具体事实及对其予以证明的主要责任。此外，国际法院至今尽力回避自行查明当事方未主张的事实。这些制度表明法院的程序稳固地建立在对抗审判模式的基础之上，由当事国承担收集和出示证据的主要责任。[40]

928. 国际法院以往的实践表明，它多采取消极态度，仅要求当事方提供更多的证据，而不会主动去搜集证据，更不会主动提出和查明当事方未主张的事实。[41]

929. 本案仲裁庭制定的《程序规则》也体现了上述证明责任的基本要求。《程序规则》第 22 条第 1 款所规定，“每一当事方应当承担证明赖以支持其诉求或提出抗辩之事实的责任”。

930. 仲裁庭在有关证据问题上的诸多做法却背离了自己制定的《程序

---

37 Durward Sandifer, Evidence before International Tribunals (University Press of Virginia, 1975), p. 67.

38 Chittharanjan F. Amerasinghe, Evidence in International Litigation (Martinus Nijhoff Publishers, 2005), p.34.

39 同上注，第 37 页。

40 Markus Benzing, Evidentiary Issues, in Andreas Zimmermann et al (eds.), The Statute of the International Court of Justice: A Commentary, 2nd edition (Oxford University Press, 2012), p.1234, at 1239, para.12.

41 参见 James Gerard Devaney, Fact-Finding before the International Court of Justice (Cambridge University Press, 2016), pp.118-126.

规则》，也背离了当事方承担证明责任的一般规则。以下举两例说明。

931. 针对菲律宾所提岛礁地位的诉求，仲裁庭对关键事实的判定并非基于菲律宾所提交的证据，而完全依赖于仲裁庭自行获取的证据。针对菲律宾第 4 项和第 6 项诉求，为判定有关海洋地物是否属于低潮高地，仲裁庭在分析菲律宾提出的卫星图像、海图等证据后，并未予以采信，转而自行寻找相关证据材料。[42] 在仲裁进程中，仲裁庭曾询问菲律宾是否已收集到水文调查资料，特别是关于英国于 19 世纪以及日本在二战前的调查资料，菲律宾明确回答没有收集到且不需要收集。[43] 之后，仲裁庭声称，应尽可能考察基于对相关地物进行直接观测的原始记录，因此计划从英国水文局调取文件材料。[44] 在裁决中，仲裁庭正是基于其自行查找的相关证据，就有关地物是否属于低潮高地作出了裁定。

932. 在判定太平岛等南海岛屿的地位问题上，仲裁庭同样并未采信菲律宾提出的证据，而是主动获取有关证据。例如，2016 年 5 月 26 日，仲裁庭通知菲律宾和中国，认为需要查阅法国自 20 世纪 30 年代的资料。仲裁庭最终向中国和菲律宾提供其从法国国家图书馆和法国国立海外档案馆在线数据库里所获得的文件。[45] 在作出有关裁定时，仲裁庭将上述自行获取的资料作为裁定的依据。

933. 在上述事例中，由于菲律宾提供的证据缺乏证明力，按照证明责任的基本要求，仲裁庭本应作出不支持菲律宾诉求的裁定，但却自行获取有关证据并基于此作出有利于菲律宾的裁定。仲裁庭的这一做法实际上是代替菲律宾履行证明责任，明显是越俎代庖。

（二）仲裁庭在合理时限外允许菲律宾多次提交补充证据

934. 为了正当司法，国际性法庭或仲裁庭的常见做法是在书面程序结束后，通常不允许当事国提交新的证据。

935. 本案仲裁庭制定的《程序规则》的第 22 条第 3 款和第 5 款，也体现了关于证据提供时限的要求，有关证据原则上应该在提交诉状和辩诉状时一并提交。

---

[42] 《7 月 12 日裁决》第 331 段。
[43] 同上注，第 140 段。
[44] 同上注，第 89 段。
[45] 同上注，第 99 段。

936. 关于提交书面证据的时限也有例外情形。例如，根据《国际法院规约》第 52 条、《国际法院规则》第 56 条以及国际法院《实践指引》第 9 条的规定，如果对方同意或者法院在例外的情况下认为确有必要，当事方在书面程序后仍可以提交新的文件。虽然有此例外规定，在一方不同意的情况下，国际法院在实践中很少在书面程序之后，同意当事方提供新的证据。

937. 本案《程序规则》第 22 条第 4 款也规定了例外情况，即"根据《公约》附件七第 6 条，仲裁庭可随时在仲裁程序中要求当事方在仲裁庭决定的时间段内，提供文件、物件或其他证据。"该条款中关于"随时"的规定，无论用意如何，都不能解释为仲裁庭可以违背国际司法实践和一般法理，不顾公平公正，恣意妄为。

938. 在"关于修改和解释 1982 年 2 月 24 日大陆架判决案"（突尼斯 / 利比亚，1985 年）中，国际法院对《国际法院规约》第 50 条[46]中的"随时"措词作了如下阐述："这一规定必须在具体情况下结合赋予法院管辖权的条款一起解读"。[47]可见，对赋予国际性法庭或仲裁庭一定裁量权的"随时"一词并不能解释为"绝对的随时"，是受到公平、公开等原则的限制。中国不接受、不参与南海仲裁案的立场不是仲裁庭随意解释"随时"的理由。"随时"不能被解释为允许《程序规则》违背《公约》和一般国际法原则包括国际司法实践的通行做法。

939. 在本案中，仲裁庭将《程序规则》第 22 条第 4 款中的"随时"作为"绝对的随时"来适用，在合理时限外多次允许甚至主动要求菲律宾提交补充证据。

940. 菲律宾提交诉状的日期是 2014 年 3 月 30 日。仲裁庭要求菲律宾提交补充诉求，并确定 2015 年 6 月 16 日为中国对其评论的最后期限。因此，2015 年 6 月 16 日应是书面程序结束的日期。然而，仲裁庭却允许菲律宾在该日期后，甚至在 2015 年 11 月 30 日实体问题庭审结束后直至《7 月 12 日裁决》作出前一个月，提交大量证据材料：

---

[46]《国际法院规约》第 50 条规定：法院得随时选择任何个人、团体、局所、委员会、或其他组织，委以调查或鉴定之责。

[47] Application for Revision and Interpretation of the Judgment of 24 February 1982 in the Case concerning the Continental Shelf (Tunisia/Libyan Arab Jamahiriya) (Tunisia v. Libyan Arab Jamahiriya), Judgment, I.C.J. Reports 1985, p.192, at para.65

- 2016 年 3 月 11 日，菲律宾提交了 30 个新书证附件，包括两份新的专家报告；[48]
- 2016 年 4 月 25 日，菲律宾提交了 21 份新书证附件，并针对 2016 年 3 月 11 日的专家报告提交了两份补充报告；[49]
- 2016 年 4 月 26 日，菲律宾提交了一份更新后的专家报告和一份专家声明；[50]
- 2016 年 6 月 3 日，即《7 月 12 日裁决》作出前的一个月，菲律宾再次提交了一些补充材料。[51]

对于这些新提交的证据材料，仲裁庭都明示或默示予以接受。

（三）仲裁庭对独立专家的指定存在明显瑕疵

941. 仲裁庭先后指定了五名独立专家，分别是来自澳大利亚的一名水文专家，来自英国的一名航行安全专家，以及来自德国、英国、澳大利亚的三名珊瑚礁专家。

942. 国际法院成立 70 多年以来，仅在 1949 年的“科孚海峡案”和 2014 年提起的“加勒比海和太平洋划界案”中，行使了《国际法院规约》第 50 条规定的指定专家的权力。[52] 事实上，国际法院在多个案件中收到了当事国指定独立专家的请求，但除上述两个案件后，法院均拒绝行使此项权力。[53] 很显然，国际法院在行使指定专家的权力方面极为谨慎。这与本案仲裁庭主动、多次地指定专家形成鲜明对比。

943. 姑且不论仲裁庭该不该指定独立专家，单就指定独立专家的程序而言，至少存在指定时间过晚、指定程序不透明等明显瑕疵。

944. 2016 年 3 月 15 日，仲裁庭指定了一名独立专家，就中国岛礁建设对南海海洋环境的影响开展评估；[54] 2016 年 4 月 12 日，仲裁庭指定另两

---

48 参见《7 月 12 日裁决》第 86 段。

49 参见上注，第 92 段。

50 参见上注，第 93 段。

51 参见上注，第 99 段。

52 参见 The Court’s Annual Report presented to the 71th session of the United Nations General Assembly, H.E. Judge Ronny Abraham, President of the International Court of Justice, http://www.icj-cij.org/files/press-releases/6/18766.pdf.

53 例如 Land, Island and Maritime Frontier Dispute (El Salvador/Honduras: Nicaragua intervening), Judgment, I.C.J. Reports 1992, p.351, at paras.22, 65; 参见 Military and Paramilitary Activities in and against Nicaragua (Nicaragua v. United States of America), Judgment. I.C.J. Reports 1986, p.14, at para.61.

54 参见《7 月 12 日裁决》第 88 段。

位专家协助工作。[55] 2016 年 4 月 29 日，仲裁庭将三位专家联合完成的题为《南海南沙群岛七个暗礁上进行建筑活动所致潜在环境后果的评价》的专家报告转给中国和菲律宾。[56] 仲裁庭没有披露如何选择独立专家以及指定独立专家的程序。

945. 仲裁庭对相关专家的指定发生在口头程序结束之后，显属不当。本案的口头程序在 2015 年 11 月 30 日即已结束，而仲裁庭对三位珊瑚礁专家的指定发生在口头程序结束后四个月，距离仲裁庭作出《7 月 12 日裁决》只有三个月左右的时间。仲裁庭指定独立专家的时间如此之晚，仲裁庭也未对专家报告进行任何质询。

946. 质询在很大程度上可以起到帮助国际性法庭或仲裁庭评估专家报告可靠性的作用。[57] 国际司法实践表明，面对复杂的技术报告，没有审慎的评估、审查或质询，裁判机构是不会轻易采信的。[58] 国际证据法专家里德尔（Anna Riddell）和普兰特（Brendan Plant）也指出，即使是权威专家出具的报告也并非绝对正确，这需要裁判机构谨慎地辨别与审查。[59] 本案仲裁庭没有对专家报告进行质询、审查，而是直接地采信，赋予专家报告在认定环境保护事项上重大的证明作用，实在令人难以置信。

947. 还需指出的是，关于环境问题的专家报告出台非常仓促。仲裁庭在同一事项上先后指定专家，表明其认识到评估南海海洋环境问题的异常复杂性。然而，从指定最后两名专家到专家报告的作出，中间仅有短短的 17 天时间。三位专家对南海海洋环境评估这样一个复杂的问题，如此神速地拿出研究报告，令人震惊。三位专家如此仓促地拿出研究报告，不得不让人质疑仲裁庭在仲裁程序最后阶段指定独立专家的合理性。

948. 此外，仲裁庭选择专家的程序不透明。《程序规则》没有关于指定专家程序的明确规定，但其他一些国际性法庭或仲裁庭的实践在此方面提供了示范规则。例如，在世界贸易组织的争端解决机制中，专家组在指定专家之前，会先行听取当事双方对指定专家一事的意见，包括指定的必

[55] 同上注，第 90 段。

[56] 同上注，第 95 段。

[57] 参见 Giorgio Gaja, Assessing expert evidence in the I.C.J., 15 The Law and Practice of International Courts and Tribunals (2016), p.409, at 412.

[58] 参见 Anna Riddell and Brendan Plant, Evidence before the international court of justice (British Institute of International and Comparative law, 2009), pp.198-200, 343-345.

[59] 同上注，p.198.

要性、方式、人数所需要遵循的其他要求。[60] 专家组对于指定专家的选择上采用的做法是，由所涉领域的国际专门机构，向专家组提供适任的专家候选人名单。[61] 上述做法其实也反映在《公约》当中。《公约》附件八第2条规定：

第二条 专家名单

1. 就（1）渔业，（2）保护和保全海洋环境，（3）海洋科学研究和（4）航行，包括来自船只和倾倒造成的污染四个方面，应分别编制和保持专家名单。

2. 专家名单在渔业方面，由联合国粮食及农业组织，在保护和保全海洋环境方面，由联合国环境规划署，在海洋科学研究方面，由政府间海洋学委员会，在航行方面，包括来自船只和倾倒造成的污染，由国际海事组织，或在每一情形下由各该组织、署或委员会授予此项职务的适当附属机构，分别予以编制并保持。

《公约》附件七规定的仲裁虽然不存在一份如同附件八规定的专家名单，但仲裁庭选择专家的程序也需要公开和透明。[62] 选择合适的专家，应先征得当事方的同意，再在选择过程中求助于国际专门机构。任何一个国际裁判机构的管辖权都是建立在国家同意的基础上，取得当事国的同意与合作，非常有必要；专家在相关问题上的权威性往往难以由非专业人士来判定，专门的国际组织在此方面往往能给裁判机构和当事方提供有价值的参考建议。[63] 就本案来说，仲裁庭指定的五位专家，是仲裁庭在明知中国对整个案件持反对态度的情况下作出的决定。另外，从仲裁程序中无法得知指定的专家是否由环境或航行领域的专门国际组织或国际机构所推荐，不知其选择过程为何。这体现了仲裁庭对权力的不当行使。

---

60 参见 Caroline E. Foster, Science and the Precautionary Principle in International Courts and Tribunals (Cambride University Press, 2011) pp.108-122.

61 参见 Daniel Peat, The Use of Court-Appointed Experts by the International Court of Justice, 84 The British Yearbook of International Law (2014), p.271, at 290-294; 另参见 Caroline E. Foster，同上注，第108-122页。

62 已有多位国际法学者与实践者提出对指定专家公开与透明程序的呼吁。例如可参见 James Crawford and Amelia Keene, Editorial, 7 Journal of International Dispute Settlement (2016), p.225, at 229; Daniel Peat, The Use of Court-Appointed Experts by the International Court of Justice, 84 The British Yearbook of International Law (2014), p.271, at 288.

63 参见 Daniel Peat, The Use of Court-Appointed Experts by the International Court of Justice, 84 The British Yearbook of International Law (2014), p.271, at 301; Joost Pauelyn, The use of experts in WTO dispute settlement, 51 International and Comparative Law Quarterly (2002), p.325, at 325-364.

二、仲裁庭错误适用证明标准

949. 证明标准指为证实某个事项或某个待证事实，裁判者所需要的说服程度。选择适用具体的证明标准需要符合主要裁判机构已接受的一般实践。[64]

950. 本案仲裁庭的《程序规则》没有关于证明标准的直接规定，但《公约》附件七第 9 条和《程序规则》第 25 条第 1 款的规定为确定本案的证明标准提供了指引。《公约》附件七第 9 条规定：

> 如争端一方不到案或对案件不进行辩护，他方可请示仲裁法庭继续进行程序并作出裁决。争端一方缺席或不对案件进行辩护，应不妨碍程序的进行。在作出裁决前，必须不但查明对该争端确有管辖权，而且查明所提要求在事实上和法律上均确有根据。

本案《程序规则》第 25 条第 1 款重复了《公约》附件七第 9 条的规定。

951. 在一方不出庭的案件中，国际性法庭或仲裁庭在证明标准方面会采取更加审慎的态度。在本案中，仲裁庭也明确指出，“附件七第 9 条在努力平衡由于不出庭的情况而对任何一方造成的不利风险。”[65] 然而，仲裁庭在证明标准方面的有关做法，不符合《公约》和《程序规则》的上述规定及其精神。

（一）附件七第 9 条所提“查明所提要求在事实上确有根据”是一个高证明标准

952.《公约》附件七第 9 条指出，在一方不出庭或未能抗辩的情况下，仲裁庭需要查明所提要求在事实上和法律上均确有根据。仲裁庭《程序规则》第 25 条第 1 款复述了这一规定。这一规定在《国际法院规约》第 53 条第 2 款和《国际海洋法法庭规约》第 28 条都有体现。

953. 关于上述有关规定对确定证明标准的指引，国际司法实践已作出解释。在美国在实体问题阶段没有出庭的“在尼加拉瓜和针对尼加拉瓜的军事和准军事活动案”（尼加拉瓜诉美国，1986 年）中，国际法院针对《国际法院规约》第 53 条第 2 款所称的“查明……所提要求在事实上和法律

---

64 参见 Mojtaba Kazazi, Burden of Proof and Related Issues: A Study on Evidence Before International Tribunals (Brill, 1996), pp.351-352.

65 《7 月 12 日裁决》第 119 段。

上均确有根据”，明确指出：

> 《规约》英文本所使用的“查明”一词（法文本使用的s’assurer）意指，法院必须像在任何其他案件中一样实现同等程度的确定性，到案一方的要求需在法律上确有根据，而且，根据案件性质的情况，确保该要求所根据的事实具有有说服力的证据支撑。[66]

954. 本案仲裁员之一沃尔夫鲁姆曾在国际海洋法法庭“赛加号”案（圣文森特和格林纳丁斯诉几内亚，1999年）中担任法官。他在“赛加案”发表的个人意见中提及“查明……所提要求在事实上和法律上均确有根据”这一规定与证明标准的关系：

> 传统上，在国际裁判中，除了在初步程序中是要求“初步”证据以外，还应采用两种证明标准：需要说服程度高的超越合理怀疑标准，以及优势证据标准。优势证据意味着尽管仍存合理或超出合理的怀疑，但裁判者对证据的评估都指向一个特定的方向。国际性法庭或法院并不严格限于这些标准，而是在个案中根据情况作适当的调整或者修改。《国际海洋法法庭规约》第28条所提到的“事实上和法律上确有依据”不是优势证据标准，而是一个能与许多国内法律制度中的超越合理怀疑标准相类似的证明标准。[67]

在沃尔夫鲁姆看来，对于一方不到案的案子，“查明所提要求在事实上和法律上均确有根据”的规定体现为类似于“超越合理怀疑”的证明标准。

955. 由上可知，从证明标准的角度考察“查明所提要求在事实上和法律上均确有根据”这一规定，无论是将其解读为“确保该要求所根据的事实具有有说服力的证据支撑”，还是将其解读为“超越合理怀疑”的证明标准，均指向一个高于或至少不低于一般适用的“优势证据”证明标准。

（二）仲裁庭刻意降低证明标准

956. 对于证明标准，仲裁庭说，“关于查明菲律宾所提请求在事实上

---

[66] Military and Paramilitary Activities in and against Nicaragua (Nicaragua v. United States of America). Judgment. I.C.J. Reports 1986, p.14, at para. 29.

[67] The M/V “SAIGA” (No. 2) Case (Saint Vincent and the Grenadines v. Guinea), Separate opinion of Vice-President Wolfrum, ITLOS Case No. 2, at para.12.

和法律上确有依据，仲裁庭注意到附件七第 9 条的适用不改变证明责任的分配，也不提高或降低一方当事人在提出主张、进行辩护时所通常需要达到的证明标准。"[68] 仲裁庭在裁决中没有进一步明确证明标准，但通过仔细考察其推理可以发现，其适用的是一个低于一般适用的"优势证据"的证明标准。

957. 例如，针对菲律宾所提的第 4 至第 6 项诉求，仲裁庭在确定南沙群岛一些地物潮差的过程中适用的是一个比"优势证据"更低的证明标准。仲裁庭认为，南海的潮汐模式和潮汐制度虽然很复杂，但并不影响它确定高潮时的平均潮差。在确定的过程中，仲裁庭基本使用的都是十九世纪后半期或二十世纪前半期的老旧资料，并由此得出了 0.8 米至 1.2 米的潮差间距。[69] 但是，这些老旧资料所显示的内容也并不一致。从仲裁庭引用的资料内容来看，英国海军部 1868 年的《中国海指南》、1864 年的南威岛和安波沙洲海图、1926 年的双子群礁海图以及 1966 年英国皇家海军舰队海图，与日本海军在双子群礁以及郑和群礁的海图记录的数据存在较大差异。[70] 由此可见，仲裁庭仅仅通过使用过时的、内容不一致的资料，就认定了有关事实。这种证明标准显然低于"优势证据标准"。

三、仲裁庭基于缺乏相关性、实质性或缺乏证明力的证据认定关键事实

958. 本案《程序规则》第 22 条第 7 款规定，"仲裁庭应该决定证据的可采性、相关性、实质性……"。该款规定与国际司法实践一致。但仲裁庭在适用该款规定处理证据的相关性、实质性或证明力问题时充满瑕疵。

959. 证据的相关性，通常是指证据与事实要"初步"相关，而不仅仅是"可能"相关。在多数情况下，书面证据是否具有相关性取决于该证据与尚待作出的法律决定或当事方所提诉求之间的客观联系。[71] 证据的实质性，是指证据与待认定事实之间存在实质联系，"仲裁庭必须认为有必要将该

---

68 《7 月 12 日裁决》第 131 段。

69 参见上注，第 316 段。

70 参见上注，第 314-315 段。

71 Jeffrey Waincymer, Procedure and Evidence in International Arbitration (Wolters Kluwer, 2012), p.858.

文件作为一个因素，以便对事实的真伪作全面考虑”。[72] 此处所称“必要”并不意味着没有这个证据材料就不能认定案件事实，而是指如果没有该证据，事实便不能最佳呈现其原貌。具有实质性的书面证据应该是一份“可以影响仲裁庭对争议事项所作决定的材料”。[73]

960. 本案中，仲裁庭采信了大量的书面证据，涵盖了政府文件、外交照会、技术资料、海图、专家报告、证人宣誓证言、学术资料以及新闻报道、历史资料等诸多类型，但仲裁庭在认定关键事实时使用了缺乏相关性与实质性的证据，赋予了这些证据不当的证明力。

961. 如本书第五章第三节所述，仲裁庭在认定中国南沙群岛有关岛礁属于“低潮高地”或“高潮地物”时，主动获取并采信了一些国家在 19 世纪 60 年代、20 世纪 20 年代及 20 世纪 30 年代针对中国南沙群岛有关岛礁及海域所做的测量、调查、海图和航行指南等历史调查材料。然而，国际法院在“领土和海洋争端案”（尼加拉瓜诉哥伦比亚，2012 年）中处理类似问题时早已指出，诉讼程序启动多年前的调查报告，对于认定地物在高潮时是否露出水面这一事实不具有相关性；而海图的目的是便利航行，并非旨在判定地物的法律地位，其相关内容对于认定地物在高潮时的状况也没有意义，从而无法为判定地物是否属于低潮高地提供证明力。[74] 本案中，仲裁庭对 100 多年或 80 多年以前的航海调查报告、航行指南、以及海图的采信显然与前述国际法院的判例不符，而且未叙明理由。

962. 如本报告第四章所述，对于菲律宾第 1 项和第 2 项诉求所涉历史性权利事项，仲裁庭选择性地考察了 2009 年之后的四个孤立事例，其中一个发生于 2011 年，两个发生于 2012 年，一个发生于 2015 年，[75] 并据此对中国历史性权利的性质作出认定。

963. 中国在南海的历史性权利源于中国和中国人民在南海长期、持续的历史活动。对于一国历史性权利的定性，应全面考察该国实践。在此过程中，不能只通过挑选少量近期材料就得出结论。仲裁庭仅挑选 2009 年之后的四份材料并据此作出认定，是以偏概全。

964. 如本报告第六章所述，针对菲律宾第 10 项诉求（即请求裁定所

---

[72] 同上注，p.859.

[73] 同上注，p.859.

[74] 参见 Territorial and Maritime Dispute (Nicaragua v. Colombia), Judgment, I.C.J. Reports 2012, p.624, at para.35.

[75]《7 月 12 日裁决》第 208-212 段及脚注。

谓“中国通过干扰菲律宾渔民在黄岩岛的传统捕鱼活动，非法阻止他们谋求生计”），仲裁庭通过采信菲律宾海军指挥官的备忘录，以及菲律宾提供的四份渔民宣誓证言，[76]认定“自2012年5月以来，中国政府船舶不时采取行动，完全阻止菲律宾渔民在黄岩岛进行捕鱼活动。……菲律宾渔民遭到中国船只的驱赶”。[77]这四份中的其中三份渔民宣誓证言，[78]以及菲律宾渔业与水产资源局官员的备忘录，构成仲裁庭认定“黄岩岛的某些捕鱼活动是传统的、人工的捕鱼”的证据。[79]

965. 宣誓证言的证明力弱。证据法专家里德尔和普兰特指出，“宣誓书是证人证言的书面形式”，但“与直接的证人证言相比，宣誓书的证明力相对较弱”。[80]更何况，证人证言本身通常不能作为判定相关事实的主要和直接依据。国际法院在“在尼加拉瓜和针对尼加拉瓜的军事和准军事活动案”（尼加拉瓜诉美国，1986年）中指出：

> 对于证词中仅仅是表达证人对不直接知晓的有关事实可能存在或不可能存在看法的任何部分，均不作为证据。这种并非陈述事实的证言，可能是高度主观的，不能当作证据。证人所表达的观点，仅仅是对某种可能性的个人且主观性的评估，尚有待于被证明是否符合某一事实。它可与其他材料一起帮助法院决定事实问题，但其本身不构成证据。对于并非证人直接知晓而是道听途说事项的证词，也没有多少证明力。[81]

966. 另外，由于宣誓证言本身的一些特点，如证言作出的主体、时间和地点，使其证明力进一步减弱。本案仲裁庭所采信的三份宣誓证言，均是菲律宾渔民在提起仲裁两年之后的2015年于庭外作出的。对于类似这种与案件结果有利害关系的个人在司法程序启动后在庭外所作的宣誓证言，国际法院在有关案件中认为，“那些以宣誓证言为形式的证人陈述需

[76] 这4份分别是福罗尼斯（T.D. Forones）、勒加斯匹（J.P. Legaspi）、塔拉塔歌德（C.D. Talatagod）以及塔里奥（C.O.Taneo）的宣誓证言。参见《7月12日裁决》第810段及脚注862。

[77]《7月12日裁决》第810段。

[78] 它们分别是福罗尼斯（T.D. Forones）、勒加斯匹（J.P. Legaspi）、塔拉塔歌德（C.D. Talatagod）的宣誓证言。

[79]《7月12日裁决》第807段。

[80] 参见Anna Riddell and Brendan Plant, Evidence before the international court of justice (British Institute of International and Comparative law, 2009), pp.279-280.

[81] Military and Paramilitary Activities in and against Nicaragua (Nicaragua v. United States of America), Merits, Judgment, I.C.J. Reports 1986, p.14, at para.68.

要谨慎对待。在评估这些宣誓证言时，必须考虑若干因素，其中包括作出的主体是否国家官员或与诉讼结果利益无涉的个人……”。[82] 国际法院表示，“将谨慎对待那些特意为本案所准备的证据材料”。[83] 同样，仲裁庭在“鲸湾边界案”(德国／英国，1911 年)中也表示，“对于那些在庭外所制作的证据，仲裁员又无法进行交叉质询，也未经过质证，……其证明力势必减弱。”[84]

967. 因此，菲律宾特意为本案所准备的宣誓证言，不应该具有证明力。

四、仲裁庭错误推定事实

968. 国际性法庭或仲裁庭可以基于事实进行推定，但这种推定必须基于确定的事实。正如有关国际法学者所说，“基于一般经验，法官可以从某些确定的事实中得出结论”。[85] 如果据以作出推定的基础事实本身是错误的或有瑕疵，那么推定本身以及推定的结果自然也是错误的。

969. 本案仲裁庭多次运用事实推定得出所谓的结论，但存在明显的谬误。例如，在处理菲律宾第 9 项诉求时，仲裁庭对“中国在仁爱礁和美济礁的捕鱼活动”进行了推定。关于“中国在仁爱礁和美济礁的捕鱼活动”，仲裁庭认识到菲律宾提供的证据有限：

> 仲裁庭注意到，目前对于中国在美济礁和仁爱礁上活动的证据有限。中国在这些地区捕鱼的记录仅记载于菲律宾武装部队的报告中，并且仅限于 2013 年 5 月这段单一期间。[86]

970. 仲裁庭认定菲律宾单方提供的其武装部队的报告所载信息是准确的、可接受的，认定中国政府纵容和保护中国渔民在美济礁和仁爱礁进行捕鱼。仲裁庭为此给出了两个理由：一是中国一般性地对南海主张主权权

---

[82] Territorial and Maritime Dispute between Nicaragua and Honduras in the Caribbean Sea (Nicaragua v. Honduras), Judgment, I.C.J. Reports 2007, p.659, at para.244. .

[83] Armed Activities on the Territory of the Congo (Democratic Republic of the Congo v. Uganda), Judgment, I.C.J. Reports 2005, p.168, at para.61.

[84] The Walfish Bay Boundary Case (Germany/Great Britain), Reports of International Arbitral Awards, Volume XI, p.263, at 302; 也可参见 Chittharanjan F. Amerasinghe, Evidence in International Litigation (Martinus Nijhoff Publishers, 2005), pp.198-199.

[85] Rüdiger Wolfrum, Mirka Möldner, International Courts and Tribunals, Evidence, MPEPIL, last updated August 2013, para.68.

[86]《7 月 12 日裁决》第 745 段。

利和管辖权，明显不接受这些区域是菲律宾专属经济区的一部分，还向本国国民发放“南沙专项捕捞许可证”；二是中国在美济礁和仁爱礁捕鱼活动的模式和仲裁庭所知道的在渚碧礁和黄岩岛上的模式是一致的。仲裁庭在此所用的唯一证据材料是菲律宾军队的内部报告。[87]

971. 中国向本国国民发放“南沙专项渔业捕捞许可证”并不意味着中国渔民一定在美济礁和仁爱礁捕鱼。菲律宾军队的报告也不能证明中国在南海的捕鱼活动模式是一致的论断。如果没有关于中国渔民捕鱼地点的确切证据，即使中国在整个南海的捕鱼模式是一致的，仅凭“南沙专项渔业捕捞许可证”的发放，不能得出中国渔民同样在美济礁和仁爱礁进行捕鱼的推论。而在此基础上的进一步推论，则只能是错上加错。

972. 撇开菲律宾单方提供的信息的真实性与准确性不谈，仲裁庭基于所谓的“模式”作出的推定显然是存在问题的。即使中国渔民在南海的捕鱼活动构成“模式”，但该“模式”如要适用到美济礁和仁爱礁，则必须首先证明在这两个地区存在与“模式”相似的捕鱼活动。然而，仲裁庭并没有证明。因此，仲裁庭关于中国在美济礁和仁爱礁捕鱼的推论是不成立的。

[87] 同上注，第 747-748 段。

本章结论

973. 仲裁庭在正当程序和证据方面没有严格遵循应当适用的规则与实践，存在诸多谬误。

974. 关于正当程序问题，仲裁庭的谬误主要体现在：

一是仲裁庭在一些问题上的裁决未叙明理由。仲裁庭所作相关裁决或者只有结论而缺乏必要推理，或者不给理由，或者没有适当叙明理由，违反了《公约》附件七第 10 条的规定，违背了“裁决的作出应叙明理由”这一基本规则。

二是仲裁庭的组建缺乏代表性。仲裁庭五名仲裁员有四位来自欧洲，一位来自非洲的仲裁员也常驻欧洲，不能代表世界各大文明和主要法系，导致仲裁庭在处理案件过程中缺乏对亚洲文明、外交和法律传统以及本地区其他因素的认知和考量，从而对有关问题作出错误的裁定。

三是仲裁庭对有关程序问题的处理未体现公正。仲裁庭为确立和行使管辖权，相关做法前后矛盾；一些程序安排明显偏袒菲律宾；一些仲裁员关于重要法律问题的立场在本案前和本案中前后不一。所有这些做法明显偏袒菲律宾。

四是仲裁庭不当地允许多国以观察员的名义参加仲裁庭审。在《公约》和《程序规则》并未规定观察员程序的情形下，仲裁庭主动提起观察员问题，并且罔顾中国全盘反对推进仲裁程序的严正立场，允许多国作为观察员国参加庭审，不符合国际仲裁的一般规则和惯常实践。

975. 关于证据问题，仲裁庭谬误主要体现在：

一是违反证明责任的基本要求。仲裁庭罔顾证明责任主要由当事方承担这一基本规则，代替菲律宾查找认定事实的关键证据，并基于其主动获取的证据作出有利于菲律宾的裁定。仲裁庭违反证据提交时限的相关要求，在书面程序结束后，甚至在 2015 年 11 月 30 日实体问题庭审结束后直至《7 月 12 日裁决》作出前一个月，仍然允许菲律宾多次提交补充证据。仲裁庭在口头程序之后以一种不透明的方式指定专家，并未经质询直接采信专家的研究报告。

二是刻意降低证明标准。《公约》和《程序规则》规定了一个高于或至少不低于“优势证据”的证明标准。但仲裁适用的是比“优势证据”更低的标准，并由此作出对菲律宾有利的裁定。

三是基于缺乏相关性、实质性或证明力不足的证据认定关键事实，包括采用年代久远且不为此目的的材料来认定相关岛礁的法律地位；片面选取个别材料来认定中国在南海的历史性权利的性质；基于证明力弱的材料认定菲律宾渔民在黄岩岛水域从事传统捕鱼活动等。

四是在没有足够证据的情况下，不当推定中国在美济礁和仁爱礁附近水域进行有关捕鱼活动。

976. 仲裁庭在正当程序和证据方面的错误，彰显仲裁庭根本不具公正性，仲裁裁决也不可能具有效力。

结　论

仲裁庭错误百出，裁决无效，冲击国际法治

977. 充分、认真研究南海仲裁案裁决后，我们得出以下结论。

一、仲裁庭对菲律宾诉求明显没有管辖权，裁决缺乏事实和法律依据，是无效的

978. 第一，仲裁庭越权管辖中菲领土和海洋划界问题。

菲律宾所提仲裁事项的实质是中菲两国之间的岛礁领土问题，不属于《公约》调整范畴，不属于有关《公约》解释或适用的争端。相关仲裁事项也构成中菲海洋划界不可分割的组成部分，已被中国 2006 年声明排除适用有关强制程序。长期以来，中菲两国还就通过谈判解决在南海的领土和海洋划界问题达成共识。

仲裁庭对菲律宾诉求明显没有管辖权。仲裁庭无视菲律宾所提仲裁事项涉及中菲领土和海洋划界争端的事实，罔顾中菲两国通过谈判解决有关争端的协议，越权管辖和作出裁决。这是仲裁庭在处理本案中的根本错误所在。

仲裁庭超越其管辖权对菲律宾第 1 项和第 2 项诉求作出裁决。仲裁庭无视中国在南海的历史性权利与中菲领土和海洋划界问题密不可分，认定中国主张的历史性权利性质时无视可公开获得的有关资料，对相关诉求错误地行使管辖，甚至违反“不诉不理”原则越权审理并错误否定中国在南海享有的历史性权利。

仲裁庭超越其管辖权对菲律宾第 3 项至第 7 项诉求作出裁决。仲裁庭无视中菲在南海的领土和海洋划界争端，故意曲解中国对南沙群岛和中沙群岛各自作为整体拥有领土主权和海洋权利的立场，孤立处理构成中国两个群岛组成部分的单个岛礁的地位问题，将群岛与其组成部分强行切割，错误裁定作为中国南沙群岛组成部分的美济礁、仁爱礁等属于菲律宾专属经济区和大陆架的一部分，错误裁定中国中沙群岛黄岩岛和南沙群岛所有“高潮地物”都不能产生专属经济区和大陆架，实质上越权处理了中菲领土和海洋划界问题。

仲裁庭越权管辖菲律宾第 8 项至第 14 项诉求，错误裁定中国在南海的活动侵犯了菲律宾的主权权利和管辖权。面对中菲两国就相关海域显然存在领土和海洋划界争端的情形，仲裁庭本应住手，但仍强行越权管辖相关诉求。仲裁庭对中国在南海活动的合法性问题所作裁决，错误地以相关海域属于无争议的菲律宾专属经济区和大陆架为前提，这一前提是建立在其对菲律宾第 1 项至第 7 项诉求越权管辖的基础之上。

979. 第二，仲裁庭错误认定事实，错误解释和适用法律：

（1）仲裁庭罔顾菲律宾未证明中菲就菲律宾诉求中涉及的具体问题存在明显对立的观点，断定中菲两国存在与领土和海洋划界争端无关的、有关《公约》解释或适用的多个争端；

（2）仲裁庭罔顾中菲在南海相关区域存在领土和海洋划界争议的事实，割裂海洋权利与领土和海洋划界问题的内在联系，将有关区域错误界定为无争议的菲律宾管辖海域；

（3）仲裁庭无视“关于”、“涉及”等术语的通常含义，错误解释《公约》第 298 条第 1 款中“关于划定海洋边界的第十五、第七十四和第八十三条在解释或适用上的争端，或涉及历史性海湾或所有权的争端”等；

（4）仲裁庭将《公约》第 281 条所指“协议”错误解释为条约形式的文件，并将其中的“排除”错误解释为“明文排除”，实际上把《公约》文本中的“排除”改写为“明文排除”，罔顾中菲已通过《南海各方行为宣言》和双边文件选择了以谈判协商方式解决争端且排除了其他方式的事实；

（5）仲裁庭刻意降低《公约》第 283 条规定的“交换意见”的标准，罔顾中菲从未就菲律宾诉求中所称的事项交换过意见的事实，错误认定菲律宾已履行交换意见的义务；

（6）仲裁庭错误解释《公约》与历史性权利的关系，片面选择和武断解读有关材料，错误定性和否定中国在南海的历史性权利；

（7）仲裁庭无视习惯国际法中业已确立的大陆国家远海群岛制度，错误将《公约》中关于单个地物地位的规定适用于中国南沙群岛和中沙群岛单个组成部分，错误认定南沙群岛有关组成部分为“低潮高地”并不得据为领土；

（8）仲裁庭错误解释和适用《公约》第121条，自创背离缔约原意和国家实践的标准，错误认定中国中沙群岛黄岩岛和南沙群岛任何岛礁均不能维持人类居住或其本身的经济生活；

（9）仲裁庭无视菲律宾在美济礁、仁爱礁、黄岩岛和礼乐滩等地区对中国主权和管辖权的挑衅，将中国维护主权的合法行动错误视为所谓保护渔民非法捕鱼、非法危害航行安全、阻碍菲律宾行使主权权利的行为；

（10）仲裁庭错误地认定《公约》第2条第3款所指的“其他国际法规则”涵盖传统捕鱼权并将该权利纳入领海制度，错误认定菲律宾渔民在黄岩岛海域享有传统捕鱼权；

（11）仲裁庭无视中国岛礁建设未对南海海洋环境造成重大污染或损害的事实，以及中国基于此在海洋环境评价上的裁量权，错误适用《公约》第206条；

（12）仲裁庭错误地将中国在南沙群岛的岛礁建设认定为是在无争议的菲律宾专属经济区和大陆架进行人工岛屿、设施和结构的建设，错误适用《公约》第60条和第80条；

（13）仲裁庭错误地通过《公约》第94条将《避碰规则公约》纳入《公约》规定的领海制度中，并适用于中国拥有主权的水域；

（14）仲裁庭不当解释国际法中的“不得加剧或扩大争端义务”，无视其适用所受的各种限制，错误地认定《公约》第279条、第296条和第300条包含这一义务，并错误地将中国在本国领土上的建设活动认定为“加剧或扩大争端”等。

980. 第三，仲裁庭对重要事项作出裁定而没有“叙明其所根据的理由”：

（1）仲裁庭无视《公约》第298条第1款中“关于”、“涉及”等术语的通常含义，却不叙明理由；

（2）仲裁庭断定《公约》第293条、第309条和第311条反映了确立条约相对一般国际法规则优先地位的准则，却不叙明具体理由；

（3）仲裁庭断定《更路簿》只涉及岛礁领土主权事项，与确定中国对海域的权利无关，却不叙明理由；

（4）仲裁庭肢解中国中沙群岛和南沙群岛，对其组成部分进行切割处理，却不叙明理由；

（5）仲裁庭认定低潮高地构成沿海国“水下陆块”的一部分，却不叙明理由；

（6）仲裁庭认定大陆国家对其远海群岛划定直线基线的实践不构成可以偏离《公约》明文规定的习惯国际法规则，却没有对国家实践和法律确信做任何审查，且不叙明理由；

（7）仲裁庭将公海制度下的《公约》第 94 条适用于领海，却不叙明理由；

（8）仲裁庭认定《公约》第 279 条、第 296 条和第 300 条包含“不得加剧或扩大争端义务”等，却不叙明理由。

981. 显而易见，仲裁庭没有查明其对菲律宾诉求确有管辖权，没有查明菲律宾所提诉求在事实和法律上均确有根据，没有在裁决中叙明其所根据的理由，属于枉法、错误裁判，中国政府关于仲裁庭裁决无效的立场有充分的理据。[1]因此，中国在南海的领土主权和海洋权益当然不受无效裁决的影响。

二、仲裁庭枉法裁判冲击国际法治

982. 仲裁庭枉法裁判制造了一个恶例，给国际法治带来负面影响。

第一，仲裁庭越权管辖引发“司法扩张”担忧。仲裁庭滥用“自裁管辖权”，错误否认中国和菲律宾乃至其他缔约国对争端解决方式作出的选择，恶意降低《公约》强制争端解决程序的适用门槛，越权管辖非《公约》调整的事项，恶意规避中国乃至缔约国根据《公约》第 298 条作出的排除性声明。这种做法将侵犯缔约国自主选择和平解决争端方式的权利。

第二，仲裁庭侵害国家主权和领土完整原则。仲裁庭无视菲律宾提请仲裁事项涉及中国在南海的领土主权问题，非法处理作为中国南沙群岛和中沙群岛组成部分的有关岛礁的地位问题，进而企图否定中国在南海的领

[1] 参见国际法委员会 1958 年《仲裁程序示范规则》，第 35 条和第 29 条。

土主权。这种以解释和适用《公约》为名行侵害缔约国领土主权之实的做法，挑战国际法基本原则，违背《公约》宗旨和目的。

第三，仲裁庭贬损了历史性权利，错误认定《公约》取消了任何超出其专属经济区和大陆架制度限定范围的历史性权利，将危及有关国家根据一般国际法所享有的历史性权利。

第四，仲裁庭错误否定习惯国际法中的大陆国家远海群岛制度，将危及拥有远海群岛的大陆国家的合法权益。

第五，仲裁庭“司法造法”，肆意解释和适用《公约》第 121 条特别是第 3 款，将危及岛屿所属国的合法权益。

第六，仲裁庭损害《公约》争端解决机制公信力。仲裁庭明显越权管辖，枉法裁决，“司法造法”，损害《公约》附件七仲裁乃至《公约》争端解决机制的信誉。

第七，仲裁庭损害《公约》的完整性和权威性。在解释和适用《公约》相关条款时，仲裁庭断章取义，篡改和歪曲《公约》的真实涵义和精神，改写了《公约》，背离了《公约》的宗旨和目的，打破了《公约》内部的微妙平衡以及缔约国之间的利益平衡，篡夺了缔约国的立法权。

983. 国际实践表明，谈判和协商是和平解决领土和海洋划界争端最有效的方式。1949 年以来，中国通过谈判和协商，与 14 个陆地邻国中的 12 个国家妥善解决了边界问题，划定、勘定约 20000 公里的边界线，占中国陆地边界总长度的 90%。中国还通过谈判和协商与越南划定了两国在北部湾的海上边界，并已启动与韩国的海洋划界谈判。

984. 我们深信，仲裁庭的裁决影响不了中国在南海的领土主权和海洋权益。中国的政策和实践表明，中国维护《公约》完整性和权威性的立场是坚定不移的，中国维护国际法治的努力是持之以恒的，中国推动建设和平、稳定的地区海洋秩序的行动是一以贯之的，而且会进一步加强。

附　件

附件一

中华人民共和国政府关于菲律宾共和国所提南海仲裁案管辖权问题的立场文件

（2014 年 12 月 7 日）

一、引言

1. 2013 年 1 月 22 日，菲律宾共和国外交部照会中华人民共和国驻菲律宾大使馆称，菲律宾依据 1982 年《联合国海洋法公约》（以下简称《公约》）第二百八十七条和附件七的规定，就中菲有关南海“海洋管辖权”的争端递交仲裁通知，提起强制仲裁。2013 年 2 月 19 日，中国政府退回菲律宾政府的照会及所附仲裁通知。中国政府多次郑重声明，中国不接受、不参与菲律宾提起的仲裁。

2. 本立场文件旨在阐明仲裁庭对于菲律宾提起的仲裁没有管辖权，不就菲律宾提请仲裁事项所涉及的实体问题发表意见。本立场文件不意味着中国在任何方面认可菲律宾的观点和主张，无论菲律宾有关观点或主张是否在本立场文件中提及。本立场文件也不意味着中国接受或参与菲律宾提起的仲裁。

3. 本立场文件将说明：菲律宾提请仲裁事项的实质是南海部分岛礁的领土主权问题，超出《公约》的调整范围，不涉及《公约》的解释或适用；以谈判方式解决有关争端是中菲两国通过双边文件和《南海各方行为宣言》所达成的协议，菲律宾单方面将中菲有关争端提交强制仲裁违反国际法；即使菲律宾提出的仲裁事项涉及有关《公约》解释或适用的问题，也构成中菲两国海域划界不可分割的组成部分，而中国已根据《公约》的规定于 2006 年作出声明，将涉及海域划界等事项的争端排除适用仲裁等强制争端解决程序。因此，仲裁庭对菲律宾提起的仲裁明显没有管辖权。基于上述，并鉴于各国有权自主选择争端解决方式，中国不接受、不参与菲律宾提起的仲裁有充分的国际法依据。

二、菲律宾提请仲裁事项的实质是南海部分岛礁的领土主权问题，不涉及《公约》的解释或适用

4. 中国对南海诸岛及其附近海域拥有无可争辩的主权。中国在南海的活动已有2000多年的历史。中国最早发现、命名和开发经营南海诸岛，最早并持续对南海诸岛实施主权管辖。20世纪30年代至40年代，日本在侵华战争期间非法侵占中国南海岛礁。第二次世界大战结束后，中国政府恢复对南海诸岛行使主权，派遣军政官员乘军舰前往南海岛礁举行接收仪式，树碑立标，派兵驻守，进行地理测量，于1947年对南海诸岛进行了重新命名，并于1948年在公开发行的官方地图上标绘南海断续线。中华人民共和国1949年10月1日成立以来，中国政府一直坚持并采取实际行动积极维护南海诸岛的主权。1958年《中华人民共和国政府关于领海的声明》和1992年《中华人民共和国领海及毗连区法》均明确规定，中华人民共和国的领土包括东沙群岛、西沙群岛、中沙群岛和南沙群岛。上述行动一再重申了中国在南海的领土主权和相关的海洋权益。

5. 20世纪70年代之前，菲律宾的法律对其领土范围有明确限定，没有涉及中国的南海岛礁。1935年《菲律宾共和国宪法》第一条“国家领土”明确规定：“菲律宾的领土包括根据1898年12月10日美国同西班牙缔结的《巴黎条约》割让给美国的该条约第三条所述范围内的全部领土，连同1900年11月7日美国同西班牙在华盛顿缔结的条约和1930年1月2日美国同英国缔结的条约中包括的所有岛屿，以及由菲律宾群岛现政府行使管辖权的全部领土。”根据上述规定，菲律宾的领土范围限于菲律宾群岛，不涉及中国的南海岛礁。1961年《关于确定菲律宾领海基线的法案》（菲律宾共和国第3046号法案）重申了菲律宾1935年宪法关于其领土范围的规定。

6. 自20世纪70年代起，菲律宾非法侵占中国南沙群岛的马欢岛、费信岛、中业岛、南钥岛、北子岛、西月岛、双黄沙洲和司令礁等岛礁；非法将中国南沙群岛部分岛礁宣布为所谓“卡拉延岛群”，对上述岛礁及其周边大范围海域提出主权主张；并对中国中沙群岛的黄岩岛提出非法领土要求。菲律宾还在有关岛礁及其附近海域非法从事资源开发等活动。

7. 菲律宾上述行为违反《联合国宪章》和国际法，严重侵犯中国的领土主权和海洋权益，是非法、无效的。中国政府对此一贯坚决反对，一直进行严正交涉和抗议。

8. 菲律宾将其所提仲裁事项主要归纳为以下三类：

第一，中国在《公约》规定的权利范围之外，对“九段线”（即中国的南海断续线）内的水域、海床和底土所主张的“历史性权利”与《公约》不符；

第二，中国依据南海若干岩礁、低潮高地和水下地物提出的 200 海里甚至更多权利主张与《公约》不符；

第三，中国在南海所主张和行使的权利非法干涉菲律宾基于《公约》所享有和行使的主权权利、管辖权以及航行权利和自由。

9. 菲律宾提请仲裁的上述事项的实质是南海部分岛礁的领土主权问题，超出《公约》的调整范围，不涉及《公约》的解释或适用。仲裁庭对菲律宾提出的这些仲裁事项均无管辖权。

10. 关于菲律宾提出的第一类仲裁事项，很显然，菲律宾主张的核心是中国在南海的海洋权利主张超出《公约》允许的范围。然而，无论遵循何种法律逻辑，只有首先确定中国在南海的领土主权，才能判断中国在南海的海洋权利主张是否超出《公约》允许的范围。

11. 国家的领土主权是其海洋权利的基础，这是国际法的一般原则。国际法院指出，“海洋权利源自沿海国对陆地的主权，这可概括为‘陆地统治海洋’原则”（2001 年卡塔尔 – 巴林案判决第 185 段，亦参见 1969 年北海大陆架案判决第 96 段和 1978 年爱琴海大陆架案判决第 86 段），“因此陆地领土状况必须作为确定沿海国海洋权利的出发点”（2001 年卡塔尔 – 巴林案判决第 185 段、2007 年尼加拉瓜 – 洪都拉斯案判决第 113 段）。国际法院还强调，“国家对大陆架和专属经济区的权利基于陆地统治海洋的原则”，“陆地是一个国家对其领土向海延伸部分行使权利的法律渊源”（2012 年尼加拉瓜 – 哥伦比亚案判决第 140 段）。

12.《公约》前言开宗明义地指出，“认识到有需要通过本公约，在妥为顾及所有国家主权的情形下，为海洋建立一种法律秩序”。显然，“妥为顾及所有国家主权”是适用《公约》确定缔约国海洋权利的前提。

13. 就本案而言，如果不确定中国对南海岛礁的领土主权，仲裁庭就无法确定中国依据《公约》在南海可以主张的海洋权利范围，更无从判断中国在南海的海洋权利主张是否超出《公约》允许的范围。然而，领土主权问题不属于《公约》调整的范畴。

14. 菲律宾也十分清楚，根据《公约》第二百八十七条和附件七组成的仲裁庭对于领土争端没有管辖权。菲律宾为了绕过这一法律障碍，制造提起仲裁的依据，蓄意对自己提请仲裁的实质诉求进行精心的包装。菲律宾一再表示自己不寻求仲裁庭判定哪一方对两国均主张的岛礁拥有主权，只要求仲裁庭对中国在南海所主张的海洋权利是否符合《公约》的规定进行判定，使仲裁事项看起来好像只是关于《公约》的解释或适用问题，不涉及领土主权问题。然而，菲律宾的包装无法掩饰其提请仲裁事项的实质就是南海部分岛礁的领土主权问题。

15. 关于菲律宾提出的第二类仲裁事项，中国认为，南海部分岛礁的性质和海洋权利问题与主权问题不可分割。

16. 首先，只有先确定岛礁的主权，才能确定基于岛礁的海洋权利主张是否符合《公约》。

17.《公约》规定的有关专属经济区和大陆架的海洋权利均赋予对相关陆地领土享有主权的国家。脱离了国家主权，岛礁本身不拥有任何海洋权利。只有对相关岛礁拥有主权的国家，才可以依据《公约》基于相关岛礁提出海洋权利主张。在确定了领土归属的前提下，如果其他国家对该国的海洋权利主张是否符合《公约》的规定提出质疑或者提出了重叠的海洋权利主张，才会产生关于《公约》解释或适用的争端。如果岛礁的主权归属未定，一国基于岛礁的海洋权利主张是否符合《公约》规定就不能构成一个可以提交仲裁的具体而真实的争端。

18. 就本案而言，菲律宾不承认中国对相关岛礁拥有主权，意在从根本上否定中国依据相关岛礁主张任何海洋权利的资格。在这种情形下，菲律宾要求仲裁庭先行判断中国的海洋权利主张是否符合《公约》的规定，是本末倒置。任何国际司法或仲裁机构在审理有关岛礁争端的案件中，从未在不确定有关岛礁主权归属的情况下适用《公约》的规定先行判定这些岛礁的海洋权利。

19. 其次，在南沙群岛中，菲律宾仅仅挑出少数几个岛礁，要求仲裁庭就其海洋权利作出裁定，实质上是否定中国对南沙群岛的领土主权。

20. 南沙群岛包括众多岛礁。中国历来对整个南沙群岛、而非仅对其中少数几个岛礁享有主权。1935 年中国政府水陆地图审查委员会出版《中国南海各岛屿图》，1948 年中国政府公布《南海诸岛位置图》，均将现在所称的南沙群岛以及东沙群岛、西沙群岛和中沙群岛划入中国版图。1958 年《中华人民共和国政府关于领海的声明》指出，中华人民共和国的领土包括南沙群岛。1983 年中国地名委员会公布南海诸岛部分标准地名，其中包括南沙群岛的岛礁。1992 年《中华人民共和国领海及毗连区法》也明确规定，中华人民共和国的陆地领土包括南沙群岛。

21. 2011 年 4 月 14 日，中国常驻联合国代表团就有关南海问题致联合国秘书长的第 CML/8/2011 号照会中亦指出："按照《联合国海洋法公约》、1992 年《中华人民共和国领海及毗连区法》和 1998 年《中华人民共和国专属经济区和大陆架法》的有关规定，中国的南沙群岛拥有领海、专属经济区和大陆架"。显然，按照《公约》确定中国南沙群岛的海洋权利，必须考虑该群岛中的所有岛礁。

22. 菲律宾在仲裁诉求中对南沙群岛作出"切割"，只要求对其声称的"中国占领或控制的"岛礁的海洋权利进行判定，刻意不提南沙群岛中的其他岛礁，包括至今仍为菲律宾非法侵占或主张的岛礁，旨在否定中国对整个南沙群岛的主权，否认菲律宾非法侵占或主张中国南沙群岛部分岛礁的事实，从而篡改中菲南沙群岛主权争端的性质和范围。菲律宾还刻意将中国台湾驻守的南沙群岛最大岛屿——太平岛排除在"中国占领或控制"的岛礁之外，严重违反了一个中国的原则，侵犯了中国的主权和领土完整。显而易见，此类仲裁事项的实质是中菲有关领土主权的争端。

23. 最后，低潮高地能否被据为领土本身明显是一个领土主权问题。

24. 菲律宾认为其仲裁诉求所涉及的几个岛礁是低潮高地，不能被据为领土。对于上述岛礁是否属于低潮高地，本立场文件不作评论。应该指出的是，无论这些岛礁具有何种性质，菲律宾自己从上世纪 70 年代以来却一直对这些岛礁非法主张领土主权。菲律宾 1978 年 6 月 11 日颁布第 1596 号总统令，对包括上述岛礁在内的南沙群岛部分岛礁及其周边大范围的海域、海床、底土、大陆边及其上空主张主权，并将该区域设立为巴拉望省的一个市，命名为"卡拉延"。虽然 2009 年 3 月 10 日菲律宾通过了第 9522 号共和国法案，规定"卡拉延岛群"（即中国南沙群岛部分岛礁）和"斯卡伯勒礁"（即中国黄岩岛）的海洋区域将与《公约》第一百二十一条（即"岛屿制度"）保持一致，但该规定仅是对上述区域内海洋地物的海洋权利主张进行了调整，并没有涉及菲律宾对这些海洋地物，包括低潮高地的领土主张。菲律宾常驻联合国代表团在 2011 年 4 月 5 日致联合国秘书长的第 000228 号照会中还明确表示：“卡拉延岛群构成菲律宾不可分割的一部分。菲律宾共和国对卡拉延岛群的地理构造拥有主权和管辖权”。菲律宾至今仍坚持其对南沙群岛中 40 个岛礁的主张，其中就包括菲律宾所称的低潮高地。可见，菲律宾提出低潮高地不可被据为领土，不过是想否定中国对这些岛礁的主权，从而可以将这些岛礁置于菲律宾的主权之下。

25. 低潮高地能否被据为领土本身是一个领土主权问题，不是有关《公约》的解释或适用问题。《公约》没有关于低潮高地能否被据为领土的规定。国际法院在 2001 年卡塔尔 – 巴林案的判决中明确表示：“条约国际法对于低潮高地能否被视为领土的问题保持沉默。法院也不知道存在统一和广泛的国家实践，从而可能产生一项明确允许或排除将低潮高地据为领土的习惯法规则”（判决第 205 段）。这里的条约国际法当然包括 1994 年即已生效的《公约》。国际法院在 2012 年尼加拉瓜 – 哥伦比亚案的判决中虽然表示“低潮高地不能被据为领土”（判决第 26 段），但未指出此论断的法律依据，未涉及低潮高地作为群岛组成部分时的法律地位，也未涉及在历史上形成的对特定的海洋区域内低潮高地的主权或主权主张。无论如何，国际法院在该案中作出上述判定时没有适用《公约》。低潮高地能否被据为领土不是有关《公约》解释或适用的问题。

26. 关于菲律宾提出的第三类仲裁事项，中国认为，中国在南沙群岛和黄岩岛附近海域采取行动的合法性是基于中国对有关岛礁享有的主权以及基于岛礁主权所享有的海洋权利。

27. 菲律宾声称，中国在南海所主张和行使的权利非法干涉菲律宾基于《公约》所享有和行使的主权权利、管辖权以及航行权利和自由。菲律宾这一主张的前提是，菲律宾的海域管辖范围是明确而无争议的，中国的活动进入了菲律宾的管辖海域。然而事实并非如此。中菲尚未进行海域划界。对菲律宾这一主张进行裁定之前，首先要确定相关岛礁的领土主权，并完成相关海域划界。

28. 需要特别指出的是，中国一贯尊重各国依据国际法在南海享有的航行自由和飞越自由。

29. 综上所述，菲律宾要求在不确定相关岛礁主权归属的情况下，先适用《公约》的规定确定中国在南海的海洋权利，并提出一系列仲裁请求，违背了解决国际海洋争端所依据的一般国际法原则和国际司法实践。仲裁庭对菲律宾提出的任何仲裁请求作出判定，都将不可避免地直接或间接对本案涉及的相关岛礁以及其他南海岛礁的主权归属进行判定，都将不可避免地产生实际上海域划界的效果。因此，中国认为，仲裁庭对本案明显没有管辖权。

三、通过谈判方式解决在南海的争端是中菲两国之间的协议，菲律宾无权单方面提起强制仲裁

30. 中国在涉及领土主权和海洋权利的问题上，一贯坚持由直接有关国家通过谈判的方式和平解决争端。中菲之间就通过友好磋商和谈判解决两国在南海的争端也早有共识。

31. 1995 年 8 月 10 日《中华人民共和国和菲律宾共和国关于南海问题和其他领域合作的磋商联合声明》指出，双方"同意遵守"下列原则："有关争议应通过平等和相互尊重基础上的磋商和平友好地加以解决"（第一点）；"双方承诺循序渐进地进行合作，最终谈判解决双方争议"（第三点）；"争议应由直接有关国家解决，不影响南海的航行自由"（第八点）。

32. 1999 年 3 月 23 日《中菲建立信任措施工作小组会议联合公报》指出，双方承诺"遵守继续通过友好磋商寻求解决分歧方法的谅解"（联合公报第 5 段）。"双方认为，中菲之间的磋商渠道是畅通的。他们同意通过协商和平解决争议"（联合公报第 12 段）。

33. 2000 年 5 月 16 日《中华人民共和国政府和菲律宾共和国政府关于 21 世纪双边合作框架的联合声明》第九点规定："双方致力于维护南海的和平与稳定，同意根据公认的国际法原则，包括 1982 年《联合国海洋法公约》，通过双边友好协商和谈判促进争议的和平解决。双方重申遵守 1995 年中菲两国关于南海问题的联合声明"。

34. 2001 年 4 月 4 日《中国－菲律宾第三次建立信任措施专家组会议联合新闻声明》第四点指出："双方认识到两国就探讨南海合作方式所建立的双边磋商机制是富有成效的，双方所达成的一系列谅解与共识对维护中菲关系的健康发展和南海地区的和平与稳定发挥了建设性作用。"

35. 中菲之间关于以谈判方式解决有关争端的共识在多边合作文件中也得到确认。2002 年 11 月 4 日，时任中国外交部副部长王毅作为中国政

府代表与包括菲律宾在内的东盟各国政府代表共同签署了《南海各方行为宣言》(以下简称《宣言》)。《宣言》第四条明确规定，“有关各方承诺根据公认的国际法原则，包括1982年《联合国海洋法公约》，由直接有关的主权国家通过友好磋商和谈判，以和平方式解决它们的领土和管辖权争议”。

36.《宣言》签署后，中菲两国领导人又一再确认通过对话解决争端。2004年9月3日，时任菲律宾总统格罗丽亚·马卡帕加尔·阿罗约对中国进行国事访问，双方发表了《中华人民共和国政府和菲律宾共和国政府联合新闻公报》，“双方一致认为尽快积极落实中国与东盟于2002年签署的《南海各方行为宣言》有助于将南海变为合作之海”(联合新闻公报第16段)。

37. 2011年8月30日至9月3日，菲律宾总统贝尼尼奥·阿基诺对中国进行国事访问。9月1日，双方发表《中华人民共和国和菲律宾共和国联合声明》，“重申将通过和平对话处理争议”，并“重申尊重和遵守中国与东盟国家于2002年签署的《南海各方行为宣言》”(联合声明第15段)。《联合声明》确认了《宣言》第四条关于谈判解决有关争端的规定。

38. 中菲双边文件在提及以谈判方式解决有关争端时反复使用了“同意”一词，确立两国之间相关义务的意图非常明显。《宣言》第四条使用了“承诺”一词，这也是协议中通常用以确定当事方义务的词语。国际法院在2007年波斯尼亚和黑塞哥维那诉塞尔维亚和黑山关于适用《防止和惩治灭种罪公约》案的判决中对“承诺”一词有以下明确的解释：“‘承诺’这个词的一般含义是给予一个正式的诺言，以约束自己或使自己受到约束，是给予一个保证或诺言来表示同意、接受某一义务。它在规定缔约国义务的条约中经常出现……它并非只被用来提倡或表示某种目标”(判决第162段)。此外，根据国际法，一项文件无论采用何种名称和形式，只要其为当事方创设了权利和义务，这种权利和义务就具有拘束力(参见1994年卡塔尔－巴林案判决第22段至第26段；2002年喀麦隆－尼日利亚案判决第258段、第262段和第263段)。

39. 上述中菲两国各项双边文件以及《宣言》的相关规定一脉相承，构成中菲两国之间的协议。两国据此承担了通过谈判方式解决有关争端的义务。

40. 中菲双边文件和《宣言》第四条反复重申以谈判方式和平解决南海争端，并且规定必须在直接有关的主权国家之间进行，显然排除了第三方争端解决程序。前述1995年8月10日《中华人民共和国和菲律宾共和国关于南海问题和其他领域合作的磋商联合声明》第三点指出“双方承诺循序渐进地进行合作，最终谈判解决双方争议”，这里的“最终”一词显然在强调“谈判”是双方唯一的争端解决方式，双方没有意向选择第三方争端解决程序。中菲双边文件和《宣言》第四条虽然没有明文使用“排除其他程序”的表述，但正如2000年南方蓝鳍金枪鱼仲裁案裁决所称：“缺少一项明示排除任何程序［的规定］不是决定性的”（裁决第57段）。如前所述，中国在涉及领土主权和海洋权利的问题上，一贯坚持由直接有关国家通过谈判的方式和平解决争端。在上述中菲双边文件和《宣言》的制订过程中，中国的这一立场始终是明确的，菲律宾及其他有关各方对此也十分清楚。

41. 因此，对于中菲在南海的争端的所有问题，包括菲律宾提出的仲裁事项，双方同意的争端解决方式只是谈判，排除了其他任何方式。

42. 即使菲律宾提出的仲裁事项涉及《公约》的解释或适用问题，在中菲之间已就通过谈判方式解决有关争端达成协议的情况下，《公约》第十五部分第二节的强制争端解决程序也不适用。

43.《公约》第二百八十条规定：“本公约的任何规定均不损害任何缔约国于任何时候协议用自行选择的任何和平方法解决它们之间有关本公约的解释或适用的争端的权利。”《公约》第二百八十一条第一款规定：“作为有关本公约的解释或适用的争端各方的缔约各国，如已协议用自行选择的和平方法来谋求解决争端，则只有在诉诸这种方法而仍未得到解决以及争端各方间的协议并不排除任何其他程序的情形下，才适用本部分所规定的程序。”

44. 如前分析，中菲两国已通过双边、多边协议选择通过谈判方式解决有关争端，没有为谈判设定任何期限，而且排除适用任何其他程序。在此情形下，根据《公约》上述条款的规定，有关争端显然应当通过谈判方式来解决，而不得诉诸仲裁等强制争端解决程序。

45. 菲律宾声称，1995年之后中菲两国就菲律宾仲裁请求中提及的事项多次交换意见，但未能解决争端；菲律宾有正当理由认为继续谈判已无意义，因而有权提起仲裁。事实上，迄今为止，中菲两国从未就菲律宾所提仲裁事项进行过谈判。

46. 根据国际法，一般性的、不以争端解决为目的的交换意见不构成谈判。2011年国际法院在格鲁吉亚－俄罗斯联邦案的判决中表示，“谈判不仅是双方法律意见或利益的直接对抗，或一系列的指责和反驳，或对立主张的交换”，“谈判……至少要求争端一方有与对方讨论以期解决争端的真诚的努力”（判决第157段），且“谈判的实质问题必须与争端的实质问题相关，后者还必须与相关条约下的义务相关”（判决第161段）。

47. 南海问题涉及多个国家，其解决绝非易事。有关各方至今仍在为最终谈判解决南海问题创造条件。在此背景下，中菲之间就有关争端交换意见，主要是应对在争议地区出现的突发事件，围绕防止冲突、减少摩擦、稳定局势、促进合作的措施而进行的。即使按照菲律宾列举的证据，这些交换意见也远未构成谈判。

48. 近年来，中国多次向菲律宾提出建立“中菲海上问题定期磋商机制”的建议，但一直未获菲律宾答复。2011年9月1日，双方发表《中华人民共和国和菲律宾共和国联合声明》，双方再次承诺通过谈判解决南海争端。然而未待谈判正式开始，菲律宾却于2012年4月10日动用军舰进入中国黄岩岛海域抓扣中国的渔船和渔民。对于菲律宾的挑衅性行动，中国被迫采取了维护主权的反制措施。此后，中国再次向菲律宾建议重启中菲建立信任措施磋商机制，仍未得到菲律宾回应。2012年4月26日，菲律宾外交部照会中国驻菲律宾大使馆，提出要将黄岩岛问题提交第三方司法机构，没有表达任何谈判的意愿。2013年1月22日，菲律宾即单方面提起了强制仲裁程序。

49. 中菲此前围绕南海问题所进行的交换意见，也并非针对菲律宾所提的仲裁事项。例如，菲律宾援引1997年5月22日中国外交部关于黄岩岛问题的声明，以证明中菲之间就黄岩岛的海洋权利问题存在争端并已交换意见；但菲律宾故意没有援引的是，中国外交部在声明中明确指出：“黄岩岛的问题是领土主权问题，专属经济区的开发和利用是海洋管辖权问题，两者的性质和所适用的法律规则都截然不同，不能混为一谈。菲方试图以海洋管辖权侵犯中国领土主权的企图是完全站不住脚的。”这一声明的含义是，菲律宾不得借口黄岩岛位于其主张的专属经济区范围内，否定中国对该岛的领土主权。可见，上述交换意见的核心是主权问题。

50. 还需注意的是，菲律宾试图说明中菲两国自1995年起交换意见的事项是关于《公约》解释或适用的问题，但这是不符合事实的。历史上，菲律宾于1961年6月17日颁布第3046号共和国法案，将位于菲律宾群岛最外缘各岛以外、由1898年美西《巴黎条约》等国际条约所确定的菲律宾边界线以内的广阔水域纳入菲律宾领海，领海的宽度大大超过12海里。菲律宾于1978年6月11日颁布第1596号总统令，对所谓“卡拉延岛群”（即中国南沙群岛部分岛礁）及其周边大范围的海域、海床、底土、大陆边及其上空主张主权。菲律宾自己也承认，直到2009年3月10日通过的第9522号共和国法令，菲律宾才开始使其国内法与《公约》相协调，以期完全放弃与《公约》不符的海洋权利主张。该法令首次规定，“卡拉延岛群”（即中国南沙群岛部分岛礁）和“斯卡伯勒礁”（即中国黄岩岛）的海洋区域将与《公约》第一百二十一条（即“岛屿制度”）保持一致。既然菲律宾自己都认为，其直到2009年才开始放弃以往与《公约》不符的海洋权利主张，那么何谈中菲两国自1995年起已就与本仲裁案有关的《公约》解释或适用的问题交换意见。

51. 菲律宾声称，由于中国自己已严重违反了《宣言》的规定，所以无权援引《宣言》第四条来排除仲裁庭对本案的管辖权。上述说法严重违背事实。菲律宾指责中国采取包括威胁使用武力的行动驱离在黄岩岛海域长期、持续作业的菲律宾渔民，以及中国阻止菲律宾对在仁爱礁坐滩的军舰和人员进行补给，试图说明中国违反了《宣言》的规定。但事实是，在黄岩岛问题上，菲律宾首先采取威胁使用武力的手段，于2012年4月10日非法派出军舰在黄岩岛海域强行扣留、逮捕中国渔船和渔民。在仁爱礁问题上，菲律宾一艘军舰于1999年5月以所谓“技术故障”为借口，在中国南沙群岛的仁爱礁非法坐滩。中国多次向菲律宾提出交涉，要求菲律宾立即拖走该舰。菲律宾也曾多次向中国明确承诺拖走因“技术故障”坐滩的军舰。然而15年来，菲律宾不仅违背此前承诺，拒不拖走有关军舰，反而试图在该礁上修建固定设施。2014年3月14日，菲律宾还公开宣称其在1999年是将该军舰作为永久设施部署在仁爱礁。针对菲律宾的上述挑衅行为，中国被迫采取了必要的措施。因此，菲律宾对中国的指责是毫无道理的。

52. 菲律宾一方面为支持其提起的仲裁而否认《宣言》第四条的效力，另一方面，却又在2014年8月1日外交部声明中提出解决南海问题的倡议，要求各方遵守《宣言》第五条的规定，并且“全面、有效执行《宣言》”。菲律宾对《宣言》所采取的这种自相矛盾、出尔反尔的做法，明显违反国际法上的诚信原则。

53. 诚信原则要求各国对相互达成的协议作出诚实的解释，不得为了获取不正当的利益，而对协议作出违反原意的曲解。诚信原则至关重要，它体现在《联合国宪章》第二条第二款中，涉及国际法的各个方面（参见罗伯特·詹宁斯和亚瑟·瓦茨 1992 年所编《奥本海国际法》第 9 版第一卷第 38 页）。国际法院在 1974 年澳大利亚–法国核试验案的判决中指出，“指导制订和履行国际义务的基本原则之一就是诚信原则，无论这种义务是基于什么渊源，信任与信心是国际合作的根本”（判决第 46 段）。

54. 中国愿借此机会强调，《宣言》是中国与东盟国家经过多年耐心的谈判，在相互尊重、互谅互让的基础上达成的重要文件。在《宣言》中，有关各方承诺由直接有关的主权国家通过友好磋商和谈判解决它们的领土和管辖权争议；各方重申以《联合国宪章》宗旨和原则、1982 年《公约》、《东南亚友好合作条约》、和平共处五项原则以及其他公认的国际法原则作为处理国家间关系的基本准则；各方承诺根据上述原则，在平等和相互尊重的基础上，探讨建立信任的途径；各方重申尊重并承诺包括 1982 年《公约》在内的公认的国际法原则所规定的在南海的航行及飞越自由；各方承诺保持自我克制，不采取使争议复杂化、扩大化和影响和平与稳定的行动，包括不在现无人居住的岛、礁、滩、沙或其他自然构造上采取居住的行动，并以建设性的方式处理它们的分歧。此外，《宣言》还详细列出有关各方在和平解决它们的领土和管辖权争议之前，建立相互信任的途径和开展合作的领域。作为落实《宣言》的后续行动，各方承诺将磋商制定“南海行为准则”。

55.《宣言》对稳定南海局势、促进中国与东盟国家的海上合作和增信释疑起到了积极作用。《宣言》每项条款均构成该文件不可分割的组成部分。否定《宣言》的作用，将导致中国和东盟国家南海合作关系的严重倒退。

56. 菲律宾作为东盟成员，参与了《宣言》的整个磋商过程，应当十分清楚《宣言》对通过谈判和平解决南海问题的重要性。目前，中国和包括菲律宾在内的东盟国家已建立工作机制积极落实《宣言》，并就“南海行为准则”展开磋商，维护南海局势的稳定，为南海问题的最终和平解决创造条件。菲律宾现在提起强制仲裁程序，与中国和东盟国家的共同愿望和努力背道而驰，其目的并非像菲律宾所标榜的那样寻求和平解决南海问题，而是试图通过仲裁向中国施加政治压力，以通过对《公约》的所谓“解释或适用”来达到否定中国在南海的合法权利，并按其单方面主张和意愿解决南海问题的目的。对此，中国当然不能接受。

四、即使菲律宾提出的仲裁事项涉及有关《公约》解释或适用的问题，也构成海域划界不可分割的组成部分，已被中国2006年声明所排除，不得提交仲裁

57.《公约》第十五部分确认了缔约国可以书面声明就特定事项排除适用该部分第二节规定的强制争端解决程序。中国2006年作出此类声明，符合《公约》有关规定。

58. 2006年8月25日，中国根据《公约》第二百九十八条的规定向联合国秘书长提交声明。该声明称："关于《公约》第二百九十八条第1款（a）、（b）和（c）项所述的任何争端，中华人民共和国政府不接受《公约》第十五部分第二节规定的任何程序"。也就是说，对于涉及海域划界、历史性海湾或所有权、军事和执法活动以及安理会执行《联合国宪章》所赋予的职务等争端，中国政府不接受《公约》第十五部分第二节下的任何强制争端解决程序，包括强制仲裁。中国坚信，直接有关的主权国家进行友好磋商和谈判，是和平解决中国与周边邻国间的海洋争端最有效的方式。

59. 中国与菲律宾是海上邻国，两国属于《公约》第七十四条和第八十三条所指的"海岸相向或相邻的国家"，两国之间存在海域划界问题。由于中菲有关岛礁领土争端悬而未决，两国尚未进行海域划界谈判，但已开展合作为最终划界创造条件。

60. 2004年9月3日，中菲双方发表《中华人民共和国政府和菲律宾共和国政府联合新闻公报》，指出"双方重申将继续致力于维护南海地区的和平与稳定。在尚未全面并最终解决南海地区的领土和海洋权益争端前，双方将继续探讨共同开发等合作"（联合新闻公报第16段）。

61. 上述联合声明发表的前两天，经中菲两国政府批准并在两国元首的见证下，中国海洋石油总公司与菲律宾国家石油公司签署《南中国海部分海域联合海洋地震工作协议》。该协议于2005年3月14日扩大为中国、菲律宾、越南三方之间的协议。这是有关国家加强合作，为谈判解决南海争端创造条件的有益尝试。该协议适用范围就在菲律宾此次提起仲裁所涉海域之内。

62. 2005年4月28日，时任中国国家主席胡锦涛对菲律宾进行国事访问期间，双方发表《中华人民共和国和菲律宾共和国联合声明》，"同意继续致力于维护南海地区的和平与稳定"，"对中国海洋石油总公司、越南

油气总公司和菲律宾国家石油公司签订《南中国海协议区三方联合海洋地震工作协议》表示欢迎”（联合声明第16段）。

63. 2007年1月16日，时任中国国务院总理温家宝对菲律宾进行正式访问期间，双方发表《中华人民共和国和菲律宾共和国联合声明》，再次表示，“南海三方联合海洋地震工作可以成为本地区合作的一个示范。双方同意，可以探讨将下一阶段的三方合作提升到更高水平，以加强本地区建立互信的良好势头”（联合声明第12段）。

64. 可见，中菲之间对于通过合作促进海域划界问题的最终解决已有共识。鉴于中国2006年作出的声明，菲律宾不得单方面将海域划界问题提交仲裁。

65. 为了掩盖中菲海域划界争端的实质，绕过中国2006年声明，菲律宾将海域划界争端拆分，抽取其中几个事项作为孤立的问题提交仲裁，要求仲裁庭分别进行所谓的“法律解释”。

66. 不难看出，菲律宾提出的各项仲裁事项，包括海洋权利主张、岛礁性质和海洋权利范围，以及海上执法活动等等，均是国际司法或仲裁机构在以往海域划界案中所审理的主要问题，也是国家间海域划界实践中需要处理的问题。这些问题属于海域划界不可分割的组成部分。

67. 海域划界是一项整体、系统工程。《公约》第七十四条和第八十三条规定，海岸相向或相邻国家间的海域划界问题，“应在《国际法院规约》第三十八条所指国际法的基础上以协议划定，以便得到公平解决”。国际司法判例和国家实践均确认，为使海域划界取得公平的结果，必须考虑所有相关因素。基于上述，适用于海域划界的国际法，既包括《公约》，也包括一般国际法。海域划界既涉及权利基础、岛礁效力等问题，也涉及划界原则和方法，以及为实现公平解决所必须考虑的所有相关因素。

68. 菲律宾提出的仲裁事项构成中菲海域划界不可分割的组成部分，只能在中菲海域划界的框架下，与有关当事方基于《公约》、一般国际法和长期历史实践所享有的相关权利和利益结合起来，予以综合考虑。菲律宾将中菲海域划界问题拆分并将其中的部分问题提交仲裁，势必破坏海域划界问题的整体性和不可分割性，违背海域划界应以《国际法院规约》第三十八条所指国际法为基础以及必须“考虑所有相关因素”的原则，将直接影响今后中菲海域划界问题的公平解决。

69. 菲律宾表面上不要求进行划界，但却请求仲裁庭裁定部分岛礁是菲律宾专属经济区和大陆架的一部分，裁定中国非法干涉菲律宾对其专属经济区和大陆架享有和行使主权权利，等等。上述仲裁请求显然是要求仲裁庭确认相关海域属于菲律宾的专属经济区和大陆架，菲律宾在该海域有权行使主权权利和管辖权，这实际上是在变相地要求仲裁庭进行海域划界。菲律宾提出的各项仲裁事项，实际上已涵盖了海域划界的主要步骤和主要问题，如果仲裁庭实质审议菲律宾的各项具体主张，就等于是间接地进行了海域划界。

70. 缔约国根据《公约》第二百九十八条作出的排除性声明理应受到尊重，菲律宾试图绕过中国排除性声明提起强制仲裁的做法是滥用《公约》规定的争端解决程序。

71. 中国 2006 年排除性声明一经作出即应自动适用，其效力是，根据《公约》第二百九十九条的规定，未经中方同意，其他国家不得针对中国就相关争端单方面提交强制争端解决程序。同时，中国也放弃了就同类争端针对其他国家单方面提起强制争端解决程序的权利，体现了权利与义务的对等。

72. 菲律宾辩称，中国作为《公约》的缔约国，按照《公约》第二百八十七条的规定，未在该条所列的四种强制争端解决程序中作出选择，应被视为已接受强制仲裁程序。这种观点是有意误导。中国 2006 年声明的目的和效果就是对于特定事项完全排除适用强制争端解决程序。无论中国对《公约》第二百八十七条所列的四种强制争端解决程序是否作出选择，只要是属于中国 2006 年声明所涵盖的争端，中国就已经明确排除了适用《公约》第十五部分第二节下的任何强制争端解决程序包括强制仲裁的可能性。

73. 尽管菲律宾认为其所提仲裁事项不属于中方 2006 年声明所涵盖的争端，但在中国对此持不同看法的情况下，菲律宾应先行与中国解决该问题，然后才能决定能否提交仲裁。如果按照菲律宾的逻辑，任何国家只要单方面声称有关争端不是另一国排除性声明所排除的争端，即可单方面启动强制仲裁程序，那么《公约》第二百九十九条的规定就变得毫无意义。

74. 自《公约》生效以来，本案是第一例在一国已作出排除性声明的情况下，另一国针对该声明所涵盖的争端单方面启动强制仲裁程序的案件。如果菲律宾这种“设计”的争端被认为可以满足强制仲裁管辖权的条件，那么可以设想，第二百九十八条所列的任何争端均可以按照菲律宾的方法与《公约》某些条款的解释或适用问题联系起来，都可以提起第十五部分第二节的强制争端解决程序。若可以如此适用《公约》，那么，《公约》第二百九十八条还有何价值？目前35个国家所作出的排除性声明还有何意义？中国认为，菲律宾单方面提起仲裁，是在滥用《公约》规定的强制争端解决程序，对《公约》争端解决机制的严肃性构成严重的挑战。

75. 综上所述，即使菲律宾提请仲裁的事项涉及有关《公约》的解释或适用的问题，也是海域划界争端不可分割的组成部分，已被中国2006年声明所排除，菲律宾不得就此提起强制仲裁程序。

五、中国自主选择争端解决方式的权利应得到充分尊重，中国不接受、不参与菲律宾提起的仲裁具有充分的国际法依据

76. 根据国际法，各国享有自主选择争端解决方式的权利。任何国际司法或仲裁机构针对国家间争端行使管辖权必须以当事国的同意为基础，即“国家同意原则”。基于这一原则，出席第三次联合国海洋法会议的各国代表经过长期艰苦的谈判，作为一揽子协议，达成了《公约》第十五部分有关争端解决机制的规定。

77.《公约》第十五部分规定的强制争端解决程序只适用于有关《公约》解释或适用的争端；缔约国有权自行选择第十五部分规定以外的其他争端解决方式；《公约》第二百九十七条和第二百九十八条还针对特定种类的争端规定了适用强制争端解决程序的限制和例外。

78.《公约》第十五部分这种平衡的规定，也是许多国家决定是否成为《公约》缔约国时的重要考虑因素。在1974年第三次联合国海洋法会议第二期会议上，萨尔瓦多大使雷纳多·佳林多·波尔在介绍关于《公约》争端解决的第一份草案时强调，有必要将直接涉及国家领土完整的问题作为强制管辖的例外。否则，许多国家可能不会批准甚至不会签署《公约》（参见沙巴泰·罗森和路易斯·索恩1989年所编《1982年 < 联合国海洋法公约 > 评注》第5卷第88页第297.1段）。因此，在解释和适用《公约》第十五部分的规定时，必须维护该部分的平衡和完整。

79. 中国重视《公约》强制争端解决程序在维护国际海洋法律秩序方面的积极作用。中国作为《公约》缔约国，接受了《公约》第十五部分第二节有关强制争端解决程序的规定。但是，中国接受该规定的适用范围不

包括领土主权争端，不包括中国与其他缔约国同意以自行选择的方式加以解决的争端，也不包括《公约》第二百九十七条和中国2006年根据《公约》第二百九十八条所作声明排除的所有争端。对于菲律宾所提仲裁事项，中国从未接受《公约》第十五部分第二节规定的任何强制争端解决程序。

80. 根据国家主权原则，争端当事国可自行选择争端解决方式，《公约》对此予以确认。《公约》第二百八十条规定："本公约的任何规定均不损害任何缔约国于任何时候协议用自行选择的任何和平方法解决它们之间有关本公约的解释或适用的争端的权利。"

81. 当事国自行选择的争端解决方式优先于《公约》第十五部分第二节规定的强制争端解决程序。《公约》第十五部分第一节的第二百八十一条第一款规定："作为有关本公约的解释或适用的争端各方的缔约各国，如已协议用自行选择的和平方法来谋求解决争端，则只有在诉诸这种方法而仍未得到解决以及争端各方间的协议并不排除任何其他程序的情形下，才适用本部分所规定的程序。"《公约》第二百八十六条也规定："在第三节限制下，有关本公约的解释或适用的任何争端，如已诉诸第一节而仍未得到解决，经争端任何一方请求，应提交根据本节具有管辖权的法院或法庭。"可见，只要当事方已经自行选择争端解决方式并且排除其他任何程序，《公约》规定的强制争端解决程序就完全不适用。

82. 缔约国自行选择争端解决方式的优先性和重要性在2000年南方蓝鳍金枪鱼仲裁案裁决中得到了进一步肯定。仲裁庭指出，"《公约》远未建立一个真正全面的、有拘束力的强制管辖制度"（裁决第62段），"《公约》第二百八十一条第一款允许缔约国将第十五部分第二节强制程序的适用限定在所有当事方均同意提交的案件"（裁决第62段）。如果第十五部分第一节的规定不能得到有效遵守，就会实质上剥夺缔约国基于国家主权自行选择争端解决方式的权利，从而违反国家同意原则，破坏《公约》第十五部分的平衡和完整。

83. 相关司法或仲裁机构在行使确定自身管辖权方面的权力时，也必须充分尊重缔约国自行选择争端解决方式的权利。《公约》第二百八十八条第四款规定："对于法院或法庭是否具有管辖权如果发生争端，这一问题应由该法院或法庭以裁定解决。"中国尊重相关司法或仲裁机构根据《公约》所享有的上述权力，但同时强调，相关司法或仲裁机构在行使其权力时不应损害缔约国自行选择争端解决方式的权利，不应损害国际司法或仲裁必须遵循的国家同意原则。中国认为，这是仲裁庭在适用第二百八十八条第四款的规定确定自身管辖权时所必须受到的限制。总而言之，“争端当事方是争端解决程序完全的主人”（沙巴泰·罗森和路易斯·索恩 1989 年所编《1982 年 < 联合国海洋法公约 > 评注》第 5 卷第 20 页第 280.1 段）。

84. 中国尊重所有缔约国依据《公约》的规定适用强制争端解决程序的权利。同时，需要强调的是，《公约》第三百条规定：“缔约国应诚意履行根据本公约承担的义务，并应以不致构成滥用权利的方式，行使本公约所承认的权利、管辖权和自由。”菲律宾明知其所提出的仲裁事项本质上是岛礁领土主权问题，明知中国从未同意就有关争端接受强制争端解决程序，明知中菲之间存在关于通过谈判方式解决有关争端的协议，还要单方面提起强制仲裁，违反了《公约》的相关规定，无助于争端的和平解决。

85. 鉴于上述，并基于仲裁庭对本案显然不具有管辖权，中国政府决定不接受、不参与仲裁程序，以捍卫中国自主选择争端解决方式的主权权利，确保中国依据《公约》于 2006 年作出的排除性声明起到应有的效力，维护《公约》第十五部分的完整性以及国际海洋法律制度的权威性和严肃性。中国的这一立场不会改变。

六、结论

86. 中国认为，仲裁庭对于菲律宾单方面就中菲在南海的争端提起的强制仲裁明显没有管辖权。

第一，菲律宾提请仲裁事项的实质是南海部分岛礁的领土主权问题，超出《公约》的调整范围，不涉及《公约》的解释或适用；

第二，以谈判方式解决在南海的争端是中菲两国通过双边文件和《宣言》所达成的协议，菲律宾单方面将中菲有关争端提交强制仲裁违反国际法；

第三，即使菲律宾提出的仲裁事项涉及有关《公约》解释或适用的问题，也构成中菲两国海域划界不可分割的组成部分，而中国已经根据《公约》的规定于 2006 年作出声明，将涉及海域划界等事项的争端排除适用仲裁等强制争端解决程序；

第四，中国从未就菲律宾提出的仲裁事项接受过《公约》规定的强制争端解决程序；仲裁庭应充分尊重缔约国自行选择争端解决方式的权利，在《公约》规定的限度内行使其确定管辖权方面的权力；菲律宾提起仲裁是对《公约》强制争端解决程序的滥用。中国不接受、不参与该仲裁具有充分的国际法依据。

87. 中国一贯奉行睦邻友好政策，主张在和平共处五项原则基础上，通过平等协商，公平合理地解决领土争端和海域划界问题。中国认为，谈判始终是国际法认可的和平解决国际争端最直接、最有效和最普遍的方式。

88. 经过长期的外交努力和谈判，中国与 14 个陆地邻国中的 12 个国家妥善解决了边界问题，划定和勘定的边界线长度达两万公里，占中国陆地边界总长度的 90%。在海上，2000 年 12 月 25 日中国与越南通过谈判签订了《中华人民共和国和越南社会主义共和国关于两国在北部湾领海、专属经济区和大陆架的划界协定》，划定了两国在北部湾的海上边界。中国还于 1997 年 11 月 11 日与日本签署了《中华人民共和国和日本国渔业协定》，2000 年 8 月 3 日与韩国签署了《中华人民共和国政府和大韩民国政府渔业协定》，2005 年 12 月 24 日与朝鲜签署了《中华人民共和国政府和朝鲜民主主义人民共和国政府关于海上共同开发石油的协定》，作为海域划界前的临时性安排。

89. 事实证明，只要相关国家秉持善意，在平等互利基础上进行友好协商谈判，就可以妥善地解决领土争端和海域划界问题。对于中国与菲律宾之间的有关争端，中国也坚持同样的原则和立场。

90. 中国不认为在当事方同意的基础上将争端提交仲裁是不友好的行为。但是，在涉及领土主权和海洋权利的问题上，明知他国已明确表示不接受仲裁，明知双方已承诺通过双边直接谈判解决争端，还要强行将争端诉诸仲裁，就不能被认为是友善的行为，更不能被认为是坚持法治的精神，因为这与国际法的基本原则背道而驰，违反国际关系基本准则。这种做法不仅不可能使两国争端得到妥善解决，反而会进一步损害两国之间的互信，使两国之间的问题进一步复杂化。

91. 近年来，菲律宾在黄岩岛和仁爱礁等问题上不断采取新的挑衅行动，不仅严重损害了中菲之间的政治互信，也破坏了中国与东盟国家共同落实《宣言》、磋商制订“南海行为准则”的良好氛围。事实上，过去几年来，在东南亚地区，不是菲律宾所描绘的“中国变得更强势”，而是菲律宾自己变得更具挑衅性。

92. 南海问题涉及多个国家，加上各种复杂的历史背景和敏感的政治因素，需要各方的耐心和政治智慧才能实现最终解决。中国坚持认为，有关各方应当在尊重历史事实和国际法的基础上，通过协商和谈判寻求妥善的解决办法。在有关问题得到彻底解决之前，各方应当开展对话，寻求合作，维护南海的和平与稳定，不断增信释疑，为问题的最终解决创造条件。

93. 菲律宾单方面提起仲裁的做法，不会改变中国对南海诸岛及其附近海域拥有主权的历史和事实，不会动摇中国维护主权和海洋权益的决心和意志，不会影响中国通过直接谈判解决有关争议以及与本地区国家共同维护南海和平稳定的政策和立场。

附件二

中华人民共和国外交部关于应菲律宾共和国请求建立的南海仲裁案仲裁庭关于管辖权和可受理性问题裁决的声明

（2015 年 10 月 30 日）

应菲律宾共和国单方面请求建立的南海仲裁案仲裁庭（以下简称“仲裁庭”）于2015年10月29日就管辖权和可受理性问题作出的裁决是无效的，对中方没有拘束力。

一、中国对南海诸岛及其附近海域拥有无可争辩的主权。中国在南海的主权和相关权利是在长期的历史过程中形成的，为历届中国政府长期坚持，为中国国内法多次确认，受包括《联合国海洋法公约》在内的国际法保护。在领土主权和海洋权益问题上，中国不接受任何强加于中国的方案，不接受单方面诉诸第三方的争端解决办法。

二、菲律宾滥用《公约》强制争端解决机制，单方面提起并执意推动南海仲裁，是披着法律外衣的政治挑衅，其实质不是为了解决争端，而是妄图否定中国在南海的领土主权和海洋权益。在 2014 年 12 月 7 日中国外交部受权发表的《中华人民共和国政府关于菲律宾共和国所提南海仲裁案管辖权问题的立场文件》中，中国政府已指出仲裁庭对菲律宾所提出的仲裁明显没有管辖权，并阐明了中国不接受、不参与仲裁案的法理依据。这一立场是清晰的、明确的，不会改变。

三、作为主权国家和《联合国海洋法公约》的缔约国，中国享有自主选择争端解决方式和程序的权利。中国始终坚持通过谈判和协商解决与邻国间的领土争端和海洋管辖权争端。上世纪 90 年代以来，中国和菲律宾多次在双边文件中确认通过谈判和协商解决双方之间的有关争端。《南海各方行为宣言》明确规定，由直接有关的主权国家通过友好磋商和谈判，以和平方式解决它们的领土和管辖权争端。这一系列文件表明，中国与菲律宾早已选择通过谈判和协商解决双方在南海的争端。菲律宾违背这一共识，损害国家之间互信的基础。

四、菲律宾和仲裁庭无视仲裁案的实质是领土主权和海洋划界及其相关问题，恶意规避中国于2006年根据《公约》第298条有关规定作出的排除性声明，否定中菲双方通过谈判和协商解决争端的共识，滥用程序，强行推进仲裁，严重侵犯中国作为《公约》缔约国的合法权利，完全背离了《公约》的宗旨和目的，损害了《公约》的完整性和权威性。作为《公约》缔约国，中国坚决反对滥用《公约》强制争端解决机制的行径，呼吁各方共同努力，维护《公约》的完整性和权威性。

五、菲律宾企图通过仲裁否定中国在南海的领土主权和海洋权益，不会有任何效果。中国敦促菲律宾遵守自己的承诺，尊重中国依据国际法享有的权利，改弦易辙，回到通过谈判和协商解决南海有关争端的正确道路上来。

附件三

中华人民共和国外交部关于应菲律宾共和国请求建立的南海仲裁案仲裁庭所作裁决的声明

（2016 年 7 月 12 日）

关于应菲律宾共和国单方面请求建立的南海仲裁案仲裁庭（以下简称“仲裁庭”）于 2016 年 7 月 12 日作出的裁决，中华人民共和国外交部郑重声明，该裁决是无效的，没有拘束力，中国不接受、不承认。

一、2013 年 1 月 22 日，菲律宾共和国时任政府单方面就中菲在南海的有关争议提起仲裁。2013 年 2 月 19 日，中国政府郑重宣布不接受、不参与菲律宾提起的仲裁，此后多次重申此立场。2014 年 12 月 7 日，中国政府发表《中华人民共和国政府关于菲律宾共和国所提南海仲裁案管辖权问题的立场文件》，指出菲律宾提起仲裁违背中菲协议，违背《联合国海洋法公约》（以下简称《公约》），违背国际仲裁一般实践，仲裁庭不具有管辖权。2015 年 10 月 29 日，仲裁庭作出管辖权和可受理性问题的裁决。中国政府当即声明该裁决是无效的，没有拘束力。中国上述立场是明确的、一贯的。

二、菲律宾单方面提起仲裁，目的是恶意的，不是为了解决与中国的争议，也不是为了维护南海的和平与稳定，而是为了否定中国在南海的领土主权和海洋权益。菲律宾提起仲裁的行为违反国际法。一是菲律宾提起仲裁事项的实质是南沙群岛部分岛礁的领土主权问题，有关事项也必然涉及中菲海洋划界，与之不可分割。在明知领土问题不属于《公约》调整范围，海洋划界争议已被中国 2006 年有关声明排除的情况下，菲律宾将有关争议刻意包装成单纯的《公约》解释或适用问题。二是菲律宾单方面提起仲裁，侵犯中国作为《公约》缔约国享有的自主选择争端解决程序和方式的权利。中国早在 2006 年即根据《公约》第 298 条将涉及海洋划界、历史性海湾或所有权、军事和执法活动等方面的争端排除出《公约》强制争端解决程序。三是菲律宾单方面提起仲裁，违反中菲两国达成并多年来一再确认的通过谈判解决南海有关争议的双边协议。四是菲律宾单方面提起仲裁，违反中国与包括菲律宾在内的东盟国家在2002年《南海各方行为宣言》(以下简称《宣言》)中作出的由直接有关当事国通过谈判解决有关争议的承诺。菲律宾单方面提起仲裁，违反了《公约》及其适用争端解决程序的规定，违反了“约定必须遵守”原则，也违反了其他国际法原则和规则。

三、仲裁庭无视菲律宾提起仲裁事项的实质是领土主权和海洋划界问题，错误解读中菲对争端解决方式的共同选择，错误解读《宣言》中有关承诺的法律效力，恶意规避中国根据《公约》第298条作出的排除性声明，有选择性地把有关岛礁从南海诸岛的宏观地理背景中剥离出来并主观想象地解释和适用《公约》，在认定事实和适用法律上存在明显错误。仲裁庭的行为及其裁决严重背离国际仲裁一般实践，完全背离《公约》促进和平解决争端的目的及宗旨，严重损害《公约》的完整性和权威性，严重侵犯中国作为主权国家和《公约》缔约国的合法权利，是不公正和不合法的。

四、中国在南海的领土主权和海洋权益在任何情况下不受仲裁裁决的影响，中国反对且不接受任何基于该仲裁裁决的主张和行动。

五、中国政府重申，在领土问题和海洋划界争议上，中国不接受任何第三方争端解决方式，不接受任何强加于中国的争端解决方案。中国政府将继续遵循《联合国宪章》确认的国际法和国际关系基本准则，包括尊重国家主权和领土完整以及和平解决争端原则，坚持与直接有关当事国在尊重历史事实的基础上，根据国际法，通过谈判协商解决南海有关争议，维护南海和平稳定。

附件四

中华人民共和国政府
关于在南海的领土主权和海洋权益的声明

（2016 年 7 月 12 日）

为重申中国在南海的领土主权和海洋权益，加强与各国在南海的合作，维护南海和平稳定，中华人民共和国政府声明：

一、中国南海诸岛包括东沙群岛、西沙群岛、中沙群岛和南沙群岛。中国人民在南海的活动已有 2000 多年历史。中国最早发现、命名和开发利用南海诸岛及相关海域，最早并持续、和平、有效地对南海诸岛及相关海域行使主权和管辖，确立了在南海的领土主权和相关权益。

第二次世界大战结束后，中国收复日本在侵华战争期间曾非法侵占的中国南海诸岛，并恢复行使主权。中国政府为加强对南海诸岛的管理，于 1947 年审核修订了南海诸岛地理名称，编写了《南海诸岛地理志略》和绘制了标绘有南海断续线的《南海诸岛位置图》，并于 1948 年 2 月正式公布，昭告世界。

二、中华人民共和国 1949 年 10 月 1 日成立以来，坚定维护中国在南海的领土主权和海洋权益。1958 年《中华人民共和国政府关于领海的声明》、1992 年《中华人民共和国领海及毗连区法》、1998 年《中华人民共和国专属经济区和大陆架法》以及 1996 年《中华人民共和国全国人民代表大会常务委员会关于批准〈联合国海洋法公约〉的决定》等系列法律文件，进一步确认了中国在南海的领土主权和海洋权益。

三、基于中国人民和中国政府的长期历史实践及历届中国政府的一贯立场，根据中国国内法以及包括《联合国海洋法公约》在内的国际法，中国在南海的领土主权和海洋权益包括：

（一）中国对南海诸岛，包括东沙群岛、西沙群岛、中沙群岛和南沙群岛拥有主权；

（二）中国南海诸岛拥有内水、领海和毗连区；

（三）中国南海诸岛拥有专属经济区和大陆架；

（四）中国在南海拥有历史性权利。

中国上述立场符合有关国际法和国际实践。

四、中国一向坚决反对一些国家对中国南沙群岛部分岛礁的非法侵占及在中国相关管辖海域的侵权行为。中国愿继续与直接有关当事国在尊重历史事实的基础上，根据国际法，通过谈判协商和平解决南海有关争议。中国愿同有关直接当事国尽一切努力作出实际性的临时安排，包括在相关海域进行共同开发，实现互利共赢，共同维护南海和平稳定。

五、中国尊重和支持各国依据国际法在南海享有的航行和飞越自由，愿与其他沿岸国和国际社会合作，维护南海国际航运通道的安全和畅通。

附件五

中国坚持通过谈判解决中国与菲律宾在南海的有关争议

（2016年7月）

中华人民共和国　国务院新闻办公室

目　录

引　言

一、南海诸岛是中国固有领土

（一）中国对南海诸岛的主权是历史上确立的

（二）中国始终坚定维护在南海的领土主权和海洋权益

（三）中国对南海诸岛的主权得到国际社会广泛承认

二、中菲南海有关争议的由来

（一）菲律宾非法侵占行为制造了中菲南沙岛礁争议

（二）菲律宾的非法主张毫无历史和法理依据

（三）国际海洋法制度的发展导致中菲出现海洋划界争议

三、中菲已就解决南海有关争议达成共识

（一）通过谈判解决南海有关争议是中菲共识和承诺

（二）妥善管控南海有关争议是中菲之间的共识

四、菲律宾一再采取导致争议复杂化的行动

（一）菲律宾企图扩大对中国南沙群岛部分岛礁的侵占

（二）菲律宾一再扩大海上侵权

（三）菲律宾企图染指中国黄岩岛

（四）菲律宾单方面提起仲裁是恶意行为

五、中国处理南海问题的政策

（一）关于南沙群岛领土问题

（二）关于南海海洋划界问题

（三）关于争端解决方式
（四）关于在南海管控分歧和开展海上务实合作
（五）关于南海航行自由和安全
（六）关于共同维护南海和平稳定

引 言

1. 南海位于中国大陆的南面，通过狭窄的海峡或水道，东与太平洋相连，西与印度洋相通，是一个东北—西南走向的半闭海。南海北靠中国大陆和台湾岛，南接加里曼丹岛和苏门答腊岛，东临菲律宾群岛，西接中南半岛和马来半岛。

2. 中国南海诸岛包括东沙群岛、西沙群岛、中沙群岛和南沙群岛。这些群岛分别由数量不等、大小不一的岛、礁、滩、沙等组成。其中，南沙群岛的岛礁最多，范围最广。

3. 中国人民在南海的活动已有 2000 多年历史。中国最早发现、命名和开发利用南海诸岛及相关海域，最早并持续、和平、有效地对南海诸岛及相关海域行使主权和管辖。中国对南海诸岛的主权和在南海的相关权益，是在漫长的历史过程中确立的，具有充分的历史和法理依据。

4. 中国和菲律宾隔海相望，交往密切，人民世代友好，原本不存在领土和海洋划界争议。然而，自 20 世纪 70 年代起，菲律宾开始非法侵占南沙群岛部分岛礁，由此制造了中菲南沙群岛部分岛礁领土问题。此外，随着国际海洋法的发展，两国在南海部分海域还出现了海洋划界争议。

5. 中菲两国尚未举行旨在解决南海有关争议的任何谈判，但确曾就妥善处理海上争议进行多次磋商，就通过谈判协商解决有关争议达成共识，并在双边文件中多次予以确认。双方还在中国和东盟国家 2002 年共同签署的《南海各方行为宣言》（以下简称《宣言》）中就通过谈判协商解决有关争议作出郑重承诺。

6. 2013 年 1 月，菲律宾共和国时任政府违背上述共识和承诺，单方面提起南海仲裁案。菲律宾把原本不属于《联合国海洋法公约》（以下简称《公约》）调整的领土问题，以及被中国 2006 年依据《公约》第 298 条作出的排除性声明排除的海洋划界等争议加以曲解和包装，构成对《公约》争端解决机制的滥用。菲律宾妄图借此否定中国在南海的领土主权和海洋权益。

7. 本文件旨在还原中菲南海有关争议的事实真相，重申中国在南海问题上的一贯立场和政策，溯本清源，以正视听。

一、南海诸岛是中国固有领土

（一）中国对南海诸岛的主权是历史上确立的

8. 中国人民自古以来在南海诸岛和相关海域生活和从事生产活动。中国最早发现、命名和开发利用南海诸岛及相关海域，最早并持续、和平、有效地对南海诸岛及相关海域行使主权和管辖，确立了对南海诸岛的主权和在南海的相关权益。

9. 早在公元前 2 世纪的西汉时期，中国人民就在南海航行，并在长期实践中发现了南海诸岛。

10. 中国历史古籍，例如东汉的《异物志》、三国时期的《扶南传》、宋代的《梦粱录》和《岭外代答》、元代的《岛夷志略》、明代的《东西洋考》和《顺风相送》、清代的《指南正法》和《海国闻见录》等，不仅记载了中国人民在南海的活动情况，而且记录了南海诸岛的地理位置和地貌特征、南海的水文和气象特点，以很多生动形象的名称为南海诸岛命名，如“涨海崎头”、“珊瑚洲”、“九乳螺洲”、“石塘”、“千里石塘”、“万里石塘”、“长沙”、“千里长沙”、“万里长沙”等。

11. 中国渔民在开发利用南海的历史过程中还形成一套相对固定的南海诸岛命名体系：如将岛和沙洲称为“峙”，将礁称为“铲”、“线”、“沙”，将环礁称为“匡”、“圈”、“塘”，将暗沙称为“沙排”等。明清时期形成的《更路簿》是中国渔民往来于中国大陆沿海地区和南海诸岛之间的航海指南，以多种版本的手抄本流传并沿用至今；记录了中国人民在南海诸岛的生活和生产开发活动，记载了中国渔民对南海诸岛的命名。其中对南沙群岛岛、礁、滩、沙的命名至少有 70 余处，有的用罗盘方位命名，如丑未（渚碧礁）、东头乙辛（蓬勃暗沙）；有的用特产命名，如赤瓜线（赤瓜礁）、墨瓜线（南屏礁）；有的用岛礁形状命名，如鸟串（仙娥礁）、双担（信义礁）；有的用某种实物命名，如锅盖峙（安波沙洲）、秤钩峙（景宏岛）；有的以水道命名，如六门沙（六门礁）。

12. 中国人民对南海诸岛的命名，部分被西方航海家引用并标注在一些19至20世纪权威的航海指南和海图中。如Namyit（鸿庥岛）、Sin Cowe（景宏岛）、Subi（渚碧礁）来源于海南方言发音“南乙”、“秤钩”、“丑未”。

13. 大量历史文献和文物资料证明，中国人民对南海诸岛及相关海域进行了持续不断的开发和利用。明清以来，中国渔民每年乘东北信风南下至南沙群岛海域从事渔业生产活动，直至次年乘西南信风返回大陆。还有部分中国渔民常年留居岛上，站峙捕捞、挖井汲水、垦荒种植、盖房建庙、饲养禽畜等。根据中外史料记载和考古发现，南沙群岛部分岛礁上曾有中国渔民留下的作物、水井、房屋、庙宇、墓塚和碑刻等。

14. 许多外国文献记录了很长一段时间内只有中国人在南沙群岛生产生活的事实。

15. 1868年出版的英国海军部《中国海指南》提到南沙群岛郑和群礁时指出：“海南渔民，以捕取海参、介壳为活，各岛都有其足迹，也有久居岛礁上的”，“在太平岛上的渔民要比其他岛上的渔民生活得更加舒适，与其他岛相比，太平岛上的井水要好得多”。1906年的《中国海指南》以及1912年、1923年、1937年等各版《中国航海志》多处载明中国渔民在南沙群岛上生产生活。

16. 1933年9月在法国出版的《彩绘殖民地世界》杂志记载：南沙群岛9岛之中，惟有华人（海南人）居住，华人之外并无他国人。当时西南岛（南子岛）上计有居民7人，中有孩童2人；帝都岛（中业岛）上计有居民5人；斯帕拉岛（南威岛）计有居民4人，较1930年且增加1人；罗湾岛（南钥岛）上，有华人所留之神座、茅屋、水井；伊都阿巴岛（太平岛），虽不见人迹，而发现中国字碑，大意谓运粮至此，觅不见人，因留藏于铁皮（法文原文为石头）之下；其他各岛，亦到处可见渔人居住之踪迹。该杂志还记载，太平岛、中业岛、南威岛等岛屿上植被茂盛，有水井可饮用，种有椰子树、香蕉树、木瓜树、菠萝、青菜、土豆等，蓄养有家禽，适合人类居住。

17. 1940年出版的日本文献《暴风之岛》和1925年美国海军航道测量署发行的《亚洲领航》（第四卷）等也记载了中国渔民在南沙群岛生产生活的情况。

18. 中国是最早开始并持续对南海诸岛及相关海上活动进行管理的国

家。历史上，中国通过行政设治、水师巡视、资源开发、天文测量、地理调查等手段，对南海诸岛和相关海域进行了持续、和平、有效的管辖。

19. 例如，宋代，中国在两广地区设有经略安抚使，总绥南疆。宋代曾公亮在《武经总要》中提到中国为加强南海海防，设立巡海水师，巡视南海。清代明谊编著的《琼州府志》、钟元棣编著的《崖州志》等著作都把“石塘”、“长沙”列入“海防”条目。

20. 中国很多官修地方志，如《广东通志》、《琼州府志》、《万州志》等，在“疆域”或“舆地山川”条目中有“万州有千里长沙、万里石塘”或类似记载。

21. 中国历代政府还在官方地图上将南海诸岛标绘为中国领土。1755年《皇清各直省分图》之《天下总舆图》、1767年《大清万年一统天下图》、1810年《大清万年一统地理全图》、1817年《大清一统天下全图》等地图均将南海诸岛绘入中国版图。

22. 历史事实表明，中国人民一直将南海诸岛和相关海域作为生产和生活的场所，从事各种开发利用活动。中国历代政府也持续、和平、有效地对南海诸岛实施管辖。在长期历史过程中，中国确立了对南海诸岛的主权和在南海的相关权益，中国人民早已成为南海诸岛的主人。

（二）中国始终坚定维护在南海的领土主权和海洋权益

23. 中国对南海诸岛的主权在20世纪前未遭遇任何挑战。20世纪30年代至40年代，法国和日本先后以武力非法侵占中国南沙群岛部分岛礁。对此，中国人民奋起抵抗，当时中国政府采取一系列措施，捍卫对南沙群岛的主权。

24. 1933年，法国曾经一度侵入南沙群岛部分岛礁，发布政府公报宣告“占领”，制造了“九小岛事件”。中国各地各界反应强烈、群起抗议，纷纷谴责法国的侵略行径。居住在南沙群岛的中国渔民也在实地进行抵抗，符洪光、柯家裕、郑兰锭等人砍倒法国在太平岛、北子岛、南威岛、中业岛等岛上悬挂法国国旗的旗杆。

25.“九小岛事件”发生后，中国外交部发言人表示，南沙群岛有关岛屿“仅有我渔人居留岛上，在国际上确认为中国领土”，中国政府就法方侵入九小岛提出严正交涉。同时，广东省政府针对法国诱骗中国渔民悬挂法国国旗，命令各县长布告，禁止在南沙群岛及海域作业的中国渔船悬挂外国旗帜，并给渔民发放中国国旗，要求悬挂。

26. 由外交部、内政部、海军部等部门组成的水陆地图审查委员会，专门审定中国南海诸岛各岛、礁、滩、沙名称，并于1935年编印并公布了《中国南海各岛屿图》。

27. 日本在侵华战争期间曾非法侵占中国南海诸岛。中国人民对日本的侵略进行了英勇抵抗。随着世界反法西斯战争和中国人民抗日战争的推进，中、美、英三国于1943年12月发表《开罗宣言》郑重宣布，日本必须将所窃取的中国领土归还中国。1945年7月，中、美、英三国发表《波茨坦公告》，其中第8条明确规定，“开罗宣言之条件必将实施”。

28. 1945年8月，日本宣布接受《波茨坦公告》无条件投降。1946年11月至12月，中国政府指派林遵上校等高级军政官员，乘坐“永兴”、“中建”、“太平”、“中业”4艘军舰，分赴西沙群岛和南沙群岛，举行仪式，重立主权碑，派兵驻守。随后，中国政府用上述4艘军舰名对西沙群岛和南沙群岛的4个岛屿进行重新命名。

29. 1947年3月，中国政府在太平岛设立南沙群岛管理处，隶属广东省。中国还在太平岛设立气象台和电台，自6月起对外广播气象信息。

30. 在对南海诸岛重新进行地理测绘的基础上，中国政府于1947年组织编写了《南海诸岛地理志略》，审定《南海诸岛新旧名称对照表》，绘制标有南海断续线的《南海诸岛位置图》。1948年2月，中国政府公布《中华民国行政区域图》，包括《南海诸岛位置图》。

31. 1949年6月，中国政府颁布《海南特区行政长官公署组织条例》，把“海南岛、东沙群岛、西沙群岛、中沙群岛、南沙群岛及其他附属岛屿”划入海南特区。

32. 中华人民共和国1949年10月1日成立后，多次重申并采取立法、行政设治、外交交涉等措施进一步维护对南海诸岛的主权和在南海的相关权益。中国对南海诸岛及相关海域的巡逻执法、资源开发和科学考察等活动从未中断过。

33. 1951年8月，中国外交部长周恩来发表《关于美英对日和约草案及旧金山会议的声明》指出，“西沙群岛和南威岛正如整个南沙群岛及中沙群岛、东沙群岛一样，向为中国领土，在日本帝国主义发动侵略战争时虽曾一度沦陷，但日本投降后已为当时中国政府全部接收”，“中华人民共和国在南威岛和西沙群岛之不可侵犯的主权，不论美英对日和约草案有无规定及如何规定，均不受任何影响”。

34. 1958 年 9 月，中国发布《中华人民共和国政府关于领海的声明》，明确规定中国领海宽度为 12 海里，采用直线基线方法划定领海基线，上述规定适用于中华人民共和国的一切领土，包括“东沙群岛、西沙群岛、中沙群岛、南沙群岛以及其他属于中国的岛屿”。

35. 1959 年 3 月，中国政府在西沙群岛的永兴岛设立“西沙群岛、南沙群岛、中沙群岛办事处”；1969 年 3 月，该“办事处”改称“广东省西沙群岛、中沙群岛、南沙群岛革命委员会”；1981 年 10 月，恢复“西沙群岛、南沙群岛、中沙群岛办事处”的称谓。

36. 1983 年 4 月，中国地名委员会受权公布南海诸岛部分标准地名，总计 287 个。

37. 1984 年 5 月，第六届全国人民代表大会第二次会议决定设立海南行政区，管辖范围包括西沙群岛、南沙群岛、中沙群岛的岛礁及其海域。

38. 1988 年 4 月，第七届全国人民代表大会第一次会议决定设立海南省，管辖范围包括西沙群岛、南沙群岛、中沙群岛的岛礁及其海域。

39. 1992 年 2 月，中国颁布《中华人民共和国领海及毗连区法》，确立了中国领海和毗连区的基本法律制度，并明确规定：“中华人民共和国的陆地领土包括……东沙群岛、西沙群岛、中沙群岛、南沙群岛以及其他一切属于中华人民共和国的岛屿”。1996 年 5 月，第八届全国人民代表大会常务委员会第十九次会议决定，批准《联合国海洋法公约》，同时声明“中华人民共和国重申对 1992 年 2 月 25 日颁布的《中华人民共和国领海及毗连区法》第 2 条所列各群岛及岛屿的主权。”

40. 1996 年 5 月，中国政府宣布中国大陆沿海由山东高角至海南岛峻壁角 49 个领海基点和由直线相连的领海基线，以及西沙群岛 28 个领海基点和由直线相连的基线，并宣布将另行公布其余领海基线。

41. 1998 年 6 月，中国颁布《中华人民共和国专属经济区和大陆架法》，确立了中国专属经济区和大陆架的基本法律制度，并明确规定：“本法的规定不影响中华人民共和国享有的历史性权利”。

42. 2012 年 6 月，国务院批准撤销海南省西沙群岛、南沙群岛、中沙群岛办事处，设立地级三沙市，管辖西沙群岛、中沙群岛、南沙群岛的岛礁及其海域。

43. 中国高度重视南海生态和渔业资源保护。自 1999 年起，中国实施南海伏季休渔制度。截至 2015 年底，中国在南海共建成国家级水生生物自然保护区 6 处，省级水生生物自然保护区 6 处，总面积达 269 万公顷；国家级水产种质资源保护区 7 处，总面积达 128 万公顷。

44. 自 20 世纪 50 年代以来，中国台湾当局一直驻守在南沙群岛太平岛，设有民事服务管理机构，并对岛上自然资源进行开发利用。

（三）中国对南海诸岛的主权得到国际社会广泛承认

45. 第二次世界大战结束后，中国收复南海诸岛并恢复行使主权，世界上许多国家都承认南海诸岛是中国领土。

46. 1951 年，旧金山对日和约会议规定日本放弃对南沙群岛和西沙群岛的一切权利、权利名义与要求。1952 年，日本政府正式表示放弃对台湾、澎湖列岛以及南沙群岛、西沙群岛之一切权利、权利名义与要求。同年，由时任日本外务大臣冈崎胜男亲笔签字推荐的《标准世界地图集》第十五图《东南亚图》，把和约规定日本必须放弃的西沙、南沙群岛及东沙、中沙群岛全部标绘属于中国。

47. 1955 年 10 月，国际民航组织在马尼拉召开会议，美国、英国、法国、日本、加拿大、澳大利亚、新西兰、泰国、菲律宾、南越和中国台湾当局派代表出席，菲律宾代表为会议主席，法国代表为副主席。会议通过的第 24 号决议要求中国台湾当局在南沙群岛加强气象观测，而会上没有任何一个代表对此提出异议或保留。

48. 1958 年 9 月 4 日，中国政府发布《中华人民共和国政府关于领海的声明》，宣布中国的领海宽度为 12 海里，明确指出：“这项规定适用于中华人民共和国的一切领土，包括……东沙群岛、西沙群岛、中沙群岛、南沙群岛以及其他属于中国的岛屿。”9 月 14 日，越南政府总理范文同照会中国国务院总理周恩来郑重表示，“越南民主共和国政府承认和赞同中华人民共和国政府 1958 年 9 月 4 日关于领海决定的声明”，“越南民主共和国政府尊重这项决定”。

49. 1956 年 8 月，美国驻台机构一等秘书韦士德向中国台湾当局口头申请，美军人员拟前往黄岩岛、双子群礁、景宏岛、鸿庥岛、南威岛等中沙和南沙群岛岛礁进行地形测量。中国台湾当局随后同意了美方的申请。

50. 1960 年 12 月，美国政府致函中国台湾当局，“请求准许”美军事人员赴南沙群岛双子群礁、景宏岛、南威岛进行实地测量。中国台湾当局批准了上述申请。

51. 1972 年，在《中华人民共和国政府与日本国政府联合声明》中，日本重申坚持遵循《波茨坦公告》第 8 条规定。

52. 据法新社报道，1974 年 2 月 4 日，时任印度尼西亚外长马利克表示，“如果我们看一看现在发行的地图，就可以从图上看到帕拉塞尔群岛（西沙群岛）和斯普拉特利群岛（南沙群岛）都是属于中国的”；由于我们承认只存在一个中国，“这意味着，对我们来讲，这些群岛属于中华人民共和国”。

53. 1987 年 3 月 17 日至 4 月 1 日，联合国教科文组织政府间海洋学委员会第 14 次会议讨论了该委员会秘书处提交的《全球海平面观测系统实施计划 1985–1990》（IOC/INF–663 REV）。该文件建议将西沙群岛和南沙群岛纳入全球海平面观测系统，并将这两个群岛明文列属“中华人民共和国”。为执行该计划，中国政府被委任建设 5 个海洋观测站，包括南沙群岛和西沙群岛上各 1 个。

54. 南海诸岛属于中国早已成为国际社会的普遍认识。在许多国家出版的百科全书、年鉴和地图都将南沙群岛标属中国。例如，1960 年美国威尔德麦克出版社出版的《威尔德麦克各国百科全书》；1966 年日本极东书店出版的《新中国年鉴》；1957、1958 和 1961 年在联邦德国出版的《世界大地图集》；1958 年在民主德国出版的《地球与地理地图集》；1968 年在民主德国出版的《哈克世界大地图集》；1954 至 1959 年在苏联出版的《世界地图集》；1957 年在苏联出版的《外国行政区域划分》附图；1959 年在匈牙利出版的《世界地图集》；1974 年在匈牙利出版的《插图本世界政治经济地图集》；1959 年在捷克斯洛伐克出版的《袖珍世界地图集》；1977 年在罗马尼亚出版的《世界地理图集》；1965 年法国拉鲁斯出版社出版的《国际政治与经济地图集》；1969 年法国拉鲁斯出版社出版的《拉鲁斯现代地图集》；1972 年和 1983 年日本平凡社出版的《世界大百科事典》中所附地图和 1985 年出版的《世界大地图集》；以及 1980 年日本国土地理协会出版的《世界与各国》附图等。

二、中菲南海有关争议的由来

55. 中菲南海有关争议的核心是菲律宾非法侵占中国南沙群岛部分岛

礁而产生的领土问题。此外，随着国际海洋法制度的发展，中菲在南海部分海域还出现了海洋划界争议。

（一）菲律宾非法侵占行为制造了中菲南沙岛礁争议

56. 菲律宾的领土范围是由包括 1898 年《美西和平条约》(《巴黎条约》)、1900 年《美西关于菲律宾外围岛屿割让的条约》(《华盛顿条约》)、1930 年《关于划定英属北婆罗洲与美属菲律宾之间的边界条约》在内的一系列国际条约确定的。

57. 中国南海诸岛在菲律宾领土范围之外。

58. 20 世纪 50 年代，菲律宾曾企图染指中国南沙群岛。但在中国坚决反对下，菲律宾收手了。1956 年 5 月，菲律宾人克洛马组织私人探险队到南沙群岛活动，擅自将中国南沙群岛部分岛礁称为“自由地”。随后，菲律宾副总统兼外长加西亚对克洛马的活动表示支持。对此，中国外交部发言人于 5 月 29 日发表声明，严正指出：南沙群岛“向来是中国领土的一部分。中华人民共和国对这些岛屿具有无可争辩的合法主权……绝不容许任何国家以任何借口和采取任何方式加以侵犯”。同时，中国台湾当局派军舰赴南沙群岛巡弋，恢复在南沙群岛太平岛上驻守。此后，菲律宾外交部表示，克洛马此举菲律宾政府事前并不知情，亦未加以同意。

59. 自 20 世纪 70 年代起，菲律宾先后以武力侵占中国南沙群岛部分岛礁，并提出非法领土要求。1970 年 8 月和 9 月，菲律宾非法侵占马欢岛和费信岛；1971 年 4 月，菲律宾非法侵占南钥岛和中业岛；1971 年 7 月，菲律宾非法侵占西月岛和北子岛；1978 年 3 月和 1980 年 7 月，菲律宾非法侵占双黄沙洲和司令礁。1978 年 6 月，菲律宾总统马科斯签署第 1596 号总统令，将中国南沙群岛部分岛礁并连同周边大范围海域称为“卡拉延岛群”(“卡拉延”在他加禄语中意为“自由”)，划设“卡拉延镇区”，非法列入菲律宾领土范围。

60. 菲律宾还通过一系列国内立法，提出了自己的领海、专属经济区和大陆架等主张。其中部分与中国在南海的海洋权益产生冲突。

61. 菲律宾为掩盖其非法侵占中国南沙群岛部分岛礁的事实，实现其领土扩张的野心，炮制了一系列借口，包括：“卡拉延岛群”不属于南沙群岛，是“无主地”；南沙群岛在二战后是“托管地”；菲律宾占领南沙群岛是依据“地理邻近”和出于“国家安全”需要；“南沙群岛部分岛礁位于菲律宾专属经济区和大陆架上”；菲律宾“有效控制”有关岛礁已成为不能改变的“现状”等。

（二）菲律宾的非法主张毫无历史和法理依据

62. 从历史和国际法看，菲律宾对南沙群岛部分岛礁的领土主张毫无根据。

63. 第一，南沙群岛从来不是菲律宾领土的组成部分。菲律宾的领土范围已由一系列国际条约所确定。对此，菲律宾当时的统治者美国是非常清楚的。1933 年 8 月 12 日，美属菲律宾前参议员陆雷彝致信美国驻菲律宾总督墨菲，试图以地理邻近为由主张一些南沙岛屿构成菲律宾群岛一部分。有关信件被转交美国陆军部和国务院处理。1933 年 10 月 9 日，美国国务卿复信称，“这些岛屿……远在 1898 年从西班牙获得的菲律宾群岛的界限之外”。1935 年 5 月，美国陆军部长邓恩致函国务卿赫尔，请求国务院就菲律宾对南沙群岛部分岛屿提出领土要求的“合法性和适当性”发表意见。美国国务院历史顾问办公室一份由博格斯等签署的备忘录指出，“显然，美国毫无根据主张有关岛屿构成菲律宾群岛的一部分。”8 月 20 日，美国国务卿赫尔复函美国陆军部长邓恩称，“美国依据 1898 年条约从西班牙获得的菲律宾群岛的岛屿仅限于第三条规定的界限以内”，同时关于南沙群岛有关岛屿，“需要指出的是，没有任何迹象显示西班牙曾对这些岛屿中的任何一个行使主权或提出主张”。这些文件证明，菲律宾领土从来不包括南海诸岛，这一事实为包括美国在内的国际社会所承认。

64. 第二，“卡拉延岛群”是菲律宾发现的“无主地”，这一说法根本不成立。菲律宾以其国民于 1956 年所谓“发现”为基础，将中国南沙群岛部分岛礁称为“卡拉延岛群”，企图制造地理名称和概念上的混乱，并割裂南沙群岛。事实上，南沙群岛的地理范围是清楚和明确的，菲律宾所谓“卡拉延岛群”就是中国南沙群岛的一部分。南沙群岛早已成为中国领土不可分割的组成部分，绝非“无主地”。

65. 第三，南沙群岛也不是所谓的“托管地”。菲律宾称，二战后南沙群岛是“托管地”，主权未定。菲律宾的说法从法律和事实看，都没有根据。二战后的“托管地”，均在有关国际条约或联合国托管理事会相关文件中明确开列，南沙群岛从未出现在上述名单上，根本就不是“托管地”。

66. 第四，“地理邻近”和“国家安全”都不是领土取得的国际法依据。

世界上许多国家的部分领土远离其本土，有的甚至位于他国近岸。美国殖民统治菲律宾期间，就菲律宾群岛附近一座岛屿的主权与荷兰产生争端，美国以“地理邻近”为由提出的领土主张被判定为没有国际法依据。以所谓“国家安全”为由侵占他国领土更是荒谬的。

67. 第五，菲律宾称，中国南沙群岛部分岛礁位于其专属经济区和大陆架范围内，因此有关岛礁属于菲律宾或构成菲律宾大陆架组成部分。这一主张企图以《公约》所赋予的海洋管辖权否定中国领土主权，与“陆地统治海洋”的国际法原则背道而驰，完全不符合《公约》的宗旨和目的。《公约》前言规定：“在妥为顾及所有国家主权的情形下，为海洋建立一种法律秩序……。”因此，沿海国必须在尊重他国领土主权的前提下主张海洋管辖权，不能将自己的海洋管辖权扩展到他国领土上，更不能以此否定他国主权，侵犯他国领土。

68. 第六，菲律宾所谓的“有效控制”是建立在非法侵占基础上的，是非法无效的。国际社会不承认武力侵占形成的所谓“有效控制”。菲律宾所谓“有效控制”是对中国南沙群岛部分岛礁赤裸裸的武力侵占，违背了《联合国宪章》（以下简称《宪章》）和国际关系基本准则，为国际法所明确禁止。菲律宾建立在非法侵占基础上的所谓“有效控制”，不能改变南沙群岛是中国领土的基本事实。中国坚决反对任何人试图把南沙群岛部分岛礁被侵占的状态视为所谓“既成事实”或“现状”，中国对此绝不承认。

（三）国际海洋法制度的发展导致中菲出现海洋划界争议

69. 随着《公约》的制订和生效，中国和菲律宾之间的南海有关争议逐步激化。

70. 基于中国人民和中国政府的长期历史实践及历届中国政府的一贯立场，根据国内法以及国际法，包括1958年《中华人民共和国政府关于领海的声明》、1992年《中华人民共和国领海及毗连区法》、1996年《中华人民共和国全国人民代表大会常务委员会关于批准〈联合国海洋法公约〉的决定》、1998年《中华人民共和国专属经济区和大陆架法》和1982年《联合国海洋法公约》，中国南海诸岛拥有内水、领海、毗连区、专属经济区和大陆架。此外，中国在南海拥有历史性权利。

71. 根据菲律宾1949年第387号共和国法案、1961年第3046号共和国法案、1968年第5446号共和国法案、1968年第370号总统公告、1978年第1599号总统令、2009年第9522号共和国法案等法律，菲律宾公布了内水、群岛水域、领海，专属经济区和大陆架。

72. 在南海，中国的陆地领土海岸和菲律宾的陆地领土海岸相向，相距不足400海里。两国主张的海洋权益区域重叠，由此产生海洋划界争议。

三、中菲已就解决南海有关争议达成共识

73. 中国坚决捍卫对南海诸岛的主权，坚决反对菲律宾非法侵占中国岛礁，坚决反对菲律宾依据单方面主张在中国管辖海域采取侵权行为。同时，从维护南海和平稳定出发，中国保持高度克制，坚持和平解决中菲南海有关争议，并为此作出不懈努力。中国就管控海上分歧以及推动海上务实合作等与菲律宾进行多次磋商，双方就通过谈判解决南海有关争议，妥善管控有关分歧达成重要共识。

（一）通过谈判解决南海有关争议是中菲共识和承诺

74. 中国一贯致力于在相互尊重主权和领土完整、互不侵犯、互不干涉内政、平等互利、和平共处五项原则基础上与各国发展友好关系。

75. 1975年6月，中菲关系实现正常化，两国在有关公报中明确指出，两国政府同意不诉诸武力，不以武力相威胁，和平解决所有争端。

76. 实际上，中国在解决南海问题上的“搁置争议，共同开发”倡议，首先是对菲律宾提出的。1986年6月，中国领导人邓小平在会见菲律宾副总统萨尔瓦多·劳雷尔时，指出南沙群岛属于中国，同时针对有关分歧表示，“这个问题可以先搁置一下，先放一放。过几年后，我们坐下来，平心静气地商讨一个可为各方接受的方式。我们不会让这个问题妨碍与菲律宾和其他国家的友好关系”。1988年4月，邓小平在会见菲律宾总统科拉松·阿基诺时重申“对南沙群岛问题，中国最有发言权。南沙历史上就是中国领土，很长时间，国际上对此无异议”；“从两国友好关系出发，这个问题可先搁置一下，采取共同开发的办法”。此后，中国在处理南海有关争议及同南海周边国家发展双边关系问题上，一直贯彻了邓小平关于“主权属我，搁置争议，共同开发”的思想。

77. 20世纪80年代以来，中国就通过谈判管控和解决中菲南海有关

争议提出一系列主张和倡议，多次重申对南沙群岛的主权、和平解决南海有关争议的立场和“搁置争议，共同开发”的倡议，明确表示反对外部势力介入，反对南海问题国际化，强调不应使争议影响两国关系的发展。

78. 1992 年 7 月，在马尼拉举行的第 25 届东盟外长会议发表《东盟关于南海问题的宣言》。中国表示，赞赏这一宣言所阐述的相关原则。中国一贯主张通过谈判和平解决南沙群岛部分岛礁有关领土问题，反对诉诸武力，愿在条件成熟时同有关国家谈判“搁置争议，共同开发”。

79. 1995 年 8 月，中菲共同发表的《中华人民共和国和菲律宾共和国关于南海问题和其他领域合作的磋商联合声明》表示，“争议应由直接有关国家解决”；“双方承诺循序渐进地进行合作，最终谈判解决双方争议”。此后，中国和菲律宾通过一系列双边文件确认通过双边谈判协商解决南海问题的有关共识，例如：1999 年 3 月《中菲建立信任措施工作小组会议联合公报》、2000 年 5 月《中华人民共和国政府和菲律宾共和国政府关于 21 世纪双边合作框架的联合声明》等。

80. 2002 年 11 月，中国同东盟 10 国共同签署《宣言》。各方在《宣言》中郑重承诺：“根据公认的国际法原则，包括 1982 年《联合国海洋法公约》，由直接有关的主权国家通过友好磋商和谈判，以和平方式解决它们的领土和管辖权争议，而不诉诸武力或以武力相威胁。”

81. 此后，中菲通过一系列双边文件确认各自在《宣言》中作出的郑重承诺，例如：2004 年 9 月《中华人民共和国政府和菲律宾共和国政府联合新闻公报》、2011 年 9 月《中华人民共和国和菲律宾共和国联合声明》等。

82. 上述中菲两国各项双边文件以及《宣言》的相关规定，体现了中菲就解决南海有关争议达成的以下共识和承诺：一是有关争议应在直接有关的主权国家之间解决；二是有关争议应在平等和相互尊重基础上，通过谈判协商和平解决；三是直接有关的主权国家根据公认的国际法原则，包括 1982 年《联合国海洋法公约》，“最终谈判解决双方争议”。

83. 中菲两国多次重申通过谈判解决有关争议，并多次强调有关谈判应由直接有关的主权国家开展，上述规定显然已产生排除任何第三方争端解决方式的效果。特别是 1995 年的联合声明规定“最终谈判解决双方争议”，这里的“最终”一词明显是为了强调“谈判”是双方已选择的唯一争端解决方式，并排除包括第三方争端解决程序在内的任何其他方式。上述共识和承诺构成两国间排除通过第三方争端解决方式解决中菲南海有关争议的协议。这一协议必须遵守。

（二）妥善管控南海有关争议是中菲之间的共识

84. 中国一贯主张，各方应通过制定规则、完善机制、务实合作、共同开发等方式管控争议，为南海有关争议的最终解决创造良好氛围。

85. 自 20 世纪 90 年代以来，中菲就管控争议达成一系列共识：一是在有关争议问题上保持克制，不采取可能导致事态扩大化的行动；二是坚持通过双边磋商机制管控争议；三是坚持推动海上务实合作和共同开发；四是不使有关争议影响双边关系的健康发展和南海地区的和平与稳定。

86. 中菲还在《宣言》中达成如下共识：保持自我克制，不采取使争议复杂化、扩大化和影响和平与稳定的行动；在和平解决领土和管辖权争议前，本着合作与谅解的精神，努力寻求各种途径建立互信；探讨或开展在海洋环保、海洋科学研究、海上航行和交通安全、搜寻与救助、打击跨国犯罪等方面的合作。

87. 中菲曾就管控分歧、开展海上务实合作取得积极进展。

88. 1999 年 3 月，中国和菲律宾举行关于在南海建立信任措施工作小组首次会议，双方发表的《中菲建立信任措施工作小组会议联合公报》指出，“双方承诺根据广泛接受的国际法原则包括联合国海洋法公约，通过协商和平解决争议，……双方同意保持克制，不采取可能导致事态扩大化的行动。”

89. 2001 年 4 月，中菲发表的《第三次建立信任措施专家组会议联合新闻声明》指出，“双方认识到两国就探讨南海合作方式所建立的双边磋商机制是富有成效的，双方所达成的一系列谅解与共识对维护中菲关系的健康发展和南海地区的和平与稳定发挥了建设性作用。”

90. 2004 年 9 月，在中国和菲律宾领导人的共同见证下，中国海洋石油总公司和菲律宾国家石油公司签署《南中国海部分海域联合海洋地震工作协议》。经中菲两国同意，2005 年 3 月，中国、菲律宾、越南三国国家石油公司签署《南中国海协议区三方联合海洋地震工作协议》，商定三国的石油公司在三年协议期内，在约 14.3 万平方千米海域的协议区内完成一定数量的二维和 / 或三维地震测线的采集和处理工作，对一定数量现有的二维地震测线进行再处理，研究评估协议区的石油资源状况。2007 年《中华人民共和国和菲律宾共和国联合声明》表示，“双方认为，南海三方联合海洋地震工作可以成为本地区合作的一个示范。双方同意，可以探讨将下一阶段的三方合作提升到更高水平，以加强本地区建立互信的良好势头。”

91. 令人遗憾的是，由于菲律宾方面缺乏合作意愿，中菲信任措施工作小组会议陷于停滞，中菲越三方联合海洋地震考察工作也未能继续。

四、菲律宾一再采取导致争议复杂化的行动

92. 自 20 世纪 80 年代以来，菲律宾一再采取导致争议复杂化的行动。

（一）菲律宾企图扩大对中国南沙群岛部分岛礁的侵占

93. 自 20 世纪 80 年代起，菲律宾就在非法侵占的中国南沙群岛有关岛礁上建设军事设施。90 年代，菲律宾继续在非法侵占的中国南沙群岛有关岛礁修建机场和海空军基地，以非法侵占的中国南沙群岛中业岛为重点，持续在相关岛礁建设和修整机场、兵营、码头等设施，以方便起降重型运输机、战斗机及容纳更多更大的舰船。菲律宾还蓄意挑衅，频繁派出军舰、飞机侵入中国南沙群岛五方礁、仙娥礁、信义礁、半月礁和仁爱礁，肆意破坏中国设置的测量标志。

94. 更有甚者，1999 年 5 月 9 日，菲律宾派出 57 号坦克登陆舰入侵中国仁爱礁，并以“技术故障搁浅”为借口，在该礁非法“坐滩”。中国当即对菲律宾提出严正交涉，要求立即拖走该舰。而菲律宾却称该舰“缺少零部件”无法拖走。

95. 就此，中国持续对菲律宾进行交涉，再三要求菲方拖走该舰。例如，1999 年 11 月，中国驻菲律宾大使约见菲律宾外长西亚松和总统办公室主任来妮海索斯，再次就该舰非法“坐滩”仁爱礁事进行交涉。菲律宾虽然再三承诺将把该舰从仁爱礁撤走，但一直拖延不动。

96. 2003 年 9 月，得知菲律宾准备在仁爱礁非法“坐滩”的军舰周围修建设施后，中国当即提出严正交涉。菲律宾代理外长埃卜达林表示，菲律宾无意在仁爱礁上修建设施，菲律宾是《宣言》的签署者，不会也不愿成为第一个违反者。

97. 但是菲律宾拒不履行拖走该舰的承诺，反而变本加厉，采取进一步挑衅行为。菲律宾于 2013 年 2 月在非法“坐滩”的该舰四周拉起固定缆绳，舰上人员频繁活动，准备建设固定设施。在中国多次交涉下，菲律

宾国防部长加斯明声称，菲律宾只是在对该舰进行补给和修补，承诺不会在仁爱礁上修建设施。

98. 2014 年 3 月 14 日，菲律宾外交部发表声明，公然宣称菲律宾当年用 57 号坦克登陆舰在仁爱礁“坐滩”，就是为了“将该军舰作为菲律宾政府的永久设施部署在仁爱礁”，企图以此为借口，继续拒不履行拖走该舰的承诺，进而达到侵占仁爱礁的目的。中国当即对此表示震惊，并重申绝不允许菲方以任何形式侵占仁爱礁。

99. 2015 年 7 月，菲律宾公开声明，菲方正对在仁爱礁“坐滩”的军舰进行内部整固。

100. 菲律宾用军舰“坐滩”仁爱礁，承诺拖走却始终食言，直至采取加固措施，以自己的实际行动证明菲律宾就是第一个公然违反《宣言》的国家。

101. 长期以来，菲律宾非法侵占中国南沙群岛有关岛礁，并在岛礁上修筑各种军事设施，企图制造既成事实，长期霸占。菲律宾的所作所为，严重侵犯中国对南沙群岛有关岛礁的主权，严重违反《宪章》和国际法基本准则。

（二）菲律宾一再扩大海上侵权

102. 自 20 世纪 70 年代起，菲律宾依据其单方面主张，先后侵入中国南沙群岛礼乐滩、忠孝滩等地进行非法油气钻探，包括就有关区块进行对外招标。

103. 进入 21 世纪以来，菲律宾扩大对外招标范围，大面积侵入中国南沙群岛有关海域。2003 年，菲律宾将大片中国南沙群岛相关海域划为对外招标区块。2014 年 5 月，菲律宾进行了第 5 轮油气招标，其中 4 个招标区块侵入中国南沙群岛相关海域。

104. 菲律宾还不断侵入中国南沙群岛有关海域，袭扰中国渔民和渔船正常生产作业。据不完全统计，1989 年至 2015 年，在上述海域共发生菲律宾非法侵犯中国渔民生命和财产安全事件 97 件，其中枪击 8 件，抢劫 34 件，抓扣 40 件，追赶 15 件；共涉及中国渔船近 200 艘，渔民上千人。菲律宾还野蛮、粗暴对待中国渔民，施以非人道待遇。

105. 菲律宾武装人员经常无视中国渔民的生命安全，滥用武力。例如，2006 年 4 月 27 日，菲律宾武装渔船侵入中国南沙群岛南方浅滩海域，袭击中国“琼琼海03012”号渔船，菲方一艘武装小艇及4名持枪人员向中国渔船靠近，并直接向渔船驾驶台连续开枪射击，造成陈奕超等4名渔民当场死亡、2人重伤、1人轻伤。随后，13名持枪人员强行登上渔船进行抢劫，劫走船上卫星导航、通讯设备、生产工具、渔获等。

106. 菲律宾一再采取各种海上侵权行动，企图扩大其在南海的非法主张，严重侵犯中国在南海的主权及相关权益。菲律宾的侵权行为严重违背了其在《宣言》中关于保持自我克制，不采取使争议复杂化、扩大化行动的承诺。菲律宾枪击、抢劫中国渔船和渔民，非法抓扣中国渔民并施以非人道待遇，严重侵犯中国渔民的人身和财产安全以及人格尊严，公然践踏基本人权。

（三）菲律宾企图染指中国黄岩岛

107. 菲律宾还对中国黄岩岛提出领土要求并企图非法侵占。

108. 黄岩岛是中国固有领土，中国持续、和平、有效地对黄岩岛行使着主权和管辖。

109. 1997年之前，菲律宾从未对黄岩岛属于中国提出异议，从未对黄岩岛提出领土要求。1990年2月5日，菲律宾驻德国大使比安弗尼多致函德国无线电爱好者迪特表示：“根据菲律宾国家地图和资源信息局，斯卡伯勒礁或黄岩岛不在菲律宾领土主权范围以内。”

110. 菲律宾国家地图和资源信息局1994年10月28日签发的《菲律宾共和国领土边界证明书》表示，“菲律宾共和国的领土边界和主权由1898年12月10日签署的《巴黎条约》第3条确定”，并确认“菲律宾环境和自然资源部通过国家地图和资源信息局发布的第25号官方地图中显示的领土界限完全正确并体现了真实状态”。如前所述，《巴黎条约》和另外两个条约确定了菲律宾的领土界限，中国黄岩岛明显位于这一界限以外。第25号官方地图反映了这一事实。在1994年11月18日致美国无线电协会的信中，菲律宾无线电爱好者协会写道，“一个非常重要的事实是，（菲律宾）有关政府机构申明，基于1898年12月10日签署的《巴黎条约》第3条，斯卡伯勒礁就是位于菲律宾领土边界之外。”

111. 1997年4月，菲律宾一改其领土范围不包括黄岩岛的立场，对中国无线电运动协会组织的国际联合业余无线电探险队在黄岩岛的探险活动进行跟踪、监视和干扰，甚至不顾历史事实，声称黄岩岛在菲律宾主张的200海里专属经济区内，因此是菲律宾领土。对此，中国曾多次向菲律宾提出交涉，明确指出，黄岩岛是中国固有领土，菲律宾的主张是无理、非法和无效的。

112. 2009年2月17日，菲律宾国会通过9522号共和国法案，非法将中国黄岩岛和南沙群岛部分岛礁划为菲律宾领土。就此，中国即向菲律宾进行交涉并发表声明，重申中国对黄岩岛和南沙群岛及其附近海域的主权，任何其他国家对黄岩岛和南沙群岛的岛屿提出领土主权要求，都是非法的、无效的。

113. 2012年4月10日，菲律宾出动“德尔·皮拉尔”号军舰，闯入中国黄岩岛附近海域，对在该海域作业的中国渔民、渔船实施非法抓扣并施以严重非人道待遇，蓄意挑起黄岩岛事件。中国即在北京和马尼拉多次对菲律宾提出严正交涉，对菲律宾侵犯中国领土主权和伤害中国渔民的行径表示强烈抗议，要求菲律宾立即撤出一切船只和人员。与此同时，中国政府迅速派出海监和渔政执法船只前往黄岩岛，维护主权并对中国渔民进行救助。2012年6月，经中国多次严正交涉，菲律宾从黄岩岛撤出相关船只和人员。

114. 菲律宾对中国黄岩岛提出的非法领土要求没有任何国际法依据。所谓黄岩岛在菲律宾200海里专属经济区内因而是菲律宾领土的主张，显然是对国际法蓄意和荒唐的歪曲。菲律宾派军舰武装闯入黄岩岛附近海域，严重侵犯中国领土主权，严重违背《宪章》和国际法基本原则。菲律宾鼓动并怂恿菲方船只和人员大规模侵入中国黄岩岛海域，严重侵犯中国在黄岩岛海域的主权和主权权利。菲律宾非法抓扣在黄岩岛海域正常作业的中国渔民并施以严重的非人道待遇，严重侵犯中国渔民的人格尊严，践踏人权。

（四）菲律宾单方面提起仲裁是恶意行为

115. 2013年1月22日，菲律宾共和国时任政府违背中菲之间达成并多次确认的通过谈判解决南海有关争议的共识，违反其在《宣言》中作出的庄严承诺，在明知领土争议不属于《公约》调整范围，海洋划界争议已被中国2006年有关声明排除的情况下，蓄意将有关争议包装成单纯的《公约》解释或适用问题，滥用《公约》争端解决机制，单方面提起南海仲裁案。菲律宾此举不是为了解决与中国的争议，而是企图借此否定中国在南海的领土主权和海洋权益。菲律宾的行为是恶意的。

116. 第一，菲律宾单方面提起仲裁，违反中菲通过双边谈判解决争议的协议。中菲在有关双边文件中已就通过谈判解决南海有关争议达成协议并多次予以确认。中国和菲律宾在《宣言》中就通过谈判解决南海有关争议作出郑重承诺，并一再在双边文件中予以确认。上述中菲两国各项双边文件以及《宣言》的相关规定相辅相成，构成中菲两国之间的协议。两国据此选择了以谈判方式解决有关争端，并排除了包括仲裁在内的第三方方式。“约定必须遵守”。这项国际法基础规范必须得到执行。菲律宾违背自己的庄严承诺，是严重的背信弃义行为，不为菲律宾创设任何权利，也不为中国创设任何义务。

117. 第二，菲律宾单方面提起仲裁，侵犯中国作为《公约》缔约国自主选择争端解决方式的权利。《公约》第十五部分第 280 条规定，“本公约的任何规定均不损害任何缔约国于任何时候协议用自行选择的任何和平方法解决它们之间有关本公约的解释或适用的争端的权利”；第 281 条规定，“作为有关本公约的解释或适用的争端各方的缔约各国，如已协议用自行选择的和平方法来谋求解决争端，则只有在诉诸这种方法仍未得到解决以及争端各方间的协议并不排除任何其他程序的情形下，才适用本部分所规定的程序”。由于中菲之间已就通过谈判解决争议作出明确选择，《公约》规定的第三方强制争端解决程序不适用。

118. 第三，菲律宾单方面提起仲裁，滥用《公约》争端解决程序。菲律宾提起仲裁事项的实质是南沙群岛部分岛礁的领土主权问题，有关事项也构成中菲海洋划界不可分割的组成部分。陆地领土问题不属于《公约》的调整范围。2006 年，中国根据《公约》第 298 条作出排除性声明，将涉及海洋划界、历史性海湾或所有权、军事和执法行动等方面的争端排除在《公约》争端解决程序之外。包括中国在内的约 30 个国家作出的排除性声明，构成《公约》争端解决机制的组成部分。菲律宾通过包装诉求，恶意规避中方有关排除性声明和陆地领土争议不属《公约》调整事项的限制，单方面提起仲裁，构成对《公约》争端解决程序的滥用。

119. 第四，菲律宾为推动仲裁捏造事实，曲解法律，编造了一系列谎言：

——菲律宾明知其仲裁诉求涉及中国在南海的领土主权，领土问题不属于《公约》调整的事项，却故意将其曲解和包装成《公约》解释或适用问题；

——菲律宾明知其仲裁诉求涉及海洋划界问题，且中国已根据《公约》第298条作出声明，将包括海洋划界在内的争端排除出《公约》规定的第三方争端解决程序，却故意将海洋划界过程中需要考虑的各项因素抽离出来，孤立看待，企图规避中国有关排除性声明；

——菲律宾无视中菲从未就其仲裁事项进行任何谈判的事实，故意将其与中国就一般性海洋事务与合作进行的一些磋商曲解为就仲裁事项进行的谈判，并以此为借口声称已穷尽双边谈判手段；

——菲律宾声称其不寻求判定任何领土归属，或划定任何海洋边界，然而在仲裁进程中，特别是庭审中，却屡屡否定中国在南海的领土主权和海洋权益；

——菲律宾无视中国在南海问题上的一贯立场和实践，子虚乌有地声称中国对整个南海主张排他性的海洋权益；

——菲律宾刻意夸大西方殖民者历史上在南海的作用，否定中国长期开发、经营和管辖南海相关水域的史实及相应的法律效力；

——菲律宾牵强附会，拼凑关联性和证明力不强的证据，强撑其诉讼请求；

——菲律宾随意解释国际法规则，大量援引极具争议的司法案例和不具权威性的个人意见支撑其诉求。

120. 简言之，菲律宾单方面提起仲裁违反包括《公约》争端解决机制在内的国际法。应菲律宾单方面请求建立的南海仲裁案仲裁庭自始无管辖权，所作出的裁决是无效的，没有拘束力。中国在南海的领土主权和海洋权益在任何情况下不受仲裁裁决的影响。中国不接受、不承认该裁决，反对且不接受任何以仲裁裁决为基础的主张和行动。

五、中国处理南海问题的政策

121. 中国是维护南海和平稳定的重要力量。中国一贯遵守《宪章》的宗旨和原则，坚定维护和促进国际法治，尊重和践行国际法，在坚定维护中国在南海的领土主权和海洋权益的同时，坚持通过谈判协商解决争议，坚持通过规则机制管控分歧，坚持通过互利合作实现共赢，致力于把南海建设成和平之海、友谊之海和合作之海。

122. 中国坚持与地区国家共同维护南海和平稳定，坚定维护各国依据国际法在南海享有的航行和飞越自由，积极倡导域外国家尊重地区国家的努力，在维护南海和平稳定问题上发挥建设性作用。

（一）关于南沙群岛领土问题

123. 中国坚定地维护对南海诸岛及其附近海域的主权。部分国家对南沙群岛部分岛礁提出非法领土主张并实施武力侵占，严重违反《宪章》和国际关系基本准则，是非法的、无效的。对此，中国坚决反对，并要求有关国家停止对中国领土的侵犯。

124. 中国始终致力于与包括菲律宾在内的直接有关的当事国在尊重历史事实的基础上，根据国际法，通过谈判解决有关争议。

125. 众所周知，陆地领土问题不属于《公约》调整的事项。因此，南沙群岛领土问题不适用《公约》。

（二）关于南海海洋划界问题

126. 中国主张，同直接有关的当事国依据包括《公约》在内的国际法，通过谈判公平解决南海海洋划界问题。在划界问题最终解决前，各方应保持自我克制，不采取使争议复杂化、扩大化和影响和平与稳定的行动。

127. 1996 年，中国在批准《公约》时声明："中华人民共和国将与海岸相向或相邻的国家，通过协商，在国际法基础上，按照公平原则划定各自海洋管辖权界限。" 1998 年，《中华人民共和国专属经济区和大陆架法》进一步明确中国同海洋邻国之间解决海洋划界问题的原则立场，即"中华人民共和国与海岸相邻或者相向国家关于专属经济区和大陆架的主张重叠的，在国际法的基础上按照公平原则以协议划定界限"，"本法的规定不影响中华人民共和国享有的历史性权利"。

128. 中国不接受任何企图通过单方面行动把海洋管辖权强加于中国的做法，也不认可任何有损于中国在南海海洋权益的行动。

（三）关于争端解决方式

129. 基于对国际实践的深刻认识和中国自身丰富的国家实践，中国坚信，要解决任何国家间争议，无论选择哪种机制和方式，都不能违背主权国家的意志，应以国家同意为基础。

130. 在领土和海洋划界问题上，中国不接受任何强加于中国的争端解决方案，不接受任何诉诸第三方的争端解决方式。2006 年 8 月 25 日，中国根据《公约》第 298 条的规定向联合国秘书长提交声明，称“关于《公约》第二百九十八条第 1 款（a）、（b）、（c）项所述的任何争端，中华人民共和国政府不接受《公约》第十五部分第二节规定的任何程序”，明确将涉及海洋划界、历史性海湾或所有权、军事和执法活动，以及联合国安全理事会执行《宪章》所赋予的职务等争端排除在《公约》强制争端解决程序之外。

131. 中华人民共和国成立以来，已与 14 个陆地邻国中的 12 个国家，本着平等协商、相互谅解的精神，通过双边谈判，签订了边界条约，划定和勘定的边界约占中国陆地边界长度的 90%。中国与越南已通过谈判划定了两国在北部湾的领海、专属经济区和大陆架界限。中国对通过谈判解决争议的诚意和不懈努力是有目共睹的。不言而喻，谈判是国家意志的直接体现。谈判当事方直接参与形成最终结果。实践表明，谈判取得的成果更容易获得当事国人民的理解和支持，能够得到有效实施，并具有持久生命力。只有当事方通过平等谈判达成协议，有关争议才能获得根本长久解决，有关协议才能得到全面有效贯彻实施。

（四）关于在南海管控分歧和开展海上务实合作

132. 根据国际法和国际实践，在海洋争议最终解决前，当事国应保持克制，尽一切努力作出实际性的临时安排，包括建立和完善争议管控规则和机制，开展各领域合作，推动“搁置争议，共同开发”，维护南海地区的和平稳定，为最终解决争议创造条件。有关合作和共同开发不妨害最后界限的划定。

133. 中国积极推动与有关国家建立双边海上磋商机制，探讨在渔业、油气等领域的共同开发，倡议有关各国积极探讨根据《公约》有关规定，建立南海沿岸国合作机制。

134. 中国始终致力于与东盟国家一道全面有效落实《宣言》，积极推动海上务实合作，已取得了包括建立“中国—东盟国家海上联合搜救热线平台”、“中国—东盟国家应对海上紧急事态外交高官热线平台”以及“中国—东盟国家海上联合搜救沙盘推演”等“早期收获”成果。

135. 中国始终坚持倡导各方在全面有效落实《宣言》框架下，积极推进“南海行为准则”磋商，争取在协商一致基础上早日达成“准则”。为在“准则”最终达成前妥善管控海上风险，中国提议探讨制定“海上风险管控预防性措施”，并获得东盟国家一致认同。

（五）关于南海航行自由和安全

136. 中国一贯致力于维护各国根据国际法所享有的航行和飞越自由，维护海上通道的安全。

137. 南海拥有众多重要的航行通道，有关航道也是中国对外贸易和能源进口的主要通道之一，保障南海航行和飞越自由，维护南海海上通道的安全对中国十分重要。长期以来，中国致力于和东盟国家共同保障南海航道的畅通和安全，并作出重大贡献。各国在南海依据国际法享有的航行和飞越自由不存在任何问题。

138. 中国积极提供国际公共产品，通过各项能力建设，努力向国际社会提供包括导航助航、搜寻救助、海况和气象预报等方面的服务，以保障和促进南海海上航行通道的安全。

139. 中国主张，有关各方在南海行使航行和飞越自由时，应充分尊重沿岸国的主权和安全利益，并遵守沿岸国按照《公约》规定和其他国际法规则制定的法律和规章。

（六）关于共同维护南海和平稳定

140. 中国主张，南海和平稳定应由中国和东盟国家共同维护。

141. 中国坚持走和平发展道路，坚持防御性的国防政策，坚持互信、互利、平等、协作的新安全观，坚持与邻为善、以邻为伴的周边外交方针和睦邻、安邻、富邻的周边外交政策，践行亲、诚、惠、容周边外交理念。中国是维护南海和平稳定、推动南海合作和发展的坚定力量。中国致力于深化周边睦邻友好，积极推动与周边国家以及东盟等地区组织的务实合作，实现互利共赢。

142. 南海既是沟通中国与周边国家的桥梁，也是中国与周边国家和平、友好、合作和发展的纽带。南海和平稳定与地区国家的安全、发展和繁荣息息相关，与地区各国人民的福祉息息相关。实现南海地区的和平稳定和繁荣发展是中国和东盟国家的共同愿望和共同责任，符合各国的共同利益。

143. 中国愿继续为此作出不懈努力。

参 考 文 献

（国际条约和国内法规部分的段号指的是本研究的段落，
其他部分文献排列没有全部梳理。）

一、国际条约

（一）多边条约

《和平解决国际争端公约》（1899 年、1907 年）..49 段

《常设国际法院规约》（1920 年）..49, 872 段

《开罗宣言》（1943 年）...40, 343, 594 段

《波茨坦公告》（1945 年）...40, 343, 594 段

《联合国宪章》（1945 年）..........................13, 31, 52, 108, 212, 736, 879, 880 段

《国际法院规约》（1945 年）.........................49, 161, 195, 361, 576, 636, 872, 893, ...894, 903, 936, 938, 942, 952, 953 段

《旧金山和约》（1951 年）..594 段

《大陆架公约》（1958 年）..195 段

《消除一切形式种族歧视公约》（1965 年）..218 段

《维也纳条约法公约》（1969 年）..........276, 323, 455, 456, 460, 469, 656, 657 段

《关于各国依联合国宪章建立友好关系及合作之国际法原则之宣言》,（1970 年）.. ....871 段

《国际海上避碰规则公约》（1972 年）..*passim*

《联合国海洋法公约》（1982 年）..*passim*

《禁止酷刑和其他残忍、不人道或有辱人格的待遇或处罚公约》（1987 年）...212 段

《南方蓝鳍金枪鱼养护公约》（1993 年）..320 段

《执行 1982 年 12 月 10 日〈联合国海洋法公约〉有关养护和管理跨界鱼类种群和高度洄游鱼类种群的规定的协定》（1995 年）................................448 段

《南海各方行为宣言》（2002 年）..*passim*

（二）双边条约

《美西和平条约》（1898 年）..62 段

《美西关于菲律宾外围岛屿割让的条约》（1900 年）......................................62 段

《关于划定英属北婆罗洲与美属菲律宾之间的边界条约》（1930 年）...........62 段

《友好、经济关系及领事权利条约》（1955 年）..217 段

《中华人民共和国政府与日本国政府联合声明》(1972 年)........................594 段
《布鲁塞尔联合公报》(1975 年 5 月 31 日)..276, 277 段
Agreement between the Government of the Kingdom of Denmark and the Government of the Kingdom of Norway concerning the delimitation of the continental shelf in the area between the Faroe Islands and Norway and concerning the boundary between the fishery zone near the Faroe Islands and the Norwegian economic zone (signed on 15 June 1979; entry into force on 3 June 1980) .... 585，587 段
Agreement on Marine Delimitation between the Government of Australia and the Government of the French Republic (4 January 1982)..........................691 段
《中华人民共和国和菲律宾共和国关于南海问题和其他领域合作的磋商联合声明》(1995 年 8 月 10 日).. 291, 298, 327 段
《中菲建立信任措施工作小组会议联合公报》(1999 年 3 月 23 日)... 292, 298 段
Agreement between the Government of the Kingdom of Denmark together with the Home Government of the Faroe Islands, on the one hand, and the Government of the United Kingdom of Great Britain and Northern Ireland, on the other hand, relating to Maritime Delimitation in the Area between the Faroe Islands and the United Kingdom (signed on18 May 1999; entry into force on 21 July 1999) ....585, 587 段
《中华人民共和国政府和菲律宾共和国政府关于 21 世纪双边合作框架的联合声明》(2000 年 5 月 16 日).. 293, 298, 328 段
《中华人民共和国和越南社会主义共和国关于两国在北部湾领海、专属经济区和大陆架的划界协定》(2000 年 12 月 25 日)..................................314 段
《中国——菲律宾第三次建立信任措施专家组会议联合新闻声明》(2001 年 4 月 4 日)..294 段
《中华人民共和国政府与菲律宾共和国政府联合新闻公报》(2004 年 9 月 3 日)..71, 302 段
Agreement between the Government of the Kingdom of Norway on the one hand, and the Government of the Kingdom of Denmark together with the Home Rule Government of Greenland on the other hand, concerning the delimitation of the continental shelf and the fisheries zones in the area between Greenland and Svalbard (20 February 2006) ....587 段
Treaty between the Russian Federation and the Kingdom of Norway concerning maritime delimitation and cooperation in the Barents Sea and the Arctic Ocean (15 September 2010) ....587 段

《中华人民共和国和菲律宾共和国联合声明》(2011年9月1日)…….78, 303段
Government of the Republic of the Philippines, Transcript of Proceedings Republic of the Philippines-People's Republic of China Bilateral Talks (10 August 1995) ……75段

二、国内法规

(一)中国法律、法规

《中华人民共和国政府关于领海的声明》(1958年9月4日)……61, 69, 520, ……575, 595, 597段
《中华人民共和国海洋环境保护法》(1982年)……520段
《中华人民共和国海上交通安全法》(1983年)……853段
《中华人民共和国渔业法》(1986年)……520, 794, 795, 796段
《中华人民共和国野生动物保护法》(1989年)……794段
《中华人民共和国领海及毗连区法》(1992年)……61, 69, 238, 503, ……520, 575, 597, 853段
《水生野生动物保护实施条例》(1993年)……794段
《关于中华人民共和国领海基线的声明》(1996年)……503段
《中华人民共和国全国人民代表大会常务委员会关于批准〈联合国海洋法公约〉的决定》(1996年)……69段
《中华人民共和国专属经济区和大陆架法》(1998年)……69, 238, 501, 503, ……520,533, 534段
《中国根据〈联合国海洋法公约〉第298条的排除性声明》(2006年8月25日)……*passim*
《中华人民共和国政府关于钓鱼岛及其附属岛屿领海基线的声明》(2012年9月10日)……575段
《中华人民共和国政府关于在南海的领土主权和海洋权益的声明》(2016年7月12日)……46, 599段

(二)外国法律、法规

Canada, Canada Oceans Act of 1996……487段
Japan, Japan Coast Guard Law (Law No. 28 of April 27, 1948 as amended through Law No. 102 of 1999) ……856段

Pakistan, 1976 Territorial Waters and Maritime Zones Act ....488 段
Russian Federation, Federal Act on the internal maritime waters, territorial sea and contiguous zone, 17 July 1998..493 段
Sri Lanka, Presidential Proclamation of 15 January 1977 in pursuance of Maritime Zones Law No. 22 of 1 September 1976...488 段
UK, The Merchant Shipping (Distress Signals and Prevention of Collisions) Regulations 1996, UK Statutory Instrument 1996 No. 75.....................845 段

三、官方文件

（一）中国官方文件

中华人民共和国政府关于《执行 1982 年 12 月 10 日（联合国海洋法公约）有关养护和管理跨界鱼类种群和高度洄游鱼类种群的规定的协定》的有关规定的声明，1996 年 11 月 6 日
《中华人民共和国外交部声明》，2009 年 2 月 18 日
Note Verbale from the Permanent Mission of the People's Republic of China to the United Nations to the Secretary-General of the United Nations, No. CML/17/2009 (7 May 2009); Note Verbale from the Permanent Mission of the People's Republic of China to the United Nations to the Secretary-General of the United Nations, No. CML/18/2009 (7 May 2009).
Note Verbale from the Permanent Mission of the People's Republic of China to the Secretary-General of the United Nations, No. CML/8/2011 (14 April 2011).
Note Verbale from the Embassy of the People's Republic of China in Manila to the Department of Foreign Affairs, Republic of the Philippines, No. (11) PG-202 (6 July 2011).
《海南省沿海边防治安管理条例》，2012 年
中华人民共和国驻菲律宾共和国大使馆（2013）第 039 号照会
《中华人民共和国政府关于菲律宾共和国所提南海仲裁案管辖权问题的立场文件》，2014 年 12 月 7 日
《中华人民共和国外交部关于应菲律宾共和国请求建立的南海仲裁案仲裁庭关于管辖权和可受理性问题裁决的声明》2015 年 10 月 30 日
《中华人民共和国外交部关于坚持通过双边谈判解决中国和菲律宾在南海有关争议的声明》（2016 年 6 月 8 日）

《中华人民共和国外交部关于应菲律宾共和国请求建立的南海仲裁案仲裁庭所作裁决的声明》(2016 年 7 月 12 日)
《中国坚持通过谈判解决中国与菲律宾在南海的有关争议》(2016 年 7 月 13 日)

(二)外国官方文件

1. 菲律宾

Memorandum from the Undersecretary of Foreign Affairs of the Republic of the Philippines to the Ambassador of the People's Republic of China in Manila (6 February 1995).

Government of the Republic of the Philippines, Transcript of Proceedings Republic of the Philippines-People's Republic of China Bilateral Talks (10 August 1995).

Memorandum from the Ambassador of the Republic of Philippines in Beijing to the Secretary of Foreign Affairs of the Republic of the Philippines, No. ZPE-76-98-S (6 November 1998).

Memorandum from Ambassador of the Republic of Philippines in Beijing to the Secretary of Foreign Affairs of the Republic of the Philippines, No. ZPE-77-98-S (9 November 1998).

Memorandum from Lauro L. Baja, Jr., Undersecretary for Policy, Department of Foreign Affairs, Republic of the Philippines [sic] to all Philippine Embassies (11 November. 1998).

Note Verbale from the Department of Foreign Affairs of the Republic of the Philippines to the Embassy of the People's Republic of China in Manila, No. 110885 (4 April 2011).

Note Verbale from the Permanent Mission of the Republic of the Philippines to the United Nations to the Secretary-General of the United Nations, No. 000228 (5 April 2011).

Memorandum from Colonel, Philippine Navy, to Chief of Staff, Armed Forces of the Philippines, No.N2E-0412-008 (April 2012).

Report from Commanding Officer, SARV-003, Philippine Coast Guard, to Commander, Coast Guard District Northwestern Luzon, Philippine Coast Guard, 28 April 2012.

Memorandum from the FRPLEU/QRT Chief, Bureau of Fisheries and Aquatic Resources, Republic of the Philippines, to the Director, Bureau of Fisheries and Aquatic Resources, Republic of the Philippines (2 May 2012).

Memorandum from the Commander, Naval Forces Northern Luzon, Philippine

Navy to the Flag Officer in Command, Philippine Navy, No. CNFNL Rad Msg Cite NFCC-0612-001 (2 June 2012).

Report from FRPLEU/QRT Officers, Bureau of Fisheries and Aquatic Resources, Republic of the Philippines, to Director, Bureau of Fisheries and Aquatic Resources, Republic of the Philippines (2 May 2012).

Memorandum from the Embassy of the Republic of the Philippines in Beijing to the Secretary of Foreign Affairs of the Republic of the Philippines, No. ZPE-080-2012-S (24 May 2012).

Report from FRPLEU-QRT Officers, Bureau of Fisheries and Aquatic Resources, Republic of the Philippines, to the Director, Bureau of Fisheries and Aquatic Resources, Republic of the Philippines (28 May 2012).

Memorandum from the Embassy of the Republic of the Philippines in Beijing to the Secretary of Foreign Affairs of the Republic of the Philippines, No. ZPE-110-2012-S (26 July 2012).

Note Verbale from the Department of Foreign Affairs of the Republic of the Philippines to the Embassy of the People's Republic of China in Manila, No. 13-0211 (22 January 2013).

Statement of Secretary Albert del Rosario on the UNCLOS Arbitral Proceedings against China to achieve a peaceful and durable solution to the dispute in the West Philippine Sea.

US Congressional Delegation Discusses Veterans1 Welfare, West Phl Sea with Secretary Del Rosario, 21 February 2013.

Memorandum from the Secretary of Foreign Affairs of the Republic of the Philippines to the President of the Republic of the Philippines (23 April 2013).

Note Verbale from the Department of Foreign Affairs of the Republic of Philippines to the Embassy of the People's Republic of China in Manila, No. 13-1882. (10 June 2013).

Letter from the Virgilio A. Hernandez, Major General, Armed Forces of the Philippines, to the Secretary of Foreign Affairs, Department of Foreign Affairs of Republic of the Philippines (10 March 2014).

The Office of the President of the Philippines, The 2014 SONA Technical Report, pp.64-65, http://www.gov.ph/2014/07/28/2014-sona-technical-report/, last visited 8 June 2016.

Armed Forces of the Philippines, Near-occupation of Chinese Vessels of Second

Thomas (Ayungin) Shoal in the Early Weeks of May 2012 (May 2013).

Fifteenth Congress of the Republic of the Philippines, Third Regular Session, P.S. RES. No. 931, Resolution preambular para.7 (“settle the dispute”).

The Office of the President of the Philippines, The 2014 SONA Technical Report.

The Office of the President of the Philippines, The 2015 SONA Technical Report.

Philippine House Resolution No. 2008, preambular paras. 6 (“settle the dispute”) and 7 (“bring the matter”).

Fifteenth Congress of the Republic of the Philippines, Third Regular Session, P.S. RES. No. 931, Resolution preambular para.7 (“settle the dispute”).

2. 其它国家

Brazil, Law No. 8.617 of 4 January 1993, on the territorial sea, the contiguous zone, the exclusive economic zone and the continental shelf.

France, Decree No. 78-147 of 3 February 1978 creating an exclusive economic zone off the coasts of Clipperton Island.

France, Decree no. 78-146 of 3 February 1978 establishing an exclusive economic zone along the coasts of Tromelin.

Norway, Royal Decree of 17 December 1976 relating to the establishment of the Economic Zone of Norway.

United Kingdom, Statutory Instruments, 1989, No. 1996.

United Kingdom, The Hydrographic Department, Admiralty: China Sea Directory, Vol. II, London, 1906.

United Kingdom, The Hydrographic Department, Admiralty: China Sea Pilot, Vol. III, London, 1912.

United Kingdom, The Hydrographic Department, Admiralty: China Sea Pilot, Vol. III, London, 1923.

United Kingdom, The Hydrographic Department, Admiralty: China Sea Pilot, Vol. I, London, 1937.

United States, United States Department of States, Bureau of Oceans and International Environmental and Scientific Affairs, Limits of the Sea, No.143, China: Maritime Claims in the South China Sea.

United States, Hydrographic Office of US Secretary of the Navy, Asiatic Pilot, Vol. IV, 2nd ed, Washington: G.P.O., 1925.

United States, Proclamation 5030 by the President of the United States of America on the Exclusive Economic Zone of the United States of America, 10 March 1983.

United States, The Commander's Handbook on the Law of Naval Operations, edition July 2007, NWP 1-14M/MCWP 5-12.1/COMDTPUB P5800.7A.

United States, Table of claims to maritime jurisdiction.

United States, Public Notice 2237: Exclusive Economic Zone and Maritime Boundaries; Notice of Limits.

Venezuela, Act establishing an Exclusive Economic Zone along the coasts of the Mainland and Islands of 26 July 1978.

Vietnam, the note sent on 14 September 1958 by Premier of the Government of the Democratic Republic of Vietnam Pham Van Dong to Premier Zhou Enlai of the State Council of the People's Republic of China.

（三）国际组织文件

UN, UN Office for Ocean Affairs and the Law of the Sea, Baselines: An Examination of the Relevant Provisions of the United Nations Convention on the Law of the Sea (United Nations, 1989).

UN, Order No. 29 of 27 February 1903 respecting the supervision on Fisheries in the Sea surrounding the Faroe Islands and Iceland outside the Danish Territorial Sea, in UN Legislative Series ST/LEG/Ser.B/6.

UN, Decree No. 607 of 29 August 1934, UN Legislative Series ST/LEG/Ser.B/6, p.478.

UN, A/RES/59/24-Oceans and the Law of the Sea, Resolution adopted by the General Assembly on 17 November 2004.

UN, Code of Conduct for Law Enforcement Officials.

UN, Arbitration Rules of the United Nations Commission on International Trade Law (2013).

UN, A/RES/69/292-Development of an international legally binding instrument under the United Nations Convention on the Law of the Sea on the conservation and sustainable use of marine biological diversity of areas beyond national diversity, Resolution adopted by the General Assembly on 19 June 2015.

A/CONF.13/1-Historic Bays: Memorandum by the Secretariat of the United Nations, Official Records of the United Nations Conference on the Law of the Sea, Vol. I.

A/CONF.13/C.1/L.104, in Official Record of the First United Nations Conferences

on the Law of the Sea, Vol. Ⅲ , 1958.
A/CONF.19/C.1/SR.2, the Third United Nations Conference on the Law of the Sea.
A/CONF.19/C.1/SR.8, the Third United Nations Conference on the Law of the Sea.
A/CONF.19/C.1/SR.15, the Third United Nations Conference on the Law of the Sea.
A/CONF.19/C.1/SR.24, the Third United Nations Conference on the Law of the Sea.
A/CONF.62/SR.23, Official records of the Third United Nations on the Law of the Sea, Vol. I, 1974.
A/CONF.62/SR.34, Official Records of the Third United Nations Conference on the Law of the Sea, Volume I.
A/CONF.62/C.2/SR.24, Summary records of meetings of the Second Committee 24th meeting, para.2, Official Record of the Third United Nations Conference on the Law of the Sea, Volume II.
A/CONF.62/C.2/L.38), Official Records of the Third United Nations on the Law of the Sea, 1974, Vol. III.
A/CONF.62/L.4, UNCLOS III Official Records, Vol. III.
A/CONF.62/L.8/Rev.1, Statement of activities of the Conference during its first and second sessions, Official Records of the Third United Nations Conference on the Law of the Sea, Volume III.
A/CONF.62/WP.8/Part II (ISNT, 1975), Informal single negotiating text, part II, Official Records of the Third United Nations Conference on the Law of the Sea, Volume IV.
A/CONF.62/WP.8/Rev.1/Part II (RSNT, 1976), Revised single negotiating text (part II), Official Records of the Third United Nations Conference on the Law of the Sea, Volume V.
A/CONF.62/WP.10 (ICNT, 1977), Informal Composite Negotiating Text, Official Records of the Third United Nations Conference on the Law of the Sea, Volume VIII.
A/CONF.62/WP.10/Rev.1, Informal Composite Negotiating Text, revision 1, Official Records of the Third United Nations Conference on the Law of the Sea, Volume VIII.
A/CONF.62/WP.10/Rev.2, Informal Composite Negotiating Text, revision 2, Official Records of the Third United Nations Conference on the Law of the Sea, Volume VIII.
A/CONF.62/WP.10/Rev.3, Informal Composite Negotiating Text, revision 3,

Official Records of the Third United Nations Conference on the Law of the Sea, Volume VIII.

A/CONF.62/L.33-Draft text of preamble proposed by Fiji on behalf of the Group of 77; Third United Nations Conference on the Law of the Sea, Official Records IX (13 October 1978).

135th plenary meeting, UNCLOS III Official Records, Vol. XIV.

Article 15, A/CONF.62/L.78, Draft convention on the law of the sea, Official Records of the Third United Nations Conference on the Law of the Sea, Volume XV.

A/CONF.62/SR.185-185th Plenary meeting, Extract from the Official Records of the Third United Nations Conference on the Law of the Sea, Vol. XVII (6 December 1982).

A/CONF.62/L.13, United Nations Conference on the Law of Treaties, Official Records, Vol. VI, 1976.

A Constitution for the Ocean, Remarks by Tommy T. B. Koh, of Singapore, President of the Third United Nations Conference on the Law of the Sea, 10 December 1982.

ILC, Report of the International Law Commission to the General Assembly, Document A/2163, Report of the International Law Commission covering the work of its fourth session, 4 June-8 August 1952, Article 24 and comment, Yearbook of the International Law Commission 1952, Volume II.

ILC, Report of the International Law Commission to General Assembly, Document A/2456, Report of the International Law Commission covering the work of its fifth session, Yearbook of the International Law Commission, 1953, Volume II.

ILC, Yearbook of the International Law Commission, 1954, Vol. II.

ILC, Yearbook of the International Law Commission, 1956, Vol. II.

ILC, A/CN.4/143-Juridical régime of historic waters, including historic bays, Juridical Regime of Historic Waters, Including Historic Bays — Study Prepared by the Secretariat, Extract from the Yearbook of the International Law Commission, Vol. II (1962).

ILC, International Law Commission, Draft articles on the law of treaties with commentaries, Yearbook of the International Law Commission, 1966, Vol. II, p.220.

ILC, Draft articles on Prevention of Transboundary Harm from Hazardous Activities, with commentaries, Yearbook of the International Law Commission, 2001, Vol.II.

Model Rules on Arbitral Procedure 1958 of the International Law Commission.

ILC, Report of the International Law Commission on the work of its sixty-eighth session, 2 May–10 June and 4 July–12 August 2016, A/71/10.

Second report on identification of customary international law, by Michael Wood, Special Rapporteur, A/CN.4/672.

Régime of Islands: Legislative History of Part VIII (Article 121) of the United Nations Convention on the Law of the Sea (United Nations, 1988).

IMO, Protocol of 2005 to the Convention for the Suppression of Unlawful Acts Against the Safety of Maritime Navigation, IMO.

四、答问、谈话或新闻报道

外交部发言人："黄岩岛是无争议的中国领土"（2013 年 1 月 28 日），http://www.gov.cn/jrzg/2013-01/28/content_2321377.htm。

外交部发言人华春莹就菲律宾推进设立涉中菲南海争议仲裁庭事答记者问（2013 年 4 月 26 日），http://www.fmprc.gov.cn/ce/ceun/chn/fyrth/t1035477.htm。

2015 年 6 月 16 日外交部发言人陆慷就中国南沙岛礁建设有关问题答记者问，http://www.fmprc.gov.cn/web/wjdt_674879/fyrbt_674889/t1273364.shtml。

外交部发言人华春莹就应菲律宾请求建立的南海仲裁案仲裁庭管辖权和可受理性问题庭审结束答记者问（2015 年 7 月 14 日），http://www.mfa.gov.cn/nanhai/chn/fyrbt/t1281116.htm。

外交部发言人华春莹就应菲律宾请求建立的南海仲裁案仲裁庭公布管辖权问题庭审实录答记者问（2015 年 8 月 24 日），http://www.mfa.gov.cn/ce/ceke/chn/fyrth/t1290725.htm。

2015 年 11 月 25 日外交部发言人洪磊主持例行记者会，http://www.fmprc.gov.cn/web/fyrbt_673021/t1318322.shtml。

2015 年 12 月 21 日外交部发言人洪磊主持例行记者会，http://www.fmprc.gov.cn/web/fyrbt_673021/t1326378.shtml。

2016 年 1 月 2 日"外交部发言人华春莹就中国南沙群岛永暑礁新建机场校验飞行活动答记者问"，http://www.fmprc.gov.cn/nanhai/chn/fyrbt/t1329221.htm。

2016 年 1 月 4 日外交部发言人华春莹主持例行记者会，http://www.fmprc.gov.

cn/nanhai/chn/fyrbt/t1329433.htm。
2016年5月20日外交部发言人华春莹主持例行记者会，并转交仲裁员，http://www.fmprc.gov.cn/web/fyrbt_673021/t1365177.shtml。
外交部发言人华春莹就太平岛有关问题答记者问（2016年6月3日），http://www.mfa.gov.cn/nanhai/chn/fyrbt/t1369175.htm。
1933年7月27日《申报》刊载“法占粤海九小岛外部准备提抗议”，另见1933年8月《海外月刊》刊载“法国占领九岛，外部将提严重抗议”。

五、司法和仲裁案件

（一）常设国际法院和国际法院案件

Aegean Sea Continental Shelf (Greece v. Turkey), Judgment, I.C.J. Reports 1978, p.3.
Ahmadou Sadio Diallo (Republic of Guinea v. Democratic Republic of the Congo), Preliminary Objections, Judgment, I.C.J. Reports 2007, p.582.
Ahmadou Sadio Diallo (Republic of Guinea v. Democratic Republic of the Congo), Merits, Judgment, I.C.J. Reports 2010, p.639.
Alleged Violations of Sovereign Rights and Maritime Spaces in the Caribbean Sea (Nicaragua v. Colombia), Preliminary Objections, Judgment, I.C.J. Reports 2016, p.3.
Ambatielos case (Greece v. United Kingdom), Merits, Judgment of May 19th, 1953, I.C.J. Reports 1953, p.10.
Application for Revision and Interpretation of the Judgment of 24 February 1982 in the Case concerning the Continental Shelf (Tunisia/ Libyan Arab Jamahiriya) (Tunisia v. Libyan Arab Jamahiriya), Judgment, I.C.J. Reports 1985, p.192.
Application of the Convention on the Prevention and Punishment of the Crime of Genocide (Bosnia and Herzegovina v. Yugoslavia), Preliminary Objections, Judgment, I.C.J. Reports 1996, p.595.
Application of the Convention on the Prevention and Punishment of the Crime of Genocide (Croatia v. Serbia), Preliminary Objections, Judgment, I.C.J. Reports 2008, p.412.
Application of the International Convention on the Elimination of All Forms of Racial Discrimination (Georgia v. Russian Federation), Preliminary Objections, Judgment, I.C.J. Reports 2011, p.70.

Armed Activities on the Territory of the Congo (Democratic Republic of the Congo v. Uganda), Judgment, I.C.J. Reports 2005, p.168.

Arrest Warrant of 11 April 2000 (Democratic Republic of the Congo v. Belgium), Judgment, I.C.J. Reports 2002, p.3.

Barcelona Traction, Light and Power Company, Limited, Judgment, I.C.J. Reports 1970, p.3.

Certain Phosphate Lands in Nauru (Nauru v. Australia), Preliminary Objections, Judgment, I.C.J. Reports 1992, p.240.

Continental Shelf (Tunisia/Libyan Arab Jamahiriya), Judgment, I.C.J. Reports 1982, p.18.

Continental Shelf (Tunisia/Libyan Arab Jamahiriya), Separate Opinion of Judge Jimenez De Aréchaga, I.C.J. Reports 1982, p.100.

Continental Shelf (Libyan Arab Jamahiriya/Malta), Judgment, I.C.J. Reports 1985, p.13.

Corfu Channel case, Judgment of December 15th, 1949, I.C.J. Reports 1949, p.244.

Delimitation of the Maritime Boundary in the Gulf of Maine Area (Canada/United States of America), Judgment, I.C.J. Reports 1984, p.246.

Certain Activities Carried Out by Nicaragua in the Border Area (Costa Rica v. Nicaragua) and Construction of a Road in Costa Rica along the San Juan River (Nicaragua v. Costa Rica), Judgment, I.C.J. Reports 2015, p.665.

The Electricity Company of Sofia and Bulgaria, Preliminary Objection, Judgment of April 4 1939, P.C.I.J., Series A/B, No. 77, p.64.

Fisheries Jurisdiction (Federal Republic of Germany v. Iceland), Jurisdiction of the Court, Judgment, I.C.J. Reports 1973, p.49.

Fisheries Jurisdiction (Federal Republic of Germany v. Iceland), Merits, Judgment, I.C.J. Reports 1974, p.175.

Fisheries Case (United Kingdom v. Norway), Judgment of December 18th, 1951, I.C.J. Reports 1951, p.116.

Fisheries Jurisdiction (United Kingdom v. Iceland), Jurisdiction of the Court, Judgment, I.C.J. Reports 1973, p.3.

Fisheries Jurisdiction (United Kingdom v. Iceland), Merits, Judgment, I.C.J. Reports 1974, p.3.

Fisheries Jurisdiction (Spain v. Canada), Jurisdiction of thc Court, Judgment, I.C.J. Reports 1998, p.432.

Frontier Dispute (Burkina Faso/Republic of Mali), Separate Opinion of Judge

Luchaire, I.C.J. Reports 1986, p.652.
Interpretation of Judgments Nos. 7 and 8 (the Chorzów Factory) (Germany v. Poland), Judgment No. 11, 1927, P.C.I.J., Series A, No. 13.
Interpretation of Peace Treaties with Bulgaria, Hungary and Romania, Advisory Opinion, I.C.J. Reports 1950, p.65.
Interpretation of Peace Treaties with Bulgaria, Hungary and Romania (second phase), Advisory Opinion, I.C.J. Reports 1950, p.221.
Judgments of the Administrative Tribunal of the I.L.O. upon Complaints Made against the UNESCO, Advisory Opinion of October 23rd, 1956, I.C.J. Reports 1956, p.77.
Kasikili/Sedudu Island (Botswana/Namibia), Judgment, I.C.J. Reports 1999, p.1045.
LaGrand (Germany v. United States of America), Judgment, I.C.J. Reports 2001, p.466.
Land and Maritime Boundary between Cameroon and Nigeria (Cameroon v. Nigeria), Preliminary Objections, Judgment, I.C.J. Reports 1998, p. 275.
Land and Maritime Boundary between Cameroon and Nigeria (Cameroon v. Nigeria: Equatorial Guinea intervening), Judgment, I.C.J. Reports 2002, p.303.
Land, Island and Maritime Frontier Dispute (El Salvador/Honduras: Nicaragua intervening), Judgment, I.C.J. Reports 1992, p.351.
Legal Consequences for States of the Continued Presence of South Africa in Namibia (South West Africa) notwithstanding Security Council Resolution 276 (1970), Advisory Opinion, I.C.J. Reports 1971, p.16.
Legality of Use of Force (Yugoslavia v. Belgium), Provisional Measures, Order of 2 June 1999, I.C.J. Reports 1999, p.124.
Legality of Use of Force (Serbia and Montenegro v. Belgium), Preliminary Objections, Judgment, I.C.J. Reports 2004, p.279.
Legality of Use of Force (Serbia and Montenegro v. United Kingdom), Preliminary Objections, Judgment, I.C.J. Reports 2004, p.1307.
Maritime Delimitation in the Area between Greenland and Jan Mayen (Denmark v. Norway), Judgment, I.C.J. Reports 1993, p.38.
Maritime Delimitation and Territorial Questions between Qatar and Bahrain (Qatar v. Bahrain), Jurisdiction and Admissibility, Judgment, I.C.J. Reports 1994, p.112.

Maritime Delimitation and Territorial Questions between Qatar and Bahrain (Qatar v. Bahrain), Merits, Judgment, I.C.J. Reports 2001, p.40.

Maritime Delimitation and Territorial Questions between Qatar and Bahrain, Merits (Qatar v. Bahrain), Merits, Separate Opinion of Judge Oda, I.C.J. Reports 2001, p.119.

Maritime Delimitation and Territorial Questions between Qatar and Bahrain (Qatar v. Bahrain), Merits, Dissenting Opinion of Judge Torres Bernárdez, I.C.J. Reports 2001, p.257.

Maritime Delimitation in the Black Sea (Romania v. Ukraine), Judgment, I.C.J. Reports 2009, p.61.

Maritime Dispute (Peru v. Chile), Judgment, I.C.J. Reports 2014, p.3.

Mavrommatis Palestine Concessions, Jurisdiction, Judgment of 30 August 1924, P.C.I.J. Series A, No.2, p.6.

Military and Paramilitary Activities in and against Nicaragua (Nicaragua v. United State of America), Jurisdiction and Admissibility, Judgment, I.C.J. Reports 1984, p.392.

Military and Paramilitary Activities in and against Nicaragua (Nicaragua v. United States of America), Merits, Judgment. I.C.J. Reports 1986, p.14.

The Minquiers and Ecrehos case, Judgment of November 17th, 1953, I.C.J. Reports 1953, p.47.

Northern Cameroons (Cameroon v. United Kingdom), Preliminary Objections, Judgment of 2 December 1963, I.C.J. Reports 1963, p.15.

North Sea Continental Shelf (Federal Republic of Germany/Denmark; Federal Republic of Germany/Netherlands), Judgment, I.C.J. Reports 1969, p.3.

Nuclear Tests (Australia v. France), Judgment, I.C.J. Reports 1974, p.253.

Nuclear Tests (Australia v. France), Judgment, I.C.J. Reports 1974, Dissenting Opinion of Judge Sir Garfield Barwick, p.391.

Nuclear Tests (New Zealand v. France), Judgment, I.C.J. Reports 1974, p.457.

Request for an Examination of the Situation in Accordance with Paragraph 63 of the Court's Judgment of 20 December 1974 in the Nuclear Tests (New Zealand v. France) Case, Order of 22 September 1995, I.C.J. Reports 1995, p.288.

Obligation to Negotiate Access to the Pacific Ocean (Bolivia v. Chile), Preliminary Objection, Judgment, I.C.J. Reports 2015, p.592.

Obligation concerning Negotiations relating to Cessation of the Nuclear Arms Race and to Nuclear Disarmament (Marshall Islands v. India), Jurisdiction of the Court and Admissibility of the Application, Judgment of 5 October 2016, I.C.J.

Obligation concerning Negotiation relating to Cessation of the Nuclear Arms Race and to Nuclear Disarmament (Marshall Islands v. United Kingdom), Preliminary Objections, Judgment of 5 October 2016, I.C.J.

Oil Platforms (Islamic Republic of Iran v. United States of America), Preliminary Objection, Judgment, I.C.J. Reports 1996, p.803.

Oil Platforms (Islamic Republic of Iran v. United States of America), Preliminary Objection, Separate Opinion of Judge Shahabuddeen, I.C.J. Reports 1996, p.822.

Oil Platforms (Islamic Republic of Iran v. United States of America), Judgment, I.C.J. Reports 2003, p.161.

Questions relating to Settlers of German Origin in Poland, Advisory Opinion, 1923, PCIJ Series B, No. 6, p.6.

Questions relating to the Obligation to Prosecute or Extradite (Belgium v. Senegal), Judgment, I.C.J. Reports 2012, p.442.

Questions of Interpretation and Application of the 1971 Montreal Convention arising from the Aerial Incident at Lockerbie (Libyan Arab Jamahiriya v. United Kingdom), Preliminary Objections, Judgment, I.C.J. Reports 1998, p.9.

Question of the Delimitation of the Continental Shelf between Nicaragua and Colombia beyond 200 nautical miles from the Nicaragua Coast (Nicaragua v. Colombia), Preliminary Objects, Judgment, I.C.J Reports 2016, p.100.

Request for interpretation of the Judgment of November 20th, 1950, in the asylum case, Judgment of November 27th, 1950, I.C.J. Reports 1950, p.395.

Right of Passage over Indian Territory (Merits), Judgment of 12 April 1960, I.C.J. Reports 1960, p.6.

The "Société Commerciale de Belgique", Judgment of 15 June 1939, PCIJ, Series A/B, No.78, p.160.

South West Africa Cases (Ethiopia v. South Africa; Liberia v. South Africa), Preliminary Objections, Judgment of 21 December 1962, I.C.J. Reports 1962, p.319.

Sovereignty over Pedra Branca/Pulau Batu Puteh, Middle Rocks and South Ledge (Malaysia/Singapore), Judgment, I.C.J. Reports 2008, p.12.

Status of Eastern Carelia, Advisory Opinion of 23 July 1923, P.C.I.J., Series. B, No.5, p.7.

Temple of Preah Vihear (Cambodia v. Thailand), Preliminary Objections, Judgment of 26 May 1961, I.C.J. Reports 1961, p.17.

Temple of Preah Vihear (Cambodia v. Thailand), Merits, Judgment of 15 June 1962, I.C.J. Reports 1962, p.6.

Territorial and Maritime Dispute (Nicaragua v. Colombia), Preliminary Objections, Judgment, I.C.J. Reports 2007, p.832.

Territorial and Maritime Dispute (Nicaragua v. Colombia), Judgment, I.C.J. Reports 2012, p.624.

Territorial and Maritime Dispute between Nicaragua and Honduras in the Caribbean Sea (Nicaragua v. Honduras), Judgment, I.C.J. Reports 2007, p.659.

United States Diplomatic and Consular Staff in Tehran (United States of America v. Iran), Judgment, I.C.J. Reports 1980, p.3.

（二）国际海洋法法庭案件

The M/V “SAIGA” Case (Saint Vincent and the Grenadines v. Guinea), Prompt Release, Dissenting Opinion of Vice-President Wolfrum and Judge Yamamoto, ITLOS Case No. 1.

The M/V “SAIGA” (No.2) Case (Saint Vincent and the Grenadines v. Guinea), Separate opinion of Vice-President Wolfrum, ITLOS Case No.2.

The M/V “SAIGA” Case (No. 2) (Saint Vincent and the Grenadines v. Guinea), Provisional Measures, Order of 11 March 1998, ITLOS Case No. 2.

M/V “SAIGA” Case (No. 2) (Saint Vincent and the Grenadines v. Guinea), Judgment of 1 July 1999, ITLOS Case No. 2.

Southern Bluefin Tuna Cases (New Zealand v. Japan; Australia v. Japan), Provisional Measures, Order of 27 August 1999, ITLOS Cases Nos 3 & 4.

Case concerning the Conservation and Sustainable Exploitation of Swordfish Stocks in the South-Eastern Pacific Ocean (Chile/European Union), ITLOS Case No. 7.

Case concerning Land Reclamation by Singapore in and around the Straits of Johor (Malaysia v. Singapore), Provisional Measures, Order of 8 October 2003, ITLOS Case No.12.

Case concerning Land Reclamation by Singapore in and around the Straits of Johor

(Malaysia v. Singapore), Provisional Measures, Order of 8 October 2003, Separate Opinion of Judge Chandrasekhara Rao, ITLOS Case No. 12.

Dispute concerning Delimitation of the Maritime Boundary between Bangladesh and Myanmar in the Bay of Bengal (Bangladesh/Myanmar), Judgment of 12 March 2012, ITLOS Case No.16.

Responsibilities and Obligations of States Sponsoring Persons and Entities with respect to Activities in the Area (Request for Advisory Opinion submitted to the Seabed Disputes Chamber), Advisory Opinion of 1 February 2011, ITLOS Case No.17.

The M/V "Louisa" Case (Saint Vincent and the Grenadines v. Kingdom of Spain), Provisional Measures, Order of 23 December 2010, Dissenting Opinion of Judge Cot, ITLOS Case No. 18.

The M/V "Louisa" Case (Saint Vincent and the Grenadines v. Kingdom of Spain), Provisional Measures, Order of 23 December 2010, Dissenting Opinion of Judge Treves, ITLOS Case No. 18.

The M/V "Louisa" Case (Saint Vincent and the Grenadines v. Kingdom of Spain), Provisional Measures, Order of 23 December 2010, Dissenting Opinion of Judge Wolfrum, ITLOS Case No. 18.

The M/V "Louisa" Case (Saint Vincent and the Grenadines v. Kingdom of Spain), Judgment of 28 May 2013, ITLOS Case No.18.

The "ARA Libertad" Case (Argentina v. Ghana), Provisional Measures, Order of 15 December 2012, ITLOS Case No. 20.

Request for an Advisory Opinion Submitted by the Sub-Regional Fisheries Commission (SRFC) (Request for Advisory Opinion submitted to the Tribunal), Advisory Opinion of 2 April 2015, ITLOS Case No.21.

The "Arctic Sunrise" Case (Kingdom of Netherlands v. Russian Federation), Provisional Measures, Order of 22 November 2013, ITLOS Case No. 22.

Dispute Concerning Delimitation of the Maritime Boundary between Ghana and Côte d'Ivoire in the Atlantic Ocean (Ghana/Côte d'Ivoire), ITLOS Case No. 23.

The "Enrica Lexie" Incident (Italy v. India), Provisional Measures, Order of 24 August 2015, ITLOS Case No. 24.

The M/V "Norstar" Case (Panama v. Italy), Preliminary Objections, Judgment of 4 November 2016, ITLOS Case No. 25.

The M/V "Norstar" Case (Panama v. Italy), Preliminary Objections, Judgment of

4 November 2016, Joint Separate Opinion of Judges Wolfrum and Attard, ITLOS Case No. 25.

（三）国家间仲裁案件

Arbitration between Barbados and the Republic of Trinidad and Tobago, relating to the delimitation of the exclusive economic zone and the continental shelf between them, 11 April 2006, RIAA, Vol. XXVII, p.147.

Award of the Arbitral Tribunal in the first stage of the proceedings between Eritrea and Yemen (Territorial Sovereignty and Scope of the Dispute), 9 October 1998, RIAA, Vol. XXII, p.209.

Award of the Arbitral Tribunal in the second stage of the proceedings between Eritrea and Yemen (Maritime Delimitation), 17 December 1999, RIAA, Vol. XXII, p.335.

The Walfish Bay Boundary Case (Germany, Great Britain), RIAA, Vol. XI, p.263.

Case concerning the delimitation of the maritime boundary between Guinea and Guinea-Bissau, 14 February 1985, RIAA, Vol. XIX, p.149.

Guiyana v. Suriname, Award of 17 September 2007.

Conciliation Commission on the Continental Shelf area between Iceland and Jan Mayen: Report and recommendations to the governments of Iceland and Norway, decision of June 1981, reproduced in International Legal Materials, Vol. 20, No. 4 (1981), p.797.

Chagos Marine Protected Area Arbitration (Mauritius v. United Kingdom), Reasoned Decision on Challenge, 1 December 2011.

Chagos Marine Protected Area (Mauritius v. United Kingdom), Counter-Memorial submitted by the United Kingdom, 15 July 2013.

Chagos Marine Protected Area (Mauritius v. United Kingdom), Award of 18 March 2015, Arbitral Tribunal under Annex VII of UNCLOS.

Island of Palmas case (Netherlands, USA), Award of 4 April 1928, RIAA, Vol. II, p.829.

The Arctic Sunrise Arbitration (Netherlands v. Russia), Award on Jurisdiction, 26 November 2014, Arbitral Tribunal under Annex VII of UNCLOS.

Southern Bluefin Tuna (New Zealand v. Japan; Australia v. Japan), Award on Jurisdiction and Admissibility, 4 August 2000, RIAA, Vol. XXIII, p.1.

Southern Bluefin Tuna (New Zealand v. Japan; Australia v. Japan), Award on

Jurisdiction and Admissibility, 4 August 2000, Separate Opinion of Justice Sir Kenneth Keith, RIAA, Vol. XXIII, p.49.

The Grisbådarna Case (Norway v. Sweden), Permanent Court of Arbitration, Award of 23 October 1909.

Dispute Concerning Coastal State Rights in the Black Sea, Sea of Azov, and Kerch Strait (Ukraine v. the Russian Federation).

Award between the United States and the United Kingdom relating to the rights of jurisdiction of United States in the Bering's sea and the preservation of fur seals, 15 August 1893, RIAA, Vol. XXVIII, p.263.

（四）其它案件

（2014）穗荔法刑初字第 859 号

Maffezini v. Spain, Decision on Jurisdiction, 25 January 2000, 40 International Legal Materials 1129 (2001), 5 ICSID Reports 396.

Larsen v. Hawaii Kingdom, Award of 5 February 2001, PCA Case No. 1999-01.

Award in the Arbitration regarding the delimitation of the Abyei Area between the Government of Sudan and the Sudan People's Liberation Movement/Army), Final Award, 22 July 2009, PCA Case No. 2008-07.

六、学术文献

（一）中文文献

（东汉）杨孚:《异物志》，见（明）唐胄:《正德琼台志》卷 9《土产下药之属》，1964 年上海古籍书店据宁波天一阁藏明正德残本影印，彭静中点校，海南出版社，2006 年。

（三国）康泰:《扶南传》，见（宋）李昉:《太平御览》卷 69《地部三十四 · 洲》，中华书局据影印宋本复制，1960 年版，1995 年重印，第 1 册。

（宋）吴自牧:《梦梁录》卷 12，《钦定四库全书》。

（宋）周去非:《岭外代答校注》卷 1《地理门·三合流》，杨武泉校注，中华书局，1999 年。

（宋）曾公亮:《武经总要》卷 21《广南东路》，见《中国兵书集成第 3-5 册》，解放军出版社，辽沈书社联合出版，1988 年。

（元）汪大渊:《岛夷志略》之《万里石塘》，苏继庼校释，中华书局，1981 年。

（明）张燮:《东西洋考》卷9《舟师考》，谢方点校，中华书局，1981年。
（明）《顺风相送》之《定潮水消长时候》，见《两种海道针经》，向达校注，中华书局，1961年。
（明）黄佐:《广东通志》卷66《外志三·夷情上·番夷·海寇》，广东省地方史志办公室，1997年，下册。
（清）《指南正法》之《指南正法·序》，见《两种海道针经》，向达校注，中华书局，1961年。
（清）陈伦炯:《海国闻见录》卷上《南澳气》，1823年易理斋重印本。
（清）阮元:《广东通志》卷112《山川略·琼州府·万州》，援引《郝志》，道光二年（1822）刻本。
（清）明谊:《道光琼州府志》卷4《舆地志》，海南出版社，2006年，第1册。
（清）明谊:《道光琼州府志》卷18《海黎志·海防》，海南出版社，2006年，第2册。
（清）胡端书:《道光万州志》卷3《舆地略·山川略》，海南出版社，2004年。
（清）钟元棣:《光绪崖州志》卷12《海防志一》，海南出版社，2006年，上册。
（清）《清圣祖实录》卷二七一。
（清）《高宗实录》卷一〇一，第1-2页；云南历史研究所编,《清实录：越南缅甸泰国老挝史料摘抄》，云南人民出版，1985年。
（清）《仁宗实录》卷一三，云南历史研究所编,《清实录：越南缅甸泰国老挝史料摘抄》，云南人民出版社，1985年。
（清）《嘉庆大清会典事例》卷五零七。
郑资约编:《南海诸岛地理志略》，商务印书馆，1947年。
傅角今主编:《中华民国行政区域图》，商务印书馆，1947年制版，1948年发行。
韩振华编,《我国南海诸岛史料汇编》，北京：东方出版社，1988年。
英国海军部测绘局:《中国海指南》，1868版，陈寿彭译，译本于1900年出版，译名为《新译中国江海险要图志》。见台湾广文书局1969年再版《新译中国江海险要图志》。
广东省地名委员会编:《南海诸岛地名资料汇编》，广州：广东省地图出版社，1987年版。
《“外交部”南海诸岛档案汇编》（上册）（1995）。
刘南威:《中国海诸岛地名论稿》，北京科学出版社，1996年。
朱鉴秋:“方位不易指南篇”——从编著《渡海方程辑注》谈古代海道针经，《海交史研究》，2013（2）。
周伟民、唐玲玲编著:《南海天书——海南渔民<更路簿>文化诠释》，北京：昆仑出版社，2015年版。

夏代云:《卢业发、吴淑茂、黄家礼 < 更路簿 > 研究》，海洋出版社，2016 年。

夏代云：海南渔民的风帆船航海技术——地方性知识视角下科技史案例研究，《自然辩证法研究》，2016（9），第 87 页。

高健军：评“南海仲裁案”法庭对《联合国海洋法公约》第 283 条的解释和适用，载《边界与海洋研究》2016 年第 1 期，第 45 页。

中国国际法学会,《菲律宾所提南海仲裁案仲裁庭的裁决没有法律效力》，北京：法律出版社，2016 年。

（二）外文文献

A. O. Adede, The System for Settlement of Disputes under the United Nations Convention on the Law of the Sea: A Drafting History and a Commentary (Martinus Nijhoff, 1987).

C.F. Amerasinghe, The Problem of Archipelagos in the International Law of the Sea, 23 International & Comparative Law Quarterly (1974), p.539.

Chittharanjan F. Amerasinghe, Evidence in International Litigation, Martinus Nijhoff Publishers, 2005.

D.H. Anderson, Legal Implications of the Entry into Force of the UN Convention on the Law of the Sea, 44 International and Comparative Law Quarterly (1995), p.313.

Nuno Marques Antunes, Towards the Conceptualisation of Maritime Delimitation: Legal and Technical Aspects of a Political Process, Durham theses, Durham University, 2002, p.139.

Mariano J. Aznar, The Obligation to Exchange Views before the International Tribunal for the Law of the Sea: A Critical Appraisal, 47 Revue Belge de Droit International (2014), p.237.

Robert Beckman, ‘Deliberate Ambiguity’ and the Demise of China’ s Claim to Historic Rights in the South China Sea, 1 Asia-Pacific Journal of Ocean Law and Policy (2016), p.164.

Markus Benzing, Evidentiary Issues, in Andreas Zimmermann et al (eds.), The Statute of the International Court of Justice: A Commentary, 2nd edition (Oxford University Press, 2012).

Rudolf Bernhardt(ed.), Encyclopedia of Public International Law, Instalment 7 (Amsterdam: North-Holland Publishing Co., 1984), p.120.

Yehuda Blum, Historic Title in International Law (Martinus Nijhoff, 1965).

Alan Boyle, Further Development of the Law of the Sea Convention: Mechanisms for Change, 54 International and Comparative Law Quarterly (2005), p.563.

I. Buffard, J. Crawford, A. Pellet and S. Wittich (eds.), International Law between Universalism and Fragmentation, Festschrift in Honour of Gerhard Hafner (Leiden/ Boston: Martinus Nijhoff Publishers) 2008.

B Buzan, Negotiating by Consensus: Developments in Technique at the UN Conference on the Law of the Sea, 75 AJIL (1981), p.324.

H Caminos and M Molitor, Progressive Development of International Law and the Package Deal, 79 AJIL (1985), p.871.

Jonathan I. Charney and Lewis M. Alexander (eds.), International Maritime Boundaries, Vol. II (Martinus Nijhoff, 1993).

Jonathan I. Charney, Rocks that Cannot Sustain Human Habitation, 93 American Journal of International Law (1999), p.863.

Monique Chemillier-Gendreau, Sovereignty over the Paracel and Spratly Islands (Springer, 2000).

A. N. Cockcroft and J. N. F. Lameijer, A Guide to the Collision Avoidance Rules: International Regulations for Preventing Collisions at Sea, 7th edition (Elsevier, 2012).

Jean-Pierre Cot, The Dual Function of Base Points, in Holger Hestermeyer, et al. (eds.), Coexistence, Cooperation and Solidarity: Liber Amicorum Rüdiger Wolfrum (Martinus Nijhoff, 2012).

James Crawford and Amelia Keene, Editorial, 7 Journal of International Dispute Settlement (2016), p. 225.

James Gerard Devaney, Fact-Finding before the International Court of Justice, Cambridge University Press, 2016.

Oliver Dörr & Kirsten Schmalenbach (eds.), Vienna Convention on the Law of Treaties: A Commentary (Springer, 2012).

Jon M. Van Dyke and Robert A. Brooks, Uninhabited Islands: Their Impact on the Ownership of the Oceans' Resource, 12 Ocean Development & International Law (1983), p.265.

Jon Van Dyke, Speck in the Ocean Meets Law of the Sea, Letter to the Editor, The New York Times, January 21, 1988.

Alex G. Oude Elferink, The South China Sea Arbitration's Interpretation of Article 121(3) of the LOSC: A Disquieting First.

Alex G. Oude Elferink, Clarifying Article 121(3) of the Law of the Sea Convention: The Limits Set by the Nature of International Legal Processes, IBRU Boundary and Security Bulletin Summer 1998, p.58.

Jens Evensen, Certain Legal Aspects Concerning the Delimitation of the Territorial Waters of Archipelagos, in Official Records of the United Nations Conference on the Law of the Sea, Vol. I (United Nations, 1958).

Bardo Fassbender, Article 9, in Andreas Zimmermann et al (eds.), The Statute of the International Court of Justice: A Commentary, 2nd edition (Oxford University Press, 2012).

Gerald Fitzmaurice, Law and Procedure of the International Court of Justice, 1951-54: Points of Substantive Law, 30 The British Yearbook of International Law (1953), p.1.

Gerald Fitzmaurice, The Law and Procedure of the International Court of Justice, 1951-4: Questions of Jurisdiction, Competence and Procedure, 34 British Year Book of International Law (1958).

Caroline E. Foster, Science and the Precautionary Principle in International Courts and Tribunals, Cambride University Press.

David Freestone and Gerard J. Mangone, The Law of the Sea Convention: Unfinished Agendas and Future Challenges, 10 The International Journal of Marine and Coastal Law 1995.

David Freestone, The Law of the Sea Convention at 30: Successes, Challenges and New Agendas, 27 The International Journal of Marine and Coastal Law (2012), p.675.

Giorgio Gaja, Assessing expert evidence in the I.C.J., 15 The Law and Practice of International Courts and Tribunals (2016), p.409.

Michael Sheng-ti Gau, Issues of Jurisdiction in Cases of Default of Appearance, 在 Stefan Talmon and Bing Bing Jia (eds.), The South China Sea Arbitration: A Chinese Perspective (Hart Publishing, 2014), p.81.

S. Gault, et al. (eds.), Marsden and Gault on Collision at Sea, 14th edition (Sweet & Maxwell, 2016).

Gilbert Gidel, Le droit international public de la mer: le temps de paix, Vol. III (Chateauroux: Mellottée, 1934).

Andrea Gioia, Tunisia’s Claims over Adjacent Seas and the Doctrine of “Historic Rights”, 11 Syracuse Journal of International Law and Commerce (1984), p.327.

Andrea Gioia, Historical Titles, Max Planck Encyclopedia of Public International Law, May 2013.

Holger Hestermeyer et al (eds.), Coexistence, Cooperation and Solidarity: Liber Amicorum Rüdiger Wolfrum (Boston: Martinus Nijhoff Publishers, 2012), p.991.

Keith Highet and George Kahale III, International Decisions, 87 American Journal of International Law (1993), p.452.

Seoung-Yong Hong and Jon M. Van Dyke, Maritime Boundary Disputes, Settlement Processes, and the Law of the Sea, Leiden/Boston: Martinus Nijhoff Publishers, 2009, p.19.

S. Jayakumar, Tommy Koh and Robert Beckman (eds.), The South China Sea Disputes and Law of the Sea (Cheltenham: Edward Elgar, 2014), p.144.

S. Jayakumar, Tommy Koh and Robert Beckman eds., The South China Sea Disputes and the Law of the Sea (Edward Elgar, 2012).

Mojtaba Kazazi, Burden of Proof and Related Issues: A Study on Evidence Before International Tribunals.

Natalie Klein, Dispute Settlement in the UN Convention on the Law of the Sea, Cambridge University, 2005.

Natalie Klein, Expansions and Restrictions in the UNCLOS Dispute Settlement Regime: Lessons from Recent Decisions, 15 Chinese Journal of International Law (2016), p.403.

Robert Kolb, General Principles of Procedural Law, in Andreas Zimmermann, et al. (eds.), The Statute of the International Court of Justice: A Commentary, 2nd edition (Oxford University Press, 2012).

Sophia Kopela, Dependent Archipelagos in the Law of the Sea (Martinus Nijhoff Publishers, 2013).

Sophia Kopela, Historic Titles and Historic Rights in the Law of the Sea in the Light of the South China Sea Arbitration, 48 Ocean Development & International Law (2017), p.181.

Barbara Kwiatkowska and Alfred H.A. Soons, Entitlement to Maritime Areas of Rocks Which Cannot Sustain Human Habitation or Economic Life of Their Own, 21 Netherlands Yearbook of International Law (1990), p.139.

Barbara Kwiatkowska and Alfred H.A. Soons, Some Reflections on the Ever Puzzling Rocks-Principle under UNCLOS Article 121(3), The Global

Community: Yearbook of International Law and Jurisprudence (2011), p.111.
L.H. Legault and Blair Hankey, From Sea to Seabed: The Single Maritime Boundary in the Gulf of Maine Case, 79 American Journal of International Law (1985), p.961.
Lucchini & Voeckel, Le droit international de la mer, Paris, A. Pedone, 1990, Tome I.
R. St. J. Macdonald (ed.), Essays in Honour of Wang Tieya (Leiden/Boston: Martinus Nijhoff Publishers, 1994).
Samir Mankabady, Collision at Sea: A Guide to the Legal Consequences (North-Holland Publishing Company, 1978).
Mohamed Munavvar, Ocean States: Archipelagic Regimes in the Law of the Sea (Dordrecht: Nijhoff, 1995).
Satya N. Nandan & Shabtai Rosenne (eds.), United Nations Convention on the Law of the Sea 1982: A Commentary, Vol. II (Martinus Nijhoff Publishers, 1985).
Satya N. Nandan and Shabtai Rosenne (eds.), Virginia Commentary, Vol. III (Martinus Nijhoff Publishers, 1995).
D. W. Nixon, A Comparative Analysis of Historic Bay Claims: Technical Annexes to the Libyan Reply, in Pleadings (Tunisia/Libya), Vol. 4, I.C.J. Reports 1982, p. 321.
Myron H. Nordquist (ed.), United Nations Convention on the Law of the Sea 1982: A Commentary, Vol. I (Martinus Nijhoff Publishers, 1985).
Myron H. Nordquist, John Norton Moore and Ronan Long (eds.), International Marine Economy (Brill Nijhoff, 2017), p.3.
Edgardo Sobenes Obregon, Historic Waters Regime: A Potential Legal Solution to Sea Level Rise, 7 KMI International Journal of Maritime Affairs and Fisheries (2015), p.17.
D.P. O'Connell, Mid-Ocean Archipelagos in International Law, 45 British Year Book of International Law (1971), p.1.
Ogura Unosuke (Japan), Boufuu No Shima (Stormy Island), Ogura Chuusa Ikou Kankoukai (Publication Society of Commander Ogura's Posthumous Manuscripts, 1940).
Joost Pauelyn, The use of experts in WTO dispute settlement, 2 The International and Comparative Law Quarterly (2002), p.325.
Daniel Peat, The Use of Court-Appointed Experts by the International Court of Justice, 84 The British Yearbook of International Law (2014), p. 271.

Sreenivasa Rao Pemmaraju, The South China Sea Arbitration (The Philippines v. China): Assessment of the Award on Jurisdiction and Admissibility, 15 Chinese Journal of International Law (2016), p.265.

Renate Platzöder (ed.), Third United Nations Conference on Law of the Sea: Documents, Vol. IV.

Victor Prescott and Clive Schofield, The Maritime Political Boundaries of the World, 2nd edition (Leiden: Martinus Nijhoff Publishers, 2005).

Michael Reisman, The Government of the State of Eritrea and the Government of the Republic of Yemen. Award of the Arbitral Tribunal in the First Stage of the Proceedings, (Territorial Sovereignty and Scope of the Dispute), 93 American Journal of International Law (1999), p.668.

Anna Riddell and Brendan Plant, Evidence before the international court of justice (British Institute of International and Comparative Law, 2009).

J.A. Roach and R.W. Smith, Excessive Maritime Claims, 3rd edition (The Hague: Martinus Nijhoff Publishers, 2012).

Shabtai Rosenne and Alexander Yankov (eds.), United Nations Convention on the Law of the Sea 1982: A Commentary (Martinus Nijhoff Publishers, 1991), Vol. IV.

Shabtai Rosenne & Louis B. Sohn (eds.), United Nations Convention on the Law of the Sea 1982: Commentary, Vol. V (Martinus Nijhoff Publishers, 1989).

Shabtai Rosenne, The Law and Practice and the International Court 1920-2005, Vol. II, 4th edition (Martinus Nijhoff Publishers, 2006).

Donald R. Rothwell and Tim Stephens, International Law of the Sea (Hart Publishing, 2010).

Durward Sandifer, Evidence before International Tribunals (University Press of Virginia, 1975).

Shi Jiuyong, Maritime Delimitation in the Jurisprudence of the International Court of Justice, 9 Chinese Journal of International Law (2010), p.271.

Elizabeth Shim, "Report: Japan to Deploy Enhanced Patrol Boats to Deter Chinese Vessels", UPI News (10 October 2016).

Robert W. Smith and Bradford L. Thomas, Island Disputes and the Law of the Sea: An Examination of Sovereignty and Delimitation Disputes, Maritime Briefing (1998), Vol. 2, p.1, at 16.

Clive Symmons, Historic Waters in the Law of the Sea: A Modern Re-Appraisal (Martinus Nijhoff Publishers, 2008).

Stefan Talmon, The South China Sea Arbitration: Observations on the Award on Jurisdiction and Admissibility, 15 Chinese Journal of International Law (2016), p.309.

Christian J. Tams and James Sloan (eds.), The Development of International Law by the International Court of Justice (Oxford University Press, 2013).

H.W.A. Thirlway, Non-Appearance before the International Court of Justice (Cambridge University Press, 1985).

Hugh Thirlway, Article 30, in Andreas Zimmermann et al (eds.), The Statute of the International Court of Justice: A Commentary, 2nd edition (Oxford University Press, 2012).

Tullio Treves, The Law of the Sea "System" of Institutions, 2 Max Planck Y.B. U.N. L. (1998), p.325.

D.V. Villadolid (ed.), Philippine Fisheries: A Handbook Prepared by the Technical Staff of the Bureau of Fisheries, 1953.

M.E. Villiger, Commentary on the 1969 Vienna Convention on the Law of Treaties (Martinus Nijhoff Publishers, 2009).

Commandant J. Vivielle, Les Ilots des mers de Chine, Le Monde Colonial Illustré, September 1933.

Jeffrey Waincymer, Procedure and Evidence in International Arbitration (Alphen aan den Rijn: Wolters Kluwer, 2012).

Prosper Weil, The Law of Maritime Delimitation — Reflections, Cambridge University Press, 1989, p.203.

Chris Whomersley, The South China Sea: The Award of the Tribunal in the Case Brought by Philippines against China — A Critique, 15 Chinese Journal of International Law (2016), p.239.

Chris Whomersley, The Award on the Merits in the Case Brought by the Philippines against China Relating to the South China Sea: A Critique, 16 Chinese Journal of International Law (2017), p.371.

Rüdiger Wolfrum, Mirka Möldner, International Courts and Tribunals, Evidence, MPEPIL.

Sienho Yee, The South China Sea Arbitration (The Philippines v. China): Potential Jurisdictional Obstacles or Objections, 13 Chinese Journal of International Law (2014), p.663.

Sienho Yee, Intervention in an Arbitral Proceeding under Annex VII to the

UNCLOS, 14 Chinese Journal of International Law (2015), p.79.

Sienho Yee, Report on the ILC Project on "Identification of Customary International Law", 14 Chinese Journal of International Law (2015), p.375, at para.48.

Sienho Yee, Article 38 of the ICJ Statute and Applicable Law: Selected Issues in Recent Cases, 7 Journal of International Dispute Settlement (2016), p.472.

Sienho Yee, The South China Sea Arbitration Decisions on Jurisdiction and Rule of Law Concerns, 15 Chinese Journal of International Law (2016), p.219.

Andreas Zimmermann et al (eds.), The Statute of the International Court of Justice: A Commentary, 2nd edition (Oxford University Press, 2012).

Andreas Zimmermann and Jelena Bräumler, Navigating Through Narrow Jurisdictional Straits: The Philippines–PRC South China Sea Dispute and UNCLOS, 12 Law and Practice of International Courts and Tribunals (2013), p.431.

索　引

（数字是本研究段落号）

A

Admissibility of new claims 新诉求的可受理性 , 398-403, 407-410, 412-423

Original claims 最初诉求 , 407-410

Standards in international jurisprudence 国际司法实践确立的标准 , 398-400, 402-403

Submissions No. 11 and 12(b) of the Philippines 菲律宾第 11 项和第 12(b) 项诉求 , 412-420

Submission No. 14 of the Philippines 菲律宾第 14 项诉求 , 421-423

The Tribunal’s criterion 仲裁庭的标准 , 401

Affidavits 宣誓书 , 268, 763, 964-967

Age-old materials 年代久远的资料 , 618-619

Aggravation and extension of the dispute 加剧和扩大争端 , 421-422, 858-884

Agreement 协议 , 275-283

Binding force of instrument 文件的拘束力 , 275-278

Form of instrument 文件的形式 , 275-278

Intention to create rights and obligations 创设权利和义务的意图，278-283

Unilateral declaration 单方面声明 , 282

Amendment of claims 诉求变更 , 377, 388-396, 403-410

Admissibility issue 可受理性 , 377, 388-396

Jurisdictional issue 管辖权 , 403-405

Objection by the other State 另一国的反对 , 389-394

Original claims 最初诉求 , 407-410

Non-participation of the other State 一国不参与 , 389-395

Appointment of independent experts 指定独立专家 , 941-948

Archipelago 群岛 , 558-564, 588, 624-625

Archipelago as a unit 群岛作为整体 , 559-564

Scope of sovereignty 主权的范围 , 624-625

Arctic Sunrise Arbitration 北极日出号仲裁案 , 152

Article 281 exclusion agreement, *see* Agreement 第 287 条排除协议，参见协议 , 270-273, 318-328

Exclusion 排除 , 319-328
Express exclusion 明文排除 , 273, 319-325,

B

Bilateral instruments between China and the Philippines 中菲双边文件 , 285-294, 297-298, 301-303, 306, 327-328
Burden of proof 证明责任 , 925-933
Onus probandi incumbit actori 谁主张谁举证 , 925-929
The Tribunal's violation of *onus probandi incumbit actori* 仲裁庭背离谁主张谁举证 , 930-933

C

Characterization of dispute 争端的认定 , 217-218, 220-225, 244-248, 260
Chagos Marine Protected Area arbitration 查戈斯海洋保护区仲裁案 , 140-144, 348, 775, 892
China's activities at sea 中国的海上活动 , 96-98, 732-738, 743, 749-751, 785-820, 824-826, 830-884
Activities relating to harmful harvesting 有害捕捞行为 , 785-802
"Aggravation and extension" of the dispute "加剧和扩大" 争端 , 858-884
Construction activities 建设活动 , 803-820, 824-826, 865-869
Law enforcement activities in the area of Huangyan Dao 黄岩岛地区的执法活动 , 830-857
Purpose of China's activities 中国活动的目的 ,788-789, 862-864
Territorial and maritime delimitation dispute 领土和海洋划界争议 , 732-738, 743, 749-751
China's practice in the South China Sea 中国在南海的实践 , 514-521, 529-532
China's practice and high seas freedoms 中国的实践和公海自由 , 529-532
China's 2006 Declaration under Article 298 中国 2006 年声明 , 13, 52-55, 185-186, 193, 369
China's 2012 summer moratorium on fishing in the South China Sea 中国 2012 年南海伏季休渔令 , 508, 740-741
Chinese Society of International Law 中国国际法学会 , 4-6, 44
COLREGS《国际海上避碰规则公约》, 834-847

Composition of an international court or tribunal 国际性法庭或仲裁庭的组建 , 902-911
General practice 通行做法 , 902-905
Composition of the Tribunal 仲裁庭的组成 , 906-911
"Concerning", *see* "Disputes concerning the interpretation or application of articles 15, 74 and 83 relating to sea boundary delimitations" 关于，参见关于划定海洋边界的第 15 条、第 74 条和第 83 条在解释或适用上的争端
"Confinement requirement" under Article 10 of Annex VII 附件七第 10 条的“以争端的主题事项为限”要求 , 360-367
Scope of application 适用范围 , 360-361,
The Tribunal's violation 仲裁庭违背 , 362-367
Consent principle 同意原则 , 49, 50, 53, 55, 948
Consultations between China and the Philippines 中菲的磋商 , 12, 71, 75, 309-312, 315-317, 337-345, 913
Mismatch by the Tribunal 仲裁庭混淆 , 309-312, 341-345, 913
Cot, Jean-Pierre 让 - 皮埃尔 · 科特 , 18, 915
Inconsistency of views 立场前后不一 , 915
Customary international law 习惯国际法 , 577-584
Generality and consistency of State practice 国家实践的普遍性和一致性 , 577-581
Opinio juris 法律确信 , 582-584

D

"Disputes concerning the interpretation or application of articles 15, 74 and 83 relating to sea boundary delimitations" 关于划定海洋边界的第 15 条、第 74 条和第 83 条在解释或适用上的争端 , 165-177
Dispute concerning the interpretation or application of the Convention 关于《公约》解释或适用的争端 , 51, 216, 219, 226-227
Dispute vis-à-vis disputes 单数形式的争端和复数形式的争端 , 100-103
DOC《南海各方行为宣言》, 285-290, 295, 297, 299-301, 304-306, 326, 908
Dotted line, Figure 1 断续线，图一 , 60, 191-193, 235, 505, 533-535
Downstream issue 下游问题 , 163
Drawing of baselines 划定基线 , 607
Due diligence 勤勉义务 , 782-784, 794-802

E

Exchange of views 交换意见 , 332, 335, 346-352
Existence of a dispute 争端的存在 , 208-214, 240-243, 256-259, 265-268

F

G

Geng Lu Bu 更路簿 , 522-528, 590, 703
Geographical framework of maritime delimitation between China and the Philippines 中菲间海洋划界地理框架 , 67-71, 116, 180, 552

H

Habitual fishing 惯常捕鱼 , 474-478, 483
Historic rights 历史性权利 , 189-190, 194-203, 365, 433, 435, 437-438, 470-498, 500-509
China's historic rights in the South China Sea 中国在南海的历史性权利 , 500-509
Historic rights and maritime delimitation 历史性权利和海洋划界 , 194-203, 435
Historic rights and sovereign rights in EEZ and continental shelf 历史性权利和在专属经济区与大陆架的主权权利 , 437-438, 479-483, 503
Historic rights and the Convention 历史性权利和《公约》, 471-483
Maritime geographic areas 海洋地理区域 , 492-494
Sovereignty 主权 , 487-491
Sui generis nature 独特的 , 189-190, 495-498
Historic titles 历史性所有权 , 187-188, 194-195, 472-473, 485, 488-489, 492, 494
Historic waters 历史性水域 , 189-190, 472-473, 484-485, 488, 491, 493-494, 496-497
Hostages in Tehran case 在德黑兰的美国外交和领事人员案 , 121
Huangyan Dao 黄岩岛 , 11, 64, 760-764, 830-857
China's law enforcement activities 中国的执法行为 , 830-857
The Philippines' illegal territorial claim 菲律宾的非法领土主张 , 11, 64

Traditional fishing 传统捕鱼 , 760-764

I

Inferences of fact 推定事实 , 968-972
Innocent passage 无害通过 , 133, 848-853
International rule of law 国际法治 , 982
"Involving", *see* "Disputes concerning the interpretation or application of articles 15, 74 and 83 relating to sea boundary delimitations" 包括，参见关于划定海洋边界的第 15 条、第 74 条和第 83 条在解释或适用上的争端
Islands, *see* UNCLOS, Article 121 岛屿，参见《公约》第 121 条
Islands and Reefs in the South China Sea, *see* Nanhai Zhudao 南海岛礁，参见南海诸岛
Itu Aba, *see* Taiping Dao 太平岛

J

Johnston Atoll 约翰斯顿岛 , 687

K

Kalayaan Island Group 卡拉延岛群 , 62, 65, 79, 87, 596

L

Land dominates the sea 陆地统治海洋 , 89
Land territory of China 中国陆地领土 , 1
Liyue Tan 礼乐滩 , 251, 505-507, 735-737
Louisa case 路易莎号案 , 168-170
Low-tide elevations 低潮高地 , 618-621, 627-643
Appropriation 据为领土 , 627-637
Components of an archipelago 群岛组成部分 , 618-621
Submerged landmass 水下陆块 , 638-643

M

Maritime delimitation 海洋划界 , 160-164, 178-186, 187-203, 435
Final boundary line 最终边界 , 160
Historic rights and maritime delimitation 历史性权利和海洋划界 , 194-203, 435
Maritime entitlements and maritime delimitation 海洋权利与海洋划界 , 161
Potential overlapping entitlements and maritime delimitation 权利可能重叠和海洋划界 , 179-186
Maritime rights and entitlements of China in the South China Sea 中国在南海的海洋权利主张 , 69
Maritime rights and entitlements of the Philippines in the South China Sea 菲律宾在南海的海洋权利主张 , 70
Materiality, relevance and probative value of evidence 证据的实质性、相关性和证明力 , 958-967
Meiji Jiao 美济礁 , 87, 415, 638-664, 821-826
Mensah, Thomas A. 托马斯 · A. 门萨 , 20
Mischief Reef, *see* Meiji Jiao 美济礁

N

Nanhai Zhudao 南海诸岛 , 9-11, Figure 1, 60-63
China's inherent territory 中国的固有领土 , 10, 60, 61
Japan's invasion and illegal occupation 日本非法侵占 , 60
The Philippines' invasion and illegal occupation 菲律宾非法侵占 , 11, 62, 63
Nansha Qundao 南沙群岛 , 366, 546-548, 553-556, 586-599, 601-605, 616-621, 626, 644, 900
China's sovereignty over 中国的主权 , 596, 644
China's maritime rights and entitlements 中国的海洋权利主张 , 597-599
Low-tide elevations 低潮高地 , 618-621
Nansha Qundao as a unit 南沙群岛作为整体 , 366, 546-548, 553, 601, 604-605, 616-617, 626
Nansha Qundao as an archipelago 南沙群岛作为群岛 , 588-595
Territorial and maritime delimitation dispute 领土和海洋划界争端 , 555-556
The Tribunal's distortion of China's position 仲裁庭对中国立场的曲解 , 602, 900
Navigation and overflight 航行与飞越 , 502

Nine-dash line, *see* Dotted line 九段线，参见断续线
Non ultra petita 不诉不理 , 354-359, 363-367
Scope of application 适用范围 , 359
The Tribunal's violation 仲裁庭违反 , 363-367
Note Verbale No. CML/8/2011 of China 中国第 CML/8/2011 号照会 , 602, 900
Null and void 无效 , 978-981

O

Obligation of "refraining from aggravating or extending a dispute" "不得加剧或扩大争端" 的义务 , 871-883
General international law 一般国际法 , 871-877
UNCLOS《联合国海洋法公约》, 878-883
Obligation to cooperate 合作义务 , 812-815
Observers 观察员 , 24, 26, 916-920
Oki-no-Tori 冲之鸟礁 , 717-721
Omnibus objection 全盘反对 , 34, 394, 918-920, 948, 974
Outlying archipelago of a continental State as a unit 大陆国家远海群岛作为整体 , 549-552, 566-573, 575, Table 1, 579-587, 610-612
Applicability of straight baselines 直线基线的可适用性 , 610-612
Discussion during the negotiation of UNCLOS《公约》缔约谈判过程 , 566-573
Maritime entitlements 海洋权利 , 587
Opinio juris 法律确信 , 582-583, 585-586
Protest 抗议 , 586
State practice 国家实践 , 575, Table 1, 579-581

P

Pawlak, Stanislaw 斯坦尼洛夫 · 帕夫拉克 , 17
Pinto, M.C.W. 平托 , 18, 19
Position Paper of China 中国的《立场文件》, 33
Private rights 私人权利 , 766-773
"Prohibition on Maritime Trade" policy "海禁" 政策 , 532
Protection and preservation of the marine environment 海洋环境的保护与保全 , 383, 385, 387, 412-420, 794-802, 806-810, 816-820

China’s construction activities 中国的建设活动 , 806-810
China’s due diligence 中国的勤勉义务 , 794-802
Environmental impact assessment 环境影响评价 , 816-820

Q

R

Reed Bank, *see* Liyue Tan 礼乐滩
Regime of Island, *see* UNCLOS Article 121 岛屿制度，参见《公约》第 121 条
“Relating to”, *see* “Disputes concerning the interpretation or application of articles 15, 74 and 83 relating to sea boundary delimitations” 关于，参见“关于划定海洋边界的第十五、第七十四和第八十三条在解释或适用上的争端”
Ren’ai Jiao 仁爱礁 , 21, 87, 380, 387, 417, 421-422, 638-664
Rocks, *see* UNCLOS, Article 121 岩礁，参见《公约》第 121 条

S

Scarborough Shoal, *see* Huangyan Dao 黄岩岛
Second Thomas Shoal, *see* Ren’ai Jiao 仁爱礁
Soons, Alfred H.A. 阿尔弗雷德 · 松斯 , 18, 915
Inconsistency of views 立场前后不一 , 915
Source of maritime rights and entitlements 海洋权利来源 , 89
South China Sea 南海 , 9
South China Sea Arbitration 南海仲裁案 , 2-3, 8, 14, 29, 32-36, 43, 381, 99-108
Initiation 提起 , 2, 8, 14,
Non-acceptance and non-participation of China 中国的“不接受、不参与”, 3, 8, 29, 32-36, 43, 381
True purpose 真实目的 , 99-108
Southern Bluefin Tuna case 南方蓝鳍金枪鱼仲裁案 , 320-322
Spratly Islands, *see* Nansha Qundao as a unit 南沙群岛，参见南沙群岛作为整体
Standard of proof 证明标准 , 949-957
Preponderance of evidence 优势证据 , 954-957

Beyond reasonable doubt 超越合理怀疑 , 954-955
UNCLOS, Annex VII, Article 9《公约》附件七第 9 条 , 950-952
State the reasons on which the judgment/award is based 判决 / 裁决应叙明其所依据的理由 , 894-901
General practice 通行做法 , 894-897
The Tribunal’s failure 仲裁庭并未 , 898-901
Status and maritime entitlements of maritime features 海洋地物地位及其可产生的海洋权利 , 90-94, 161, 638-643
Maritime entitlement and maritime delimitation 海洋权利和海洋划界 , 91-94, 161
Straight baselines 直线基线 , 503, 520, 561-563, 566, 575, Table 1, 579-586, 597, 610-612
Submission of supplemental evidential materials 提交补充证据 , 934-940
Submissions of the Philippines 菲律宾诉求 , 15, 22-23, 27, 81-109, 263-264, 379-380, 382-385, 387, 396, 405, 410-423, 425-426, 901
Amended Statement of Claim 修改的权利主张说明 , 380
Amendments 修改 , 22-23, 82, 263-264, 380, 383, 385, 387, 405, 411-423, 425, 901
Amendments guided by the Tribunal 仲裁庭引导的修改 , 396, 426
Essence 实质 , 81-109
Final Submissions 最终诉求 , 27, 384
Memorial 诉状 , 382
Notification and Statement of Claim 仲裁通知和权利主张说明 , 15, 379
Original claims 最初诉求 , 410, 413, 415

T

Taiping Dao 太平岛 , 42, 515, 518, 709, 712, 716
Territorial and maritime delimitation dispute between China and the Philippiens 中菲领土和海洋划界争端 , 11-12, 57, 59-109, 112, 330, 435, 555-556
Historic rights 历史性权利 , 435
Inextricability of territorial and maritime delimitation issues 领土和海洋划界问题密不可分 , 74-80
Maritime delimitation dispute 海洋划界争端 , 67-73
Nansha Qundao and Zhongsha Qundao each as a unit 南沙群岛和中沙群岛各自

作为整体 , 555-556
Resolution through consultations and negotiations 通过谈判协商解决 , 12, 330
Territorial dispute 领土争端 , 60-66,
Territorial and jurisdictional dispute 领土和管辖权争端 , 75-78,
The Philippines' fragmentation and camouflaging approach 菲律宾采用的碎片化和包装做法 , 112
Territorial sovereignty 领土主权 , 129-133, 134-139, 146-152
"Actual objective and effect criterion" "目的和效果标准" , 134-139
"Premise criterion" "前提标准" , 129-133
Tribunal's treatment of China's objection to jurisdiction 仲裁庭就中国反对其管辖权的处理 , 146-152
Territory of the Philippines 菲律宾领土 , 62
Traditional fishing 传统捕鱼 , 752-759, 766-768
Private rights or rights of the State 私人权利或国家的权利 , 766-768
Treaty interpretation 条约解释 , 651-652

U

Ultra vires 越权 , 374, 539, 606-607, 978, 982
UNCLOS, Article 2(3)《公约》第 2 条第 3 款 , 774-775
UNCLOS, Article 7《公约》第 7 条 , 610-612
UNCLOS, Article 47《公约》第 47 条 , 608-609
UNCLOS, Article 94《公约》第 94 条 , 836-839
UNCLOS, Article 121《公约》第 121 条 , 604-605, 648-650, 653-684, 687-688, Table 2, 690-692, 696-705, 726
"Cannot sustain" "不能维持" , 659-664
Connection between features 地物之间的关联 , 700-705
"Deliberate ambiguity" "有意的模糊" , 681-684
"Economic life of their own" "本身的经济生活" , 669-677
Effect of islands in maritime delimitation 岛屿在海洋划界中的效力 , 690-692
Historical use 历史性使用 , 696-699, 706-708
"Human habitation" "人类居住" , 665-668
Intent of negotiating States, *see* "Deliberate ambiguity" 缔约国原意，参见"有意的模糊"
Objective capacity 地物客观能力 , 696-699

Rewriting by the Tribunal 仲裁庭改写 , 678-679
"Rule and exception" relationship between Paragraphs 2 and 3 第 121 条第 2 款与第 3 款之间的 "原则—例外" 关系 , 655-657, 726
State practice 国家实践 , 687-688, Table 2,
UNCLOS《联合国海洋法公约》, 445-454, 457-469, 471-483
Comprehensiveness 全面性 , 445-450,
"Constitution for the oceans" "海洋宪章" , 463-469
Integrity 整体性 , 451-454
Respect for historic rights 尊重历史性权利 , 471-483
UNCLOS and general international law《联合国海洋法公约》和一般国际法 , 457-462, 465-469
UNCLOS, Article 123《公约》第 123 条 , 813, 815
UNCLOS, Article 194(5)《公约》第 194 条第 5 款 , 790-791
UNCLOS, Article 197《公约》第 197 条 , 812
UNCLOS, Article 205《公约》第 205 条 , 818-819
UNCLOS, Article 206《公约》第 206 条 , 818-819
UNCLOS, Article 281《公约》第 281 条
UNCLOS, Article 293(1)《公约》第 293 条第 1 款 , 462
UNCLOS, Article 298《公约》第 298 条 , 13, 165-177,
UNCLOS, Article 309《公约》第 309 条 , 451-454
UNCLOS, Article 311《公约》第 311 条 , 457-461
UNCLOS, Article 9 of Annex VII《公约》附件七第 9 条 , 48
UNCLOS, Part XV, 51《公约》第十五部分
UNCLOS, Preamble, para. 8, 444-445, 465-468《公约》序言第 8 段
Upstream issue 上游问题 , 163
U-shape line, *see* Dotted line U 型线，见断续线

V

W

Wolfrum, Rüdiger 吕迪格 · 沃尔夫鲁姆 , 14, 225, 248, 348, 678, 954,

X

Y

Yanai, Shunji 柳井俊二 , 17, 18, 20, 911

Z

Zhongsha Qundao 中沙群岛 , 546-548, 555-556
  Zhongsha Qundao as a unit 中沙群岛作为整体 , 546-548
  Territorial and maritime delimitation dispute 领土和海洋划界争端 , 555-556

致 谢

以下人员对本报告的形成做出了贡献：

一、报告撰写人员名单（按照姓氏笔画排序）

丁　铎	王　勇	王泽林	孔令杰	包毅楠
曲　波	刘　衡	苏金远	李　扬	李任远
吴继陆	邱雨桐	何田田	何佳伟	张　辉
张　颖	张良福	陈喜峰	林　蓁	易显河
罗欢欣	郑亦君	郑志华	施余兵	秦天宝
徐小冰	高圣惕	高健军	黄　伟	龚迎春
常　娜	董世杰	蒋　围	蒋小翼	韩秀丽
傅崐成	谢　琼	雷筱璐	潘凯军	潘俊武

二、评议专家名单（按照姓氏笔画排序）

王军敏	任筱峰	刘楠来	李　鸣	李国强
吴　慧	吴士存	余民才	余敏友	邹克渊
张乃根	张爱宁	张新军	易显河	胡德坤
柳华文	莫世健	贾　宇	贾兵兵	黄　瑶
蔡从燕				

三、对本报告作出贡献的其他人员名单（按照姓氏笔画排序）

王　颖	匡增军	朱　锋	朱利江	刘延华
刘春明	闫　岩	沈固朝	张　华	张晓虹
陈一峰	易　平	赵　隆	侯　毅	洪　农
姚　莹	夏代云	徐　奇	谭卫元	

图书在版编目 (CIP) 数据

南海仲裁案裁决之批判 / 中国国际法学会著 .
– 北京 : 外文出版社 , 2018.5

ISBN 978-7-119-11502-3

I. ①南… II. ①中… III. ①南海 – 国际争端 – 国际
仲裁 – 批判 – 中国 IV. ① D823

中国版本图书馆 CIP 数据核字 (2018) 第 086767 号

南海仲裁案裁决之批判

中国国际法学会

出版发行：外文出版社有限责任公司
地　址：中国北京百万庄大街 24 号　　邮政编码：100037
网　址：http://www.flp.com.cn　　电子邮箱：flp@cipg.org.cn
电　话：86-10-68998085
　　　　86-10-68995852
印　刷：北京中科印刷有限公司
开　本：787mm × 1092mm 1/16
印　张：31.75
装　别：平装
版　次：2018 年 5 月第 1 版　　2022 年 11 月第 1 版第 3 次印刷
书　号：ISBN 978-7-119-11502-3
审 图 号：GS（2018）2161 号
定　价：98.00 元